CRIM

CASTIGO

CRIME AND PUNISHMENT (SPANISH EDITION)

FIODOR DOSTOIEWSKI

COMPASS CIRCLE

Title/ Título:
Crime and Punishment (Spanish Edition): Crimen y Castigo.
Written by Fiodor Dostoiewski.
Translated by Pedro Pedraza y Páez.
Current edition published by Compass Circle in 2021.
Primera edición publicada por Compass Circle, 2021.

Note:
All efforts have been made to preserve original spellings and punctuation of the original edition which may include old-fashioned English spellings of words and archaic variants.
This book is a product of its time and does not reflect the same views on race, gender, sexuality, ethnicity, and interpersonal relations as it would if it were written today.
For information contact :
information@compass-circle.com

Nota:
Este libro es un producto de su tiempo y no refleja los mismos puntos de vista sobre la raza, el género, la sexualidad, etnia y/o relaciones interpersonales que si se escribiera hoy. Se ha respetado la ortografía original.
Para información contactar:
information@compass-circle.com

Amigo mío, a la Naturaleza se la corrige, se la endereza; de lo contrario, viviríamos enterrados en prejuicios, no habría un solo grande hombre

FIODOR DOSTOIEWSKI

SERIE "SABIDURÍA SECRETA DE LOS TIEMPOS"

La vida se presenta, avanza rápidamente. La vida, en efecto, nunca se detiene. Nunca se detiene sino hasta el final. Las preguntas más diversas se asoman y se desvanecen en nuestras mentes. A veces buscamos respuestas. A veces dejamos que el tiempo pase.

El libro que tienes ahora en tus manos ha estado esperando ser descubierto por ti. Este libro podría revelarle las respuestas a algunas de sus interrogantes.

Los libros son amigos. Amigos que siempre están a tu lado y que pueden darte grandes ideas, consejos o simplemente reconfortar tu alma.

Un gran libro puede hacerte ver cosas en tu alma que aún no has descubierto, hacer que veas cosas en tu alma de las que no eras consciente. Grandes libros pueden cambiar tu vida para mejor. Pueden hacerte comprender teorías fascinantes, darte nuevas ideas, inspirarte a emprender nuevos retos o a caminar por nuevos caminos.

Las filosofías de la vida como la de Fiodor Dostoiewski son, en efecto, un secreto para muchos, pero para aquellos de nosotros que tenemos la suerte de haberlas descubierto, de una manera u otra, estos libros pueden iluminarnos. Pueden abrirnos una amplia gama de posibilidades. Porque alcanzar la grandeza requiere conocimiento.

La serie "SABIDURÍA SECRETA DE LOS TIEMPOS" presentada por Compass Circle intenta ofrecerte las grandes obras maestras del desarrollo personal, el pensamiento positivo y la ley de la atracción.

Le invitamos a descubrir con nosotros fascinantes obras de Sócrates, Platón, Henry Thoreau, entre otros.

CRIMEN Y CASTIGO

PRIMERA PARTE

I.

Una tarde muy calurosa de principios de julio, salió del cuartito que ocupaba, junto al techo de una gran casa de cinco pisos, un joven, que, lentamente y con aire irresoluto, se dirigió hacia el puente de K***.

Tuvo suerte, al bajar la escalera, de no encontrarse a su patrona que habitaba en el piso cuarto, y cuya cocina, que tenía la puerta constantemente sin cerrar, daba a la escalera. Cuando salía el joven, había de pasar forzosamente bajo el fuego del enemigo, y cada vez que esto ocurría experimentaba aquél una molesta sensación de temor que, humillándole, le hacía fruncir el entrecejo. Tenía una deuda no pequeña con su patrona y le daba vergüenza el encontrarla.

No quiere esto decir que la desgracia le intimidase o abatiese; nada de eso; pero la verdad era que, desde hacía algún tiempo, se hallaba en cierto estado de irritación nerviosa, rayano con la hipocondría. A fuerza de aislarse y de encerrarse en sí mismo, acabó por huir, no solamente de su patrona, sino de toda relación con sus semejantes.

La pobreza le aniquilaba y, sin embargo, dejó de ser sensible a sus efectos. Había renunciado completamente a sus ocupaciones cotidianas y, en el fondo, se burlaba de su patrona y de las medidas que ésta pudiera tomar en contra suya. Pero el verse detenido por ella en la escalera, el oír las tonterías que pudiera dirigirle, el sufrir reclamaciones, amenazas, lamentos y verse obligado a responder con pretextos y mentiras, eran para él cosas insoportables. No; era preferible no ser visto de nadie, y deslizarse como un felino por la escalera.

Esta vez él mismo se asombró, cuando estuvo en la calle, del temor de encontrar a su acreedora.

«¿Debo asustarme de semejantes simplezas cuando proyecto un golpe tan atrevido?—se decía, riendo de un modo extraño—. Sí... el hombre lo tiene todo entre las manos y lo deja que se le escape en sus propias narices tan sólo a causa de su holgazanería... Es un axioma... Me gustaría saber qué es lo que le da más miedo a la gente... Creo que temen, sobre todo, lo que les saca de sus costumbres habituales... Pero hablo demasiado... Tal vez por el hábito adquirido de monologar con exceso no hago nada... Verdad es que con la misma razón podría decir que es a causa de no hacer nada por lo que hablo tanto. Un mes completo hace que he tomado la costumbre de monologar acurrucado durante días enteros en un rincón, con el espíritu ocupado con mil quimeras. Veamos: ¿por qué me doy esta carrera? ¿Soy capaz de *eso*? ¿Es serio *eso*? No, de ningún modo; patrañas que entretienen mi imaginación, puras fantasías.»

Hacía en la calle un calor sofocante. La multitud, la vista de la cal, de los ladrillos, de los andamios y esta fetidez especial, tan conocida de los habitantes de San Petersburgo que no pueden alquilar una casa de campo durante el verano, todo contribuía a irritar cada vez más los nervios del joven. El insoportable olor de las tabernas y figones, muy numerosos en aquellas partes de la ciudad, y los borrachos que a cada paso se encontraba, aunque aquel era día laborable, acabaron por dar al cuadro un repugnante colorido.

Hubo un momento en que los finos rasgos de la fisonomía de nuestro héroe expresaron amargo disgusto. Digamos con este motivo que no carecía de ventajas físicas; era alto, enjuto y bien formado; tenía el cabello castaño y hermosos ojos de color azul obscuro. Poco después cayó en profunda abstracción o más bien en una especie de sopor intelectual. Andaba sin reparar en los objetos que encontraba al paso y sin querer reparar en ellos. De vez en cuando murmuraba algunas palabras; porque, como él reconocía poco antes, tenía por costumbre el monologar. En aquel momento echó de ver que se embrollaban sus ideas, y que estaba muy débil: puede decirse que había pasado dos días sin comer.

Iba tan miserablemente vestido, que otro que no hubiera sido él habría tenido escrúpulos para salir en pleno día con semejantes andrajos. A decir verdad, en aquel barrio se podía ir de cualquier modo. En los alrededores del Mercado del Heno, en esas calles del centro de San

Petersburgo habitadas en su mayoría por obreros, a nadie asombra la más rara indumentaria. Pero tan arrogante desdén existía en el alma del joven, que, a pesar de su vergüenza, algunas veces cándida, no le daba ninguna de ostentar en la calle sus harapos.

Otra cosa hubiera sido de tropezar alguno de sus amigos o antiguos camaradas, de cuyo encuentro huía siempre... Sin embargo, se detuvo de pronto al notar, merced a esas palabras pronunciadas con voz burlona, que atraía la atención de los paseantes: «¡Ah, eh! un sombrero alemán». El que acababa de lanzar esta exclamación era un borracho a quien conducían, no sabemos dónde ni por qué, en una gran carreta.

Con un movimiento convulsivo, el aludido se quitó el sombrero y se puso a examinarlo. Era el tal sombrero de copa alta, comprado en casa de Zimmerman, pero ya muy estropeado, raído, agujereado, cubierto de abolladuras y de manchas, sin alas: en una palabra, horrible. A pesar de todo, lejos de mostrarse herido en su amor propio, el poseedor de aquella especie de gorro experimentó más inquietud que humillación.

—¡Ya me lo figuraba yo!—murmuró en su turbación—; ¡lo había presentido! Pero lo peor es que en una miseria como la mía, una tontería insignificante puede echar a perder el negocio. Sí; este sombrero produce demasiado efecto, y el efecto nace precisamente de que es ridículo. Para llevar estos harapos es indispensable usar gorra. Mejor que este mamarracho será una boina vieja. No hay quien lleve semejantes sombreros; de seguro que éste llama la atención a una versta[1] de distancia. Después lo recordarían y podría ser un indicio; lo importante es no llamar la atención de nadie... Las cosas pequeñas tienen siempre importancia; por ellas suele ser por las que uno se pierde.

No tenía que ir muy lejos; sabía la distancia exacta que separaba su casa del sitio adonde se dirigía; setecientos pasos justos. Los había contado cuando su proyecto no era más que un vago sueño. En aquella época no creía que llegase el día en que se trocara lo imaginado en acción; se limitaba a acariciar en su mente una idea espantosa y seductora a la vez; pero desde aquel tiempo, un mes hacía, comenzaba a considerar las cosas de otro modo. Aunque en todos sus soliloquios se reprochase su falta de energía y su irresolución, habíase ido, sin embargo, habituando poco a poco e involuntariamente, en cierto modo, a mirar como posible la realización de su sueño, no obstante continuar dudando de sí mismo. En aquel momento iba a hacer el *ensayo general* de su empresa, y a cada paso aumentaba su agitación.

Con el corazón desfallecido y el cuerpo agitado por nervioso temblor, se aproximó a una inmensa casa que daba de un lado al canal y del otro a la calle... Este edificio, dividido en multitud de cuartitos de alquiler, tenía por inquilinos industriales de todas las clases, sastres, cerrajeros, cocineras, alemanes de diferentes categorías, mujeres públicas y humildes empleados, etc. Un continuo hormiguero entraba y salía por las dos puertas. Tres o cuatro *dvorniks*[2] prestaban sus servicios en esta casa. Con gran satisfacción suya, el joven no encontró a nadie. Después de haber pasado el umbral sin ser notado, tomó por la escalera de la derecha.

Conocía ya esta escalera angosta y tenebrosa cuya obscuridad no le desagradaba, pues así no eran de temer las miradas curiosas. «Si ahora tiemblo, ¿qué será cuando venga en serio?», no pudo menos de pensar cuando llegaba al cuarto piso. Allí le cerraron el paso antiguos soldados convertidos en mozos de cuerda; mudaban los muebles de uno de los cuartos, ocupado, el joven lo sabía, por un funcionario alemán y su familia.

—Gracias a la marcha del alemán, no habrá durante algún tiempo en ese rellano otro inquilino que la vieja. Esto es bueno saberlo... por lo que pueda suceder.

Así pensó, y tiró del llamador de la casa de la vieja. Débilmente sonó la campanilla, como si fuese de hojalata y no de cobre. Tales son en esas casas las campanillas de todos los pisos.

Sin duda había olvidado este detalle; aquel sonido particular debió de traerle repentinamente a la memoria algún recuerdo, porque el joven se estremeció y se alteraron sus nervios. Al cabo de un instante se entreabrió la puerta, y, por la estrecha abertura, la dueña de la casa examinó al recién venido con manifiesta desconfianza; brillaban sus ojillos como dos puntos luminosos en la obscuridad, pero al advertir que había gente en el descansillo se tranquilizó y abrió por completo la puerta. El joven entró en un sombrío recibimiento, dividido en dos por un tabique, tras del cual estaba la cocina. En pie delante del joven, la vieja callaba interrogándole con la

---

[1] Es la milla rusa, que equivale poco más o menos a un kilómetro.
[2] Porteros.

vista. Era una mujer de sesenta años, pequeñuela y delgada, de nariz puntiaguda y de mirada maliciosa.

Tenía la cabeza descubierta, y los cabellos, que comenzaban a encanecer, relucían untados de aceite. Llevaba puesto al cuello, que era largo y delgado como la pata de una gallina, una tira de franela, y, a pesar del calor, habíase echado sobre los hombros un abrigo apolillado y amarillento. La vieja tosía a menudo. Debió de mirarla el joven de un modo singular, porque los ojos de la anciana recobraron bruscamente su expresión de desconfianza.

—Raskolnikoff, estudiante. Estuve aquí, en esta casa, hace un mes—se apresuró a decir el joven, medio inclinándose, porque había pensado que lo mejor era mostrarse afable.

—Sí, lo recuerdo, lo recuerdo—respondió la vieja, que no cesaba de mirarle con recelo.

—Pues bien... Vengo otra vez por un asuntillo del mismo género—continuó Raskolnikoff algo desconcertado y sorprendido de la desconfianza que inspiraba.

«Quizá esta mujer ha sido siempre lo mismo; pero la otra vez no lo eché de ver»—pensó el joven desagradablemente impresionado.

La vieja permaneció algún tiempo silenciosa como si reflexionase. Luego señaló la puerta de la sala a su visitante, y le dijo haciéndose a un lado para dejarle pasar delante de ella.

—Entre usted.

La salita en la cual fué introducido el joven, tenía tapizadas las paredes de color amarillo; en las ventanas, con cortinas de muselina, había tiestos de geranios; el sol poniente arrojaba sobre aquello viva claridad. «¡Sin embargo, *entonces* brillaba el sol de la misma manera!»—dijo Raskolnikoff para su coleto y dirigió rápidamente una mirada en torno suyo, para darse cuenta de todos los objetos y grabarlos en la memoria. En la habitación no había nada de particular. Los muebles, de madera amarilla, eran muy viejos: un sofá con gran respaldo vuelto, una mesa de forma oval frente a frente del sofá, un lavabo y un espejo entre las dos ventanas, sillas a lo largo de las paredes, dos o tres grabados, sin valor, que representaban señoritas alemanas con pájaros en las manos; a esto se reducía el mobiliario.

En un rincón, delante de una pequeña imagen, ardía una lámpara; tanto los muebles como el suelo relucían de puro limpios.

«Es Isabel la que arregla todo esto»—pensó el joven.

En toda la habitación no se veía un grano de polvo.

«Es preciso venir a las casas de estas malas viejas viudas para ver tanta limpieza»—continuó monologando Raskolnikoff, y miró con curiosidad la cortina de indiana que ocultaba la puerta correspondiente a otra salita; en esta última, en la que jamás había entrado, estaban la cama y la cómoda de la vieja.

—¿Qué quiere usted?—preguntó secamente la dueña de la casa, que, habiendo seguido a su visitante, se colocó frente a él para examinarle de cerca.

—He venido a empeñar una cosa. Véala usted.

Y sacó del bolsillo un reloj de plata viejo y aplastado, que tenía grabado en la tapa un globo. La cadena era de acero.

—Aun no me ha devuelto usted la cantidad que le tengo prestada; anteayer cumplió el plazo.

—Le pagaré aún el interés del otro mes; tenga un poco de paciencia.

—Conste, amiguito, que puedo esperar, si quiero, o vender el objeto empeñado, si se me antoja...

—¿Qué me da por este reloj, Alena Ivanovna?

—Lo que trae aquí es una miseria; esto no vale nada. La otra vez le di a usted dos billetes pequeños por un anillo que se puede comprar nuevo en la joyería por rublo y medio.

—Déme usted cuatro rublos y lo desempeñaré. Perteneció a mi padre. Pronto recibiré dinero.
Rublo y medio, y he de cobrar el interés por adelantado.

—¡Rublo y medio!—exclamó el joven.

—Acepta usted, ¿sí o no?

Y dicho esto, la mujer alargó el reloj al visitante. Este lo tomó e iba a retirarse, irritado, cuando reflexionó que la prestamista era su último recurso; además, había ido allí para otra cosa.

—¡Venga el dinero!—dijo con tono brutal.

La vieja buscó las llaves en el bolsillo y entró en la habitación contigua. Cuando el joven se quedó solo en la sala, se puso a escuchar, entregándose a diversos cálculos. A poco oyó cómo la usurera abría la cómoda.

«Debe ser el cajón de arriba—supuso Raskolnikoff—; ahora sé que lleva las llaves en el bolsillo derecho, y que están todas reunidas en una anilla de acero... Una de ellas es tres veces más gruesa que las otras, y tiene las guardas dentadas; esa llave no es de la cómoda, seguramente. Por lo tanto, debe haber alguna caja o alguna arca de hierro... Es curioso. Las llaves de las arcas de hierro son generalmente de esa forma... ¡Pero qué innoble es todo esto!...»

Volvió a entrar la vieja.

—Mire usted: como cobro una grivna³ al mes por cada rublo, y empeña usted el reloj en rublo y medio le desquito 15 kopeks y queda satisfecho el interés por adelantado. Además, como usted me suplica que espere otro mes para devolverme los dos rublos que le tengo prestados, me debe usted por este concepto 20 kopeks, que, unidos a los 15 que le desquito, componen 35. Tengo, pues, que darle a usted un rublo y 15 kopeks. Aquí están.

—¡Cómo! ¿De modo que no me da usted ahora más que un rublo y 15 kopeks?

—Nada más tengo que darle a usted.

Tomó el joven el dinero sin discutir. Miraba a la vieja sin darse prisa a marcharse. Parecía tener intención de hacer algo; pero no sabía con precisión lo que deseaba...

—Es posible, Alena Ivanovna, que venga pronto con otra cosa... Una cigarrera... de plata... muy bonita... en cuanto me la devuelva un amigo a quien se la he prestado.

Dijo estas palabras con manifiesto embarazo.

—Pues bien, entonces hablaremos.

—Adiós... ¿Sigue usted viviendo sola, sin que su hermana le haga compañía?—preguntó con el tono más indiferente que le fué posible en el momento en que entraba en la antesala.

—¿Y qué le importa a usted mi hermana?

—Es verdad, se lo preguntaba a usted por decir algo... Adiós, Alena Ivanovna.

Raskolnikoff salió muy alterado; al bajar la escalera se detuvo muchas veces como rendido por sus emociones.

«¡Dios mío, cómo subleva el corazón todo esto!—exclamó cuando llegó a la calle—. ¡Es posible, es posible que yo...!

No, es una tontería, un absurdo—añadió resueltamente—. ¿Y ha podido ocurrírseme tan espantosa idea? ¿He de ser yo capaz de tal infamia? ¡Esto es odioso, innoble, repugnante!... ¿Y por espacio de un mes entero yo...?»

Para expresar la agitación que sentía, eran impotentes las exclamaciones y palabras. La sensación de inmenso disgusto que comenzó a oprimirle poco antes cuando se encaminaba a casa de la vieja, alcanzaba ahora intensidad tan grande que el joven no sabía cómo substraerse a semejante suplicio... Caminaba por la acera como un borracho, sin reparar en los transeuntes y tropezándose con ellos. En la calle siguiente volvió a recobrar ánimos y, mirando en torno suyo, advirtió que estaba cerca de una taberna; una escalera situada al nivel de la acera daba entrada a la cueva del establecimiento. Raskolnikoff vió salir en aquel instante a dos borrachos que se apoyaban el uno en el otro, injuriándose recíprocamente.

Vaciló el joven un instante, y después bajó la escalera. Nunca había entrado en una taberna; pero en aquel momento sentía vahídos, le atormentaba ardiente sed. Tenía ganas de beber cerveza fresca, y atribuía su debilidad a lo vacío del estómago. Después de sentarse en un rincón, sombrío y sucio, ante una mesita mugrienta, pidió cerveza y bebió el primer vaso con avidez.

Al punto sintió un gran alivio y se esclarecieron sus ideas.

«Todo esto es absurdo—se dijo ya confortado—. No había motivo para turbarse. ¡Es sencillamente efecto de un mal físico; con un vaso de cerveza y un bizcocho habría recobrado la fuerza de mi inteligencia, la precisión de mis ideas, el vigor de mis resoluciones! ¡Oh, qué insignificante es todo ello!»

A pesar de tan desdeñosa conclusión, estaba contento, como si se viese libre de un peso enorme, y dirigía miradas amistosas a las personas presentes. Pero al mismo tiempo sospechó que fuese ficticio aquel retorno a la energía.

Quedaba muy poca gente en la taberna; después de los dos borrachos, salió una banda de cinco músicos, y el establecimiento quedó silencioso; no había en él más que tres personas: un individuo algo ebrio, cuyo exterior indicaba un hombre de la clase media, estaba sentado

---

³Moneda de diez kopeks equivalente a cuatro céntimos de franco. El rublo, que vale unos cuatro francos, se divide en diez kopeks.

delante de una botella de cerveza. Cerca de él, tendido en el banco, dormitaba un sujeto alto y grueso, de barba blanca, vestido con un largo levitón, y en completo estado de embriaguez.

De cuando en cuando parecía despertarse bruscamente; se ponía a hacer sonar los dedos, apartando los brazos y moviendo rápidamente el busto, sin levantarse del banco sobre el cual estaba echado. Tales gestos y ademanes servían de acompañamiento a una canción necia, de la que el hombre se esforzaba para recordar los versos:

Durante un año entero
yo he acariciado.
Du-ran-te un a-ño en-te-ro
yo he a-ca-ri-cia-do
a mi mujer.

O esta otra:

En la Podiatcheshaïa.
He encontrado a mi vieja...

Nadie hacía caso de la alegría de aquel melómano. Su mismo compañero escuchaba todos aquellos gorjeos en silencio y haciendo muecas de disgusto. El tercer consumidor parecía un antiguo funcionario. Sentado aparte se llevaba de vez en cuando el vaso a los labios, mirando en derredor suyo; parecía que también él era presa de cierta agitación.

II.

Raskolnikoff no estaba habituado a la multitud, y, conforme hemos dicho, desde hacía algún tiempo evitaba las compañías de sus semejantes; pero de repente se sintió atraído hacia los hombres. Cualquiera hubiera dicho que se operaba en él una especie de revolución y que el instinto de sociabilidad recobraba sus derechos. Entregado durante un mes completo a los sueños morbosos que la soledad engendra, tan fatigado estaba nuestro héroe de su aislamiento, que deseaba encontrarse, aunque no fuese más que un minuto, en un ambiente humano. Así, pues, por innoble que fuese aquella taberna, se sentó ante una de las mesas con verdadero placer.

El dueño del establecimiento estaba en otra habitación; pero salía y entraba frecuentemente en la sala. Desde el umbral, sus hermosas botas de altas y rojas vueltas atraían inmediatamente las miradas; llevaba un *paddiovka* y un chaleco de raso negro horriblemente manchado de grasa y no tenía corbata; la cara parecía untada de aceite. Tras el mostrador se hallaba un mozo de catorce años, y otro más joven servía a los parroquianos. Expuestas en el aparador había varias vituallas, trozos de cohombro, galleta negra y bacalao cortado en pedazos; todo exhalaba olor a rancio. El calor era tan insoportable y la atmósfera estaba tan cargada de vapores alcohólicos, que parecía imposible pasar en aquella sala cinco minutos sin emborracharse.

Ocurre a veces que nos encontramos con desconocidos que nos interesan por completo a primera vista, antes de cruzar una palabra con ellos. Esto fué lo que sucedió a Raskolnikoff respecto al individuo que tenía el aspecto de un antiguo funcionario. Más tarde, al acordarse de esta primera impresión, el joven la atribuyó a un presentimiento. No quitaba los ojos del desconocido, sin duda porque este último no dejaba tampoco de mirarle, y parecía muy deseoso de trabar conversación con él. A los demás consumidores, y aun al mismo tabernero, los miraba con aire impertinente y altanero; eran, evidentemente, personas que estaban por debajo de él en condición social y en educación para que se dignase dirigirles la palabra.

Aquel hombre, que había pasado ya de los cincuenta años, era de mediana estatura y de complexión robusta. La cabeza, en gran parte calva, no conservaba más que algunos cabellos grises. El rostro largo, amarillo o casi verde, denunciaba hábitos de incontinencia; bajo los gruesos párpados brillaban unos ojillos rojizos, muy vivaces. Lo que más impresionaba en su fisonomía era la mirada en que la llama de la inteligencia y del entusiasmo se alternaba con no sé qué expresión de locura. Este personaje llevaba sobretodo negro, viejo, todo desgarrado, y no gustándole, sin duda, llevarle abierto, lo abrochaba correctamente con el único botón que el sobretodo tenía. El chaleco, de *nanquin*, dejaba ver la pechera de la camisa rota y llena de manchas. La ausencia de barba denunciaba en él al funcionario; pero debía haberse afeitado en una época bastante remota, porque le azuleaban las mejillas con un pelo muy espeso. Notábase en sus maneras cierta gravedad burocrática; pero, en aquel momento, parecía conmovido. Se revolvía los cabellos, y, de tiempo en tiempo, apoyaba los codos en la mesa pringosa, sin temor a mancharse las mangas agujereadas, y reclinaba la cabeza en las dos manos. Por último, comenzó a decir en voz alta y firme, mirando a Raskolnikoff.

—¿Será una indiscreción por mi parte, señor, hablar con usted? Porque es lo cierto que, a pesar de la sencillez de su traje, mi experiencia distingue en usted un hombre muy bien educado y no un asiduo parroquiano de taberna. Siempre he dado mucha importancia a la educación, unida, por supuesto, a las cualidades del corazón. Pertenezco al *Tchin*[4]. Permítame usted que me presente: Simón Ivanovitch Marmeladoff, consejero titular. ¿Me es lícito preguntarle si ha pertenecido usted a la administración?

—No, yo soy estudiante—respondió el joven sorprendido de aquel cortés lenguaje, y, sin embargo, molesto al ver que un desconocido le dirigía la palabra a quema ropa.

Aunque se hallaba en su cuarto de hora de sociabilidad, sintió en aquel momento que se le despertara el mal humor que solía experimentar cuando un extraño trataba de ponerse en relaciones con él.

—¿De modo que es usted estudiante, o lo sigue siendo?—repuso vivamente el funcionario—; es precisamente lo que yo pensaba. ¡Tengo olfato, señor, un olfato muy fino, gracias a mi larga experiencia!

Se llevó el dedo a la frente, indicando con este gesto la opinión que tenía de su capacidad cerebral.

—Pero, dispénseme... ¿no ha terminado usted realmente sus estudios?

Se levantó, tomó su vaso y fué a sentarse al lado del joven. A pesar de estar ebrio, hablaba distintamente y sin gran incoherencia. Al verle arrojarse sobre Raskolnikoff como sobre una presa, se hubiera podido suponer que él también, desde hacía un mes, no había despegado los labios ni para decir esta boca es mía.

—Señor—declaró con cierta solemnidad—, la pobreza no es un vicio, seguramente, de la misma manera que la embriaguez no es una virtud. Pero la indigencia, señor, la indigencia es un vicio de los peores. En la pobreza conserva uno el orgullo nativo de sus sentimientos; en la indigencia no se conserva nada, ni siquiera se le echa a uno a palos de la sociedad humana, sino a escobazos, que son más humillantes. Y hacen bien, porque el indigente está dispuesto a envilecerse y esto es lo que explica la taberna. Señor, hace un mes que Lebeziatnikoff pegó a mi mujer. Y dígame, ¿pegar a mi mujer no es herirme a mí en el punto más sensible? ¿Me comprende usted? Permítame que le haga otra pregunta, ¡oh! por simple curiosidad: ¿Ha pasado usted alguna noche en el Neva en los barcos de heno?

—No, jamás—contestó Raskolnikoff—; ¿por qué me lo pregunta usted?

—Pues bien, para mí será hoy la quinta vez que dormiré allí.

Llenó el vaso, lo apuró y se quedó pensativo. En efecto, en su traje y en sus cabellos se veían algunas briznas de heno. A juzgar por las apariencias, lo menos hacía cinco días que no se había desnudado ni lavado la cara. Sus gruesas y rojas manos, con las uñas de luto, estaban también extremadamente sucias.

La sala entera le escuchaba, aunque, a decir verdad, con bastante despreocupación. Los mozos se reían detrás del mostrador. El tabernero había bajado también, sin duda para oír a aquel hombre original. Sentado a cierta distancia bostezaba con aire importante. Evidentemente Marmeladoff era conocido desde hacía algún tiempo en la casa. Según todas las probabilidades, debía su notoriedad a la costumbre de hablar en la taberna con todos los parroquianos que se ponían a su alcance. Tal costumbre se convierte en una necesidad para ciertos borrachos, principalmente para aquellos que son tratados con dureza por esposas poco tolerantes; tratan de adquirir en la taberna con sus compañeros de orgía la consideración que no encuentran en sus hogares.

—¡Por vida de...!—dijo en voz fuerte el tabernero—. ¿Por qué no trabajas, por qué no vas a la oficina, puesto que eres empleado?

—¿Por qué no trabajo, señor?—siguió diciendo Marmeladoff, encarándose exclusivamente con Raskolnikoff, como si éste le hubiera dirigido la pregunta—. ¿Por qué no trabajo? ¿Cree usted que mi inutilidad no me disgusta? Cuando, hace un mes, Lebeziatnikoff maltrató a mi

---

[4] Así llaman en Rusia a todos los que pertenecen de una manera u otra a la administración pública y constituyen como una casta especial.

mujer con sus propias manos, mientras yo asistía, ebrio y medio muerto, a tal escena, ¿cree usted que yo no sufría? Permítame usted, joven; ¿le ha ocurrido a usted... ¡hum!... le ha ocurrido solicitar un préstamo sin esperanza?

—Sí... Es decir, ¿qué entiende usted por eso de sin esperanza?

—Quiero decir, sabiendo perfectamente de antemano que no le darán a usted nada. Por ejemplo, usted tiene la certidumbre de que tal hombre, tal ciudadano bien intencionado, no le prestaría un kopek; porque, dígame usted, ¿a qué santo había de prestárselo, sabiendo que usted no ha de devolvérselo? ¿Por piedad? Ese Lebeziatnikoff es partidario de las nuevas ideas y aseguraba el otro día que la compasión, en nuestra época, está prohibida hasta por la ciencia, y que tal es la doctrina reinante en Inglaterra, en donde florece la economía política. ¿Cómo, repito, ese hombre habrá de prestarle a usted dinero? Está usted seguro de que no se lo prestará, y, sin embargo, se dirige usted a...

—¿Para qué ir en ese caso?—interrumpió Raskolnikoff.

—Pues porque es preciso ir a alguna parte; porque no hay otra salida y llega un tiempo en que el hombre se decide, de buena o mala gana, a tomar cualquier senda. Cuando mi hija única se fué a inscribir en la policía tuve que ir también con ella (porque mi hija tiene cartilla)—añadió entre paréntesis, mirando al joven con expresión de inquietud—. Le advierto a usted que esto me tiene sin cuidado—se apresuró a decir con aparente flema, en tanto que los mozos, detrás del mostrador, y hasta el mismo tabernero sonreían—. ¡Poco me importa! No me inquietan los movimientos de cabeza, porque estas cosas son conocidas de todo el mundo y no hay secreto que no se descubra; no es con desprecio sino con resignación, como yo acepto mi suerte. ¡Sea! *¡Ecce Homo!* Permítame, joven, que le pregunte si puede usted, o, mejor dicho, si se atrevería usted, fijando los ojos en mí, a afirmar que no soy un cerdo.

El joven no respondió.

El orador esperó con aire digno a que terminasen las risas provocadas por sus últimas palabras. Después añadió:

—Es verdad; yo soy un cerdo; pero ella es una señora. ¡Llevo impreso el sello de la bestia! Pero Catalina Ivanovna, mi esposa, es una persona bien educada, hija de un oficial superior. Concedo que soy un bufón empedernido; pero mi mujer tiene un gran corazón, sentimientos elevados, instrucción... y, sin embargo... ¡Oh! ¡Si tuviese piedad de mí! ¡Señores, señores, todos los hombres tienen necesidad de encontrar piedad en alguna parte! Pero Catalina Ivanovna, a pesar de su grandeza de alma, es injusta... Pues bien, con tal de que yo llegue a comprender que cuando me tira de los cabellos, lo hace, en rigor, por interés hacia mí... (No me avergüenzo de confesarlo: me tira de los cabellos, joven)—insistió, creciendo en dignidad al oír nuevas carcajadas—. Sin embargo, Dios mío, aunque no fuese más que una vez... pero no, no; dejemos esto; es inútil hablar de ello... Ni una sola vez he obtenido lo que deseaba; ni una sola vez se ha tenido compasión de mí... pero tal es mi carácter; soy un verdadero bruto...

—Lo creo—dijo bostezando el tabernero.

Marmeladoff dió un puñetazo en la mesa.

—Tal es mi carácter; ¿querrá usted creer, querrá usted creer, señor, que me he bebido hasta sus medias? No digo sus zapatos, porque esto se comprendería, hasta cierto punto; pero son sus medias, sus medias, las que yo me he bebido. ¡Sus medias! me he bebido también su pañoleta de pelo de cabra, un regalo que le habían hecho; un objeto que poseía antes de casarse conmigo y que era de su propiedad y no de la mía. Habitamos en un cuarto muy frío; este invierno mi mujer ha pescado un catarro y tose y escupe sangre. Tenemos tres hijos pequeños, y Catalina Ivanovna trabaja de la noche a la mañana. Hace colada y limpia la casa, porque desde muy joven está acostumbrada a la limpieza. Por desgracia, tiene el pecho delicado, cierta predisposición a la tisis que me preocupa. ¿No lo siento, por ventura? Cuando más bebo, más lo siento. Es para sentir y sufrir más por lo que me entrego a la bebida; ¡bebo porque quiero sufrir doblemente!

E inclinó la cabeza sobre la mesa con aire de desesperación.

—Joven—continuó en seguida incorporándose—, me parece leer en su semblante cierto disgusto. Desde que entró usted me ha parecido advertirlo, y por eso le he dirigido inmediatamente la palabra. Si le cuento la historia de mi vida no es para ofrecerme a la burla de esos ociosos, que, por otra parte, están enterados de todo, no; es porque busco la simpatía de un hombre bien educado. Sepa usted, pues, que mi mujer ha sido educada en una pensión aristocrática de provincia, y que a su salida del establecimiento bailó en chal delante del gobernador y de los otros personajes oficiales; tan contenta estaba por haber obtenido una medalla de oro y un diploma. La medalla... la hemos vendido hace ya mucho tiempo, ¡hum!... En cuanto al diploma, lo conserva mi esposa en un cofre y últimamente aun lo mostraba al ama de nuestra casa. Aunque esté a matar con ella, a mi mujer le gusta ostentar ante los ojos de cualquiera sus éxitos pasados. No se lo echo en cara, porque su única alegría ahora es acordarse de los hermosos días de otro tiempo. ¡Todo lo demás se ha desvanecido! Sí, sí; tiene un alma ardiente, orgullosa, intratable. Ella friega el suelo, come pan negro; pero no permite que se le escatimen ciertas consideraciones. Así es, que no ha tolerado la grosería de Lebeziatnikoff, y cuando, para vengarse de haber sido despedido, este último le puso la mano encima, mi mujer tuvo que guardar cama, sintiendo más el insulto hecho a su dignidad que el dolor de los golpes recibidos.

»Cuando me casé con ella era viuda, con tres niños pequeños. Había estado casada en primeras nupcias con un oficial de infantería, con quien huyó de casa de sus padres; amaba extremadamente a su marido; pero éste se dió al juego, tuvo que entendérselas con la justicia, y murió. En los últimos tiempos pegaba a su mujer. Sé de buena tinta que no era cariñosa con él, lo que no le impide ahora llorar por el difunto y establecer continuamente comparaciones entre él y mi persona, comparaciones poco lisonjeras para mi amor propio. Pero no me quejo; más bien me complace que se imagine haber sido feliz en otro tiempo.

»Después de la muerte de su marido se encontró sola con tres hijos pequeños, en un distrito lejano y salvaje, donde la encontré yo. Su miseria era tal, que yo, que de eso he visto tanto, no me siento con fuerzas para describirla. Todos sus parientes la habían abandonado; por otra parte, su orgullo le hubiera impedido siempre implorar la piedad de aquellas personas. Entonces, señor, entonces, yo, que era viudo también, y que tenía de mi matrimonio una hija de catorce años, ofrecí mi mano a aquella pobre mujer; tanta pena me daba verla sufrir.

»Instruída, bien educada, de buena familia, consintió, sin embargo, en casarse conmigo. Esto puede dar a usted una idea de la miseria en que la pobre viviría. Acogió mi proposición llorando, sollozando y retorciéndose las manos, pero la acogió, porque no tenía dónde ir.

»¿Comprende usted, comprende usted lo que significan estas palabras: «No tener ya adónde ir»? ¡Usted no lo comprende todavía!

»Durante un año entero cumplí mi deber honrada y santamente, y sin probar una gota de esto (señaló con el dedo la media botella que tenía delante); porque no carezco de sentimientos. Pero nada adelanté. A poco perdía mi empleo y no por falta mía; reformas administrativas determinaban la supresión del que desempeñaba, y entonces fué cuando me di a la bebida... Ahora ocupamos una habitación en casa de Amalia Ludvigovna Lippevechzel; pero ignoro con qué le pagamos y de qué vivimos. Hay allí muchos inquilinos además de nosotros; es una ratonera aquella casa... ¡hum!... Sí... Durante este tiempo, creció la hija que yo tenía de mi primera mujer. No quiero hablar de lo que su madrastra la ha hecho sufrir.

»Aunque de sentimientos nobilísimos, Catalina Ivanovna es una mujer irascible e incapaz de contenerse en los arrebatos de su cólera... Sí, ¡vamos, es inútil hablar de esto! Como puede usted comprender, Sonia no ha recibido una gran instrucción. Hace cuatro años traté de enseñarle Geografía e Historia Universal; pero como yo no he estado nunca fuerte en estas materias, y como además no tenía a mi disposición un buen manual, no hizo grandes progresos en sus estudios: nos detuvimos en Ciro, rey de Persia. Más tarde, cuando llegó a la edad adulta, leyó algunas novelas. Lebeziatnikoff le prestó hace poco la *Fisiología de Ludwig*. ¿Conoce usted esa obra? Mi hija la ha encontrado muy interesante y aun nos ha leído muchos pasajes en alta voz. A eso se limita toda su cultura.

»Ahora, señor, apelo a su sinceridad. ¿Cree usted en conciencia que una joven pobre, pero honrada, pueda vivir de su trabajo? Como no tenga una habilidad especial, ganará 15 kopeks al día, y para llegar a esa cifra tendrá necesidad de no perder un solo minuto. ¡Pero qué digo! Sonia hizo media docena de camisas de holanda, para el consejero de Estado Ivan Ivanovitch Klopstok; usted habrá oído hablar de él; pues bien, no sólo está esperando aún que se le paguen, sino que la pusieron a la puerta llenándola de injurias, so pretexto de que no había tomado bien la medida del cuello.

»En tanto los niños se mueren de hambre, Catalina Ivanovna se pasea por la habitación retorciéndose las manos, mientras en sus mejillas aparecen las manchas rojizas, propias de su enfermedad. «Holgazana—decía a mi hija—, ¿no te da vergüenza de vivir sin hacer nada? Bebes, comes, tienes lumbre.» Y yo pregunto ahora: ¿Qué es lo que la pobre muchacha podría beber y comer cuando en tres días los niños no habían visto siquiera un mendrugo de pan? Yo estaba en aquel momento acostado... Vamos, hay que decirlo todo, borracho; pero oí que mi Sonia respondía tímidamente con su voz dulce (la pobrecita es rubia, con una carita siempre pálida y resignada): «Pero, Catalina Ivanovna, ¿por qué me dice usted esas cosas?»

»Tengo que añadir que ya por tres veces Daría Frantzovna, una mala mujer muy conocida de la policía, le había hecho insinuaciones en nombre del propietario de la casa. «Vaya—dijo irónicamente Catalina Ivanovna—, vaya un tesoro para guardarlo con tanto cuidado.» Pero no la acuse usted. No tenía conciencia de lo que decía; estaba agitada, enferma, veía llorar a sus hijos hambrientos, y lo que decía era más bien para molestar a Sonia que para excitarla a que se entregara al vicio... Catalina Ivanovna es así; cuando oye llorar a sus hijos les pega, aunque sabe que lloran de hambre. Eran entonces las cinco y oí que Sonia se levantaba, se ponía el chal y salía del cuarto.

»A las ocho volvió. Al llegar, se fué derecha a Catalina Ivanovna, y, silenciosamente, sin proferir palabra, depositó treinta rublos de plata delante de mi mujer. Hecho eso, tomó nuestro gran pañuelo verde (un pañuelo que sirve para toda la familia), se envolvió la cabeza y se echó en la cama con la cara vuelta hacia la pared; un continuo temblor agitaba sus hombros y su cuerpo... yo continuaba en el mismo estado... En aquel momento, joven, vi a Catalina Ivanovna que, también silenciosamente, se arrodillaba junto al lecho de Sonia.

»Pasó toda la noche de rodillas, besando los pies de mi hija y rehusando levantarse. Después, las dos se durmieron juntas en los brazos una de la otra... ¡las dos!... ¡las dos!... sí; y yo continuaba lo mismo, sumido en la embriaguez.

Se calló Marmeladoff, como si la voz le hubiera faltado; luego llenó la copa, la vació y siguió, después de un corto silencio:

—Desde entonces, señor, a consecuencia de una circunstancia desgraciada, y con motivo de cierta denuncia de personas perversas (Daría Frantzovna tuvo parte principal en este negocio porque quería vengarse de una supuesta falta de respeto), desde entonces mi hija Sonia[5] Semenovna fué inscrita en el registro de policía y se vió obligada a dejarnos. Amalia Ludvigovna se ha mostrado inflexible en este punto, sin tener en cuenta que ella misma, en cierto modo, había favorecido las intrigas de Daría Frantzovna.

»Lebeziatnikoff se ha unido a ella... ¡hum! y con motivo de lo de Sonia fué la cuestión que Catalina Ivanovna tuvo con él. En un principio estuvo muy solícito con Sonetchka; pero de repente se sintió herido en su amor propio. «¿Cómo un hombre de corazón—dijo—ha de habitar en la misma casa que semejante desdichada?» Catalina Ivanovna tomó partido por Sonia, y la disputa acabó en golpes... En la actualidad mi hija viene a menudo a vernos a la caída de la tarde, y ayuda con lo que puede a mi mujer. Vive en casa de Kapernumoff, un sastre cojo y tartamudo. Sus hijos, que son varios, tartamudean como él, y hasta su mujer tiene no sé qué defecto en la lengua... Todos comen y duermen en la misma sala; pero a Sonia le han cedido una habitación, separada de la de sus huéspedes por un tabique... ¡hum! sí... Son personas muy pobres y tartamudas... Bueno... Una mañana me levanté, me puse mis harapos, elevé las manos al cielo y me fuí a ver a Su Excelencia Ivan Afanasievitch. ¿Le conoce usted? ¿No? Pues entonces no conoce a un santo varón... Es una vela... pero una vela que arde delante del altar del Señor. Mi historia, que Su Excelencia se dignó oír hasta el fin, le hizo saltar las lágrimas. «Vamos, Simón Ivanovitch—me dijo—, has defraudado una vez mis esperanzas, pero vuelvo a tomarte, bajo mi exclusiva responsabilidad personal.» Así se expresó, añadiendo: «Procura acordarte de lo pasado, para no reincidir, y retírate.» Besé el polvo de sus botas, mentalmente, por supuesto, porque Su Excelencia no hubiera permitido que se las besase de veras; es un hombre muy penetrado de las ideas modernas y no le gustan semejantes homenajes. ¡Pero, Dios mío, cómo se me festejó cuando anuncié en casa que tenía un destino!

De nuevo la emoción obligó a Marmeladoff a detenerse. En aquel momento invadió la taberna un grupo de individuos ya a medios pelos. A la puerta del establecimiento sonaba un organillo, y la voz débil de un chiquillo cantaba la *Petite Ferme*.

La atmósfera de la sala era pesadísima. El tabernero y los mozos se apresuraban a servir a los recién llegados. Sin reparar en este incidente, Marmeladoff continuó su relato; el funcionario era cada vez más expansivo a causa de los progresos de su borrachera. El recuerdo de su reciente

---

[5] Sonia es la fórmula familiar de Sofía, y Sonetchka diminuto cariñoso del mismo nombre.

reposición iluminaba como un rayo de alegría su semblante. Raskolnikoff no perdía ni una sílaba de sus palabras.

—Han transcurrido cinco semanas, señor, desde que Catalina Ivanovna y Sonetchka supieron la grata noticia. Le aseguro a usted que me encontraba como transportado al paraíso. Antes no hacía más que abrumarme con palabrotas como estas: «¡Acuéstate, bruto!» Mas desde aquel momento andaba de puntillas y hacía callar a los pequeños, diciéndoles: «¡Chis! ¡Papá viene cansado del trabajo!» Antes de ir a la oficina me daban café con crema, pero no crea, crema verdadera, ¿eh? No sé de dónde pudieron sacar el dinero, 11 rublos y 50 kopeks, a fin de arreglarme la ropa. Lo cierto es que ellas me pulieron de pies a cabeza; tuve botas, chaleco de magnífico hilo y uniforme, todo en muy buen uso: les costó 11 rublos y medio. Seis días ha, cuando entregué íntegros mis honorarios, 23 rublos y 40 kopeks, mi mujer me acarició en la mejilla, diciéndome: «¡vaya un pez que estás hecho!» Naturalmente, esto ocurrió cuando estábamos solos. Dígame usted si no es encantador...

Marmeladoff se interrumpió, trató de sonreír; pero súbito temblor agitó su barba. Dominó, sin embargo, en seguida, su emoción. Raskolnikoff no sabía qué pensar de aquel borracho, que vagaba al azar desde hacía cinco días, durmiendo en los barcos de pesca, y, a pesar de todo, sintiendo por su familia profundo cariño. El joven le escuchaba con la mayor atención, pero experimentando cierta sensación de malestar. Estaba enojado consigo mismo por haber entrado en la taberna.

—¡Señor, señor!—dijo el funcionario disculpándose—, quizá halle usted, como los demás, risible todo lo que le cuento; acaso le estoy fastidiando refiriéndole estos tontos y miserables pormenores de mi existencia doméstica; mas para mí no crea usted que son divertidos, porque le aseguro que siento todas estas cosas... Durante aquel día maldito hice proyectos encantadores; pensé en el medio de organizar nuestra vida, de vestir a los niños, de procurar reposo a mi mujer, de sacar del fango a mi hija única. ¡Oh, cuántos planes formaba! Pues bien, señor (Marmeladoff empezó a temblar de repente; levantó la cabeza y miró a la cara a su interlocutor), el mismo día, cinco hace hoy, después de haber acariciado todos estos sueños, robé, como un ladrón nocturno, la llave a mi mujer y tomé del baúl todo lo que quedaba del dinero que yo había llevado. ¿Cuánto había? No lo recuerdo. Mírenme todos: hace cinco días que abandoné mi casa; no se sabe en ella qué es de mí; he perdido mi empleo, he dejado mi uniforme en una taberna y me han dado este traje en su lugar... Todo, todo ha acabado...

Marmeladoff se dió un puñetazo en la frente, rechinó los dientes y cerrando los ojos se puso de codos en la mesa... Al cabo de un momento cambió bruscamente la expresión de su rostro, miró a Raskolnikoff con afectado cinismo y dijo riéndose:

—¡He estado hoy en casa de Sonia; he ido a pedirle dinero para beber! ¡Je, je, je!

—¡Y te lo ha dado!—gritó, riéndose, uno de los parroquianos que formaba parte del grupo recién llegado a la taberna.

—Con su dinero he pagado esta media botella—repuso Marmeladoff dirigiéndose exclusivamente a nuestro joven—. Sonia fué a buscar treinta kopeks y me los entregó; era cuanto tenía; lo he visto con mis propios ojos. No me dijo nada; se limitó a mirarme en silencio, una mirada que no pertenece a la tierra, una mirada como deben tener los ángeles que lloran sobre los pecados de los hombres pero no los condenan. ¡Qué triste es que no le reprendan a uno! Treinta kopeks, sí, que de seguro necesitaba. ¿Qué me dice usted, querido señor? Ahora tiene ella que ir bien arreglada. La elegancia y los afeites, indispensables en su oficio, cuestan dinero; lo comprenderá usted; hay que tener pomada, enaguas almidonadas, lindas botitas que hagan bonito el pie para lucirlo al saltar los charcos. ¿Comprende usted, comprende usted la importancia de esta limpieza y elegancia? Pues bien, yo, su padre, según la Naturaleza, ha ido a pedirle esos treinta kopeks para bebérmelos. ¡Y me los bebo! Ya están bebidos... vamos, ¿quién ha de tener compasión de un hombre como yo? Ahora, señor, ¿puede usted compadecerme? Hable usted, señor: ¿tiene usted piedad de mí? ¿Sí o no? ¡Je, je, je!

Iba a servirse nuevamente, pero echó de ver que la media botella estaba vacía.

—¿Por qué se ha de tener lástima de ti?—gritó el tabernero.

Estallaron risas mezcladas con injurias. Los que no habían oído las palabras del ex funcionario, formaban coro con los otros, solamente al ver su catadura.

Marmeladoff, como si no hubiese esperado otra cosa que la interpelación del tabernero, para soltar el torrente de su elocuencia, se levantó vivamente y, con el brazo extendido hacia delante, replicó con exaltación:

—¡Por qué tener compasión de mí! ¡Por qué tener compasión de mí! ¡Es verdad, no se me debe compadecer! ¡Hay que crucificarme, ponerme en la cruz, no tenerme lástima! ¡Crucifícame, juez, pero, al hacerlo, ten piedad de mí! Así iré yo mismo al suplicio, porque no tengo sed de alegría, sino de dolor y de lágrimas. ¿Piensas tú, tendero, que tu media botella me ha proporcionado placer? Buscaba la tristeza, tristeza y lágrimas en el fondo de este frasco, y la he encontrado y saboreado. Pero Aquel que ha tenido piedad de todos los hombres, Aquel que todo lo comprende, tendrá piedad de nosotros; El es el único juez, El vendrá el último día y preguntará: «¿Dónde está la hija que has sacrificado por una madrastra odiosa y tísica y por niños que no eran sus hermanos? ¿Dónde está la joven que ha tenido piedad terrestre y no ha vuelto con horror las espaldas a este crapuloso borracho?» Y El dirá entonces: «Ven, yo te he perdonado una vez... yo te he perdonado ya una vez... ahora, todos tus pecados te son perdonados, porque has amado mucho...» Y El perdonará a mi Sonia, la perdonará, yo lo sé, lo he sentido en mi corazón cuando estaba en su casa.... Todos serán juzgados por El y El perdonará a todos, a los buenos y a los malos, a los sabios y a los pacíficos... y cuando haya acabado con ellos, nos tocará la vez a nosotros. «Acercaos también, nos dirá El; acercaos vosotros los borrachos, acercaos los cobardes, acercaos los impúdicos», y nos aproximaremos todos sin temor y El nos dirá: «¡Sois unos cochinos! ¡Tenéis sobre vosotros la marca de la bestia, pero venid también!» Y los sabios, los inteligentes dirán: «Señor, ¿por qué recibes Tú a éstos?» Y El responderá: «Yo los recibo ¡oh sabios! porque ninguno de ellos se ha creído digno de este favor...» Y El nos abrirá los brazos y nosotros nos precipitaremos en ellos... y nos desharemos en lágrimas... y comprenderemos... sí, entonces todo será comprendido por todo el mundo, y Catalina Ivanovna también comprenderá... Señor, vénganos el tu reino.

Falto de fuerzas, se dejó caer en el banco sin mirar a nadie, como si desde largo rato se hubiese olvidado del lugar en que se hallaba y de las personas que le rodeaban, y quedó absorto en la visión de fantasmas de ultratumba. Sus palabras produjeron cierta impresión; durante un momento cesó el barullo; pero bien pronto volvieron a estallar las risas, mezcladas con invectivas:

—¡Muy bien hablado!

—¡Gruñón!

—¡Charlatán!

—¡Burócrata!

—Vámonos, señor—dijo bruscamente Marmeladoff, levantando la cabeza y dirigiéndose a Raskolnikoff—; condúzcame usted al patio de la casa Kozel... Ya es tiempo de que vuelva al lado de mi mujer.

Rato hacía ya que el joven deseaba irse y se le había ocurrido ofrecer el apoyo de su brazo a Marmeladoff. Este último tenía las piernas aun menos firmes que la voz; de modo que iba casi colgado del brazo de su compañero. La distancia que tenían que recorrer era de doscientos o trescientos pasos. A medida que el borracho se acercaba a su domicilio, parecía más inquieto y preocupado.

—No es precisamente de Catalina Ivanovna de quien tengo yo ahora miedo—balbuceaba conmovido—. Ya sé que empezará por tirarme de los cabellos; pero, ¿qué me importa? Me alegro que me tire de ellos. No, no es eso lo que me espanta; lo que yo temo son sus ojos, sí, sus ojos... Temo también las manchas rojas de sus mejillas, y me da miedo además su respiración. ¿Has notado cómo respiran los que padecen esa enfermedad... cuando experimentan una emoción violenta? Temo las lágrimas de los chicos... porque si Sonia no les ha llevado algo de comer, no sé cómo se las habrán arreglado... no lo sé. A los golpes no les tengo miedo... sabe, en efecto, que, lejos de hacerme sufrir, esos golpes son un gozo para mí... Casi no puedo pasar sin ello... Sí, es mejor que me pegue, que alivie de ese modo el corazón... más vale así; pero he ahí la casa Kozel. El propietario es un cerrajero alemán, hombre rico... ¡Acompáñeme!...

Después de haber atravesado el patio se pusieron a subir al cuarto piso. Eran cerca de las once, y, aunque propiamente hablando no había aún anochecido en San Petersburgo, a medida que subían más obscura encontraban la escalera; en lo alto la obscuridad era completa.

La puertecilla ahumada que daba al descansillo estaba abierta; un cabo de vela alumbraba una pobrísima pieza de diez pasos de largo. Esta pieza, que desde el umbral se veía por completo, estaba en el mayor desorden. Había por todos lados ropas de niños. Una sábana agujereada, extendida de manera conveniente, ocultaba uno de los rincones, el más distante de la puerta; detrás de este biombo improvisado, había, probablemente, una cama. Todo el mobiliario consistía en dos sillas y un sofá de gutapercha, que tenía delante una mesa vieja, de madera de pino, sin barnizar y sin tapete. Encima de la mesa, en un candelero de hierro se consumía el cabo de vela que medio alumbraba la pieza. Marmeladoff dormía en el pasillo. La puerta que comunicaba con los otros cuartos alquilados de Amalia Ludvigovna estaba entreabierta, y se oía ruido de voces; sin duda, en aquel momento jugaban a cartas y tomaban te los inquilinos. Se percibían más de lo necesario sus gritos, sus carcajadas y sus palabras, por extremo libres y atrevidas.

Raskolnikoff reconoció en seguida a Catalina Ivanovna. Era una mujer flaca, bastante alta y bien formada, pero de aspecto muy enfermizo. Conservaba aún hermosos cabellos de color castaño y, como había dicho Marmeladoff, sus mejillas tenían manchas rojizas. Con los labios secos, oprimíase el pecho con ambas manos, y se paseaba de un lado a otro de la misérrima habitación. Su respiración era corta y desigual; los ojos le brillaban febrilmente y tenía la mirada dura e inmóvil. Iluminada por la luz moribunda del cabo de vela, su rostro de tísica producía penosa impresión. A Raskolnikoff le pareció que Catalina Ivanovna no debía tener arriba de treinta años; era, en efecto, mucho más joven que su marido... No advirtió la llegada de los dos hombres; parecía que no conservaba la facultad de ver ni la de oír.

Hacía en la habitación un calor sofocante, y subían de la escalera emanaciones infectas; sin embargo, a Catalina Ivanovna no se le había ocurrido abrir la ventana, ni cerrar la puerta. La del interior, solamente entornada, dejaba paso a una espesa humareda de tabaco, que hacía toser a la enferma; pero ella no se cuidaba de tal cosa.

La niña más pequeña, de seis años, dormía en el suelo con la cabeza apoyada en el sofá; el varoncito, un año mayor que la pequeñuela, temblaba llorando en un rincón; probablemente acababan de pegarle. La mayor, una muchachilla de nueve años, delgada y crecidita, llevaba una camisa toda rota, y echado sobre los hombros desnudos un viejo *burnus* señoril que se le debía haber hecho dos años antes, porque al presente no le llegaba más que hasta las rodillas.

En pie, en un rincón al lado de su hermanito, había pasado el brazo, largo y delgado como una cerilla, alrededor del cuello del niño y le hablaba muy quedo, sin duda para hacerle callar. Sus grandes ojos, obscuros, abiertos por el terror, parecían aún mayores en aquella carita descarnada. Marmeladoff, en vez de entrar en el aposento, se arrodilló en la puerta; pero invitó a pasar a Raskolnikoff. La mujer, al ver un desconocido, se detuvo distraídamente ante él, tratando de explicarse su presencia. «¿Qué se le ha perdido aquí a ese hombre?»—se preguntaba. Pero en seguida supuso que el desconocido se dirigía a casa de algún otro inquilino, puesto que el cuarto de Marmeladoff era un sitio de paso. Así, pues, desentendiéndose de aquel extraño, se preparaba a abrir la puerta de comunicación, cuando de repente lanzó un grito: acababa de ver a su marido de rodillas en el umbral.

—¡Ah! ¿Al fin vuelves?—dijo, con voz en que vibrara la cólera—. ¡Infame! ¡Monstruo! A ver, ¿qué dinero llevas en los bolsillos? ¿Qué traje es éste? ¿Qué has hecho del tuyo? ¿Qué es del dinero? ¡Habla!

Se apresuró a registrarle. Lejos de oponer resistencia, Marmeladoff apartó ambos brazos para facilitar el registro de los bolsillos. No llevaba encima ni un solo kopek.

—¿Dónde está el dinero?—gritaba su esposa—. ¡Oh Dios mío! ¿Es posible que se lo haya bebido todo? ¡Doce rublos que había en el cofre!...

Acometida de un acceso de rabia agarró a su marido por los cabellos y lo arrastró violentamente a la sala. No se desmintió la paciencia de Marmeladoff: el hombre siguió dócilmente a su mujer arrastrándose de rodillas tras de ella.

—¡Si me da gusto, si no es un dolor para mí!—gritaba, dirigiéndose a su acompañante, mientras Catalina Ivanovna le zarandeaba con fuerza la cabeza; una de las veces le hizo dar con la frente un porrazo en el suelo.

La niña, que dormía, se despertó, y se echó a llorar. El muchacho, de pie en uno de los ángulos de la habitación, no pudo soportar este espectáculo, empezó a temblar y a dar gritos y se lanzó hacia su hermana; el espanto casi le produjo convulsiones. La niña mayor temblaba como la hoja cn cl árbol.

—¡Se lo ha bebido todo; se lo ha bebido todo!—vociferaba Catalina Ivanovna en el colmo de la desesperación—. ¡Ni siquiera conserva el traje!... ¡Y tienen hambre, tienen hambre!—repetía retorciéndose las manos y señalando a los niños—. ¡Oh vida tres veces maldita! ¿Y a usted cómo no le da vergüenza de venir aquí al salir de la taberna?—añadió volviéndose bruscamente hacia Raskolnikoff—. Has estado allí bebiendo con él, ¿no es eso? ¿Has estado allí bebiendo con él?... ¡Vete, vete!...

El joven no esperó a que se lo repitiesen, y se retiraba sin decir una palabra, en el momento que la puerta interior se abría de par en par y aparecían en el umbral muchos curiosos de mirada desvergonzada y burlona. Llevaban todos el gorro y fumaban unos en pipa y otros cigarrillos. Vestían los unos trajes de dormir, e iban otros tan ligeros de ropa que rayaba en la indecencia; algunos no habían dejado los naipes para salir. Lo que más les divertía era oír a Marmeladoff, arrastrado por los cabellos, gritar que aquello le daba gusto.

Empezaban ya los inquilinos a invadir la habitación, cuando de repente se oyó una voz irritada; era Amalia Ludvigovna en persona que, abriéndose paso a través del grupo, venía para restablecer el orden a su manera. Por centésima vez manifestó a la pobre mujer que tenía que dejar el cuarto al día siguiente.

Como es de suponer, esta despedida fué dada en términos insultantes. Raskolnikoff llevaba encima el resto del rublo que había cambiado en la taberna. Antes de salir tomó del bolsillo un puñado de cobres y, sin ser visto, puso las monedas en la repisa de la ventana; pero antes de bajar la escalera se arrepintió de su generosidad, y poco faltó para que subiese de nuevo a casa de Marmeladoff.

—¡Valiente tontería he hecho!—pensaba—. Ellos cuentan con Sonia, pero yo no cuento con nadie—. Reflexionó, sin embargo, que no podía recobrar su dinero y que aunque pudiese, no lo haría. Después de esta reflexión prosiguió su camino—. Le hace falta pomada a Sonia—continuó diciéndose con burlona sonrisa, andando ya por la calle—. La elegancia cuesta dinero... ¡Hum! Según se ve Sonia no ha sido muy afortunada hoy. La caza del hombre es como la caza de los animales silvestres; se corre el peligro de volverse uno a casa de vacío. De seguro que mañana lo pasarían mal sin mi dinero... ¡Ah! ¡Sí, Sonia! ¡La verdad es que han encontrado en ella buena vaca de leche!... Y se aprovechan bien. Esto no les preocupaba nada; se han acostumbrado ya a ello. Al principio lloriquearon un poco; después se han habituado. ¡El hombre es cobarde y se hace a todo!

Raskolnikoff se quedó pensativo.

—¡Pues bien; si he mentido—exclamó—, si el hombre no es necesariamente un cobarde, debe atropellar todos los temores y todos los prejuicios que le detienen!

III.

Tarde era cuando al día siguiente se despertó tras de un sueño agitado que no le devolvió las fuerzas y aumentó, de consiguiente, su mal humor. Paseó su mirada por el aposento con ojos irritados. Aquel cuartito, de seis pies de largo, ofrecía un aspecto muy lastimoso con el empapelado amarillento lleno de polvo y destrozado; además era tan bajo, que un hombre de elevada estatura corría peligro de chocar con el techo. El mobiliario estaba en armonía con el local; tres sillas viejas más o menos desvencijadas; en un rincón, una mesa de madera pintada, en la cual había libros y cuadernos cubiertos de polvo, prueba evidente de que no se había puesto mano en ellos durante mucho tiempo, y en fin, un grande y feísimo sofá, cuya tela estaba hecha pedazos.

Este sofá, que ocupaba casi la mitad de la habitación, servía de lecho a Raskolnikoff. El joven se acostaba a menudo allí vestido y sin mantas; se echaba encima, a guisa de colcha, su viejo capote de estudiante, y convertía en almohada un cojín pequeño, bajo el cual ponía, para levantarlo, toda su ropa, limpia o sucia. Delante del sofá había una mesita.

La misantropía de Raskolnikoff armonizaba muy bien con el desaseo de su tugurio. Sentía tal aversión a todo rostro humano, que solamente el ver la criada encargada de asear el cuarto la exasperaba. Suele ocurrir esto a algunos monómanos preocupados por una idea fija.

Quince días hacía que la patrona había cortado los víveres a su pupilo y a éste no se le había ocurrido tener una explicación con ella.

En cuanto a Anastasia, cocinera y única sirvienta de la casa, no le molestaba ver al pupilo en aquella disposición de ánimo, puesto que así éste daba menos que hacer; había cesado por completo de arreglar el cuarto de Raskolnikoff y de sacudir el polvo. A lo sumo, venía una vez cada ocho días a dar una escobada. En el momento de entrar la criada el joven despertó.

—Levántate. ¿Qué te pasa para dormir así? Son las nueve; te traigo te, ¿quieres una taza? ¡Huy qué cara! ¡Pareces un cadáver!

El inquilino abrió los ojos, se desperezó y, reconociendo a Anastasia, le preguntó, haciendo un penoso esfuerzo para levantarse.

—¿Me lo envía la patrona?

—No hay cuidado que se le ocurra semejante cosa.

La sirvienta colocó delante del joven su propia tetera y puso en la mesa dos terroncitos de azúcar morena.

—Anastasia, toma este dinero—dijo Raskolnikoff sacando del bolsillo unas monedas de cobre (también se había acostado vestido)—, y haz el favor de ir a buscarme un panecillo blanco. Pásate por la salchichería y tráete un poco de embutido barato.

—En seguida te traeré el panecillo; pero en lugar de salchicha, ¿no sería mejor que tomases un poco de *chatchi*? Se hizo ayer y está muy rico. Te guardé un poco... pero como te retiraste tan tarde... Está muy bueno.

Fué a buscar el *chatchi*, y cuando Raskolnikoff se puso a comer, la sirvienta se sentó a su lado, en el sofá, y empezó a charlar como lo que era, como una campesina.

—Praskovia Pavlona quiere dar parte a la policía.

El rostro del joven se alteró.

—¡A la policía! ¿Por qué?

—Porque no le pagas ni quieres irte. Ahí tienes el por qué.

—¡Demonio, no me faltaba más que esto!—dijo entre dientes—. No podría hacerlo en peor hora para mí... Esa mujer es tonta—añadió en alta voz—. Iré a verla y le hablaré.

—Como tonta, lo es ella y lo soy yo. Pero tú, que eres inteligente, ¿por qué te estás así tendido como un asno? ¿Cómo es que no tienes nunca dinero? Según he oído decir, antes dabas lecciones. ¿Por qué ahora no haces nada?

—Sí que hago—respondió secamente y como a pesar suyo Raskolnikoff.

—¿Qué es lo que haces?

—Cierto trabajo...

—¿Qué trabajo?

—Medito—respondió seriamente después de una pausa.

Anastasia se echó a reír.

Tenía el carácter alegre; pero cuando se reía, era con risa estrepitosa que sacudía todo su cuerpo y acababa por hacerle daño.

—¿Y el pensar te proporciona mucho dinero?—preguntó cuando pudo hablar.

—No se puede ir a dar lecciones cuando no tiene uno botas que ponerse. Además, desprecio ese dinero.

—Quizás algún día te pese.

—Para lo que se gana dando lecciones... ¿Qué se puede hacer con unos cuantos kopeks?—siguió diciendo con tono agrio y dirigiéndose más bien a sí mismo que a su interlocutora.

—¿De modo que deseas adquirir de golpe la fortuna?

Raskolnikoff la miró con aire extraño, y guardó silencio durante algunos momentos.

—Sí, una fortuna—dijo luego con energía.

—¿Sabes que me das miedo? ¡Eres terrible! ¿Voy a buscarte el panecillo?

—Como quieras.

—¡Oh, se me olvidaba! Han traído una carta para ti.

—¡Una carta para mí! ¿De quién?

—No sé de quien; le he dado al cartero tres kopeks de mi bolsillo. He hecho bien, ¿no es cierto?

—¡Tráela, por amor de Dios, tráela!—exclamó Raskolnikoff muy agitado—. ¡Señor!

Un minuto después la carta estaba en sus manos.

No se había engañado; era de su madre, y traía el sello del gobierno de R... Al recibirla, no pudo menos de palidecer; hacía largo tiempo que no tenía noticias de los suyos; otra cosa, además, le oprimía violentamente el corazón en aquel momento.

—Anastasia, haz el favor de irte; ahí tienes tus tres kopeks; pero, ¡por amor de Dios!, vete en seguida.

La carta temblaba en sus manos; no quería abrirla en presencia de Anastasia, y esperó, para comenzar la lectura, a que la criada se marchase. Cuando se quedó solo, llevó vivamente el papel a sus labios y lo besó. Después se puso a contemplar atentamente la dirección reconociendo los caracteres trazados por una mano querida: era la letra fina e inclinada de su madre, la cual habíale enseñado a leer y escribir. Vacilaba como si experimentase cierto temor. Al fin rompió el sobre, la carta era muy larga: dos hojas de papel comercial escritas por ambos lados.

«Mi querido Rodia—decíale su madre—. Dos meses ha que no te escribo, y esto me hace sufrir hasta el punto de quitarme el sueño. Pero, ¿verdad que tú me perdonas mi silencio involuntario? Tú sabes cuánto te quiero. Dunia y yo no tenemos a nadie más que a ti en el mundo; tú lo eres todo para nosotras, nuestra esperanza, nuestra felicidad en el porvenir. No puedes imaginarte lo que he sufrido al saber que, al cabo de muchos meses, has tenido que dejar la Universidad, por carecer de medios de existencia, y que no tenías ni lecciones, ni recursos de ninguna especie.

»¡Cómo ayudarte con mis ciento veinte rublos de pensión al año! Los quince rublos que te mandé hace cuatro meses, se los pedí prestados, como sabes, a un comerciante de nuestra ciudad, a Anastasio Ivanovitch Vakrutchin. Es un hombre excelente y un amigo de tu padre. Pero habiéndole dado poderes para cobrar mi pensión a mi nombre, no podía mandarte nada más antes de que se reembolsara de lo que me había prestado.

»Ahora, gracias a Dios, creo que podré enviarte algún dinero; por lo demás, me apresuro a decirte que estamos en el caso de felicitarnos por nuestra fortuna. En primer lugar, una cosa que de seguro te sorprenderá: tu hermana vive conmigo desde hace seis semanas y ya no se separará de mi lado. ¡Pobre hija mía! al fin acabaron sus tormentos; pero procedamos con orden, pues quiero que sepas cómo ha pasado todo y lo que hasta aquí te habíamos ocultado.

»Hace dos meses me escribías que habías oído hablar de la triste situación en que se hallaba Dunia respecto a la familia Svidrigailoff y me pedías noticias sobre este asunto. ¿Qué podía responderte yo? Si te hubiese puesto al corriente de los hechos, lo habrías dejado todo para venir aquí, aunque hubiera sido a pie, porque con tu carácter y tus sentimientos no habrías dejado que insultasen a tu hermana. Yo estaba desesperada; ¿pero qué hacer? Tampoco conocía entonces toda la verdad. Lo malo era que Dunetchka[6], que entró el año último como institutriz en esta casa, había recibido adelantados cien rublos, que había de pagar por medio de un descuento mensual sobre sus honorarios; por esta razón ha tenido que desempeñar su cargo hasta la extinción de la deuda.

»Esta cantidad (ahora puedo ya decírtelo, querido Rodia) se había pedido para enviarte los sesenta rublos que tanto necesitabas, y que recibiste el año pasado. Te engañamos entonces escribiéndote que aquel dinero provenía de antiguas economías reunidas por Dunetchka. No era verdad; ahora te lo confieso; porque Dios ha permitido que las cosas tomen repentinamente mejor rumbo y también para que sepas lo mucho que te quiere Dunia y el hermoso corazón que tiene.

»El hecho es que el señor Svidrigailoff comenzó por mostrarse grosero con ella; en la mesa no cesaba de molestarla con descortesías y sarcasmos... mas, ¿para qué extenderme en penosos pormenores, que no servirían más que para irritarte inútilmente, puesto que todo ello ha pasado ya? En suma, aunque tratada con muchos miramientos y bondad por Marfa Petrovna, la mujer de Svidrigailoff, y por las otras personas de la casa, Dunetchka sufría mucho, sobre todo cuando Svidrigailoff, que ha adquirido en el regimiento la costumbre de beber, estaba bajo la influencia de Baco. Menos mal si todo se hubiera limitado a esto... Pero figúrate tú que, bajo apariencias de desprecio hacia tu hermana, este insensato ocultaba una verdadera pasión por Dunia.

»Al fin se quitó la máscara; quiero decir, que hizo a Dunetchka proposiciones deshonrosas: trató de seducirla con diversas promesas declarándole que estaba dispuesto a abandonar su familia e irse a vivir con Dunia en otra ciudad o en el extranjero. ¡Figúrate los sufrimientos de tu pobre hermana! No solamente la cuestión pecuniaria, de la cual te he hablado, le impedía dejar inmediatamente el empleo, sino que además temía, procediendo de este modo, despertar las sospechas de Marfa Petrovna e introducir la discordia en la familia.

»El desenlace llegó de improviso. Marfa Petrovna sorprendió inopinadamente a su marido en el jardín, en el momento en que aquél, con sus instancias, asediaba a Dunia, y entendiendo

---

[6]Diminutivo cariñoso de Dunia.

mal la situación, atribuyó todo lo que sucedía a la pobre muchacha. Hubo entre ellos una escena terrible. La señora Svidrigailoff no quiso avenirse a razones; estuvo gritando durante una hora contra su supuesta rival; se olvidó de sí misma, hasta pegarla, y, finalmente, la envió a mi casa en la carreta de un campesino, sin dejarle tiempo aun para hacer la maleta.

»Todos los objetos de Dunia, ropa blanca, vestidos, etc., fueron metidos revueltos en la telega[7]. Llovía a cántaros, y, después de haber sufrido aquellos insultos, tuvo Dunia que caminar diez y siete verstas en compañía de un *mujik*[8], en un carro sin toldo. Considera ahora qué había de escribirte, en contestación a la carta tuya de hace dos meses. Estaba desesperada; no me atrevía a decirte la verdad, porque te habría causado una pena hondísima e irritado sobremanera. Además, Dunia me lo había prohibido. Escribirte para llenar mi carta de futesas, te aseguro que era cosa que no me sentía capaz de hacer, teniendo como tenía el corazón angustiado. A continuación de este suceso, fuimos durante un mes largo la comidilla del pueblo, hasta el extremo de que Dunia y yo no podíamos ir a la iglesia sin oír lo que, al pasar nosotras, murmuraba la gente con aire despreciativo.

»Todo ello por culpa de Marfa Petrovna, la cual había ido difamando a Dunia por todas partes. Conocía a mucha gente en el pueblo, y durante ese mes venía aquí diariamente. Como además es un poco charlatana y le gusta tanto hablar mal de su marido, pronto propaló la historia, no sólo por el pueblo, sino por todo el distrito. Mi salud no resistió; pero Dunetchka se mostró más fuerte: lejos de abatirse ante la calumnia, ella era quien me consolaba esforzándose en darme valor. ¡Si la hubieses visto! ¡Es un ángel!

»La misericordia divina ha puesto fin a nuestros infortunios. El señor Svidrigailoff reflexionó, sin duda, y compadecido de la joven a quien hubo antes de comprometer, puso ante los ojos de Marfa Petrovna pruebas convincentes de la inocencia de Dunia. Svidrigailoff conservaba una carta que, antes de la escena del jardín, mi hija se vió obligada a escribirle, rehusándole una cita que él le había pedido. En esta carta Dunia le echaba en cara la indignidad de su conducta respecto a su mujer, le recordaba sus deberes de padre y esposo y, por último, le hacía ver la vileza de perseguir a una joven desgraciada y sin defensa.

»Con esto no le quedó duda alguna a Marfa Petrovna de la inocencia de Dunetchka. Al día siguiente, que era domingo, vino a nuestra casa, y después de contárselo todo, abrazó a Dunia y le pidió perdón llorando. Después recorrió el pueblo, casa por casa, y en todas partes rindió espléndido homenaje a la honradez de Dunetchka y a la nobleza de sus sentimientos y conducta. No contentándose con esto, enseñaba a todo el mundo y leía en alta voz la carta autógrafa de Dunia a Svidrigailoff; hizo además sacar de ella muchas copias (lo que ya me parece excesivo). Como ves, ha rehabilitado por completo a Dunetchka, mientras el marido de Marfa Petrovna sale de esta aventura cubierto de imborrable deshonor. No puedo menos de compadecer a ese loco, tan severamente castigado.

»Has de saber, Rodia, que se ha presentado para tu hermana un partido, y que ella ha dado su consentimiento, cosa que me apresuro a comunicarte. Tú nos perdonarás a Dunia y a mí el haber tomado esta resolución sin consultarte, cuando sepas que el asunto no admitía dilaciones y que era imposible esperar, para responder, a que tú nos contestaras. Por otra parte, no estando aquí, no podías juzgar con conocimiento de causa.

»Te diré cómo ha pasado todo. El novio, Pedro Petrovitch Ludjin, un consejero de la Corte de Apelación, es pariente lejano de Marfa Petrovna, la cual se ha tomado mucho interés por nosotros en esta ocasión. Ella fué quien le presentó en nuestra casa. Le recibimos convenientemente, tomó café con nosotras, y al otro día nos escribió una carta muy cortés pidiéndonos la mano de tu hermana y solicitando una respuesta pronta y categórica. Es un hombre muy atareado; está en vísperas de regresar a San Petersburgo, de manera que no puede perder tiempo.

»Naturalmente, nos quedamos asombradas, puesto que no esperábamos un cambio tan brusco en nuestra situación. Un día entero hemos estado examinando el caso tu hermana y yo. Pedro Petrovitch está en buena posición; desempeña dos cargos y posee ya una considerable fortuna. Tiene, es cierto, cuarenta y cinco años; pero su aspecto es agradable y puede gustar a las mujeres. Es un hombre muy bueno; a mí me parece un poco frío y altanero. Sin embargo, estas apariencias pueden ser engañosas.

---

[7]Carreta de aldeano.
[8]Campesino siervo.

»Ya estás advertido, querido Rodia; cuando le veas en San Petersburgo, lo que sucederá pronto, no le juzgues con demasiada ligereza, ni le condenes, sin apelación, como tienes por costumbre, si por acaso a primera vista te inspira poca simpatía. Te digo esto por decírtelo, porque, en rigor, estoy persuadida de que te producirá buena impresión. Además, por regla general, para conocer a cualquiera es menester haberle tratado largo tiempo y observádole con cuidado; de lo contrario se incurre en errores que luego se rectifican difícilmente.

»Pero en lo tocante a Pedro Petrovitch, todo hace creer que es una persona muy respetable; ya en su primera visita nos ha manifestado que está por lo «positivo». Sin embargo, ha dicho, son sus propias palabras: «Participo en gran parte de las ideas de las generaciones modernas y soy enemigo de todos los prejuicios». Habló mucho más porque, según parece, es un tanto vanidoso y le enamoran sus frases; pero esto, en realidad, no constituye un grave defecto.

»Yo, es claro, no he comprendido gran cosa de lo que ha hablado, por lo cual me limitaré a comunicarte la opinión de Dunia: «Aunque de escasa instrucción—me ha dicho—, es inteligente, y parece bueno». Conoces el carácter de tu hermana, Rodia; es una joven valerosa, sensata, paciente y magnánima, aunque su corazón sea muy apasionado como he podido comprobar. De seguro que no se trata ni por parte de él ni de ella de un matrimonio por amor: pero Dunia no es tan sólo una muchacha inteligente, su alma es de nobleza angelical, su marido procurará hacerla feliz, y ella considerará como un deber el corresponderle.

»Hombre de buen entendimiento Pedro Petrovitch, debe comprender que la felicidad de su esposa será la mejor garantía de la suya. Por ejemplo, me ha parecido un poco seco; pero esto, sin duda, depende de su franqueza. En su segunda visita, cuando ya habíamos admitido su demanda, nos ha dicho que, aun antes de conocer a Dunia, estaba resuelto a no casarse más que con una joven honrada pero sin dote, y que supiese qué es la pobreza. Según él, el hombre no debe sentirse obligado a su esposa; vale más que ella vea en su marido un bienhechor.

»No son estas precisamente sus palabras; reconozco que se ha explicado en términos más delicados; pero yo sólo recuerdo el sentido de sus frases. Por lo demás, ha hablado sin premeditación; evidentemente la frase, se le ha escapado sin intención, y aun ha tratado de atenuar su crudeza. Sin embargo, he encontrado un poco dura su manera de expresarse, y así se lo he dicho a Dunia. Pero ella me ha contestado, con algo de mal humor, que las palabras no son más que palabras, y que, en último término, lo que él opina es justo. Durante la noche que ha precedido a su determinación, Dunetchka no ha podido conciliar el sueño. Creyéndome dormida se levantó de la cama para pasearse arriba y abajo de la alcoba. Por último, se puso de rodillas y, después de una larga y ferviente plegaria ante la imagen, me declaró al día siguiente por la mañana que había tomado su resolución.

»Te he dicho ya que Pedro Petrovitch debía regresar inmediatamente a San Petersburgo, donde le llamaban graves intereses y donde quiere abrir su estudio de abogado. Desde hace tiempo se ocupa en asuntos de abogacía; acaba de ganar una causa importante, y su viaje a San Petersburgo es motivado por un negocio de interés que se debe tratar en el Senado. En estas condiciones, hijo mío, está en camino de servirte mucho, y Dunia y yo hemos pensado que podrás, bajo sus auspicios, comenzar tu futura carrera. ¡Ah, si esto se realizase!

»Tan ventajoso sería para ti, que habría que atribuirlo a un favor especial de la divina Providencia.

»Dunia no piensa en otra cosa. Hemos hecho ya alguna indicación a Pedro Petrovitch, que se ha expresado con cierta reserva: «Sin duda, ha dicho, como yo tengo necesidad de un secretario, mejor le confiaría este puesto a un pariente que a un extraño, con tal de que sea capaz de desempeñarlo.» ¡Figúrate si serás tú capaz! A mí me ha parecido que teme que tus estudios universitarios te impidan ocuparte en su bufete. Por esta vez la conversación no ha pasado adelante; pero Dunia no tiene otra cosa en la cabeza; su imaginación, ya exaltada, te ve trabajando bajo la dirección de Pedro Petrovitch, y hasta asociado a sus negocios, tanto más, cuanto que sigues la misma carrera suya; yo pienso lo mismo que ella, y sus proyectos para tu porvenir me parecen muy realizables.

»A pesar de la respuesta evasiva de Pedro Petrovitch, la cual se comprende perfectamente, puesto que no te conoce, Dunia cuenta con su legítima influencia de esposa para arreglarlo todo en armonía con nuestros comunes deseos. Huelga decir que hemos procurado dar a entender a Pedro Petrovitch que tú podrías ser, andando el tiempo, su socio. Es un hombre positivo, y acaso no hubiese mirado con buenos ojos lo que hasta ahora sólo le habrá parecido un sueño.

»Quiero también decirte una cosa, querido Rodia. Por ciertas razones, que nada tienen que ver con Pedro Petrovitch, y que quizá no sean más que rarezas de vieja, creo que después de la boda debo seguir en mi casa, en vez de irme a vivir con ellos. No dudo que Pedro Petrovitch será bastante atento y delicado para instarme a que no me separe de mi hija; si hasta ahora no me lo ha insinuado, es sin duda porque cree que no se ha de hablar de una cosa que cae por su peso; pero yo tengo intención de rehusar.

»Si es posible, me estableceré cerca de vosotros, porque te advierto, querido Rodia, que he guardado lo mejor para el final. Has de saber, hijo mío, que de aquí a poco tiempo nos veremos, y podremos abrazarnos después de tres años de separación. Está decidido que Dunia y yo vayamos a San Petersburgo. ¿Cuándo? No lo sé a punto fijo; pero será bien pronto, quizá dentro de ocho días. Todo depende de Pedro Petrovitch, que nos enviará sus instrucciones cuando haya arreglado sus asuntos en ésa y apresurado la boda. A ser posible desea que el matrimonio se efectúe el carnaval, o a más tardar, después de la cuaresma de la Asunción. ¡Oh, con qué alegría te estrecharé entre mis brazos!

»Dunia está enajenada de júbilo ante la idea de volver a verte; y me ha dicho una vez bromeando que, aunque no fuese más que por esto, se casaría de buena gana con Pedro Petrovitch. ¡Es un ángel! No añade nada a esta carta, porque tendría, según ella, demasiadas cosas que contarte, y, siendo esto así, no vale la pena de escribirte unas cuantas líneas. Me encarga que te envíe cariñosísimos recuerdos de su parte. Aunque estamos en vísperas de reunirnos, pienso, sin embargo, remitirte todo el dinero que pueda. En cuanto se ha sabido que Dunetchka iba a casarse con Pedro Petrovitch, nuestro crédito ha aumentado de un modo considerable, y sé, a ciencia cierta, que Anastasio Ivanovitch está dispuesto a adelantarme sobre mi pensión hasta 70 rublos.

»Te mandaré, pues, dentro de unos días 25 o 30 rublos. Te mandaría de buena gana mayor cantidad si no temiese que llegara a faltarme dinero para el viaje. Es verdad que Pedro Petrovitch tiene la bondad de encargarse de una parte de nuestros gastos de viaje; a sus expensas nos van a proporcionar un gran cajón para empaquetar nuestros efectos; pero nosotros tenemos que pagar nuestros billetes, hasta San Petersburgo, y no es cosa de que lleguemos a esa capital sin ningún kopek.

»Dunia y yo lo hemos calculado todo; el viaje no nos saldrá muy caro. Desde nuestra casa al tren no hay más que noventa verstas, y hemos ajustado con un campesino, conocido nuestro, que nos lleve en su carro a la estación; en seguida nos meteremos muy satisfechas en un coche de tercera. En resumen: después de echar mis cuentas, son 30 rublos, y no 25, los que voy a tener el placer de remitirte.

»Ahora, mi querido Rodia, te abrazo, esperando nuestra próxima entrevista, y te envío mi bendición maternal. Quiere mucho a Dunia, a tu hermana. ¡Oh Rodia!, sabe que te quiere infinitamente más que a sí misma; págala con el mismo afecto. Ella es un ángel, y tú lo eres todo para nosotras, toda nuestra esperanza, toda nuestra futura felicidad. Con tal que tú seas dichoso, lo seremos nosotras.

»Adiós, o más bien, hasta la vista. Te beso mil veces.

»Tuya hasta la muerte.

Durante la lectura de esta carta se le saltaron varias veces las lágrimas al joven; pero cuando la hubo terminado se dibujó en su rostro, pálido y convulsivo, una amarga sonrisa. Apoyando la cabeza sobre su nauseabundo cojín, permaneció pensativo durante largo tiempo. Latíale el corazón con fuerza y sus ideas se confundían. Por último, se sintió como sofocado en aquel cuartucho amarillento que parecía un armario o un baúl. Su ser físico y moral tenía necesidad de espacio.

Tomó el sombrero y salió, sin temor esta vez a encontrar a nadie en la escalera. No pensaba en la patrona. Se dirigió hacia la plaza de Basilio Ostroff por la perspectiva V***. Andaba rápidamente como el que tiene que atender a muchos negocios importantes a la vez; pero, según costumbre, no se fijaba en nadie, murmuraba para sí y aun *monologueaba* en alta voz, lo que asombraba a los paseantes. Algunos lo creían borracho.

IV.

La carta de su madre le había impresionado extraordinariamente; pero el asunto principal de ella no le hizo vacilar ni un momento. Desde el primer instante, aun antes de acabar de leerla, tenía tomada ya su resolución.

«En tanto que yo viva no se celebrará este matrimonio; que se vaya al diablo el señor Ludjin.

»¡La cosa está bien clara!—murmuraba sonriendo, con aire de triunfo como si tuviese la clave de lo sucedido—. ¡No, madre; no, Dunia! ¡no lograréis engañarme!... ¡Y todavía se disculpan de no haberme pedido mi opinión, y por haber resuelto el asunto sin mí! ¡Ya lo creo, suponen que no es posible romper la unión proyectada! ¡Eso ya lo veremos! ¿Y qué razón es la que alegan? «Pedro Petrovitch es un hombre tan ocupado, que sólo puede casarse a toda prisa.»

»No, Dunetchka, no; lo adivino todo. Sé lo que querías comunicarme, sé también lo que pensabas durante toda la noche que has pasado paseándote por tu habitación o rezando a Nuestra Señora de Kazán, cuya imagen está en la alcoba de nuestra madre. ¡Qué penosa es la subida del Gólgota!... ¡Oh!... Está bien combinado; te casas con un hombre de negocios, muy práctico y que posee ya un capital (lo cual es de tenerse muy en cuenta), que tiene dos empleos y que participa, según mamá, de las ideas de las modernas generaciones. Dunetchka misma observa que le «parece» bueno; ¡ese *parece* es muy significativo! Bajo la fe de una apariencia, Dunetchka va a casarse con él... ¡Admirable!... ¡Admirable!...

»Me gustaría saber por qué mi madre ha hablado en su carta de las «generaciones modernas». ¿Es sencillamente para caracterizar el personaje, o ha sido con objeto de captar mis simpatías para el señor Ludjin? ¡Vaya una estratagema! Hay una circunstancia que desearía esclarecer. ¿Hasta qué punto han sido francas, durante el día y la noche que precedieron a la resolución de Dunetchka? ¿Hubo entre ellas una explicación formal, o se comprendieron mutuamente sin tener casi necesidad de cambiar sus ideas? A juzgar por la carta, me inclinaría más bien hacia esta última suposición: mi madre le ha encontrado un poco seco, y en su candidez, ha comunicado su observación a Dunia. Pero ésta, naturalmente, se ha enfadado y respondió de *mal humor*.

»¡Lo comprendo! desde el momento en que la decisión estaba tomada, no había que volver sobre ella; la advertencia de mi madre era, por lo menos, inútil. ¿Y por qué me escribe diciéndome: «quiere a Dunia, ¡oh Rodia!, porque ella te quiere más que a sí misma»? ¿Le remordería la conciencia por haber sacrificado su hija a su hijo? «Tú eres nuestra felicidad en el porvenir, tú lo eres todo para nosotras.» ¡Oh madre mía!...

Por instantes aumentaba la indignación de Raskolnikoff, y si entonces hubiera encontrado al señor Ludjin, probablemente le habría matado.

—Es verdad—continuó, siguiendo el vuelo de los pensamientos que le hervían en la cabeza—; «es verdad que, para conocer a cualquiera, es preciso haberle tratado largamente y observádole con cuidado.» ¡Pero el señor Ludjin no es difícil de descifrar! Ante todo, es un hombre de negocios y *parece* bueno. Aquello de «quiero proporcionaros un gran cajón» es verdaderamente chusco. ¿Cómo dudar, en vista de este rasgo tan rumboso, de su bondad? Su futura y su suegra van a ponerse en camino en el carro de un campesino sin más defensa contra la lluvia que un mal toldo... ¡Qué importa! el trayecto hasta la estación no es más que de noventa verstas; «en seguida entraremos en un coche de tercera», para recorrer mil verstas; tiene razón; es preciso cortar el traje según la tela; pero usted, señor Ludjin, ¿en qué piensa usted? Vamos a ver, ¿no se trata de su futura esposa? ¿Y cómo puede usted ignorar que para emprender semejante viaje tiene la madre que tomar un préstamo sobre su pensión? Sin duda, con el espíritu mercantil que usted posee, ha considerado que esta boda es un negocio a medias, y que, por consiguiente, cada asociado debe suministrar la parte que le corresponde; pero usted ha arrimado demasiado el ascua a su sardina; no hay paridad entre lo que cuesta un cajón y lo que cuesta el viaje.

»¿Es que no se hacen cargo de estas cosas, o que fingen no verlo? Lo cierto es que parecen contentas. Sin embargo, ¿qué frutos pueden esperarse de tales flores? Lo que me irrita en ese extraño sujeto, es más la tacañería que su proceder: el amante da señal de lo que será el marido. Y mamá, que tira el dinero por la ventana, ¿con qué llegará a San Petersburgo? Con tres rublos o tres billetitos, como decía aquella vieja... ¡Hum! ¿Con qué recursos cuenta para vivir aquí? Por ciertos indicios, ha comprendido que después del matrimonio no podrá vivir con Dunia. Alguna palabra se le ha *escapado* a ese amable señor, que ha sido sin duda un rayo de luz para mi madre, aunque ella se esfuerce en cerrar los ojos a la evidencia.

«Tengo intención de rehusar»—me dice—; pero entonces, ¿con qué medios de existencia cuenta? ¿Con los 120 rublos de pensión, de los cuales será preciso descontar la suma prestada por Anastasio Ivanovitch? Allá en nuestro pueblo, mi pobre madre se quema los ojos haciendo toquillas de punto de lana y bordando mangas. Pero este trabajo no le da más que 20 rublos al año. Luego, a pesar de todo, pone su esperanza en los sentimientos generosos del señor Ludjin. «Me instará a que no me separe de mi hija.» ¡Sí, fíate!

»Pase por mamá; ella es así; es su modo de ser; pero, ¿y Dunia?

»Es posible que no comprenda a ese hombre. ¡Y consiente en casarse con él! Yo sé que ama mil veces más la libertad de su alma que el bienestar material. Antes que renunciar a ella, comería pan negro con un sorbo de agua; no la daría por todo el Slesvig-Holstein, cuanto más por el señor Ludjin. No, la Dunia que yo conozco no es capaz de eso, y de seguro no ha cambiado. ¿Qué quiere decir entonces? Penoso es vivir en casa de los Svidrigailoff, andar rondando de provincia en provincia, pasar toda la vida dando lecciones que producen al año 200 rublos; eso es muy duro, ciertamente; sin embargo, yo sé que mi hermana iría a trabajar a casa de un plantador de América o a la de un alemán de Lituania, antes que envilecerse, encadenando por puro interés personal su existencia a la de un hombre a quien no estima y con quien no tiene nada de común. Cargado de oro puro y de diamantes podría estar el señor Ludjin, y mi hermana no consentiría en ser la manceba legítima de ese hombre. Y siendo esto así, ¿por qué se ha resuelto a casarse? ¿Cuál es la clave de este enigma? La cosa es bastante clara; para procurarse a sí misma una posición, ni siquiera para librarse de la muerte, no se vendería jamás; pero lo hace por un ser querido, adorado. Esta es la explicación de todo el misterio: se vende por su madre, se vende por su hermano. ¡Y lo vende todo! Eso es, violentemos nuestro sentimiento moral, pongamos en público mercado nuestra libertad, nuestro reposo, nuestra misma conciencia, todo, todo... ¡Perezca nuestra vida, con tal de que los seres queridos sean felices! Hagamos más todavía, imitemos la casuística sutil de los jesuítas, transijamos con nuestros escrúpulos y persuadámonos de que es preciso proceder de este modo, que la excelencia del fin justifica los medios. Ved aquí cómo somos... esto es claro como la luz. Es evidente que en el primer término se encuentra Rodión Romanovitch Raskolnikoff. Hay que asegurarle la felicidad, suministrarle medios para terminar sus estudios universitarios, que llegue a ser el socio de Ludjin, que alcance, si es posible, la fortuna, el renombre y la gloria. ¿Y la madre? Ella no ve más que a su hijo, a su primogénito. ¿Cómo no ha de sacrificar su hija a este hijo, objeto de sus predilecciones? ¡Corazones tiernos, pero injustos!

»¡Oh! es la suerte de Sonetchka la que aceptáis... Sonetchka Marmeladoff, la eterna Sonetchka, que durará tanto como el mundo. ¿Habéis medido bien las dos la extensión de vuestro sacrificio? ¿Sabes tú, Dunetchka, hermana mía, que vivir con el señor Ludjin es ponerse al nivel de Sonetchka? «En este matrimonio no puede haber amor», escribe mi madre. Pues bien, si no puede haber amor ni estimación, sino, por el contrario, disgusto, repulsión y alejamiento, ¿en qué se diferencia este enlace del concubinato o de la prostitución? Más disculpable sería aún Sonetchka, puesto que ella se ha vendido no para procurarse el bienestar, sino porque veía la miseria y el hambre, el hambre verdadera llamar a la puerta de su casa.

»Y si llega el momento de que el peso sea superior a vuestras fuerzas, si os arrepentís de lo que habéis hecho, ¡qué dolores, qué de maldiciones, qué de lágrimas secretamente vertidas, porque vosotras no sois como Marfa Petrovna! ¿Qué sería de vuestra madre cuando viese ciertas cosas que yo preveo? Ahora está inquieta, atormentada, pero, ¿qué será cuando vea las cosas tal como son en realidad? ¿Y yo? ¿Por qué habéis pensado en mí? Yo no acepto tu sacrificio, Dunetchka, no lo acepto. Mientras yo viva, no se celebrará esa boda.»

Se detuvo, quedándose como ensimismado.

—¡Que no se celebrará! ¿Qué puedes hacer tú para impedirlo? ¿Oponer tu *veto*? ¿Con qué derecho podrías hacerlo? ¿Qué podrías ofrecer por tu parte? ¿Les prometerías consagrarles toda tu vida, todo tu porvenir, *cuando hayas terminado tus estudios* y encontrado una colocación? Eso es lo futuro, y aquí se trata de hacer algo por el presente. ¿Y qué es lo que ahora haces? ¡Arruinarlas! ¡Obligas a una a pedir prestado sobre una pensión y a la otra a solicitar un anticipo, sobre su sueldo, a los Svidrigailoff! So pretexto de que puedes llegar a ser millonario, pretendes disponer despóticamente de su suerte; pero, ¿puedes, en la actualidad, atender a sus necesidades? Tal vez podrás hacerlo cuando hayan transcurrido diez años; pero entonces tu madre habráse quedado ciega a fuerza de trabajar y llorar, y las privaciones habrán destruido su salud. ¿Y tu hermana?

Vamos, Rodión, recapacita sobre los peligros que las amenazan durante estos diez años.

Experimentaba cierto punzante placer al hacerse estas dolorosas preguntas que, en rigor, no eran nuevas para él. Desde hacía tiempo le atormentaban incesantemente exigiéndole con imperio respuestas que él no encontraba. La carta de su madre acababa de herirle como un rayo. Comprendía que era pasado ya el tiempo de las lamentaciones estériles, que no trataba ya de razonar sino de hacer algo inmediatamente, costase lo que costase; era preciso tomar una resolución cualquiera.

—¡O renunciar a la vida—exclamó—aceptando el destino tal cual es, sofocando en mi alma todas mis aspiraciones, abdicando definitivamente mi derecho a ser, a vivir, a amar!

Rodión se acordó de repente de las palabras dichas el día antes por Marmeladoff: «¿Comprende usted, comprende usted, señor, lo que significa esta frase: No tener ya adónde ir?»

Acababa de presentarse ante su espíritu un pensamiento que también se le había ocurrido la víspera, y se estremeció. No era el retorno de este pensamiento lo que le hacía temblar, pues ya sabía que había de volver y lo esperaba, sino que esta idea no era exactamente igual a la de la víspera y consistía la diferencia en lo siguiente: lo que un mes antes, y aun el día antes, no era más que un sueño, surgía entonces bajo una nueva forma espantosa, desconocida. El joven tenía conciencia de este cambio... Sentía como un zumbido en el cerebro y una nube le cubría los ojos.

Se apresuró a mirar en torno suyo, como si buscase algo. Sentía ganas de sentarse, y lo que buscaba era un banco. Se encontraba entonces en la avenida de K***. A cien pasos de distancia, en efecto, había un banco. Apresuró el paso cuanto pudo, pero durante el breve trayecto le ocurrió un incidente, que durante algunos momentos, ocupó por completo su atención. En tanto que miraba hacia el banco, reparó en una mujer que caminaba a veinte pasos de él. Al pronto no puso más atención en ella que en los diferentes objetos que encontró al paso. Le ocurría muchas veces volver a su casa sin acordarse del camino recorrido. Andaba de ordinario sin ver nada. Pero en aquella mujer se notaba algo tan extraño a primera vista, que Raskolnikoff no pudo menos de advertirlo.

Poco a poco, a la sorpresa sucedió una curiosidad, contra la cual trató al pronto de luchar, pero que acabó por ser más fuerte que su voluntad. Le entró de repente el deseo de saber qué era lo que había de extraño en la mujer aquella. Según todas las apariencias, debía ser muy joven. A pesar del calor, iba sin nada en la cabeza, sin sombrilla y sin guantes, moviendo los brazos de una manera ridícula. Llevaba al cuello un pañolito pequeño y un vestido ligero, de seda, puesto de una manera singular, mal abrochado y desgarrado por detrás, cerca de la cintura. Un pedazo flotaba a derecha e izquierda. Para colmo de rareza, la joven, muy poco firme, andaba haciendo eses. Este recuerdo acabó de excitar toda la curiosidad de Raskolnikoff, el cual se reunió con la joven en el momento que ésta llegaba al banco. La muchacha se tendió más bien que se sentó, puso la cabeza en el respaldo y cerró los ojos como una persona quebrantada por la fatiga. Al examinarla, comprendió Raskolnikoff que estaba embriagada, y la cosa le pareció tan extraña, que no podía dar crédito a sus propios ojos. Tenía ante él una carita casi infantil que apenas representaba diez y seis años, quizá solamente quince. Aquella cara, rodeada de cabellos rubios, era muy linda pero estaba como arrebatada y un poco hinchada. Parecía que la joven no tenía conciencia de sus actos. Estaba con las piernas cruzadas una sobre la otra en actitud muy poco decorosa, y todos los indicios hacían suponer que no se daba cuenta del lugar donde se hallaba.

Raskolnikoff no se sentaba ni quería irse, y permanecía en pie frente a ella, sin saber qué resolver. Era más de la una y hacía un calor insoportable; así es que la avenida, que a otras horas suele estar muy concurrida, estaba casi desierta. Sin embargo, a quince pasos de distancia se mantenía apartado, en la cuneta del paseo, un señor que evidentemente deseaba aproximarse a la joven con ciertas intenciones. También, sin duda, la había visto de lejos y puéstose a seguirla; pero la presencia de Raskolnikoff le embarazaba. Echaba, disimuladamente, es verdad, miradas irritadas a este último y esperaba con impaciencia el momento en que aquel «descamisado» le cediese el puesto. Nada más claro. El tal caballero, vestido muy elegantemente, era de unos treinta años, grueso, fuerte, de tez rojiza, de labios rosados y fino bigote. Raskolnikoff, invadido de violenta cólera, y deseoso de insultarle, se apartó un instante de la joven y se aproximó al señor.

—¡Eh, Svidrigailoff!—exclamó el joven apretando los puños y riendo sardónicamente, lo que hacía que los labios se le cubriesen de espuma.

El elegante frunció las cejas, y su fisonomía tomó un aspecto de altanero estupor.

—¿Qué significa esto?—continuó con un tono despreciativo.

—Esto significa que es preciso que se vaya con la música a otra parte.

—¿Cómo te atreves, canalla...?

Y levantó el bastón; pero Raskolnikoff, con los puños cerrados, se lanzó sobre el grueso señor, sin pensar que éste habría dado fácilmente cuenta de dos adversarios como él. Mas en aquel momento alguien asió por detrás a Raskolnikoff: era un guardia que acertó a pasar casualmente junto a ellos.

—¡Calma, señores; no se peguen ustedes en la vía pública! ¿Qué le pasa a usted? ¿Quién es usted?—preguntó severamente a Raskolnikoff, fijándose en su miserable aspecto.

Raskolnikoff miró con atención a quien le hablaba. El guardia, con sus bigotes blancos, tenía cara de soldado veterano; parecía, además, inteligente.

—De usted precisamente tenía necesidad—dijo el joven, y agarró por el brazo al guardia—. Soy un antiguo estudiante; me llamo Raskolnikoff. Usted puede también oírlo—añadió, dirigiéndose al caballero—; venga usted conmigo—y, sin soltar al guardia, le llevó hasta el banco—. Mire usted, esa joven se halla en completo estado de embriaguez; hace un momento se paseaba por la avenida; es difícil averiguar su posición social; pero no parece mujer de vida alegre. Lo más probable es que la hayan emborrachado, y abusado de ella después... ¿Comprende usted?... Luego, ebria como estaba, la han echado a la calle. Vea usted los jirones que tiene el traje; repare usted cómo lo lleva puesto; esta joven no se ha vestido por sí misma, la han vestido manos inexpertas, seguramente manos de hombre. Fíjese usted. Este buen señor, con quien quería agarrarme hace un momento, a quien no conozco, a quien veo por primera vez, advirtiendo que esta muchacha está ebria y que no tiene conciencia de nada, ha querido aprovecharse de su estado para llevarla Dios sabe adónde. Esté usted seguro de que no le engaño; he visto cómo la miraba y la seguía; pero como mi presencia le estropeaba la combinación esperaba que me marchase... Vea usted cómo se ha separado de nosotros, y con qué aire de importancia hace un cigarrillo... ¿Cómo libraremos a esta joven de sus insidias? ¿De qué modo hacer que se vuelva a su casa? Piense usted un poco en esto...

El guardia se hizo cargo inmediatamente de la situación y se puso a reflexionar. No había duda respecto a las intenciones del caballero, pero quedaba la muchacha. El soldado se inclinó hacia ella para examinarla de cerca, y en su semblante se dibujó verdadera compasión.

—¡Ah, qué desgracia!—dijo moviendo la cabeza—. Es todavía una niña. De seguro se la ha tendido un lazo. Escuche, señorita; ¿dónde vive usted?

La joven levantó pesadamente los párpados y miró a los dos hombres con expresión imbécil e hizo un gesto como para rechazarlos.

Raskolnikoff sacó del bolsillo veinte kopeks.

—Tome usted—dijo al guardia—: tome usted un coche y llévela a su casa. Sólo falta que nos dé su dirección.

—¡Señorita, eh, señorita!—dijo de nuevo el guardia, después de tomar el dinero—. Voy a buscar un coche, y yo mismo la conduciré a usted a su casa. ¿Adónde hay que llevarla? ¿Dónde vive usted?

—¡Oh Dios mío!... ¡Me prenden!—murmuró la joven con el mismo movimiento de antes.

—¡Ah! ¡Qué ignominia! ¡Qué infamia!—dijo el soldado, sintiendo a la vez piedad e indignación—. ¡Vaya un apuro!—añadió dirigiéndose a Raskolnikoff, a quien miró de nuevo de pies a cabeza.

Aquel desharrapado tan dispuesto a dar dinero, le parecía enigmático.

—¿La ha encontrado usted muy lejos de aquí?—preguntó.

—Ya le he dicho que iba delante de mí, por la avenida, tambaleándose. Apenas llegó a este banco, se dejó caer en él.

—¡Ah! ¡Qué infamias se cometen en el mundo, señor! ¡Tan joven... y borracha! ¡La han engañado, de seguro! ¡Tiene la ropa desgarrada!... ¡Oh, cuánto vicio hay en el día!... Quizá sean sus padres nobles arruinados. ¡Hay tantos ahora! Parece una señorita de buena familia.

Acaso el guardia era padre de hijas bien educadas, a las cuales pidiera tomarse por muchachas de buena familia.

—Lo esencial—dijo Raskolnikoff—es impedir que caiga en las manos de ese hombre. De fijo que el bribón no ha desistido de su propósito. ¡Allí sigue!

Al decir estas palabras, el joven levantó la voz e indicó con un ademán al caballero. Este, al oír lo que de él se decía, hizo ademán de enfadarse; pero después, pensándolo mejor, se limitó a lanzar a su enemigo una mirada despreciativa y se alejó otros diez pasos, deteniéndose de nuevo.

—No, no se saldrá con la suya ese señor—respondió con aire pensativo el guardia—; si dijese dónde vive... pero no sabiéndolo... Señorita, ¡eh! señorita—añadió dirigiéndose otra vez a la joven.

De repente, la muchacha abrió los ojos y miró atentamente, como si un rayo de luz iluminase su espíritu. Se levantó y echó a andar en dirección opuesta a la que había llevado.

—¡Vaya con los sinvergüenzas! ¡qué manera de asediar a una!—dijo extendiendo de nuevo el brazo como para apartar a alguien.

Iba de prisa; pero con paso siempre poco seguro. El elegante se puso a seguirla, aunque por el otro lado del paseo, sin perderla de vista.

—Esté usted tranquilo; repito que no se saldrá con la suya—dijo resueltamente el guardia, y partió en seguimiento de la joven—. ¡Ah! ¡cuánto vicio hay ahora!—repitió, exhalando un suspiro.

En aquel momento debió operarse un cambio tan completo como repentino en el ánimo de Raskolnikoff, porque dirigiéndose al guardia gritó:

—Escuche usted.

El interpelado se volvió.

—¡Déjela usted! ¿Por qué se ha de mezclar usted en esto? ¡que se divierta (y señalaba al elegante) si quiere! A usted, ¿qué más le da?

El soldado no comprendió este lenguaje, y miró asombrado a Raskolnikoff, que se echó a reír.

—¡Ea!—dijo el guardia agitando el brazo.

Después se alejó detrás del señor elegante y de la muchacha. Probablemente habría tomado a Raskolnikoff por un loco o por algo peor.

—Se me ha llevado mis veinte kopeks—dijo éste con cólera cuando se quedó solo—. Luego el otro le dará también dinero, le abandonará la muchacha y asunto concluído... ¡Qué idea me ha dado a mí de echármelas de bienhechor! ¿Puedo yo acaso ayudar a nadie? ¿Tengo derecho a ello? Que las gentes se devoren unas a otras, ¿qué debe importarme? ¿Y por qué me he permitido regalarle los veinte kopeks? ¿Acaso eran míos?

A pesar de sus extrañas palabras, tenía el corazón angustiado. Se sentó como anonadado en el banco. Sus pensamientos eran incoherentes. Le molestaba en aquel momento pensar en nada. Hubiera querido dormirse profundamente, olvidarlo todo, despertarse después y comenzar una nueva vida.

—¡Pobrecilla!—dijo contemplando el sitio donde poco antes había estado sentada la joven—. Cuando vuelva en sí llorará; su madre sabrá su aventura. Primero la zarandeará; después la dará latigazos para añadir la humillación a su dolor, y quizá la echará de casa... Y aun cuando no la eche, cualquier Daría Frantzovna husmeará la casa y la pobre muchacha irá rodando de una parte a otra hasta que entre en el hospital, lo que no tardará en suceder (siempre pasa lo mismo a las muchachas que hacen a escondidas esa vida, porque tienen madres muy honradas). Una vez curada, volverá a las andadas; después otra vez al hospital... las tabernas... y otra vez al hospital... Al cabo de dos o tres años de esta vida, a los diez y ocho o a los diez y nueve años, será un andrajo. ¡A cuántas que han comenzado como ésta, he visto acabar del mismo modo! Pero, ¡bah! Es necesario, se dice, que así suceda; es un tanto por ciento anual, una prima de seguro público que debe ser pagada... para garantizar el reposo de las otras. ¡Un tanto por ciento! ¡Qué lindas frases! ¡encierran algo científico que tranquiliza! Cuando se dice «tanto por ciento», no hay más que hablar; ya no hay para qué preocuparse. Con otro nombre la cosa nos preocuparía más... ¿Quién sabe si Dunetchka no está comprendida en el «tanto por ciento» del año próximo, o quizás en el de este mismo año?

»Pero, ¿a dónde me proponía ir?—pensó de repente—. Es extraño. Al salir de casa tenía un propósito. Al acabar de leer la carta salí...

»¡Ah, sí! Ya me acuerdo. Iba a la plaza de Basilio Ostroff, a casa de Razumikin. Mas, ¿para qué? ¿Cómo se me ha ocurrido la idea de visitar a Razumikin?»

No se comprendía él mismo. Razumikin era un condiscípulo suyo de Universidad. Es de advertir que, cuando Raskolnikoff asistía a las clases de Derecho vivía muy aislado; no iba a casa de ninguno de sus condiscípulos, ni recibía sus visitas. Estos, por su parte, le correspondían del mismo modo. Jamás tomaba parte ni en las reuniones ni en las bromas de los estudiantes. Se le estimaba por su ejemplar aplicación; era muy pobre, muy orgulloso y muy reservado; sus compañeros creían que Raskolnikoff los miraba desdeñosamente como si fueran chiquillos, o por lo menos seres muy inferiores a él en conocimientos, en ideas y en desarrollo intelectual.

No obstante, intimó bastante con Razumikin, o mejor dicho, se mostró con él de carácter menos cerrado que con los otros. Verdad es que el genio franco e irreflexivo de Razumikin inspiraba irresistible confianza. Era este joven en extremo alegre, expansivo y bueno hasta la candidez, lo que no impedía que tuviese otras cualidades serias. Sus compañeros más inteligentes reconocían su mérito y todos le apreciaban. No tenía pelo de tonto, aunque pareciese imbécil. A primera vista, llamaba su atención por sus cabellos negros, su rostro siempre mal afeitado, su alta estatura y su excesiva delgadez.

Calavera en ocasiones, se le tenía por un Hércules. Una noche que recorría las calles de San Petersburgo en compañía de algunos amigos, echó a rodar de un solo puñetazo a un guardia municipal que tenía dos archines y doce vechoks[9]. Podía hacer los mayores excesos de bebida, y observaba, cuando se lo proponía, la más estricta sobriedad. Si a veces cometía inexcusables locuras, procedía otras con cordura ejemplar. Lo más notable del carácter de Razumikin era que jamás se descorazonaba ni se dejaba abatir por las contrariedades. Vivía en una guardilla, soportando los horrores del frío y del hambre, sin que por ello perdiera un momento su buen humor. Muy pobre, reducido a procurarse lo necesario para su subsistencia, encontraba medio de ganarse, bien o mal, la vida, porque era sobradamente despreocupado y conocía una porción de sitios en que le era posible encontrar dinero, por supuesto, trabajando.

Pasó todo un invierno sin fuego; aseguraba que éste le agradaba sobremanera porque se duerme mejor cuando se tiene frío. Ultimamente había tenido que dejar la Universidad por falta de recursos; pero confiaba en reanudar en breve sus estudios y tampoco se descuidaba en mejorar su situación pecuniaria.

Raskolnikoff no había estado en su casa desde hacía cuatro meses, y Razumikin ignoraba dónde vivía su amigo. Se habían cruzado en la calle dos meses antes; pero Raskolnikoff se pasó a la otra acera para no ser visto por Razumikin. Este reconoció a Raskolnikoff; pero, no queriendo molestarle, fingió que no le veía.

V.

—En efecto, no hace mucho que me proponía ir a casa de Razumikin a fin de suplicarle que me proporcionase algunas lecciones o cualquier otro trabajo...—se decía Raskolnikoff—. Pero ahora, ¿de qué ha de servirme? supongamos que puede proporcionarme alguna lección; hasta quiero suponer también que hallándose en fondos se quede sin un kopek siquiera para facilitarme medios con que comprar unas botas y el traje decente que necesita un pasante... Bueno, ¿y después? ¿Qué hago yo con unas cuantas piataks[10]? ¿Qué resuelvo con ellos? ¡Bah! sería una necedad ir a casa de Razumikin.

La razón de saber por qué se dirigía entonces a casa de su amigo le causaba tormento mayor de lo que a sí mismo se confesaba; ansiaba dar algún sentido siniestro a esta marcha, en apariencia la más sencilla del mundo.

—¿Es posible que en mi situación haya puesto mis esperanzas todas en Razumikin? ¿Esperaba yo realmente de él remedio?—se preguntaba con estupor.

Reflexionaba, se frotaba la frente, y de repente, después de haber puesto algún tiempo su espíritu en tortura, brotó en su cerebro una extraña idea:

—Sí, iré a casa de Razumikin; pero no ahora; iré a verle al día siguiente, cuando *aquello* esté hecho y mis negocios tengan otro aspecto...

Apenas hubo pronunciado aquellas palabras, experimentó una brusca conmoción.

---

[9]Aproximadamente 1,88 metros.

[10]La piatak es una moneda de cinco kopeks, equivalente a unos cuatro centavos.

—¡Cuando *aquello* esté hecho!—exclamó con un sobresalto que le hizo levantarse del banco en que estaba sentado—. ¿Sucederá *eso*? ¿Será posible?

Dejó el banco y se alejó con apresurado paso. Su primer movimiento fué el de dirigirse a su domicilio; mas, ¿para qué? ¡Volver a aquel aposento en que acababa de pasar más de un mes premeditando todo *aquello*! Al saltarle este pensamiento, se sintió disgustado y se puso a marchar a la ventura. Su temblor nervioso tomó un carácter febril. Se estremeció convulsivamente y, a pesar de la elevación de la temperatura, tenía frío. Casi a su pesar, cediendo a una especie de necesidad interior, se esforzaba en fijar su atención en los diversos objetos que encontraba, para librarse de la obsesión de una idea que le trastornaba. En vano trataba de distraerse; a cada instante caía en su preocupación. Cuando levantaba la cabeza dirigía sus miradas en torno suyo, y olvidaba durante un minuto lo que venía pensando y aun el lugar donde se encontraba. De este modo fué como atravesó toda la plaza de Basilio Ostroff, desembocó en el pequeño Neva, pasó el puente y llegó a las islas. El verdor y la frescura regocijaron sus ojos, acostumbrados al polvo, a la cal, a los montones de arena y de escombros. Allí nada de ahogo, de exhalaciones metíficas, ni de tabernas.

Pero pronto perdieron estas sensaciones nuevas su encanto y dieron lugar a una gran inquietud. A veces el joven se detenía delante de alguna quinta que surgía coquetonamente en medio de una vegetación riente, miraba por la verja y veía en las terrazas y balcones mujeres elegantemente vestidas o niños que correteaban por los jardines. Se fijaba principalmente en las flores; era lo que atraía más sus miradas. De tiempo en tiempo pasaban al lado de él caballeros y amazonas y soberbios carruajes; los seguía con los ojos curiosos y los olvidaba antes de que lo hubiese perdido de vista.

Se detuvo para contar el dinero que llevaba en el bolsillo, y se encontró dueño, aproximadamente, de treinta kopeks. «He dado veinte al guardia y tres a Anastasia por la carta—pensó—; por consiguiente, son cuarenta y tres o cincuenta kopeks los que dejé ayer en casa de Marmeladoff.»

Había tenido motivo para comprobar el estado de su hacienda; pero un instante después ya no se acordaba de la razón por la cual sacó el dinero del bolsillo. A poco rato se acordó de comer, al pasar delante de un figón: su estómago se lo recordaba.

Entró en la taberna, se echó al cuerpo una copa de aguardiente y tomó un bocado. El poco de aguardiente que acababa de tomar le hizo inmediatamente efecto; le pesaban las piernas y le dió sueño. Quiso volverse a su casa, pero al llegar a Petrovsky Ostroff comprendió que no podía dar un paso más. Dejó, pues, el camino, penetró en el soto y se echó en la hierba, durmiéndose en seguida.

Cuando se está algo enfermo, los sueños suelen distinguirse por su relieve extraordinario y por su asombrosa semejanza con la realidad. El cuadro es a veces monstruoso; pero la *mise en scène* y todo lo que pertenece a la *representación*, son, sin embargo, tan verosímiles, los detalles tan minuciosos, y ofrecen por lo imprevisto una combinación tan ingeniosa, que el soñador, aunque sea un artista como Pushkin o Turgueneff, sería incapaz, despierto, de inventarlos tan bien. Estos sueños morbosos dejan siempre un gran recuerdo, y afectan profundamente el organismo, ya quebrantado, del individuo.

Raskolnikoff tuvo un sueño horrible. Se veía niño en la pequeña ciudad en que vivía entonces con su familia. Era un día festivo, y al anochecer, se paseaba *extramuros* acompañado de su padre. El tiempo era gris, la atmósfera pesada; los lugares exactamente tales como su memoria los recordaba; en su sueño advirtió más de un detalle de que despierto no se acordaba. Veía todo el pueblo; en los alrededores ni un solo sauce blanco; allá, muy lejos, en el confín del horizonte, un bosquecillo formaba una mancha negra. A algunos pasos del último jardín del pueblo había una gran taberna, delante de la cual no podía pasar con su padre ni una sola vez sin experimentar una desagradable impresión y un sentimiento de miedo. Siempre estaba llena de multitud de personas que charlaban, reían, se injuriaban, se pegaban o cantaban con voz ronca cosas repugnantes; por los alrededores siempre se veían hombres borrachos. Al aproximarse Rodión se arrimaba a su padre y temblaba de pies a cabeza. El camino que conducía a la taberna estaba lleno de polvo negro. A trescientos pasos de allí, este camino formaba un recodo y daba vuelta al cementerio de la ciudad. En medio del cementerio se alzaba una iglesia de piedra, cubierta de una cúpula verde, adonde iba el niño dos veces al año a oír misa con su padre y su madre cuando se celebraba el funeral por el eterno descanso de su abuela, muerta hacía mucho tiempo, y a quien no había conocido. Llevaban un pastel de arroz con una cruz encima hecha con pasas. El niño amaba esta iglesia, con sus viejas imágenes, en su mayor parte desprovistas de adornos, y su anciano capellán de cabeza temblona. Al lado de la piedra que marcaba el sitio donde reposaban los restos de la anciana, había una tumba pequeña, la del hermano mayor de Rodión, muerto a los seis meses. Tampoco le había conocido, pero se le había dicho que había tenido un hermanito; así es que cada vez que visitaba el cementerio, hacía piadosamente la señal de la cruz encima de la tumba pequeña, e inclinándose con respeto la besaba.

He aquí ahora su sueño: va con su padre por el camino del campo santo; pasan delante de la taberna; él va asido de la mano de su padre y dirige miradas tenebrosas a la odiosa casa, donde reina mayor animación que de costumbre. Hay allí muchedumbre de campesinas y de mujeres de la clase media, vestidas con sus trajes domingueros, acompañadas de sus maridos y de la hez del pueblo. Todos están ebrios y todos cantan. Delante de la puerta de la taberna hay una de esas enormes carretas que se emplean de ordinario para el transporte de mercancías y toneles de vino, a las que se suelen enganchar vigorosos caballos de gruesas patas y largas crines. A Raskolnikoff le divertía contemplar aquellos robustos animales que arrastraban pesos enormes sin la menor fatiga. Pero ahora a esa pesada carreta estaba enganchado un caballejo flaquísimo, uno de esos escuálidos rocines que los *mujiks* acostumbran enganchar a grandes carros de madera o de heno y a los que muelen a palos, llegando hasta pegarles en los ojos y en los befos cuando las pobres bestias hacen esfuerzos para arrastrar el vehículo atascado. Este espectáculo, visto varias veces por Raskolnikoff, le llenaba los ojos de lágrimas, y su madre, en tales casos, le apartaba siempre de la ventana. De repente se promueve un gran alboroto; de la taberna salen gritando, cantando y tocando la guitarra varios *mujiks* completamente ebrios; llevan blusas rojas y azules, y los capottes echados negligentemente sobre los hombros.

—¡Subid, subid todos!—grita todavía un hombre, de robusto cuello y de rostro carnoso, color de zanahoria—. ¡Os llevo a todos, subid!

Estas palabras provocan risas y exclamaciones.

¡Hacer el camino con semejante penco!

—Has perdido el juicio, Mikolka; ¿a quién se le ocurre enganchar ese jamelgo a semejante carro?

—De seguro que este rocín tiene más de veinte años.

—Subid, os llevo a todos—grita de nuevo Mikolka, subiendo al primer carro, y, poniéndose de pie en el pescante del vehículo, aferra las riendas—. El caballo bayo se lo llevó Madviei y este animalucho, amigos míos, es una condenación para mí, debería matarlo: no gana lo que come. Os digo que subáis, ya veréis cómo lo hago galopar. ¡Vaya si galopará!

Y al decir esto, toma el látigo, gozoso con la idea de fustigar al pobre jaco.

—¡Ea, subamos, puesto que dice que vamos a ir al galope!—dijeron, burlándose, los del grupo.

—Apuesto a que hace diez años que no galopa.

—¡Buena marcha llevará!

—No tengáis miedo, amigos míos; tomad cada uno una vara, ¡y duro!

—¡Eso, eso, se le arreará!

Trepan todos al carro de Mikolka riendo y burlándose. Han subido ya seis hombres y queda sitio todavía. Con los que han montado va una gruesa campesina, de rostro rubicundo, vestida con un traje de algodón rojo, en la cabeza una especie de gorro adornado con abalorios y va partiendo avellanas y se ríe de tiempo en tiempo. También se ríe la gente que rodea el carro, y en efecto, ¿cómo no reírse ante la idea de que semejante penco lleve al galope a tantas personas? Dos de los que están en el carro toman látigos para ayudar a Mikolka.

—¡Andando!—grita este último.

El caballo tira con todas sus fuerzas; pero, lejos de galopar, apenas si puede avanzar un paso: patalea, gime y encoge los lomos bajo los golpes copiosos como el granizo que los tres látigos le descargan. Redoblan las risas en el carro y en el grupo; pero Mikolka se incomoda y golpea al jaco con más fuerza como si, en efecto, esperase hacerle galopar.

—Dejadme subir a mí también, amigos míos—grita entre los espectadores un joven que arde en deseos de mezclarse con la alegre pandilla.

—Subc—rcspondió Mikolka—. Subid todos, que yo le haré correr.

Y sigue, sigue golpeando, y en su furor no sabe ya con qué pegarle al animal.

—Papá, papá—dice el niño a su padre—, ¿qué están haciendo? ¡Pegan al pobre caballejo!

—Vamos, vamos—dice el padre—; son borrachos que se divierten a su modo. ¡Imbéciles! No les hagas caso.

Quiere llevárselo; pero Rodión se desprende de las manos paternales, y sin hacer caso de nada se acerca corriendo al caballo. El desgraciado cuadrúpedo no puede ya más. Resuella fatigosamente, trata de tirar, y poco falta para que no se caiga.

—¡Pegadle, pegadle hasta que reviente!—aúlla Mikolka—. Eso es lo que hay que hacer. Yo os ayudaré.

—¡Tú no eres cristiano, sino lobo!—grita un viejo del grupo.

—¿A quién se le ocurre que un animalejo tan pequeño pueda arrastrar un armatoste como éste?—grita otro.

—¡Bribón!—vocifera un tercero.

—No es tuyo, es mío; hago lo que quiero. ¡Subid aún! ¡Es preciso que galope!

De repente la voz de Mikolka queda ahogada por las carcajadas de la gente; el animal, atormentado por los palos, acaba por perder la paciencia, y a pesar de su debilidad, empieza a tirar coces. Hasta el mismo viejo se echa a reír. Y había, en efecto, motivos de risa: ¡un caballo que no puede sostenerse en pie y que, sin embargo, cocea!

Dos campesinos se destacan del grupo, y armados de látigos la emprenden a palos con el animal. Uno por la derecha y otro por la izquierda.

—¡Dadle en los morros, en los ojos, sí, en los ojos!—vociferaba Mikolka.

—¡Una canción, amigos!—grita uno del corro, e inmediatamente toda la pandilla entona una canción soez al son de una pandereta.

La campesina sigue partiendo avellanas y se ríe.

Rodión se acerca al caballo y ve que le pegan en los ojos, ¡sí, en los ojos! El niño llora; se le subleva el corazón y corren sus lágrimas. Uno de los verdugos le toca el rostro con el látigo, pero él no lo siente. Se retuerce las manos y grita. Después se dirige al viejo de la barba y cabellos blancos, que mueve la cabeza y condena aquellas demasías.

Una mujer toma al niño de la mano y quiere apartarlo de esta escena; pero él se escapa y corre otra vez hacia el caballo. Este, ya casi sin fuerzas, intenta aún cocear.

—¡Ah, maldito!—exclama Mikolka, deja el látigo, se baja, toma del fondo del carro un largo y pesado garrote y lo blande con fuerza con las dos manos sobre el pobre caballo.

—¡Lo va a matar!—gritaban en derredor suyo.

—¡Lo matará!

—¡Es mío!—grita Mikolka, y el garrote, manejado por dos brazos vigorosos, cae con estrépito sobre el lomo del animal.

—¡Fustígalo! ¿Por qué te detienes?—gritan varias voces en el grupo.

De nuevo el garrote se levanta y cae sobre el espinazo de la pobre bestia. Bajo la violencia del golpe, el caballejo está a punto de caerse. Sin embargo, hace un supremo esfuerzo con todas las fuerzas que le quedan; tira, tira en diversos sentidos para escapar de aquel suplicio, mas por todas partes encuentra los seis látigos de sus perseguidores. Mikolka una vez y otra vez golpea a su víctima con el garrote. Está furioso por no poder matarlo de un solo golpe.

—¡No quiere morir!—gritan los del grupo.

—¡No le queda mucho de vida!—observa uno de los que contemplan regocijados el bárbaro espectáculo—. Se acerca su último momento.

—Dale con un hacha; es el medio de acabar con él—apunta un tercero.

—Dejadme—dice Mikolka, y suelta el garrote; busca de nuevo en el carro, y toma una barra de hierro—. ¡Fuera!—grita, y asesta un violento golpe al pobre caballo.

El penco se tambalea; quiere aún tirar, pero un segundo golpe con la barra le tiende en el suelo, como si le hubiesen cortado instantáneamente los cuatro miembros.

—¡Acabemos!—aúlla Mikolka, que, fuera de sí, salta del carro.

Algunos mocetones, rojos y avinados, agarran cada cual lo que tienen más a mano, látigos, palos, el garrote, y corren al caballo expirante. Mikolka, en pie, al lado de la bestia, la golpea sin cesar con la barra de hierro. El caballo extiende la cabeza y muere.

—¡Ha muerto!—gritan en el grupo.

—¿Por qué no quería galopar?

—¡Era mío!—gritó Mikolka, teniendo siempre en la mano la barra.

Tenía los ojos inyectados de sangre. Parecía enfurecido porque la muerte le hubiese quitado su víctima.

—¡La verdad! ¡Tú no eres cristiano!—gritan indignados algunos asistentes.

El pobre niño está fuera de sí. Dando voces se abre paso por entre el grupo que rodea al caballo, levanta la cabeza ensangrentada del cadáver, le besa en el hocico y en los ojos... Después, en un repentino arrebato de cólera, cierra los puños y se arroja sobre Mikolka. En aquel momento su padre, que desde hace un rato le buscaba, lo encuentra al fin y le aparta de la gente.

—¡Vámonos, vámonos!—le dijo—. Volvamos a casa.

—¡Papá! ¿por qué han matado al pobre caballo?—solloza el niño; pero le falta la respiración; de su garganta salen roncos sonidos.

—¡Son barbaridades de gente ebria! ¡Nada tenemos que ver con ellos!—dice el padre.

Rodión le oprime entre sus brazos; pero siente tal fatiga... quiere respirar, grita, y se despierta.

Raskolnikoff se despertó jadeando, con el cuerpo húmedo y los cabellos empapados de sudor; se sentó bajo un árbol y respiró con fuerza.

—¡Gracias a Dios, no ha sido más que un sueño!—dijo—. ¡Cómo! ¿Iré a tener fiebre? No sería extraño, después de un sueño tan horroroso.

Tenía quebrantados los miembros, y el alma llena de obscuridad y de confusión. Apoyó los codos en las rodillas y dejó caer la cabeza entre las manos.

—¡Dios mío!—exclamó—. ¿Será posible, en efecto, que yo tome un hacha y parta el cráneo de aquella mujer?... ¿Será posible que yo ande por encima de sangre tibia y viscosa, que fuerce la cerradura, robe y me oculte, temblando, ensangrentado, con el hacha?... ¡Señor! ¿Será posible?

Al decir esto temblaba como la hoja en el árbol.

—Pero, ¿por qué pienso en esas cosas?—continuó con profunda sorpresa—. Veamos; sé muy bien que no soy capaz de ello; ¿por qué, pues, me atormenta esa idea? Ayer, ayer ya, cuando fuí a hacer el *ensayo*, comprendí perfectamente que *aquello* era superior a mis fuerzas. ¿De dónde procede que siga dando vueltas a la misma idea? Ayer, al bajar la escalera, iba diciendo que era innoble, odioso, repugnante... Solamente pensar en tal cosa me aterraba.

»No, no me atreveré; esto es superior a mis fuerzas. Aunque todos mis razonamientos no dejasen lugar a duda, aunque todas las conclusiones a que he llegado durante un mes fuesen claras como el día, exactas como la Aritmética, no podría decidirme a dar este paso. ¡No soy capaz! ¿Por qué pues, por qué ahora...?

Se levantó, miró en torno suyo, como si se sorprendiese de estar allí, y se encaminó hacia el puente T***. Estaba pálido y le brillaban los ojos. Todo su ser mostraba decaimiento; pero comenzaba a respirar con más libertad. Se sentía ya libre del horrible peso que durante largo tiempo le había oprimido, y su alma recobraba la paz.

—¡Señor!—exclamó—; ¡muéstrame mi camino y renunciaré a este designio maldito!

Al atravesar el puente miró tranquilamente el río, y contempló la resplandeciente puesta de sol. A pesar de su debilidad, no se sentía cansado. Se hubiera dicho que acababa de recobrar repentinamente la salud de su espíritu. Ahora es libre. Estaba roto el encanto. Había cesado de influir sobre él el horrible maleficio.

Más tarde, Raskolnikoff se acordó, minuto por minuto, del empleo de su tiempo durante aquellos días de crisis; entre otras circunstancias, venía a menudo a su pensamiento una que, aun cuando en rigor no tenía nada de extraordinario, le preocupaba como una especie de terror supersticioso, a causa de la acción decisiva que había ejercido sobre su destino.

He aquí el hecho que constituía para él siempre un enigma. ¿Por qué cuando cansado, exhausto, hubiera debido, como era natural, volver a su casa por el camino más corto y más directo, se le había ocurrido pasar por el Mercado de Heno en donde nada, absolutamente nada le llamaba? Verdad era que este rodeo no alargaba mucho su camino; pero resultaba completamente inútil. Se le había ocurrido mil veces volverse a su casa sin fijarse en el itinerario recorrido.

—¿Pero por qué, pues—se preguntaba siempre—, por qué aquel encuentro tan importante, tan decisivo para mí, al mismo tiempo tan fortuito, que tuve en el Mercado del Heno (adonde no tenía para qué ir), se verificó en el momento mismo en que, dadas las disposiciones en que me encontraba, había de tener para mí las más graves y terribles consecuencias?

Tentado estaba de ver en esta fatal coincidencia el efecto de una predestinación.

Cerca eran de las nueve cuando el joven llegó al Mercado del Heno. Los tenderos cerraban sus establecimientos; los vendedores ambulantes se preparaban, lo mismo que los tratantes, a volver a su casa. Obreros y desharrapados de toda especie bullían en los alrededores de los bodegones y tabernas que en el Mercado del Heno ocupaban el piso bajo de la mayor parte de los edificios. Esta plaza y los *pereuloks*[11] de sus inmediaciones eran los lugares que Raskolnikoff frecuentaba de mejor gana cuando salía sin saber adónde ir. Allá, en efecto, sus harapos no llamaban la atención a nadie y podía, él como cualquiera, pasearse vestido como tuviera por conveniente. En la esquina del *pereulok* de K***, un mercader que, como los demás, se disponía a volver a su casa, hablaba con su mujer y con una conocida que acababa de aproximarse a ellos. Esta última era Isabel Ivanovna, hermana de Alena Ivanovna, la usurera en cuya casa Raskolnikoff había entrado la víspera a empeñar su reloj y a hacer el *ensayo*.

De tiempo atrás sabía algo acerca de esta Isabel; ella también le conocía. Era alta y desgarbada solterona de treinta y cinco años, tímida, dulce y casi idiota. Temblaba ante su hermana, que la trataba como esclava, la hacía trabajar día y noche y hasta le pegaba.

En aquel momento su fisonomía expresaba indecisión, en tanto que en pie, con un paquete en la mano, escuchaba atentamente lo que le decían el vendedor y su mujer.

Estos hablaban de algo importante, a juzgar por el calor que ponían en sus palabras.

Cuando Raskolnikoff vió de repente a Isabel, experimentó una sensación extraña parecida a profunda sorpresa, aunque este encuentro no tuviese nada de asombroso.

—Es preciso que esté usted aquí para tratar del negocio, Isabel Ivanovna—dijo con fuerza el vendedor—. Venga usted mañana de seis a siete. También vendrán los otros.

—¿Mañana?—dijo vacilante Isabel, que parecía temerosa de decidirse.

—¿Tiene usted miedo a Alena Ivanovna?—dijo vivamente la vendedora, que era una mujerona enérgica—. No la perderé de vista, porque usted es como una niña. ¿Será posible que se deje usted dominar hasta ese punto por una persona que no es, después de todo, más que su hermanastra?

—No diga usted ahora nada a Alena Ivanovna—dijo el marido—. Se lo aconsejo; venga usted a casa sin consultarla. Se trata de un negocio ventajoso; su hermana se convencerá de ello en seguida.

—¿De modo que tengo que venir?

—Mañana entre seis y siete vendrán también los demás; es preciso que esté usted presente para decidir el asunto.

—Le ofreceremos una taza de te—añadió la vendedora.

—Está bien, vendré—respondió Isabel pensativa, y se dispuso a marcharse.

Raskolnikoff había pasado ya del grupo formado por las tres personas y no oyó más. Había prudentemente acortado el paso, esforzándose por no perder palabra de la conversación. A la sorpresa del primer momento había sucedido en él un vivo terror. Una casualidad imprevista le acababa de dar a conocer que al día siguiente, a las siete de la tarde, Isabel, la hermana, la única compañera de la vieja, estaría fuera, y que, por lo tanto, al día siguiente, a las siete en punto, la vieja *se encontraría sola en su casa*.

El joven estaba a algunos pasos de su domicilio. Entró en su casa como si lo hubiesen condenado a muerte. No pensó en nada, ni estaba en disposición de pensar; sintió súbitamente en todo su ser que no tenía ni voluntad, ni libre albedrío, y que todo estaba definitivamente resuelto. Ciertamente, hubiera podido esperar años enteros sin una ocasión favorable, aun tratando de hacerla nacer como aquella que acababa de ofrecérsele. En todo caso le habría sido difícil saber la víspera a ciencia cierta y sin correr el menor riesgo, sin comprometerse con preguntas imprudentes, que mañana a tal hora, tal vieja, a quien él quería matar, estaría sola en su casa.

VI.

Raskolnikoff supo después por qué el vendedor y su mujer habían invitado a Isabel a venir a su casa. La cosa era sencillísima: una familia extranjera que, encontrándose muy apurada, quería deshacerse de algunos efectos, que consistían en vestidos y en ropa interior usada de mujer. Estas personas deseaban ponerse en relación con la vendedora. Isabel ejercía este oficio,

---

[11]Pasaje.

y tenía una numerosa clientela, porque era muy formal y decía siempre el último precio. Con ella no había regateo; en general hablaba poco, y, como hemos dicho, era muy tímida.

Desde hacía algún tiempo Raskolnikoff se había hecho supersticioso y, por consiguiente, cuando reflexionaba, sobre todo este asunto, se inclinaba siempre a ver en él la acción de causas extrañas y misteriosas. El invierno último, un estudiante conocido suyo, Pokorieff, a punto de volverse a Kharkoff, le había dado, al despedirse, la dirección de la vieja Alena Ivanovna, para caso de que tuviera necesidad de algún préstamo sobre prendas. Pasó mucho tiempo sin ir a casa de la vieja, porque el producto de sus lecciones le permitía ir viviendo. Seis semanas antes de los acontecimientos que vamos refiriendo, se acordó de las señas; poseía dos objetos por los cuales podía prestársele algo: un reloj de plata que conservaba de su padre, y un anillo pequeño de oro con tres piedrecitas rojas, que su hermana le había dado como recuerdo en el momento de separarse.

Raskolnikoff se decidió a llevar la sortija a casa de Alena Ivanovna. Desde el primer momento, y antes de que él supiera nada de particular acerca de ella, la vieja le inspiró una violenta aversión. Después de haber recibido el dinero entró en un mal *taklir*[12] que encontró al paso. Allí pidió te, se sentó y púsose a reflexionar. Una idea extraña, todavía en estado embrionario en su espíritu, le ocupaba por completo.

Ante una mesa vecina a la suya, un estudiante, a quien no se acordaba de haber visto jamás, estaba sentado con un oficial.

Los dos jóvenes acababan de jugar al billar y se disponían ahora a tomar el te. De repente, Raskolnikoff oyó al estudiante que daba al oficial la dirección de Alena Ivanovna, viuda de un secretario de colegio y prestamista sobre prendas.

Esto sólo pareció ya un poco extraño a nuestro héroe: se hablaba de una persona de cuya casa acababa él de salir. Sin duda, todo ello era pura casualidad; pero en aquel momento hallábase bajo una impresión que no podía dominar, y he aquí que, precisamente en aquel momento, alguien venía a fortificar en él esta impresión. El estudiante comunicaba, en efecto, a su amigo, diversos pormenores acerca de Alena Ivanovna.

—Es un famoso recurso—decía—; siempre hay medio de procurarse dinero en su casa. Rica como un judío, puede prestar cinco mil rublos de una vez, y, sin embargo, acepta objetos que no valen más que un rublo. Es una providencia para muchos de nosotros. Pero, ¡qué horrible arpía!

Se puso a contar que era mala, caprichosa; que no concedía siquiera veinticuatro horas de prórroga, y que toda prenda no retirada en el día fijo, era irrevocablemente perdida por el deudor; prestaba sobre un objeto la cuarta parte de su valor y cobraba el cinco y el seis por ciento de interés mensual, etc. El estudiante, que estaba en vena de hablar hasta por los codos, añadió que esta horrible vieja era pequeñuela, lo que no le impedía pegar a menudo y tener en completa dependencia a su hermana Isabel, que medía, por lo menos, dos archines y ocho verchoks de estatura.

—¡Es un fenómeno!—exclamó, y se echó a reír.

La conversación recayó en seguida sobre Isabel.

El estudiante hablaba de ella con marcado placer y siempre sonriendo. El oficial escuchaba a su amigo con mucho interés y le suplicó que le enviase a aquella Isabel para que le repasase la ropa.

Raskolnikoff no perdió una palabra de esta conversación y supo de esta suerte una multitud de cosas. Más joven que Alena Ivanovna, de la cual no era más que media hermana, Isabel tenía treinta y cinco años y trabajaba día y noche para la vieja. Además de los quehaceres de la cocina, era lavandera, hacía labores de costura, que luego vendía, iba a fregar los suelos a las casas, y todo lo que ganaba se lo entregaba a su hermanastra. No se atrevía a aceptar ningún encargo ni trabajo sin consultar a la usurera, la cual, como Isabel sabía muy bien, había otorgado ya testamento en el cual no dejaba a su hermana más que el mobiliario. Deseosa de tener a perpetuidad sufragios por el eterno descanso de su alma, dejaba toda su fortuna a un monasterio. Isabel pertenecía a la clase media y no al *tchin*. Era una estantigua, con pies muy grandes y calzados siempre con anchos zapatos; pero, por otra parte, iba limpia como una patena. Lo que particularmente asombraba y hacía reír al estudiante, era que Isabel estaba siempre en cinta.

—¿Pero no dices que es un monstruo?—preguntóle el oficial.

---

[12]Cafetucho.

—Realmente, es demasiado trigueña; parece un soldado vestido de mujer; pero de eso a que sea un monstruo, hay mucha diferencia. Su fisonomía revela tanta bondad y tienen sus ojos una expresión tan simpática que... La prueba es que ella agrada a muchas personas. Es tan tranquila, tan dulce, tan paciente, tiene un carácter tan bueno y, además, su sonrisa es tan bondadosa...

—¿Estás enamorado de ella?—interrogóle, sonriendo, el oficial.

—Hombre, tanto como eso, no; pero me gusta, precisamente por lo rara que es. En cambio, a esa maldita vieja te aseguro que la mataría y la despojaría de todo lo que posee sin escrúpulo de conciencia—añadió vivamente el estudiante.

El oficial lanzó una carcajada; pero Raskolnikoff se estremeció. Las palabras que oía encontraban extraño eco en sus propios pensamientos.

—Vamos a ver—prosiguió el estudiante—. Hace un momento me burlaba, pero ahora hablo en serio. Fíjate: de un lado una vieja enfermiza, necia, un ser que no es útil a nadie, y que, por el contrario, perjudica a muchos, que no sabe ella misma por qué vive y que morirá mañana de muerte natural. ¿Comprendes?

—Comprendo—repuso el oficial mirando atentamente a su interlocutor.

—Prosigo. Del otro lado, fuerzas jóvenes, frescas, que se quebrantan, se pierden, faltas de sostén, y esto a millares, por todas partes. Cien mil obras útiles se podrían acometer o mejorar con el dinero legado por esa vieja a un monasterio; centenares de existencias, millones quizá, puestas en el buen camino; docenas de familias salvadas de la miseria, de la disolución, de la ruina, del vicio, de los hospitales... y todo ello con el dinero de esa mujer. Si se la matase y se destinase su fortuna al bien de la humanidad, ¿crees tú que el crimen, si eso fuese un crimen, no estaría largamente compensado por millares de buenas acciones? Por una sola vida, millares de vidas arrancadas a la perdición; por una persona suprimida, cien personas devueltas a la existencia. Se trata de una cuestión aritmética. ¿Qué pesa en las balanzas sociales la vida de una vieja necia y mala? Poco más que la vida de una hormiga o de un escarabajo; me atrevo a decir que menos, porque esta vieja es una criatura perversa. Hace poco, en un acceso de rabia, mordió un dedo a Isabel, y en poco estuvo que no se lo cortase con los dientes.

—Cierto que es indigna de vivir—respondió el oficial—; ¿pero qué quieres? la Naturaleza...

—Amigo mío, a la Naturaleza se la corrige, se la endereza; de lo contrario, viviríamos enterrados en prejuicios, no habría un solo grande hombre. Se habla del deber, de la conciencia. No quiero decir que esté mal, pero, ¿qué sentido damos a estas palabras? Escucha, voy a plantearte otra cuestión.

—No, chico, ahora me toca a mí. Te voy a preguntar una cosa.

—Conforme.

—Verás: tú estás ahora perorando con gran elocuencia; pero, dime: ¿Matarías tú, con tus propias manos, a esa vieja?

—¡Claro que no! pero yo considero esto desde el punto de vista de la justicia... No se trata de mí...

—Pues bien, amigo mío, ¿quieres saber mi opinión? Vas a oírlo: Puesto que no te decidirías a matarla, opino que la cosa no es justa. Vamos a echar otra partida.

Raskolnikoff era presa de una agitación extraordinaria. En rigor, esta conversación no tenía nada de asombroso. Muchas veces había oído a los jóvenes cambiar entre sí análogas ideas; lo único que difería era el tema; mas, ¿por qué el estudiante expresaba precisamente los mismos pensamientos que en aquel instante bullían en el cerebro de Raskolnikoff? ¿Y por qué casualidad éste, al salir de la casa de la vieja, oía hablar de ella? Tal coincidencia le pareció extraña: estaba escrito que esta insignificante conversación de café tuviese en su destino decisiva influencia.

· · · · · · ·

Al volver a su domicilio, se dejó caer en el sofá y permaneció sentado en él, sin moverse, durante una hora entera. La obscuridad era completa; en la habitación no había ni vela, ni Raskolnikoff pensó que era necesaria. No hubiera podido precisar si en esta hora había pensado algo. Por último, le entraron escalofríos febriles, y pensó con satisfacción que podía echarse del todo en el sofá... No tardó en caer en pesado y profundo sueño.

Durmió mucho más tiempo que de costumbre y sin soñar. A Anastasia, que entró en su habitación al día siguiente a las diez, le costó gran trabajo despertarle. La criada le traía pan, y, como la víspera, algo del te que ella acostumbraba a tomar.

—¡Aun no se ha levantado!—exclamó indignada—. ¿Es posible dormir así?

Raskolnikoff se incorporó con dificultad. Le dolía la cabeza. Se puso en pie, dió una vuelta por la habitación y después se dejó caer de nuevo en el sofá.

—¡Otra vez!—gritó Anastasia—. ¿Estás malo?

El joven no respondió.

—¿Quieres tomar te?

—Más tarde—contestó penosamente, y luego cerró los ojos y se volvió del lado de la pared.

Anastasia, en pie, cerca de él, le contempló durante algún tiempo.

—Indudablemente está enfermo—dijo antes de retirarse.

A las dos volvió con la sopa. Encontró a Raskolnikoff acostado aún en el sofá. No había probado el te. La criada se incomodó y se puso a sacudir con fuerza al joven.

—¿Qué te pasa para dormir tanto?—gruñó, mirándole con desprecio.

Raskolnikoff se incorporó, pero no respondió una palabra ni levantó los ojos del suelo.

—¿Estás malo o no lo estás?

Esta pregunta no obtuvo más respuesta que la primera.

—Deberías salir—dijo ella después de una pausa—. El aire libre te sentaría bien. Vas a comer, ¿no es verdad?

—Más tarde—respondió con voz débil—; ¡vete!—y la despidió con un ademán.

La criada se detuvo un momento, miró compasivamente al joven y se marchó.

Al cabo de algunos minutos, Raskolnikoff levantó los ojos, examinó detenidamente el te y la sopa, y se puso a comer.

Tomó tres o cuatro cucharadas sin apetito, casi maquinalmente. El dolor de cabeza se le había calmado algo, y cuando hubo terminado su frugal comida se echó de nuevo en el sofá; pero, aunque no pudo dormir, permaneció inmóvil, con la cara hundida en la almohada. La imaginación le presentaba, sucediéndose sin cesar, los cuadros más extraños. Figurábase a veces estar en Africa; formaba parte de una caravana detenida en un oasis; altas palmeras rodeaban el campamento; los camellos reposaban de sus fatigas; los viajeros se disponían a comer. El, por su parte, apagaba la sed en el chorro de una cristalina fuente; el agua azulada y deliciosamente fresca dejaba ver en el fondo del riachuelo piedrezuelas de diversos colores y arenas de dorados reflejos.

De repente hirió sus oídos el sonido de la campana de un reloj; aquel ruido le hizo temblar, y, adquiriendo nuevamente el sentimiento de la realidad, se levantó de un salto, después de mirar a la ventana y calcular la hora que podría ser. Anduvo en seguida de puntillas, se aproximó a la puerta, la abrió suavemente y se puso a escuchar.

El corazón le latía con violencia. La escalera estaba silenciosa, parecía que todo dormía en la casa.

—¿Cómo me he dejado vencer en el momento decisivo? ¿Cómo desde ayer no he hecho nada, ni preparado nada?—se preguntaba a sí mismo, no comprendiendo su negligencia; y, sin embargo, eran quizá las seis las que acababan de dar.

A su inercia y entorpecimiento siguió bruscamente febril y extraordinaria actividad. Por otra parte, los preparativos no exigían mucho tiempo. Hacía esfuerzos para pensar en todo y no olvidarse de nada, y su corazón latía con tal fuerza que dificultaba la respiración. Primero tenía que hacer un nudo corredizo, y adaptarlo a su gabán; aquello era cosa de un minuto; buscó en la ropa que tenía debajo de la almohada una camisa vieja, sucia e inservible. Después, con trozos arrancados a esta camisa, hizo una especie de trenza de un verchot de ancha y ocho de larga. La dobló en dos partes, se quitó el gabán de verano, que era de una espesa y fuerte tela de algodón (único sobretodo que poseía), y se puso a coser interiormente, bajo el sobaco izquierdo, los dos extremos de la trenza. Al ejecutar este trabajo, le temblaban las manos; pero le quedó tan bien, que cuando volvió a ponerse el gabán no se veía el cosido por la parte de afuera. Se había proporcionado mucho tiempo antes la aguja y el hilo, y no tuvo más que sacar ambas cosas del cajón de su mesa.

En cuanto al nudo corredizo para colgar el hacha, se le había ocurrido un medio muy ingenioso, ya ideado quince días antes. Ir por la calle con un hacha en la mano, era imposible; por otra parte, ocultar el arma bajo el gabán, le obligaba a llevar continuamente la mano debajo, y esto podría llamar la atención, en tanto que con el nudo corredizo le bastaba poner en él el hierro del hacha, y quedaba suspendida bajo el sobaco todo el tiempo de la marcha, sin peligro de que cayera. Podía también impedir que se moviese sin más que oprimir la extremidad del mango con la mano metida en el bolsillo del gabán. Este era muy ancho, un verdadero saco, y la maniobra no podría ser advertida.

Hecho esto, Raskolnikoff metió el brazo bajo la otomana e introduciendo los dedos en una hendidura del suelo, sacó de aquel escondrijo el objeto empeñable de que había tenido cuidado de proveerse con anticipación. Este objeto no era más que una tableta de madera acepillada, del tamaño que suelen tener las cigarreras de plata. En uno de sus paseos el joven había encontrado por casualidad este trozo de madera en el corral de un taller de carpintería. Tomó, además, una plaquita de hierro delgada y pulimentada, pero de menos dimensiones, que había encontrado también en la calle, y después de juntar una cosa con la otra (la tabla y la placa), las ató fuertemente con un hilo, y lo envolvió todo en un trozo de papel blanco.

Este paquetito, al cual el joven había tratado de dar un aspecto todo lo elegante que le fué posible, quedó atado de manera que era muy difícil desatarlo.

Por tal medio se ocuparía momentáneamente la atención de la vieja; mientras ésta estuviese procurando deshacer el nudo, Raskolnikoff podría elegir el momento oportuno. Había juntado con la tabla la placa de hierro para que el supuesto objeto de empeño pesase más, a fin de que en el primer momento, por lo menos, la usurera no sospechase que se le pedía dinero a cambio de un pedazo de madera. Apenas Raskolnikoff acababa de guardarse el hacha en el bolsillo, cuando oyó una voz que le decía en la escalera:

—Ya hace mucho que han dado las seis.

—¡Dios mío! ¿Mucho?

Se dirigió a la puerta, aplicó el oído y se puso a bajar los treinta escalones sin hacer más ruido que un gato. Quedaba lo más importante: ir a la cocina a recoger el hacha con que se había determinado a cometer el crimen. Ya hacía tiempo que tenía pensado valerse de un hacha. Había en su casa una especie de hoz, pero este instrumento no le inspiraba confianza, y además desconfiaba de su destreza para manejarla; así fué que se decidió definitivamente por el hacha. Advirtamos a propósito de esto una particularidad singular; a medida que sus resoluciones tomaban un carácter determinado, más absurdas y horribles le parecían al joven. A pesar de la lucha desesperada que se libraba en su interior, no llegaba a admitir ni por un solo instante que acabaría por no poner en ejecución su sanguinario proyecto.

Si todos los obstáculos hubieran sido vencidos, todas las dudas disipadas, todas las dificultades allanadas, probablemente habría renunciado a su designio por absurdo, monstruoso e imposible. Pero le quedaba todavía multitud de puntos que esclarecer y de problemas que resolver. Lo de hacerse con el hacha no inquietaba en modo alguno a Raskolnikoff, porque esto era muy fácil. Anastasia no estaba casi nunca por la tarde en casa; acostumbraba salir para chismorrear con sus amigas o en las tiendas, y éste solía ser el motivo de las reprimendas de su ama.

No había más que entrar cautelosamente en la cocina cuando llegase el momento oportuno, tomar el hacha y ponerla en el mismo sitio una hora después cuando todo hubiese terminado.

Dudaba, empero, que saliese todo a medida de sus deseos.

—Supongamos—pensaba el joven—que dentro de una hora, cuando yo vuelva a dejar el hacha, haya regresado Anastasia. Naturalmente, en tal caso tendré que aguardar para entrar en la cocina a que salga la criada; ¿pero y si durante este tiempo echa de menos el hacha y se pone a buscarla? Si no la encuentra refunfuñará, y ¡quién sabe! armará un alboroto en la casa. Esto sería una circunstancia que podría ser funesta.

Sin embargo, no quería pensar en tales pormenores; además, no tenía tiempo para ello. Se preocupaba de lo más importante, decidido a desdeñar lo accesorio hasta que hubiese tomado una determinación sobre lo esencial. Esto último, empero, le parecía irrealizable. No podía imaginar que en un momento dado cesaría de pensar, se levantaría e iría allí derechamente... Aun en su reciente *ensayo* (es decir, en la visita que había hecho para tantear el terreno), había faltado poco para que el joven hubiese ensayado seriamente. Actor sin convicción, no pudo sostener su papel y huyó indignado contra sí mismo.

No obstante, desde el punto de vista moral, la cuestión estaba resuelta. La casuística del joven, afilada como una navaja de afeitar, había cortado todas las objeciones; pero no encontrándolas en su mente se esforzaba en buscarlas fuera. Hubiérase dicho que, arrastrado por una potencia ciega, irresistible, sobrehumana, trataba desesperadamente de encontrar un punto fijo a que agarrarse. Los imprevistos accidentes de la víspera influían sobre él de una manera automática del mismo modo que el hombre a quien el engranaje de la rueda de una máquina le agarra una parte de su traje acaba por ser despedazado por la misma máquina.

La primera cuestión que le preocupaba sobremanera y en la cual había pensado muchas veces, era esta: ¿por qué se descubren tan fácilmente todos los crímenes y por qué se encuentran con tanta facilidad las huellas de casi todos los culpables?

Poco a poco llegó a diversas conclusiones muy curiosas. Según él la principal razón del hecho consistía menos en la imposibilidad material de ocultar el crimen que en la personalidad misma del criminal. Este último experimentaba en el momento de cometer el delito una diminución de la voluntad y de la inteligencia; por esta razón solía proceder con aturdimiento infantil, con ligereza fenomenal, precisamente cuando la circunspección y la prudencia le eran más necesarias.

Raskolnikoff comparaba este eclipse del juicio y este desfallecimiento de la voluntad, a una afección morbosa que se desarrolla por grados, que llega al máximum de intensidad poco antes de la perpetración del crimen, que subsistía en la misma forma durante la comisión de él y aun algunos momentos después (más o menos tiempo según los individuos) para cesar luego como cesan todas las enfermedades. Un punto no esclarecido era el de saber si la enfermedad determina el crimen o si el crimen, por su naturaleza propia, va acompañado siempre de algún fenómeno morboso; pero el joven no se sentía capaz de resolver esta cuestión.

Razonando de esta manera llegó a persuadirse de que él personalmente estaba al abrigo de semejantes trastornos morales, y de que conservaría la plenitud de su inteligencia y de su voluntad, durante la empresa, sencillamente porque «su empresa no era un crimen...» No referiremos la serie de argumentos que le habían conducido a esta última conclusión. Nos limitamos a decir que en sus preocupaciones, al lado práctico, las dificultades puramente materiales de ejecución, quedaban en el segundo término. «Que conserve yo mi presencia de espíritu, mi fuerza de voluntad, y cuando llegue el momento triunfaré de todos los obstáculos...» Pero no ponía manos a la obra. Menos que nunca creía en la persistencia final de sus resoluciones, y al sonar la hora se despertó como de un sueño.

No estaba aún al pie de la escalera cuando una circunstancia insignificante vino a desconcertarle. Llegado al descansillo en que estaba el cuarto de su patrona, encontró, como siempre, abierta de par en par la puerta de la cocina, y miró discretamente: estando ausente Anastasia, ¿no era posible que estuviese allí la patrona? Y aunque no se hallase en la cocina, ¿tendría bien cerrada la puerta de su habitación? ¿No podría verle cuando entrase por el hacha? Era necesario cerciorarse. Pero, ¡cuál no sería su estupor al ver que Anastasia, contra su costumbre, estaba en la cocina! Más todavía: que andaba muy atareada, sacando ropa del cesto y tendiéndola en unas cuerdas. Al aparecer el joven, la criada, interrumpiendo su trabajo, se volvió hacia él y no dejó de mirarle hasta que se hubo alejado.

Raskolnikoff volvió los ojos y pasó como si no se hubiera fijado en nada; pero aquélla era cosa concluída: no tenía hacha. Esta circunstancia fué para él un golpe terrible.

—¿De dónde había sacado yo—pensaba al bajar los últimos peldaños de la escalera—que precisamente en este momento había salido Anastasia? ¿Por qué se me habrá metido tal cosa en la cabeza?

Sentíase como aplastado, como anonadado. Su despecho le impulsaba a burlarse de sí mismo. Hervía en todo su ser una cólera salvaje.

Se detuvo indeciso en la puerta cochera; vagar por las calles, salir sin objeto, no le apetecía; pero aun le era más desagradable volver a subir. «¡Y pensar que he perdido para siempre tan buena ocasión!», murmuró enfrente del cuarto del *dvornik*, cuarto que estaba también abierto.

De repente se echó a temblar. En la garita del portero, a dos pasos de Raskolnikoff, debajo del banco, brillaba un hacha... El joven miró en derredor suyo. Nadie. Se aproximó suavemente al chiribitil, bajó dos escaloncitos y llamó con voz débil al *dvornik*: «Vamos, no está en su casa; pero no debe de andar lejos, porque no ha cerrado la puerta.» De pronto, como un rayo, se lanzó hacia el hacha y la sacó de debajo del banco donde estaba entre dos troncos. En seguida pasó el arma por el nudo corredizo, se metió las manos en los bolsillos y salió. Nadie le vió. «No es la inteligencia la que me ayuda, es el diablo», pensó, sonriéndose de un modo extraño. Aquella casualidad contribuyó podcrosamcntc a darle valor.

Caminaba lenta, gravemente, temeroso de despertar sospechas. Apenas miraba a los transeuntes a fin de atraer lo menos posible la atención. De repente pensó en su sombrero. «¡Dios mío!

¡Anteayer tenía dinero y hubiera podido comprarme una gorra!» Del fondo de su alma brotó una imprecación. Una ojeada que por casualidad dirigió a una tienda donde había un reloj colgado de la pared, le hizo saber que eran ya las siete y diez. Urgía el tiempo, y, sin embargo, tenía que dar un rodeo para que no se le viese llegar de aquel lado a la casa.

Entretanto se verificaba en él un extraño fenómeno; en contra de lo que se figuraba, no sentía miedo alguno; así, en vez de preocuparse por el crimen que se disponía a cometer, otros sentimientos ajenos a su empresa ocupaban su espíritu. Al pasar por delante del jardín de Jussupoff pensaba que sería conveniente establecer en todas las plazas públicas fuentes monumentales que refrescasen la atmósfera. Luego, por una serie de transiciones insensibles, comenzó a fantasear que si al jardín de Verano se le diese toda la extensión del campo de Marte y se le añadiese el jardín del palacio Miguel, San Petersburgo ganaría con ello higiénica y artísticamente considerado.

«Del mismo modo, sin duda, las personas que son conducidas al suplicio se fijan en todos los objetos que encuentran en el camino.» Se le ocurrió esta idea; pero se apresuró a desecharla. En tanto se aproximó: vió la casa, vió la puerta. De repente oyó que un reloj daba una sola campanada. «¡Cómo! ¿Serán ya las siete y media? ¡Imposible! Ese reloj adelanta.»

También esta vez la casualidad sirvió a Raskolnikoff. Como si lo hubiera hecho a propósito, en el momento mismo en que llegaba frente a la casa, entraba por la puerta cochera una enorme carreta cargada de heno. El joven pudo franquear el umbral sin ser visto, deslizándose por el espacio que quedaba entre la carreta y la pared. Cuando estuvo en el patio, tomó rápidamente por la derecha. Del otro lado de la carreta disputaban algunos hombres. Raskolnikoff les oía gritar pero ninguno se fijó en él ni él por su parte encontró a nadie. Muchas de las ventanas que daban a aquel inmenso patio cuadrado estaban abiertas: sin embargo, no levantó la cabeza. Su primer movimiento fué ganar la escalera de la vieja que era la de la derecha.

Conteniendo la respiración y con la mano apoyada en el corazón para comprimir sus latidos, se puso a subir los peldaños, cerciorándose antes de que el hacha estaba bien sujeta por el nudo corredizo. A cada minuto se paraba a escuchar; pero la escalera estaba completamente desierta y todas las puertas cerradas. En el segundo piso había un cuarto desalquilado, que estaba abierto, y en donde trabajaban algunos pintores; pero éstos no vieron a Raskolnikoff, que se detuvo un instante para reflexionar, y luego continuó subiendo. «Mejor hubiera sido que no estuviesen; pero por encima de ellos, hay todavía dos pisos.»

Llegó al cuarto piso sin encontrarse con nadie, y se halló ante la puerta de Alena Ivanovna, donde volvió a detenerse para reflexionar. El cuarto de enfrente estaba desocupado. En el tercero, la habitación situada precisamente por debajo de la de la vieja, se hallaba también vacía, según todas las apariencias: la tarjeta que antes había en la puerta, no estaba: los inquilinos se habían ido... Raskolnikoff se ahogaba. Vaciló un momento. «¿No sería mejor que me fuera?» Pero sin responder a esa pregunta, se puso a escuchar; no oyó ningún ruido en casa de la vieja; en la escalera el mismo silencio. Después de haber estado escuchando largo rato, el joven echó una mirada en torno suyo y tentó nuevamente su hacha. «¿No estaré demasiado pálido?—pensó—. ¿No se notará mi agitación? Esa mujer es muy desconfiada. Debiera esperar a que se calmase mi emoción.»

Pero, lejos de calmarse, eran cada vez más violentas las pulsaciones del corazón del joven. No pudo contenerse más, y extendiendo lentamente la mano hacia el cordón de la campanilla, tiró de él. Al cabo de medio minuto llamó de nuevo, con más fuerza. Ninguna respuesta; llamar violentamente hubiera sido inútil y hasta imprudente. La vieja de seguro estaba en su casa; pero como era desconfiada, debía serlo más en este momento en que se encontraba sola. Raskolnikoff conocía en parte las costumbres de Alena Ivanovna. De nuevo aplicó el oído a la puerta. Su excitación desarrollaba en él una agudeza particular de sensaciones (lo que en general es difícil de admitir), o en rigor el ruido era fácilmente perceptible.

Sea como fuere, le pareció oír que una mano se apoyaba con precaución en la cerradura, escuchaba, esforzándose por disimular su presencia. No queriendo parecer que se ocultaba, el joven llamó por tercera vez pero suavemente para no denunciar su impaciencia. Aquel instante dejó a Raskolnikoff un recuerdo imborrable. Cuando después pensaba en ello, no acertaba a explicarse cómo había podido desplegar tanta astucia precisamente en el momento en que su emoción era tal que le quitaba el uso de sus facultades intelectuales y físicas. Al cabo de un instante oyó que descorrían el cerrojo.

VII.

Lo mismo que en su visita anterior, Raskolnikoff vió entreabrirse la puerta lentamente y por la estrecha abertura dos ojos muy brillantes que se fijaban en él con expresión de desconfianza. Entonces le abandonó su sangre fría y cometió una falta que hubiera podido dar al traste con todo.

Temiendo que Alena Ivanovna tuviese miedo de encontrarse sola con un visitante de aspecto poco tranquilizador, tiró de la puerta con violencia hacia sí para que la vieja no procurase cerrarla. La usurera no intentó siquiera hacerlo, pero no quitó la mano de la cerradura, de manera que faltó poco para que cayera de bruces en el descansillo, hacia donde se abría la puerta. Como Alena Ivanovna permanecía de pie en el umbral para no dejar el paso libre, el joven avanzó hacia ella. Aterrada la vieja dió un salto hacia atrás; pero no pudo pronunciar una palabra y miró a Raskolnikoff abriendo los ojos desmesuradamente.

—Buenas tardes, Alena Ivanovna—dijo él con el tono más natural que pudo; pero en vano trataba de fingir; su voz era entrecortada y temblorosa—; traigo un objeto, pero entremos: para examinarlo hay que verlo a la luz...

Y sin esperar a que se le dijera que pasase, penetró en la habitación. La vieja se le acercó vivamente; ya se le había desanudado la lengua.

—¡Señor!... ¿Qué quiere usted, quién es usted, qué se le ofrece?

—¡Vamos, Alena Ivanovna!; usted me conoce muy bien... Raskolnikoff; tenga usted paciencia. Vengo a empeñar esta alhaja de la que le hablé el otro día—y le alargó el paquete.

Alena Ivanovna iba a examinarlo, cuando de repente cambió de idea, y levantando los ojos dirigió una mirada penetrante, irritada y desconfiada sobre aquel importuno que se le metía en casa con tan poca ceremonia. Raskolnikoff hasta creyó advertir cierta especie de burla en los ojos de la vieja, como si ésta lo hubiese adivinado todo. Se daba cuenta el joven de que perdía la serenidad, de que tenía casi miedo, de que si aquella muda investigación se prolongaba medio minuto, iba, sin duda, a echar a correr.

—¿Por qué me mira usted de ese modo, como si no me conociese?—dijo irritándose a su vez—. Si usted quiere eso, lo toma, si no, lo deja; iré a otra parte con ello; es inútil que me haga usted perder el tiempo.

Se le escaparon estas palabras sin que las hubiera premeditado.

El lenguaje resuelto del visitante tranquilizó a la usurera.

—¿Qué prisa hay, *batuchka*? ¿Qué es eso?—preguntó mirando el paquete.

—Una cigarrera de plata; ya se lo dije a usted la otra tarde.

La vieja extendió la mano.

—¡Qué pálido está usted! ¿Está usted malo, *batuchka*?

—Tengo fiebre—respondió con voz brusca—. ¿Cómo no he de estar pálido?... Cuando uno no tiene que comer...—acabó de decir, no sin esfuerzo—, le abandonan las fuerzas de nuevo.

La respuesta parecía verosímil; la vieja tomó el paquete.

—¿Qué es esto?—preguntó por segunda vez, y tanteando el peso de la prenda, miró fijamente a su interlocutor.

—Una petaca de plata... mírela usted.

—Cualquiera diría que no es plata... ¡Oh, cómo la han atado!

En tanto que Alena Ivanovna hacía esfuerzos por desatar el hilo, se había aproximado a la luz. (Todas las ventanas estaban cerradas, a pesar del calor sofocante que hacía.) En esta posición daba la espalda a Raskolnikoff, y durante algunos segundos no se ocupó en él. El joven se desabrochó el gabán y separó el hacha del nudo corredizo; pero sin sacarla todavía, se limitó a tenerla con la mano derecha debajo del sobretodo. Sentía una terrible debilidad en todos sus miembros. Comprendía que cada instante que pasaba su debilidad iba en aumento; temía que se le escapase el hacha de la mano, y le parecía que todo le daba vueltas en su derredor.

—¿Pero qué hay aquí dentro?—gritó coléricamente Alena Ivanovna, e hizo un movimiento en dirección a Raskolnikoff.

No había tiempo que perder. Sacó el joven el hacha de debajo del gabán, la levantó con las dos manos casi maquinalmente, porque no tenía fuerzas, y la dejó caer sobre la cabeza de la vieja. De repente, en cuanto hubo dado el golpe, sintió Raskolnikoff que recobraba toda su energía física.

Alena Ivanovna, como de costumbre, no llevaba nada en la cabeza. Sus cabellos, grises y escasos, y, como siempre, untados de aceite, recogíalos, formando trenzas en la nuca con un trozo de peineta de cuerno. El golpe dió precisamente en la coronilla, a lo cual contribuyó la escasa estatura de la víctima. La usurera lanzó un grito débil y cayó desplomada teniendo, sin embargo, todavía fuerzas para llevarse los brazos a la cabeza. En una de las manos conservaba la «prenda». Entonces Raskolnikoff que, como hemos dicho, había recobrado todo su vigor, asestó dos nuevos hachazos en el occipucio de la vieja. La sangre brotó a chorros y el cuerpo quedó exánime. El joven se echó hacia atrás y en cuanto vió a la anciana sin movimiento se inclinó para mirarla: estaba muerta; los ojos, desmesuradamente abiertos, parecían salirse de las órbitas, y las convulsiones de la agonía daban a su rostro la expresión de una horrible mueca.

El asesino dejó el hacha en el suelo e inmediatamente se puso a registrar el cadáver, tomando todo género de precauciones para no mancharse de sangre. Se acordaba de haber visto la última vez a Alena Ivanovna buscar las llaves en el bolsillo derecho de su vestido. Se hallaba en plena posesión de su inteligencia. No experimentaba ni aturdimiento ni vértigos; pero seguían temblándole las manos. Más tarde recordó que había sido muy prudente, y que había puesto mucho cuidado en no mancharse. No tardó en encontrar las llaves. Como el día anterior, estaban todas reunidas en una anilla de acero.

Después de haberse apoderado de ellas, Raskolnikoff entró en la alcoba. Era ésta muy pequeña, y había en ella un estante lleno de imágenes piadosa; en el otro lado una gran cama muy limpia con una colcha de seda almohadillada y hecha de pedazos cosidos. En la otra pared una cómoda. Cosa extraña; apenas hubo comenzado el joven a servirse de las llaves para abrir este mueble, le recorrió todo el cuerpo un escalofrío. Estuvo tentado de renunciar a todo y marcharse; pero esta idea duró sólo un momento; era demasiado tarde para retroceder.

Hasta llegó a sonreírse de haber podido pensarlo, cuando, de repente, sintió una terrible inquietud: ¿Si por acaso la vieja no estuviera muerta y recobrase el sentido? Dejando las llaves en la cómoda, acudió vivamente cerca del cuerpo, tomó el hacha y se dispuso a dar otro golpe a su víctima; pero el arma, ya levantada, no cayó; no había duda de que Alena Ivanovna estaba muerta. Inclinándose de nuevo sobre ella para examinarla más de cerca, Raskolnikoff se convenció de que la mujer tenía el cráneo partido. En el sucio se había formado un lago de sangre. Viendo de improviso que la vieja tenía un cordón al cuello, el joven tiró de él violentamente; pero el cordón ensangrentado era recio y no se rompió.

El asesino trató entonces de quitárselo, haciendo que se deslizase a lo largo del cuerpo; pero no fué más afortunado en esta segunda tentativa; el cordón encontró un obstáculo y no pasaba. Impaciente Raskolnikoff, blandió el hacha, pronto a descargarla sobre el cadáver para cortar con el mismo golpe aquel maldito cordón. Sin embargo, no pudo resolverse a proceder con aquella brutalidad. Al cabo, después de dos minutos de esfuerzos que le pusieron rojas las manos, logró cortar el cordón con el filo del hacha, sin herir el cuerpo de la muerta. Como había supuesto, lo que la vieja llevaba al cuello era una bolsa. También estaban sujetas al cordón una medallita esmaltada y dos cruces, la una de madera de ciprés, la otra de cobre. La bolsa, grasienta (un saquito de piel de camello), estaba completamente llena. Raskolnikoff se la metió en el bolsillo sin mirar lo que contenía; arrojó las cruces sobre el pecho de la vieja, y tomando el hacha volvió a entrar con ella apresuradamente en la alcoba.

La impaciencia le devoraba, y puso mano a la obra de desvalijamiento; pero sus tentativas para abrir la cómoda eran infructuosas, no tanto por el temblor de las manos, como por sus continuas torpezas. Veía, por ejemplo, que tal llave no era de la cerradura y se obstinaba, sin embargo, en hacerla entrar.

De pronto se acordó de una conjetura que había hecho en su anterior visita: aquella gruesa llave que estaba con las otras pequeñas en la anilla de acero, debía de ser no de la comoda, sino de alguna caja en que acaso la vieja tenía encerrados todos sus valores. Sin ocuparse más en la cómoda, miró bajo la cama, sabiendo que los viejos tienen la costumbre de ocultar en ese sitio sus tesoros. En efecto, había allí un cofre de poco más de una archina de largo y cubierto de cuero rojo. La llave dentellada entraba perfectamente en la cerradura. Cuando Raskolnikoff levantó la tapa, vió colocados sobre un trapo blanco un abrigo forrado de piel de liebre con guarnición roja, debajo del abrigo una falda de seda y después un chal; el fondo parecía contener solamente trapos. El joven comenzó por secarse las manos ensangrentadas en la guarnición roja. «Sobre lo rojo, la sangre se conocerá menos.» De pronto pareció como que volvía en sí: «¡Señor!

¿Me habré vuelto loco?», murmuró con terror.

Pero apenas empezó a registrar aquellas ropas, cuando de debajo de la piel se deslizó un reloj de oro. En vista de esto, revolvió de arriba abajo el contenido del cofre. Entre los vestidos se hallaban objetos de oro, sin duda depositados como empeños, en manos de la usurera, brazaletes, cadenas, pendientes, alfileres de corbata, etc.; los unos encerrados en sus estuches, los otros anudados con una cinta en un pedazo de periódico doblado en dos partes.

Raskolnikoff no vaciló; metió mano a todas estas alhajas y se llenó los bolsillos del pantalón y del gabán sin abrir los estuches ni deshacer los paquetes; pero de pronto fué interrumpido en esta maniobra. En la habitación donde estaba la vieja sonaron pasos. Se detuvo helado de terror. Pero el ruido había cesado, el joven empezaba a creer que había sido engañado por una alucinación de su oído, cuando de súbito percibió, distintamente, un ligero grito o más bien un gemido débil y entrecortado. Al cabo de uno o dos minutos, todo volvió a quedar en un silencio de muerte. Raskolnikoff, sentado en el suelo cerca del cofre, esperaba respirando apenas. De repente dió un salto, tomó el hacha y se lanzó fuera de la alcoba.

En medio de la sala, Isabel, con un gran bulto en las manos, contemplaba aterrorizada el cadáver de su hermana, y, pálida como la cera, parecía no tener fuerzas para gritar ante la brusca aparición del asesino. Comenzó a temblar, trató de levantar el brazo, de abrir la boca; pero no pudo dar ni un grito, y andando hacia atrás lentamente con la mirada fija en Raskolnikoff, fué a refugiarse en un rincón de la sala. La pobre mujer hizo esto sin gritar, como si le faltase el aliento. El asesino se lanzó sobre ella con el hacha levantada; los labios de la infeliz tomaron la expresión lastimera que suelen tomar los de los niños pequeños cuando están espantados.

Tal horror sentía la desdichada, que aunque vió que el hacha se levantaba sobre ella, no pensó ni aun en defender la cara, llevándose las manos a la cabeza con un movimiento maquinal que sugiere en semejantes casos el instinto de conservación. Apenas si levantó el brazo izquierdo extendiéndolo lentamente en dirección del agresor, que descargó sobre Isabel un golpe terrible. El hierro del hacha penetró en el cráneo, hendió toda la parte superior de la frente y llegó casi hasta el occipucio: Isabel cayó rígida, muerta. Sin saber lo que hacía, Raskolnikoff tomó el paquete que la víctima tenía en la mano; después lo tiró y salió al recibimiento.

Estaba aterrado a causa de aquel nuevo asesinato que no había sido premeditado por él. Quería desaparecer cuanto antes. «Si hubiese podido darse mejor cuenta de las cosas; si hubiese calculado todas las dificultades de su posición, si la hubiera previsto tan desesperada, tan horrible, tan absurda, como era; si hubiera comprendido bien los obstáculos que quedaban por vencer, quizá los crímenes que tendría que perpetrar para huir de aquella casa y entrar en la suya... probablemente habría renunciado a la lucha para correr a denunciarse, y no por cobardía, sino por horror de lo que había hecho.» Esta impresión le iba dominando. Por nada del mundo se habría aproximado a la caja ni entrado en la alcoba.

Poco a poco, sin embargo, comenzaron a surgir en su espíritu otros pensamientos, y cayó en una especie de delirio. Por momentos el asesino parecía olvidarse de sí mismo, o más bien, de olvidar lo principal, para fijarse en lo insignificante. Una mirada dirigida a la cocina le hizo descubrir un cubo medio lleno de agua, y se le ocurrió lavarse las manos y limpiar el hacha. A causa de la sangre tenía pegajosas las manos. Después de haber metido el hierro del arma en el agua, tomó un pedazo de jabón que había en el poyo de la ventana y comenzó a refregarse las manos. Cuando se las hubo lavado, enjugó el hierro del hacha y en seguida empleó tres minutos en jabonar el mango, para hacer desaparecer las salpicaduras de sangre. Después lo secó todo con un paño de cocina que estaba colgado en una cuerda. Hecho esto, se aproximó a la ventana, con objeto de examinar atenta y detenidamente el hacha. Las huellas acusadoras habían desaparecido; pero el mango estaba húmedo. Raskolnikoff ocultó cuidadosamente el arma bajo su gabán, colocándola en el nudo corredizo; después hizo una inspección minuciosa de sus vestidos con todo el cuidado que le permitía la débil luz que iluminaba la cocina. A primera vista el pantalón y el gabán no tenían nada de sospechoso; pero en los zapatos observó algunas manchas. El joven las limpió con un trapo humedecido en agua.

No obstante, estas precauciones no le tranquilizaban más que a medias, porque veía mal y comprendía que podían pasarse inadvertidas algunas manchas. Permaneció irresoluto en medio dc la sala bajo la influencia de un pensamiento sombrío y angustioso: el pensamiento de que se volvía loco, de que en aquel momento era incapaz de tomar una determinación ni de velar por su seguridad y de que su manera de proceder no era la que convenía en las circunstancias presentes...

—¡Dios mío, debo irme; irme en seguida!—murmuró y se lanzó al recibimiento, en donde le esperaba un susto mayor de los que hasta entonces había experimentado. Se quedó inmóvil, no atreviéndose a dar crédito a sus ojos: la puerta del cuarto, la puerta exterior que daba al descansillo, la misma en que él había llamado hacía poco, por la cual había entrado, estaba abierta: hasta este momento había permanecido entreabierta: acaso por precaución, la vieja, ni había dado vuelta a la llave ni echado el cerrojo. ¡Pero Dios mío! el joven había visto en seguida a Isabel. ¿Cómo no se le ocurrió que la vendedora había entrado por la puerta? No había podido penetrar en el cuarto a través de la pared.

Cerró la puerta y echó el cerrojo.

—Pero no; no es eso lo que debo hacer. Es menester partir, huir inmediatamente.

Descorrió el cerrojo, y después de haber abierto la puerta, se puso a escuchar largo rato en la escalera. Abajo, probablemente en la puerta cochera, dos voces ruidosas se insultaban. Esperó pacientemente. Por último, callaron las voces; los dos alborotadores se habían ido cada cual por su lado. Iba ya el joven a salir cuando en el piso inferior se abrió con estrépito una puerta y alguien empezó a bajar tarareando una canción. ¿Qué les pasaba a esta gente para armar tanto ruido? Cerró de nuevo la puerta, esperando otra vez dentro del cuarto. Finalmente se restableció el silencio; pero en el instante en que Raskolnikoff se disponía a bajar, percibió un nuevo rumor.

Eran pasos todavía distantes, que resonaban en los primeros peldaños de la escalera; sin embargo, en cuanto empezó a oírlos, adivinó la verdad—: Vienen *aquí*, al cuarto piso, a casa de la vieja.

¿De dónde provenía aquel presentimiento? ¿Qué tenía de significativo el ruido de aquellos pasos? Eran pesados, regulares, y más bien lentos que ligeros...

—Ya *él* ha llegado al primer piso... se le oye cada vez mejor... resuella como un asmático... ya llega al tercer piso... ¡aquí!

Y Raskolnikoff experimentó súbitamente una parálisis general, como ocurre en una pesadilla cuando uno se cree perseguido por varios enemigos: están a punto de alcanzaros, os van a matar y os quedáis como clavados en el suelo imposibilitados de moveros.

El desconocido comenzaba a subir el tramo del cuarto piso.

Raskolnikoff, a quien el espanto había tenido inmóvil en el descansillo, pudo, por último, sacudir su estupor y entrando apresuradamente en el cuarto cerró la puerta y corrió el cerrojo, teniendo cuidado de hacer el menor ruido posible. El instinto, más bien que el razonamiento, le guió en estas circunstancias.

Armóse después del hacha, se arrimó a la puerta y se puso a escuchar, sin atreverse a esperar siquiera. Ya el visitante estaba en el descansillo.

No había entre los dos hombres más que el espesor de una tabla. El desconocido se encontraba frente a frente de Raskolnikoff en la situación en que éste se había encontrado respecto de la vieja.

El visitante respiró varias veces con fatiga.

«Debe ser grueso y alto», pensó el joven, apretando con la mano el mango del hacha. Todo aquello parecía un sueño. Al cabo de un momento, el visitante dió un fuerte campanillazo. Creyó percibir cierto ruido en la sala. Durante algunos segundos escuchó atentamente; llamó después de nuevo, esperó todavía un poco, y de pronto, perdida la paciencia, se puso a sacudir la puerta con todas sus fuerzas. Raskolnikoff contemplaba con terror el cerrojo que temblaba en su ajuste; temía verlo saltar de un momento a otro. Pensó sujetar el cerrojo con la mano; pero el hombre hubiera podido desconfiar. La cabeza comenzaba a írsele de nuevo. «¡Estoy perdido!», se dijo; sin embargo, recobró súbitamente ánimos, cuando el desconocido rompió el silencio.

—¿Estarán durmiendo o las habrán estrangulado? ¡Malditas mujeres!—murmuraba en voz baja el visitante—. ¡Eh, Alena Ivanovna, vieja bruja! ¡Isabel Ivanovna, belleza indescriptible! ¡Abrid!

Exasperado, llamó diez veces seguidas todo lo más fuerte que pudo. Sin duda aquel hombre tenía confianza en la casa y dictaba en ella la ley.

Así pensaba Raskolnikoff cuando, de improviso, sonaron en la escalera pasos ligeros y rápidos. Era, sin duda, otro que subía al cuarto piso. El joven no se enteró al pronto de la llegada del recién venido.

—¿Es posible que no haya nadie?—dijo una voz sonora y alegre, dirigiéndose al primer visitante, que continuaba tirando de la campanilla—. ¡Buenas tardes, Koch!

Por el timbre de la voz comprendió Raskolnikoff que era un jovenzuelo.

—¡El demonio lo sabe; poco ha faltado para que haya saltado la cerradura!—respondió Koch—; ¿pero usted, cómo me conoce?

—¡Vaya una pregunta! ¿No le gané a usted anteayer en el café Gambrinus tres partidas seguidas de billar?

—¡Ah!

—¿De modo que no están? Es extraño, y además estúpido. ¿A dónde habrá ido la vieja? Tenía que hablarle.

—Yo también.

—¿De modo que no hay más remedio que marcharse? ¿Qué hacer? ¡Y yo que venía a pedirle dinero prestado!—exclamó el joven.

—En efecto; no hay más remedio que marcharse. Pero no comprendo por qué no está la bruja en casa habiéndome dado una cita. ¡Pues hay una buena caminata de aquí a mi casa! ¿Y a dónde demonios habrá ido? Esta bruja no se mueve en todo el año, puede decirse que echa raíces en su casa, tiene malas las piernas... ¡y de repente se va de parranda!

—Podíamos preguntarle al portero.

—¿Para qué?

—¡Toma! para saber a dónde ha ido y cuándo volverá.

—¡Hum... preguntar!... ¡pero si no sale nunca!—y tiró del cordón de la campanilla—. ¡Vaya, es inútil, hay que marcharse!

—¡Espere usted!—gritó de repente el joven—. Fíjese, vea usted cómo resiste la puerta cuando se tira de ella.

—¿Y qué?

—Esto prueba que no está cerrada con llave, sino con cerrojo. ¡Mire usted, mire usted cómo suena!

—¿Y qué?

—¿Pero no comprende usted todavía? Eso prueba que una, por lo menos, está en casa. Si las dos hubieran salido, habrían cerrado la puerta por fuera con llave, y claro es que no hubieran podido echar el cerrojo por dentro. Repare usted el ruido que hace. Es evidente que para pasar el cerrojo tiene que estar en casa. ¿Comprende usted? De modo, que están dentro y no quieren abrir.

—¡Pues es verdad!—exclamó Koch asombrado—. ¿De manera que están ahí?

Y se puso a sacudir furiosamente la puerta.

—No siga usted—dijo el joven—; aquí pasa algo extraordinario... Usted ha llamado... ha sacudido la puerta con todas sus fuerzas y ellas no abren; luego, o están desmayadas o...

—¿Qué?

—Hay que llamar al *dvornik* para que las despierte.

—¡Buena idea!

Los dos empezaron a bajar.

—Espere usted, quédese aquí; iré yo a buscar al *dvornik*.

—¿Para qué me he de quedar?

—¡Oh! ¿Quién sabe lo que puede ocurrir?

—Está bien.

—Verá usted; yo me dispongo a ser juez de instrucción. Aquí hay algo que no está claro; esto es evidente, evidentísimo.

Y así diciendo el joven bajó de cuatro en cuatro los peldaños de la escalera.

Cuando se quedó solo, Koch llamó otra vez, pero suavemente; después se puso con aire distraído a empujar el botón de la cerradura para cerciorarse de que la puerta estaba cerrada nada más que con cerrojo. Luego, resoplando como un fuelle, se bajó para mirar por el ojo de la llave, pero ésta estaba puesta por dentro, de modo que no pudo ver nada.

En pie, del otro lado de la puerta, estaba Raskolnikoff con el hacha en la mano y dispuesto a deshacer el cráneo al primero que osara asomar la cabeza. Más de una vez, oyendo a los dos curiosos hurgar en la puerta y concertarse entre sí, estuvo a punto de acabar de una vez y de interpelarlos, pero sin abrir. Por momentos sentía deseos de injuriarlos, de insultarlos, de abrir la puerta para hacerles entrar y matarlos a ambos. «Mejor será que acabe cuanto antes»—pensaba.

—¡Qué diablo! ¡No sube nadie!—se dijo Koch, comenzando a perder la paciencia—. ¡Qué diablo!—volvió a decir, y fastidiado de esperar abandonó su puesto para bajar en busca del joven.

Poco a poco dejó de oírse el ruido de sus botas, que resonaban pesadamente en la escalera.

—¿Qué hacer, Dios mío, qué hacer?

Raskolnikoff descorrió el cerrojo y entreabrió la puerta. Tranquilizado por el silencio que reinaba en la casa, y, por otra parte, incapaz de reflexionar en aquel momento, salió, cerró detrás de sí lo mejor que pudo, y empezó a bajar la escalera.

Había descendido ya muchos escalones, cuando se produjo abajo un gran estrépito. ¿Dónde ocultarse? No había medio de esconderse en ninguna parte, y volvió a subir apresuradamente.

—¡Eh, pardiez, espera, aguarda!

El que lanzaba estas voces acababa de salir de un cuarto situado en los pisos inferiores y bajaba a saltos gritando:

—¡Mitka! ¡Mitka! ¡Mitka! ¡El demonio se lleve a ese loco!

La distancia no permitió oír más. El hombre que profería aquellas exclamaciones estaba ya lejos de la casa. El silencio se restableció; pero apenas había cesado esta alarma cuando le sucedió otra. Varios individuos que hablaban entre sí en voz alta subían tumultuosamente la escalera. Eran tres o cuatro. Raskolnikoff reconoció la voz chillona del joven estudiante.

—Son ellos—se dijo, y sin procurar ya escapar, se fué derechamente a su encuentro—. Ocurra lo que quiera—añadió. Si me detienen, todo ha terminado; y si me dejan escapar, también, porque se acordarán de haberme visto en la escalera.

Iba ya a reunirse con ellos, pues sólo les separaba un piso, cuando de repente vió la salvación. A pocos escalones delante de él, a la derecha, había un cuarto desalquilado, completamente abierto, el mismo donde trabajaban los pintores; pero, como si lo hubieran hecho adrede, éstos acababan de dejarlo.

Eran, sin duda, los que un momento antes habían salido vociferando. Se veía que la pintura estaba todavía fresca; en medio de la sala habían dejado los obreros sus útiles, una cubeta, un cacharro con color y una brocha. En un abrir y cerrar de ojos Raskolnikoff se escurrió en el cuarto desalquilado y se arrimó cuanto pudo a la pared. Ya era tiempo: sus perseguidores llegaban al descansillo; pero, sin detenerse, subieron al cuarto piso, hablando ruidosamente. Después de cerciorarse de que se habían alejado un poco, el asesino salió de puntillas y descendió precipitadamente. Nadie en la escalera, nadie en el patio. Atravesó rápidamente el umbral, y una vez en la calle dobló la esquina de la izquierda.

Comprendía perfectamente que los que le buscaban habían llegado en aquel momento a la puerta del cuarto de la vieja, quedándose estupefactos al verla abierta.

—Indudablemente están examinando los cadáveres—se decía—; sin duda les bastará un minuto para adivinar que el asesino ha logrado escapar; sospecharán, quizá, que se ha escondido en el cuarto desalquilado del segundo piso cuando ellos subían al de la usurera.

Pero, a pesar de hacerse estas reflexiones, no se atrevía a apresurar el paso, aunque estaba aún lejos de la primera esquina.

—¿Si me deslizara en un portal, en alguna calle extraviada y esperase allí un momento? No, malo. ¿Si fuese a arrojar el hacha a cualquier parte? ¿si tomara un coche? ¡Malo, malo!

Al cabo se ofreció ante sus ojos un *pereulok* y se metió en él más muerto que vivo. Allí estaba casi en salvo; así lo comprendió. Era difícil que las sospechas recayeran sobre él. Por otra parte, era fácil no llamar la atención en medio de los paseantes; pero de tal manera aquellas angustias le habían debilitado, que apenas podía sostenerse en pie. Por la cara le corrían gruesas gotas de sudor y tenía empapado el cuello.

—¡Buena la has tomado!—le gritó, al desembocar el canal, uno que le creyó borracho.

No se daba cuenta de nada; cuanto más andaba, más se obscurecían sus ideas. No obstante, cuando llegó al muelle del Neva, se asustó de ver tan poca gente, y temiendo que reparasen en él en un lugar tan solitario, se volvió otra vez al *pereulok*; y aunque apenas tenía fuerzas para andar, dió un largo rodeo para volver a su domicilio.

Al franquear el umbral no había recobrado aún su presencia de espíritu; a lo menos, hasta que llegó a mitad de la escalera no se acordó de que llevaba todavía el hacha. La cuestión que tenía que resolver era muy grave: se trataba de dejar el hacha donde la había tomado, sin llamar en lo más mínimo la atención. Si hubiera estado más tranquilo habría comprendido, de seguro, que en vez de dejar el arma en su antiguo puesto, hubiera sido mucho mejor deshacerse de ella arrojándola en cualquier corral. Sin embargo, todo le resultó a maravilla: la puerta del *dvornik* estaba cerrada, pero sin llave, lo cual hacía suponer que el portero no se había ausentado; pero Raskolnikoff, incapaz en aquel instante de discurrir ni de combinar un plan, se fué derecho a la puerta y la abrió. Si el portero le hubiese preguntado: «¿Qué quiere usted?», quizá el joven le habría entregado sencillamente el hacha; pero esta vez, como la anterior, el *dvornik* había salido, lo que dió facilidad a Raskolnikoff para colocar el hacha debajo del banco, en el sitio donde la había encontrado. En seguida subió la escalera y llegó a su habitación sin tropezarse con nadie: la puerta del cuarto de la patrona estaba cerrada. Cuando entró en su aposento se echó vestido en el diván, y aunque no se durmió, quedó en estado inconsciente. Si hubiese entrado alguien en su habitación, habríase levantado bruscamente gritando despavorido. Mil ideas distintas le hormigueaban en el cerebro.

SEGUNDA PARTE

I.

Raskolnikoff estuvo mucho tiempo acostado. A veces salía de su somnolencia y observaba que la noche estaba muy avanzada; pero no se le ocurría la idea de levantarse. Luego notó que empezaba a amanecer. Echado boca arriba en el sofá, no había podido recobrarse de la especie de letargo en que se hallaba sumido. De pronto oyó gritos terribles y desesperados que sonaban en la calle: eran las mismas voces que daba todas las noches a las dos, bajo sus ventanas, la gente que salía de las tabernas.

Aquel ruido le despertó.

—¡Ah, son borrachos!—pensó—. Las dos—y sintió un brusco sobresalto, como si le hubiesen levantado con violencia del sofá—. ¡Cómo! ¡Las dos ya!—Se sentó en el diván y lo recordó todo.

En el primer momento creyó que se volvía loco. Sentía mucho frío, que procedía, sin duda, de la fiebre que le había asaltado durante el sueño. Ahora tiritaba de tal modo que le castañeteaban los dientes. Abrió la puerta y se puso a escuchar; todo dormía en la casa. Echó una mirada sobre su persona y en derredor suyo. ¿Cómo, el día antes, al entrar en su habitación, se le olvidó de cerrar la puerta con el pestillo? ¿Por qué se había echado en el sofá, no solamente sin desnudarse, sino hasta con el sombrero puesto? Este había rodado por el suelo. «Si alguno entrase aquí, ¿qué pensaría? De seguro me creería borracho; pero...»

Se acercó a la ventana. Era ya día claro. El joven se examinó de pies a cabeza para ver si tenía alguna mancha en la ropa; pero no se podía fiar de una inspección hecha de aquel modo; siempre temblando, se desnudó y miró de nuevo su ropa con el mayor cuidado. Por exceso de precaución repitió este examen tres veces seguidas. No descubrió nada, excepto algunas gotas de sangre coagulada en la parte baja del pantalón, cuyos bordes estaban rotos y deshilachados. Tomó un cuchillo, y doblando los bordes de aquella prenda hizo dos tiras. De repente se acordó de que la bolsa y los objetos que había tomado del cofre de la vieja seguían en sus bolsillos. No había pensado en sacarlos ni en ocultarlos en cualquier parte. No se le ocurrió tampoco momentos antes cuando examinaba su ropa. «¡Si parece imposible!»

En un abrir y cerrar de ojos se vació los bolsillos y puso su contenido sobre la mesa. Después de haberlos registrado bien, a fin de asegurarse de que no quedaba nada en ellos, lo llevó todo a un rincón del cuarto. En aquel sitio, la tapicería destrozada se destacaba de la pared, y allí fué, bajo el papel, donde metió las alhajas y la bolsa.

—Así, ni visto ni conocido—pensó con alegría, medio incorporándose; y, mirando como atontado el ángulo en que la tapicería estaba desgarrada, bostezaba más aún.

De pronto, el terror agitó sus miembros.

—¡Dios mío!—murmuró con desesperación—. ¿Qué es lo que me pasa? ¿Está eso bien oculto? ¿Es así como se esconden estas cosas?

A la verdad, no era aquél el botín de que había esperado apoderarse; su intento era apropiarse del dinero de la vieja; así es que la necesidad de ocultar las alhajas le pillaba desprevenido.

—¿Pero ahora tengo yo motivos para alegrarme?—se decía—. ¿Es éste el modo de ocultar lo robado? Creo que me abandona la razón.

Falto de fuerzas, extenuado, se sentó en el diván, acometido de fuerte temblor.

Maquinalmente tomó un gabán viejo de invierno hecho jirones, que se encontraba en una silla, y se tapó con él; le invadió inmediatamente un sueño mezclado de delirio y perdió la conciencia de sí mismo.

Cinco minutos después se despertó sobresaltado, y su primer movimiento fué examinar de nuevo sus vestidos.

—¿Cómo he podido volver a dormirme sin haber hecho nada?; el nudo corredizo está en el sitio en que yo lo cosí. ¡Y no haber pensado en ello! ¡Semejante pieza de convicción!

Arrancó la venda de tela, la redujo a trozos pequeños y los confundió con la ropa que tenía debajo de la almohada.

—Me parece que estos trapos no pueden en caso ninguno despertar sospechas; por lo menos así lo creo—repetía en pie, en medio de la sala, con una atención que el esfuerzo hacía dolorosa, y miraba en derredor suyo para cerciorarse de que no había olvidado nada.

Le atormentaba cruelmente el convencimiento de que todo, la razón, hasta la más elemental prudencia, le abandonaba.

—¡Cómo! ¿Comienza ya el castigo? Sí, sí... así es, en efecto.

Los hilachos que había cortado del pantalón estaban en el suelo en medio de la sala, expuestos a la vista del primero que llegase.

—¿Pero dónde tengo yo la cabeza?—exclamó como anonadado.

Entonces le asaltó una idea extraña; pensó que su traje estaba todo ensangrentado, y que, a causa de la debilidad de sus facultades, no se había enterado de las manchas.

De repente se acordó de que la bolsa estaba también manchada de sangre.

Debe de haberse manchado el bolsillo, porque la bolsa estaba húmeda cuando la guardé.

En seguida dió la vuelta al bolsillo, y en efecto, encontró manchas en el forro.

—La razón no me ha abandonado por completo; soy capaz todavía de reflexionar, puesto que he podido hacer esta observación—pensó gozoso, lanzando un suspiro de satisfacción—; todo ello ha sido un instante de fiebre que me ha privado momentáneamente del juicio.

Arrancó inmediatamente todo el forro del bolsillo izquierdo del pantalón. En aquel momento un rayo de sol fué a dar en la punta de la bota izquierda: al joven le pareció que había allí indicios reveladores. Se descalzó.

—¡En efecto, son indicios! Toda la punta de la bota está llena de sangre. Sin duda puse imprudentemente el pie en aquel charco... ¿Pero qué hacer ahora de tales cosas? ¿Cómo deshacerme de esta bota, de estos trapajos y del forro del bolsillo?

Estaba en pie en medio de la sala, teniendo en la mano aquellos objetos que le denunciaban y le comprometían.

—Si los echase en la chimenea... Pero precisamente donde registrarán primero será en la chimenea. Si los quemase... ¿pero con qué? No tengo ni cerillas. Es mejor tirarlo todo en cualquier parte. Sí, lo mejor será tirarlo—repetía sentándose nuevamente en el diván—; pero en seguida, sin pérdida de tiempo.

Mas en vez de ejecutar esta resolución dejó caer la cabeza en las manos; empezó de nuevo el temblor, pero transido de frío se envolvió en su gabán de invierno. Durante muchas horas, esta misma idea estuvo presente en su espíritu: «Es preciso arrojar esto cuanto antes en cualquier parte». Varias veces se agitó bajo el gabán, quiso levantarse y no pudo conseguirlo. Al cabo de un rato, varios golpes violentos dados a la puerta le sacaron de su abstracción. Era Anastasia quien llamaba.

—¡Abre si no te has muerto!—gritó la criada—. ¡Se pasa la vida durmiendo, tendido como un perro! ¡Sí, como un perro! ¡Abreme, te digo; son ya las diez dadas!

—Puede que no esté—dijo una voz de hombre.

—Es la voz del *dvornik*...—se dijo Raskolnikoff, y temblando se sentó en el sofá.

Le latía el corazón hasta hacerle daño.

—¿Por qué habrá cerrado la puerta con el pestillo?—dijo Anastasia—. Se cree, sin duda, un bicho raro y teme acaso que alguien se lo lleve. Abre, despiértate...

—¿Qué querrán? ¿Por qué habrá subido el *dvornik*? Todo se ha descubierto. ¿Debo resistir o abrir desde luego? ¡Malditos sean!

Se medio incorporó, inclinóse hacia adelante y quitó el picaporte. La habitación era tan pequeña, que el joven podía abrir la puerta sin levantarse del sofá. Anastasia y el *dvornik* aparecieron en el umbral. La criada contempló a Raskolnikoff con extrañeza. Por su parte el joven miró con audacia desesperada al portero, que silenciosamente le alargó un papel ceniciento plegado en dos partes y sellado con cera basta.

—Es una citación. Procede de la comisaría—dijo el *dvornik*.

—¿De qué comisaría?

—¡De cuál ha de ser! De la de policía.

—¿Se me llama ante la policía?... ¿Por qué?

—¿Cómo he de saberlo yo? Se le llama a usted, pues obedezca y punto en boca.

El portero examinó atentamente al inquilino, después miró en derredor suyo y se dispuso a retirarse.

—Parece que estás peor—observó Anastasia, que no separaba los ojos de Raskolnikoff.

El *dvornik* volvió la cabeza.

—Desde ayer tiene fiebre—añadió la criada.

El joven no respondió, seguía con el pliego en la mano sin abrirlo.

—Quédate acostado—prosiguió la sirvienta compadecida de él al ver que se disponía a levantarse—. Estás enfermo, no vayas. No es cosa urgente. ¿Qué tienes en las manos?

El joven miró: tenía en la derecha las tiras del pantalón, la bota, y el forro de bolsillo. Se había dormido con aquellos objetos. Más tarde, tratando de explicarse el hecho, se acordó de que medio despierto, en un acceso febril, apretó fuertemente todo aquello contra su pecho quedándose luego dormido sin aflojar los dedos.

—¡Ha tomado esos andrajos y se duerme con ellos como si fueran un tesoro!...

Al decir estas palabras, Anastasia se retorcía con la risa nerviosa que le era habitual.

Raskolnikoff ocultó rápidamente bajo su abrigo todo lo que tenía en las manos y fijó una penetrante mirada en la criada. Aunque no se encontraba en estado de reflexionar, comprendía que no se busca así a un hombre cuando se intenta prenderle. «¿Pero la policía?»

—¿Tomarás te?, ¿quieres que te lo traiga? Queda algo...

—No, voy allá, voy en seguida—balbuceó.

—¿Pero podrás bajar la escalera?

—Quiero ir.

—Allá tú.

Anastasia salió detrás del *dvornik*. Raskolnikoff se puso en seguida a examinar a la luz la bota y las tiras. «Hay manchas, pero no son muy visibles; el barro y el roce han hecho desaparecer el color. El que no sospeche no advertirá nada; por consiguiente, Anastasia, desde el sitio donde estaba, no ha podido notar nada, ¡gracias a Dios!»

Después, con mano temblorosa, abrió el pliego y comenzó a leer; pero tuvo que leerlo varias veces antes de darse cuenta del contenido. Era una citación redactada en la forma ordinaria. El comisario de policía del distrito invitaba a Raskolnikoff a presentarse en su oficina a las nueve y media de aquel mismo día.

—¿Para qué se me cita? Yo no tengo que ver nada con la policía... ¡Y hoy precisamente!—se dijo, presa de la más viva ansiedad—. ¡Señor, haced que esto acabe lo más pronto posible!

En el momento en que iba a arrodillarse para rezar, se echó a reír, no de la oración, sino de sí mismo, y empezó a vestirse rápidamente.

—Voy yo mismo a meterme en la boca del lobo... Pues bien, tanto peor, me es igual... me pondré esta bota... La verdad es que, gracias al polvo de la calle, se advertirán menos las manchas.

Pero apenas se la hubo calzado se la quitó de repente con temor y disgusto. Después reflexionó que no tenía otra y se la volvió a poner riéndose otra vez.

—Todo esto es circunstancial, todo relativo; lo único que puede haber son conjeturas, suposiciones y nada más.

Esta idea, a la cual se aferraba con convicción, no le impedía temblar.

—¡Vamos! Ya estoy calzado; he acabado por hacerlo.

Al abatimiento siga la hilaridad.

—No, esto es superior a mis fuerzas... las piernas se me doblan... ¡Esto es miedo!

Le dolía la cabeza a causa del calor.

—Es un lazo que se me tiende, lo sé. Se valen de la astucia para atraerme, y cuando esté allí descubrirán de repente sus baterías—continuaba diciéndose al tiempo que se aproximaba a la escalera—. Lo peor es que estoy como loco y puedo cometer alguna tontería.

Ya en la escalera pensó que los objetos robados en casa de la usurera estaban mal ocultos en el sitio que los había puesto.

—Quizá me llamen con objeto de hacer un registro durante mi ausencia.

Pero tan desesperado estaba, aceptaba su perdición, por decir así, con tal cinismo, que esta preocupación le detuvo apenas un minuto.

—¡Con tal de que se acabe pronto!

Al llegar a la esquina de la calle que había doblado la víspera, dirigió furtivamente una mirada inquieta a *la casa*; pero al punto volvió la vista.

—Si me interrogan quizá confiese—pensaba al aproximarse a la oficina.

Desde poco tiempo antes, estaba instalada la comisaría en el cuarto piso de una casa situada a corta distancia de la de Raskolnikoff. Antes de que la policía se hubiese trasladado a este nuevo local, el joven había sido llamado por ella; pero entonces se trataba de una cosa sin importancia, y de esto había transcurrido ya mucho tiempo. Al entrar en el patio vió a un *mujick* con un libro en la mano, que bajaba una escalera situada a la derecha.

—Debe de ser un *dvornik*; por consiguiente, es aquí donde se encuentra la oficina.

Subió al azar; no quería preguntar a nadie.

—Entraré, me pondré de rodillas y lo confesaré todo—pensaba mientras subía al cuarto piso.

La escalera era estrecha, empinada y rezumaba por todas partes agua sucia. En los cuatro pisos las cocinas de todos los cuartos daban a la escalera y estaban abiertas de par en par casi todo el día, lo cual hacía que el calor fuera sofocante. Subían y bajaban los *dvorniks* con sus cuadernos debajo del brazo, varios agentes de policía e individuos de uno u otro sexo, que sin duda tenían asuntos en la oficina. La puerta de la comisaría estaba también abierta de par en par.

Raskolnikoff entró y se detuvo en la antesala donde esperaban algunos *mujicks*. Allí, como en la escalera, el calor era asfixiante. Además, el local, recientemente pintado, exhalaba un olor a aceite de linaza que daba náuseas. Después de una corta espera decidióse a entrar en el departamento contiguo, compuesto de una serie de habitaciones pequeñas y bajas. El joven estaba cada vez más impaciente por saber a qué atenerse. Nadie hacía caso de él. En la segunda habitación trabajaban varios escribientes, vestidos poco más o menos como él estaba. Todos tenían extraño aspecto. Raskolnikoff se dirigió a uno de ellos.

—¿Qué se le ofrece?

El joven mostró la citación enviada por la comisaría.

—¿Es usted estudiante?—preguntó el escribiente después de haber ojeado el papel.

—Sí, antiguo estudiante.

El empleado examinó a su interlocutor sin ninguna curiosidad. Era un hombre de cabellos rizados que parecía dominado por una idea fija.

—De éste nada he de saber, porque todo le es igual—pensó Raskolnikoff.

—Diríjase usted al jefe de la Cancillería—añadió el escribiente señalando con la mano la última dependencia.

Raskolnikoff entró en ella. Aquel despacho, el cuarto, era estrecho y estaba lleno de gente que vestía algo mejor que las otras personas que acababa de ver. Entre ellas había dos señoras. Una, vestida de luto, denotaba pobreza. Sentada delante del jefe de la Cancillería escribía lo que este funcionario le dictaba.

La otra señora tenía formas exuberantes, la cara roja, un tocado elegante y llevaba en el pecho un broche de dimensiones extraordinarias. Permanecía en pie, un poco separada, en actitud expectante.

Raskolnikoff entregó el papel al jefe de la Cancillería, el cual echó sobre él una rápida ojeada y dijo:

—Espere usted un poco—y siguió dictando a la señora de luto.

El joven respiró con más libertad.

—Indudablemente no se me llama para *aquello*. Poco a poco recobraba valor; por lo menos hacía todo lo posible para recobrarlo.

—La menor tontería, la más pequeña imprudencia, puede perderme... es un mal que no haya aire aquí—añadió—; se ahoga uno y mi razón vacila...

Sentía un malestar indefinible en todo su ser, y temía que le faltara la serenidad en presencia de aquel funcionario. Trataba de buscar algún objeto en que fijar su atención, pero no podía conseguirlo. Toda su atención estaba concentrada en el jefe de la Cancillería; hacía esfuerzos para descifrar la fisonomía de este empleado. Era un joven de veintidós años, cuyo rostro, moreno y móvil, representaba más edad; vestía con la elegancia peculiar del lechuguino y llevaba el pelo partido con una raya artísticamente hecha. Ostentaba en las manos, muy cuidadas, muchas sortijas y le serpenteaba por el chaleco una cadena de oro. Dijo a un extranjero que se encontraba allí dos palabrejas en francés y se quedó tan satisfecho.

—Tome usted asiento, Luisa Ivanovna—dijo a la señora lujosa, que permanecía en pie, sin atreverse a sentarse, aunque tenía una silla al lado.

—*Itch danke*—respondió la señora sentándose y ahuecando con un ligero roce sus faldas impregnadas de perfume.

Desplegado en derredor de la silla su traje de seda azul claro, guarnecido de encajes blancos, ocupaba más de la mitad del despacho; pero a la señora parecía que le daba vergüenza oler tan bien y ocupar tanto sitio. Sonreía de una manera a la vez temblorosa y descarada; sin embargo, era visible su inquietud. Una vez terminado su asunto, la señora de luto se levantó. En aquel momento entró haciendo ruido un oficial de modales muy desenvueltos, que puso sobre la mesa su gorra galoneada y se sentó en una butaca.

Al verle, la señora lujosamente vestida se levantó con prontitud e inclinóse con mucho respeto ante el oficial, pero éste no hizo el menor caso de ella y la mujer no se atrevió a volver a sentarse.

Era este personaje el ayudante del comisario de policía; tenía largos bigotes rojizos y retorcidos y facciones extremadamente finas, pero no expresivas y que denotaban cierta impudencia. Miró a Raskolnikoff de reojo y con algo de indignación; porque aunque era muy modesto el aspecto de nuestro héroe, su actitud contrastaba con la pobreza de su traje. Olvidando toda prudencia, el joven sostuvo tan atrevidamente la mirada del oficial, que éste se ofendió.

—¿Qué se te ofrece?—dijo, asombrado, sin duda, al ver que semejante desharrapado no bajaba los ojos ante su centelleante mirada.

—Se me ha hecho venir... He sido citado—balbució Raskolnikoff.

—Es el estudiante a quien se le reclama el pago de una deuda—se apresuró a decir el jefe de la Cancillería, dejando por un momento sus papelotes—. Entérese usted—y presentó un cuaderno a Raskolnikoff señalándole una parte de lo escrito—. Lea usted.

—¿Dinero? ¿Qué dinero?—pensó el joven sorprendido y alegre al mismo tiempo—. ¿De modo que no es por aquello por lo que me han hecho venir aquí?

Experimentaba un alivio inmenso, inexpresable...

—¿A qué hora, señor mío, se le ha mandado a usted venir?—le preguntó el ayudante, cuyo mal humor iba en aumento—. Se le cita a usted a las nueve y son más de las once.

—Me han entregado ese papel hace un cuarto de hora—replicó vivamente Raskolnikoff, invadido también de repentina cólera, a la cual se abandonaba con placer—; estoy enfermo, tengo fiebre, y sin embargo, aquí me tienen ustedes.

—¡No grite usted!

—No grito, hablo con naturalidad; usted es quien levanta la voz. Soy estudiante y no permito que se me hable de este modo.

Esta respuesta irritó de tal manera al oficial, que en el primer momento no pudo articular ni una sola frase, dejando en cambio escapar de sus labios sonidos inarticulados. De repente dió un salto en su asiento y dijo:

—¡Cállese usted! ¡Está usted en la sala de audiencia! ¡no sea usted insolente!

—También lo está usted—replicó Raskolnikoff con violencia—, y no contento con gritar, está usted fumando; por consiguiente, nos falta usted a todos al respeto.

Pronunció estas palabras con indecible satisfacción.

El jefe de la Cancillería miraba sonriendo a los dos interlocutores. El fogoso ayudante se quedó con la boca abierta.

—Eso no le importa a usted—respondió levantando aún más la voz a fin de ocultar su cortedad—; preste la declaración que se le pide. Dígaselo usted, Alejandro Grigorievitch. Hay queja contra usted, porque no paga sus deudas. ¡He aquí un viejo zorro!

Raskolnikoff no le escuchaba; había tomado vivamente el papel, impaciente para descubrir la clave de este enigma. Lo leyó, una, dos veces, sin comprender nada.

—¿Qué es esto?—preguntó al jefe de la Cancillería.

—Es un documento en que se le reclama el pago de una deuda: tiene usted que saldarlo con todas las costas, o declarar por escrito en qué fecha podrá usted pagar. Es preciso, al mismo tiempo, que se comprometa usted a no abandonar la capital y a no vender ni ocultar lo que usted posea, hasta que haya liquidado su deuda. En cuanto al acreedor, es libre de vender los bienes de usted y tratarle según el rigor de las leyes.

—¡Si no debo nada a nadie!

—Eso no es cuenta nuestra. Se nos presenta una letra de cambio, protestada, de ciento quince rublos, que usted firmó hace nueve meses a la señora Zarnitzin, viuda de un asesor de colegio, letra que la viuda Zarnitzin ha traspasado al consejero Tchebaroff, y hemos llamado a usted para tomarle declaración.

—Pero desde el momento que se trata de mi patrona...

—¿Qué importa que sea la patrona de usted?

El jefe de la Cancillería contemplaba con cierta sonrisa de indulgente piedad, y al mismo tiempo de triunfo, a aquel novato que iba a aprender a sus expensas el procedimiento que suele emplearse con los deudores. ¿Pero qué le importa ahora a Raskolnikoff la letra de cambio? La reclamación de su patrona le tenía sin cuidado. ¿Valía aquello la pena de inquietarse ni de fijar siquiera la atención en semejantes futesas? Estaba allí leyendo, escuchando, respondiendo algunas veces, pero todo ello lo hacía maquinalmente. La felicidad de sentirse a salvo, la satisfacción de haber escapado a un peligro inminente, llenaba en aquel momento todo su ser.

En aquel instante habíanse desvanecido todas sus preocupaciones y cuidados; fué para Raskolnikoff un momento de alegría absoluta, inmediata, puramente instintiva.

De improviso estalló una tempestad en el despacho de la comisaría. El ayudante, que no había podido digerir aún la afrenta hecha a su prestigio y a su amor propio, buscaba evidentemente el desquite; así es que se puso a apostrofar rudamente a la lujosa señora que, desde la entrada del oficial, no cesaba de mirarle, sonriendo con estúpida sonrisa.

—Y di tú, bribona—gritó el ayudante (la señora de luto se había retirado ya)—, ¿qué es lo que ha sucedido en tu casa la noche pasada? ¡Otra vez escandalizando al barrio! ¡Siempre riñas y borracheras! ¡Estás empeñada en dar con tus huesos en la cárcel! Te he advertido ya diez veces, y a la undécima va la vencida. ¡Eres incorregible y se me agota la paciencia!

El mismo Raskolnikoff dejó caer el papel que tenía en las manos y miró con asombro a la elegante señora que era tratada con tan poca consideración. No tardó, empero, en comprender de lo que se trataba, y prestó atención a aquella escena que le divertía hasta el punto que tenía que hacer sobrehumanos esfuerzos para no soltar el trapo a reír.

—Ilia Petrovitch—comenzó a decir el jefe de la Cancillería; pero comprendiendo en seguida que su intervención en aquel momento sería inoportuna, se detuvo.

Sabía por experiencia que cuando el fogoso oficial se disparaba nada podía contenerlo.

En cuanto a la señora, la tempestad que se había desencadenado sobre su cabeza le hizo temblar en el primer momento; pero, cosa extraña, a medida que aumentaban los insultos a ella dirigidos, tomaba una expresión más amable y ponía más seducción en las sonrisas y en las miradas en que envolvía al terrible ayudante. Hacía continuas reverencias y esperaba que se la dejase hablar.

—En mi casa no hay escándalos ni riñas, ni borracheras, señor capitán—se apresuró a decir en cuanto le permitieron meter baza (se expresaba en ruso pero con marcado acento alemán)—. No, señor, no hubo ningún escándalo. Aquel hombre entró en mi casa ebrio, pidió tres botellas y en seguida se puso a tocar el piano con los pies, cosa que, como usted comprende, no se había de permitir en una casa como la mía. No contento con esto, rompió las cuerdas. Le hice observar que no era aquel el modo conveniente de conducirse; pero él, sin hacer caso, tomó una botella y comenzó a pegar a todos. Llamé a Carlos, el *dvornick*, y pegó a Carlos una bofetada; lo mismo hizo con Enriqueta, y tampoco yo escapé a sus bofetones. Es innoble portarse de esa manera en una casa respetable, señor capitán. Pido socorro, y el hombre se acerca a la ventana que da al canal y se pone a gritar como un loco. ¿No es eso vergonzoso? ¿Le parece a usted que está bien asomarse a la ventana y ponerse a imitar el gruñido del cerdo? Carlos tiró de él por detrás para quitarle de la ventana, y a fuerza de tirar, es verdad, le desgarró el gabán, y ahora reclama quince rublos en indemnización del daño causado a su ropa. Le entregué de mi propio bolsillo cinco rublos, señor capitán. Ese visitante mal educado, señor capitán, es el que ha armado todo el escándalo.

—¡Ea, basta! Te tengo dicho y vuelvo a repetir...

—¡Ilia Petrovitch!—volvió a decir en tono significativo el jefe de la Cancillería.

El oficial echó sobre él una rápida mirada y le vió mover ligeramente la cabeza.

—Pues bien, en lo que a ti se refiere, escucha mi última palabra, respetable Luisa Ivanovna: si en lo sucesivo vuelve a armarse otro escándalo en tu respetable casa, te meto en chirona, como se dice en estilo elevado. ¿Me entiendes? Ahora, lárgate cuanto antes, y no olvides que te tengo echada la vista. ¡Mucho ojo!

Con exagerada amabilidad, Luisa Ivanovna saludó a un lado y otro; pero en tanto que se dirigía a la puerta andando hacia atrás haciendo reverencias, dió un golpe con la espalda a un apuesto oficial de rostro fresco y abierto y de magníficas patillas rubias muy espesas y bien cuidadas. Era el comisario de policía Nikodim Fomitch en persona. Luisa Ivanovna se apresuró a inclinarse hasta el suelo y salió del despacho dando saltitos.

—¡Siempre el trueno, la tempestad, el rayo, los relámpagos, la tromba, el huracán!—dijo, en tono amistoso, el recién llegado, dirigiéndose a su ayudante—. Se te ha alborotado la bilis y, como de costumbre, te has disparado. Te he oído desde la escalera.

—¿Y quién no se sulfura con lo que pasa?—repuso negligentemente Ilia Petrovitch, trasladándose con sus papeles a otra mesa—. Ese caballerito, ese estudiante, o, mejor dicho, ex estudiante, que no paga sus deudas, que firma letras de cambio y rehusa dejar su habitación, es citado ante el comisario y se escandaliza porque enciendo un cigarro en su presencia. Antes de advertir que se le falta al respeto, debería respetarse más a sí mismo. Ahí le tiene usted, mírele. A la vista está. ¿Le parece a usted que su aspecto puede inspirar consideración alguna?

—Pobreza no es vicio, amigo mío—replicó Nikodim Fomitch—. Sabemos perfectamente que la pólvora se inflama con facilidad. Sin duda le habrá chocado a usted algo de su manera de ser y usted tampoco ha podido contenerse—prosiguió, volviéndose hacia Raskolnikoff—; pero se ha equivocado usted: el señor oficial es un hombre excelente, se lo aseguro; tiene un carácter arrebatado, se excita, se exalta, pero en cuanto se le pasa el mal humor es un corazón de oro. En el regimiento le llamábamos «el oficial pólvora...»

—¡Qué regimiento aquél!—exclamó Ilia Fomitch lisonjeado por las delicadas adulaciones de su superior, pero todavía enfurruñado.

Raskolnikoff quiso súbitamente decir algo muy agradable para todos.

—Perdóneme usted, capitán—comenzó a decir en tono melifluo, dirigiéndose a Nikodim Fomitch—. Póngase usted en mi lugar. Estoy pronto a darle mis excusas a este señor, si es que por mi parte he cometido alguna falta. Soy un estudiante enfermo, pobre, agobiado por la miseria; he tenido que dejar la Universidad, porque carezco de medios de subsistencia, pero voy a recibir dinero... Mi madre y mi hermana viven en la provincia de***. Me envían fondos, y pagaré. Mi patrona es una buena mujer; pero como desde hace cuatro meses no doy lecciones, no le pago y se incomoda y hasta rehusa darme de comer. La verdad es que no comprendo... Ahora exige que yo le pague esa letra de cambio; ¿pero cómo podré hacerlo? Juzgue usted por sí mismo.

—Eso no es de mi incumbencia—observó de nuevo el jefe de la Cancillería.

—Es verdad; pero permítanme ustedes que les explique—...replicó Raskolnikoff, dirigiéndose siempre a Nikodim Fomitch y no a su interruptor, procurando atraer también la atención de Ilia Petrovitch, aunque éste afectase desdeñosamente no escucharle, como si estuviera absorto en sus papeles—. Permítanme ustedes que les diga que vivo en casa de esa mujer desde que vine de mi país, y que entonces... ¿por qué no he de decirlo?... me comprometí a casarme con su hija; hice mi promesa verbalmente... Era una muchacha joven, me gustaba, aunque no estuviese enamorado de ella... En una palabra: soy joven, mi patrona me abrió crédito... Hice una vida... Vamos, he sido algo ligero.

—No se le pide a usted que entre en esos pormenores íntimos, que no tenemos tiempo de escuchar—interrumpió groseramente Ilia Petrovitch; pero Raskolnikoff prosiguió con calor, aunque le costaba mucho trabajo hablar.

—Permítanme ustedes, sin embargo, que les cuente cómo han pasado las cosas, aunque comprenda que es completamente inútil que lo refiera a ustedes. Hace un año, la señorita de que he hablado, murió del tifus; yo seguía a pupilo en casa de la señora Zarnitzin, y cuando mi patrona se trasladó a la casa en que hoy vive, me dijo amistosamente que tenía confianza en mí; pero que, sin embargo, deseaba que le firmase un pagaré de ciento quince rublos, cantidad en que calculaba el importe de mi deuda. Me aseguró que, una vez en posesión de ese documento, continuaría concediéndome tanto crédito como me fuese necesario, y que jamás, jamás (tales fueron sus propias palabras), sacaría a relucir ese documento. ¡Y ahora que he perdido mis lecciones, ahora que no tengo un pedazo de pan que llevarme a la boca, me exige el pago de esa suma! ¿Qué les parece a ustedes?

—Todos esos pormenores patéticos no nos interesan—replicó con insolencia Ilia Petrovitch—. Tiene usted que prestar la declaración y firmar el compromiso que se le pide. En cuanto a la historia de sus amores y a todos esos trágicos lugares comunes, nada tenemos que ver con ellos.

—¡Oh, qué cruel eres!—murmuró Nikodim Fomitch, que se había sentado delante de su escritorio y se ocupaba en firmar papelotes. Parecía avergonzado.

—Escriba usted—dijo a Raskolnikoff el jefe de la Cancillería.

—¿Qué es lo que tengo que escribir?—preguntó el joven brutalmente.

—Lo que yo le dicte.

Raskolnikoff creyó advertir, que, después de su confesión, el jefe de la Cancillería le trataba con mayor desprecio; pero, ¡cosa extraña! se sentía indiferente a la opinión que podía tenerse de él, cambio que se había apoderado en su espíritu instantáneamente.

Si hubiese podido reflexionar un poco, habríase asombrado de que un minuto antes hubiera podido hablar de aquel modo con los funcionarios de policía y aun obligarles a oír sus confidencias. Ahora, por el contrario, si en lugar de estar lleno de agentes el despacho se hubiese ocupado de repente con sus más queridos amigos, no habría encontrado probablemente una sola palabra cortés que decirles; de tal manera se había vaciado su corazón.

Experimentaba la dolorosa impresión de un inmenso aislamiento; no era la confusión de haber hecho a Ilia Petrovitch testigo de sus expansiones, ni tampoco era la insolencia del oficial lo que había producido tal revolución en su alma. ¡Oh! ¿Qué le importaba su propia bajeza? ¿Qué le importaban las altanerías de los oficiales, los pagarés, los despachos de policía, etc., etc.? Si en aquel momento lo hubiesen condenado a ser quemado vivo, ni siquiera hubiese pestañeado. Apenas habría oído su sentencia hasta el fin.

Se realizaba en él un fenómeno completamente nuevo, sin precedentes hasta entonces. Comprendía, o más bien, cosa cien veces peor, sentía que en lo sucesivo estaría separado para siempre de la comunión humana, que toda expansión sentimental como la que había tenido un momento antes, más todavía, que toda la conversación le estaba prohibida, no sólo con los empleados de la comisaría, sino hasta con los parientes más próximos. Jamás había experimentado sensación tan cruel.

El jefe de la Cancillería comenzó a dictarle la fórmula de la declaración acostumbrada en tales casos: «No puedo pagar, liquidaré mi deuda en tal fecha, no saldré de la ciudad, ni haré cesión de lo que poseo, etc.»

—No puede usted escribir, le tiembla la mano—dijo el jefe de la Cancillería mirando con curiosidad a Raskolnikoff—. ¿Está usted enfermo?

—Sí; se me va la cabeza. Siga usted.

—Ya está todo; firme usted.

El jefe de la Cancillería tomó el papel y se dirigió a otros visitantes.

Raskolnikoff dejó la pluma, pero en lugar de irse se puso de codos en la mesa y apoyó la cabeza en las manos. Parecíale que le hincaban un clavo en el cerebro. En aquel momento recordó los dos asesinatos que había cometido y se le ocurrió la extraña idea de acercarse a Nikodim Fomitch, y contarle el crimen hasta en sus ínfimos detalles y llevarle en seguida a su casa y mostrarle los objetos ocultos en el agujero de la tapicería. De tal modo se apoderó esta idea de su espíritu, que hasta llegó a levantarse para ponerlo en práctica.

—¿No sería mejor reflexionar un instante?—pensó—. No, más vale dejarse llevar de la inspiración, sacudir lo más pronto posible esta carga.

Pero, de repente, se quedó como clavado en su sitio: entre Nikodim Fomitch e Ilia Petrovitch, se acababa de entablar una conversación animada que llegaba hasta los oídos de Raskolnikoff.

—¡No es posible! soltarán a los dos por falta de pruebas. Si hubiesen cometido ellos el delito, ¿habrían llamado al *dvornick* para denunciarse a sí mismos? ¿Se puede considerar esto como un ardid? No, eso hubiera sido demasiada astucia. Además, los dos *dvorniks* y una vecina vieron al estudiante Pestriakoff cerca de la puerta cochera en el momento en que éste iba a entrar en la casa. Le acompañaban tres amigos que le dejaron en la puerta, y éstos, antes de alejarse le oyeron preguntar a los *dvorniks* dónde vivía la vieja. ¿Hubiera hecho tal pregunta de haber ido con el propósito de cometer un doble asesinato? Kosch, por su parte, estuvo durante media hora en casa del platero del piso bajo antes de subir a casa de la pobre vieja Alena Ivanovna; eran justamente las ocho menos cuarto cuando subió a las habitaciones de las víctimas. Además, se ha de tener en cuenta...

—Perdone usted; hay en sus declaraciones algo que no se explica. Afirman que llamaron y que la puerta estaba cerrada; tres minutos después, cuando volvieron con el *dvornik*, estaba abierta.

—Ahí está el *busilis*; es indudable que el asesino se encontraba en el cuarto de la vieja cuando ellos llegaron; y que había echado el cerrojo: de seguro que no se habría escapado a no cometer Kosch la simpleza de bajar en busca del *dvornik*. Sin duda el asesino aprovechó ese momento para deslizarse por la escalera dejándolos con un palmo de narices. Kosch no cesa de santiguarse diciendo: «¡Si llego a quedarme allí, de fijo sale de repente el criminal y me mata de un hachazo!» Quiere mandar que canten un *Te Deum*. ¡Je, je, je!

—¿Y nadie vió al asesino?

—¿Cómo habían de verle si aquella casa es el arca de Noé?—dijo el jefe de la Cancillería, que escuchaba desde su puesto la conversación.

—La cosa es clara, la cosa es clara—repitió vivamente Nikodim Fomitch.

—Antes digo yo que es muy obscura—repitió Ilia Petrovitch.

Raskolnikoff tomó su sombrero y se dirigió a la puerta; pero al llegar a ella cayó desvanecido. Cuando recobró el sentido, estaba sentado en una silla. Uno le sostenía por la derecha; otro, por la izquierda, le ofrecía un vaso amarillo, lleno de un licor también amarillo. Nikodim Fomitch, en pie, delante del joven, le miraba atentamente. Raskolnikoff se levantó.

—¿Está usted enfermo?—le preguntó con tono bastante seco el comisario de policía.

—Hace poco, cuando extendió su declaración, apenas podía sostener la pluma—dijo el jefe de la Cancillería volviendo a sentarse delante de su escritorio y poniéndose de nuevo a examinar sus papelotes.

—¿Hace mucho tiempo que está usted malo?—dijo desde su sitio Ilia Petrovitch.

—Desde ayer—balbució el joven.

—¿Ayer salió usted de casa?

—Sí.

—¿A qué hora?

—Entre siete y ocho de la tarde.

—¿Y a dónde fué usted?

—A la calle.

Breve y compendioso, pálido como la cera, Raskolnikoff dió nerviosamente las anteriores respuestas, sin bajar sus inflamados ojos ante la mirada del oficial.

—Puede apenas tenerse en pie, y tú...—empezó a decir Nikodim Fomitch.

—No importa—respondió enigmáticamente Ilia Petrovitch.

El comisario de policía quiso replicar algo; pero al dirigir los ojos al jefe de la Cancillería, encontró la mirada del funcionario fija en él y guardó silencio.

—Está bien—dijo Ilia Petrovitch—; puede usted retirarse.

Raskolnikoff salió, pero aun no estaba en la sala inmediata cuando ya habían reanudado su conversación los dos funcionarios de policía con mayor animación y viveza. Por encima de todas las otras voces se elevaba la de Nikodim Fomitch como preguntando...

En la calle, el joven recobró todos sus ánimos.

—Sin duda van a hacer una indagatoria, una indagatoria sin pérdida de tiempo—repetía, dirigiéndose a buen paso hacia su casa—. ¡Los bribones! ¡Sospechan!

Volvió a asaltarle el terror.

II.

—¿Y si hubiesen empezado ya la indagatoria? ¿Si al entrar los encontrase en mi casa? He aquí mi habitación. Todo está en orden, nadie ha venido. Anastasia tampoco ha tocado nada. Pero, Señor, ¿cómo he podido dejar todos aquellos objetos en semejante escondite?

Corrió al rincón, e introduciendo la mano bajo la tapicería, sacó las alhajas, que en junto eran ocho.

Dos estuches contenían pendientes o algo parecido, no sabía qué; había además cuatro estuches pequeños de piel. Envuelta en un trozo de periódico una cadena de reloj; en otro papel un objeto que debía de ser una condecoración. Raskolnikoff se metió todo aquello en los bolsillos procurando que no hiciese mucho bulto; tomó también la bolsa y salió, dejando la puerta abierta de par en par.

Andaba con paso rápido y firme, y aunque se sentía quebrantado, no le faltó la serenidad. Temía que se le persiguiese, y que antes de media hora, de quince minutos quizá, se abriese un sumario contra él; por consiguiente era preciso que desaparecieran en seguida las piezas de convicción. Debía despachar cuanto antes, aprovechando la poca fuerza y sangre fría que le quedaba... ¿Pero a dónde ir?

Esta cuestión estaba ya resuelta tiempo hacía. «Lo tiraré todo al canal, y con ello irá también mi secreto al agua.» Así lo había decidido la noche precedente en los momentos de delirio, durante los cuales muchas veces sintió impulsos de levantarse y de ir a arrojarlo todo en seguida. Mas no era de fácil ejecución este proyecto.

Durante media hora, o acaso más, anduvo vagando a lo largo del canal Catalina, examinando, a medida que llegaba a ellas, las diversas escaleras que terminaban al borde del agua. Desgraciadamente, siempre se oponía algún obstáculo a la realización de su proyecto; aquí un barco de lavanderas, allí lanchas amarradas a la orilla. Por otra parte, el muelle estaba lleno de paseantes, que no hubieran podido menos de notar un hecho tan insólito; no era posible, sin infundir sospechas, descender expresamente hasta el nivel de la corriente para arrojar un objeto al canal. ¿Y si, como era de suponer, los estuches sobrenadaban en vez de desaparecer bajo el agua? Cualquiera de los paseantes los vería. Aun sin que esto ocurriese, Raskolnikoff creía que era objeto de la atención general; le parecía que todo el mundo se ocupaba en él.

Por último, el joven pensó que quizá sería lo mejor tirar todos aquellos objetos al Neva: en sus orillas era menos numerosa la concurrencia, menor el peligro de llamar la atención, y, consideración importante, estaría más lejos de su barrio.

—¿En qué consiste—se preguntó, con asombro Raskolnikoff—, que desde hace media hora vago ansiosamente por lugares peligrosos para mí? Estas objeciones que ahora me hago, ¿no pude hacérmelas antes? Si he perdido media hora en un proyecto tan sensato, es sin duda porque tomé mi resolución en un momento de delirio.

Sentíase singularmente distraído y olvidadizo. Decididamente era preciso apresurarse.

Se dirigió al Neva por la perspectiva de V***; pero, conforme iba andando, se le ocurrió otra idea.

—¿Para qué ir al Neva? ¿Por qué arrojar estos objetos al agua? ¿No sería mejor ir a cualquier parte, muy lejos, a una isla, por ejemplo? Buscaría un paraje solitario, un bosque, y enterraría las joyas al pie de un árbol, teniendo cuidado de señalarlo bien, a fin de poder reconocerlo más tarde.

Aunque comprendía que no se encontraba en estado de tomar una determinación juiciosa, le pareció práctica su última idea, y resolvió llevarla a cabo.

Pero la casualidad lo dispuso de otro modo. Al desembocar, por la perspectiva V***, en la plaza, Raskolnikoff advirtió a la izquierda la entrada de un corral rodeado por todas partes de altas paredes y cuyo suelo estaba cubierto de polvo negro. En el fondo había un cobertizo que pertenecía, sin duda, a un taller cualquiera.

No viendo a nadie en el corral, Raskolnikoff franqueó el umbral, y después de haber mirado atentamente en derredor suyo, pensó que ningún otro lugar ofrecería más facilidades para la realización de su plan. Precisamente, al pie del muro, o más bien de la valla de madera que lindaba con la calle, había adosada una piedra enorme, sin labrar, que lo menos pesaría sesenta libras.

Del otro lado de la cerca estaba la acera y el joven oía las voces de los transeúntes, siempre bastante numerosos en este sitio; pero desde fuera nadie podía verle; para ello hubiera sido necesario penetrar en el corral, cosa que, a la verdad, nada tenía de imposible. Por consiguiente, le convenía apresurarse.

Se inclinó sobre la piedra; la aferró con ambas manos por arriba, y, reuniendo todas sus fuerzas, consiguió darle vuelta. El suelo ocupado por el sillar estaba algo hundido; echó en el agujero todo lo que llevaba en los bolsillos, y colocó la bolsa encima de las alhajas; sin embargo, el agujero no quedó completamente lleno. En seguida levantó la piedra y consiguió colocarla en el mismo sitio en que estaba antes; lo más que podía advertirse, fijándose mucho, era que estaba un poco removida; pero apisonó con el pie la tierra alrededor de los bordes y nada podía notarse.

Hecho esto, se dirigió a la plaza. Como poco antes en el despacho de policía, se apoderó de él por un momento una alegría intensa, casi imposible de soportar.

—Las piezas de convicción están enterradas. ¿A quién se le podría ocurrir la idea de ir a buscarlas bajo aquella piedra? Está, sin duda, ahí desde que se construyó la casa inmediata y Dios sabe cuándo la quitarán. Y aun cuando alguien las encontrase, ¿quién podría sospechar que soy yo el que las ha ocultado? ¡Todo acabó! ¡No hay pruebas!

Y se echó a reír. Sí, se acordó más tarde que había atravesado la plaza riendo con risa nerviosa, muda y prolongada. Pero cuando llegó a la avenida de K*** su hilaridad cesó súbitamente.

Todos sus pensamientos giraban alrededor de otro principal, de cuya importancia se daba él exacta cuenta. Comprendía que por la primera vez, después de dos meses, se encontraba en presencia de esta cuestión.

—¡Vaya al diablo todo ello!—se dijo en un repentino acceso de cólera—. ¡Ea, el baile ha comenzado y es preciso danzar! ¡Malhaya sea la nueva vida! ¡Qué tonto es todo esto, Señor!... ¡Cuánto he mentido y cuántas bajezas he tenido que cometer hoy! ¡Cuántas vergonzosas tonterías para captarme poco ha la benevolencia de ese estúpido Ilia Petrovitch! ¿Pero qué me importa? ¡Me burlo de todos ellos y de mis simplezas! ¡No se trata de esto! ¡No, en modo alguno!

Se detuvo de repente, despistado, absorbido por una nueva cuestión hasta entonces inesperada y excesivamente simple.

—Si realmente has obrado en este asunto como hombre inteligente y no como un imbécil; si tenías trazado un fin y lo has perseguido derechamente, ¿cómo se explica que no hayas mirado siquiera lo que contenía la bolsa? ¿Cómo ignoras todavía lo que te ha aprovechado un acto, por el cual no has temido arrostrar peligros e infamias? ¿No querías, hace un momento, arrojar al agua esas alhajas y esa bolsa, a las cuales apenas si has echado una ojeada? ¿Qué significa esto?

Al llegar al muelle del pequeño Neva, en la plaza de Basilio Ostroff, se detuvo cerca del puente.

—¿Qué es esto? No parece sino que las piernas me han conducido por sí mismas al alojamiento de Razumikin. ¡La misma historia que el otro día! ¡Es curioso!... Marchaba sin objeto, y el azar me conduce aquí. No importa. ¿No decía yo anteayer que iría a verle al día siguiente del golpe? Pues bien, voy a verle. ¿No podré hacer ahora yo ni una visita?

Y subió al quinto piso en que vivía su amigo.

Estaba éste en una habitación muy reducida y se disponía a escribir; él mismo abrió la puerta; los dos jóvenes no se habían visto desde hacía cuatro meses. Envuelto en una bata toda desgarrada y mugrienta, en zapatillas y sin calcetines, con los cabellos enmarañados, Razumikin estaba sin afeitar y sin lavar. En su rostro se pintó el más vivo estupor.

—¡Caramba! ¿Tú por aquí?—exclamó, mirándole de pies a cabeza, e interrumpiéndose empezó a silbar—. ¿Es posible que tan mal vayan los negocios? La verdad es que aventajas en elegancia a este servidor—continuó después de haber echado una ojeada sobre los harapos de su compañero—. Vamos, siéntate, pues observo que estás cansado.

Cuando Raskolnikoff se hubo dejado caer en un diván más estropeado que el suyo, Razumikin se hizo cargo de la tristeza de su amigo.

—¿Sabes que estás enfermo de verdad?

Quiso tomarle el pulso, pero Raskolnikoff apartó vivamente la mano.

—Es inútil—dijo—. He venido porque... no tengo lecciones... y quisiera... ¿Pero qué necesidad tengo yo de lecciones?

—¿Sabes una cosa? Que estás disparatando—observó Razumikin mirando atentamente a su amigo.

—No, no disparato—repuso levantándose Raskolnikoff.

Cuando subía a casa de Razumikin no había pensado en que iba a encontrarse frente a frente con su compañero. Una entrevista, con quienquiera que fuese, le repugnaba, y rebosando de hiel, estaba a punto de estallar de cólera contra sí mismo desde que hubo franqueado el umbral de Razumikin.

—¡Adiós!—dijo bruscamente, y se dirigió hacia la puerta.

—¡Pero, ven acá, hombre! ¡Cuidado que eres raro!

—Es inútil—replicó el otro, retirando la mano que su amigo le había tomado.

—Entonces, ¿por qué has venido? ¿Has perdido la cabeza? Esto es casi una ofensa y no te dejaré marchar.

—Pues bien, escucha. He venido a tu casa porque no conozco a nadie más que a ti que pueda ayudarme a comenzar... Pero ahora veo que no me hace falta nada, ¿entiendes?, absolutamente nada... No tengo necesidad de los servicios ni de las simpatías de nadie; me basto a mí mismo. ¡Que me dejen en paz es lo que deseo!

—¡Pero ven acá, loco de atar! Tendrás que escucharme mal que te pese. Tampoco yo tengo lecciones, ni las quiero; pero en cambio he descubierto un editor, Kheruvimoff, que, en su género, es toda una lección. No lo cambiaría por cinco lecciones en casas de comerciantes. Publica libritos sobre ciencias naturales, que se pelea la gente por comprarlos. El toque está en encontrar los títulos. Tú solías decir que yo era tonto; pues ahí tienes, hay quien es más tonto que yo. Mi editor, que no conoce siquiera el silabario, se ha puesto al tono del día. Por supuesto que yo le animo... Aquí tienes estas dos hojas y media de una revista alemana; me parecen de la charlatanería más necia que puedas imaginarte. El autor estudia la cuestión de averiguar si la mujer es un hombre, y claro está, se decide por la afirmación y la demuestra de una manera incontestable. Estoy traduciendo este folleto para Kheruvimoff, que lo juzga de actualidad ahora que tan en boga está la cuestión feminista. Publicaremos seis hojas con las dos hojas y media del original alemán, le pondremos un título rimbombante que ocupará media página, y lo venderemos a cincuenta kopeks. ¡Será un éxito! La traducción se me paga a razón de seis rublos por hoja, lo que hace un total de quince rublos; he cobrado seis por adelantado. Vamos a ver, ¿quieres traducir la segunda hoja? Si quieres, toma el original, pluma y papel, todo ello corre de cuenta del Estado, y permíteme que te ofrezca tres rublos. Como yo he recibido seis, por la primera y segunda hoja, te corresponden tres, y cobrarás otros tantos cuando hayas terminado la traducción. No me lo agradezcas. En cuanto te he visto he pensado en utilizarte. En primer lugar, yo no estoy muy fuerte en ortografía y además conozco muy superficialmente el alemán; de modo que a menudo todo lo que escribo es de mi cosecha. Me consuelo con la idea de que de ese modo añado bellezas al texto; pero, ¿quién sabe? quizá me hago ilusiones. Vamos a ver, ¿aceptas?

Raskolnikoff tomó en silencio las hojas del folleto alemán y los tres rublos y salió sin decir palabra. Razumikin le siguió con una mirada de asombro; pero apenas Raskolnikoff hubo llegado a la primera esquina, volvió sobre sus pasos, subió a casa de su amigo, depositó en la mesa las páginas del folleto y los tres rublos y salió de nuevo sin despegar los labios.

—¡Tú estás loco!—vociferó Razumikin, ya colérico—. ¿Qué comedia estás representando? ¡Me haces salir de mis casillas! ¿A qué demonios has venido?

—No tengo necesidad de traducciones—murmuró Raskolnikoff empezando ya a bajar la escalera.

—Entonces, ¿de qué tienes necesidad?—le gritó Razumikin desde el rellano de su puerta.

El otro, callado, siguió bajando.

—Dime siquiera dónde vives.

Tampoco esta pregunta obtuvo respuesta.

—¡Ea! ¡vete a freír espárragos!

Raskolnikoff estaba ya en la calle.

El joven llegó a su casa al anochecer, sin que pudiera recordar por dónde había ido. Temblando como un caballo fatigado se desnudó, se echó en el diván y después de haberse cubierto con el sobretodo se quedó dormido...

Era ya completa la obscuridad cuando le despertó un estrépito horrible. ¡Qué escena tan espantosa debía desarrollarse cerca de él! Eran gritos, gemidos, rechinar de dientes, lágrimas, golpes, injurias como nunca había oído. Asustado, se sentó en el lecho; su terror crecía por momentos, porque a cada instante el ruido de los porrazos, las quejas, los insultos, llegaban más distintamente a sus oídos. Con extraordinaria sorpresa reconoció la voz de su patrona.

La pobre mujer gemía, suplicaba con tono doliente. ¡Imposible comprender lo que decía, pero sin duda suplicaba que no le pegasen más! La estaban maltratando implacablemente en la escalera. El hombre brutal que le pegaba gritaba de tal modo, con voz sibilante entrecortada por la cólera, que sus palabras eran ininteligibles. De repente, Raskolnikoff empezó a temblar como la hoja en el árbol; acababa de reconocer aquella voz; era la de Ilia Petrovitch.

—¡Ilia Petrovitch ha venido y está pegando a la patrona! ¡Le da puntapiés y coscorrones contra los peldaños de la escalera! Es seguro, no me engaño; el ruido de los golpes, los gritos de la víctima lo indican bien a las claras, dicen lo que está pasando; pero, ¿por qué? El mundo está revuelto.

De todos los pisos acudían a la escalera; se oían voces y exclamaciones. La gente subía, las puertas se abrían violentamente o se cerraban con estrépito.

—Pero, ¿qué pasa? ¿Cómo es posible...?—decía creyendo seriamente que la locura tomaba posesión de su cerebro.

Mas no, percibía distintamente aquellos ruidos...

—Si es así, van a venir a mi casa, porque todo ello seguramente es por lo de ayer... ¡Oh Señor!

Intentó echar el picaporte, pero no tuvo fuerzas para levantar el brazo; por otra parte, comprendía que de nada le serviría cerrar la puerta; el terror le helaba el alma...

Al cabo de diez minutos cesó poco a poco el estrépito: la patrona gemía, Ilia Petrovitch continuaba vomitando injurias y amenazas. Finalmente, se calló también y no se oyó más.

—¿Se había marchado? Sí. También se va la patrona; todavía llora, pero la puerta de su habitación se cierra violentamente... Los inquilinos dejan la escalera para retirarse a sus respectivos cuartos; lanzan exclamaciones; se llaman unos a otros; tan pronto gritan como hablan en voz baja. Debían de ser muchos... Han tenido que acudir todos los vecinos. Pero, Dios mío, ¿es todo esto posible? ¿Por qué, por qué ha venido aquí ese hombre?

Raskolnikoff se dejó caer sin fuerzas en el diván, pero ya no pudo dormir; durante media hora se sintió acometido de un espanto como nunca lo había sentido. De pronto, viva luz iluminó su estancia. Anastasia entraba con una bujía y un plato de sopa. La criada le miró atentamente, y convencida de que no dormía, colocó la luz sobre la mesa y fué poniendo en ésta, pan, sal, un plato y una cuchara.

—Creo que no has comido desde ayer. Andas vagando por esas calles de Dios a pesar de la fiebre...

—Anastasia, ¿por qué han pegado a la patrona?

La criada le miró fijamente.

—¿Que han pegado a la patrona?

—Hace poco... cosa de media hora. Ilia Petrovitch, el ayudante del comisario de policía le ha pegado, en la escalera... ¿Por qué la ha maltratado de este modo? ¿Por qué ha venido?

Anastasia frunció el entrecejo, y sin decir palabra contempló durante largo rato al pupilo. Ante aquella mirada inquisitiva el joven se quedó turbado.

—Anastasia, ¿por qué no me contestas?—preguntó tímida y débilmente.

—Es la sangre—murmuró la sirvienta como hablando consigo misma.

—¡La sangre!... ¿Qué sangre?—balbució Raskolnikoff poniéndose más pálido aún de lo que estaba y andando hacia atrás hasta la pared.

Anastasia continuaba observándole sin despegar los labios.

—Nadie ha pegado a la patrona—dijo, al fin, con sequedad.

El joven la miró, respirando apenas.

—Si lo he oído... Si no dormía... Estaba sentado en el diván—repuso con voz más temblorosa aún—. He escuchado durante largo rato... Ha venido el ayudante de policía. Ha salido la gente de todos los cuartos a la escalera...

—Nadie ha venido. Es la sangre la que grita en ti. Cuando no tiene salida se cuaja y uno delira, tiene alucinaciones... ¿Vas a comer?

El joven no respondió, y Anastasia, sin salir de la habitación, le miraba con ojos furiosos.

—Dame agua.

La sirvienta bajó, y dos minutos después volvía a subir con un jarro lleno de agua. A partir de este momento se interrumpieron los recuerdos de Raskolnikoff. Se acordaba únicamente de que había bebido un buche de agua fría desmayándose en seguida.

III.

Sin embargo, todo el tiempo que duró su enfermedad, nunca estuvo privado por completo del sentido: hallábase en un estado febril semi inconsciente y solía delirar. Más tarde se acordó de muchas cosas: ora le parecía que varios individuos estaban reunidos en torno suyo; querían apoderarse de él y llevarle a alguna parte, y con este motivo disputaban vivamente; ora se veía de repente solo en su habitación; todo el mundo se había marchado, tenían miedo de él. De vez en cuando la puerta se abría, y le miraban disimuladamente, le amenazaban, reían y se consultaban, y él se ponía colérico, se daba cuenta a menudo de la presencia de Anastasia a su cabecera; veía también a un hombre que debía de serle muy conocido, pero, ¿quién era? Jamás conseguía dar un nombre a aquella figura, y esto le entristecía hasta el punto de arrancarle lágrimas. A veces se figuraba que estaba en cama hacía un mes; en otros momentos le parecía que todos los incidentes de su enfermedad habían ocurrido en un solo día; pero *aquello, aquello* lo había olvidado por completo. Cierto que a cada instante pensaba que se había olvidado de algo de que hubiera debido acordarse, y se atormentaba, hacía penosos esfuerzos de memoria, gemía, se ponía furioso o sentía un terror invencible. Entonces se incorporaba en su lecho, quería huir, pero alguien le retenía a la fuerza. Estas crisis le debilitaban y terminaban en un desvanecimiento. Al fin recobró por completo el uso de sus sentidos.

Eran las diez de la mañana. Cuando hacía buen tiempo, el sol entraba en la habitación a esa hora, proyectando una ancha faja de luz por el muro de la derecha alumbrando el rincón próximo a la puerta. Anastasia se hallaba delante del lecho del enfermo, acompañada de un individuo a quien él no conocía, y que le observaba con mucha curiosidad. Era un joven de barba naciente, vestido con un caftán, y que parecía ser un *artelchtchit*[13].

Por la puerta entreabierta miraba la patrona. Raskolnikoff se incorporó un poco.

—¿Quién es, Anastasia?—preguntó, señalando al joven.

—¡Ha vuelto en sí!—dijo la criada.

—¡Ha vuelto en sí!—repitió el *artelchtchit*.

Al oír estas palabras, la patrona cerró la puerta y desapareció. A causa de su timidez, evitaba siempre entrevistas y explicaciones. Aquella mujer, que contaba ya cuarenta años, tenía cejas y ojos negros, curvas muy pronunciadas, y el conjunto de su persona resultaba bastante agradable. Buena como suelen ser las personas gruesas y perezosas, era, además, excesivamente pudorosa.

—¿Quién es usted?—preguntó Raskolnikoff dirigiéndose al *artelchtchit*.

En aquel momento se abrió la puerta, dando paso a Razumikin, que penetró en la habitación, inclinándose un poco a causa de su alta estatura.

—¡Vaya un camarote de barco!—exclamó al entrar—. Siempre doy con la cabeza en el techo. ¡Y a esto se llama una habitación! ¡Vamos, amigo mío, has recobrado ya el sentido, según me acaban de decir!

—Sí, ha recobrado el sentido—repitió como un eco el dependiente, sonriéndose.

—¿Quién es usted?—interrogó bruscamente Razumikin—. Yo me llamo Razumikin, soy estudiante, hijo de noble familia; el señor es amigo mío. ¡Vamos, ahora dígame usted quién es!

—Estoy empleado en casa del comerciante Chelopaief, y vengo aquí para cierto asunto...

—Siéntese usted en esta silla—dijo Razumikin ocupando él otra al lado opuesto de la mesa—. Has hecho muy bien en recobrar el conocimiento—añadió, volviéndose hacia Raskolnikoff—. Cuatro días hace, puede decirse, que no has comido ni bebido nada; apenas tomabas un poco de te, que te daban a cucharaditas. He traído aquí dos veces a Zosimoff. ¿Te acuerdas de Zosimoff? Te ha examinado muy atentamente, y ha dicho que no tenías nada. Afirma que tu enfermedad es una simple debilidad nerviosa, resultado de la mala alimentación, pero no reviste gravedad ninguna.

—¡Es famoso ese Zosimoff! ¡Hace curas asombrosas! Pero no quiero abusar de su tiempo—añadió Razumikin, dirigiéndose de nuevo al empleado—. ¿Quiere usted decirnos el motivo de su visita? Advierte, Rodia, que es la segunda vez que vienen ya de esa casa; pero no fué el señor el que vino. ¿Quién es el que estuvo el otro día?

—El que vino anteayer fué Alejo Semenovitch, también empleado de la casa.

—¿Tiene la lengua más expedita que usted, ¿verdad?

—Sí. Es un hombre de más capacidad.

—¡Modestia digna de elogio! Vamos, siga usted.

—Pues bien; por orden de la madre de usted, Anastasio Ivanovitch Vakruchin, de quien, sin duda, habrá oído hablar más de una vez, envía a usted dinero que nuestra casa tiene el encargo de entregarle—dijo el empleado encarándose ya directamente con Raskolnikoff—. Si posee usted la cédula de reconocimiento, hágase usted cargo de estos treinta y cinco rublos que Semenovitch ha recibido para usted de Anastasio Ivanovitch, por orden de su madre. Ha debido usted tener aviso del envío de esa cantidad.

—Sí; me acuerdo... Vakruchin...—dijo Raskolnikoff, procurando hacer memoria.

—¿Quiere usted firmarme el recibo?

—Sí, va a firmar. ¿Tiene usted ahí su libro?—dijo Razumikin.

—Sí, aquí está.

—Démelo usted. Vamos, Rodia; un esfuerzo, trata de incorporarte. Yo te sostendré; toma la pluma, y pon aquí tu nombre; en nuestros tiempos, el dinero es la miel de la humanidad.

---

[13] Miembro de una sociedad de obreros o de empleados.

—Yo no tengo necesidad de dinero—dijo Raskolnikoff, rechazando la pluma.

—¡Cómo! ¿Que no tienes necesidad de dinero?

—No firmo.

—¡Pero si tienes que dar un recibo!

—No tengo necesidad de dinero.

—¿No tienes necesidad de dinero?—repitió Razumikin—. Amigo mío, faltas a la verdad, doy fe. No se impaciente usted, se lo ruego; no sabe lo que dice... Está todavía en el país de los sueños... Cierto es, sin embargo, que suele ocurrirle lo mismo cuando está despierto... Usted es un hombre de buen sentido; le llevaremos la mano y firmará. Vamos, ayúdeme usted.

—No; puedo volver otra vez.

—De ningún modo. ¿Por qué se ha de molestar? Usted es un hombre razonable... Ea, Raskolnikoff, no detengas por más tiempo a este señor... ya ves que te espera.

Y Razumikin se dispuso a llevar la mano a Raskolnikoff.

—Deja; lo haré yo solo—dijo éste.

Tomó la pluma, y firmó en el libro. El dependiente entregó el dinero y se marchó.

—¡Bravo! Y ahora, amigo mío, ¿quieres comer?

—Sí—respondió Raskolnikoff.

—¿Hay sopa?

—Algo queda de ayer—respondió Anastasia que no había salido de la habitación durante toda esta escena.

—¿Sopa de arroz con patatas?

—Sí.

—Estaba seguro de ello. Ve a buscar la sopa, y danos también te.

—Bueno.

Raskolnikoff miraba a su amigo con profunda sorpresa y terror estúpido. Resolvió callarse y esperar.

—Me parece que no deliro—pensaba—; todo esto es muy real.

Al cabo de diez minutos Anastasia volvía con la sopa y anunció que serviría después el te. Trajo también dos cucharas, dos platos y el servicio correspondiente de mesa: sal, mostaza para tomarla con la carne, etc.; nunca había estado tan bien puesta la mesa desde hacía largo tiempo; hasta el mantel era limpio.

—Anastasia—dijo Razumikin—, Praskovia Pavlovna no haría mal en enviarnos un par de botellas de cerveza. Asegúrale que no quedará ni gota.

—De nada te privas—murmuró la criada y fué a hacer el encargo.

El enfermo continuaba observándolo todo con inquieta atención. Razumikin se sentó a su lado en el diván. Con la gracia de un oso sostenía, apoyada en el brazo izquierdo, la cabeza de Raskolnikoff, que no tenía ninguna necesidad de este auxilio, y con la mano derecha le llevaba a la boca cucharadas de sopa, después de soplarlas muchas veces para que su amigo no se quemase al tragarlas, a pesar de que la sopa estaba bastante fría. Raskolnikoff tomó con avidez tres cucharadas; pero Razumikin suspendió bruscamente la comida de su amigo, declarando que para tomarla era preciso consultar con Zosimoff.

En aquel momento entró Anastasia llevando las dos botellas de cerveza.

—¿Quieres te?

—Sí.

—Ve en seguida a buscar te, Anastasia, porque en lo tocante a esta infusión, opino que no hace falta el permiso de la Facultad. Aquí está la cerveza.

Se volvió a sentar en su silla, se acercó la sopera y la carne y se puso a devorar con tanto apetito como si no hubiese comido en tres días.

—Ahora, amigo Rodia, como todos los días en esta casa—murmuró con la boca llena—. Praskovia, tu amable patrona, me trata a cuerpo de rey; me tiene mucha consideración, y, es claro, yo me dejo querer. ¿Para qué protestar? Aquí está Anastasia con el te. Es lista esta muchacha. Anastasia, ¿quieres cerveza?

—¿Te burlas de mí?

—¿Pero un poco de te sí tomarás?

—Eso sí.

—Sírvete, o más bien, no, espera; yo te serviré. Siéntate a la mesa.

Haciendo de anfitrión, llenó sucesivamente dos tazas, después dejó su almuerzo y fué a sentarse otra vez en el sofá. Lo mismo que cuando la sopa, Razumikin empleó todo género de atenciones delicadas para que Raskolnikoff tomara el te. Este último se dejaba mimar sin decir palabra, aunque se sentía en estado de permanecer sentado en el diván sin el auxilio de nadie, de tener en la mano la taza y la cuchara y hasta de andar; pero con cierto maquiavelismo extraño y casi instintivo, se había decidido súbitamente a fingirse débil y simular cierta imbecilidad, teniendo, sin embargo, los ojos y los oídos en acecho. Al cabo, su disgusto fué más fuerte que su resolución; después de haber tomado diez cucharadas de te, el enfermo apartó la cabeza con un brusco movimiento, rechazó caprichosamente la cuchara y se dejó caer sobre la almohada. Esta palabra no era ya una metáfora. Raskolnikoff tenía ahora bajo la cabeza una buena almohada de plumas, con una funda muy limpia. Este detalle habíalo advertido el joven y no dejaba de preocuparle.

—Es preciso que Praskovia nos envíe conserva de frambuesa para preparar la bebida a Raskolnikoff—dijo Razumikin volviendo a sentarse en su sitio y reanudando su interrumpido almuerzo.

—¿Y dónde va a buscar la frambuesa?—preguntó Anastasia que, teniendo el platillo entre sus dedos separados, tomaba sorbos de te «al través del azúcar».

—Querida, tu ama la comprará en una tienda. Tú no sabes, Rodia: ha pasado aquí toda una historia. Cuando te escapaste de mi casa como un ladrón sin decirme dónde vivías, me incomodé tanto, que resolví encontrarte para tomar de ti una venganza ejemplar. Aquel mismo día me puse en campaña. ¡Lo que tuve que correr y preguntar! Se me habían olvidado tus nuevas señas, por la sencilla razón de que no las había sabido nunca. En cuanto a tu antiguo alojamiento, sólo me acordaba de que habitabas en los Cinco Rincones, en casa de Kharlamoff. Me lancé sobre esta pista, descubrí la casa de Kharlamoff, que no es la casa de Kharlamoff sino la de Bukh. Y ahí tienes cómo se embrolla uno con los nombres propios. Estaba furioso; al día siguiente, fuí a la oficina de Direcciones, sin confiar nada en el resultado de esta diligencia. Pues bien, figúrate mi asombro cuando en dos minutos me dieron la indicación de tu domicilio. Estás inscrito allí.

—¿Que estoy inscrito?

—¡Ya lo creo! Y, sin embargo, no pudieron dar las señas del general Kobeleff a uno que las pedía. Apenas llegué aquí cuando me enteré de todos tus asuntos, sí, amigo mío, de todos. Lo sé todo; Anastasia te lo dirá: he trabado conocimiento con Nikodim Fomitch; he sido presentado a Ilia Petrovitch, he entrado en relaciones con el *dvornik*, con Alejandro Grigorievitch Zametoff, jefe de la Cancillería, y, en fin, con la misma Pashenka; ése ha sido el golpe final. Pregúntaselo a Anastasia.

—Por fuerza la has embrujado—murmuró la criada con una sonrisa maliciosa.

—Fué una lástima, querido amigo, que desde el principio no te entendieses con ella. No debías haber procedido de este modo con Pashenka. Tiene un carácter muy extraño... pero ya hablaremos otro día de su carácter. Dime, ¿qué hiciste para que te cortase los víveres? ¿y eso del pagaré? Por fuerza estabas loco cuando lo firmaste. ¡Y el proyecto de matrimonio cuando vivía su hija Natalia Egorovna!... Estoy al corriente de todo. Pero veo que toco una cuerda muy delicada y que soy un burro. Perdóname. Mas, a propósito de tonterías, ¿no te parece que Praskovia Pavlovna es menos tonta de lo que a primera vista parece?

—Sí—balbuceó, mirándole de reojo, Raskolnikoff.

No comprendía que hubiera sido mejor seguir la conversación.

—¿Verdad que sí?—exclamó Razumikin—. ¿No es una mujer muy inteligente? Es un tipo muy original. Te aseguro, querido Rodia, que no la entiendo. Ha entrado ya en los cuarenta y no confiesa más que treinta y seis... Cosa que puede hacer sin temor a que la desmientan. Te aseguro que sólo puedo juzgarla desde el punto de vista intelectual, porque nuestras relaciones son las más singulares que puedes imaginarte. Repito que no la entiendo. Volviendo a nuestro asunto, ha sabido que dejaste de ir a la Universidad y que estás sin lecciones ni vestidos. Además, desde la muerte de su hija no había motivo para que te considerase como de su familia; en tales condiciones le ha asaltado cierta inquietud. Tú, por tu parte, en lugar de conservar con ella las relaciones de otro tiempo, vivías retirado en tu rincón, y, naturalmente, quería que te marchases. Pensaba desde hacía tiempo en eso; pero como le habías firmado un pagaré, asegurándole, además, que tu madre pagaría...

—He cometido una bajeza al decirle tal cosa... Mi madre está en la miseria. Yo mentía para que me siguiesen dando hospedaje y comida—dijo Raskolnikoff con voz entrecortada y vibrante.

—Tenías razón al hablar como hablaste; pero la intervención de Tchebaroff, curial y hombre de negocios, lo ha echado todo a rodar. Si no hubiera sido por éste, Pashenka no hubiera emprendido nada contra ti. Es demasiado tímida para hacer eso. En cambio, el hombre de negocios no es tímido y en seguida ha entablado la demanda. ¿El firmante de la letra es persona solvente? Respuesta: sí, porque su madre, aunque no posee más que una pensión de ciento veinticinco rublos, se quedaría sin comer con tal de sacar a Rodión de semejante apuro, y tiene además una hermana que se vendería como esclava por su hermano. El señor Tchebaroff se ha fundado en este cálculo. ¿Por qué te agitas? Adivino, amigo mío, lo que estás pensando; no tenías inconveniente en refugiarte en el seno de Pashenka cuando podía ver en ti un futuro yerno; pero, ¡ay!, en tanto que el hombre honrado y sensible se abandona a las confidencias, el hombre de negocios las recoge y hace su agosto. En suma; le entregó la letra a ese Tchebaroff, que no se ha andado por las ramas. Cuando lo supe, quise, para la tranquilidad de mi conciencia, tratar también al hombre de negocios por la electricidad; pero, entretanto, se ha establecido perfecta armonía entre Pashenka y yo, y he suspendido el procedimiento respondiendo de tu deuda. ¿Te enteras, amigo mío? He salido fiador por ti. He hecho venir a Tchebaroff, se le ha tapado la boca con diez rublos y ha devuelto el papel que tengo el honor de presentarte. Ahora, no eres más que un deudor bajo tu palabra. Tómalo.

—¿Eres tú a quien no conocía cuando deliraba?—preguntó Raskolnikoff, después de una pausa.

—Sí, y aun mi presencia te ha ocasionado alguna crisis violenta, sobre todo cuando he venido con Zametoff.

—¡Zametoff! ¿El jefe de la Cancillería?... ¿Por qué lo has traído?...

Al pronunciar estas palabras, Raskolnikoff cambiaba de posición y fijó los ojos en Razumikin.

—¿Qué te pasa? ¿Por qué te alteras? Deseaba conocerte y quiso venir porque habíamos hablado mucho de ti. ¿Cómo, de otra manera, hubiera sabido yo tantas cosas acerca de ti? Es un buen muchacho, amigo mío; maravilloso, claro que en su género; ahora somos amigos; nos vemos todos los días porque acabo de transportar mis penates a ese barrio. ¿Aun no lo sabías? Me he mudado recientemente. He ido dos veces con él a casa de Luisa. ¿Te acuerdas de Luisa? Luisa Ivanovna...

—¿He disparatado mucho durante mi delirio?

—Ya lo creo. No te lo puedes imaginar.

—¿Qué es lo que decía?

—¿Que qué decías? Ya se sabe lo que puede decir un hombre que no está en sus cabales... Pero no estamos aquí para perder el tiempo, sino para ocuparnos en nuestros asuntos.

Y así diciendo se levantó tomando su gorra.

—¿Qué es lo que decía?

—¿Quieres que te lo cuente? ¿Temes haber dejado escapar algún secreto? tranquilízate; de tus labios no ha salido ninguna palabra acerca de la cuestión, pero has hablado mucho de un *bulldog*, de pendientes, de cadenas de reloj, de la isla de Krestovsky, de un *dvornik*... ¡qué sé yo! Nikodim Fomitch e Ilia Petrovitch, el ayudante, salían a relucir en tu delirio. Además hablabas mucho de una de tus botas, no cesabas de decir llorando: ¡dámela! Zametoff la estuvo buscando por todos los rincones, y cuando encontró esa alhaja, no tuvo inconveniente en tomarla con sus blancas manos cubiertas de sortijas y tan perfumadas... Entonces fué cuando te calmaste, no soltándola durante veinticuatro horas. Imposible quitártela. Aun debe estar ahí, debajo de la colcha. También pedías las tiras del pantalón, ¡y con qué lágrimas! Hubiéramos deseado saber qué interés tenían para ti esas tiras; pero no entendíamos ni una sola de tus palabras. Ahora vamos a nuestro asunto. Aquí tienes treinta y cinco rublos; tomo diez y dentro de dos horas volveré y te daré cuenta del empleo que habré hecho de ellos. De paso entraré en casa de Zosimoff; ya debería estar aquí, porque son las once dadas. Durante mi ausencia, cuida tú, Anastasia, de que a éste no le falte nada y procura prepararle algo para beber... Ahora voy a dar por mí mismo instrucciones a Pashenka. Hasta la vista.

—¡La llama Pashenka! ¿Habráse visto un bribón como ése?—dijo la sirvienta cuando el joven, girando sobre sus talones, abandonó el cuarto, y saliendo también ella, se puso a escuchar detrás de la puerta; pero al cabo de un instante no pudo permanecer allí y descendió muy apresuradamente, deseosa de saber qué hablaba Razumikin con la patrona. Era evidente que

Anastasia sentía verdadera admiración por el estudiante.

Apenas la criada había cerrado la puerta, el enfermo, echando a un lado la colcha, saltó del lecho como loco. Había esperado con impaciencia febril para poner mano a la obra. ¿A qué obra? Era el caso que, en aquel instante, no se acordaba de nada. «¡Señor! ¡Dime solamente una cosa! ¿Lo saben todo, o aun lo ignoran? Quizá ya estén enterados, pero fingen ignorarlo, porque me ven enfermo. Esperarán a que esté restablecido para quitarse la máscara: me dirán entonces que lo sabían todo desde hace largo tiempo... Pero, ¿qué es lo que tengo que hacer ahora? Si era una cosa urgente... la he olvidado y pensaba en ella hace un minuto.»

Estaba en pie en medio de la habitación, presa de dolorosa perplejidad. Se acercó a la puerta, la abrió y aplicó el oído; mas, ¿para qué? De repente pareció que recobraba la memoria; acudió al rincón en que la tapicería estaba desgarrada, introdujo la mano en el agujero y lo escudriñó. Mas no era tampoco aquello de lo que quería acordarse; abrió la estufa y estuvo escarbando las cenizas; los bordes cortados del pantalón y el forro del bolsillo se encontraban allí, conforme los echó antes el joven; de modo que nadie había hurgado en la estufa. Se acordó entonces de la bota, de la que le había hablado Razumikin. La bota estaba en el sofá, bajo la colcha, pero, desde el crimen había sufrido tantos frotamientos y manchádose con tanto lodo, que sin duda Zametoff no había podido notar nada.

—¡Bah!... ¡Zametoff!... ¡La oficina de policía! Pero, ¿por qué se me cita a esa oficina? ¿Dónde está la citación?... ¡Ah, sí, estoy confundido! Fué el otro día cuando se me hizo ir; examiné entonces también la bota; pero ahora, ahora he estado enfermo. Mas, ¿por qué ha venido aquí Zametoff? ¿Por qué lo ha traído Razumikin?—murmuraba Raskolnikoff, sentándose fatigado en el sofá—. ¿Qué pasa? ¿Estoy delirando, o veo las cosas como son? Me parece que no sueño. ¡Oh! ahora recuerdo... Es preciso partir, partir en seguida; no hay más remedio que alejarse. Pero ¿a dónde ir? ¿Y dónde está mi ropa? No tengo botas. Se las han llevado o las han escondido. ¡Ah! Comprendo. Aquí está mi gabán. No se han fijado en él. ¡Dinero aquí, sobre la mesa! ¡Gracias a Dios! La letra de cambio aquí también... Voy a tomarlo y a salir. Alquilaré otro cuarto y no me encontrarán... Pero, ¿y la oficina de Direcciones? Acabarán por descubrirme... Sí... Razumikin sabrá dar conmigo. Mejor será expatriarme, irme lejos, a América: allí me reiré de ellos. Tengo que llevarme la letra de cambio... Me servirá. ¿Que más necesito? Me creen enfermo, piensan que no me encuentro en estado de andar, ¡ja, ja! He leído en sus ojos que lo saben todo. No tengo más que bajar la escalera. Pero, ¿y si la casa estuviese vigilada, si abajo me encontrase con los agentes de policía?... ¿Qué es esto?... ¿Te...? También ha quedado algo de cerveza. Esto me refrescará.

Tomó la botella que aun contenía lo bastante para llenar un gran vaso y lo vació de un trago con verdadero placer, porque tenía ardiendo el estómago. Pero un minuto después prodújole la cerveza zumbidos en las sienes y un ligero escalofrío no del todo desagradable en la espina dorsal. Se acostó y tapó con la colcha. Sus ideas vagas e incoherentes se embrollaban cada vez más. Bien pronto sintió gran pesadez en los párpados, apoyó con placer la cabeza en la almohada, se tapó muy bien con la blanca colcha que había reemplazado y su harapiento gabán y se quedó profundamente dormido.

Se despertó al oír ruido de pasos y vió a Razumikin que acababa de abrir la puerta, pero que dudaba si penetrar o no en la habitación y permanecía de pie en el umbral.

Raskolnikoff se levantó vivamente y miró a su amigo con la expresión de un hombre que trata de recordar algo.

—Puesto que no duermes, aquí me tienes. Anastasia, sube el paquete—gritó Razumikin a la criada que estaba abajo—; voy a darte mis cuentas.

—¿Qué hora es?—preguntó el enfermo, dirigiendo en torno suyo una mirada inquieta.

—¡Buena siesta, amigo mío! Van a dar las seis y eran las doce cuando te dormiste. Así, tu sueño ha durado seis horas.

—¡Señor! ¡Cómo he podido dormir tanto rato!

—¿De qué te quejas? Este sueño te sentará bien. ¿Tenías algún negocio urgente? ¿Una cita quizás? Ahora todo el tiempo nos pertenece. Tres horas hace que esperaba a que te despertases. Dos veces he entrado y tú duerme que duerme. Otras dos veces he estado en casa de Zametoff; había salido; pero no importa, vendrá. Además he tenido que ocuparme en mis asuntos. He cambiado hoy de domicilio y he mudado todos mis trastos, incluso mi tío, porque te advierto que tengo al presente a un tío en mi casa... Pero basta, volvamos a nuestro asunto. Trae acá el paquete, Anastasia. Vamos en seguida a... Ante todo, ¿cómo estás?

—Me siento bien, ya no estoy enfermo. ¿Hace mucho tiempo que estás aquí, Razumikin?

—Acabo de decirte que he estado tres horas esperando a que te despertases.

—No hablo de ahora sino de antes.

—¿Cómo de antes?

—¿Desde cuándo vienes a esta casa?

—Ya te lo dije otra vez. ¿No te acuerdas?

Raskolnikoff hizo un llamamiento a su memoria. Se le presentaban los incidentes de aquel día como si los hubiera soñado, y viendo que en vano pretendía recordar, interrogó con una mirada a Razumikin.

—¡Hum!—dijo éste—; lo has olvidado. Ya me hacía yo cargo de que, la otra vez, no estabas en tu juicio. Ahora el sueño te ha sentado bien. Tienes mucho mejor cara. Ya recobrarás la memoria. Ahora, mira, querido amigo—y se puso a deshacer el paquete, que era evidentemente el objeto de todas sus preocupaciones—. Esto, amigo mío, es lo que más me interesaba. Hay que hacer de ti un hombre. ¡Vamos a ver! Comencemos por arriba. ¿Ves esta gorra?—dijo, sacando del envoltorio una muy decente, aunque ordinaria y de poco valor—. ¿Me dejas que te la pruebe?

—No, ahora no, más tarde—contestó Raskolnikoff rechazando a su amigo con un gesto de impaciencia.

—Tiene que ser ahora mismo, amigo Rodia; tú déjame a mí. Después sería demasiado tarde. Además, la inquietud me tendría en vela toda la noche, porque he comprado estas prendas al buen tun tun, sin tener la medida. ¡Te está perfectamente!—exclamó con aire de triunfo después de haberle probado la gorra—. Cualquiera diría que te la han hecho a la medida. ¿A que no aciertas, Nastachiuska, lo que me ha costado?—dijo encarándose con la criada, viendo que su amigo guardaba silencio.

—¿Dos grivnas?—respondió Anastasia.

—¡Dos grivnas! ¿Estás loca?—gritó Razumikin—. Ahora por dos grivnas no se podría comprar siquiera tu personita. ¡Ocho grivnas y eso porque está usada! Vamos a ver ahora el pantalón; te advierto que estoy orgulloso de él—y presentó a Raskolnikoff un pantalón de color ceniza de ligera tela de verano—. Ni un agujero, ni una mancha, y todavía muy llevable, aunque esté ya usado. El chaleco es del mismo color que el pantalón, como lo exige la moda. Por lo demás, estas prendas son mejores que nuevas, porque con el uso han adquirido suavidad, son más flexibles. Soy de parecer, amigo Rodia, de que para andar por el mundo es preciso arreglarse según la estación: las personas razonables no comen espárragos en el mes de enero; en mis compras, he seguido ese principio... Como estamos en verano, he comprado un vestido de verano. Que viene el otoño, te harán falta vestidos de más abrigo y abandonarás éstos... con tanta más razón, cuanto que de aquí allá habrán tenido tiempo de estropearse... Bueno, a ver si aciertas lo que han costado. ¿Cuánto te parece? Dos rublos y veinticinco kopeks. Ahora hablemos de las botas. ¿Qué tal? se ve que están usadas, es verdad, pero desempeñarán muy bien su papel durante dos meses; han sido hechas en el extranjero; eran de un secretario de la embajada británica que las vendió la semana pasada y que no las ha llevado más que seis días; sin duda andaría mal de dinero. Precio: un rublo y cincuenta kopeks: son de balde.

—Pero acaso no le vengan—observó Anastasia.

—¿Que no le vendrán? ¿Para qué sirve esto, entonces?—replicó Razumikin, sacando del bolsillo una bota vieja de Raskolnikoff, sucia y agujereada—. Había tomado mis precauciones. Todo ello se ha hecho muy concienzudamente. En cuanto a la ropa blanca ha habido mucho regateo con la revendedora; en fin, aquí tienes tres camisas con la pechera de moda. Y ahora recapitulemos: gorra, ocho grivnas; pantalón y chaleco, dos rublos y veinticinco kopeks; ropa blanca, cinco rublos; botas, un rublo cincuenta kopeks. Tengo que devolverte cuarenta y cinco kopeks. Toma, guárdalos; de esta suerte cátate ya emperifollado, porque, según mi juicio, tu paletó, no solamente puede servir aún, sino que conserva mucha distinción: se ve que ha sido hecho en casa de Charmer; en cuanto a los calcetines, etc... te dejo el cuidado de que los compres tú. Nos quedan veinticinco rublos y no tienes que inquietarte, ni de Pashenka ni del pago de inquilinato. Ya te lo he dicho: se te ha abierto un crédito ilimitado, y ahora es necesario que te mudes de ropa blanca, porque tu enfermedad está en tu camisa...

—Déjame, no quiero—respondió rechazándole Raskolnikoff, cuyo rostro había permanecido triste durante el festivo relato de Razumikin.

—Es preciso, amigo mío; ¿por qué me he destalonado yo por esas calles? Natachiuska, no te la eches de vergonzosa, ayúdame—y a pesar de la resistencia de Raskolnikoff, logró mudarle de ropa interior.

El enfermo se dejó caer sobre la almohada y no dijo una palabra durante dos minutos.

—¿No me dejarán tranquilo?—pensaba—. ¿Y con qué dinero se ha comprado todo esto?— preguntó en seguida, mirando a la pared.

—¡Vaya una pregunta! ¿Con qué dinero ha de haber sido? Con el tuyo. Tu madre te ha enviado por medio de Vakruchin treinta y cinco rublos que te trajeron hace poco. ¿Lo has olvidado, quizá?

—Sí, ya me acuerdo—dijo Raskolnikoff después de haberse quedado pensativo y sombrío.

Razumikin, fruncidas las cejas, le miraba con inquietud. Se abrió la puerta y entró en la habitación un hombre de alta estatura. Su manera de presentarse indicaba la costumbre de visitar la casa de Raskolnikoff.

—¡Zosimoff! ¡Por fin!—gritó alegremente Razumikin.

IV.

El recién venido era un mocetón de veintisiete años, alto y grueso, de rostro un poco abotargado, pálido y afeitado cuidadosamente. Tenía el cabello de color rubio, casi blanco y cortado en forma de cepillo. Usaba lentes y en el índice de su carnosa mano brillaba un grueso anillo de oro. Se comprendía que le gustaba usar cómodos vestidos que no carecían de cierta elegancia. Llevaba un ancho gabán de verano y pantalón claro. La pechera, los puños y cuello eran irreprochables, y brillaba sobre su chaleco pesada cadena de oro. Sus modales tenían algo de lentos y de flemáticos, aunque hacía esfuerzos para darse aire de desenvuelto. Por lo demás, a despecho de su cuidado, se advertía en sus maneras algo de afectación. Cuantos le conocían le encontraban insoportable; pero le tenían en grande estima como médico.

He estado dos veces en tu casa... ¿Lo estás viendo? Ha recobrado ya los sentidos.

—Ya veo, ya veo; ¿cómo nos sentimos hoy?—preguntó Zosimoff a Raskolnikoff, mirándole atentamente.

Y al mismo tiempo se sentaba en el extremo del sofá, a los pies del enfermo, esforzándose por encontrar un sitio para su enorme persona.

—¡Siempre hipocondríaco!—continuó Razumikin—; hace poco, cuando le hemos mudado de ropa interior, casi se ha echado a llorar.

—Se comprende, lo mismo hubiera sido mudarle luego; no era necesario contrariarle... El pulso es excelente, seguimos con un poco de dolor de cabeza, ¿no es verdad?

—Estoy perfectamente—dijo Raskolnikoff irritado.

Y al pronunciar estas palabras se incorporó de repente en el sofá y brillaron sus ojos. Pero un instante después se dejó caer sobre la almohada, volviéndose del lado de la pared. Zosimoff le miraba atentamente.

—¡Muy bien! Nada de particular—dijo con cierta indiferencia—. ¿Has tomado algo?

Se le dijo lo que había comido el enfermo y se le preguntó qué podía dársele.

—Puede tomar lo que quiera, sopa, te... Claro es que quedan prohibidos los cohombros y las setas; no conviene tampoco que coma carne... aunque esta advertencia es ociosa.

Cambió una mirada con Razumikin y prosiguió:

—Nada de pociones ni medicamentos; mañana veremos... Hoy se hubiera podido... de todos modos está bien.

—Mañana por la tarde le sacaré a dar un paseo—dijo Razumikin—, iremos juntos al jardín Yusupoff y después al Palacio de Cristal.

—Mañana sería demasiado pronto; pero un paseíto corto... En fin, mañana veremos.

—Lo que siento es que precisamente hoy inauguro mi nueva vivienda, que está a dos pasos de aquí, y desearía que fuese uno de los nuestros, aunque tuviese que estar tendido en un sofá. ¿Vendrás tú?—preguntó Razumikin al doctor—; lo has prometido, no faltes a tu palabra.

—Bueno, no podré ir hasta bastante tarde. ¿Das un convite?

—¡Nada de convite! Te, aguardiente, arenques y pastas... Una reunión de amigos.

—¿Y quiénes son tus huéspedes?

—Compañeros jóvenes y mi tío, un viejo que ha venido a no sé qué negocios a San Petersburgo; llegó ayer. Sólo nos vemos una vez cada cinco años.

—¿En qué se ocupa?

—En vegetar en un distrito. Es maestro de postas, cobra una pensioncilla y tiene sesenta y cinco años. No hablemos más de él, aunque le quiero. Estará también Porfirio Petrovitch, juez de instrucción del distrito... un notable jurisconsulto. Tú le conoces.

—¿Es también pariente tuyo?

—Muy lejano. Mas, ¿por qué arrugas el entrecejo? ¿Crees que porque un día tuvisteis no sé qué disputa estás en el caso de no venir?

—¡Oh! ¡Me río de él!

—Es lo más cuerdo que puedes hacer. Habrá también estudiantes, un profesor, un empleado, un músico y un oficial, Zametoff.

—Dime, te lo ruego, lo que tú o éste—Zosimoff señaló con un movimiento de cabeza a Raskolnikoff—tenéis de común con ese Zametoff.

—Pues bien, ya que quieres que te lo diga, entre Zametoff y yo hay algo común; traemos cierto negocio entre manos.

—Me gustaría saber qué negocio es ése.

—A propósito del pintor decorador. Trabajamos porque se le ponga en libertad. Creo que lo conseguiremos. El asunto es perfectamente claro; nuestra intervención tiene por único objeto apresurar el desenlace.

—¿A qué pintor te refieres?

—¿No te he hablado ya de él? ¡Ah! es verdad. No te he contado más que el principio... Se trata del asesinato de la vieja prestamista sobre prendas. Pues bien, el pintor fué detenido como autor del doble crimen.

—Sí, antes que me contaras todo eso ya había oído yo hablar de esos asesinatos, y, a decir verdad, la cosa me interesa hasta cierto punto... He leído algo en los periódicos.

—También mataron a Isabel—dijo, de pronto Anastasia, dirigiéndose a Raskolnikoff.

—¡Isabel!—murmuró el enfermo con voz casi ininteligible.

—Sí, Isabel, la revendedora. ¿No la conocías? Venía a casa de la patrona. Por cierto que te hizo una camisa.

Raskolnikoff se volvió del lado de la pared y se puso a contemplar con gran atención una de las florecillas blancas de que estaba sembrado el papel que tapizaba su habitación. Sentía que se le entumecían los miembros, pero no se atrevía a moverse y continuaba con la mirada fija en la florecilla de papel.

—¿Luego resultan cargos contra ese pintor?—preguntó Zosimoff interrumpiendo con manifiesto enojo a la criada, que suspiró y guardó silencio.

—Sí; pero esos cargos, en rigor, no son tales, y eso es precisamente lo que se trata de demostrar. La policía sigue una pista falsa, como la siguió al principio cuando sospechó de Koch y Pestriakoff. Por poco interés que se tenga en la cuestión, se siente uno indignado al ver una sumaria tan neciamente conducida. Pestriakoff vendrá probablemente esta noche a mi casa; y, a propósito, Rodia, tú tienes noticia de ese crimen; ocurrió el día antes que cayeras enfermo, la víspera de tu desmayo en la oficina de policía, precisamente cuando se estaba hablando de él.

El médico miró curiosamente a Raskolnikoff.

—Será preciso que yo no te quite el ojo de encima, Razumikin—le dijo—; te interesas demasiado por un asunto que no te va ni te viene.

—Es posible, pero no importa. Arrancaremos a ese desgraciado de las garras de la justicia—exclamó Razumikin, descargando un puñetazo sobre la mesa—. Mas no son los errores de esa gente lo que me irritan; cualquiera se equivoca. Además, el error es cosa excusable, puesto que por medio de él se llega a la verdad; no, lo que me molesta es que estando engañados continúan creyéndose infalibles. Yo estimo a Porfirio; pero... ¿Sabes lo que en un principio los ha despistado? La puerta estaba cerrada; y cuando Koch y Pestriakoff subieron con el portero estaba abierta: luego Koch y Pestriakoff son los asesinos. ¡Vaya una lógica que me gastan!

—No te acalores. Los han detenido porque no tenían más remedio que detenerlos. Y a propósito, he visto de nuevo a Koch; creo que estaba en relaciones de negocios con la vieja. ¿Le compraba los objetos empeñados después del vencimiento?

—Sí, es un camastrón. Negocia también letras de cambio. El mal rato que ha pasado no me importa un comino. Pero me sublevo contra los sistemas estúpidos de un procedimiento anticuado... Tiempo es ya de emprender un nuevo camino y de renunciar a viejas rutinas. Unicamente los datos psicológicos pueden arrojar luz en estos procesos. «Tenemos hechos», dicen; pero los hechos no son todo; la manera de interpretarlos contribuye por lo menos en una mitad al éxito de un sumario.

—¿Sabes tú interpretar los hechos?

—Mira, es imposible callarse cuando se siente, cuando se tiene la íntima convicción de que se puede contribuir al descubrimiento de la verdad... ¿Conoces los pormenores de ese asunto?

—Me habías hablado no sé qué de un pintor decorador, pero no me has contado el suceso.

—Pues bien, oye. Dos días después de cometido el asesinato, por la mañana, en tanto que la policía procedía contra Koch y Pestriakoff, a pesar de las explicaciones perfectamente categóricas dadas por ellos, surgió un incidente completamente inesperado. Cierto Dutchkin, campesino que tiene una taberna enfrente de la casa del crimen, llevó a la comisaría un estuche que encerraba unos pendientes de oro, y con tal motivo contó su historia: «Anteayer tarde, poco después de las ocho (fíjate en esta coincidencia), Mikolai, un obrero pintor, parroquiano de mi establecimiento, fué a suplicarme que le prestase dos rublos por los pendientes que contenía el estuche. A mi pregunta: «¿Dónde has encontrado esto?», me respondió que en la calle. No le pregunté más (es Dutchkin quien habla), y le di un billetito, es decir, un rublo, porque dije para mis adentros: si no tomo este objeto lo tomará otro, y mejor es que esté en mis manos; si lo reclaman y sé que ha sido robado, iré a entregarlo a la policía.» Bien mirado, al hablar de este modo—prosiguió Razumikin—, mentía descaradamente; conozco a ese Dutchkin, es un encubridor, y cuando tomó de Mikolai una alhaja que valía treinta rublos, no tenía intención de entregarla a la policía. Se decidió a ello bajo la influencia del miedo. Pero dejemos a Dutchkin continuar su relato: «Desde niño conozco a ese campesino que se llama Mikolai Dementieff; es, como yo, del gobierno de Riazan y del distrito de Zaraisk. Sin ser un borracho, bebe algunas veces demasiado. Sabíamos que estaban trabajando con Mitrey, que es de su país. Después de haber recibido el billetito, Mikolai apuró dos copas, cambió su rublo para pagar y se marchó, llevándose el cambio de la moneda. No vi a Mitrey con él. Al día siguiente, oímos decir que habían matado a hachazos a Alena Ivanovna y a su hermana Isabel Ivanovna. Nosotros las conocíamos y entonces nacieron nuestras sospechas a propósito de los pendientes, porque sabíamos que la vieja prestaba dinero sobre alhajas. Para aclarar mis dudas, me dirigí a casa de las interfectas haciéndome el ignorante, y lo primero que hice fué averiguar si estaba allí Mikolai. Mitrey me dijo que su camarada andaba de picos pardos, Mikolai entró borracho en su casa por la mañana temprano y diez minutos después salió de ella. Desde entonces Mitrey no le había vuelto a ver, y, como es consiguiente, trabajaba solo. La escalera que conduce a la habitación de las víctimas, es también la del cuarto en que trabajan los dos obreros; este cuarto está situado en el segundo piso. Habiendo sabido esto, no dije palabra a nadie (es Dutchkin el que habla); pero recogí muchas noticias acerca del asesinato y me volví a mi casa preocupado siempre con la misma duda. Esta mañana, a las ocho (es decir, a las dos horas del crimen, ¿comprendes?), he visto a Mikolai entrar en mi establecimiento. Estaba algo bebido, pero no del todo borracho, de modo que podía comprender lo que se le dijera. El hombre se sentó silenciosamente en un banco. Cuando llegó Mikolai no había en la taberna más que un parroquiano que dormía en otro banco; sin contar, por supuesto, los dos mozos. «¿Has visto a Mitrey?», pregunté a Mikolai. «No, dijo, no le he visto.» «¿Y no has ido a trabajar?» «No he ido desde anteayer», respondióme. «¿En dónde has dormido esta noche?» «En las Arenas, en casa de los Kolomensky.» «¿Y de dónde has sacado los pendientes que me trajiste el otro día?» «Los encontré en la acera», dijo con aire sospechoso, evitando mirarme. «¿Has oído decir que esa misma tarde y a la misma hora ha ocurrido algo en el edificio en que trabajas?» «No, me contestó, nada sé.» Le cuento todo el suceso, y él me escucha abriendo desmesuradamente los ojos. De repente, se pone más blanco que la pared, toma la gorra y se levanta. Traté entonces de detenerle. «Espera un poco, Mitchka, le digo. Echa otra copa». Al mismo tiempo hago señas a uno de los mozos para que se ponga delante de la puerta, mientras yo me aparto del mostrador. Pero adivinando, sin duda, mis intenciones, se lanza fuera de la casa, echa a correr y desaparece por una bocacalle. Desde aquel momento no tengo la menor duda de que es el culpable.

—¡Ya lo creo!—dijo Zosimoff.

—Espera. Escucha hasta el fin. Naturalmente, la policía se puso a buscar por todas partes a Mikolai. Detuvo a Dutchkin y Mitrey e hizo varios registros en sus casas; pero hasta anteayer no se ha logrado capturar a Mitka, a quien se encontró en una posada del arrabal de***, en circunstancias bastante raras. Una vez en esa posada, se quitó su cruz que era de plata, la entregó al posadero y pidió un *shkalik*[14] de aguardiente. Minutos después, una campesina que acababa de ordeñar las vacas, mirando por la rendija del establo, vió al pobre hombre haciendo preparativos para ahorcarse. Tenía hecho un nudo corredizo a su cinturón, lo había atado a una viga del techo; y, subido en una pila de madera, trataba de echarse al cuello la lazada. A los gritos de la mujer acudió la gente: «¡Vaya un entretenimiento el tuyo!» «Conducidme, dijo, a la oficina de policía; lo confesaré todo.» Se accedió a su demanda, y con todos los honores debidos a su clase, se le condujo a la comisaría de nuestro barrio, donde se le sometió a un detenido interrogatorio. «¿Quién eres tú? ¿Qué edad tienes?» «Veintidós años, etc.» Pregunta: «Mientras estabas trabajando con Mitrey, ¿no vieron ustedes a nadie en la escalera entre tal y cual hora?» Respuesta: «Quizá pasó alguien, pero no reparamos.» «¿Y no oyeron ustedes nada?» «Nada.» «¿Y tú, Mikolai, no supiste que aquel día y a tal hora habían asesinado y robado a la vieja y a su hermana?» «Nada absolutamente sabía de eso; tuve la primera noticia anteayer, en la taberna; me la dió Atanasio Papritch.» «¿Y en dónde encontraste los pendientes?» «En la calle.» «¿Por qué al día siguiente no fuiste a trabajar con Mitrey?» «Porque quise holgar.» «¿En dónde estuviste?» «En diferentes sitios.» «¿Por qué escapaste de casa de Dutchkin?» «Porque tenía miedo.» «¿De qué tenías miedo?» «De la justicia.» «¿Y por qué tenías miedo de la justicia no siendo culpable de nada?»

»Pues bien, tú lo creerás o no lo creerás, Zosimoff; pero la cuestión se ha planteado literalmente en los términos que te he dicho, lo sé de cierto porque se me ha repetido palabra por palabra el interrogatorio. ¿Eh? ¿qué tal? ¿Qué te parece?

—Pero, en fin, ¿hay pruebas?

—No se trata ahora de pruebas, sino de las preguntas hechas a Mikolai y de la manera que tiene la gente de policía de entender la naturaleza humana. Bueno, dejemos esto. Para abreviar: de tal manera atormentaron a ese infeliz, que acabó por confesar que no fué en la calle donde encontró los pendientes, sino en el cuarto en que trabajaba con Mitrey. «¿Cómo los has encontrado?», le preguntan. Y él contesta: «Mitrey y yo estuvimos pintando todo el día; eran las ocho e íbamos a marcharnos, cuando Mitrey tomó un pincel, me lo pasó por la cara y echó a correr, después de haberme untado. Me lancé en su persecución, bajé los escalones de cuatro en cuatro gritando como un loco, y en el momento en que llegaba abajo con toda la velocidad de mis piernas, di un empujón al portero y a unos cuantos señores que se encontraban allí también, no recuerdo cuántos. Entonces el portero me injurió, otro portero le hizo coro, la mujer del primer piso salió de la portería, donde se hallaba, y añadió sus insultos a los que los otros me dirigían. En fin, un señor, que entraba en la casa con una señora, nos reprendió, a Mitka y a mí, porque estábamos derribados en el suelo delante de la puerta e impedíamos el paso; yo tenía asido a Mitka por los cabellos y le pegaba puñetazos. El también me tenía agarrado por el pelo y me daba cuantos golpes podía, aunque estaba debajo de mí. Hacíamos esto sin reñir, en broma, riendo a carcajadas. Luego Mitka logró escapar de mis manos y se escurrió a la calle; yo corrí tras él, pero no pude alcanzarle y volví solo al cuarto en que trabajábamos para recoger los útiles del oficio. Mientras los arreglaba, esperando a Mitka, pues estaba seguro de que volvería, vi en un rincón, al lado de la puerta, una cosa envuelta en un papel. Quité el papel y encontré un estuche que contenía unos pendientes...»

—¿Detrás de la puerta? ¿Estaba detrás de la puerta, detrás de la puerta?—repitió Raskolnikoff mirando espantado a Razumikin y haciendo esfuerzos para incorporarse en el sofá.

—Sí. ¿Qué te pasa? ¿Por qué te pones así?—dijo Razumikin, saltando de su asiento.

—No, no es nada—respondio Raskolnikoff con voz débil, dejándose caer de nuevo sobre la almohada y poniéndose de cara a la pared.

Reinó un silencio de algunos minutos.

—Estaba, sin duda, adormilado—dijo Razumikin, interrogando con la mirada a Zosimoff, quien hizo con la cabeza un leve movimiento negativo.

—Continúa—dijo el doctor—; ¿y después?

—Ya sabes lo demás. En cuanto tuvo los pendientes no pensó ni en sus útiles del oficio ni en Mitrey; tomó la gorra y se fué en seguida a la taberna de Dutchkin. Como ya te he dicho,

---

[14]Medida de capacidad equivalente a unos 30 centilitros.

hizo que éste le diera un rublo, diciéndole que había encontrado el estuche en la calle, y en seguida se fué de holgorio. Mas en lo concerniente al asesinato, su lenguaje no varía: «No sé nada, repite constantemente. No tuve noticias del crimen hasta el día después.» «Pero, ¿por qué has desaparecido durante todo ese tiempo?» «Porque temía que me vieran.» «¿Y por qué querías ahorcarte?» «Porque tenía miedo.» «¿De qué tenías miedo?» «De que me procesaran.» Esta es la historia. Ahora bien, ¿qué dirás que sacan en conclusión de todo ello?

—¿Qué quieres que diga? Existe una presunción, discutible, quizá, pero no deja de ser una presunción. ¿Crees tú que debían poner en libertad a ese pintor decorador?

—Sí, pero es el caso que están convencidos de que es el autor del crimen.

—Vamos a ver, y no te exaltes. Te olvidas de los pendientes. El mismo día, pocos instantes después de haberse cometido el crimen, los pendientes, que sin duda se hallaban en el baúl de la víctima, estaban en manos de Mikolai: has de convenir conmigo en que es preciso averiguar cómo llegaron a su poder; es éste un punto que el juez instructor no puede por menos que aclarar.

—¿Que cómo llegaron a su poder?—exclamó Razumikin—. ¿Que cómo llegaron a su poder? Ante todo, doctor, por tu condición de médico has tenido ocasión de estudiar al hombre y profundizar la naturaleza humana. Siendo esto así, ¿es posible que no veas cuál es la de ese Mikolai? ¿Cómo no te haces cargo *a priori* de que todas las declaraciones prestadas por él en el curso de los interrogatorios son verdaderas? Los pendientes llegaron a sus manos exactamente como él dice: tropezó con el estuche y lo recogió.

—¡Verdaderas!... Sin embargo, él mismo ha confesado que mintió en su primera declaración.

—Escúchame, escúchame atentamente: el portero, la mujer de éste, Koch. Pestriakoff, el otro portero, la inquilina del primer piso que se hallaba a la sazón en la portería, el consejero Krukoff, que en aquel mismo instante acababa de apearse del coche y entraba en la casa con una señora del brazo; todos, es decir, ocho o diez testigos, declaran unánimemente que Mikolai tiró a Mitrey al suelo y que, conforme le tenía debajo, le daba puñetazos, mientras el otro agarraba a su compañero del pelo y procuraba devolverle los golpes recibidos. Estaban tirados delante de la puerta, interceptando el paso; los injurian, y ellos «lo mismo que chiquillos» (es la expresión de los testigos), gritan, se maltratan, lanzan carcajadas y se persiguen en la calle como dos pilluelos. ¿Comprendes? Ahora fíjate en esto: arriba yacen dos cadáveres que no se han enfriado todavía, pues estaban calientes aún cuando los descubrieron. Si hubiesen cometido el crimen los dos obreros o solamente Mikolai, permíteme que te pregunte: ¿Se comprende tal descuido, tal serenidad en personas que acaban de cometer dos asesinatos seguidos de robo? ¿No existe verdadera incompatibilidad entre esos gritos, esas risas, esa lucha infantil y el estado de ánimo en que debieran encontrarse los asesinos? ¡Cómo! ¡A los cinco o diez segundos de haber matado (porque, lo repito, se han encontrado todavía calientes los cadáveres), se van sin cerrar la puerta del cuarto en que yacen sus víctimas, y sabiendo que sube gente al cuarto en donde se ha perpetrado el delito, retozan en el umbral de la puerta cochera, y en lugar de huir apresuradamente interceptan el paso, ríen, atraen la atención de la gente, hasta el punto de que hay diez testigos que declaran unánimemente!

—Es verdad; eso es extraño; parece imposible; pero...

—No hay *pero* que valga, amigo mío. Reconozco que los pendientes encontrados en poder de Mikolai, poco después de cometido el crimen, constituyen en contra del pintor un hecho grave, hecho por otra parte, explicado de manera plausible por el acusado, y en consecuencia, sujeto a discusión; pero hay que tener también en cuenta los hechos justificativos, tanto más cuanto que éstos están fuera de discusión. Desgraciadamente, dado el espíritu de nuestras leyes, los magistrados son incapaces de admitir que un hecho justificativo, fundado en una pura posibilidad psicológica, pueda destruir cualesquiera cargos materiales. No, no los admitirán, por la única razón de que ha encontrado el estuche y de que el hombre ha querido ahorcarse, «cosa en que no habría pensado si no hubiese sido culpable». Tal es la cuestión capital, y por esta razón me exalto. ¿Comprendes?

—Sí. Veo que te exaltas. Espera un poco. Hay una cosa que me había olvidado preguntarte: ¿Qué prueba que el estuche de los pendientes haya sido robado de casa de la vieja?

Eso está probado—replicó entre dientes Razumikin—. Koch ha reconocido el objeto y ha indicado la persona que lo había empeñado. Por su parte, esta última persona ha demostrado evidentemente que el estuche le pertenecía.

—Tanto peor. Otra pregunta: ¿No ha visto nadie a Mikolai cuando Koch y Pestriakoff subían al cuarto piso, y, por consiguiente, no puede probarse la coartada?

—El hecho es que nadie le ha visto—respondió con tono malhumorado Razumikin—. Esto es lo que hay de malo. Ni Koch ni Pestriakoff vieron a los pintores al subir la escalera; por otra parte su testimonio no significará gran cosa. «Vimos—dicen—que el cuarto estaba abierto y que sin duda había gente trabajando en él; pero pasamos de largo sin fijarnos, y no podemos asegurar si en aquel momento había allí o no obreros.»

—De modo que toda la justificación de Mikolai descansa sobre la risa y puñetazos que cambiaba con su compañero. Bueno, es una prueba en apoyo de su inocencia; pero permíteme que te pregunte cómo te explicas el hecho: siendo verdadera la versión del acusado, ¿cómo te explicas el hallazgo de los pendientes?

—¿Que cómo me lo explico? ¿Qué hay que explicar aquí? La cosa es clara como la luz meridiana, o a lo menos así se desprende del sumario. El mismo estuche nos da la clave de lo sucedido. El verdadero culpable dejó caer los pendientes. Estaba arriba cuando Koch y Pestriakoff empujaban la puerta, y se había encerrado por dentro con el cerrojo. Koch cometió la insigne torpeza de bajar; entonces el asesino salió del cuarto y empezó a descender, supuesto que no tenía otro medio de escapar. Ya en la escalera, esquivó las miradas de Koch, de Pestriakoff y del portero, refugiándose en la habitación del segundo piso precisamente en el momento en que los obreros acababan de salir. El criminal se ocultó detrás de la puerta en tanto que el portero y los otros subían a casa de las víctimas; esperó a que el ruido de los pasos cesase de oírse y llegó tranquilamente al pie de la escalera en el instante mismo en que Mitrey y Mikolai salían corriendo a la calle. Como todo el mundo se había dispersado, no encontró a nadie en la puerta cochera. Puede que alguien le haya visto; pero nadie se fijó en él: ¿quién se fija en las personas que entran o salen de una casa? El estuche debió de caérsele del bolsillo cuando estaba detrás de la puerta, y no lo advirtió, porque tenía entonces otras muchas cosas en que pensar. El estuche demuestra claramente que el asesino se ocultó en el cuarto desalquilado del segundo piso... Ahí tienes explicado todo el misterio.

—¡Ingenioso, amigo mío, muy ingenioso! Ese relato hace honor a tu imaginación.

—Pero, ¿por qué? ¿Qué tiene que ver en esto mi imaginación? ¿Por qué dices que es ingenioso mi relato?

—Porque todos los detalles están muy bien calculados y todas las circunstancias se presentan con demasiada oportunidad... Ni más ni menos que en el teatro.

Razumikin iba a protestar de nuevo, cuando la puerta se abrió de repente y los tres jóvenes vieron aparecer un visitante a quien ninguno de los tres conocía.

V.

Era ya de cierta edad, majestuoso, de modales acompasados y de fisonomía reservada y severa. Se detuvo en el umbral dirigiendo miradas a todas partes con sorpresa que no trataba de disimular y que era bastante desagradable. Parecía que se preguntaba: «¿A dónde he venido a meterme?» Contemplaba la habitación estrecha y baja en que se encontraba con desconfianza y con cierta afectación de temor. Su mirada conservó la misma expresión de estupor cuando se posó sobre Raskolnikoff. El joven, con un traje bastante descuidado, estaba tendido en su miserable sofá, y sin hacer movimiento alguno se puso a su vez a contemplar al visitante. Después este último, conservando su aspecto altanero, examinó la inculta barba y los rizados cabellos de Razumikin, el cual, a su vez, sin moverse de su sitio le seguía mirando con impertinente curiosidad. Durante un minuto reinó un silencio molesto para todos. Finalmente, comprendiendo, sin duda, que su arrogancia no imponía a nadie, el buen señor se humanizó un poco, y cortésmente, aunque con cierta sequedad, se dirigió a Zosimoff.

—¿El señor Rodión Romanovitch Raskolnikoff, un joven que es o ha sido estudiante?—preguntó recalcando cada sílaba.

El médico se levantó lentamente y hubiera respondido, si Razumikin, a quien no iba dirigida la pregunta, no se hubiera apresurado a contestar.

—Ahí está en el sofá; ¿pero a usted qué se le ocurre?

El desenfado de estas palabras molestó al caballero de aspecto solemne, que hizo ademán de arrojarse sobre Razumikin, pero se contuvo y volvióse vivamente hacia Zosimoff.

—El señor es Raskolnikoff—dijo negligentemente el doctor, mostrando al enfermo con un ligero movimiento de cabeza.

Después bostezó casi hasta desquijararse, sacó del bolsillo del chaleco un enorme reloj de oro, lo miró, y lo volvió a guardar.

Raskolnikoff, que continuaba echado boca arriba, no apartaba los ojos del recién venido; pero ningún pensamiento reflejaba su mirada después que hubo dejado de contemplar la florecilla del papel, y su rostro, excesivamente pálido, expresó un extraordinario sufrimiento. Hubiérase dicho que el joven acababa de soportar una dolorosa operación quirúrgica o de ser sometido al tormento. Poco a poco, sin embargo, la presencia del visitante despertó en él creciente interés: primero, sorpresa; después, curiosidad, y, finalmente, cierta especie de temor. Cuando el doctor le señaló diciendo: «El señor es Raskolnikoff», nuestro héroe se levantó de repente, se sentó en el sofá, y con voz débil y entrecortada, pero que sonaba a desafío, dijo:

—Sí, yo soy Raskolnikoff. ¿Qué quiere usted?

El señor de aire importante le contempló atentamente y respondió con tono digno:

—Soy Pedro Petrovitch Ludjin; tengo motivo para creer que mi nombre no le es del todo desconocido.

Pero Raskolnikoff, que esperaba, sin duda, otra cosa, se contentó con mirar a su interlocutor silenciosamente y como si el nombre de Pedro Petrovitch hubiese sonado por primera vez en sus oídos.

—¿Cómo? ¿Es posible que no haya usted oído hablar de mí?—preguntó Ludjin un tanto desconcertado.

Por toda respuesta Raskolnikoff se echó lentamente sobre la almohada, se puso las manos bajo la cabeza y fijó los ojos en el techo. Ludjin estaba perplejo. Zosimoff y Razumikin le miraban con curiosidad cada vez mayor, lo que acabó de desconcertarle por completo.

—Pensaba... creía...—balbució—que una carta puesta en el correo hace ocho días o acaso quince...

—Oiga usted; ¿por qué permanece ahí en la puerta?—interrumpió bruscamente Razumikin—. Si tiene algo que decir, siéntese usted. Anastasia y usted no caben los dos en el hueco de la puerta. Es demasiado estrecha. Nastachiuska, apártate y deja pasar a ese señor. Entre usted. Aquí hay una silla. Vamos, venga usted.

Apartó su silla de la mesa, dejó un pequeño espacio libre entre ésta y sus rodillas y esperó en una posición bastante impertinente a que el visitante se le acercase. Pedro Petrovitch se deslizó no sin trabajo hasta la silla, y, después de sentarse, miró con aire de desconfianza a Razumikin.

—Por lo demás, no se incomode usted—dijo el estudiante con voz fuerte—. Rodia hace cinco días que se encuentra enfermo. Durante tres ha estado delirando; ahora ha recobrado el conocimiento y hasta ha comido con apetito; este señor es su médico, y yo un compañero de Rodia, antiguo estudiante como él, y hago las veces de enfermero suyo: no haga usted, pues, caso de nosotros, y hable con él como si no estuviéramos aquí.

—Muchas gracias. Pero mi presencia y mi conversación, ¿no fatigarán al enfermo?—preguntó Pedro Petrovitch dirigiéndose a Zosimoff.

—No, al contrario, así se distraerá—respondió con tono indiferente el médico y volvió a bostezar.

—¡Oh! Ha recobrado el uso de sus facultades hace ya un buen rato, desde esta mañana—añadió Razumikin, cuya familiaridad revelaba tan honrada franqueza, que Pedro Petrovitch comenzó a sentirse menos molesto. Además, aquel hombre incivil y mal vestido se recomendaba por su calidad de estudiante.

—Su madre de usted...

—¡Hum!—exclamó estrepitosamente Razumikin.

Ludjin le miró sorprendido

—No, no es nada, una mala costumbre mía; coutinúe usted.

Ludjin se encogió de hombros y prosiguió:

—Su madre de usted tenía empezada una carta para usted antes de mi partida. Llegado aquí, he diferido de intento mi visita algunos días, a fin de estar bien seguro de que estaba usted perfectamente enterado de todo. Pero ahora veo con asombro que...

—Ya sé, ya sé—interrumpió bruscamente Raskolnikoff, cuyo rostro expresó violenta irritación—. ¿Usted es el futuro...? Está bien, ya lo sé. No hablemos más de eso.

Este lenguaje algo grosero hirió en lo vivo a Ludjin, pero guardó silencio, preguntándose lo que aquello significaba. La conversación se interrumpió momentáneamente.

En tanto, Raskolnikoff, que para responderle se había vuelto un poco hacia él, se puso a contemplarle con marcada atención, como si antes no le hubiese visto o como si le hubiese chocado alguna cosa en el visitante. Se incorporó para mirarle mejor, y la verdad es que el exterior de Ludjin ofrecía no sé qué aspecto particular que justificaba el apelativo de *futuro* tan caballerescamente aplicado poco antes a aquel personaje.

Desde luego se veía, y quizá se veía demasiado, que Pedro Petrovitch se había apresurado a aprovechar su estancia en San Petersburgo para «embellecerse», en previsión de la próxima llegada de su prometida. Esto, en rigor, era disculpable. Tal vez dejaba adivinar la satisfacción que sentía por haber logrado su propósito; pero también esta debilidad podía ser perdonada a un pretendiente. Iba enteramente vestido de nuevo, y su elegancia no ofrecía a la crítica más que un punto flaco: el de que la ropa estaba demasiado flamante y denunciaba un propósito determinado. ¡De qué respetuosos cuidados rodeaba el elegante sombrero que acababa de comprar! ¡qué miramientos tenía con sus guantes Jouvin, que no se había atrevido a calzarse, contentándose con tenerlos en la mano para muestra! En su traje dominaban los colores claros. Llevaba una graciosa americana de color café claro; pantalón de un color muy delicado y chaleco de la misma tela que el pantalón. La pechera, cuellos y puños eran muy pulcros y finos, y la corbata de batista a listas de color de rosa. Pedro Petrovitch, repitámoslo, presentaba buen aspecto con estos vestidos, parecía mucho más joven de lo que era en realidad.

Su rostro muy fresco y no desprovisto de distinción, ostentaba espesas patillas que hacían resaltar la deslumbrante blancura de una barbilla cuidadosamente afeitada. Tenía pocas canas y su peluquero había logrado rizarle el cabello sin ponerle, como casi siempre sucede, la cabeza tan ridícula como la de un desposado alemán. Si es verdad que en aquella fisonomía seria y bastante bella había algo desagradable y antipático, era por otras causas. Después de haber tratado descortésmente al señor Ludjin, Raskolnikoff sonrió burlonamente, apoyó otra vez la cabeza en la almohada y se puso a contemplar el techo. Pero el señor Ludjin había resuelto no incomodarse por nada, y fingió no reparar en lo extraño de aquel recibimiento. Hasta hizo un esfuerzo para reanudar la conversación.

—Siento muchísimo encontrar a usted en este estado. Si hubiera sabido que se hallaba usted enfermo, habría venido antes; pero ya sabe usted, estoy tan ocupado... Se me ha encargado de un proceso muy importante en el Senado. Esto sin contar con los preparativos y preocupaciones que usted adivinará sin duda. Aguardo de un momento a otro a su familia, es decir, a su madre de usted y a su hermana.

Raskolnikoff quiso decir algo. Su rostro expresó cierta agitación. Pedro Petrovitch se detuvo un instante; espero, pero viendo que el joven guardaba silencio continuó diciendo:

—De un momento a otro. En previsión de su próxima llegada les he buscado hospedaje...

—¿Dónde?—preguntó con voz débil Raskolnikoff.

—Cerca de aquí, en casa de Bakalieff...

—Sí, en el *pereulok* Vosnesenshy—interrumpió Razumikin—; hay dos pisos amueblados, que los alquila el comerciante Utchin. He estado allí.

—En efecto, en esa casa hay dos cuartos para alquilar. Es aquello un agujero innoblemente sucio y, además, de muy mala fama. Han ocurrido allí sucesos nada limpios... Ni el mismo diablo sabe la gente que la habita. Yo mismo presencié allí cierta aventura escandalosa. ¡Claro! ¡Las habitaciones esas cuestan baratas!

—Como usted comprenderá, yo no podía saber esas cosas, puesto que acababa de llegar de provincias—replicó Ludjin un tanto picado—. De todos modos, las dos habitaciones que he tomado están muy limpias, y como son para tan poco tiempo... Tengo ya apalabrado nuestro futuro alojamiento—añadió dirigiéndose a Raskolnikoff—. Lo están arreglando. Ahora estoy también a pupilo. Vivo a dos pasos de aquí, en casa de la señora Lippevechzel, en el departamento de un joven amigo mío, Andrés Semenitch Lebeziatnikoff, que es quien me ha indicado la casa de Bakalieff.

—Lebeziatnikoff—pronunció lentamente Rodia, como si este nombre le hubiese recordado alguna cosa.

—Sí, Andrés Semenitch Lebeziatnikoff, que es empleado en un ministerio. ¿Usted le conoce?

—Sí, es decir, no—respondió Raskolnikoff.

—Perdone usted. Su pregunta me ha hecho suponer que no le era desconocido su nombre. Fuí en otro tiempo su tutor; es un joven muy agradable y que profesa ideas muy avanzadas. Yo trato con gusto a los jóvenes: por ellos se sabe lo que hay de nuevo.

Al acabar de decir estas palabras, Pedro Petrovitch miró a sus oyentes con la esperanza de encontrar en su fisonomía algún signo de aprobación.

—¿Desde qué punto de vista?—preguntó Razumikin.

—Desde un punto de vista muy serio; quiero decir, desde el punto de vista de la actividad social—respondió Ludjin encantado de que se le hiciese tal pregunta—. Yo no había estado en San Petersburgo desde hace diez años. Todas estas novedades, todas estas reformas, todas estas ideas han llegado hasta nosotros los provincianos; mas para verlo todo claramente, es preciso venir a San Petersburgo. Observando las nuevas generaciones es como se las conoce mejor. Lo confieso, estoy contentísimo.

—¿De qué?

—La pregunta de usted es complicada. Puedo engañarme, pero creo haber notado puntos de vista más concretos, un espíritu crítico, una actividad más razonada.

—Es verdad—dijo negligentemente Zosimoff.

—¿Verdad que sí?—dijo Pedro Petrovitch que recompensó al médico con una amable mirada—. Convendrá usted conmigo—prosiguió dirigiéndose a Razumikin—en que hay progreso, por lo menos en el orden científico y en el económico.

—¡Lugares comunes!

—No, no son lugares comunes. Si a mí, por ejemplo, se me dice: «Ama a tus semejantes», y pongo este consejo en práctica, ¿qué resultará?—se apresuró a responder Ludjin con demasiado calor—. Rasgaría mi capa y daría la mitad a mi prójimo, y los dos nos quedaríamos medio desnudos. Como dice el proverbio ruso: «Si levantáis muchas liebres a la vez, no cazaréis ninguna». La ciencia me ordena no amar a nadie más que a mí, supuesto que todo en el mundo está fundado en el interés personal. Si usted no ama más que a sí mismo, hará usted de un modo conveniente sus negocios y su capa quedará entera. Añade la Economía política que cuantas más fortunas privadas surgen en una sociedad, o en otros términos, cuantas más capas enteras hay, más sólida y felizmente está organizada esa sociedad. Así, pues, al trabajar únicamente para mí, trabajo también para todo el mundo; y resulta en último extremo que mi prójimo recibe un poco más de la mitad de una capa y no solamente gracias a las liberalidades privadas e individuales, sino como consecuencia del progreso general. La idea es sencilla; desgraciadamente ha necesitado mucho tiempo para hacer su camino y para triunfar de la quimera y del sueño. Sin embargo, no es preciso, me parece a mí, mucho ingenio para comprender...

—¡Perdón! pertenezco a la categoría de los imbéciles—interrumpió Razumikin—. No se hable más de eso. Yo tenía un objeto al empezar esta conversación; pero desde hace tres años me zumban los oídos ya con toda esta palabrería y con todas estas vulgaridades, y me da vergüenza hablar y aun oír hablar de ellas. Naturalmente, usted se ha apresurado a darnos a conocer sus teorías... Es cosa muy disculpable y no se la censuro. Solamente deseaba saber quién era usted, porque ya se le alcanza que en estos tiempos hay una porción de embaucadores que han caído sobre los negocios públicos, y, no buscando más que su propio medro, han echado a perder cuanto han tocado con sus manos... y... ¡ea, basta!

—¡Señor!—replicó Ludjin, herido en lo vivo—, ¿eso es decir que yo también...?

—¡Oh! de ninguna manera. ¿Cómo había yo de...? No se hable más—dijo Razumikin, y sin hacer caso del visitante reanudó con Zosimoff la conversación interrumpida con la llegada de Pedro Petrovitch.

Adoptó éste el buen acuerdo de aceptar sin protesta la explicación del estudiante. Tenía, además, la intención de irse en seguida.

—Ahora que ya nos conocemos—dijo, dirigiéndose a Raskolnikoff—, espero que nuestras relaciones continuarán en cuanto se ponga usted bueno del todo, y serán cada vez más íntimas, merced a las circunstancias que ya conoce... Le deseo un pronto restablecimiento.

Raskolnikoff hizo como si no le hubiera entendido. Pedro Petrovitch se levantó.

—De seguro es uno de sus deudores quien ha matado a la vieja—afirmó Zosimoff.

—Seguramente—repitió Razumikin . Porfirio no dice lo que piensa, pero interroga a los que habían empeñado alhajas en casa de la usurera.

—¿Que los interroga?—preguntó con voz fuerte Raskolnikoff.

—Sí, ¿y qué?

—Nada.

—¿Y cómo los conoce?—preguntó Zosimoff.

—Koch ha designado alguno; se han encontrado los nombres de otros muchos en los papeles que envolvían los objetos. En fin, otros se han presentado en cuanto han tenido noticia del hecho.

—El pillo que ha dado el golpe debe de ser un mozo experimentado. ¡Qué decisión, que audacia!

—No hay tal cosa—replicó Razumikin—. Eso es precisamente lo que te engaña y lo que engaña a todos. Sostengo que el asesino no es ni hábil ni experimentado; ese crimen ha sido probablemente el primero que ha cometido. En la hipótesis de que el criminal fuese un asesino consumado nada explicaría todo un cúmulo de inverosimilitudes... Si, por el contrario, le suponemos novato, habrá que admitir que la casualidad solamente ha sido causa de que pudiera escapar. ¿Quién sabe? Quizá ni ha previsto los obstáculos. ¿Cómo lleva a cabo su empresa? Asesina a dos personas, toma luego alhajas de diez o veinte rublos, y se llena con ellas los bolsillos; revuelve el cofre en que la vieja guardaba sus trapos, no toca el cajón de la cómoda en donde se ha encontrado una cajita que contenía mil quinientos rublos en metálico sin contar los billetes. No, no ha sabido robar, sólo ha sabido matar. Lo repito, es principiante; se aturdió en el momento de cometer el crimen. Si no le han detenido ya, debe dar más gracias al azar que a su destreza.

Pedro Petrovitch iba ya a marcharse, pero antes de salir quiso pronunciar algunas frases profundas. Deseaba dejar buena impresión, y la vanidad le privó de tacto.

—¿Hablan ustedes, sin duda, del asesinato recientemente perpetrado en la persona de una anciana, viuda de un secretario de colegio?—preguntó dirigiéndose a Zosimoff.

—Sí. ¿Usted ha oído hablar de ese crimen?

—¿Cómo no? Si se habla de él en todas partes.

—¿Conoce usted los pormenores?

—No todos; pero este asunto me interesa por la cuestión de carácter general que plantea. No me refiero al aumento de crímenes en la clase baja durante estos cinco últimos años; dejo a un lado la sucesión no interrumpida de robos y de incendios. Lo que más me preocupa es que en las clases elevadas la criminalidad sigue una progresión en cierto modo paralela.

—Pero, ¿de qué se preocupa usted?—dijo bruscamente Raskolnikoff—. Todo eso es el resultado práctico de la teoría de ustedes.

—¿Cómo de nuestra teoría?

—Es la deducción lógica del principio que usted acaba de sentar. Según usted, es lícito matar al prójimo.

—¿Cómo? ¡Yo!—exclamó Ludjin.

—No, no es eso—observó Zosimoff.

Raskolnikoff se puso pálido y respiraba fatigosamente; cierto estremecimiento agitaba su labio superior.

—Todo consiste en los justos medios—prosiguió con tono altanero Pedro Petrovitch—; la idea económica no es aún, que yo sepa, una excitación al asesinato, y de lo que yo he expuesto al principio...

—¿Es verdad—saltó Raskolnikoff con voz temblorosa de cólera—, es verdad que usted dijo a su futura esposa... cuando aceptó la petición de usted, que lo que más le agradaba de ella era su pobreza... porque es mejor casarse con una mujer para dominarla y echarle en cara los beneficios de que se ha colmado?

—¡Caballero!—exclamó Ludjin—, rugiendo de furor—. ¡Caballero! ¡Eso es desnaturalizar mi pensamiento! Dispense usted que le diga que los rumores que han llegado a su conocimiento, o mejor dicho, que han sido puestos en su conocimiento, no tienen ni sombra de fundamento y sospecho que... en una palabra... Ese dardo... en una palabra, que su madre de usted... Ya me había parecido a mí, que, a pesar de sus buenas cualidades, era un poco exaltada y novelesca; sin embargo, estaba a mil leguas de imaginar que pudiese desnaturalizar hasta ese punto el sentido de mis palabras y citarlas alterándolas de tal suerte... En fin...

—¿Sabe usted lo que le digo?—gritó el joven incorporándose y echando lumbre por los ojos—. ¿Sabe usted lo que le digo?

—¿Qué?

Y al decir esta palabra se detuvo Ludjin y esperó con aire de desafío.

Hubo algunos momentos de silencio.

—Pues bien, que si usted se permite decir una sola palabra más de mi madre, le tiro de cabeza por la ventana.

—¿Qué te pasa? ¿Qué arrebato es ése?—exclamó Razumikin.

—¡Ah! ¡Lo haré como lo digo!

Ludjin palideció y se mordió los labios. Se ahogaba de rabia, aunque hacía esfuerzos inauditos para contenerse.

—Escuche usted, caballero—dijo después de una pausa—. La manera como usted me recibió cuando entré, no me dejó ninguna duda acerca de su enemistad; sin embargo, he prolongado mi visita por exceso de cortesía. Hubiera podido perdonar a un enfermo y a un pariente, pero ahora... ¡jamás! ¡jamás!

—¡Yo no estoy enfermo!—gritó Raskolnikoff.

—¡Tanto peor!

—¡Váyase usted al infierno!

Pero Ludjin no tuvo necesidad de esta invitación para marcharse. Se apresuró a salir sin mirar a nadie y sin saludar a Zosimoff, que durante un rato estuvo haciéndole señas de que dejase en reposo al enfermo.

—¿Ese es el modo de portarse?—dijo Razumikin, moviendo la cabeza.

—¡Dejadme! ¡Dejadme todos!—exclamó colérico Raskolnikoff—. ¿Me dejaréis en paz, verdugos? ¡No tengo miedo de vosotros! ¡No temo a nadie, a nadie! Ahora, marchaos. ¡Quiero estar solo, solo, solo!

—Vámonos—dijo Zosimoff haciendo una seña con la cabeza a Razumikin.

—Pero, ¿le vamos a dejar así?

—¡Vámonos!—insistió el médico.

Razumikin reflexionó un instante y se decidió a seguir al doctor, que ya había salido.

—Nuestra resistencia a sus deseos le hubiera sido perjudicial—dijo Zosimoff a su amigo ya en la escalera—. No conviene irritarle.

—¿Qué le pasa?

—Una sacudida que le sacase de sus preocupaciones le haría mucho provecho. Alguna idea fija le atormenta... Eso es lo que más me inquieta.

—El señor Pedro Petrovitch, ¿tendrá algo que ver en esto? Según la conversación que acaban de sostener, parece que ese individuo va a casarle con una hermana de Rodia, y que nuestro amigo ha recibido una carta acerca de este asunto muy pocos días antes de su enfermedad.

—El diablo, sin duda, es quien ha traído de visita a ese señor, que ha podido echarlo todo a perder. Pero, ¿has reparado en que sólo una cosa hace salir al enfermo de su apatía y mutismo? ¡Cómo se excita cuando se habla de ese asesinato!

—Sí, sí, lo he advertido—respondió Razumikin—; presta más atención, se inquieta. Es, sin duda, porque el mismo día que se puso malo le asustaron en la oficina de policía y se desmayó.

—Ya me lo contarás circunstanciadamente en otra ocasión, y a mi vez te diré algo... Me interesa mucho, muchísimo. Dentro de media hora volveré a ver cómo sigue. No es de temer le inflamación...

—Gracias a ti. Ahora voy a entrar un momento en casa de Pashenka, y haré que le cuide Anastasia.

Cuando se quedó solo, Raskolnikoff miró a la criada con impaciencia y disgusto; pero ésta vacilaba antes de irse.

—¿Tomarás ahora el te?—preguntóle la sirvienta.

—Más tarde; quiero dormir. Déjame.

El joven se volvió con un movimiento convulsivo hacia la pared, y la criada salió del aposento.

VI.

Pero en cuanto la criada hubo salido, Raskolnikoff se levantó, cerró la puerta con el picaporte y se puso las prendas que Razumikin le había llevado. Cosa extraña. De repente se trocó en tranquilidad completa el frenesí de antes y el terror pánico que el joven había sentido en los últimos días. Era aquel el primer momento de una tranquilidad extraña y repentina. Precisos y sin vacilación los movimientos del joven, denotaban una resolución enérgica. «Hoy mismo, hoy mismo», murmuraba. Comprendía, sin embargo, que estaba aún débil; pero la extrema tensión moral a que debía su calma, le daban seguridad y confianza; no quería caerse en la calle. Después de haberse vestido por completo, miró el dinero colocado sobre la mesa, reflexionó un poco y se lo metió en el bolsillo.

La cantidad subía a veinticinco rublos. Tomó también todas las monedas de cobre que quedaban de los diez rublos gastados por Razumikin, abrió suavemente la puerta, salió de su habitación y bajó la escalera. Al pasar por delante de la cocina, cuya puerta estaba abierta de par en par, echó una ojeada. Anastasia estaba vuelta de espaldas, ocupada en soplar el samovar de la patrona y no le vió. Por otra parte, ¿quién hubiera podido prever esta fuga? Un instante después estaba en la calle.

Eran las ocho y se había puesto el sol. Aunque la atmósfera era sofocante como el día anterior, Raskolnikoff respiraba con avidez el aire polvoriento emponzoñado por las exhalaciones mefíticas de la gran ciudad. Sentía algunos ligeros vahídos; sus ojos inflamados, su rostro delgado y lívido expresaban salvaje energía. No sabía dónde ir ni tampoco le preocupaba; sabía solamente que era preciso acabar con «aquella historia»; pero de repente y en seguida; que de otro modo no entraría en su casa. «Porque no quería vivir así.» ¿Cómo acabar? No lo sabía y hacía esfuerzos para desechar esta pregunta que le atormentaba. Sólo comprendía que era menester cambiase todo de una manera o de otra, «cueste lo que cueste», repetía con desesperada resolución.

Siguiendo una antigua costumbre se dirigió al Mercado del Heno. Antes de llegar vió en la calzada, frente a una tiendecilla, a un organillero joven, de cabellos negros, que tocaba una melodía muy sentimental. El músico acompañaba con su instrumento a una joven de quince años, que estaba de pie en la acera. La muchacha, vestida como una señorita, llevaba crinolina, manteleta, guantes, chal y sombrero de paja, adornado con una pluma encarnada, todo viejo y arrugado. Con voz cascada, pero bastante fuerte y agradable, cantaba una romanza, esperando que en la tienda le diesen un par de kopeks. Dos o tres personas se habían detenido; Raskolnikoff hizo como ellas, y después de haber escuchado un momento, sacó del bolsillo un piatak y lo puso en la mano de la joven. La muchacha cortó en seco su canto en la nota más alta y conmovedora—. ¡Basta!—gritó la cantora a su compañero y ambos se dirigieron a la tienda de al lado.

—¿Le gustan a usted las canciones de las calles?—preguntó bruscamente Raskolnikoff a un transeunte, ya de cierta edad, que había estado oyendo a su lado a los músicos callejeros y que parecía un paseante desocupado.

El interrogado miró con sorpresa al que le dirigía esta pregunta.

—Yo—prosiguió Raskolnikoff (al verle se hubiera creído que hablaba de otra cosa que de la música de las calles)—, yo gusto de oír cantar al compás del organillo, sobre todo en una tarde fría, sombría y húmeda de otoño, principalmente húmeda, cuando todos los transeuntes tienen cara verdosa o enfermiza, o mejor aún, cuando la nieve cae verticalmente, sin que el viento le desparrame y cuando las luces brillan al través de las nubes...

—Yo no sé. Usted me dispense—balbuceó el señor, aterrado de la pregunta y del extraño aspecto de Raskolnikoff y se pasó a la otra acera.

El joven continuó su camino y llegó al Mercado del Heno, al sitio mismo en que días antes cierto tendero y su mujer hablaban con Isabel; pero no estaban allí. Reconociendo el lugar, se detuvo, miró en derredor suyo y se dirigió a un mozo de camisa roja que bostezaba a la puerta de un almacén de harinas.

—¿Es aquí en este rincón, donde cierto tendero y su mujer se ponen a vender?

—Todo el mundo vende—respondió el mozo, mirando con desdén a Raskolnikoff.

—¿Cómo le llaman?

—Le llaman por su nombre.

—Tú no eres de Zaraisk. ¿De qué provincia eres?

El mozo miró de nuevo a su interlocutor.

—Alteza, nosotros no somos de una provincia, sino de un distrito. Mi hermano ha partido, y yo me he quedado en la casa, de manera que no sé nada. Perdóneme Vuestra Alteza.

—¿Hay arriba un bodegón?

—Es un *traktir* y un billar. Hasta princesas van ahí... se ve muy favorecido.

Raskolnikoff se dirigió a otro ángulo de la plaza, en donde había un grupo compacto, exclusivamente compuesto de *mujiks*. Se metió entre la gente, mirando a todas las personas y deseoso de hablar con todo el mundo. Pero los campesinos no fijaban la atención en él, y formando grupos pequeños hablaban en voz alta de sus asuntos. Después de un momento de reflexión, dejó el Mercado del Heno y se entró en el *pereulok*.

En otras varias ocasiones había pasado por esta callejuela, que forma un recodo y une el mercado con la Sadovia. Desde hace algún tiempo, gustábale ir a pasear por aquellos sitios, cuando comenzaba a aburrirse... «a fin de aburrirse todavía más». Ahora iba allí sin propósito algo determinado. Se encuentra en esta callejuela una gran casa, cuya planta baja está ocupada por tabernas y figones de los que salían continuamente mujeres, sin nada a la cabeza y descuidadamente vestidas. Se agrupaban en dos o tres sitios de la acera, principalmente cerca de las escaleras por las que se baja a una especie de cafetines de mala fama. En uno de ellos, sonaba alegre estrépito: cantaban dentro, tocaban la guitarra y el ruido se extendía de un extremo a otro de la calle. La mayor parte de las mujeres se habían reunido en la puerta de aquel antro; unas estaban sentadas en las escaleras, las otras en la acera, las otras, en fin, hablaban en pie. Un soldado borracho, con el cigarrillo en la boca, golpeaba el suelo profiriendo imprecaciones: hubiérase dicho que quería entrar en alguna parte, pero que no sabía dónde. Dos individuos desharrapados se insultaban. Un hombre completamente ebrio yacía tirado, cuan largo era, en medio de la calle. Raskolnikoff se detuvo cerca del principal grupo de mujeres. Hablaban a voces, todas llevaban vestidos de indiana, calzado de piel de cabra y la cabeza descubierta. Muchas habían pasado ya de los cuarenta años; otras no representaban más de diez y siete. Casi todas tenían amoratadas las orejas.

Los cantos y el ruido que salían de la zahúrda, llamaron la atención de Raskolnikoff. En medio de las carcajadas y del barullo, una agria voz de falsete cantaba al son de una guitarra y una persona danzaba furiosamente marcando el compás con los tacones. El joven, inclinado hacia la entrada de la escalera, escuchaba sombrío y pensativo.

> *Hombrecito de mi alma*
> *No me pegues sin razón.*

cantaba la voz de falsete. Raskolnikoff no hubiera querido perder palabra de aquella canción, como si el oírla hubiese sido para él cosa de grandísima importancia.

«Si entrase...»—pensaba—. «Se ríen, están borrachos.»

—¿No entras, buen mozo?—le preguntó una de las mujeres con voz bastante bien timbrada y que conservaba aún cierta frescura.

Era una muchacha joven, y la única en el grupo que no daba náuseas.

—¡Oh, bonita muchacha!—respondió el joven levantando la cabeza y mirándola.

Sonrióse la moza, lisonjeada con el requiebro.

—También tú eres muy guapo.

—¡Guapo un tipo semejante!—gruñó en voz baja otra mujer—; de seguro que acaba de salir del hospital.

Bruscamente se aproximó un *mujik*, medio ebrio, con el capote desabrochado y el rostro resplandeciente de maliciosa alegría.

—Parece que son hijas de generales, lo que no les impide ser chatas—dijo el *mujik*—. ¡Oh, qué hermosuras!

—Entra, puesto que has venido.

—Entraré, preciosa—y descendió al cafetín.

Raskolnikoff hizo ademán de alejarse.

—Escuche usted, *barin*[15]—le gritó la joven cuando nuestro héroe volvía ya la espalda.

—¿Qué?

—Querido *barin*, tendré mucho gusto en pasar una hora con usted; pero en este momento me siento cortada en su presencia. Déme seis kopeks para echar un trago, amable caballero.

Raskolnikoff buscó en el bolsillo y sacó tres piataks.

—¡Ah! ¡Qué bueno es usted!

—¿Cómo te llamas?

---

[15] Señor.

—Pregunte usted por Duklida.

—¡Qué desfachatez!—dijo bruscamente una de las mujeres que se encontraban en el grupo, señalando a Duklida, con un movimiento de cabeza—. ¡No sé cómo hay personas que pidan de ese modo! Yo no me atrevería jamás... Creo que antes me moriría de vergüenza.

Raskolnikoff sintió curiosidad por ver a la mujer que hablaba de aquel modo. Era una moza de treinta años, toda llena de equimosis y el labio superior hinchado. Había lanzado su sentencia con toda calma y seriedad.

«¿En dónde he leído yo—pensaba Raskolnikoff alejándose—, que se concede no sé qué a un condenado a muerte una hora antes de su ejecución? Aunque él tuviese que vivir sobre una cima escarpada, en una roca perdida en medio del Océano, donde no hubiese más que el sitio suficiente para colocar los pies, aunque tuviese que pasar así toda su existencia, mil años... una eternidad, derecho en el espacio de un pie cuadrado, solo en las tinieblas, expuesto a todas las intemperies... preferiría aquella vida a la muerte. Vivir, no importa cómo, pero vivir. ¡Qué verdad es, Dios mío, qué verdad es! ¡Qué cobarde es el hombre y qué cobarde también aquel que por ello le llama cobarde!»—añadió al cabo de un instante.

Hacía largo tiempo que andaba al azar, cuando le llamó la atención la muestra de un café: «¡Hola! *El Palacio de Cristal*. Poco ha me habló de él Razumikin. Pero, ¿qué es lo que yo quiero hacer aquí? ¡Ah! Sí, leer. Zosimoff dice que había leído en los periódicos...»

—¿Tienen ustedes periódicos?—preguntó entrando en un salón muy espacioso y bastante bien decorado, donde había poca gente.

Dos o tres parroquianos tomaban te. En una sala distante, cuatro personas, sentadas a una mesa, bebían *Champagne*. Raskolnikoff creyó reconocer entre ellos a Zametoff, pero la distancia no le permitía distinguirlo bien.

«Después de todo, ¿qué me importa?» se dijo.

—¿Quiere usted aguardiente?—preguntó el mozo.

—Sírveme te y tráeme también los periódicos, los de los últimos cinco días, te daré buena propina.

—Bueno, aquí tiene usted los de hoy. ¿Quiere usted también aguardiente?

Cuando le sirvieron el te y le dieron los periódicos, Raskolnikoff se puso a buscar.

—Izler. Izler. Los Aztekas. Los Aztekas. Bartola. Máximo. Los Aztekas. Izler... ¡Oh, qué lío! ¡Ah! Aquí están los sucesos: una mujer se ha caído por una escalera... Un comerciante trastornado por el vino. El incendio de las Arenas. El incendio de la Petersburgskaia. Otra vez el incendio de la Petersburgskaia. Izler. Izler. Izler. Izler. Máximo... ¡Ah! Aquí está.

Cuando encontró lo que buscaba, comenzó la lectura; danzaban las letras delante de sus ojos. Pudo, sin embargo, leer «los sucesos» hasta el fin y se puso a buscar ávidamente los «nuevos detalles» en los otros números.

Impaciencia febril le hacía temblar las manos conforme ojeaba los periódicos. De repente se sentó a su lado uno. Raskolnikoff miró. Era Zametoff. Zametoff en persona y con el mismo traje que llevaba en el despacho de policía con sus sortijas, sus cadenas, los negros cabellos rizados y llenos de cosmético, separados elegantemente en medio de la cabeza, con su elegante chaleco, su levita algo usada y algo arrugada la camisa.

El jefe de la Cancillería estaba alegre; por lo menos se sonreía con satisfacción y franqueza. Por efecto del *Champagne* que había bebido, tenía el moreno rostro bastante enrojecido.

—¡Cómo! ¿Usted aquí?—exclamó con asombro y con el tono que hubiera usado para saludar a un antiguo camarada—. ¡Si ayer mismo Razumikin me dijo que seguía usted sin conocimiento!... Es extraño. He estado en su casa...

Raskolnikoff no creía que el jefe de la Cancillería vendría a hablar con él. Apartó los periódicos y se volvió hacia Zametoff con una sonrisa por la cual se transparentaba viva irritación.

—Me han hablado de su visita—contestó—; usted buscó mi bota. Razumikin está loco con usted. Han ido ustedes juntos, según parece, a casa de Luisa Ivanovna, a quien usted trató de defender el otro día. ¿No se acuerda? Usted hacía señas al ayudante *Pólvora*, y él no hacía caso de sus guiños. Sin embargo, no era necesaria mucha penetración para comprenderlos. La cosa es clara, ¿eh?

—Es más charlatán...

—¿Quién? ¿*Pólvora*?

—No, Razumikin...

—Pero usted se lleva la mejor vida, señor Zametoff. Tiene usted entrada gratuita en lugares encantadores. ¿Quién le ha regalado a usted el *Champagne*?

—¿Por qué me lo habían de regalar?

—A título de honorarios. Usted saca partido de todo—dijo con sorna Raskolnikoff—. No se incomode usted, querido amigo—añadió dando un golpecito en el hombro a Zametoff—. Lo que le digo a usted es sin malicia, en broma, como decía, a propósito de los puñetazos dados por él a Mitka, el obrero detenido por el asunto de la vieja.

—Pero, ¿usted cómo sabe eso?

—Lo sé quizá mejor que usted.

—¡Qué original es usted!... Verdaderamente está algo enfermo. Ha hecho mal en salir...

—¿Me encuentra usted raro?

—Sí. ¿Qué es lo que usted leía?

—Periódicos.

—Ha habido estos días muchos incendios.

—No me importan los incendios—repuso Raskolnikoff mirando a Zametoff con aire singular y con sonrisa burlona—. No, no son los incendios lo que me interesa—continuó guiñando los ojos—. Pero confiese usted, querido joven, que tiene grandes deseos de saber lo que yo leía.

—No, no tengo ninguno; se lo preguntaba a usted por decir algo. ¿Es que no le puedo preguntar a usted...? Porque siempre...

—Escuche. Usted es un hombre instruído, letrado, ¿no es cierto?

—He seguido mis estudios en el Gimnasio hasta el sexto curso inclusive—respondió con cierto orgullo Zametoff.

—Hasta el sexto curso. ¡Ah, pícaro! Tiene buena raya y sortijas. Es un hombre rico y muy guapo.

Al decir esto, Raskolnikoff se echó a reír en las barbas mismas de su interlocutor. Este se retiró un poco; no ofendido, precisamente, pero sí sorprendido.

—¡Qué original es usted!—repitió con tono muy serio Zametoff—. Me parece que sigue usted delirando.

—¿Que deliro? Te burlas, amiguito... ¿Conque soy original, eh? Es decir que parezco un bicho raro, ¿eh? raro, ¿verdad? ¿Que excito la curiosidad?

—Sí.

—¿Usted deseaba saber lo que leía, lo que buscaba en los periódicos? Vea usted cuántos números me han traído. Esto da mucho en que pensar, ¿no es eso?

—Vamos, diga usted.

—Usted cree haber levantado la liebre.

—¿Qué liebre?

—Luego se lo diré a usted; ahora, querido amigo, le declaro... o más bien, «confieso»... no, no es eso: presto una declaración y usted toma nota de ella. Pues bien, yo declaro que he leído, que tenía curiosidad de leer, que he buscado y que he encontrado.... (Raskolnikoff guiñó los ojos y esperó), por eso he venido aquí para saber los detalles relativos al asesinato de la vieja prestamista.

Al pronunciar estas palabras bajó la voz y arrimó la cara a la de Zametoff. Este le miró fijamente sin pestañear y sin apartar la cabeza. Al jefe de la Cancillería le pareció muy extraño que durante un minuto se estuviesen mirando sin decir palabra.

—¿Sabe usted?—continuó en voz baja Raskolnikoff sin hacer caso de la exclamación de Zametoff—se trata de aquella misma vieja de la cual se hablaba en el despacho de policía cuando yo me desmayé. ¿Comprende usted ahora?

—¿Qué quiere decir con eso de comprende usted?—dijo Zametoff casi asustado.

El rostro inmóvil y serio de Raskolnikoff cambió repentinamente de expresión y se echó a reír de un modo nervioso como si no pudiera contenerse. Experimentaba idéntica sensación que el día del asesinato cuando, sitiado en el cuarto de sus víctimas por Koch y Pestriakoff, le había dado ganas de insultarlos, provocarlos y reírse de ellos en sus propias barbas.

—O usted está loco, o...—comenzó a decir Zametoff y se detuvo como si cruzara por su mente una idea repentina.

—O ¿qué? ¿qué iba usted a decir? Acabe la frase.

—No—replicó Zametoff—; todo eso es absurdo.

Ambos guardaron silencio. Después de un súbito acceso de hilaridad, Raskolnikoff se quedó sombrío y pensativo.

De codos en la mesa, con la cabeza entre las manos, parecía haber olvidado por completo la presencia de Zametoff.

—¿Por qué no toma usted el te?—dijo, al fin éste—. Va a enfriarse.

—¿Qué?... ¿el te?... Bueno.

Raskolnikoff se llevó la taza a los labios, comió un bocado de pan, y fijando los ojos en Zametoff recobró su fisonomía la expresión burlona que tenía antes y continuó tomando el te.

—Los delitos de todo género son ahora muy numerosos—apuntó Zametoff—. Precisamente hace poco leí en la *Moskovskia Viedomosti* que había sido detenida en Moscou una cuadrilla de monederos falsos, toda una sociedad que se dedicaba a la fabricación y expendición de billetes del Banco.

—¡Oh! ¡Eso es ya viejo! ¡Hace un mes que lo he leído!—respondió flemáticamente Raskolnikoff—. ¿De modo que usted supone que son estafadores?

—¿Cómo? ¿Cree usted que no lo son?

—¿Ellos? Chiquillos, novatos infelices, y no estafadores. ¡Se reunen cincuenta para ese objeto! ¿A quién se le ocurre? En semejante caso, tres son ya mucho, y aun es menester que cada miembro de la asociación esté más seguro de sus asociados que de sí mismo. Basta que a uno de ellos un poco bebido se le escape una palabra, y todo se derrumba. ¡Son novatos! Envían a personas de las cuales no pueden responder a cambiar sus billetes en las casas de banca. ¿Es discreto encargar al primero que se presenta de una comisión semejante? Supongamos que, a pesar de todo, hayan conseguido su propósito; supongamos que el negocio ha producido un millón a cada uno de ellos. Helos durante toda la vida en dependencia los unos de los otros. Mejor es ahorcarse que vivir así. Pero no han sabido representar su papel: uno de sus agentes se presenta a este efecto en una oficina, se le entregan cinco mil rublos y sus manos tiemblan. Cuenta los cuatro primeros miles, el quinto lo guarda sin recontarlo; tanto deseo tenía de escapar. De este modo, despierta sospechas y todo el negocio se echa a perder por la falta de un solo imbécil. Esto es verdaderamente inconcebible.

—¿Que le tiemblan las manos?—replicó Zametoff—. Pues me parece muy natural. En ciertos casos, no es uno dueño de sí mismo. Ahí tiene usted, sin ir más lejos, una prueba reciente. El asesino de esa vieja debe ser un bribón muy resuelto para no haber vacilado en cometer su crimen en pleno día y en las condiciones más peligrosas. Milagro es que ya no esté preso. Pues bien, a pesar de esto, sus manos temblaban: no ha sabido robar: le ha faltado la serenidad, como los hechos demuestran claramente.

Aquel lenguaje hirió en lo más vivo a Raskolnikoff.

—¿Usted cree? Pues bien, échele usted el guante, descúbralo usted ahora—exclamó el joven experimentando maligno placer al mortificar al jefe de la Cancillería.

—No tenga usted cuidado, se le descubrirá.

—¿Quién? ¿Usted? ¿Usted va a descubrirle? Perderá usted el tiempo y el trabajo. Para ustedes toda la cuestión es saber si un hombre hace o no hace gastos. Uno que no poseía nada tira el dinero por la ventana; luego es culpable. Ajustándose a esta regla, un chiquillo, si quisiese, escaparía a las investigaciones de ustedes.

—El hecho es que todos se conducen del mismo modo—respondió Zametoff—. Después de haber desplegado a menudo mucha habilidad y astucia en la perpetración del asesinato, se dejan pescar en la taberna. Los denuncian sus gastos, no son tan astutos como usted. Usted, es claro, no iría a la taberna.

Raskolnikoff frunció las cejas y miró fijamente a Zametoff.

—¿Usted quiere saber cómo obraría yo, en caso semejante?—preguntó con tono malhumorado.

—Sí—replicó con energía el jefe de la Cancillería.

—¿Tiene usted mucho empeño?

—Sí.

—Pues bien, he aquí lo que yo haría—comenzó a decir Raskolnikoff, bajando de repente la voz y aproximando de nuevo la cara a la de su interlocutor, a quien miró fijamente. Por esta vez no pudo menos de temblar—. He aquí lo que haría yo. Tomaría el dinero y las joyas, y después, al salir de la casa, iría, sin un minuto de retraso, a un paraje cerrado y solitario, a un corral o un huerto, por ejemplo. Me aseguraría antes de que en un rincón de este corral, al lado de una valla, hubiese una piedra de cuarenta o sesenta libras de peso, levantaría esta piedra, bajo la cual el suelo debía de estar deprimido, y depositaría en el hueco el dinero y las alhajas. Hecho esto volvería a poner la piedra y me iría. Durante uno, dos, o tres años, dejaría allí los objetos robados, y ya podrían ustedes buscarlos.

—Usted está loco—respondió Zametoff.

Sin que podamos decir por qué, pronunció estas palabras en voz baja y se apartó bruscamente de Raskolnikoff. Los ojos de éste relampagueaban. Había palidecido de un modo horrible y un temblor convulsivo agitaba su labio superior. Se inclinó lo más posible hacia el rostro del funcionario y se puso a mover los labios sin proferir una sola palabra. Así pasó medio minuto. Nuestro héroe no se daba cuenta de lo que hacía, pero no podía contenerse. Estaba a punto de escapársele su espantosa confesión.

—¿Y si fuese yo el asesino de la vieja y de Isabel?—dijo de repente; pero se contuvo ante el sentimiento del peligro.

Zametoff le miró con aire extraño y se puso tan blanco como la servilleta, en tanto que en su rostro se dibujaba una forzada sonrisa.

—Pero, ¿es eso posible?—dijo con voz que apenas podía ser entendida.

Raskolnikoff fijó en él una mirada maliciosa.

—Confiese usted que lo ha creído. ¿A que sí? ¿A que lo ha creído usted?

—No, de ninguna manera—se apresuró a decir Zametoff—. Usted me ha asustado para sugerirme esa idea.

—¿Según eso, usted no lo cree? ¿Entonces, de qué se pusieron a hablar el otro día al salir yo de la oficina? ¿Por qué el ayudante *Pólvora* me interrogó después de mi desmayo? ¡Eh! ¿Cuánto debo?—gritó al mozo levantándose y tomando la gorra.

—Treinta kopeks—respondió éste, acudiendo a la llamada del parroquiano.

—Toma, además, veinte kopeks de propina. Vea usted cuánto dinero tengo—, prosiguió, mostrando a Zametoff unos cuantos billetes—: ¿los ve usted? Rojos, azules, veinticinco rublos. ¿De dónde procede este dinero? ¿Cómo, además, tengo ropa nueva? Usted sabe, en efecto, que yo no tenía ni un kopek. Apuesto cualquier cosa a que ha preguntado usted a mi patrona... ¡Ea! ¡Bastante hemos hablado! Hasta la vista.

Salió tan agitado con cierta extraña sensación, a la cual se unía un acre placer. Estaba, además, sombrío y terriblemente cansado. Semejaba su rostro convulsivo el de un hombre que acababa de sufrir un ataque de apoplejía. Poco antes, bajo la acción de sus emociones, sentía fuerzas; pero cuando aquel estimulante hubo cesado, invadíale intensa emoción.

Cuando se quedó solo, Zametoff permaneció aún largo tiempo sentado en el mismo sitio. El jefe de la Cancillería parecía pensativo. Raskolnikoff acababa de trastornarle inopinadamente todas sus ideas sobre «cierto punto»; estaba despistado.

—Ilia Petrovitch es un imbécil—dijo por último.

Apenas Raskolnikoff abrió la puerta de la calle, se encontró frente a frente en el vestíbulo con Razumikin que entraba. A un paso de distancia los dos jóvenes no se habían visto y poco faltó para que chocasen uno contra otro. Durante un momento se midieron con la mirada. Razumikin se quedó atónito; pero de repente brilláronle en los ojos llamaradas verdaderas de cólera.

—¿De modo que has venido aquí?—dijo con voz tonante—. ¡Pues no se ha escapado de la cama! ¡Y yo que le he buscado hasta debajo del sofá! ¡Hasta el granero se ha revuelto para ver si se daba contigo! Por causa tuya ha faltado poco para que le pegase a Anastasia... ¡Y vea usted dónde estaba metido! ¿Qué significa esto, Rodia? Di la verdad. Confiesa...

—Esto significa que me fastidiáis todos horrorosamente y que quiero estar solo—respondió fríamente Raskolnikoff.

—¡Solo, cuando no puedes aún ni andar, cuando estás pálido como la cera; cuando te falta el aliento! ¡imbécil! ¿Qué has venido a hacer al *Palacio de Cristal*? Confiésamelo en seguida.

—Déjame pasar—replicó Raskolnikoff, y trató de alejarse.

Esto acabó de poner a Razumikin fuera de sí, y asiendo violentamente a su amigo por el brazo, le dijo:

—¿Y te atreves a decirme que te deje pasar? ¿Que te deje pasar? ¿Sabes lo que voy a hacer ahora mismo? A tomarte debajo del brazo, a llevarte a tu casa, como se lleva un envoltorio y encerrarte allí bajo llave.

—Escucha, Razumikin—dijo sin levantar la voz y con tono en la apariencia muy tranquilo—; ¿qué he de hacer para que comprendas que no necesito de tus beneficios? ¡Qué manía de hacer bien a las personas, en contra de su expresa voluntad! ¿Por qué viniste cuando caí enfermo a instalarte a mi cabecera? ¿Qué sabes tú si yo hubiera sido feliz muriéndome? ¿No te he manifestado hoy con toda claridad que me martirizabas, que me eras insoportable? ¿Qué gusto sacas en mortificar a la gente? Te juro que todo esto impide mi curación, teniéndome en una irritación continua. Ya has visto que Zosimoff se marchó para no martirizarme. ¡Déjame tú también, por amor de Dios!...

Razumikin se quedó un momento pensativo y después soltó el brazo de su amigo.

—Bueno. ¡Vete, con mil diablos!—dijo con voz que no había perdido toda vehemencia.

Pero en cuanto dió un paso Raskolnikoff, con extraordinario arrebato gritó Razumikin:

—¡Espera, escucha! Ya sabes que hoy daré una comida; quizá hayan llegado ya mis convidados; pero he dejado ya allí a mi tío para que los reciba. Si tú no fueses un imbécil, un imbécil rematado, un imbécil incorregible... Escucha, Rodia; reconozco que no te falta inteligencia, pero eres un imbécil. Digo, pues, que si tú no fueses un imbécil, vendrías a pasar la noche en mi casa en vez de estropearte las botas vagando sin objeto por las calles. Puesto que has salido, mejor es que aceptes mi invitación. Haré que te suban un cómodo sofá. Mis patrones lo tienen. Tomarás una taza de te y estarás acompañado. Si no quieres un sofá, te echarás en el catre... Al menos estarás con nosotros; irá Zosimoff... ¿vendrás?

—No.

—Pero esto es absurdo—replicó vivamente Razumikin—. ¿Qué sabes tú? Tú no puedes responder a ti mismo; yo también he escupido mil veces sobre la sociedad, y después de haberme apartado de ella no he tenido más remedio que volver a buscarla. Llega un momento en que se avergüenza uno de su misantropía y procura reunirse con los hombres. Acuérdate, en casa de Potchinkoff, tercer piso.

—No iré, Razumikin—contestó Raskolnikoff alejándose.

—Apuesto que vendrás; de lo contrario, como si no te conociese—le gritó su amigo—. Espera un poco. ¿Está aquí Zametoff?

—Sí.

—¿Te ha visto?

—Sí.

—¿Te ha hablado?

—Sí.

—¿De qué? Vamos, bueno; no lo digas si no quieres decirlo. Casa de Potchinkoff, núm. 47, habitación de Babusckin. Acuérdate.

Raskolnikoff llegó a la Sadovia y dobló la esquina. Después de haberle seguido con la mirada, Razumikin se decidió a entrar en el café, pero en medio de la escalera se detuvo.

—¡Por vida de...!—continuó casi en voz alta—. Habla con lucidez y como... ¡qué imbécil soy!... ¿Acaso los locos disparatan siempre? Zosimoff, por lo que a mí me parece, también teme como yo—y se llevó el dedo a la frente—. ¿Cómo abandonarle ahora? ¡Puede que vaya a ahogarse!... He hecho una tontería. No hay que vacilar—y echó a correr en busca de Raskolnikoff.

Pero no pudo encontrarle y le fué forzoso volverse a grandes pasos al *Palacio de Cristal* para interrogar cuanto antes a Zametoff.

Raskolnikoff se fué derecho al puente***, y deteniéndose en medio de él, se puso a mirar a lo lejos. Desde que hubo dejado a Razumikin, su debilidad había aumentado, hasta el punto que solamente a duras penas pudo llegar a aquel sitio. Hubiera querido sentarse o acostarse en cualquier parte, aunque fuese en la calle. Inclinado sobre el agua, contemplaba con mirada distraída los últimos rayos del sol poniente y la fila de casas que la noche velaba poco a poco con sus tinieblas.

—Sea, pues—dijo, alejándose del puente y tomando la dirección de la oficina de policía.

Tenía el corazón como vacío: no quería pensar, ni siquiera sentía angustia. Una completa apatía había sucedido a la energía que experimentara cuando salió de casa resuelto «a acabar con todo».

—Después de todo, lo mismo da una solución que otra—pensaba avanzando lentamente por el muelle del canal—. Por lo menos, el desenlace depende de mi voluntad... ¡Qué fin, sin embargo! ¿Es posible que sea esto el fin? ¿Confesaré o no confesaré?... ¡pero si no puedo más!; quisiera acostarme o sentarme en alguna parte. Lo que me causa más vergüenza es la tontería de lo que he hecho. ¡Vamos, es preciso que esto acabe! ¡Qué ideas tan tontas tiene uno algunas veces!...

Para ir a la comisaría, le era preciso seguir todo derecho y tomar por la segunda calle de la izquierda. Una vez allí, estaba a dos pasos del despacho de policía; pero al llegar al primer recodo se detuvo, reflexionó un instante y entró en el *pereulok*. Después anduvo sin rumbo por otras dos calles, sin duda para ganar un minuto y dar tiempo a sus reflexiones. Andaba con los ojos fijos en tierra. De repente, le parecía que alguien le murmuraba alguna cosa al oído. Levantó la cabeza y advirtió que estaba en la puerta de *aquella casa*. No había pasado por allí desde el día del crimen.

Cediendo a un deseo tan irresistible como inexplicable, Raskolnikoff entró en ella, se dirigió a la escalera de la derecha y se dispuso a subir al cuarto piso. La empinada y estrecha escalera estaba muy obscura. El joven se detenía en cada descansillo y miraba con curiosidad en torno suyo. En el del primer piso habían puesto un vidrio en la ventana. «Ese vidrio no estaba la otra vez»—pensó el joven—. «He aquí el segundo piso en que trabajaban Mikolai y Mitrey: está cerrado y la puerta recién pintada. Sin duda han alquilado la habitación... He aquí el tercero... y el cuarto. Aquí es». Tuvo un momento de vacilación: la puerta de la casa de la vieja estaba abierta de par en par. Raskolnikoff oía que hablaban dentro. No había previsto aquello; sin embargo, tomó en seguida una resolución: subió los últimos escalones y entró.

Varios obreros lo estaban restaurando, lo que causó un asombro grande a Raskolnikoff. Creyó encontrar el cuarto tal como lo había dejado él; quizá se figuró que yacerían los cadáveres en el suelo. Ahora, con gran sorpresa suya, vió que estaban desnudas las paredes. Se aproximó a la ventana y se sentó en el poyo.

No había más que dos obreros, dos jóvenes, de los cuales uno era bastante mayor que el otro. Se ocupaban en cambiar la antigua tapicería amarilla, que estaba muy usada, por otra blanca sembrada de violetas. Esta circunstancia (ignoramos por qué) desagradó mucho a Raskolnikoff, el cual miraba colérico el papel nuevo, como si le contrariasen en extremo tales variaciones.

Los papelistas se disponían a marcharse, y, sin hacer caso del visitante, continuaron su conversación.

Raskolnikoff se levantó y pasó a la otra habitación, que contenía ante el cofre, la cama y la cómoda; este gabinete sin muebles le pareció muy pequeño. La tapicería no había sido cambiada; se podía señalar aún en el rincón el lugar que ocupaba en otro tiempo el armario de las sagradas imágenes. Después de haber satisfecho su curiosidad, Raskolnikoff volvió a sentarse en el poyo de la ventana.

El mayor de los dos obreros le miró de reojo, y de repente, dirigiéndose a él, le dijo:

—¿Qué hace usted ahí?

En vez de responder, Raskolnikoff se levantó, fué al descansillo y se puso a tirar del cordón. Era la misma campanilla, el mismo sonido. Llamó por segunda y tercera vez, aplicando el oído, reconstituyendo sus recuerdos. La impresión terrible que sintiera ante la puerta de la vieja se produjo con vivacidad y lucidez crecientes; temblaba a cada campanillazo y sentía a cada golpe un placer cada vez mayor.

—¿Qué busca usted aquí? ¿quién es usted?—gritó el obrero encarándose con él.

Raskolnikoff volvió a entrar en el cuarto.

—Quiero alquilar una habitación y he venido a mirar ésta—respondió.

—No se va por la noche a ver cuartos, y además debiera usted haber subido acompañado del *dvornik*.

—Han fregado el suelo; ¿van a pintarlo?—prosiguió Raskolnikoff—. ¿No hay sangre?

—¿Cómo sangre?

—Aquí fueron asesinadas la vieja y su hermana; había un verdadero mar de sangre.

—¿Quién eres tú?—gritó el obrero asustado.

—¿Yo?

—Sí.

¿Quieres saberlo? Vamos a la comisaría y allí te lo diré.

Los dos papelistas le miraron estupefactos.

—Ya es hora de marcharnos. Vamos, Aleshka. Hay que cerrar—dijo el de más edad a su compañero.

—Pues bien, vamos—replicó con tono indiferente Raskolnikoff, y saliendo él primero, precediendo a los dos operarios, bajó lentamente la escalera—. ¡Eh, *dvornik*!—gritó al llegar a la puerta de la calle donde había reunidas varias personas mirando pasar a la gente: dos porteros, un campesino, un ciudadano en traje de casa y algunos otros individuos.

Raskolnikoff se fué derecho a ellos.

—¿Qué se le ofrece a usted?—preguntóle un portero.

—¿Has estado en la oficina de policía?

—De allí vengo.

—¿Están allí todavía?

—Sí.

—¿El ayudante del comisario también está?

—Estaba hace un momento. ¿Qué es lo que usted desea?

Raskolnikoff no contestó y se quedó pensativo.

—Ha venido a ver el cuarto—dijo uno de los operarios.

—¿Qué cuarto?

—En el que trabajábamos. «¿Por qué se ha lavado la sangre?», nos ha dicho. «Aquí se ha cometido un asesinato y vengo para alquilar el cuarto.» Se puso a tirar de la campanilla. «Vamos a la oficina de policía», añadió después; «allí lo diré todo».

El portero, preocupado, contempló a Raskolnikoff frunciendo las cejas.

—¿Quién es usted?—preguntó, levantando la voz con acento de amenaza.

—Yo soy Rodión Romanovitch Raskolnikoff, antiguo estudiante y vivo cerca de aquí, en el *pereulok* inmediato, casa de Chill, departamento número 14. Pregunta al portero; me conoce.

Raskolnikoff dijo todo esto con aire indiferente y tranquilo, mirando obstinadamente a la calle y sin fijar la vista una sola vez en su interlocutor.

—¿Y qué ha venido usted a hacer aquí?

—He venido a ver la casa.

—¿Y qué se le ha perdido a usted en ella?

—¿No sería mejor detenerle y conducirle a la comisaría?—propuso de repente el burgués.

Raskolnikoff le miró con atención por encima del hombro.

—Vamos allá—dijo el joven con indiferencia.

—Sí. Es preciso llevarle a la comisaría—siguió diciendo y con mayor seguridad el burgués—. Cuando ha venido aquí, es que algo le pesa en la conciencia.

—¡Dios sabe si estará borracho!—murmuró un obrero.

—¿Pero qué es lo que quieres?—gritó de nuevo el portero, que empezaba a incomodarse de verdad—. ¿Por qué vienes a molestarnos?

—¿Te da miedo ir a la comisaría?—dijo con tono burlón Raskolnikoff.

—¿Por qué he de tener miedo? ¿Sabes que nos estás fastidiando?

—Es un granuja—dijo una campesina.

—¿Para qué disputar con él?—apuntó a su vez el otro portero, un *mujick* enorme que llevaba un gabán desabrochado y un manojo de llaves pendientes de la cintura—. De seguro es un granuja. ¡Ea! ¡Lárgate en seguida!

Y agarrando a Raskolnikoff por un brazo lo lanzó en medio del arroyo.

El joven estuvo a punto de caer al suelo; sin embargo, pudo sostenerse en pie. Cuando hubo recobrado el equilibrio, miró silenciosamente a todos los espectadores y se alejó silenciosamente.

—¡Vaya un tipo!—observó un obrero.

—Todo el mundo se ha vuelto ahora muy extravagante—dijo la campesina.

—Lo que usted quiera y mucho más—añadió el burgués—; pero hubiera sido conveniente llevarle a la comisaría.

—¿Iré o no iré?—pensaba Raskolnikoff deteniéndose en medio de una encrucijada y mirando en torno suyo, como si hubiese estado esperando un consejo de alguien.

Pero su pregunta no obtuvo respuesta; todo estaba sordo y sin vida, como las piedras de las calles... De pronto, a doscientos pasos de él, distinguió, a través de la obscuridad, un grupo de gente del que partían gritos y palabras animadas... El grupo rodeaba un coche. En el suelo brillaba una débil luz.

—¿Qué pasa ahí?

Raskolnikoff volvió a la derecha y fué a mezclarse con la multitud. Parecía querer aferrarse al menor incidente, y esta pueril predisposición le hacía sonreír, porque ya había tomado su partido y decía para sus adentros:

—De un momento a otro acabará todo esto.

VII.

Detenido en medio de la calle había un elegante coche particular, tirado por dos sudorosos caballos tordos. En el interior no había nadie y el cochero se había bajado del pescante y sujetaba a los caballos por el bocado. En torno del carruaje se apiñaba la multitud, contenida por los agentes de policía. Uno de éstos tenía una linterna pequeña en la mano e inclinado hacia el suelo alumbraba algo que yacía en el arroyo cerca de las ruedas. Todo el mundo hablaba, gritaba y parecía consternado; por su parte, el cochero, aturdido, no cesaba de repetir:

—¡Qué desgracia, Señor! ¡Qué desgracia!

Raskolnikoff se abrió paso a fuerza de codazos al través de los curiosos y logró ver lo que había sido causa de que la gente se reuniese. En medio de la calle yacía ensangrentado y privado del conocimiento un individuo que acababa de ser atropellado por los caballos. Aunque estaba muy mal vestido, su aspecto no era el de un hombre vulgar. Tenía el cráneo y el rostro cubiertos de horribles heridas, por las cuales salía la sangre a borbotones. No se trataba de un incidente sin importancia.

—¡Dios mío!—decía el cochero—; no he podido impedir esta desgracia. Si yo hubiese llevado los caballos al galope, o si no lo hubiese visto y avisado, bueno que se me echase la culpa. Pero no; el coche iba despacio como todo el mundo ha podido ver. Desgraciadamente, sabido es que un borracho no se fija en nada... Le veo atravesar la calle una vez, dos y tres haciendo eses, y le grito: «¡Eh! ¡cuidado!» Refreno los caballos; pero él se va derecho a ellos. ¡Si parecía que lo hacía adrede! Los animales son jóvenes y fogosos, se lanzaron... el hombre gritó y sus gritos los excitaron más... así ha ocurrido esa desgracia.

—Sí, de ese modo ha pasado—afirmó uno que había sido testigo de la escena.

—En efecto—dijo otro—; por tres veces le avisó el cochero.

—Sí, por tres veces, todos le hemos oído—añadió uno del grupo.

Por su parte, el cochero no parecía muy inquieto por las consecuencias de aquel suceso; evidentemente, el propietario del carruaje era un personaje poderoso que esperaba la llegada de su coche. Esta última circunstancia despertaba la cuidadosa solicitud de los agentes de policía. Era, sin embargo, preciso llevar al herido al hospital. Nadie sabía su nombre.

Raskolnikoff, a fuerza de dar codazos, logró aproximarse al herido. De pronto un rayo de luz iluminó el rostro del desgraciado, y el joven lo reconoció.

—Le reconozco, le reconozco—gritó empujando a los que le rodeaban y colocándose en la primera fila del grupo—; es un antiguo funcionario, el consejero titular Marmeladoff. Vive aquí cerca, en casa de Kozel... ¡Pronto! ¡un médico! ¡yo pago!

Sacó dinero del bolsillo y lo mostró a un agente de policía. Revelaba extraordinaria agitación.

Los agentes se alegraron de saber quién había sido el atropellado. Raskolnikoff dió su nombre y dirección e insistió con empeño para que se transportase el herido a su domicilio. Aunque la víctima del accidente hubiese sido su padre, no habría mostrado el joven mayor solicitud.

—Es ahí, tres casas más allá donde vive; en la de Kozel, un alemán rico... Sin duda se retiraba embriagado. Le reconozco... Es un borracho... Vive ahí con su familia, tiene mujer e hijos. Antes de llevarle al hospital, es menester que le vea un médico; alguno habrá por aquí cerca; yo pagaré lo que sea, lo pagaré; su estado exige una cura inmediata. Si no se le socorre en seguida, morirá antes de llegar al hospital.

Raskolnikoff puso disimuladamente algunas monedas en la mano de un agente de policía. Por otra parte, lo que el joven le mandaba era perfectamente lógico, se explicaba bien. Levantaron a Marmeladoff y algunos voluntarios se ofrecieron a transportarle a su casa. La de Kozel estaba situada a treinta pasos del lugar en que había ocurrido el accidente. Raskolnikoff iba detrás sosteniendo con precaución la cabeza del herido, y enseñando el camino.

—¡Aquí, aquí! En la escalera, tened cuidado de que no vaya la cabeza baja: dad la vuelta... eso es, yo pago. Muchas gracias—murmuraba.

En aquel momento Catalina Ivanovna, como de costumbre, cuando tenía un minuto libre, paseaba de un lado a otro de su reducida sala, yendo de la ventana a la chimenea y viceversa, con los brazos cruzados sobre el pecho, charlando sola y tosiendo. Desde algún tiempo hablaba cada vez de mejor gana con su hija mayor Polenka. Aunque esta niña, de diez años de edad, no comprendía aún muchas cosas, se daba, sin embargo, cuenta de la necesidad que su madre tenía de ella, de modo que fijaba siempre sus grandes e inteligentes ojos en Catalina Ivanovna, y en cuanto ésta le dirigía la palabra, la niña hacía todos los esfuerzos imaginables para comprender, o, por lo menos, para hacer ver que comprendía.

Ahora Polenka desnudaba a su hermanito que había estado durante todo el día enfermo y que iba a acostarse. Esperando a que le quitasen la camisa para lavarla por la noche, el niño, con aspecto serio, estaba sentado en una silla silencioso e inmóvil y escuchaba, abriendo mucho los ojos, lo que su mamá decía a su hermana. La niña más pequeña, Lida (Lidotshka), vestida con verdaderos harapos, esperaba a su vez en pie, cerca de la mampara. La puerta que daba al descansillo estaba abierta, a fin de que saliera el humo del tabaco que llegaba de la habitación contigua, y que, a cada instante, hacía toser a la pobre tísica. Catalina Ivanovna estaba peor desde hacía ocho días, y las siniestras manchas de sus mejillas tenían un color más vivo que nunca.

—No puedes imaginarte, Polenka—decía paseándose por la habitación—, qué alegre y brillante vida era la que hacíamos en casa de papá y cuán desgraciados somos todos a causa de este borracho. Papá tenía en el servicio civil un empleo equivalente al grado de coronel. Era casi gobernador y no le faltaba más que un paso para llegar a este puesto; así es que todo el mundo le decía: «Consideramos a usted ya, Ivan Mikhailtch, como gobernador.»

La interrumpió un golpe de tos.

—¡Oh condenada vida!

Escupió y se apretó el pecho con las manos.

—¿Está ya el agua? ¡Ea! dame la camisa y las medias, Lida—añadió, dirigiéndose a la chiquita—. Esta noche dormirás sin camisa. Pon las medias al lado... Se lavará todo al mismo tiempo... ¡Y ese borracho sin venir!... Quisiera lavar también su camisa con todo lo demás, para no tener que fatigarme dos noches seguidas. ¡Señor, Señor!—volvió a toser—. ¡Otra vez! ¿Eh? ¿Qué es eso?—exclamó al ver que el vestíbulo se llenaba de gente, la cual penetraba en la sala con una especie de fardo—. ¿Qué es eso? ¿Qué es lo que traen? ¡Dios mío!

—¿Dónde hay que ponerlo?—preguntó un agente de policía mirando en derredor suyo mientras introducían en la habitación a Marmeladoff ensangrentado y exánime.

—En el sofá. Extenderle en el sofá... La cabeza aquí—indicó Raskolnikoff.

—Es un borracho que ha sido atropellado en la calle—gritó uno desde la puerta.

Catalina Ivanovna, intensamente pálida, respiraba con dificultad. La pequeña Lida corrió gritando hacia su hermana mayor, y toda temblorosa la estrechó en sus brazos.

Después de haber ayudado a colocar a Marmeladoff en el sofá, Raskolnikoff se acercó a Catalina Ivanovna.

—Por el amor de Dios, tranquilícese, cálmese, no se asuste tanto—dijo el joven vivamente—. Atravesaba la calle y un coche le ha atropellado; no se alarme usted, va a recobrar el conocimiento. He mandado que le traigan aquí. Yo ya he venido a esta casa otra vez. Quizá no se acuerde usted. Volverá en sí. Yo pagaré...

—No volverá en sí, no volverá en sí—dijo con desesperación Catalina Ivanovna y se precipitó hacia su marido.

Raskolnikoff echó de ver en seguida que esta mujer no era propensa a desmayos. En un instante colocó una almohada debajo de la cabeza del herido, cosa en que nadie había pensado. Catalina Ivanovna se puso a desnudar a Marmeladoff, a examinar sus heridas y a prodigarle inteligentes cuidados. La emoción no le quitaba la presencia de ánimo; se olvidaba de sí misma, mordíase los labios temblorosos y contenía en su pecho los gritos prontos a escaparse.

Durante este tiempo, Raskolnikoff mandó por un médico que vivía en la vecindad.

—He mandado a buscar un médico—dijo a Catalina Ivanovna—. No se preocupe usted, yo pagaré. ¿No tiene usted agua? Déme una toalla, una servilleta, cualquier cosa, en seguida. No podemos juzgar de la gravedad de las heridas... está herido, pero no muerto; convénzase usted. Ya veremos lo que dice el doctor.

Catalina Ivanovna corrió a la ventana; colocada sobre una mala silla había una cubeta con agua, preparada para lavar durante la noche la ropa del marido y de sus hijos. Catalina Ivanovna solía hacer este lavado nocturno con sus propias manos, dos veces por semana, cuando no más a menudo, porque los Marmeladoff habían llegado a tal extremo de miseria, que les faltaba casi en absoluto ropa para mudarse: cada miembro de la familia no tenía más camisa que la que llevaba puesta, y como Catalina Ivanovna no podía sufrir la suciedad, prefería la pobre tísica, antes que verla reinar en su casa, fatigarse por las noches lavando la ropa de los suyos, para que ellos la encontrasen limpia y repasada al día siguiente al despertar.

Obedeciendo a Raskolnikoff, tomó la cubeta y se la llevó al joven, pero faltó poco para que se cayese con ella. Raskolnikoff logró encontrar una toalla, la empapó de agua y lavó con ella el rostro ensangrentado de Marmeladoff. Catalina Ivanovna, en pie a su lado, respiraba con dificultad y se apretaba el pecho con las manos.

No hubieran estado de más para ella los cuidados facultativos.

—Quizá he hecho mal en traer el herido a su casa—pensaba Raskolnikoff.

El guardia no sabía qué decidir.

—¡Polia!—gritó Catalina Ivanovna—, ve corriendo a casa de Sonia; pronto, dile que su padre ha sido atropellado por un coche, que venga en seguida. Si no la encuentras en casa, se lo dices a los Kapernumoff para que le den el recado en cuanto vaya. ¡Despáchate, Polia; anda, ponte ese pañuelo en la cabeza!

En tanto, la sala se había llenado de tal modo de gente, que no cabía ya ni un alfiler. Los agentes de policía se retiraron; uno solo se quedó momentáneamente y trató de desalojar algo el aposento. Mientras que ocurría esto, por la puerta de comunicación interior penetraron en la sala casi todos los inquilinos de la señora Lippevechzel: primero se detuvieron en el umbral, pero bien pronto invadieron la habitación. Catalina Ivanovna se puso furiosa.

—Deberíais al menos dejarle morir en paz—gritaba a los asaltantes—. Venís aquí como a un espectáculo—y se interrumpió para toser—. Y entráis con el sombrero puesto; marchaos, tened por lo menos respeto a la muerte.

La tos que la ahogaba la impidió seguir; pero su severa admonición produjo efecto. Evidentemente, Catalina Ivanovna inspiraba cierto temor.

Los inquilinos fueron unos tras otros desfilando hacia la puerta, llevándose en sus corazones ese extraño sentimiento de satisfacción que hasta los hombres más compasivos experimentan a la vista de la desgracia ajena. Después que hubieron salido se oyeron las voces del otro lado de la puerta: decían en alta voz que era preciso enviar el herido al hospital, pues no había derecho para turbar la tranquilidad de la casa.

—Ese es el inconveniente de morirse—vociferó Catalina Ivanovna, y ya se preparaba a desahogar en ellos su indignación, cuando se abrió la puerta y apareció la señora Lippevechzel en persona.

La patrona acababa de saber la desgracia y venía a restablecer el orden. Era una alemana intrigante y mal educada.

—¡Ah, Dios mío!—dijo juntando las manos—, ¡su marido de usted, que estaba borracho, se ha dejado aplastar por un coche! Hay que llevarle al hospital, yo soy la propietaria.

—Amalia Ludvigovna, suplico a usted que piense lo que habla—comenzó a decir con tono arrogante Catalina Ivanovna. (Siempre que hablaba a la patrona empleaba el mismo tono para recordarle la debida compostura; y aun en aquel momento no pudo resistir a semejante placer.)—Amalia Ludvigovna.

—Ya se lo he dicho a usted de una vez para siempre, no quiero que se me llame Amalia Ludvigovna; yo soy Amalia Ivanovna.

—Usted no es Amalia Ivanovna sino Amalia Ludvigovna, y como yo no pertenezco al grupo de viles aduladores de usted, tal como el señor Lebeziatnikoff que se está riendo ahora detrás de la puerta. (Ahora se agarran ji, ji—decía en efecto una voz burlona en la pieza inmediata), yo la llamaré a usted siempre Amalia Ludvigovna, aunque no puedo comprender por qué le molesta este nombre. Ya ve usted lo que acaba de ocurrirle a Simón Zakharovitch: está muriéndose. Suplico a usted que cierre la puerta y que no deje entrar nadie aquí. Déjele, al menos, que muera en paz. De lo contrario le juro a usted que mañana mismo daré parte al gobernador general. El príncipe me conoce desde mi juventud y se acuerda muy bien de Simón Zakharovitch, a quien más de una vez ha hecho algún favor. Todo el mundo sabe que mi marido tenía muchos amigos y protectores; como se daba cuenta de su desgraciado vicio, cesó de tratarse con ellos por un sentimiento noble de delicadeza; pero ahora—añadió señalando a Raskolnikoff—hemos encontrado apoyo en este magnánimo joven que es rico, tiene muy buenas relaciones y es amigo desde la infancia de Simón Zakharovitch. Téngalo usted presente, Amalia Ludvigovna.

Todo este discurso fué pronunciado con creciente rapidez, pero la tos interrumpió la elocuencia de Catalina Ivanovna En aquel momento, Marmeladoff, volviendo en sí, lanzó un gemido. Catalina se acercó solícita a su esposo. Este, sin darse aún cuenta de nada, miraba a Raskolnikoff, en pie a su cabecera. Su respiración era débil y penosa, tenía sangre en las comisuras de los labios y la frente empapada en sudor. No reconociendo a Raskolnikoff le miraba con cierta inquietud. Catalina Ivanovna fijó en el herido una mirada afligida, pero severa. Después la pobre mujer rompió a llorar.

—¡Dios mío! ¡Tiene el pecho aplastado! ¡Cuánta sangre!—decía acongojada—. Hay que quitarle la ropa. ¡Vuélvete un poco, si puedes, Marmeladoff!

Marmeladoff la reconoció.

—¡Un sacerdote!—dijo con voz ronca.

Catalina Ivanovna se aproximó a la ventana y apoyando la frente en el marco gritó con desesperación:

—¡Oh vida, mil veces maldita!

—¡Un sacerdote!—repitió el moribundo después de una pausa.

—¡Silencio!—le gritó Catalina Ivanovna.

El herido obedeció y calló. Buscaba a su mujer con ojos tímidos y ansiosos. Catalina fué de nuevo a situarse a su cabecera; Marmeladoff se tranquilizó, pero no por largo tiempo. De repente vió en el rincón a la pequeña Lida (su predilecta), que temblaba como si le fuese a dar una convulsión y que le miraba con ojos enormemente abiertos de niño asombrado.

—¡Ah, ah!—dijo con gran agitación señalando a la chiquilla.

Se comprendía que trataba de decir algo.

—¿Qué?—gritó Catalina Ivanovna.

—¡No tiene calzado!—y sus ojos, como de loco, no se apartaban de los pies desnudos de la niña.

—¡Cállate!—replicó con tono irritado Catalina Ivanovna—: demasiado sabes que no tiene calzado...

—¡Gracias a Dios! ¡Aquí está el médico!—dijo gozosamente Raskolnikoff.

Entró un viejecillo alemán de modales acompasados, que miraba con desconfianza en derredor suyo. Se aproximó al herido, le tomó el pulso, examinó atentamente la cabeza, y después, ayudado por Catalina Ivanovna, desabrochó la camisa, toda ensangrentada, y dejó el pecho al descubierto, que estaba magullado; varias costillas de la derecha rotas, a la izquierda, al lado del corazón, se veía una gran mancha negruzca y amarillenta marcada por una violenta pisada de caballo. El doctor frunció el entrecejo. El agente de policía acababa de contarle que el herido había sido atropellado en una calle y arrastrado en una extensión de treinta pasos.

—Es asombroso que esté todavía vivo—murmuró en voz baja el doctor dirigiéndose a Raskolnikoff.

—¿Qué le parece a usted?—preguntó este último.

—Caso perdido.

—¿No hay esperanza?

—Ninguna. Va a exhalar el último suspiro... Tiene una herida muy peligrosa en la cabeza. Podría sangrársele... pero sería inútil: morirá de seguro dentro de cinco a seis minutos.

—Sángrele usted, sin embargo.

—Sea; pero le advierto que la sangría no servirá absolutamente de nada.

Estando en esto se oyó otra vez ruido de pasos. La multitud, que se agrupaba en el umbral, se abrió, y apareció un eclesiástico de cabellos blancos. Traía la Extremaunción para el moribundo. El doctor cedió el puesto al sacerdote, con el cual cambió una significativa mirada. Raskolnikoff suplicó al médico que se quedase un momento todavía. El médico accedió encogiéndose de hombros.

Todos se apartaron. La confesión duró muy poco tiempo. Marmeladoff no se hallaba en estado de discurrir. Sólo podía lanzar sonidos entrecortados e ininteligibles. Catalina Ivanovna fué a arrodillarse en el rincón inmediato a la chimenea, e hizo que se arrodillasen delante de ella los dos niños. Lidotshka no hacía más que temblar. El pequeñuelo, de rodillas, imitaba los grandes signos de cruz que hacía su madre y se prosternaba dando en el suelo con la frente, lo que parecía divertirle. Catalina Ivanovna se mordía los labios y contenía las lágrimas. Rezaba arreglando al mismo tiempo la camisa del pequeñuelo, sin interrumpir su oración, y sin levantarse consiguió sacar de la cómoda un pañuelo del cuello que echó sobre los hombros desnudos de la niña. En tanto la puerta de comunicación había sido abierta de nuevo por los curiosos vecinos. En el descansillo había también aumentado el grupo de espectadores. Se encontraban en él todos los inquilinos de los diversos pisos; pero sin franquear el umbral de la estancia. Toda esta escena estaba alumbrada por un cabo de vela.

En aquel momento, Polenka, que había ido a buscar a su hermana, atravesó vivamente el grupo formado en el corredor y entró, pudiendo apenas respirar a causa de lo que había ocurrido. Después de quitarse el pañuelo, buscó con los ojos a su madre, y acercándose a ella le dijo:

—Ahí viene; la he encontrado por la calle.

Catalina Ivanovna la hizo arrodillarse a su lado. Sonia se abrió paso tímidamente, y sin ruido, por en medio de la gente. En aquella habitación, que era la imagen de la miseria, de la desesperación y de la muerte, su entrada repentina produjo extraño efecto. Aunque muy pobremente vestida, iba muy ataviada con ese aire llamativo que distingue a las pobres mujerzuelas del arroyo. Al llegar a la entrada del aposento, la joven se detuvo en el umbral y echó al interior una mirada de asombro. Parecía que no tenía conciencia de nada; no se cuidaba de su falda de seda, comprada de lance, cuyo color chillón y cuya cola desmesuradamente larga eran muy impropias de aquel lugar lo mismo que su inmenso miriñaque que ocupaba toda la anchura de la puerta, sus botas provocadoras, la sombrilla que tenía en la mano, aunque no tuviese necesidad de ella, y, en fin, su ridículo sombrero de paja, adornado con una pluma brillantemente roja.

Bajo aquel sombrero picarescamente ladeado, se veía una carita enfermiza, pálida y asustada con la boca abierta e inmóviles de terror los ojos. Sonia tenía diez y ocho años, era rubia, bajita y delgada, pero bastante linda. Llamaban la atención sus ojos claros. Tenía la mirada fija en el lecho y en el sacerdote. Como Polenka, estaba sofocada por lo de prisa que había venido. Por último, algunas palabras, murmuradas por la gente, llegaron sin duda a sus oídos. Bajando la cabeza franqueó el umbral y penetró en la sala, pero se quedó cerca de la puerta.

Cuando el moribundo hubo recibido los Santos Sacramentos, su mujer se acercó a él. Antes de retirarse, el sacerdote creyó de su deber dirigir algunas palabras de consuelo a Catalina Ivanovna.

—¡Qué va a ser de ellos!—interrumpió la mujer con amargura mostrando sus hijos.

—Dios es misericordioso; confíe usted en el socorro del Altísimo—replicó el eclesiástico.

—¡Misericordioso, sí; pero no para nosotros!

—Eso es un pecado, señora, un pecado—observó el sacerdote moviendo la cabeza.

—¿Y esto no es un pecado?—replicó vivamente Catalina Ivanovna mostrando al moribundo.

—Los que le han privado involuntariamente de su sostén le ofrecerán quizá una indemnización para reparar al menos el perjuicio material.

—Usted no me comprende—replicó con tono irritado Catalina Ivanovna—. ¿De qué hay que indemnizarme si ha sido él mismo que, borracho como estaba, se ha arrojado a los pies de los caballos? ¡El mi sostén! ¡Si ha sido siempre para mí causa de disgusto! ¡Si se lo bebía todo! ¡Si nos despojaba para ir a gastarse el dinero de la casa en la taberna! ¡Dios ha hecho bien llevándoselo! ¡Esto es un verdadero alivio para nosotras!

—Hay que perdonar a un moribundo; esos sentimientos son un pecado, señora, un gran pecado.

Mientras hablaba con el sacerdote, Catalina Ivanovna no cesaba de ocuparse del herido: le daba agua, le enjugaba el sudor y la sangre de su cabeza y arreglaba las almohadas. Las últimas palabras del eclesiástico la pusieron hecha una furia.

—¡Eh, *batuchka*! ¡Esas no son más que palabras! ¡Perdonar! Si hoy no le hubiesen aplastado los caballos, habría entrado en casa, como de costumbre, borracho. Como no tiene más camisa que la que lleva puesta, hubiera tenido yo que lavársela mientras él durmiese, así como la ropa de los niños. Después hubiera necesitado secarlo todo, para repasarlo a la madrugada. Tal es el empleo de mis noches. ¡Y me habla usted de perdón! Además, le he perdonado.

Un violento acceso de tos le impidió seguir adelante. Escupió en un pañuelo y lo extendió ante los ojos del eclesiástico, mientras con la mano izquierda apretaba dolorosamente su pecho. El pañuelo estaba ensangrentado.

El pope bajó la cabeza y no dijo palabra.

Marmeladoff estaba en la agonía; no apartaba los ojos de su mujer, que de nuevo se había inclinado sobre él. Tenía deseos de decirle algo, trataba de hablar, movía los labios con esfuerzo, pero no conseguía otra cosa que prorrumpir en sonidos inarticulados. Catalina Ivanovna, comprendiendo que su marido quería pedirle perdón, le gritó con tono imperioso:

—Cállate. Es inútil... Sé lo que quieres decir...

El herido se calló, pero en aquel instante sus miradas se dirigieron a la puerta y vió a Sonia...
· Hasta entonces no había reparado en el rincón sombrío en que la joven se encontraba.

—¿Quién está allí? ¿Quién está allí?—dijo de repente con voz ronca y ahogada mostrando al mismo tiempo con los ojos, que expresaban un gran terror, la puerta frente a la cual estaba en pie su hija.

Marmeladoff trató de incorporarse.

—¡Sigue echado! ¡No te muevas!—gritó Catalina Ivanovna.

Pero, merced a un esfuerzo sobrehumano, logró sentarse en el sofá. Durante algún tiempo contempló a su hija con aire extraño; parecía no reconocerla; era también la vez primera que la veía en aquel traje. Tímida, humillada y avergonzada bajo sus oropeles de mujer pública, la infeliz esperaba humildemente que se le permitiese dar el último beso a su padre. De pronto, éste la reconoció y se pintó en su rostro un sufrimiento inmenso.

—¡Sonia! ¡hija mía!... ¡perdóname!—gritó.

Quiso tender hacia ella la mano, y perdiendo su punto de apoyo rodó pesadamente por el suelo. Se apresuraron a levantarle y le pusieron en el sofá; pero ya todo era inútil. Sonia, casi sin poder sostenerse, lanzó un débil grito, corrió hacia su padre y le besó. El desdichado expiró en los brazos de su hija.

—¡Ha muerto!—exclamó Catalina Ivanovna ante el cadáver de su marido—. ¿Qué hacer ahora? ¿Cómo pagaré el entierro? ¿Cómo daré de comer mañana a mis hijos?

Raskolnikoff se aproximó a la viuda.

—Catalina Ivanovna—le dijo—, la semana pasada me contó su marido toda la vida de usted sin omitir detalle... Puede estar segura de que me habló de usted con verdadero entusiasmo. Desde aquella tarde, al ver cuánto la estimaba, cuánto amaba y honraba a usted, a pesar de su malhadada debilidad, desde aquella tarde, repito, soy su amigo... Permítame, pues, que le ayude a cumplir sus últimos deberes con el difunto. Aquí tiene usted veinte rublos, y si mi presencia puede serle de alguna utilidad... Yo vendré a verla a usted muy pronto... ¡Adiós!

Y salió precipitadamente de la sala; pero al atravesar el descansillo encontró entre el grupo de curiosos a Nikodim Fomitch, que había tenido noticia del accidente e iba a cumplir con los deberes de su cargo llenando las formalidades propias del caso. Desde la escena ocurrida en la oficina de policía, el comisario no había vuelto a ver a Raskolnikoff. Sin embargo, le reconoció en seguida.

—¡Ah! ¿Es usted?—le preguntó.

—Ha muerto—contestó Raskolnikoff—. Le han asistido un médico y un sacerdote; nada le ha faltado. No moleste usted a la pobre viuda; está tísica y su nueva desgracia le será funesta. Consuélela usted... Sé que usted es un hombre muy bueno—añadió sonriendo y mirando frente a frente al comisario.

—Está usted manchado de sangre—dijo Nikodim Fomitch, que acababa de ver algunas manchas recientes en el chaleco de su interlocutor.

—Sí, me ha caído encima... Estoy empapado en sangre—agregó el joven con extraño acento; después, sonrióse, saludó al comisario con un movimiento de cabeza y se alejó.

Bajó la escalera sin apresuramiento. Una especie de fiebre agitaba todo su ser: sentía que una vida potente y nueva brotaba de repente en él. Podía compararse esta sensación a la de un condenado a muerte que recibe a última hora el inesperado indulto. En medio de la escalera se hizo a un lado para dejar pasar al sacerdote que volvía a su domicilio. Lo dos hombres cambiaron un silencioso saludo. Cuando Raskolnikoff bajaba los últimos escalones, oyó pasos presurosos detrás de sí. Alguien trataba de alcanzarle. En efecto, Polenka corría en pos de él gritándole:

—¡Oiga usted, caballero, oiga usted!

Raskolnikoff se volvió. La niña descendió apresuradamente el último tramo y se detuvo enfrente del joven en un escalón por encima de él. Un débil resplandor provenía del patio. Raskolnikoff examinó el rostro demacrado de la niña; Polenka le miraba con alegría infantil que hacía resaltar su delicada belleza. Se le había confiado una misión que, evidentemente, le agradaba mucho.

—Oiga usted, ¿cómo se llama usted?... ¡Ah! ¿Dónde vive usted?—preguntó precipitadamente.

Raskolnikoff le puso las manos en los hombros y la contempló con una especie de felicidad. ¿Por qué experimentaba tal placer mirando a la niña? Ni él mismo lo sabía.

—¿Quién te manda?

—Mi hermana Sonia—respondió la niña sonriendo aún más alegremente.

—Ya suponía yo que venías de parte de tu hermana.

—Sonia me envió primero; pero en seguida mamá me dijo: «Ve corriendo, Polenka.»

—¿Quieres mucho a tu hermana Sonia?

—La quiero más que... a todo el mundo—afirmó con singular energía Polenka, y su sonrisa tomó de repente una expresión seria.

—¿Y a mí me querrás?

En lugar de responder la niña, aproximó la cara a la del joven y presentó cándidamente la boca para besarle. De repente, con sus bracitos delgados como cerillas, estrechó fuertemente a Raskolnikoff, e inclinando la cabeza en el hombro del joven se puso a llorar en silencio.

—¡Pobre papá!—dijo al cabo de un momento, levantando la cabeza y enjugándose las lágrimas con la mano—. Ahora no se ven más que desgracias—añadió sentenciosamente, con esa gravedad particular que afectan los niños cuando quieren hablar como las personas mayores.

—¿Te quería tu papá?

—Quería más a Lidotshka—respondió en el mismo tono serio (su sonrisa había desaparecido),—sentía predilección por ella, porque es la más pequeña y porque está delicada; siempre le traía cosas. Nos enseñaba a leer; me daba lecciones de gramática y doctrina—añadió la niña con dignidad—. Mamá no decía nada; pero nosotros sabíamos que esto le daba gusto y papá también lo sabía. Mamá quiere enseñarme el francés, porque ya es tiempo de comenzar mi educación.

—¿Sabes rezar?

—¡Vaya si sabemos! ¡Desde hace mucho tiempo! Yo, como soy la mayor, rezo sola; Kolia y Lidotshka dicen sus oraciones en voz alta con mamá. Recitan primero las letanías de la Santísima Virgen, luego otra oración: «¡Señor! Concede tu perdón y tu bendición a nuestra hermana Sonia», y luego: «¡Señor! Concede tu perdón y tu bendición a nuestro otro papá», porque no le he dicho a usted que nuestro antiguo papá hace tiempo que murió; éste era otro; pero nosotros rezamos también por el primero.

—Polenka, me llamo Rodión Romanovitch; nómbrame también alguna vez en tus oraciones: «perdona a tu siervo Rodión» y nada más.

—Siempre, siempre rezaré por usted—respondió calurosamente la niña; y echándose a reír, besó de nuevo al joven con ternura.

Raskolnikoff le repitió su nombre, le dió las señas y le prometió volver al otro día sin falta. La niña se separó de él encantada. Eran las diez dadas cuando salía de la casa.

No le costó trabajo encontrar la habitación de Razumikin; en casa de Potchinkoff conocían a su nuevo inquilino y el *dvornik* indicó en seguida a Raskolnikoff el cuarto de su amigo. Hasta la mitad de la escalera llegaba la algazara de la reunión que debía ser numerosa y animada. La puerta estaba abierta y se oía el ruido de las voces.

La estancia de Razumikin era bastante grande; la reunión se componía de unas quince personas. Raskolnikoff se detuvo en la antesala; detrás del tabique había dos grandes samovars, botellas, platos y fuentes cargados de pastas; dos criados de la patrona se agitaban en medio de todo aquello. Raskolnikoff hizo que llamasen a Razumikin. Este se presentó muy contento. A la primera ojeada se adivinaba que había bebido con exceso; y aunque en general a Razumikin le fuese imposible emborracharse, por esta vez probaba su exterior que no había podido contenerse.

—Escucha—comenzó a decir Raskolnikoff—, he venido con el solo objeto de decirte que, en efecto, has ganado la apuesta y que nadie sabe lo que puede pasar. En cuanto a entrar ahí, no; estoy muy débil; apenas si puedo tenerme en pie. De modo que, buenas noches, y adiós. Mañana pásate por mi casa.

—¿Sabes tú lo que voy a hacer? Acompañarte. Según tu propia confesión, estás débil.

—¿Y tus invitados? ¿Quién es ese hombre de cabello rizado que acaba de entreabrir la puerta?

—¿Ese? ¿Quién lo sabe? Debe de ser un amigo de mi tío o acaso un señor cualquiera que ha venido sin invitación... Los dejaré con mi tío; es un hombre inapreciable; siento que no puedas trabar conocimiento con él. Por lo demás, que el diablo se los lleve. Nada tengo que hacer ahora con ellos; necesito tomar el aire, de modo que has llegado a propósito, amigo mío: dos minutos más tarde, hubiera caído sobre ellos. ¡Dicen tales majaderías! No puedes imaginarte de qué divagaciones suelen algunos hombres ser capaces. Digo, si puedes imaginártelo. ¿Acaso nosotros no divagamos también? ¡Ea! dejémosles decir necedades; no siempre tendrán ocasión de colocarlas... Espera un momentito; voy a traer a Zosimoff.

El doctor acudió con extraordinario apresuramiento a ver a Raskolnikoff. Al echar la vista encima a su cliente se manifestó en su rostro una gran curiosidad que bien pronto se desvaneció.

—Es menester que se acueste usted en seguida—dijo al enfermo—; y tome un calmante para procurarse un sueño apacible. Aquí tiene usted esos polvos que yo he preparado hace poco. ¿Los tomará usted?

—Ciertamente—respondió Raskolnikoff.

—Harás bien en acompañarle—dijo Zosimoff dirigiéndose a Razumikin—; veremos mañana cómo está; hoy no va mal. Ha cambiado mucho en poco tiempo. Cada día se aprende una cosa nueva.

—¿Sabes lo que Zosimoff me decía hace un momento por lo bajo?—comenzó a decir con voz pastosa Razumikin, cuando los dos amigos estuvieron en la calle—. Me recomendaba que hablase contigo en el camino, que te hiciera hablar y que le contase en seguida tus palabras, porque se le ha metido entre ceja y ceja que estás loco o que te encuentras a punto de estarlo. ¿Qué te parece? En primer lugar, tú eres tres veces más inteligente que él. En segundo lugar, puesto que no estás loco puedes burlarte de su estúpida opinión, y en tercer lugar, ese hombrón, cuya especialidad es la cirugía, sólo tiene en la cabeza, desde hace algún tiempo, enfermedades mentales; pero la conversación que has tenido tú hoy con Zametoff, ha modificado por completo sus apreciaciones sobre tu persona.

—¿Zametoff te lo ha contado todo?

—Todo y ha hecho muy bien. He comprendido ahora toda la historia y Zametoff también. ¡Vamos! Sí, en una palabra, Rodia... El hecho es que... En este momento me encuentro un poco alegre... pero no importa... El hecho es que aquel pensamiento... ¿Comprendes? Aquel pensamiento había nacido, en efecto, en su espíritu; es decir, ninguno de ellos se atrevía a formularlo en alta voz, porque era una cosa demasiado absurda, sobre todo desde que ha sido detenido ese pintor de brocha gorda, todo se ha desvanecido para siempre. Pero, ¿cómo son tan imbéciles? Aquí para entre nosotros, he tenido un choque con Zametoff; te suplico que no te des por entendido; he notado que es susceptible. Ese incidente ocurrió en casa de Luisa... Pero actualmente todo está esclarecido. Fué principalmente ese Ilia Petrovitch quien se fundaba en tu desvanecimiento en la comisaría; pero a él mismo le dió vergüenza luego de semejante suposición; yo sé...

Raskolnikoff escuchaba con avidez. Bajo la influencia de la bebida, Razumikin hablaba sin tino.

—Yo me desvanecí entonces porque hacía demasiado calor en la sala y porque el olor de la pintura me trastornó—contestó.

—El busca una explicación, pero no hay otra que la de la pintura: la inflamación estaba latente desde hacía un mes. Ahí está Zosimoff para decirlo. No puedes figurarte lo confuso que se siente ahora ese tonto de Zametoff: «Yo no valgo—dice—ni lo que el dedo pequeño de ese hombre». Así habla refiriéndose a ti. Algunas veces tienen buenos sentimientos; pero la lección que le has dado hoy en el *Palacio de Cristal* es el colmo de la perfección: has comenzado por hacer que tuviese miedo, que temblase. Le hiciste pensar de nuevo en esa monstruosa tontería, y de repente le has mostrado que te burlabas de él. ¡Se ha quedado con un palmo de narices! Perfectamente. Ahora está aplastado, anonadado. Verdaderamente eres un maestro y le hacía falta lo que has hecho. Siento no haber estado allí. Zametoff está ahora en casa y hubiera querido verte. También desea verte Porfirio Petrovitch.

—¡Ah! ¿Ese también? Pero, ¿por qué se me considera como un loco?

—Como un loco precisamente, no. Amigo mío, yo creo que me he ido un poco de la lengua contigo. Lo que supongo que le ha preocupado más que nada es que sólo *eso* te interesa, y ahora comprende por qué te interesa: conociendo todas las circunstancias... sabiendo qué especie de enervamiento te ha causado eso y como tal cosa se relaciona con tu enfermedad... Estoy algo chispo, amigo mío; cuanto puedo decirte es que él tiene su idea... te lo repito, no sueña más que con sus enfermedades mentales; no, no tienes por qué inquietarte.

Durante medio minuto ambos guardaron silencio.

—Escucha, Razumikin—dijo Raskolnikoff—. Quiero hablarte con franqueza: vengo de casa de un muerto; el difunto era un funcionario... He dado allí todo mi dinero... y además de eso hace un instante he sido besado por una criatura que, aun cuando yo hubiese matado a alguien... en una palabra, he visto allí también a una joven... con una pluma color de fuego, pero divago; estoy muy débil, sostenme... Aquí está la escalera.

—¿Qué tienes? ¿Qué te pasa?—preguntó Razumikin alarmado.

—La cabeza que me da vueltas; pero esto no es nada; lo malo es que estoy tan triste... como una mujer. Mira: ¿qué es aquello? mira, mira...

—¿Qué he de mirar?

—¿No ves? Hay luz en mi cuarto, ¿no lo estás viendo por la rendija?

Estaban en el último rellano de la escalera, cerca de la puerta de la patrona, desde donde se podía advertir, que, en efecto, en la habitación de Raskolnikoff había luz.

—Es extraño.

—Estará quizá en ella Anastasia—observó Razumikin.

—No viene nunca a mi cuarto a esa hora. Además, se acuesta muy temprano; pero, ¿qué importa? Adiós.

—¡Eh! ¿qué dices? Te acompaño, vamos a subir juntos.

—Sí que subiremos juntos; pero quiero estrecharte la mano y decirte adiós aquí. Vamos, dame la mano. Adiós.

—¿Qué te pasa, Rodia?

—Nada. Subamos y tú serás testigo...

Mientras subían la escalera se le ocurrió a Razumikin que Zosimoff tenía quizás razón.

—Sin duda le he perturbado el espíritu con mi charla—dijo para sí.

Cuando se acercaban a la puerta oyeron voces en la habitación.

—¿Qué es esto?—exclamó Razumikin.

Raskolnikoff tiró de la puerta y la abrió de par en par, quedándose en el umbral como petrificado.

Su madre y su hermana, sentadas en el sofá, le esperaban hacía media hora.

La aparición de Raskolnikoff fué saludada con gritos de alegría. Su madre y su hermana corrieron hacia él; pero el joven quedó inmóvil, y casi privado de sentido; había como helado todo su ser un pensamiento súbito e insoportable. Ni siquiera tuvo fuerza para abrir los brazos. Las dos mujeres le estrecharon contra su pecho, le cubrieron de besos, llorando y riendo al mismo tiempo; Raskolnikoff dió un paso, se tambaleó y cayó desvanecido al suelo.

Alarma, gritos de terror, gemidos. Razumikin, que se había quedado en el umbral, se precipitó en la sala, tomó al enfermo en sus vigorosos brazos y en un abrir y cerrar de ojos le echó en el diván.

—No es nada, no es nada—dijo a la madre y a la hermana—. Esto es un desvanecimiento, no tiene importancia. El médico decía hace un momento que va mucho mejor, que estaba casi restablecido. ¡Un poco de agua! Vamos, ya recobra el conocimiento; miren ustedes, ya vuelve en sí.

Y al decir esto apretaba con inconsciente rudeza el brazo de Dunia obligándola a inclinarse sobre el sofá para comprobar que, en efecto, su hermano volvía en sí.

TERCERA PARTE

I.

Raskolnikoff se incorporó y se sentó en el diván, e invitando con una leve seña a Razumikin a que suspendiese el curso de su elocuencia consoladora, tomó la mano a su hermana y a su madre y las contempló alternativamente durante dos minutos, sin proferir palabra. Había en su mirada, impregnada de dolorosa sensibilidad, algo de fijo y de insensato. Pulkeria Alexandrovna, asustada, se echó a llorar.

Advocia Romanovna estaba pálida y le temblaba la mano que tenía entre las de su hermano.

—Vuélvete a casa con él—dijo Rodia con voz entrecortada, señalando a Razumikin—. Mañana, mañana... todo. ¿Cuándo habéis llegado?

—Esta noche—respondió Pulkeria Alexandrovna—. El tren traía mucho retraso. Pero ahora, Rodia, por nada del mundo consentiría en separarme de ti. Pasaré la noche a tu lado...

—¡No me atormentéis!—replicó Raskolnikoff con cierta irritación.

—Yo me quedaré aquí con él—saltó vivamente Razumikin—; no le dejaré ni un minuto, y que se vayan al diablo mis convidados. Que se incomoden, si quieren. Además, allí está mi tío para hacer el papel de anfitrión.

—¡Cómo agradecérselo a usted!—empezó a decir Pulkeria Alexandrovna, estrechando de nuevo las manos de Razumikin; pero su hijo le atajó la palabra.

—No puedo, no puedo...—repitió con tono irritado—; no me atormentéis más. Basta, idos; ¡no puedo!...

—Retirémonos, mamá—indicó en voz baja Dunia, inquieta—; salgamos de la habitación, por lo menos, un instante; está visto que nuestra presencia le atormenta.

—¿Será posible que no pueda estar un momento con él, después de tres años de separación?—gimió Pulkeria Alexandrovna.

—Esperad un poco—dijo Raskolnikoff—. Me interrumpís y pierdo el hilo de mis ideas... ¿Habéis visto a Ludjin?

—No, Rodia; pero ya tiene noticias de nuestra llegada. Sabemos que ha tenido la bondad de venir a verte hoy—añadió con cierta timidez Pulkeria Alexandrovna.

—Sí. Ha tenido esa bondad... Dunia, le dije a Ludjin que iba a tirarle por la escalera...

—¿Qué dices, hijo? Pero, ¿tú? ¿Tú?... No es posible—comenzó a decir la madre asustada; pero una mirada de Dunia le impidió continuar.

Advocia Romanovna, con los ojos fijos en su hermano, esperaba que éste se explicase con mayor claridad. Informadas de la querella por Anastasia, que se la había contado a su manera y según la entendió, las dos señoras se encontraban perplejas.

—Dunia—prosiguió, haciendo un esfuerzo, Raskolnikoff—, yo me opongo a ese enlace; por consiguiente, despide mañana a Ludjin y que no se vuelva a hablar más de él.

—¡Dios mío!—exclamó Pulkeria Alexandrovna.

—Hermano mío, piensa un poco en lo que dices—observó con vehemencia Dunia; pero en seguida se contuvo—. No te encuentras ahora en tu estado normal: estás fatigado—añadió con tono cariñoso.

—Que deliro, ¿no es eso? No... te engañas; quieres casarte con Ludjin por mí, pero yo rehuso ese sacrificio. Así, pues, mañana le escribes una carta rompiendo tu compromiso, me la lees a primera hora, la mandas, y asunto concluído.

—Yo no puedo hacer eso—exclamó la joven, un tanto mortificada—. ¿Con qué derecho...?

—Dunia, tú también te exaltas. Hasta mañana. ¿Pero no estás viendo?—balbuceó la madre con temor, dirigiéndose a su hija—. Vamos, vamos; será lo mejor.

—No sabe lo que se dice—exclamó Razumikin con voz que denunciaba su embriaguez—; de lo contrario, no se permitiría... Mañana será razonable... Hoy, en efecto, ha echado con cajas destempladas a ese sujeto; el buen señor se ha incomodado. Estuvo aquí perorando en pro de sus teorías. Después se marchó con las orejas gachas.

—¿De modo que es verdad?—exclamó Pulkeria Alexandrovna.

—Hasta mañana, hermano—dijo con tono compasivo Dunia—. Vámonos, mamá... Adiós, Rodia.

El joven hizo un último esfuerzo para dirigirle algunas palabras.

—Oyeme; no deliro. Ese casamiento sería una infamia. Pase que yo sea un infame... pero tú, tú no debes serlo... Basta con uno... Mas, por miserable que yo sea, renegaría de ti, si contrajeses esa unión. O yo, o Ludjin. Marchaos.

—Pero, ¿has perdido el juicio? ¡Eres un déspota!—gritó Razumikin.

Raskolnikoff no respondió; quizá no se hallaba en estado de hacerlo. Agotadas sus fuerzas, se tendió en el diván, volviéndose del lado de la pared. Advocia Romanovna miró a Razumikin con ojos brillantes que revelaban curiosidad. El estudiante tembló ante aquella mirada. Pulkeria Alexandrovna parecía consternada.

—No me resuelvo a irme—murmuró trémula, al oído de Razumikin—; me quedaré aquí en cualquier parte... Acompañe usted a Dunia.

—Lo echarán ustedes a perder todo—respondió, también en voz baja, Razumikin—. Salgamos, a lo menos, de este cuarto. Anastasia, alúmbranos. Juro a ustedes—continuó en voz queda cuando estuvieron en la escalera—que hace poco rato estuvo a punto de pegarnos al médico y a mí. Figúrese usted, ¡al médico! Por otra parte, es imposible que deje usted sola a Advocia Romanovna en el cuarto de alquiler que han tomado ustedes. ¡Si supieran ustedes en qué casita se han alojado! Ese pillo de Pedro Petrovitch, ¿no podía haber encontrado una más decente?... Yo, es cierto, estoy algo chispo, y ahí tiene usted por qué son mis expresiones bastante vivas. No hagan ustedes caso.

—Pues bien—replicó Pulkeria Alexandrovna—. Voy a ver a la patrona de mi hijo y a suplicarle que nos deje pasar la noche en cualquier rincón. No puedo abandonarle en tal estado, no puedo...

Hablaban en el rellano de la escalera correspondiente a la habitación de la patrona. Anastasia estaba en el último escalón, con la luz en la mano. Razumikin se hallaba extraordinariamente animado. Un poco antes, cuando acompañó a Raskolnikoff a su casa, se había ido de la lengua como él mismo había reconocido; pero tenía la cabeza fuerte y despejada, no obstante la excesiva cantidad de vino que acababa de beber. Ahora estaba sumido en una especie de éxtasis, y la influencia excitante del alcohol obraba doblemente sobre él. Había tomado a las dos señoras a cada una por una mano, las arengaba con un lenguaje de una desenvoltura asombrosa, y, sin duda, para convencerlas mejor, apoyaba cada una de sus palabras con formidable presión de las falanges de sus interlocutoras. Al propio tiempo, con el mayor descaro devoraba con los ojos a Advocia Romanovna.

A veces, vencidas por el dolor, las pobres señoras trataban de separar sus dedos aprisionados en aquellas manos gruesas y huesosas; pero él no hacía caso, y continuaba apretando sin cuidarse de que les hacía daño. Si le hubieran pedido que se tirase de cabeza por la escalera, no habría vacilado un segundo en obedecerlas. Pulkeria Alexandrovna se hacía cargo de que Razumikin era muy original, y, sobre todo, de que tenía unos puños terribles; pero, con el pensamiento puesto en su hijo, cerraba los ojos ante las extrañas maneras del joven, que era en aquel momento una Providencia para ellas.

Por su parte, Advocia Romanovna, aunque participaba de las preocupaciones de su madre, y no fuese de natural tímido, miraba con sorpresa y aun con algo de inquietud, las ardientes ojeadas que le dirigía el amigo de su hermano. A no ser por la confianza sin límites que los relatos de Anastasia le habían inspirado a propósito de aquel hombre singular, no hubiera resistido a la tentación de echar a correr, llevándose a su madre con ella. Comprendía, empero, también que en aquel momento el joven les hacía mucha falta. Esto no obstante, la joven se sintió tranquila al cabo de diez minutos; cualquiera que fuese la disposición de ánimo en que se encontraba Razumikin, una de las propiedades de su carácter era la de revelarse por completo a primera vista, de suerte que en seguida sabía uno a qué atenerse respecto de él.

—Usted no puede solicitar eso de la patrona; sería el colmo de lo absurdo—contestó vivamente a Pulkeria Alexandrovna—. De nada le valdría ser la madre de Rodión; si usted se queda, va a exasperarle, y sabe Dios lo que puede ocurrir. Escuchen ustedes lo que yo les propongo: Anastasia va a quedarse ahora con él, y las acompañaré a ustedes a su casa, porque en San Petersburgo es una imprudencia que anden dos mujeres solas por las calles. Después de haber yo acompañado a ustedes, volveré aquí de dos zancadas, y un cuarto de hora después doy a ustedes mi palabra de honor de que iré allí de nuevo y les contaré todo: cómo está, si duerme, etc. En seguida, escuchen ustedes, en seguida, echo a correr a mi casa; hay mucha gente en ella. Mis invitados están ebrios. Echaré el guante a Zosimoff que es el médico que asiste a Rodia y se halla ahora en mi casa; pero no está borracho porque es abstemio; lo llevaré a ver el enfermo, y de allí a casa de ustedes. En el espacio de una hora recibirán ustedes, por consiguiente, noticias de su hijo; primero, por mí, y después, por el mismo doctor, que es hombre serio. Si Rodia está mal, juro a usted que la traeré otra vez aquí; si está bien se acostará usted. Yo pasaré toda la noche en el vestíbulo, él no lo sabrá. Haré que Zosimoff se acueste en casa de la patrona, para tenerle a mano, si fuese necesario. Creo que en estos momentos la presencia del médico puede ser más útil a Raskolnikoff que la de usted. Por lo tanto, vamos a su casa. Yo puedo, pero ustedes, no, no consentiría en dar a ustedes posada, porque... porque es tonta. Si lo quieren ustedes saber, está enamorada de mí, tendría celos de Advocia Romanovna, y de usted también; pero, de seguro, de Advocia Romanovna. Es un carácter muy extraño. Yo también soy un imbécil. Vamos, vengan ustedes. Tienen confianza en mí, ¿verdad? ¿La tienen ustedes? Sí, o no.

—Vamos, mamá—dijo Advocia Romanovna—; lo que promete, lo hará seguramente. A sus cuidados debe mi hermano la vida; y si el doctor consiente, en efecto, en pasar aquí la noche, ¿qué más podemos desear?

—Usted me comprende, porque es usted un ángel—dijo Razumikin con exaltación—. Vamos, Anastasia, sube en seguida con la luz, y quédate a su lado. Vuelvo dentro de un cuarto de hora.

Aunque no estuviese completamente convencida, Pulkeria Alexandrovna no hizo ninguna objeción.

Razumikin tomó a cada una de las dos señoras por un brazo y, en parte de grado, y en parte por fuerza, las obligó a bajar la escalera.

La madre no dejaba de estar inquieta.

«Seguramente sabe lo que hace; está bien dispuesto con nosotras; pero, ¿podremos confiar en sus promesas en el estado en que se encuentra?»

El joven adivinó aquel pensamiento.

—¡Ah! Comprendo. Usted me cree bajo la influencia del vino—dijo andando a grandes pasos por la acera, sin advertir que apenas podían seguirle las dos señoras—. Esto no significa nada... he bebido como un bruto; pero no se trata de tal cosa. No es el vino lo que me embriaga. En cuanto he visto a ustedes, he recibido como un golpe en la cabeza.... No me hagan ustedes caso, no digo más que tonterías, soy indigno de ustedes. En extremo indigno... En cuanto las lleve a ustedes a su casa, iré al canal que hay aquí cerca y me echaré un cubo de agua por la cabeza. Si supiesen lo que yo las quiero a ustedes... No se rían, ni se incomoden... Enfádense ustedes con todo el mundo menos conmigo. Yo soy amigo de Raskolnikoff, y, por consiguiente, de ustedes. Presentía el año pasado lo que ahora está sucediendo; hubo un momento... Pero no, yo no presentía nada de esto, puesto que ustedes, por decirlo así, han caído del cielo; mas no dormiré en toda la noche... Zosimoff temía hace poco que se volviese loco. He aquí por qué no conviene irritarle.

—¿Qué dice usted?—exclamó la madre.

—¿Es posible que el doctor haya dicho eso?—preguntó Advocia Romanovna asustada.

—Eso ha dicho, pero se engaña, se engaña de medio a medio. Le ha recetado un medicamento, unos polvos, pero, ya hemos llegado... Hubieran ustedes hecho mejor en venir mañana. Hemos hecho bien retirándonos. Dentro de una hora Zosimoff vendrá a darle a usted noticias de su salud. No está ebrio; yo tampoco lo estaré. Pero, ¿por qué estoy tan excitado? ¡Me han hecho discurrir tanto esos malditos! Había jurado no tomar parte en esas discusiones. ¡Dicen tantas majaderías! Un poco más y me agarro con ellos. He dejado allí a mi tío para que presida la reunión... ¿Creerán ustedes que son partidarios de la impersonalidad completa? Para ellos el supremo progreso es parecerse lo menos posible a sí mismo. A los rusos nos ha complacido vivir de ideas ajenas; ya estamos saturados de ellas. ¿Es verdad, es verdad lo que digo?—gritó Razumikin apretando las manos de las dos señoras.

—¡Oh Dios mío, yo no sé!—dijo la pobre Pulkeria Alexandrovna.

—Sí, sí, aunque yo no estoy de acuerdo con ustedes, en líneas generales—añadió con tono grave Advocia Romanovna.

Apenas acababa de pronunciar estas palabras, cuando lanzó un grito de dolor provocado por un enérgico apretón de manos de Razumikin.

—¿Sí? ¿usted, dice que sí? Pues bien, usted es, usted es—vociferó el joven entusiasmado—; usted es una fuente de bondad, de pureza, de razón y de perfección. Déme usted las manos... déme usted también la suya; quiero besar las manos a ustedes. Aquí mismo, en seguida, de rodillas.

Se arrodilló en medio de la calle, que por fortuna estaba desierta en aquel momento.

—¡Basta! ¡Por Dios! ¿qué hace usted?—exclamó Pulkeria Alexandrovna alarmada ante la actitud del estudiante.

—¡Levántese usted, levántese usted!—dijo Dunia, que, aunque se reía, no dejaba de estar inquieta.

—¡De ninguna manera, si no me dan ustedes las manos! Así. Ahora continuemos. Soy un desgraciado imbécil indigno de ustedes, y en este momento trastornado por la bebida... Me avergüenzo... Soy indigno de amar a ustedes... pero inclinarse, prosternarse delante de ustedes, es el deber de cualquiera que no sea un bruto completo. Por eso me he prosternado yo... Esta es la casa. Aunque no sea más que por esto ha hecho bien Rodia en poner en la calle el otro día a Pedro Petrovitch. ¡Cómo se ha atrevido a traer a ustedes aquí! Esto es escandaloso. ¿Saben ustedes qué clase de gente vive aquí? ¿Y usted es su prometida? ¿Sí? Pues bien. Después de esto declaro que su futuro esposo de usted es un canalla.

—Escuche usted, señor Razumikin—comenzó a decir Pulkeria Alexandrovna.

—Sí, sí, tiene usted razón. Yo me he olvidado—dijo excusándose el joven—, pero... pero usted no puede guardarme rencor por mis palabras. He hablado así, porque soy franco y no porque... ¡hum!... sería innoble; en una palabra, no es porque a usted yo... ¡hum!... no me atrevo a acabar... Pero antes, cuando su visita, hemos comprendido todos que ese hombre no era de nuestro mundo. ¡Vamos! ¡Basta!, todo está perdonado. ¿No es cierto que usted me ha perdonado? ¡Ea! ¡adelante! Conozco este corredor. He estado aquí ya; ahí en el número tres hubo una vez un escándalo... ¿Cuál es el cuarto de ustedes? ¿Qué número? ¿Ocho? Entonces harán ustedes muy bien encerrándose en su habitación por la noche, y no dejando entrar a nadie. Dentro de quince minutos, traeré noticias, y media hora después me verán ustedes volver con Zosimoff; escapo.

—¡Dios mío! Dunetshka, ¿qué va a ocurrir?—dijo ansiosamente Pulkeria Alexandrovna a su hija.

—Tranquilízate, mamá—respondió Dunia, quitándose el chal y el sombrero—. Dios mismo nos ha enviado a ese señor; aunque venga de una orgía se puede contar con él. Te lo aseguro... y lo que ha hecho por mi hermano...

—¡Ah, Dunetchka! ¡Dios sabe si volverá! ¡Cómo he podido resolverme a dejar a Rodia!... ¡Cuán de otra manera pensaba encontrarle! ¡Qué acogida nos ha hecho! ¡Cualquiera diría que le disgustaba nuestra llegada!

En sus ojos brillaban las lágrimas.

—No, no es eso, mamá, no lo has visto bien, estás llorando siempre. Acaba de sufrir una grave enfermedad y ésa es la causa de todo.

—¡Ah! ¡Esa enfermedad! ¡Qué resultará de todo eso! ¡Cómo te ha hablado, Dunia!—siguió diciendo la madre, procurando tímidamente leer en los ojos de la joven, y sintiéndose casi consolada porque Dunia tomaba la defensa de su hermano, y por consiguiente, le había perdonado—. Bien sé que mañana será de otra opinión—añadió, queriendo hacer hablar a su hija.

—Pues yo estoy cierta de que mañana dirá lo mismo, respecto de este asunto...—replicó Advocia Romanovna.

La cuestión era tan delicada, que Pulkeria Alexandrovna no se atrevió a proseguir la conversación. Dunia fué a besar a su madre. Esta, sin decir nada, la estrechó fuertemente en sus brazos. Después se sentó y esperó con cruel impaciencia la llegada de Razumikin, mirando tímidamente a su hija, que, pensativa y con los brazos cruzados, se paseaba de un lado a otro de la habitación. Era una costumbre en Advocia Romanovna pasearse así cuando tenía una preocupación, y en tales casos, su madre se guardaba muy bien de interrumpir sus reflexiones.

Razumikin, embriagado y enamorándose repentinamente de Advocia Romanovna, se prestaba ciertamente al ridículo. Sin embargo, contemplando a la joven, sobre todo ahora que, pensativa y triste, se paseaba por la habitación con los brazos cruzados, quizá muchos habrían disculpado al estudiante, sin necesidad de invocar en descargo suyo la circunstancia atenuante de la embriaguez. El exterior de Advocia Romanovna merecía atraer la atención: alta, fuerte, notablemente bien formada, demostraba en cada uno de sus ademanes una confianza en sí misma que en otra parte no quitaba nada a su gracia y delicadeza. Se parecía a su hermano, pero de ella podía decirse que era una beldad. Tenía el cabello castaño, algo más claro que los de Rodia; sus ojos, negros, denotaban orgullo; pero en ocasiones demostraban extraordinaria bondad.

Era pálida, pero su palidez no tenía nada de enfermizo; su rostro resplandecía de frescura y de salud. Tenía la boca bastante pequeña, y el labio inferior de subido color rojo avanzaba, un poco, lo mismo que la barbilla. Esta irregularidad, la única que se notaba en su hermoso rostro, le daba una expresión particular de firmeza y casi altanería. Su fisonomía era de ordinario más bien grave y pensativa que alegre; pero, ¡qué encanto el de aquella cara habitualmente seria cuando venía a animarla una risa alegre y juvenil!

Razumikin no había visto jamás nada semejante; era ardiente, sincero, honrado, un poco candoroso. Además, fuerte como un caballero antiguo y entonces exaltado por el vino. En estas condiciones se explica perfectamente el *coup de foudre*. Además, quiso la suerte que viese por primera vez a Dunia en un momento en que la ternura y la alegría de volver a ver a Raskolnikoff habían en cierto modo transfigurado el semblante de la joven. La vió, después, soberbia de indignación ante las insolentes órdenes de su hermano y no pudo contenerse.

Por lo demás, había dicho verdad cuando en su charla de borracho dejó traslucir que la extravagante patrona de Raskolnikoff, Praskovia Pavlovna, tendría celos, no sólo de Advocia Romanovna, sino de la misma Pulkeria Alexandrovna. Aunque ésta tenía cuarenta y tres años, conservaba restos de su antigua belleza, y parecía además mucho más joven de lo que era en realidad; particularidad que se observa en las mujeres que han conservado en los linderos de la vejez la claridad de su espíritu, la frescura de las impresiones, el puro y honrado calor del corazón. Comenzaban ya a blanquearle los cabellos y aun a faltarle; advertíanse ya, desde hacía algún tiempo, algunas arrugas en derredor de los ojos; los cuidados y los disgustos habían demacrado sus mejillas; mas, a pesar de todo, su rostro era bello. Era el rostro de Dunia con veinte años más y sin lo prominente del labio inferior que caracterizaba la fisonomía de la joven. Pulkeria Alexandrovna tenía alma sensible; pero sin llegar a la sensiblería. Naturalmente tímida y dispuesta a ceder, sabía, sin embargo, detenerse en el camino de las concesiones, siempre que su honradez, sus principios y sus convicciones arraigadas se lo exigían.

A los veinte minutos justos de salir Razumikin, sonaron en la puerta dos leves golpes: el joven estaba ya de vuelta.

—No entraré, no tengo tiempo—se apresuró a decir en cuanto abrieron—. Duerme como un bienaventurado, su sueño es muy tranquilo, y quiera Dios que se pase así durmiendo diez horas seguidas. Anastasia está a su lado; tiene orden de permanecer allí hasta que yo vuelva. Ahora voy a buscar a Zosimoff, vendrá a dar a ustedes sus informes, y en seguida a acostarse, porque bien veo que están ustedes extenuadas.

Apenas hubo acabado de decir estas palabras, echó a correr por el corredor.

—¡Qué joven tan simpático y tan cariñoso!—exclamó Pulkeria Alexandrovna muy alegre.

—Parece que es de muy buen carácter—contestó Dunia, y comenzó a pasearse de nuevo por la habitación.

Cerca de una hora después, volvieron a sonar pasos en el corredor y llamaron de nuevo a la puerta. Ahora las dos mujeres esperaban con entera confianza el cumplimiento de la promesa que les había hecho Razumikin. Volvió éste, en efecto, acompañado de Zosimoff. El médico no había vacilado en dejar inmediatamente el banquete para ir a visitar a Raskolnikoff; pero no sin trabajo se decidió a ir a casa de las señoras, porque apenas daba crédito a las palabras de su amigo, que le parecía haber dejado una parte de su razón en el fondo de los vasos. Sin embargo, muy pronto se sintió satisfecho y aun halagado en su amor propio de doctor. Zosimoff comprendió que era, en efecto, escuchado como un oráculo.

Durante diez minutos que duró la visita, logró tranquilizar por completo a Pulkeria Alexandrovna. Manifestó gran interés por el enfermo, expresándose con reserva y seriedad extremadas como conviene a un médico de veintisiete años en circunstancias graves. No se permitió la más leve digresión fuera de su asunto ni manifestó el menor deseo de entablar más relaciones familiares con sus interlocutoras. Habiendo advertido desde que entró la belleza de Advocia, se esforzaba en no prestar ninguna atención a la joven, dirigiéndose exclusivamente a Pulkeria Alexandrovna.

Todo esto le producía un indecible contento interior. En lo concerniente a Raskolnikoff, declaró que le encontraba en un estado muy satisfactorio. Según su opinión, la enfermedad de su cliente dependía, en parte, de las malas condiciones en que éste había vivido durante algunos meses; pero era originada también por otras causas de carácter moral. «Era, por decirlo así, producto complejo de influencias múltiples, bien físicas, bien psicológicas, tales como preocupaciones, cuidados, temores, inquietudes, etc.» Habiendo advertido, sin manifestarlo, que Advocia Romanovna le escuchaba con marcada atención, Zosimoff desarrolló con gusto este tema.

Como Pulkeria Alexandrovna le preguntase con voz tímida e inquieta si había advertido algún síntoma de locura en su hijo, Zosimoff le respondió con calma y franca sonrisa, que se había exagerado el alcance de sus palabras, que sin duda, había echado de ver en el enfermo una idea fija, algo así como monomanía, cuanto que él, Zosimoff, estudiaba ahora de una manera especial esta rama tan interesante de la Medicina.

—Pero—añadió—, es menester considerar que hasta hoy el enfermo ha estado delirando constantemente, y de seguro la llegada de su familia será para él una distracción, contribuirá a devolverle las fuerzas y ejercerá sobre él una acción saludable... Si se pueden evitar nuevas emociones—terminó diciendo con tono significativo.

Levantándose después, y saludando a la vez ceremonioso y cordial, salió seguido de acciones de gracias, de bendiciones y de efusiones de reconocimiento. Advocia Romanovna le tendió su linda mano que el médico no había tratado de estrechar. En una palabra, el doctor se retiró encantado de sí mismo, y más encantado todavía de su visita.

—Mañana hablaremos. Ahora acuéstense ustedes en seguida; ya es tiempo de que descansen—ordenó Razumikin, saliendo con Zosimoff—. Mañana a primera hora vendré a dar a ustedes noticias del enfermo.

—¡Qué encantadora joven es esta Advocia Romanovna!—observó con acento sincero Zosimoff cuando ambos estuvieron en la calle.

—¿Encantadora? ¿Encantadora has dicho?—rugió Razumikin lanzándose sobre el doctor y agarrándole por el cuello—. Si te atreves... ¿Me entiendes? ¿Me entiendes?—gritó apretándole la garganta y arrojándolo contra la pared—. ¿Me entiendes?

—Déjame. ¡Demonio de borracho!—dijo Zosimoff, tratando de soltarse de las manos de su amigo.

Cuando Razumikin le soltó, miróle fijamente y lanzó una carcajada.

El estudiante permanecía en pie delante de él con los brazos caídos y la cara triste.

—Es verdad, soy un bestia—dijo con aire sombrío—; pero tú también lo eres.

—No, amigo, yo no lo soy. No sueño con tonterías.

Continuaron su camino sin decir una palabra, y únicamente cuando llegaron cerca de la casa de Raskolnikoff, Razumikin, muy preocupado, rompió el silencio:

—Escucha—dijo a Zosimoff—, tú eres un buen amigo, pero tienes una variada colección de vicios; eres un voluptuoso, un innoble sibarita, te gusta la comodidad, engordas y de nada te privas. Te digo, pues, que esto es innoble, porque conduce derechamente a las mayores suciedades. Siendo, como eres, afeminado, no comprendo de qué manera puedes ser un buen médico, y además un médico celoso. ¡Duerme sobre colchones de plumas (¡un médico!) y se levanta para ir a visitar a un enfermo! De aquí a tres años estarían llamando a tu puerta y no dejarías la cama. Pero no se trata de esto; lo que yo quiero decirte es lo siguiente: voy a dormir en la cocina; tú pasarás la noche en la habitación de la patrona (he podido, no sin trabajo, obtener su consentimiento); será una ocasión para ti de trabar íntimo conocimiento con ella. No es lo que tú piensas. No hay ni sombra de lo que sospechas.

—¡Pero si yo no sospecho!

—Es, amigo mío, una criatura púdica, silenciosa, tímida, de una castidad a toda prueba, y por añadidura, tan sensible, tan tierna... Líbrame de ella, te lo suplico por todos los diablos. Es muy agradable... Pero al presente estoy satisfecho. Pido un substituto.

Zosimoff se echó a reír de muy buena gana.

—Se conoce que no eres moderado; no sabes lo que dices. ¿Por qué he de hacerle la corte?

—Te aseguro que no te costará trabajo conquistar sus gracias. Te basta con charlar con ella de cualquier cosa, con que te sientes a su lado y la hables. Además, eres médico: empieza por curarla de cualquier tontería. Te juro que no tendrás de que arrepentirte. Tiene un clavicordio; yo, como sabes, canto algo. Le he cantado una cancioncilla rusa: «Mis ojos vierten ardientes lágrimas...» Le gustan mucho las melodías sentimentales. Ese fué mi punto de partida; pero tú crcs un verdadero profesor de piano, una especie de Rubinstein... Te aseguro que no te pesará.

—Pero, ¿a qué viene todo eso?

—Por lo visto yo no sé explicarme. Mira, os conozco perfectamente al uno y al otro. No es solamente hoy cuando he pensado en ti. Tú acabarás de ese modo. ¿Qué te importa que sea más pronto o más tarde? Aquí, amigo mío, tendrás colchón de pluma y algo mejor. Encontrarás el puerto, el refugio; el fin de las agitaciones, tortas excelentes, sabrosas blinas[16], excelentes pasteles de pescado, el samovar por la tarde, el calentador por la noche; estarás como muerto, y, sin embargo, vivirás: doble ventaja; pero basta de charla, es hora de acostarse. Escucha: me sucede a veces despertarme por la noche; en tal caso, iré a ver cómo sigue Raskolnikoff. Si te sale del corazón, puedes ir a verle una vez siquiera; y si adviertes en él algo extraordinario, corre a despertarme. Creo, sin embargo, que no será menester.

II.

Al día siguiente, a las siete dadas, Razumikin se despertó presa de pensamientos que jamás habían turbado su existencia. Se acordó de todos los incidentes de la noche y comprendió que había experimentado una impresión muy diferente de cuantas sintiera hasta entonces. Comprendía, al mismo tiempo, que el sueño que había acariciado era de todo punto irrealizable. Aquella quimera le pareció de tal modo absurda, que tuvo vergüenza de pensar en ella. Así es que se apresuró a pasar a otras cuestiones más prácticas, que en cierto modo le había legado la maldita jornada precedente.

Lo que más le entristecía era haberse presentado el día anterior como un perdido; no solamente le habían visto ebrio sino abusando de las ventajas que su posición de bienhechor le daba sobre una joven obligada a recurrir a él, y sin conocer a punto fijo lo que era el tal señor. ¿Con qué derecho juzgaba tan temerariamente a Pedro Petrovitch? ¿Quién le preguntaba su opinión? Además, una persona como Advocia Romanovna, ¿podía casarse a gusto con un hombre indigno de ella? Sin duda que Pedro Petrovitch Ludjin tenía algún mérito. Claro es que existía la cuestión del alojamiento; pero, ¿qué motivos tenía Ludjin para saber lo que era aquella casa? Por otra parte, las dos señoras se albergaban allí provisionalmente, mientras se les preparaba otra vivienda. ¡Oh, qué miserable era todo aquello! ¿Podría justificarse alegando su embriaguez? Tan necia excusa le envilecía más. La verdad está en el vino, y he aquí que, bajo la influencia del vino, había revelado toda la verdad, es decir, la bajeza de un corazón vulgarmente celoso. ¿Le estaba permitido tal sueño a Razumikin? ¿Qué era él comparado con aquella joven, él, el borracho charlatán y brutal de la víspera? ¿Qué cosa más aborrecible y más ridícula a la vez que la idea de una aproximación entre dos seres tan semejantes?

El joven, avergonzado de tan loco pensamiento, se acordó de repente de haber dicho la noche anterior en la escalera que le amaba la patrona y que ésta tendría celos de Advocia Romanovna. Tal recuerdo le llenó de confusión. Era demasiado. Descargó un puñetazo sobre el fogón. Se hizo daño en la mano y rompió un ladrillo.

—No hay duda—murmuró al cabo de un rato con profunda humillación—; ya está hecho, y no hay medio de borrar tantas torpezas... Inútil es pensar en ellas; me presentaré sin decir nada, cumpliré silenciosamente con mi deber y no daré excusas, me callaré. Ahora es demasiado tarde y el mal está hecho.

Puso, sin embargo, particular esmero en arreglarse; no tenía más que un traje, y aunque hubiese tenido muchos, quizás se hubiera puesto el de la víspera «a fin de no parecer que se había arreglado ex profeso...» Sin embargo, un abandono cínico hubiese sido de muy mal gusto. No tenía derecho a herir los sentimientos ajenos, sobre todo cuando se trataba de personas que necesitaban de él y que le habían suplicado que fuese a verlas; de consiguiente, cepilló con gran cuidado la ropa; en cuanto a la interior, Razumikin no la podía sufrir sucia.

Habiendo encontrado el jabón de Anastasia, se lavó concienzudamente la cabeza, el cuello, y, particularmente, las manos. Después de vacilar si se afeitaría o no (Praskovia Paulovna poseía excelentes navajas, herencia de su difunto marido Zarnitzin), resolvió la cuestión negativamente y con cierta brusca irritación, dijo para sí: «No, me quedaré como estoy. Se figurarían quizá que me había afeitado para... ¡De ninguna manera!»

Estos monólogos fueron interrumpidos por la llegada de Zosimoff, el cual después de haber pasado la noche en casa de Praskovia Paulovna, entró un instante en la suya, y venía ahora

---

[16]Especie de galleta.

a visitar al enfermo. Razumikin le dijo que Raskolnikoff dormía como un lirón; el médico prohibió que se le despertara y prometió volver entre diez y once.

—¡Con tal que esté en su cuarto cuando vuelva!—añadió—. Con un cliente tan dado a las fugas, no se puede contar con él. ¿Sabes si va a ir a verlas o si vendrán ellas?

—Presumo que vendrán—respondió Razumikin, comprendiendo por qué se le hacía esta pregunta—; tendrán, sin duda, que ocuparse en asuntos de familia. Yo me iré. Tú, en calidad de médico, tienes, naturalmente, más derecho que yo.

—Yo no soy confesor. Además, tengo otras cosas que hacer que no son escuchar sus secretos; yo también me iré.

—Me inquieta una cosa—repuso Razumikin frunciendo el entrecejo—. Ayer estaba ebrio, y mientras acompañaba aquí a Rodia no pude contener la lengua: entre otras tonterías, le dije que temía en él una predisposición a la locura.

—Lo mismo le dijiste a las señoras.

—Sí, una majadería. Pégame si quieres, pero aquí, entre nosotros, sinceramente, ¿cuál es tu opinión respecto de mi amigo?

—¿Qué quieres que te diga? Tú mismo, cuando me llevaste a su casa, me lo presentaste, diciéndome que era un monomaníaco... Ayer le encontramos algo trastornado, y digo que le encontramos, porque, aunque yo te acompañaba, fuiste tú el que con tu relato acerca del pintor decorador, provocaste su exaltación; ¡bonita conversación para sostenerla delante de un hombre cuyo trastorno intelectual procede quizá de ese asunto! Si hubiese tenido yo conocimiento, con toda clase de pormenores, de la escena ocurrida en la oficina de policía; si hubiese sabido yo que Raskolnikoff había sido blanco de las sospechas de un miserable, desde la primera palabra te hubiera impedido que hablases. Estos monomaníacos convierten el Océano en una gota de agua; las aberraciones de su imaginación se les presentan como realidades... La mitad de lo que le sucede me lo explico ahora, gracias a lo que Zametoff nos contó anoche en tu casa. A propósito de este Zametoff, te diré que me parece un buen muchacho; pero ayer anduvo poco acertado en decir lo que dijo. Es un terrible charlatán.

—¿Pero, a quién le ha hablado de eso? A ti y a mí.

—Y a Porfirio Petrovitch.

—¿Y qué importa que se lo haya contado a Porfirio?

—Bueno, ya hablaremos de eso. ¿Tienes alguna influencia con la madre y la hermana? Harán bien en ser hoy muy circunspectas con Raskolnikoff.

—Se lo diré—respondió con aire contrariado Razumikin.

—Hasta la vista. Da las gracias de mi parte a Praskovia Pavlovna por su hospitalidad. Se encerró en su habitación, y aunque le di gritando las buenas noches al través de la puerta, no respondió. Sin embargo, a las siete de la mañana ya estaba levantada; he visto en el corredor que le llevaban el samovar de la cocina... No se ha dignado admitirme a su presencia.

A las nueve en punto Razumikin llegaba a la casa Bakalejeff. Las dos señoras le esperaban desde hacía bastante tiempo con febril impaciencia. Se habían levantado antes de las siete. Entró sombrío, saludó sin gracia y se hizo cargo amargamente de haberse presentado así. No había contado con la huéspeda. Pulkeria Alexandrovna corrió inmediatamente a su encuentro, le tomó las manos y faltó poco para que se las besase. El joven miró tímidamente a Advocia Romanovna; pero en lugar de la expresión burlona y de desdén involuntario y mal disimulado que esperaba encontrar en aquel orgulloso semblante, advirtió tal expresión de reconocimiento y de afectuosa simpatía, que su confusión no reconoció límites. Le hubiera contrariado menos, de seguro, que le hubiese acogido con reproches. Por fortuna, tenía un asunto de conversación perfectamente indicado y se fué a él derecho.

Cuando supo Pulkeria Alexandrovna que su hijo no se había despertado aún, pero que su estado era satisfactorio, indicó que tenía necesidad de conferenciar con Razumikin. La madre y la hija preguntaron en seguida al joven si había tomado ya el te y le invitaron a que lo tomase con ellas, porque habían estado esperando su llegada para ponerlo en la mesa.

Advocia Romanovna tiró de la campanilla y se presentó un criado mal vestido; se le ordenó que trajese el te, y, en efecto, lo sirvió, pero de una manera tan poco conveniente y tan poco limpia, que las dos señoras no pudieron menos de sentirse avergonzadas. Razumikin renegó de semejante zahurda, y después, acordándose de Ludjin, se calló, perdió la serenidad y experimentó vivísimo contento cuando pudo librarse de aquella situación embarazosa, merced a la granizada de preguntas que le dirigió Pulkeria Alexandrovna.

Interrogado a cada instante, estuvo hablando durante tres cuartos de hora, y contó cuanto sabía concerniente a los principales hechos que habían llenado la vida de Raskolnikoff durante un año. Como es de suponer, pasó en silencio lo que convenía callar, por ejemplo, la escena de la comisaría y sus consecuencias. Las dos señoras le escuchaban con la boca abierta, y cuando el estudiante creyó haberles dado todos los pormenores que podían interesarlas, aun no se dieron por satisfechas.

—Dígame, dígame, ¿qué piensa usted?... ¡Ah, usted perdone... no sé todavía su nombre!...—dijo vivamente Pulkeria Alexandrovna.

—Demetrio Prokofitch.

—Demetrio Prokofitch, tengo grandes deseos de saber cómo considera mi hijo las cosas; o, para expresarme mejor, qué es lo que ama y lo que aborrece. ¿Sigue siendo tan irritable? ¿Cuáles son sus deseos, sus sueños, si usted quiere? ¿Bajo qué influencia particular se encuentra ahora?

—¿Qué quiere usted que yo le diga? Conozco a Rodia desde hace diez y ocho meses; es triste, sombrío, orgulloso y altanero. En estos últimos tiempos (pero quizá esta predisposición existiese en él desde antigua fecha) se ha vuelto suspicaz e hipocondríaco. Es bueno y generoso. No gusta de revelar sus sentimientos, y prefiere ofender con su reserva a las personas a mostrarse expansivo con ellas. Algunas veces, sin embargo, no parece tan hipocondríaco, sino solamente frío e insensible hasta la inhumanidad. Diríase que existen en él dos caracteres que se manifiestan alternativamente. En ciertos momentos es por extremo taciturno: todo le molesta, todo le desagrada y permanece acurrucado sin hacer nada. No es burlón, aunque su espíritu no carece de causticidad, sino más bien porque desdeña la burla como un pasatiempo demasiado frívolo. No escucha con atención lo que se le dice. Jamás se interesa por las cosas que en un momento dado interesan a todo el mundo. Tiene una alta opinión de sí mismo, y yo creo que en esto no anda del todo equivocado. ¿Qué más puedo añadir? Creo que la llegada de ustedes ejercerá sobre él una acción muy saludable.

—¡Ah! ¡Dios lo quiera!—exclamó Pulkeria Alexandrovna muy preocupada por estas revelaciones sobre el carácter de su hijo.

Por último, Razumikin se atrevió a mirar un poco más detenidamente a Advocia Romanovna. Mientras hablaba la había estado examinando, pero disimuladamente y volviendo en seguida los ojos. Por su parte, la joven ora se sentaba cerca de la mesa y escuchaba atentamente, ora se levantaba, y, según su costumbre, se paseaba por la habitación con los brazos cruzados, cerrados los labios y haciendo de cuando en cuando alguna pregunta sin interrumpir su paseo. Tenía también la costumbre de no escuchar hasta el fin lo que se le decía. Llevaba un traje ligero de tela obscura y una pañoleta blanca al cuello. Por diversos indicios, Razumikin comprendió que las dos mujeres eran muy pobres. Si Advocia Romanovna hubiese ido vestida como una reina, probablemente no hubiera intimidado a Razumikin; mas quizás por lo mismo que iba vestida muy pobremente causaba al joven mucho temor y le hacía pesar con cuidado cada una de sus palabras y cada uno de sus gestos, lo que, naturalmente, aumentaba la cortedad de un hombre ya poco seguro de sí mismo.

—Nos ha dado usted muchos pormenores curiosos acerca de mi hermano y los ha dado usted imparcialmente. Está bien. Yo creía que usted le admiraba—dijo Advocia Romanovna, sonriendo—. Debe de haber alguna mujer en su existencia—añadió la joven, pensativa.

—No he dicho eso; pero puede que tenga usted razón; sin embargo...

—¿Qué?

—No ama a nadie; quizá no amará jamás—replicó Razumikin.

—Es decir, que es incapaz de amar.

—¿Sabe usted, Advocia Romanovna, que se parece usted mucho a su hermano bajo todos los aspectos?—dijo aturdidamente el joven.

Después se acordó repentinamente del juicio que acababa de emitir acerca de Raskolnikoff, se turbó y se puso rojo como un cangrejo. Dunia no pudo por menos que reírse.

—Quizá se engañen ustedes en el modo de juzgar a mi Rodia—apuntó Pulkeria Alexandrovna un poco ofendida—. No me refiero al presente, Dunetchka; lo que Pedro Petrovitch escribe en esta carta... y lo que nosotros hemos supuesto, acaso no sea verdadero; pero no puede usted imaginarse, Demetrio Prokofitch, cuán fantástico y caprichoso es. Hasta cuando tenía quince años su carácter era para mí una sorpresa continua. Aun ahora le creo capaz de hacer locuras tales como no se le ocurrirían a ningún otro hombre... Sin ir más lejos, ¿sabe usted que hace diez y ocho meses que estuvo a punto de causar mi muerte, cuando se decidió a casarse con la hija de esa señora Zarnitzin, su patrona?

—¿No sabía usted nada de esos amores?—preguntó Advocia Romanovna.

—¿Usted creerá—prosiguió la madre con animación—que le conmoverían mis lágrimas, mis súplicas, mi enfermedad, nuestra miseria y el temor de verme morir? Pues no, señor; completamente tranquilo, siguió sus planes, sin detenerse ante ninguna consideración; y, sin embargo, ¿se puede decir por eso que no nos quiere?

—Nada me ha dicho jamás de tal asunto—respondió con reserva Razumikin—; pero algo he sabido por la señora Zarnitzin, que por cierto no es muy habladora, y lo que he sabido no deja de ser bastante extraño.

—¿Qué es lo que ha sabido usted?—preguntaron a un tiempo las dos mujeres.

—¡Oh! A decir verdad, nada de particular. Todo lo que sé es que ese matrimonio, que era ya cosa convenida y que iba a verificarse cuando la novia murió, desagradaba mucho a la misma señora Zarnitzin... Tengo entendido, además, que la joven, no solamente no era bella, sino que era fea, y, según se dice, muy... caprichosa. Sin embargo, parece que no carecía de ciertas buenas cualidades, y seguramente las tendría; de otro modo, ¿cómo comprender...?

—Estoy convencida de que esa joven tenía algún mérito—afirmó lacónicamente Advocia Romanovna.

—Que Dios me perdone; pero la verdad es que me alegré de su muerte. Sin embargo, no sé para cuál de los dos hubiese sido más funesto ese matrimonio—dijo la madre; y luego, tímidamente, tras de varias vacilaciones y sin apartar los ojos de Dunia, se puso a interrogar de nuevo a Razumikin acerca de la escena de la víspera entre Rodia y Ludjin.

Este incidente parecía inquietarla sobre manera...

El joven volvió a referir minuciosamente el altercado de que había sido testigo; pero añadiendo que Raskolnikoff insultó deliberadamente a Pedro Petrovitch, y no excusó la conducta de su amigo con la enfermedad que éste padecía.

—Antes de estar malo—dijo—ya lo tenía premeditado.

—Así lo creo yo también—replicó Pulkeria Alexandrovna, con la consternación pintada en su semblante.

Pero se sorprendió mucho al ver que Razumikin hablaba de Pedro Petrovitch en términos convenientes y aun con cierta especie de consideración. Esto llamó la atención de Advocia Romanovna.

—¿De modo que ésa es la opinión de usted acerca de Pedro Petrovitch?—no pudo por menos de preguntar Pulkeria Alexandrovna.

—No puedo tener otra acerca del futuro esposo de esta señorita—respondió con tono firme y caluroso Razumikin—. Y no es por vana cortesía por lo que hablo de este modo; lo digo porque... porque... porque... basta que ese hombre sea la persona que Advocia Romanovna ha elegido... Si ayer hube de expresarme en tonos injuriosos respecto de él, fué porque estaba ebrio, y, además... insensato; sí, insensato; había perdido la cabeza, estaba completamente loco, y ahora me da vergüenza de...

Se interrumpió poniéndose encendido como la grana. Las mejillas de Advocia Romanovna se colorearon; pero guardó silencio. Desde que empezó a hablar de Ludjin, no había despegado los labios. Privada del apoyo de su hija, Pulkeria Alexandrovna se encontraba visiblemente cortada.

Al fin tomó la palabra, y, con voz vacilante y levantando a cada momento los ojos hacia Dunia, dijo que en aquel momento le preocupaba sobre todas las cosas cierta circunstancia.

—Vea usted, Demetrio Prokofitch—comenzó a decir—. Debemos de ser francas con él, Dunetchka.

—Sin duda, mamá—respondió, con tono de autoridad Advocia Romanovna.

—Verá usted de lo que se trata—se apresuró a decir la madre, como si el comunicar su disgusto le quitase una montaña del pecho—. Esta mañana, a primera hora, hemos recibido una carta de Pedro Petrovitch, respondiendo a lo que nosotros habíamos escrito ayer, dándole cuenta de nuestra llegada. Vea usted, debía haber ido a esperarnos a la estación, como nos había prometido; pero en su lugar nos hemos encontrado con un criado que nos ha conducido hasta aquí, anunciándonos para esta mañana la visita de su amo. Pero ahora, en vez de venir él, nos ha escrito esta carta... (lo mejor será que usted mismo la lea); hay en ella un párrafo que me pone en cuidado. Usted verá en seguida de qué se trata y me dará francamente su opinión, pues usted, Demetrio Prokofitch, conoce mejor que nadie el carácter de Rodia, y está en condiciones de poder aconsejarme. Prevengo a usted que desde el primer momento Dunetshka ha resuelto la cuestión; pero yo no sé qué hacer, y espero que usted...

Razumikin abrió la carta, fechada la víspera.

«Señora Pulkeria Alexandrovna: Tengo el honor de manifestar a usted que asuntos imprevistos me han impedido ir a esperar a ustedes a la estación; por eso me he hecho representar por un hombre de mi confianza. El Senado, donde he de entender en una cuestión, me priva del honor de ver a ustedes por la mañana; por otra parte, no quiero interrumpir la entrevista de usted con su hijo ni la de Advocia Romanovna con su hermano. A las ocho en punto de la tarde tendré la satisfacción de saludar a ustedes en su alojamiento. Encarecidamente les suplico que me eviten la presencia de Rodión Romanovitch, el cual me insultó del modo más grosero en la visita que le hice ayer. Aparte de esto, debo tener con usted una explicación personal a propósito de un punto que acaso no interpretemos ambos de la misma manera. Tengo el honor de advertir a usted anticipadamente que, si a pesar de mi deseo, expresado formalmente, encontrase en casa de ustedes a Rodión Romanovitch, me veré obligado a retirarme en seguida, y usted solamente podrá atribuir a sí misma la causa de mi determinación.

»Digo a usted esto teniendo motivos para creer que Rodión Romanovitch, que parecía tan enfermo cuando yo le visité, recobró la salud dos horas después, y puede, por consiguiente, ir a casa de ustedes. Ayer, en efecto, le vi con mis propios ojos en casa de un borracho que acababa de ser atropellado por un coche. So pretesto de costear los funerales, dió veinticinco rublos a la hija del difunto, joven de conducta notoriamente equívoca. Esto me ha causado verdadero estupor, porque sé con cuánta fatiga se ha procurado usted ese dinero. Suplico a usted que tenga la bondad de presentar mis homenajes más sinceros a la señorita Advocia Romanovna, y permitir que me repita de usted obediente servidor.

»Pedro Petrovitch Ludjin.»

—¿Qué hacer ahora, Demetrio Prokofitch?—preguntó Pulkeria Alexandrovna, a quien casi se le saltaban las lágrimas—. ¿Cómo decirle a Rodia que venga? Ayer insistió tan vivamente para que se despidiese a Pedro Petrovitch, y ahora éste pretende que no reciba a mi hijo... Seguramente que él vendrá ex profeso en cuanto sepa esto; y, ¿qué va a suceder entonces?

—Siga usted el consejo de Advocia Romanovna—respondió tranquilamente Razumikin.

—¡Ah, Dios mío!... Ella dice... no puede imaginarse lo que dice; no acierto a comprender lo que se propone. Según ella, es mejor, o, más bien dicho, es absolutamente indispensable que Rodia venga esta noche y se encuentre aquí con Pedro Petrovitch... Yo preferiría enseñarle la carta a mi hijo, e impedir hábilmente que viniese, y para conseguir tal objeto contaba con usted... No comprendo a qué borracho muerto ni a qué joven se refiere esta carta, ni me explico cómo ha dado a esa persona las últimas monedas de plata que...

—Que representan para ti tantos sacrificios, mamá—interrumpió la joven.

—Ayer no estaba en su estado normal—dijo con aire pensativo Razumikin—. ¡Si supiese usted a qué pasatiempos se entregó ayer en un café! Por lo demás, ha hecho bien. En efecto, me habló ayer de un muerto y de una joven mientras que yo le acompañaba a su casa; pero no comprendí ni una palabra... Como ayer estaba yo...

—Lo mejor es, mamá, ir a su casa, y yo te aseguro que veremos allí lo que conviene hacer. ¡Qué tarde es ya! ¡Las diez dadas!—observó Dunia, mirando un magnífico reloj de oro esmaltado, que llevaba suspendido del cuello por una larga cadena de Venecia y que desentonaba con el resto de su atavío.

—Un regalo de su prometido—pensó Razumikin.

—Es, efectivamente, hora de salir—dijo su madre con apresuramiento—. Va a pensar que le guardamos rencor por la acogida que nos hizo anoche; a esa causa atribuirá nuestro retraso. ¡Ah, Dios mío!

Hablando así se apresuraba a ponerse el sombrero y la pañoleta.

Dunia se preparaba también a salir. Sus guantes estaban, además de descoloridos, agujereados, lo cual no pasó inadvertido a Razumikin; sin embargo, aquel traje, cuya pobreza saltaba a la vista, daba a las dos señoras un sello particular de dignidad, como acontece siempre a las mujeres que saben llevar humildes vestidos.

—Esperen ustedes que me adelante para ver si está despierto—dijo Razumikin cuando comenzaron a subir las escaleras del domicilio de Raskolnikoff.

Las señoras le siguieron muy despacio. Cuando llegaron al cuarto piso, advirtieron que la puerta del departamento de la patrona estaba abierta, y que por la estrecha abertura las observaban dos ojos negros y penetrantes. Las miradas se encontraron y la puerta se cerró con tal estrépito, que Pulkeria Alexandrovna estuvo a punto de lanzar un grito de espanto.

III.

—¡Va bien, va bien!—exclamó alegremente Zosimoff viendo entrar a las dos mujeres.

El doctor había llegado diez minutos antes y ocupaba en el sofá el mismo sitio que la víspera. Raskolnikoff, sentado en el otro extremo, estaba completamente vestido; habíase tomado también el trabajo de lavarse y peinarse, cosas ambas que no acostumbraba desde hacía algún tiempo. Aunque con la llegada de Razumikin y de las dos señoras quedó llena la habitación, Anastasia logró colocarse detrás de ellas, y se quedó para escuchar la conversación. Efectivamente Raskolnikoff estaba bien, pero su palidez era extrema y parecía absorto en una triste idea.

Cuando Pulkeria Alexandrovna entró con su hija, Zosimoff advirtió con sorpresa el sentimiento que se reveló en la fisonomía del enfermo. En vez de alegría era una especie de estoicismo resignado; parecía que el joven hacía un llamamiento a todas sus fuerzas para soportar durante una hora o dos un tormento inevitable. Cuando la conversación se hubo entablado, observó también el médico que cada palabra abría como una herida en el alma de su cliente; pero al mismo tiempo se asombraba de ver a este último relativamente dueño de sí mismo. El monomaníaco frenético de la víspera sabía ahora dominarse hasta cierto punto y disimular sus impresiones.

—Sí, veo ahora que estoy casi curado—dijo Raskolnikoff, besando a su madre y a su hermana con una cordialidad que hizo brillar de alegría el rostro de Pulkeria Alexandrovna—. Y no lo digo como ayer—añadió dirigiéndose a Razumikin y estrechándole la mano.

—También yo estoy asombrado de su notable mejoría—dijo Zosimoff—. De aquí a tres o cuatro días, si esto continúa, se encontrará como antes, es decir, como estaba hace uno o dos meses, o quizá tres, porque esta enfermedad se hallaba latente desde hace tiempo, ¿eh? Confiese ahora que tenía usted alguna parte de culpa—terminó con sonrisa reprimida el doctor, temeroso de irritar al enfermo.

—Es muy posible—replicó fríamente Raskolnikoff.

—Ahora que se puede hablar con usted—prosiguió Zosimoff—, quisiera convencerle de que es necesario apartarse de las causas primeras, a las cuales hay que atribuir su estado morboso. Si usted hace eso, se curará; de lo contrario, se agravará su mal. Ignoro cuáles son estas causas primeras; pero usted, de seguro, las conoce. Es usted un hombre inteligente, y, sin duda, se observa a sí mismo. Me parece que su salud se ha alterado desde que salió de la Universidad. Usted no puede estar sin ocupación. Le conviene, a mi entender, trabajar, proponerse un proyecto, y perseguirlo tenazmente.

—Sí, sí, tiene usted razón; volveré a la Universidad lo más pronto posible, y entonces todo marchará como una seda.

El doctor dió sus sabios consejos con la intención, en parte, de producir efecto en las señoras. Cuando hubo acabado, miró fijamente a su cliente, y se quedó un poco desconcertado al advertir que el rostro de éste expresaba franca burla. Sin embargo, Zosimoff se consoló bien pronto de su decepción, Pulkeria Alexandrovna se apresuró a darle las gracias manifestándole, en particular, su reconocimiento por la visita que les hizo la noche anterior.

—¡Cómo! ¿Fué a ver a ustedes anoche?—preguntó Raskolnikoff con voz inquieta—. ¿De modo que no habéis descansado después de un viaje tan penoso?

—¡Si no eran más que las dos, querido Rodia, y, en casa, Dunia y yo no nos acostamos nunca antes de esa hora!

—No sé cómo darles las gracias—continuó Raskolnikoff, que de repente frunció las cejas y bajó la cabeza—. Prescindiendo de la cuestión de dinero (perdóneme usted si hago alusión a ella)—dijo dirigiéndose a Zosimoff—, no me explico cómo he podido merecer de usted tal interés. No lo comprendo, y aun diré que tanta benevolencia me pesa, pues es ininteligible para mí. Ya ve usted que soy franco.

—No se atormente usted—replicó Zosimoff afectando reírse—; supóngase usted que es mi primer cliente. Nosotros los médicos, cuando empezamos, tomamos tanto cariño a nuestros primeros enfermos como si fuesen nuestros hijos. Algunas veces hasta parecemos enamorados de ellos, y ya sabe usted que mi clientela no es muy numerosa.

—Y no digo nada de éste—siguió diciendo Raskolnikoff, señalando a Razumikin—. ¡No he hecho más que injuriarle y molestarle sin cesar!

—¡Qué tonterías dices! Según se ve, estás hoy muy sentimental—exclamó Razumikin.

Si hubiera sido más perspicaz, habría echado de ver, que, lejos de estar sentimental, su amigo se encontraba en situación totalmente distinta. Pero Advocia Romanovna no se engañaba, y, muy inquieta, observaba atentamente a su hermano.

—De ti, mamá, apenas me atrevo a hablar—dijo Raskolnikoff, que parecía recitar una lección aprendida por la mañana—; hoy solamente he podido comprender lo que habrás sufrido ayer esperando que volviera a casa.

Al decir estas palabras sonrió y tendió bruscamente la mano a su hermana. Este gesto no fué acompañado de ninguna palabra, pero la sonrisa del joven expresaba un sentimiento verdadero, ahora no fingía. Gozosa y reconocida, Dunia tomó la mano que se le tendía y la estrechó con fuerza. Era la primera satisfacción que le daba después del altercado de la víspera. Al ver esta reconciliación muda y definitiva del hermano con la hermana, Pulkeria Alexandrovna se puso radiante de alegría.

Razumikin se agitó nerviosamente en su silla.

—Aunque no fuera más que por esto le querría—murmuraba con su tendencia a exagerarlo todo—. Son impulsos propios de él.

—¡Qué bien ha estado!—murmuró la madre para sí—. ¡Qué nobles arranques los suyos! Este simple hecho de tender así la mano a su hermana mirándola con afecto, ¿no es la manera más franca y más delicada de poner fin al rozamiento de ayer?—¡Ah, Rodia—añadió en voz alta apresurándose a responder a la observación de Raskolnikoff—, no puedes figurarte lo desgraciadas que nos consideramos anoche Donetshka y yo! Ahora que todo ha pasado y que hemos vuelto a ser felices, puedo decírtelo. Figúrate: en cuanto nos apeamos del tren corrimos aquí para abrazarte, y esta joven, ahí la tienes (buenos días, Anastasia), nos dijo de repente que habías estado en cama con fiebre, que delirando te habías escapado y que se te andaba buscando. No puedes imaginarte la impresión que nos hizo esta noticia.

—Sí, sí... Todo eso es seguramente muy desagradable—murmuró Raskolnikoff; pero dió esta respuesta con aire tan distraído, por no decir indiferente, que Dunia le miró sorprendida.

—¿Qué es lo que yo quería deciros?—continuó esforzándose por coordinar sus recuerdos—. ¡Ah! Sí, os suplico a ti, mamá, y a ti, Dunia, que no vayan a creer que no he querido ir a verlas hoy y que he esperado en casa a que ustedes vinieran.

—¿Por qué dices eso, Rodia?—exclamó Pulkeria Alexandrovna no menos asombrada que su hija.

—Cualquiera diría que nos responde por simple cortesía—pensaba Dunia—; hace las paces y pide perdón como si llenase una pura formalidad o recitase una lección.

—En cuanto desperté quise ir a ver a ustedes, pero no tenía ropa que ponerme; se me olvidó decir ayer a Anastasia que lavase la sangre... Hasta hace un momento no me he podido vestir.

—¿Sangre? ¿Qué sangre?—preguntó Pulkeria Alexandrovna alarmada.

—No es nada... No hay que asustarse... Ayer, durante mi delirio, paseando por la calle, me tropecé con un hombre que acababa de ser atropellado. Un funcionario. Por esta razón tenía manchado de sangre el traje.

—¿Mientras estabas delirando? ¡Si te acuerdas de todo!—interrumpió Razumikin.

—Es verdad—respondió Raskolnikoff algo inquieto—, me acuerdo de todo, hasta de los más insignificantes pormenores; pero mira qué cosa más extraña: no logro explicarme por qué he dicho eso, por qué lo he hecho, por qué he ido a ese sitio.

—Es un fenómeno muy conocido—observó Zosimoff—; se realizan los actos a veces con una exactitud y con una habilidad extraordinarias; pero el principio de que emana ese acto se altera en el alienado y depende de diversas impresiones morbosas.

La palabra «alienado» heló la sangre a todos; Zosimoff la dejó escapar inadvertidamente, porque estaba absorto en su tema favorito. Raskolnikoff, que seguía meditabundo, pareció no prestar atención alguna a las palabras del doctor. En sus pálidos labios vagaba una extraña sonrisa.

—Pero, vamos a ver, ¿ese hombre atropellado...? Te he interrumpido hace un momento—se apresuró a decir a Razumikin.

—¡Ah, sí!—dijo Raskolnikoff como despertando de un sueño—. Me manché de sangre ayudando a transportarle a su casa... A propósito, mamá; hice ayer una cosa imperdonable. Verdaderamente estaba trastornado. Todo el dinero que me habías enviado lo di a la viuda para el entierro. La pobre mujer es bien digna de lástima... Está tísica, le quedan tres hijos y no tiene con qué alimentarlos... Tiene también una hija... Quizá tú hubieses hecho lo mismo que yo si hubieras visto tanta miseria. Sin embargo, lo reconozco; yo no tenía el derecho de hacer eso, sobre todo sabiendo con cuánto trabajo me habéis procurado ese dinero.

—No te preocupes por eso, Rodia; estoy convencida de que todo lo que tú haces está bien hecho—respondió la madre.

—No, no estás muy convencida—replicó él procurando sonreírse.

La conversación quedó suspendida durante unos minutos. Palabras, silencio, reconciliación, perdón, en todo había algo de forzado y cada cual de los presentes lo comprendía.

—¿No sabes que Marfa Petrovna ha muerto?—dijo de repente Pulkeria Alexandrovna.

—¿Qué Marfa Petrovna?

—Marfa Petrovna Svidrigailoff. Te hablé extensamente de ella en mi última carta.

—¡Ah! Sí, ya me acuerdo... ¿De modo que ha muerto?—dijo el joven con el estremecimiento propio del hombre que despierta—. ¿Es posible que haya muerto? ¿Y de qué?

—De repente—se apresuró a decir Pulkeria Alexandrovna, alentada a seguir por la curiosidad que demostraba su hijo—. Murió precisamente el mismo día que yo te escribí. Según parece, aquel pícaro de hombre ha sido la causa de su muerte. Se dice que le pegó demasiado.

—¿Ocurrían con frecuencia esas escenas en su casa?—preguntó Raskolnikoff dirigiéndose a su hermana.

—No, todo lo contrario; siempre se mostraba muy paciente y hasta cortés en ella. En muchos casos, daba pruebas de demasiada indulgencia, y esto durante siete años. Por lo visto le ha faltado, de repente, la paciencia.

—De modo que no era un hombre tan terrible, puesto que la ha soportado durante siete años. Parece que le disculpas, Dunetshka.

La joven frunció el entrecejo.

—Sí, sí, es un hombre terrible. Yo no puedo representármelo más detestable—respondió casi temblando, y se quedó pensativa.

—Había ocurrido esta escena por la mañana—continuó Pulkeria Alexandrovna—. Inmediatamente después Marfa dió orden de enganchar, porque quería ir a la ciudad después de comer, según tenía por costumbre en ocasiones semejantes. Según se dice, comió con mucho apetito.

—¿A pesar de los golpes?

—Estaba ya acostumbrada a ellos. Al levantarse de la mesa fué a tomar el baño para marchar cuanto antes. Se trataba por la hidroterapia; hay una fuente en su casa y se bañaba todos los días. Apenas se metió en el agua, le dió un ataque de apoplejía.

—No es extraño—observó Zosimoff.

—¡Como su marido le había pegado tanto!

—¿Qué importa eso?—dijo Advocia Romanovna.

—¡Hum! Yo no sé, mamá, por qué me cuentas semejantes tonterías—dijo Raskolnikoff con súbita irritación.

—¡Pero si no sabía de qué hablar!—confesó cándidamente Alexandrovna.

—Parece que me tenéis miedo—observó el joven con amarga sonrisa.

—Es la verdad—respondió Dunia fijando en su hermano una mirada severa—. Cuando subíamos a esta casa, mamá ha hecho la señal de la cruz; tan asustada estaba.

Las facciones del joven se alteraron de tal modo, que parecía que iba a darle una convulsión.

—¡Ah! ¿Qué dices, hija? No te incomodes, Rodia, por Dios. ¿Cómo dices eso, Dunia?—añadió excusándose y cortada Pulkeria Alexandrovna—. En el tren no he cesado de pensar en la felicidad de verte y de hablar contigo. Tanta ilusión tenía, que se me ha hecho muy corto el camino, y ahora soy feliz de encontrarme aquí, querido Rodia.

—¡Basta, mamá!—murmuró él muy agitado, y sin mirar a su madre le estrechó la mano—; tiempo tenemos de hablar.

Apenas acabó de decir estas palabras se turbó y se puso pálido; de nuevo sentía un frío mortal en el fondo de su alma, de nuevo se confesaba que acababa de decir una horrible mentira, porque en adelante no le era permitido hablar sinceramente ni con su madre. Ni con nadie. La impresión que le produjo este cruel pensamiento fué tan viva que, olvidando la presencia de sus huéspedes, el joven se adelantó y se dirigió a la puerta.

—¿A dónde vas?—gritó Razumikin asiéndole por un brazo.

Raskolnikoff volvió a sentarse y dirigió en silencio una mirada en torno suyo. Todos le contemplaban con estupor.

—¡Qué fastidiosos son ustedes!—gritó de repente—. Digan algo. ¿Por qué están ahí como mudos? Hablen. Las personas no se reunen para estar calladas.

—¡Bendito sea Dios! Yo pensaba que iba a darle otro acceso como ayer—dijo Pulkeria Alexandrovna haciendo la señal de la cruz.

—¿Qué tienes? ¿Qué te pasa?—preguntó Advocia Romanovna con inquietud.

—Nada; una tontería que me ha venido al pensamiento—y Raskolnikoff se echó a reír.

—Vamos. Si es una tontería, menos mal; pero yo temía...—murmuró Zosimoff levantándose—. Tengo que dejar a ustedes; procuraré dar más tarde una vuelta por aquí.

Saludó y salió.

—¡Qué buen hombre!—exclamó Pulkeria Alexandrovna.

—Sí. Es un buen hombre, un hombre de mérito, instruído, inteligente...—dijo Raskolnikoff pronunciando estas palabras con desacostumbrada animación—. No me acuerdo adónde le he visto antes de mi enfermedad. Tengo idea de que le conocía... ¡Ese sí que es un hombre excelente!—añadió señalando con un movimiento de cabeza a Razumikin, el cual acababa de levantarse.

—Es preciso que me vaya...—dijo—. Tengo que hacer.

—Nada tienes que hacer ahora; ¿quieres dejarnos porque se ha marchado Zosimoff? No, no te vas; pero, ¿qué hora es? ¿las doce? ¡Qué reloj tan bonito tienes, Dunia! ¿Por qué callan ustedes? No habla nadie más que yo...

—Es un regalo de Marfa Petrovna.

—Y ha costado muy caro—añadió Pulkeria.

—Creía que era un obsequio de Ludjin.

—Aun no ha dado nada a Dunetshka.

—¡Ah, mamá! ¿No te acuerdas que estuve enamorado y que quise casarme?—dijo bruscamente, mirando a su madre, que se quedó asombrada del giro imprevisto que tomaba la conversación y del tono con que su hijo le hablaba.

—¡Ah! sí—respondió Pulkeria Alexandrovna, cambiando una mirada con Dunia y Razumikin.

—¿Qué te he de decir de esto?; apenas me acuerdo ya. Era una joven enfermiza y raquítica—continuó como absorto y sin levantar los ojos del suelo—. Le gustaba dar limosna a los pobres y pensaba entrar en un monasterio. Cierto día se echó a llorar cuando me hablaba de estas cosas... Sí, sí, bien me acuerdo. Era más bien fea que guapa. La verdad es que no sé por qué me gustó; quizá porque estaba siempre enferma. Si además hubiese sido jorobada o coja, me parece que la hubiera querido más—añadió sonriéndose—. Aquello no tenía importancia... Fué una locura de primavera.

—No, no era solamente una locura de primavera—afirmó Dunia con convencimiento.

Raskolnikoff miró atentamente a su hermana; pero o no oyó o no comprendió las palabras de la joven. Después, con aire melancólico, se levantó, fué a besar a su madre y volvió a sentarse en su sitio.

—¿La amas aún?—dijo con voz temblorosa Pulkeria Alexandrovna.

—¿Todavía? ¿Habláis de ella? No. Todo eso es para mí como una visión lejana... muy lejana... y desde hace mucho tiempo. Y lo cierto es que me causa la misma impresión cuanto me rodea.

Raskolnikoff miró atentamente a las dos mujeres.

—Están ustedes aquí y me parece que me encuentro a mil verstas de este sitio. Pero, ¿por qué hablamos de estas cosas? ¿Por qué preguntarme?—añadió con cólera; después, silenciosamente, se puso a morderse las uñas y se quedó como ensimismado.

—¡Qué mal alojamiento tienes, Rodia!; parece un sepulcro—dijo bruscamente Pulkeria Alexandrovna para interrumpir aquel penoso silencio—: segura estoy de que esta habitación es la causa de tu hipocondría.

—¿Esta habitación?—repitió él con aire distraído—. Sí, ha contribuído mucho... lo mismo he pensado yo; ¡si supieses, mamá, qué ideas tan extrañas acabas de expresar!—añadió de repente con sonrisa enigmática.

Apenas podía soportar Raskolnikoff la presencia de aquella madre y de aquella hermana, de las cuales había estado separado durante tres años y con quienes comprendía que le era imposible toda conversación. Había, sin embargo, una cosa que no admitía dilación; así es que levantándose pensó que aquello debía ser resuelto de una manera o de otra. En tal momento se sintió feliz de encontrar un medio para salir del paso.

—Ante todo he de pedirte, Dunia—comenzó a decir con tono seco—, que me dispenses por el incidente de ayer; pero creo que es una obligación en mí recordarte que sostengo los términos de mi dilema: o Ludjin o yo. Yo puedo ser un infame; pero tú no debes serlo. Basta con uno. Si te casas con Ludjin ceso de considerarte como a una hermana.

—Hijo mío, hablas como ayer—exclamó asustada Pulkeria Alexandrovna—; ¿por qué te tratas siempre de infame? Yo no puedo soportar que hables así. Ayer empleabas el mismo lenguaje.

—Hermano mío—respondió Dunia con un tono que no cedía en sequedad ni en violencia al de Raskolnikoff—, la falta de acuerdo en que nos encontramos, proviene de un error tuyo. He reflexionado esta noche y he descubierto en qué consiste. Tú supones que me sacrifico por alguien y eso es lo que te engaña. Yo me caso por mí misma, porque mi situación personal es difícil. Sin duda podré entonces ser más útil a mis prójimos; pero no es ése el motivo principal de mi resolución.

—Miente—pensaba Raskolnikoff, que de cólera se mordía las uñas—. ¡Orgullosa! No confiesa que quiere ser mi bienhechora. ¡Oh! ¡los caracteres bajos! ¡Su amor se parece al odio! ¡Oh, cuánto detesto a todos!

—En una palabra—continuó Dunia—, me caso con Pedro Petrovitch, porque de dos males elija el menor. Tengo intención de cumplir lealmente cuanto él espera de mí. Por consiguiente no le engaño. ¿De qué te ríes?

Enrojeció repentinamente la joven y brilló en sus ojos un relámpago de cólera.

—¿Que lo cumplirás todo?—preguntó Raskolnikoff sonriendo con amargura.

—Hasta cierto límite; por la manera como Pedro Petrovitch ha pedido mi mano, he comprendido en seguida a lo que debo atenerme. Acaso tenga una opinión muy alta de sí mismo; mas espero que sabrá también apreciarme. ¿Por qué sigues riéndote?

—Y tú, ¿por qué te pones otra vez colorada? Mientes, hermana, tú no puedes estimar a Ludjin: le he visto y he hablado con él. Te casas por interés; haces en todo caso una bajeza; por lo menos veo con gusto que sabes ruborizarte.

—No es verdad, yo no miento—gritó la joven perdiendo su sangre fría—. No me casaré con él sin estar plenamente convencida de que le estimo. Felizmente tengo el medio de convencerme de ello en seguida, y lo que es más, hoy mismo. Este matrimonio no es una bajeza, como tú dices; pero aunque tuvieses razón, aun cuando yo estuviese convencida de cometer una bajeza, ¿no sería por tu parte una crueldad hablarme de ese modo? ¿Por qué exigir un heroísmo que tú no tienes? Eso es una tiranía, una violencia. Caso de causar algún mal, sólo me lo causaré a mí misma. Yo no he matado todavía a nadie. ¿Por qué me miras así? ¿Por qué te pones pálido? ¿Qué tienes, hermano mío?

—¡Dios mío, se ha desmayado! ¡Y tú has sido la causa!—exclamó Pulkeria Alexandrovna.

—No, no es nada, una tontería... Un ligero mareo... No he llegado a desmayarme del todo... los desmayos son buenos para vosotras... ¡hum! sí... ¿Qué es lo que yo quería decir? ¡Ah! ¿Cómo te convencerás hoy mismo de que puedes estimar a Ludjin y de que él te aprecia? ¿No es eso lo que decías hace un momento, o te he entendido yo mal?

—Mamá, enseña a mi hermano la carta de Pedro Petrovitch—dijo Dunia.

Pulkeria Alexandrovna presentó la carta con mano temblorosa. Raskolnikoff la leyó atentamente por dos veces. Todos esperaban algún acceso de furor. La madre, sobre todo, estaba muy inquieta. Después de haberse quedado pensativo un instante, el joven le devolvió la carta.

—No comprendo nada—comenzó a decir sin dirigirse a nadie—: pronuncia discursos, es abogado, muy redicho en su conversación y escribe como un hombre sin cultura.

Estas palabras causaron una estupefacción general. Nadie las esperaba.

—Por lo menos no escribe muy literariamente; aunque su estilo no sea del todo de un iletrado, maneja la pluma como un hombre de negocios—añadió Raskolnikoff.

—Pedro Petrovitch no oculta que ha recibido poca instrucción y se enorgullece de ser hijo de sus obras—dijo Advocia Romanovna un poco contrariada del tono con que le hablaba su hermano.

—Sí; tiene motivo para enorgullecerse, no digo lo contrario. Parece que te ha incomodado porque sólo se me ha ocurrido una observación frívola a propósito de esta carta, y crees que insisto sobre semejantes tonterías para molestarte. Nada de eso; en lo que concierne al estilo, he hecho una observación que en el caso presente está muy lejos de carecer de importancia. Esta frase: «usted no tendrá que quejarse más que de sí misma», no deja nada que desear en punto a claridad. Además, manifiesta la intención de retirarse sobre la marcha si yo voy a vuestra casa. Esta amenaza de irse viene a decir que si no obedecéis, os plantará a las dos después de haberos hecho venir a San Petersburgo. ¿En qué piensas? Viniendo de Ludjin, ¿estas palabras pueden ofender tanto como podrían ofender si hubiesen sido escritas por éste (señaló a Razumikin), por Zosimoff o por uno de nosotros?

—No—respondió Dunia—; bien me hago cargo de que ha expresado demasiado ingenuamente su pensamiento y de que quizá no es muy hábil para servirse de la pluma... Tu observación es muy juiciosa, hermano mío. Yo no esperaba...

—Supuesto que escribe como un hombre de negocios, no podía expresarse de otro modo, y no hay que echarle en cara que se haya mostrado grosero. Por lo demás, debo quitarte una ilusión: en esta carta hay una frase que contiene una calumnia contra mí, y una calumnia por cierto bastante vil. Yo di ayer, en efecto, dinero a una viuda tísica y agobiada por la desgracia, no a pretexto, como ese señor escribe, de pagar los funerales, sino para pagarlos, y ese dinero se lo di a la viuda misma y no a la hija del difunto, a esa joven de conducta «notoriamente equívoca» a quien vi ayer por primera vez en mi vida. En todo esto descubro el deseo de pintarme con los más negros colores e indisponer a vosotras conmigo. Ha escrito en estilo jurídico, es decir, que revela muy claramente su objeto y lo persigue sin pretender disimularlo. Es inteligente, mas, para conducirse con discreción, no basta siempre la inteligencia. Todo lo que te he hecho notar pinta al hombre... y no creo que te aprecie mucho. Lo digo por tu bien, que de todas veras deseo.

Dunia no respondió; había tomado su partido y esperaba que llegase la noche.

—Está bien, Rodia; ¿pero tú, qué decides?—preguntóle su madre, cuya inquietud iba en aumento oyendo discutir reposadamente a su hijo como un hombre de negocios.

—¿Qué quiero decir?

—Ya ves lo que escribe Pedro Petrovitch; desea que tú no vengas a nuestro alojamiento esta noche, y declara que se irá si te encuentra allí; por eso te pregunto qué piensas hacer.

—Yo no soy quien tiene que decirlo. A ti y a Dunia toca ver si esa exigencia de Pedro Petrovitch tiene o no algo de mortificante para vosotras—contestó fríamente Raskolnikoff.

—Dunetshka ha resuelto la cuestión, y yo estoy de perfecto acuerdo con ella—se apresuró a contestar Pulkeria Alexandrovna.

—Creo que es indispensable que asistas a esa entrevista; te suplico, pues, que no faltes. ¿Vendrás? Suplico a usted también que venga—continuó la joven dirigiéndose a Razumikin—. Mamá, me permito hacer esta invitación a Demetrio Prokofitch.

—Y lo apruebo, hija mía. Hágase lo que vosotros dispongáis—añadió su madre—. Para mí es un alivio, no me gusta fingir ni mentir; lo mejor es una explicación franca. Si Pedro Petrovitch se enfada, peor para él.

IV.

En aquel momento se abrió la puerta sin ruido y entró en la sala una joven mirando tímidamente en su derredor. Su aparición causó general sorpresa y todos los ojos se fijaron en ella con curiosidad. Al pronto no la conoció Raskolnikoff. Era Sofía Semenovna Marmeladoff. El joven la había visto por primera vez el día antes, en unas circunstancias y en un traje que le dejaron en la memoria una imagen distinta. Ahora era una joven de aspecto modesto, o más bien, pobre, de maneras corteses y reservadas y de expresión tímida. Vestía un traje muy sencillo y llevaba un sombrero pasado de moda. No conservaba ninguno de los adornos de la víspera; pero no había prescindido de la sombrilla. Su confusión al ver tanta gente que no esperaba encontrar fué tan grande, que dió un paso hacia atrás para retirarse.

—¡Ah! ¿es usted?—dijo Raskolnikoff en el colmo del asombro, y él también se quedó turbado.

Recordó entonces que la carta de Ludjin, leída un momento antes, contenía alusiones a cierta joven de conducta «notoriamente equívoca», acababa de protestar contra tal calumnia y de declarar que había visto a aquélla por primera vez el día anterior, y he aquí que se presentaba en su casa. En un abrir y cerrar de ojos todos estos pensamientos atravesaron mezclados por su imaginación; mas al observar más atentamente a la recién llegada, la vió tan abatida por la vergüenza, que sintió hacia ella súbita piedad. En el momento en que, asustada, iba a retirarse, se verificó en él un repentino cambio.

—No esperaba a usted—se apresuró a decir invitándola con la mirada a que se quedase—. Haga usted el favor de tomar asiento. ¿Viene, sin duda, de parte de Catalina Ivanovna? Permítame usted, ahí no, siéntese aquí.

Al entrar Sonia, Razumikin, que estaba sentado cerca de la puerta en una de las tres sillas que había en la habitación, se medio levantó para dejar paso a la joven. El primer impulso de Raskolnikoff fué indicar a Sonia el extremo del diván que Zosimoff había ocupado un momento antes; pero, pensando en que aquel mueble le servía de cama, mostró a la joven la silla de Razumikin.

—Tú siéntate aquí—dijo a su amigo haciéndole sitio a su lado en el sofá.

Sonia se sentó casi temblando y miró con timidez a las dos señoras. Era evidente que ella misma no se daba cuenta de cómo tenía la audacia de sentarse al lado de aquellas personas. Este pensamiento le causó tal impresión, que se levantó bruscamente y se dirigió, confusa, hacia Raskolnikoff.

—Es cuestión de un minuto. Perdóneme usted la molestia—dijo con voz trémula—. Me envía Catalina Ivanovna. No tenía otra persona a quien mandar... Catalina Ivanovna suplica a usted encarecidamente que asista mañana a los funerales... en San Motrifinio, y que venga después a nuestra casa... es decir, a casa de ella a tomar un bocado. Catalina Ivanovna espera que le concederá este honor.

—Ciertamente... haré lo posible por complacerla—balbució Raskolnikoff, que se había incorporado a medias—. Tenga usted la bondad de volver a sentarse; hágame el favor de concederme dos minutos.

Al mismo tiempo la invitaba con un gesto a tomar asiento. Sonia obedeció, y después de dirigir una mirada tímida a las dos señoras, bajó rápidamente los ojos. Las facciones de Raskolnikoff se contrajeron, coloreáronse sus mejillas y sus ojos lanzaron llamas.

—Mamá—dijo con voz vibrante—, es Sofía Semenovna Marmeladoff, la hija del desgraciado funcionario que murió ayer atropellado por un coche y del cual ya te he hablado.

Pulkeria Alexandrovna miró a Sonia y guiñó ligeramente los ojos, pues a pesar del temor que experimentaba delante de su hijo, no pudo negarse esta satisfacción. Dunia se volvió hacia la pobre joven y se puso a examinarla con gravedad. Al oírse nombrar por Raskolnikoff, Sonia, cada vez más cortada, levantó de nuevo los ojos.

—Quería preguntar a usted—prosiguió Rodia—qué ha pasado hoy en su casa, si las han molestado, si les ha causado alguna incomodidad la policía...

—No; no ha ocurrido nada de particular... La causa de la muerte era tan evidente... que nos han dejado tranquilas. Sólo los inquilinos se han incomodado.

—¿Por qué?

—Dicen que el cuerpo está demasiado tiempo en la casa... Como ahora hace calor, el olor... de modo que hoy se le conducirá a la capilla del cementerio, donde permanecerá hasta mañana. Al pronto se negaba Catalina Ivanovna, mas acabó por comprender que era preciso someterse.

—¿De modo que la conducción del cadáver es hoy?

—Catalina Ivanovna espera que nos hará usted el obsequio de asistir a las exequias, y que irá usted después a la comida fúnebre.

—¿Da una comida?

—Una modesta colación: me ha encargado dar a usted mil gracias por el socorro que nos entregó ayer... Sin usted, no hubiéramos podido hacer los gastos del funeral.

Un temblor repentino agitó los labios y la barba de la joven; pero logró dominar su emoción y bajó de nuevo los ojos.

Durante este breve diálogo Raskolnikoff la estuvo contemplando atentamente. Sonia tenía el rostro delgado y pálido; la nariz y la barbilla eran algo angulosas y puntiagudas y el conjunto bastante irregular; no se podía decir que era una beldad; pero, en cambio, sus ojos eran tan límpidos, y cuando se animaban comunicaban a su fisonomía tal expresión de bondad, que atraía irresistiblemente. Además se advertía otra particularidad característica en su rostro como en su persona: representaba mucha menos edad de la que tenía, y a pesar de contar ya diez y ocho años, se la hubiera tomado por una chiquilla. Esta circunstancia hacía reír al ver algunos de sus movimientos.

—¿Pero es posible que Catalina Ivanovna pueda atender a esos gastos con tan escasos recursos? ¿Y todavía se propone dar una colación?—preguntó Raskolnikoff.

—El féretro será muy sencillo... Todo se hará con mucha modestia, de suerte que costará muy poco... Catalina y yo hemos calculado el gasto; después de pagado todo, quedará algo para dar la colación... Catalina Ivanovna tiene mucho interés en darla. No es posible decir nada en contrario... Además, esto le sirve de consuelo, y ya sabe usted cómo está y cómo es ella.

—Comprendo, comprendo... ¿Le ha llamado a usted la atención mi cuarto?... Mi madre dice también que parece un sepulcro.

—Ayer se desprendió usted de todo por nosotras—respondió Sonia con voz sorda y rápida, bajando nuevamente los ojos.

Sus labios y su barba volvieron a temblar. Desde su entrada le había impresionado la pobreza que reinaba en la habitación de Raskolnikoff y las palabras que acababa de pronunciar habíansele escapado a su pesar. Siguióse un cortés silencio. Las pupilas de Dunia brillaron y la misma Pulkeria Alexandrovna miró a Sonia con expresión afable.

—Rodia—dijo levantándose—, supongo que comeremos juntos. Vámonos, Dunetshka... Tú deberías salir, Rodia, dar un paseíto, y, después de descansar un poco, venir a casa lo más pronto posible... Temo haberte fatigado.

—Sí, sí, iré—se apresuró a responder, levantándose también...—Tengo algo que hacer antes.

—¡Cuidado con irte a comer a otra parte!—exclamó Razumikin, mirando con asombro a Raskolnikoff—. Eso no puedes hacerlo de ninguna manera.

—No, no iré con ustedes, les aseguro que iré... Pero tú quédate un minuto. De momento no tenéis necesidad de él, ¿verdad?

—No, puede quedarse por ahora. Le espero, sin embargo, Demetrio Prokofitch, a comer con nosotras—dijo Pulkeria Alexandrovna.

—Yo también se lo ruego, venga usted—añadió Dunia.

Razumikin se inclinó radiante de alegría. Durante unos momentos todos experimentaron un malestar extraño.

—Adiós, es decir, hasta muy pronto; no me gusta decir adiós... Adiós, Anastasia... vamos, ya se me escapó otra vez.

Pulkeria Alexandrovna tenía intención de saludar a Sonia; pero, a pesar de toda su buena voluntad, no pudo resolverse a ello, y salió precipitadamente de la habitación.

No hizo lo mismo Advocia Romanovna, que parecía haber esperado este momento con impaciencia. Cuando, después de su madre, pasó al lado de Sonia, hizo a ésta un saludo en toda regla. La pobre muchacha se turbó, se inclinó con tímido apresuramiento, y en su rostro se manifestó una impresión dolorosa, como si la atención de Dunia para con ella le hubiese afectado penosamente.

—Dunia, adiós—dijo Raskolnikoff desde el rellano—; dame la mano.

—Ya te la he dado. ¿No te acuerdas?—respondió la joven, volviéndose hacia él con aire afable, aunque se sentía contrariada.

—Bueno, dámela otra vez—y estrechó de nuevo la mano de su hermana.

Dunia se sonrió ruborizándose, y en seguida se apresuró a apartar la mano y siguió a su madre. También ella se sentía contenta, sin que podamos decir por qué.

—¡Ea! Está bien—exclamó Raskolnikoff volviendo al lado de Sonia, que se había quedado en el cuarto.

Al mismo tiempo la miraba con aire tranquilo.

La jovencita advirtió, con sorpresa, que el semblante de su interlocutor se había esclarecido de repente. Durante algunos instantes Raskolnikoff la miró en silencio. Venía ahora a su memoria lo que Marmeladoff le había contado de su hija.

—Oye el asunto de que quería hablarte—prosiguió el joven tomando del brazo a Razumikin y llevándoselo a un ángulo del aposento.

—¿De modo que puedo decir a Catalina Ivanovna que irá usted?

Al decir esto, Sonia se dispuso a salir.

—Soy con usted en seguida, Sofía Semenovna; nosotros no tenemos secretos y usted no nos molesta. Tengo que decirle dos palabras.

E interrumpiéndose bruscamente se dirigió a Razumikin.

—¿Tú conoces a ése...? ¿Cómo se llama?... ¡Ah, sí, ahora caigo! A Porfirio Petrovitch.

—Sí, le conozco; es pariente mío. ¿Por qué me lo preguntas?—repuso Razumikin.

—¿No me dijiste ayer que instruía esa sumaria... del asesinato?

—Sí, ¿y qué?—insistió Razumikin sorprendido por el sesgo que tomaba la conversación.

—Me dijiste también que interrogaba a las personas que han empeñado alhajas en casa de la vieja; y como yo he empeñado alguna cosa, que no merece la pena de que se hable de ella... una sortija que me dió mi hermana cuando vine a San Petersburgo; y un reloj de plata, que perteneció a mi padre... Esos objetos no valen cinco rublos, pero tienen para mí el valor del recuerdo. ¿Qué debo hacer ahora? No quiero que se pierdan. Temblando estaba hace un momento, temeroso de que mi madre quisiera verlo cuando se hablaba del reloj de Dunia. Es la única cosa que habíamos conservado de mi padre. Si se hubiese perdido, mi madre tendría un verdadero disgusto, ¡las mujeres! Dime, pues, lo que debo hacer. Ya sé que es necesario prestar una declaración ante la policía; pero, ¿no será mejor que me dirija a Porfirio Petrovitch? ¿Qué te parece? Me corre prisa arreglar este asunto. Ya verás cómo antes de comer me preguntará mi madre por el reloj.

—No es a la policía a quien hay que acudir, sino a Porfirio Petrovitch—exclamó Razumikin extremadamente agitado—. ¡Oh, qué contento estoy! Podemos ir en seguida; vive a dos pasos de aquí; seguro estoy de que le encontraremos.

—Sea; vamos.

—Se alegrará mucho de conocerte. Le he hablado muchas veces de ti. Ayer, sin ir más lejos. Vamos. ¿De modo que tú conocías a la vieja? ¡Ah, todo se explica admirablemente! ¡Ah! sí... Sofía Ivanovna.

—Sofía Semenovna—rectificó Raskolnikoff, y dirigiéndose a la joven añadió—: Mi amigo Razumikin, excelente persona.

—Si usted tiene que salir...—comenzó a decir Sonia a quien esta presentación había dejado aún más confusa y que no se atrevía a levantar los ojos para mirar a Razumikin.

—¡Ea, vamos!—dijo Raskolnikoff—: yo pasaré por su casa, Sofía Semenovna. Dígame sus señas.

Pronunció estas palabras no con cortedad, sino con cierta precipitación y evitando las miradas de la joven. Esta dió sus señas no sin ruborizarse. Los tres salieron juntos.

—¿No cierras la puerta?—preguntó Razumikin mientras bajaban la escalera.

—Nunca... Dos años hace que estoy pensando comprar una cerradura. ¡Felices aquellos que no tienen nada que guardar bajo llave!—añadió alegremente dirigiéndose a Sonia.

Se detuvieron en el umbral de la puerta de la calle.

—¿Usted va por la derecha, Sofía Semenovna? ¡Ah! dígame usted: ¿Cómo ha podido dar con mi habitación?

Veíase bien claro que lo que decía no era lo que quería decir. No se cansaba de contemplar los dulces y claros ojos de la joven.

—¡Pero si dió usted sus señas a Polenka!

—¿Qué Polenka? ¡Ah! Sí. ¿La niña? ¿Es hermanita de usted? ¿De modo que le di mis señas?

—¿Lo había usted olvidado?

—No... me acuerdo.

—Yo había oído hablar de usted al difunto... pero no sabía su nombre... ni tampoco él lo sabía... Ahora he venido, y como ya conocía su nombre he preguntado: ¿es aquí donde vive el señor Raskolnikoff? Adiós... Ya le diré a Catalina Ivanovna... Ignoraba que ocupaba usted un cuarto amueblado...

Muy contenta de poder irse Sonia, se alejó con paso rápido sin levantar la vista. Le faltaba tiempo para llegar a la primera esquina de la calle a la derecha, a fin de substraerse a las miradas de los jóvenes y reflexionar sin testigos, sobre todos los incidentes de esta visita. Jamás había experimentado nada semejante; todo un mundo ignorado surgía confusamente en su alma. Recordó de pronto que Raskolnikoff le había manifestado espontáneamente su intención de ir a verla aquel mismo día, quizá aquella misma mañana, tal vez dentro de un momento.

—¡Ah, ojalá no venga hoy!—murmuró angustiada—. ¡Dios mío! ¡En mi casa! ¡En aquella habitación...! y vería... ¡Dios mío, Dios mío!

Estaba demasiado preocupada para notar que desde su salida de la casa había sido seguida por un desconocido. En el momento en que Raskolnikoff, Razumikin y Sonia se habían detenido en la acera para hablar breves instantes, la casualidad hizo que aquel señor pasase al lado de ellos. Las palabras de la joven: «He preguntado si vive aquí el señor Raskolnikoff», llegaron furtivamente a oídos del desconocido y le hicieron estremecerse. Miró disimuladamente a los tres interlocutores y en particular a Raskolnikoff, a quien Sonia se había dirigido, y le examinó después la cara para poder reconocerle en caso de necesidad; todo esto fué hecho en un abrir y cerrar de ojos y de un modo que no pudiera infundir sospechas, después de lo cual el señor se alejó acortando el paso como si hubiera seguido a alguien. Era a Sonia a quien esperaba; bien pronto la vió despedirse de los dos jóvenes y encaminarse a su casa.

«¿Dónde vive? Yo he visto esta cara en alguna parte. Es menester que lo averigüe.»

Cuando hubo llegado a la esquina de la calle, pasó a la otra acera, se volvió y advirtió que la joven marchaba en la misma dirección que él. Sonia no se daba cuenta de que la seguían y la observaban. Cuando llegó a la esquina, la joven la dobló y el desconocido continuó siguiéndola, andando por la acera opuesta y sin perderla de vista. Al cabo de cincuenta pasos atravesó la calle, alcanzó a Sonia y marchó detrás de ella a una distancia de cinco pasos.

Era un hombre de unos cincuenta años; pero muy bien conservado y que representaba mucha menos edad; era alto, fuerte y algo cargado de espaldas. Vestido de una manera tan cómoda como elegante y con guantes nuevos, llevaba en la mano un buen bastón que hacía sonar a cada paso sobre la acera. Todo en su persona delataba un hombre distinguido. Su ancho rostro era bastante agradable; al mismo tiempo el brillo de su tez y sus rojos labios no permitían tomarle por un petersburgués. Sus cabellos muy espesos, eran excesivamente rubios y apenas empezaban a encanecer; la barba larga, ancha y bien cuidada, tenía todavía un color más claro que sus cabellos. La mirada de sus ojos azules era fría, seria y fija.

El desconocido tuvo bastante tiempo para observar que la joven iba distraída y absorta. Al llegar delante de su casa franqueó el umbral. El señor que la seguía continuó detrás de ella un poco asombrado. Después de entrar en el zaguán, Sonia tomó por la escalera de la derecha que conducía a su habitación. «¡Bah!»—dijo para sí el señor, y subió también. Entonces fué cuando la joven advirtió la presencia del desconocido. Llegó al tercer piso, se entró por un corredor y llamó en el número nueve, debajo del cual se leía en la puerta estas dos palabras escritas con tiza: *Kapernumoff, Sastre*. «¡Bah!»—repitió el hombre sorprendido por aquella coincidencia, y llamó al lado, en el número ocho. Las dos puertas estaban a seis pasos la una de la otra.

—¿Usted vive en casa de Kapernumoff?—dijo, riéndose, a Sonia—. Me arregló ayer un chaleco. Yo vivo aquí, cerca de usted, en el departamento de la señora Gertrudis Karlovna Reslich, ¡qué casualidad!

Sonia le miró con atención.

—Somos vecinos—continuó diciendo con tono alegre—. Llegué ayer a San Petersburgo. Vamos, hasta que tenga el gusto de volver a verla.

Sonia no respondió.

Se abrió la puerta y la joven entro en su cuarto intimidada y vergonzosa.

* * * * * * *

Razumikin iba muy animado camino de la casa de Porfirio en compañía de su amigo.

—Perfectamente, querido—repetía muchas veces—. Estoy encantado, lo que se dice encantado. No sabía que tuvieses ninguna cosa empeñada en casa de la vieja y... y... ¿hace mucho tiempo que has estado en su casa?

—¿Que cuándo estuve?—murmuró Raskolnikoff, como procurando recordar—. Me parece que fué la antevíspera de su muerte. Por lo demás, no se trata de desempeñar ahora esos objetos—se apresuró a decir como si esta cuestión le hubiese vivamente preocupado—. No tengo más que un rublo, gracias a las locuras que hice ayer bajo la influencia de ese maldito delirio.

Y recalcó de una manera particular la palabra «delirio».

—Vamos, sí, sí—contestó Razumikin respondiendo a un pensamiento que se le había ocurrido en aquel instante—. ¿De modo que por eso tú...? La cosa me había chocado. Ahora me explico por qué no cesabas de hablar de sortijas, de cadenas de oro y de reloj mientras delirabas. Es claro, ahora todo me lo explico.

«¡Oh!—pensó Raskolnikoff—esa idea se la había metido en la cabeza; tengo la prueba: este hombre, que se haría crucificar por mí, se considera ahora feliz al explicarse por qué yo hablaba de sortijas durante mi delirio. Mi lenguaje ha debido confirmar a todos en sus sospechas.»

—¿Y qué, le encontraremos?—preguntó en alta voz.

—Ya lo creo que le encontraremos—respondió sin vacilar Razumikin—. Es un buen muchacho, amigo mío. Un poco desmadejado, es cierto, pero no dudo de que carezca de buenos modales, no; es por otro concepto por lo que lo encuentro desmadejado. Lejos de ser tonto, es muy inteligente; pero tiene un carácter particular... Es incrédulo... escéptico, cínico; le gusta burlarse de sus amigos. A pesar de esto, es fiel al *viejo juego*, es decir, no admite más que pruebas materiales... pero sabe su oficio. El año último desembrolló todo un proceso de asesinato en el cual faltaban todos los indicios. ¡Tiene tantos deseos de conocerte!

—¿Y por qué?

—¡Oh! no es porque... verás. En estos últimos días, cuando tú estabas malo, hemos tenido ocasión de hablar a menudo de ti... Asistía a nuestras conversaciones, y cuando supo que tú eras estudiante de Derecho y que te habías visto obligado a dejar la Universidad, dijo: «¡Qué lástima!» Yo he deducido de aquí... es decir, yo no me fundo solamente en esto, sino en otras cosas. Ayer, Zametoff... Oyeme, Raskolnikoff; cuando ayer te acompañaba estaba borracho y hablaba sin ton ni son; temo que hayas tomado mis palabras demasiado en serio...

—¿Qué es lo que me dijiste? ¿Que me tienen por loco? Acaso tengas razón—respondió Raskolnikoff con sonrisa forzada.

Se callaron. Razumikin estaba radiante de júbilo y Raskolnikoff lo advertía con cólera. Lo que su amigo acababa de decirle acerca del juez de instrucción no dejaba de inquietarle.

«Lo esencial es saber—pensó Raskolnikoff—si Porfirio tiene conocimiento de mi visita ayer a casa de la bruja y de la pregunta que hice acerca de la sangre. Es preciso, ante todo, que yo compruebe esto. Es preciso, desde el primer momento, desde mi entrada en su despacho, que lo lea sobre su rostro; de otro modo, aunque me pierda, seré sincero.»

—¿Sabes una cosa?—dijo bruscamente dirigiéndose a Razumikin con maliciosa sonrisa—. Me parece que desde esta mañana estás muy agitado. ¿No es verdad?

—No, de ninguna manera—respondió Razumikin contrariado.

—No me engaño, amigo mío. Hace poco estabas sentado en el borde de una silla, lo que nunca te ocurre. Parecía que te hallabas sobre pinchos; te sobresaltabas a cada instante. Tu humor variaba sin cesar. Tan pronto te ponías colérico, tan pronto dulce como la miel. Hasta te ruborizabas. Sobre todo, cuando te invitaron a comer, te pusiste del color de la grana.

—¡Qué absurdo! ¿Por qué dices eso?

—¿Sabes que tienes timideces de colegial? ¡Demonio! ¿Te pones otra vez colorado?

—¡Eres insoportable!

—Pero, ¿por qué esa confusión, Romeo? Deja hacer; yo lo contaré todo hoy en alguna parte, ¡ja, ja, ja! ¡cómo se va a reír mi madre y otra persona!

—Escucha, escucha, déjate de bromas y ¡diablo!—murmuró Razumikin helado de terror—. ¿Qué le vas a contar? ¡di!... ¡Qué puerco eres!

—Estás hecho una verdadera rosa de primavera. ¡Y si supieses qué bien te sienta eso! ¡Un Romeo de dos archinas y doce verchok! ¡pero, vamos, veo que te has lavado hoy y te has cortado las uñas! ¿Cuánto tiempo te has estado arreglando? ¡Calle! ¡Si hasta creo que te has dado pomada! ¡Baja, baja la cabeza, para que te huela!

—¡¡¡Indecente!!!

Raskolnikoff soltó la carcajada, y esta hilaridad que el joven, en apariencia, no podía dominar, duraba aún cuando llegaron a casa de Porfirio Petrovitch. Desde el cuarto podían oírse las risas del visitante en la antesala. Esto era precisamente lo que quería Raskolnikoff.

—¡Si dices una palabra, te reviento!—murmuró Razumikin furioso, agarrando por un brazo a su amigo.

V.

Raskolnikoff entró en el despacho del juez de instrucción con la fisonomía de un hombre que hace todo lo posible para estar serio y sólo lo consigue a medias. Detrás de él entró disgustado Razumikin y más rojo que un pavo, con el semblante alterado por la cólera y por la vergüenza. La figura desgarbada y la cara mohina de este mocetón eran bastante chuscas para justificar la hilaridad de su compañero. Porfirio Petrovitch, en pie en medio de la habitación, interrogaba con la mirada a los dos visitantes. Raskolnikoff se inclinó ante el dueño de la casa, cambió con él un fuerte apretón de manos y fingió hacer un violento esfuerzo para ahogar su deseo de reír, mientras que decía su nombre y clase; acababa de recobrar su sangre fría y de balbucear algunas palabras, cuando, en medio de la presentación, sus ojos se encontraron por casualidad con Razumikin, y entonces no pudo contentarse y su seriedad se trocó en una carcajada, tanto más ruidosa cuanto más comprimida. Razumikin sirvió a maravilla los propósitos de su amigo, porque aquel desatinado reír le hizo montar en cólera, lo que acabó de dar a toda la escena apariencia de franca y natural alegría.

—¡Ah, bribón!—vociferó con tan violento ademán, que derribó un veladorcito sobre el cual estaba un vaso que había contenido te.

—Señores, ¿por qué me echan ustedes a perder el mobiliario? Es un perjuicio que causan ustedes al Estado—exclamó alegremente Porfirio Petrovitch.

Raskolnikoff se reía con tantas ganas, que durante algunos momentos se olvidó de retirar la mano de la del juez de instrucción; pero hubiera sido poco natural dejarla más tiempo; así es que la separó en el momento oportuno para dar la mayor verosimilitud posible al papel que representaba.

Razumikin, por su parte, se hallaba más confuso que al principio, a causa de haber tirado el velador y roto el vaso. Después de haber contemplado con aire sombrío las consecuencias de su arrebato, se dirigió a la ventana, y allí, dando la espalda al público, se puso a mirar por ella, mas sin ver nada. Porfirio Petrovitch se reía por cortesía; pero, evidentemente, aguardaba explicaciones. En un rincón, sentado en una silla, estaba Zametoff. Al entrar los visitantes se había levantado a medias, tratando de sonreír; sin embargo, no parecía engañado por esta escena, y observaba a Raskolnikoff con curiosidad particular. Este último no había esperado encontrar allí al polizonte, y su presencia le causó una desagradable sorpresa.

«He ahí una cosa con la que no contaba»—pensó.

—Perdóneme usted, se lo suplico—dijo alto, con cortedad fingida, Raskolnikoff.

—¡Bah! Me proporcionan ustedes un placer. Han entrado de un modo tan divertido... Ese no quiere dar los buenos días—añadió Porfirio Petrovitch, indicando con un movimiento de cabeza a Razumikin.

—No sé por qué se ha enfurecido conmigo. Le he dicho solamente en la calle que se parecía a Romeo... se lo he demostrado... y no ha pasado más.

—¡Imbécil!—gritó Razumikin, sin volver la cabeza.

—Ha debido de tener motivos más graves, para tomar tan a mal una burla insignificante—observó, riendo, Porfirio Petrovitch.

—Ya pareció el juez de instrucción... Siempre investigador. ¡Todos al diablo!—replicó Razumikin, y echándose a reír y recobrando súbitamente su buen humor, se acercó a Porfirio Petrovitch—. Basta de tonterías, y a nuestro asunto. Te presento a mi amigo Rodión Romanovitch Raskolnikoff, que ha oído hablar mucho de ti y desea conocerte; tiene, además, que hablarte de una cosa. ¡Eh, Zametoff! ¿Por qué diantre estás aquí? De modo que os conocíais, ¿y desde cuándo?

«¿Qué quiere decir esto?»—se preguntó con inquietud Raskolnikoff.

La pregunta de Razumikin pareció molestar algo a Zametoff; sin embargo, se repuso en seguida.

—Fué ayer, en su casa, cuando nos conocimos—dijo con desenvoltura.

—¡Vamos! Entonces ha sido la mano de la Providencia la que ha arreglado todo esto. Figúrate, Porfirio, que la semana pasada me había manifestado vivos deseos de que te lo presentase; pero, según se ve, no habéis tenido necesidad de mí. ¿Tienes tabaco?

El juez estaba en traje de la mañana. Batín de casa, pantuflas en chancleta y camisa muy limpias. Era hombre de treinta y cinco años, más bien bajo que alto, grueso y ligeramente panzudo. No llevaba barba ni bigote, y tenía los cabellos cortados al rape. Su cabeza, gruesa y redonda, presentaba una redondez particular en la región de la nuca. Su rostro gordinflón también redondo y un poco aplastado, no carecía ni de vivacidad ni de alegría, aunque la tez, de un color amarillento obscuro, estaba lejos de indicar buena salud. Se hubiera podido encontrar en él hasta cierta candidez, si no hubiera sido por los ojos que, velados por pestañas casi blancas, parecían estar siempre guiñados, como si hicieran signos de inteligencia a alguien. La mirada de estos ojos daba un extraño mentís al resto de la fisonomía. A primera vista, el físico del juez de instrucción ofrecía cierta semejanza con el de un campesino; pero esta ilusión no engañaba por mucho tiempo al observador inteligente.

En cuanto oyó que Raskolnikoff tenía que tratar con él de un negocio, Porfirio Petrovitch le invitó a que se sentase en el diván, tomando él asiento en el otro extremo, y poniéndose con gran celo a su disposición. De ordinario nos sentimos un poco molestos cuando un hombre, a quien apenas conocemos, manifiesta una gran curiosidad por oírnos, y nuestra cortedad aumenta cuando el objeto de que vamos a hablarle es a nuestros propios ojos de poca importancia.

Sin embargo, Raskolnikoff pudo, en cortas y precisas palabras, exponer su deseo y observar al mismo tiempo, mientras hablaba, a Porfirio Petrovitch. Este, por su parte, no le quitaba los ojos de encima. Razumikin, sentado enfrente de él, escuchaba con impaciencia, y sus miradas iban sin cesar de su amigo al juez de instrucción y viceversa, cosa que pasaba los linderos de lo natural.

«¡Ese imbécil!»—decíase interiormente Raskolnikoff.

—Es preciso hacer una declaración a la policía—respondió con indiferencia Porfirio Petrovitch—. Expondrá usted que, informado de tal acontecimiento, es decir, de ese asesinato, desea manifestar al juez de instrucción encargado del proceso, que tales o cuales objetos le pertenecen a usted, y que quiere desempeñarlos... Por lo demás, ya se le escribirá a usted.

—Desgraciadamente—replicó Raskolnikoff con fingida cortedad—no estoy en fondos... y mis medios no me permiten desempeñar esas baratijas... ¿Ve usted?... Quisiera limitarme a declarar que esos objetos son míos, y que, en cuanto tenga dinero...

—Eso no importa—replicó Porfirio Petrovitch, que acogió fríamente esta explicación financiera—; por lo demás, puede usted, si quiere, escribirme directamente, declarando que, enterado de lo ocurrido, desea usted decirme que tales objetos le pertenecen y que...

—¿Y puedo escribir esa carta en cualquier papel?—interrumpió Raskolnikoff afectando siempre no preocuparse de otra cosa que del aspecto pecuniario de la cuestión.

—¡Oh! en cualquier papel.

Porfirio Petrovitch pronunció estas palabras con aire francamente burlón, haciendo un guiño a Raskolnikoff. Por lo menos, el joven hubiera jurado que aquel movimiento de ojos se dirigía a él y que encubría mal una segunda intención. Quizás después de todo se engañaba, porque aquello duró apenas el espacio de un segundo.

«Ese lo sabe»—se dijo instantáneamente.

—Perdóneme usted haberle molestado por tan poca cosa—añadió bastante desconcertado—. Esos objetos valen en junto cinco rublos, pero tienen para mí especial valor, y confieso que tuve mucha inquietud cuando supe...

—Por esto te pusiste tan alterado ayer al oírme decir a Zosimoff, que Porfirio Petrovitch interrogaba a los propietarios de los objetos empeñados—recalcó con intención evidente Razumikin.

Era demasiado. Raskolnikoff no pudo contenerse y lanzó sobre aquel inadvertido hablador una mirada relampagueante de cólera; mas, comprendiendo en seguida que acababa de cometer una imprudencia, trató de repararla.

—Parece que te burlas de mí, amigo mío—dijo a Razumikin, con aire ofendido—. Reconozco que me preocupo, quizá dcmasiado, de cosas muy insignificantes a tus ojos; pero esto no es una razón para mirarme como un hombre egoísta y avaro; estas miserias pueden tener valor para mí. Como te decía hace un momento, ese reloj de plata, que apenas vale un groch, es lo único que me queda de mi padre. Búrlate cuanto quieras, pero mi madre ha venido a verme—y al decir esto se volvió hacia el juez—, y si supiese—continuó de nuevo dirigiéndose a Razumikin poniendo la voz todo lo temblorosa que pudo—, si supiese que no tengo el reloj, te aseguro que la pobre sentiría un nuevo disgusto. ¡Oh, las mujeres!

—¿Pero, qué dices? No me has entendido. Has interpretado mal mi pensamiento—protestaba Razumikin todo acongojado.

—¿Habré hecho bien? ¿Habré forzado demasiado la nota?—se preguntaba ansiosamente Raskolnikoff—. ¿Por qué habré dicho yo «las mujeres»?

—¡Ah! ¿Ha venido su madre de usted?—preguntó Porfirio Petrovitch.

—Sí.

—¿Cuándo ha llegado?

—Ayer noche.

El juez de instrucción se quedó callado un momento como si reflexionase.

—Los objetos que le pertenecen no hubieran podido extraviarse jamás—repuso con tono tranquilo y frío—. Desde hace tiempo, esperaba yo la visita de usted.

Al decir esto aproximó vivamente el cenicero a Razumikin que sacudía implacablemente sobre el tapete su cigarro. Raskolnikoff se estremeció; pero el juez de instrucción no pareció advertirlo, ocupado como estaba en preservar el tapete.

—¿Cómo? ¿Esperabas su visita? ¿De modo que sabías que había empeñado algunas cosas?

Sin responder, Porfirio Petrovitch se dirigió a Raskolnikoff.

—Las alhajas de usted, una sortija y un reloj, se encontraban en casa de la víctima envueltas en un pedazo de papel en el cual estaba completamente legible, escrito con lápiz, el nombre de usted con la indicación del día en que se habían empeñado esos objetos.

—¡Qué memoria tiene usted para todas estas cosas!—dijo Raskolnikoff con sonrisa forzada, procurando sobre todo mirar con serenidad al juez de instrucción; no pudo, sin embargo, contenerse, y añadió bruscamente—: digo esto, porque deben de ser muchos, sin duda, los dueños de objetos empeñados y debe de costarle a usted, me parece a mí, mucho trabajo recordarlos a todos... Pero veo, por el contrario, que no olvida usted ni a uno... y... y...

«¡Estúpido! ¡Idiota! ¿qué necesidad tenías de añadir esto?»

—Es que casi todos se han dado ya a conocer y usted no se había presentado aún—respondió Porfirio con un dejo casi imperceptible de burla.

—No me encontraba muy bien.

—Lo he oído decir. Se me ha dicho que estaba usted muy enfermo. Todavía está usted pálido.

—No, no estoy pálido... al contrario, me siento muy bien—respondió Raskolnikoff con tono brutal y violento.

Sentía hervir en él una cólera que no podía dominar.

«El arrebato va a hacerme cometer alguna tontería—pensó—. Pero, ¿por qué me exasperan?»

—Que no se sentía muy bien, ¡vaya un eufemismo!—exclamó Razumikin—. La verdad es que hasta ayer ha estado casi sin conocimiento. ¿Lo creerías, Porfirio? Ayer, pudiendo apenas sostenerse sobre las piernas, aprovechando un momento en que Zosimoff y yo acabábamos de dejarle, se vistió, salió de su casa y estuvo vagando hasta media noche, Dios sabe por dónde... y estando en completo delirio; ¿puedes imaginarte una cosa semejante? Es un caso de los más notables.

—¡Bah! *¿En estado completo de delirio?*—dijo Petrovitch con el movimiento de cabeza propio de los campesinos rusos.

—Es absurdo, ¿verdad? Por lo demás, yo no tengo necesidad de decirle a usted esto. La convicción de usted está formada—dejó escapar Raskolnikoff cediendo a un arrebato de cólera; pero Porfirio Petrovitch no pareció fijarse en estas extrañas palabras.

—¿Cómo habías de haber salido tú, si no hubieses estado delirando?—dijo exaltándose Razumikin—. ¿Para qué semejante salida? ¿Con qué objeto? Y sobre todo, ¿por qué escapar así, ocultándote? Has de convenir conmigo en que tenías perturbadas tus facultades mentales. Te lo digo así, muy clarito, ahora que el peligro ha pasado.

—Me habían fastidiado tanto ayer...—dijo Raskolnikoff dirigiéndose al juez de instrucción con una sonrisa que parecía un desafío—, y queriendo librarme de ellos salí para alquilar un cuarto en que no pudiesen descubrirme; había tomado para este efecto cierta cantidad. El señor

Zametoff me vió el dinero en la mano; dígame usted, señor Zametoff, si deliraba yo ayer o si estaba en mi sano juicio. Sea usted el árbitro de nuestra disputa.

En aquel momento de buena gana hubiera estrangulado al polizonte que le irritaba por su mutismo y la expresión de su mirada.

—Me pareció que hablaba usted muy sensatamente y con mucha sutileza; pero le encontré a usted demasiado irascible—declaró secamente Zametoff.

—Y hoy—añadió Porfirio—me ha dicho Nikodim Fomitch que había encontrado a usted ayer, a hora muy avanzada de la noche, en casa de un funcionario que acababa de ser atropellado por un carruaje...

—Eso mismo viene en apoyo de lo que yo decía—dijo Razumikin—. ¿No te has conducido como un loco en casa de un funcionario? ¿No te despojaste de todo tu dinero para pagar el entierro? Comprendo que quisieses socorrer a la viuda; pero podías haberle dado quince rublos, veinte, si quieres, pero siempre reservándote algo para ti. Por el contrario, lo diste... te desprendiste de tus veinticinco rublos.

—Pero, ¿qué sabes tú? Tal vez he encontrado un tesoro. Ayer estaba yo en vena de ser generoso... El señor Zametoff, aquí presente, sabe que he encontrado un tesoro... Pido a ustedes perdón de haberles molestado durante media hora en mi insubstancial palabrería—prosiguió con los labios temblorosos dirigiéndose a Porfirio—. He importunado a ustedes, ¿no es eso?

—¿Qué dice usted? Todo al contrario; si usted supiese cuánto me interesa y lo curioso que resulta oírle... Confieso a usted que estoy encantado de haber recibido su visita.

—¡Vamos, danos te! Tenemos el gaznate seco—exclamó Razumikin.

—¡Excelente idea!, pero antes del te querrás tomar algo más sólido, ¿eh?

—¡Caracoles! ¡Algo más sólido! ¿A qué esperas?

Porfirio Petrovitch salió para encargar el te.

En el cerebro de Raskolnikoff, hervían multitud de pensamientos. Estaba por extremo excitado.

—Ni siquiera se toman el trabajo de fingir, no usan muchas precauciones; este es el punto principal. Puesto que Porfirio no me conocía, ¿por qué ha hablado de mí con Nikodim Fomitch? No se cuidan de ocultar que husmean mis huellas como traílla de perros. ¡Me escupen en la cara desfachatadamente!—decía temblando de rabia—. Id derechamente contra mí, pero no juguéis conmigo como el gato con el ratón. Eso es una descortesía, Porfirio Petrovitch, y yo no lo tolero... Me levantaré y os arrojaré la verdad a la cara y veréis entonces cuánto os desprecio.

Respiró con ansia y continuó pensando:

—¿Pero si todo esto no existiese más que en mi imaginación, si fuese un espejismo, si hubiese interpretado mal las cosas?... Tratemos de sostener nuestro feo papel y no vayamos a perdernos como un imbécil por un arrebato de cólera. Quizá les atribuyo intenciones que no tienen. Sus palabras carecen en rigor de malicia, nada de particular tienen; pero deben de encerrar una segunda intención. ¿Por qué Zametoff ha observado que yo le *hablé con mucha sutileza*? ¿por qué me han hablado con ese tono? Sí; me han hablado con un tono particular... ¿Cómo todo esto no le ha chocado a Razumikin? Ese estúpido no se entera jamás de nada. Creo que tengo otra vez fiebre. ¿Me hizo Porfirio hace un poco un guiño con los ojos, o acaso me he engañado? No pienso más que absurdos; ¿por qué había de guiñarme los ojos? ¿Se proponen irritar mis nervios para empujarme hasta el fin? todo esto es pura fantasmagoría o saben... Zametoff ha estado insolente; tiempo ha tenido desde ayer de reflexionar. Ya presumía yo que cambiaría de opinión. Está aquí como en su casa, y eso que ha venido hoy por primera vez. Porfirio no le trata como a un extraño y hasta se sienta volviéndole la espalda. Estos dos se han hecho amigos y sin duda por mi causa han comenzado sus relaciones. Seguro estoy de que hablaban de mí cuando he llegado. ¿Tienen noticia de mi visita al cuarto de la vieja? Desearía saberlo... Cuando he dicho que había salido para alquilar un cuarto, Porfirio se ha hecho el desentendido... pero he hecho bien en decirlo; más tarde me podrá servir; en cuanto al delirio, el juez de instrucción no parece darle crédito. «Sabe perfectamente lo que hice yo aquella noche... Ignoraba la llegada de mi madre... ¡Y aquella bruja que había apuntado con lápiz la fecha del empeño!... No, no, la seguridad que afectáis no me engaña; hasta ahora no tenéis hechos; os fundáis solamente en vagas conjeturas. Citadme un hecho, si podéis alegar uno solo en contra mía. La visita que hice a la vieja nada prueba; se puede explicar por un delirio. Me acuerdo de lo que dije a los dos obreros y al *dvornik*... ¿Saben que estuve allí? No me iré hasta que me cerciore de que lo saben o

116

no. ¿Por qué he venido? Pero he aquí que ahora me encolerizo y esto sí que es de temer. ¡Ah, qué irritable soy! Después de todo más vale quizá que sea así: sigo representando un papel de enfermo. Parece que va a interrogarme... Esto me va a hacer vacilar y perder la cabeza. ¿Por qué he venido?»

Todas estas ideas atravesaron su espíritu con la rapidez del relámpago. Al cabo de un instante volvió Porfirio Petrovitch. Parecía de muy buen humor.

—Ayer, al salir de tu casa, amigo mío, no estaba yo muy bien de cabeza—comenzó a decir dirigiéndose a Razumikin con una alegría que no había demostrado hasta entonces—; pero yo estoy bien. ¿Y qué tal? ¿la velada fué interesante? Os dejé en el momento más animado. ¿Por quién quedó la victoria?

—Como es natural, por nadie: todos argumentaron a más y mejor en pro de sus viejas tesis. Figúrate que la discusión versaba ayer sobre lo siguiente—agregó, volviéndose hacia Raskolnikoff—: ¿hay crímenes o no los hay? ¡Cuántas tonterías dijeron con tal motivo!

—¿Qué hay en eso de extraordinario? Es una cuestión social que ni siquiera tiene el mérito de la novedad—respondió distraídamente Raskolnikoff.

—La cuestión no se planteó en esos términos—observó el juez.

—Es verdad, no fué precisamente en esos términos—repuso Razumikin con su insistencia de costumbre—. Escucha, Rodia, y dinos tu opinión. Ayer me hicieron perder la paciencia; te esperaba porque me habías prometido tu visita. Los socialistas comenzaron por exponer su teoría. Sabido es en qué consiste: el crimen es una protesta contra un orden social mal organizado; nada más. Con eso creen haberlo dicho todo; no admiten otro móvil para los actos criminales; según ellos, el hombre es lanzado al crimen únicamente por el ambiente. Es su frase favorita.

—A propósito de crimen y de ambiente—dijo Porfirio Petrovitch, dirigiéndose a Raskolnikoff—; recuerdo un trabajo de usted que me interesó vivamente; hablo de su artículo sobre el *Crimen*... no me acuerdo bien del título. Tuve el gusto de leerlo hace dos meses en *La Palabra Periódica*.

—¡Un artículo mío en *La Palabra Periódica*!—exclamó Raskolnikoff, sorprendido—. Recuerdo que, hace seis meses, cuando salí de la Universidad, escribí un artículo a propósito de un libro; pero lo llevé a *La Palabra Semanal* y no a *La Palabra Periódica*.

—Pues fué publicado en esta última.

—Como *La Palabra Semanal* suspendió su publicación, mi artículo no pudo salir.

—Pero como esa revista se fundió con *La Palabra Periódica*, hace dos meses que apareció en ésta el artículo a que me refiero. ¿No lo sabía usted?

—No.

—Pues bien, puede usted ir a cobrar su importe. ¡Qué raro es usted! Ni siquiera se entera de lo que directamente le interesa.

—¡Muy bien, Rodia!—exclamó Razumikin—. Tampoco yo lo sabía. Hoy mismo voy a pedir el número en el gabinete de lectura. ¿Hace dos meses que se publicó? ¿En qué fecha? No importa, lo encontraré. ¡Y qué callado se lo tenía!

—¿Cómo ha sabido usted que el artículo era mío? Yo no lo había firmado.

—Lo he sabido recientemente por una mera casualidad. El redactor jefe es amigo mío, y me descubrió el secreto. Ese trabajo me interesó sobremanera.

—Examinaba yo en él, lo recuerdo perfectamente, el estado psicológico del delincuente en el momento de cometer el crimen.

—Sí, y procuraba usted demostrar que en ese momento el criminal es un enfermo. Me parece una teoría muy original; pero no fué ésa la parte de su artículo que más me interesó; me fijé especialmente en un pensamiento que se encontraba en el mismo, y que, por desgracia, explicaba usted con demasiada concisión. En una palabra, como sin duda recordará usted, parece que quería dar a entender que existen en la tierra hombres que pueden, o por mejor decir, que tienen el derecho absoluto de cometer todo género de acciones culpables y criminales; hombres, en fin, para quienes en cierto modo no rezan las leyes.

Al oír esta pérfida interpretación de su pensamiento, Raskolnikoff se sonrió.

—¿Cómo? ¿Qué? ¿El derecho al crimen? No; lo que quiso decir es que el criminal se ve impulsado al delito por la influencia irresistible del ambiente. ¿No es eso?—preguntó Razumikin con inquietud.

—No, no se trata de eso—replicó Porfirio—. En dicho artículo se clasifica a los hombres en ordinarios y extraordinarios. Los primeros deben vivir en la obediencia y no tienen derecho a violar la ley; los segundos poseen el derecho de cometer todos los crímenes y de saltar por encima de todas las leyes, precisamente porque son hombres extraordinarios: si no me engaño, esto es lo que usted dijo.

—¡Eh! ¿Como? ¡Es imposible que sea eso!—balbució Razumikin estupefacto.

Raskolnikoff volvió a sonreír. Había comprendido en seguida que se trataba de arrancarle una declaración de principios, y acordándose de su artículo no vaciló en explicarlo.

—No es eso—comenzó a decir con tono sencillo y modesto—. Confieso, no obstante, que ha reproducido usted con bastante exactitud mi pensamiento, y hasta, si usted quiere, diré que con mucha exactitud (pronunció estas últimas palabras con cierta satisfacción); lo que yo no he dicho, como usted me lo hace decir, es que las personas extraordinarias tengan absoluto derecho para cometer en todo caso cualesquiera acciones criminales. Supongo que la censura no habría dejado pasar un artículo concebido en tales términos. He aquí sencillamente lo que yo me he permitido decir: el hombre extraordinario tiene el derecho, no oficialmente, sino por sí mismo, de autorizar a su conciencia a franquear ciertos obstáculos; pero sólo en el caso en que se lo exija la realización de su idea, la cual puede ser a veces útil a todo el género humano. Usted pretende que mi artículo no es claro y voy a tratar de explicarlo: quizá no me engañe al suponer que tal es el deseo de usted. Según mi parecer, si los inventos de Kleper y de Newton, a causa de ciertas circunstancias no hubieran podido darse a conocer sino mediante el sacrificio de uno, de diez, de ciento o de un número mayor de vidas que hubiesen sido obstáculos a esos descubrimientos, Newton habría tenido el derecho, más aún, habría tenido el deber de *suprimir* a esos diez, a esos cien hombres, a fin de que sus descubrimientos fuesen conocidos por el mundo entero. Esto no quiere decir, como usted comprenderá, que Newton tuviese el derecho de asesinar a quien se le antojase ni de robar a quien le viniese en gana. En mi artículo insisto, me acuerdo de ello, sobre esta idea, a saber: que todos los legisladores y guías de la humanidad, comenzando por los más antiguos y pasando por Licurgo, Solón y Mahoma hasta llegar a Napoleón, etc., todos sin excepción han sido delincuentes, porque en el hecho de dar nuevas leyes han violado las antiguas, que eran observadas fielmente por la sociedad y transmitidas a las generaciones futuras; indudablemente no retrocedían ellos ante el derramamiento de sangre en cuanto les podía ser útil. Es también de notar que todos estos bienhechores y guías de la humanidad han sido terriblemente sanguinarios. Por consiguiente, no sólo los grandes hombres sino todos aquellos que se elevan sobre el nivel común y que son capaces de decir alguna cosa nueva, deben, en virtud de su naturaleza propia, ser necesariamente delincuentes, en mayor o menor grado, según los casos. De otro modo, sería imposible salir de la rutina; y quedarse en ella, es cosa en que no pueden consentir, pues, a mi manera de ver, su propio deber se lo prohibe. En resumen, ya ve usted que aquí no hay nada de particular y nuevo en mi artículo. Esto ha sido dicho e impreso mil veces. En cuanto a mi clasificación de personas en ordinarias y extraordinarias, reconozco que es un poco caprichosa, pero dejo a un lado la cuestión de cifras, a la que doy poca importancia. Creo únicamente que en el fondo mi pensamiento es justo. Este pensamiento se resume diciendo que la Naturaleza divide a los hombres en dos categorías: la una inferior, la de los hombres ordinarios, cuya sola misión es la de reproducir seres semejantes a sí mismos; la otra, superior, que comprende los hombres que poseen el don o el talento de hacer oír una palabra nueva. Claro es que las subdivisiones son innumerables; pero las dos categorías presentan rasgos distintivos bastante determinados. Pertenecen a la primera, de una manera general, los conservadores, los hombres de orden que viven en la obediencia y que la aman. En mi opinión están obligados a obedecer, porque tal es su destino, y porque esto no tiene nada de humillante para ellos. El segundo grupo se compone exclusivamente de hombres que violan la ley o tienden, según sus medios, a violar; sus delitos son naturalmente relativos y de una gravedad variable. La mayor parte reclama la destrucción de lo que es, en nombre de lo que debe ser. Mas si por su idea deben verter la sangre y pasar por encima de cadáveres, pueden en conciencia hacer ambas cosas en interés de su idea, por supuesto. En ese sentido, mi artículo reconocía el derecho al crimen (¿recuerda usted que nuestro punto de partida ha sido una cuestión jurídica?). Por otra parte, no hay que inquietarse mucho; casi siempre la masa les niega ese derecho, los decapita o los cuelga, y obrando de esta suerte, cumple con mucha justicia su misión conservadora hasta el día, si bien es verdad que esta misma masa erige estatuas a los supliciados y los venera alguna que otra vez. El primer grupo es siempre dueño del presente, el segundo lo es del porvenir. El uno conserva el mundo y multiplica los habitantes; el otro, mueve al mundo y lo conduce a su objeto. Estos y aquéllos tienen absolutamente el mismo derecho a la existencia y ¡viva la guerra eterna! Hasta la nueva Jerusalén, por supuesto...

—De modo que usted cree en la nueva Jerusalén.

—Sí que creo—respondió enérgicamente Raskolnikoff, que durante su largo discurso había tenido los ojos bajos mirando obstinadamente un punto del tapete.

—¿Y cree usted en Dios? Perdóneme usted esta curiosidad.

—Sí que creo—repitió el joven mirando a Porfirio.

—¿Y en la resurrección de Lázaro?

—Sí. ¿Por qué me lo pregunta usted?

—¿Y cree usted al pie de la letra?

—Al pie de la letra.

—Dispense usted que le haga estas preguntas, esto me interesaba; pero, permítame, vuelvo al asunto de que hablábamos antes; no se ejecuta siempre a esos hombres extraordinarios; hay algunos, por lo contrario, que...

—¿Que triunfan en vida? ¡Oh, sí! esto ocurre, y entonces...

—Son ellos los que llevan al suplicio a los otros.

—Cuando es preciso. Y a decir verdad, ése es el caso más frecuente. En general, la observación es muy exacta.

—Muchas gracias. Pero, dígame usted, ¿cómo pueden distinguirse los hombres extraordinarios de los ordinarios? ¿Traen al nacer alguna señal? Soy de parecer que convendría un poco más de exactitud, una limitación en cierto modo más clara. Dispense usted esta inquietud natural en un hombre práctico y bien intencionado; pero, ¿no podrían llevar un traje particular, un emblema cualquiera? Porque, figúrese usted... si se produce una confusión, si un individuo de una categoría se figura que es de otra, y se pone, según la expresión feliz de usted, «a suprimir todos los obstáculos...»

—Eso ocurre con mucha frecuencia; esa observación es más sutil aún que la primera.

—Muchas gracias.

—No hay de qué darlas. Pero considere usted que el error sólo es posible en la primera categoría, es decir, en aquellos que he llamado quizá con impropiedad «hombres ordinarios». No obstante su tendencia innata a desobedecer, muchos de ellos, por efecto de un juego de la Naturaleza, se consideran hombres de la vanguardia, «demoledores», y se creen llamados a hacer oír la palabra «nueva», y esta ilusión es en ellos muy sincera. Al mismo tiempo no conocen de ordinario a los verdaderos innovadores y los desprecian como a gentes atrasadas y sin elevación de espíritu. Pero yo creo que no hay en eso un verdadero peligro y que no debe usted inquietarse, porque ellos no van muy lejos; sin duda se podría azotarlos como castigo a su error y volverlos de nuevo a su puesto; pero de todos modos, no hay necesidad de molestar al ejecutor: ellos mismos se aplican la disciplina, porque son personas muy morales y unas veces se prestan los unos a los otros estos servicios y otras veces se azotan ellos por sus propias manos... Ocasiones hay en que ellos mismos se imponen diversas penitencias públicas, lo que no deja de ser edificante; no debe usted preocuparse por ellos.

—¡Vamos! Por esta parte al menos, me ha tranquilizado usted; pero hay una cosa que todavía me preocupa: dígame usted, si le place, ¿hay muchas personas «extraordinarias que tienen el derecho de asesinar a las otras»? Pronto estoy a inclinarme ante ellas; pero si son muchas, confiese usted que la cosa será bastante desagradable.

—Tampoco por eso se debe usted inquietar—prosiguió en el mismo tono Raskolnikoff—. En general, nace un número muy escaso de hombres con una idea nueva, ni aun capaces de darse cuenta de lo que es nuevo. Es evidente que el reparto de los nacimientos en las diversas categorías y subdivisiones de la especie humana, debe de estar estrictamente determinado por una ley de la Naturaleza. Claro es que esta ley nos es desconocida; pero yo creo que existe y que llegará a descubrirse algún día. Una enorme masa de gente sólo ha venido a la tierra para dar al mundo, después de largos y misteriosos cruzamientos de razas, un hombre que, entre mil, poseerá alguna independencia; a medida que va aumentando el grado de independencia no se encuentra más que un hombre por cada diez mil, o por cada cien mil (son cifras aproximadas). Se cuenta un genio entre muchos millones de individuos, y quizá pasan millares de millones de hombres sobre la tierra, antes de que surja una de esas altas inteligencias que renueven la faz del mundo. En una palabra, yo no he ido a mirar en la retorta en que todo eso se opera; pero hay, debe de haber una ley fija. En esto no puede existir el azar.

—Pero, ¿qué es eso? ¿Os estáis burlando los dos?—gritó Razumikin—. Esto es una comedia. ¡Se están divirtiendo el uno a costa del otro! ¿Hablas con formalidad, Rodia?

Sin responderle, Raskolnikoff levantó hacia él su rostro pálido en el que se pintaba cierta expresión de sufrimiento. Al observar la fisonomía tranquila y triste de su amigo, Razumikin encontró extraño el tono cáustico, provocador y descortés que había tomado Porfirio. Luego dijo:

—Sí, amigo mío, en efecto, esto es serio... Sin duda tiene razón al decir que no es nuevo y que se parece a todo lo que hemos oído y leído mil veces; pero lo que hay en ello verdaderamente original y que te pertenece realmente es, siento decirlo, eso del derecho de derramar sangre que concedes o prohibes, perdóname, con tanto fanatismo... He aquí, por consiguiente, el pensamiento principal de tu artículo. Esa autorización moral de matar es, a mi entender, más espantosa que lo sería la autorización legal, oficial...

—Exacto, más espantosa—afirmó Porfirio.

—No. La expresión ha ido más allá de tu pensamiento; no es eso lo que has querido decir; yo leeré tu artículo. Sucede, que hablando suele ir uno más lejos de lo que se proponía. Tú no puedes pensar tal cosa; yo lo leeré.

—No hay nada de eso en mi artículo; apenas he tocado esa cuestión—dijo Raskolnikoff.

—Sí, sí—repuso el juez—; ahora comprendo sobre poco más o menos la manera que tiene usted de considerar el crimen; pero... perdone usted mi insistencia. Si un joven se imagina ser un Licurgo o un Mahoma... futuro, no hay que decir que comenzará por suprimir cuantos obstáculos le impidan cumplir su misión. Este tal me diría: «Yo emprendo una larga campaña, y para una campaña hace falta dinero...» Esto supuesto, se procuraría recursos... Ya adivina usted de qué manera...

Al oír estas palabras, Zametoff refunfuñó, no sabemos qué, en su rincón. Raskolnikoff no le miró siquiera.

—Obligado estoy a reconocer—respondió éste con calma—que, en efecto, existirán algunos de estos casos. Eso es un lazo que el amor propio tiende a los vanidosos y a los tontos. Los jóvenes, sobre todo, se dejan cazar con él.

—¿Lo está usted viendo?

—¿Y qué? Yo no tengo la culpa: sucede y sucederá siempre. Hace un momento, este amigo nuestro me reprendía por autorizar el asesinato—añadió señalando a Razumikin—; ¿qué importa? ¿Acaso no está la sociedad suficientemente protegida por las deportaciones, las cárceles, los jueces de instrucción y los presidios? ¿Por qué inquietarse? ¡Buscad al ladrón!

—¿Y si le encontramos?

—Peor para él.

—Por lo menos usted es lógico; ¿pero qué le diría su conciencia?

—¿Y a usted qué le importa eso?

—Es una cuestión que interesa al sentimiento humano.

—El que tiene conciencia sufre reconociendo su error; ése es su castigo, independientemente del presidio.

—¿De modo—preguntó Razumikin, frunciendo el entrecejo—, que los hombres de genio, aquellos a quienes les es concedido el derecho de matar, no deben experimentar ningún sufrimiento al derramar sangre?

—¿Qué quiere decir eso de «no deben»? El sufrimiento no se permite ni se prohibe. Que sufran si tienen piedad de su víctima... El sufrimiento acompaña siempre a una conciencia amplia y a un corazón profundo. Los hombres verdaderamente grandes, deben, me parece a mí, experimentar honda tristeza en la tierra—añadió Raskolnikoff, acometido de súbita melancolía, que formaba contraste con la conversación precedente.

Levantó los ojos, miró a todos los que estaban en la sala con aire soñador, sonrió y tomó su gorra. Estaba muy tranquilo, con la comparación, con la actitud que tenía cuando entró, y se daba cuenta de ello.

Todos se levantaron.

Porfirio Petrovitch volvió a la carga.

—Puede usted injuriarme o incomodarse o no conmigo; pero mi deseo es más fuerte que yo y es menester que le dirija todavía una pregunta. Verdaderamente me avergüenza abusar de usted de este modo... En tanto que pienso en esto, y para no olvidarla, quisiera comunicar a usted una idea que se me ha ocurrido...

—¡Bueno!... diga usted su idea—respondió Raskolnikoff en pie, pálido y serio, frente al juez de instrucción.

—Verá usted... verdaderamente no sé cómo expresarme... es una idea muy extraña, psicológica... Al escribir su artículo, es muy probable... que se considerase usted como uno de esos hombres «extraordinarios» de quienes hablaba hace poco... ¿No es así?

—Es muy posible—respondió desdeñosamente Raskolnikoff.

Razumikin hizo un movimiento.

—Si eso fuese así, ¿no estaría usted decidido, ya para triunfar de dificultades materiales, ya para facilitar el progreso de la humanidad, no se decidiría usted repito, a franquear el obstáculo, por ejemplo... a matar y a robar?

Al mismo tiempo guiñaba el ojo izquierdo y se reía silenciosamente como antes.

—Si estuviese decidido a eso, no lo diría a usted—replicó Raskolnikoff con acento altanero de desafío.

—Mi pregunta no tenía más objeto que el de una curiosidad literaria; la he hecho únicamente con el fin de penetrar el sentido del artículo de usted.

«¡Oh qué lazo tan grosero! ¡Qué malicia prendida con alfileres!»—pensó Raskolnikoff con algo de desprecio.

—Permítame usted que le diga—respondió secamente—que yo no me creo ni un Mahoma, ni un Napoleón, ni ningún otro personaje de este género: por consiguiente, no puedo explicarle a usted lo que yo haría si estuviese en lugar de ellos.

—¿Quién hay ahora en Rusia que no se crea un Napoleón?—dijo con brusca familiaridad el juez instructor.

Esta vez también la entonación de su voz delataba un segundo fin.

—¿Será acaso un futuro Napoleón el que ha matado a Alena Ivanovna esta semana última?—saltó, de repente, desde su rincón Zametoff.

Sin pronunciar una palabra, Raskolnikoff fijó en Porfirio una mirada fría y penetrante. Las facciones de Razumikin se contrajeron. Un rato hacía ya que parecía dudar de algo. Paseó en torno suyo una mirada irritada. Durante un minuto reinó sombrío silencio. Raskolnikoff se dispuso a salir.

—¿Se marcha usted ya?—dijo cariñosamente Porfirio tendiendo la mano al joven con extrema amabilidad—. Estoy encantado de haberle conocido. En cuanto a su solicitud, esté usted tranquilo. Escriba en el sentido que le he dicho. O más vale que venga usted a verme uno de estos días... mañana, por ejemplo. Estaré aquí sin falta a las once. Lo arreglaremos todo y hablaremos un poco... Como usted es uno de los últimos que ha estado *allí*, podrá quizá decirnos algo—añadió en tono de campesino el juez de instrucción.

—¿Trata usted de interrogarme en toda regla?—preguntó secamente Raskolnikoff.

—De ninguna manera. No se trata de tal cosa en este momento. No me ha comprendido usted. Yo aprovecho todas las ocasiones, y... he hablado ya con todos los que tenían objetos empeñados en casa de la víctima... Muchos me han suministrado datos interesantes... y como usted es el último que estuvo... A propósito—exclamó con súbita alegría—, es una suerte que haya pensado... ya se me olvidaba... (al decir esto se volvió hacia Razumikin); el otro día me mareaba a propósito de ese Mikolai... pues mira, estoy cierto, convencido de su inocencia—prosiguió dirigiéndose a Raskolnikoff—. Pero, ¿qué hacer? Ha sido preciso también molestar a Mitka. He aquí lo que yo quería preguntar a usted: Al subir la escalera de la casa... permítame usted que se lo pregunte, ¿era entre siete y ocho cuando estuvo allí?

—Sí—respondió, y en seguida sintió haber dado esta respuesta, que no tenía necesidad de dar.

—Bueno. Al subir la escalera entre siete y ocho, ¿no vió usted en el segundo piso, en un cuarto cuya puerta estaba abierta, ¿no recuerda usted?, a dos obreros, o por lo menos uno de ellos, que estaba pintando la habitación? ¿No reparó usted? Eso es muy importante para los dos obreros.

—¿Pintores? No, no los vi...—respondió lentamente Raskolnikoff, como si tratase de recordar.

Durante un segundo, puso en tensión violenta todos los resortes de su espíritu para descubrir con claridad qué lazo ocultaba la pregunta hecha por el juez de instrucción.

—No, no los vi ni advertí tampoco si estaba abierto el cuarto—continuó muy contento de haber descubierto la trampa—; de lo que sí me acuerdo es que del cuarto piso el empleado que vivía enfrente de Alena Ivanovna estaba de mudanza. Lo recuerdo muy bien, porque tropecé con dos soldados que llevaban un sofá y tuve necesidad de arrimarme a la pared... Pero lo que es pintores, no recuerdo haberlos visto, ni tampoco de si alguna puerta estaba abierta. No, no lo vi...

—¡Pero qué estás diciendo!—gritó de repente Razumikin, que hasta entonces había estado como reflexionando—: Si fué el mismo día del asesinato cuando los pintores trabajaban en ese cuarto y Rodia estuvo dos días antes en la casa, ¿por qué le haces esa pregunta?

—¡Calle! pues es verdad, he confundido las fechas—exclamó Porfirio dándose una palmada en la frente—. ¡Qué diablos! este asunto me hace perder la cabeza—añadió a modo de excusa dirigiéndose a Raskolnikoff—. Es tan importante saber si alguno los ha visto en el cuarto entre siete y ocho, que sin pararme a reflexionar he creído obtener de usted esta aclaración... He confundido los días.

—Pues convendría fijarse más—gruñó Razumikin.

Estas últimas palabras fueron dichas en la antesala. Porfirio acompañó amablemente a sus visitantes hasta la puerta. Estos estaban tristes y sombríos cuando salieron de la casa y anduvieron muchos pasos sin cambiar una palabra. Raskolnikoff respiraba como hombre que acababa de atravesar por una prueba penosa.

VI.

—No lo creo. No puedo creerlo—repetía Razumikin, que hacía toda clase de esfuerzos para rechazar las conclusiones de Raskolnikoff.

Estaban ya cerca de la casa Bakalaieff en donde hacía largo tiempo los esperaban Pulkeria Alexandrovna y Dunia.

En el calor de la discusión, Razumikin se detenía a cada instante en medio de la calle; estaba muy agitado, porque era la primera vez que los dos jóvenes hablaban de *aquello* sin valerse de palabras encubiertas.

—No lo creas si no quieres—respondió con fría e indiferente sonrisa Raskolnikoff—. Tú, según tu costumbre, nada has advertido; pero yo, yo he pesado cada palabra.

—Tú eres desconfiado; por eso descubres en todas partes segundas intenciones. ¡Hum!... Reconozco, en efecto, que el tono de Porfirio era bastante extraño y sobre todo el de ese bribón de Zametoff... Tienes razón, se advertía en él no sé qué... ¿pero cómo puede ser esto?

—Habrá cambiado de opinión desde ayer.

—No, te engañas. Si tuviesen tan estúpida idea, habrían, por el contrario, puesto mucho cuidado en disimularla; habrían ocultado su juego a fin de inspirarte una engañosa confianza, esperando el momento oportuno para descubrir sus baterías... En la hipótesis en que te colocas, su manera de proceder hoy sería tan torpe como desvergonzada...

—Si tuviesen pruebas, hablo de pruebas serias o de presunciones un tanto fundadas, cierto que sin duda se esforzarían en ocultar su juego con la esperanza de obtener nuevas ventajas sobre mí. (Además, habrían hecho un registro en mi domicilio.) Pero no tienen pruebas, ni una sola; todo se reduce a conjeturas gratuitas, a suposiciones que no se apoyan en nada real, y por eso proceden descaradamente. Quizá no haya en todo ello más que el despecho de Porfirio, que rabia por no tener pruebas. Puede también que tenga intenciones... Parece inteligente; acaso haya querido asustarme... Por lo demás, es repugnante ocuparse en estas cosas. Dejémoslas.

—¡Es odioso, odioso! Te comprendo. Pero... puesto que tratamos francamente de este asunto (y creo que hemos hecho bien), no vacilo en confesarte que desde hace mucho tiempo había advertido en ellos esa idea. Cierto que no se atrevían a formularla, que este pensamiento flotaba en su espíritu en el estado de duda vaga; pero demasiado es ya que hayan podido acogerla, aun bajo tal forma. ¿Y qué es lo que ha podido despertar en ellos tan abominables sospechas? ¡Si supieras cuánto furor me han hecho sentir! ¡Cómo! Un pobre estudiante agobiado por la miseria y la hipocondría, en vísperas de enfermedad grave que existía ya en él; un joven desconfiado, lleno de amor propio, que tiene la conciencia de su valer, encerrado desde hace seis meses en su habitación sin ver a nadie; que se presenta vestido de harapos, calzado con botas sin suela, ante miserables polizontes, cuya insolencia soporta, a quien se reclama a quema ropa el pago de una letra de cambio protestada, en una sala llena de gente y en donde hace un calor de treinta grados Réamur y cuyo aire está impregnado de olor insoportable de la pintura reciente... porque el desgraciado se desmaya al oír hablar de una persona en cuya casa ha estado la víspera y porque además tiene el estómago vacío... ¿hay motivos para sospechar de él? En tales condiciones, ¿cómo no había de desmayarse? ¡Y pensar que tales suposiciones caen sobre este desmayo! Tal es el punto de partida de la acusación. ¡Váyanse al diablo! Comprendo que todo esto te será mortificante; pero yo, en tu lugar, Rodia, me reiría de ellos en sus barbas, o mejor aún, les lanzaría al rostro mi desprecio en forma de salivazos; de este modo acabaría yo con ellos. ¡Valor! ¡Escúpeles! ¡Es vergonzoso!

«Se ha despachado, convencido de lo que dice»—pensó Raskolnikoff.

—¡Escupirles al rostro!... Es fácil decirlo. ¡Pero mañana otro interrogatorio!—respondió tristemente—; será menester que yo me rebaje hasta dar explicaciones. Ya consentí ayer en hablar con Zametoff en el *traktir*.

—¡Que se vayan al infierno! Iré a casa de Porfirio. Es mi pariente, y de esta circunstancia me aprovecharé para meterle los dedos en la boca; tendrá que hacerme su confesión completa. En cuanto a Zametoff... ¡Espera!—gritó Razumikin, asiendo de repente a su amigo por el brazo—¡espera! Divagabas hace poco. Después de reflexionar, estoy convencido de que divagabas. ¿En dónde ves la astucia? ¿Dices que la pregunta relativa a los obreros ocultaba un lazo? Razona un poco. Si tú hubieras hecho *eso*, ¿habrías sido tan estúpido de decir que habías visto a los pintores trabajando en el cuarto del segundo piso? Por el contrario, aunque los hubieses visto, lo habrías negado. ¿Quién a sabiendas hace confesiones que pueden comprometerle?

—Si yo hubiese hecho *tal cosa*, no habría dejado de decir que había visto a los obreros—repuso Raskolnikoff, que parecía sostener aquella conversación con violento disgusto.

—¿Para qué decir cosas perjudiciales a los propios intereses?

—Porque solamente los *mujiks* y las personas más limitadas lo niegan todo sistemáticamente. Un acusado, por poco inteligente que sea, confiesa en lo posible todos los hechos materiales cuya vanidad trataría en vano de destruir; se contrae a explicarlos de otra manera, modifica su significación y los presenta bajo un nuevo aspecto. Según todas las probabilidades, Porfirio contaba con que yo respondería sí; creía que, para dar mayor verosimilitud a mis confesiones, declararía haber visto a los obreros, aunque explicando en seguida el hecho en un sentido favorable a mi causa.

—Pero él hubiera respondido en seguida que la antevíspera del crimen los obreros no estaban allí, y que, por consiguiente, tú habías estado en la casa el día mismo del asesinato entre seis y siete.

—Porfirio contaba que yo no tendría tiempo de reflexionar, y con que obligado a responder de la manera más verosímil habría olvidado esa circunstancia: la imposibilidad de la presencia de los obreros en la casa dos días antes del crimen.

—¿Pero, cómo olvidarlo?

—Nada más fácil. Estos pormenores son el escollo de los maliciosos; respondiendo a ellos es como se da un traspiés en los interrogatorios. Cuanto más agudo es un hombre, menos sospecha de las preguntas insignificantes. Porfirio lo sabe. Es mucho más listo de lo que tú supones.

—Eso quiere decir que es un pillo.

Raskolnikoff no pudo menos de reírse; pero en el mismo instante se asombró de haber dado la misma explicación con verdadero placer, él, que hasta entonces había seguido la conversación a regañadientes y porque no podía menos.

«¿Habré tomado yo gusto a estas cuestiones?»—pensaba.

Pero casi al mismo tiempo sintióse acometido de súbita inquietud, que bien pronto llegó a ser intolerable.

Los dos jóvenes encontrábanse ya a la puerta de la casa Bakalaieff.

—Entra solo—dijo bruscamente Raskolnikoff—; vuelvo en seguida.

—¿A dónde vas? ¿Hemos llegado ya?

—Tengo una cosa que hacer... Estaré aquí dentro de media hora... Tú les dirás...

—Bueno, te acompaño.

—¿Pero has jurado también tú perseguirme hasta la muerte?

Lanzó esta exclamación con tal acento de furor y con tono tan desesperado, que Razumikin no se atrevió a insistir. Permaneció un rato en el umbral siguiendo con mirada sombría a Raskolnikoff, que caminaba aceleradamente en dirección a su domicilio. Por último, después de haber rechinado los dientes apretó los puños y prometiéndose a sí mismo estrujar aquel mismo día a Porfirio como un limón, subió a casa de las señoras para tranquilizar a Pulkeria Alexandrovna, inquieta ya por tan largo retraso.

Cuando Raskolnikoff llegó a su casa tenía las sienes húmedas de sudor, y respiraba penosamente. Subió los escalones de cuatro en cuatro, entró en su habitación, que había quedado abierta y la cerró con el pestillo. En seguida, todo aterrorizado, corrió al escondite, metió la mano bajo la tapicería y exploró el agujero en todos sentidos. No habiendo encontrado nada después de registrarlo cuidadosamente, se levantó y lanzó un suspiro de satisfacción. Poco antes, en el momento en que se aproximaba a la casa Bakalaieff, le asaltó la idea de que alguno de los objetos robados habría podido deslizarse en las hendiduras de la pared: si llegaban a encontrar allí una cadena de reloj, un gemelo o algunos de los papeles que envolvían las alhajas y que tenían anotaciones escritas por mano de la vieja, ¡qué prueba de convicción entonces en contra suya!

Y quedó sumido en un vago sueño, mientras aparecía en sus labios una sonrisa extraña y casi estúpida. Al cabo tomó su gorra y salió sin ruido de la casa. Bajó pensativo la escalera y llegó a la puerta de la calle.

—Ahí lo tiene usted—gritó una voz.

El joven levantó la cabeza. El portero, en pie en el umbral de su habitación, señalaba a Raskolnikoff, mostrándoselo a un hombre de baja estatura y de aspecto burgués. Este individuo iba vestido con una especie de *khalat* y un chaleco; de lejos hubiera podido tomársele por un campesino. Llevaba una gorra muy grasienta y andaba muy encorvado. A juzgar por las arrugas de su marchito rostro, debía de tener más de cincuenta años. Sus ojillos expresaban dureza y disgusto.

—¿Qué es eso?—preguntó acercándose al *dvornik*.

El burgués le miró de soslayo, lo examinó atentamente sin decir una palabra, volvió la espalda y se alejó de la casa.

—Pero, ¿qué significa esto?—gritó Raskolnikoff.

—Es un hombre que ha venido aquí a ver si vivía un estudiante. Ha dicho el nombre de usted y ha preguntado qué cuarto ocupaba usted. En esto ha bajado usted y le he dicho «ése es» y se ha ido.

El *dvornik* estaba también un poco asombrado; pero no con exceso. Después de haber reflexionado un poco, entró en su cochitril.

Raskolnikoff se lanzó tras de las huellas del burgués. Apenas salió de la casa tomó el otro lado de la calle. El desconocido andaba con paso lento y regular, los ojos bajos y aire pensativo. El joven hubiera podido alcanzarle en seguida; pero durante algún tiempo se limitó a ir al mismo paso que él; al fin se colocó a su lado y le miró oblicuamente el rostro. El burgués lo advirtió en seguida, le dirigió una rápida ojeada y bajó los ojos; durante un minuto caminaron juntos de esta suerte sin decir una palabra.

—Usted ha preguntado por mí al *dvornik*...—comenzó a decir Raskolnikoff sin levantar la voz.

El burgués no respondió, ni miró siquiera al que le hablaba. Hubo un nuevo silencio.

—Usted ha venido a preguntar por mí... y ahora se calla. ¿Qué quiere decir esto?—añadió Raskolnikoff con voz entrecortada: parecía que las palabras salían con trabajo de sus labios.

Esta vez el burgués levantó los ojos y miró al joven con expresión siniestra.

—¡Asesino!—dijo bruscamente en voz baja, pero clara y distinta.

Raskolnikoff, que marchaba a su lado, sintió que sus piernas se doblaban y que un frío estremecimiento le corría por la espalda. Durante un segundo su corazón desfalleció; después se puso a latir con extraordinaria violencia.

Los dos hombres anduvieron cosa de un centenar de pasos, sin proferir una sola palabra. El burgués no miraba a su compañero.

—¿Pero qué es lo que usted dice?... ¿quién es un asesino?—balbuceó Raskolnikoff con voz casi ininteligible.

—Tú eres el asesino—replicó el otro recalcando sus palabras con más precisión y energía que antes, al mismo tiempo que en sus labios se dibujaba la sonrisa del odio triunfante y miraba fijamente el pálido rostro de Raskolnikoff, cuyos ojos se habían puesto vidriosos.

Se aproximaban en aquel momento a una encrucijada. El burgués tomó por una calle a la derecha y continuó su camino sin volver la vista atrás.

Raskolnikoff le dejó alejarse, pero le siguió largo tiempo con la mirada. Después de haber andado cincuenta pasos el desconocido se volvió para observar al joven que continuaba como clavado en el mismo sitio. La distancia no le permitía ver bien; sin embargo, Raskolnikoff creyó advertir que aquel individuo le miraba todavía sonriendo con expresión de odio frío y triunfante.

Helado de espanto, con las piernas temblorosas, volvió como pudo a su casa y subió a su cuarto. Cuando hubo dejado la gorra sobre la mesa, permaneció de pie inmóvil durante diez minutos. Luego, extenuado, se echó en el sofá y se extendió lánguidamente lanzando un débil suspiro. Al cabo de media hora sonaron pasos apresurados, y al mismo tiempo Raskolnikoff oyó la voz de Razumikin; el joven cerró los ojos y se hizo el dormido. Razumikin abrió la puerta y durante algunos minutos permaneció irresoluto en el umbral. En seguida entró suavemente en la sala y se aproximó con precaución al sofá.

—¡No le despiertes! ¡déjale dormir tranquilo! Comerá más tarde—dijo en voz baja Anastasia.

—Tienes razón—respondió Razumikin.

Salieron andando de puntillas y empujaron la puerta. Pasó otra media hora, al cabo de la cual Raskolnikoff abrió los ojos, se tendió con brusco movimiento boca arriba y colocó las manos debajo de la cabeza.

—¿Quién es, quién es ese hombre salido de debajo de la tierra? ¿Dónde estaba y qué ha visto? Lo ha visto todo, es indudable. ¿Dónde se encontraba y desde qué sitio pudo ver aquella escena? ¿Cómo se explica que no haya dado más pronto señales de vida? ¿Cómo ha podido ver...? ¿Es esto posible?—continuó Raskolnikoff, presa de un frío glacial—. Y el encontrar Mikolai el estuche debajo de la puerta, ¿era también cosa que no podía suponerse?

Comprendía que las fuerzas le abandonaban y experimentaba un violento disgusto de sí mismo.

—¡Yo debía suponer esto!—pensó con amarga sonrisa—. ¿Cómo me he atrevido, conociéndome, previendo lo que ocurriría, cómo me he atrevido a empuñar un hacha y a verter sangre? Estaba obligado a saber de antemano lo que iba a acontecerme... ¡y lo sabía!...—murmuró desesperado.

A veces se detenía ante este pensamiento.

—No, los hombres extraordinarios no están hechos como yo: el verdadero *amo* a quien le es permitido todo, cañonea a Tolón, mata en París, olvida un ejército en Egipto, pierde medio millón de hombres en la batalla de Moscou y sale de una situación embarazosa en Vilna merced a un retruécano; después de su muerte, se le erigen estatuas en prueba de que todo le es permitido. No, esas personas no están hechas de carne sino de bronce.

Una idea que se le ocurrió de repente le hizo casi reír.

—¡Napoleón, las Pirámides, Waterloo y una vieja criada de un registrador de colegio, una innoble usurera que tiene un cofre forrado de piel encarnada bajo la cama!... ¿Cómo digeriría Porfirio Petrovitch semejante comparación?... La estética se opone a ello: «¿Por ventura Napoleón se hubiera metido debajo de la cama de una vieja?», preguntaría sin duda. ¡Vaya una tontería!

De tiempo en tiempo sentía que casi deliraba; hallábase en estado de exaltación febril. Después continuaba, interrumpiéndose a cada momento:

—La vieja no significa nada—se decía en un acceso—. Supongamos que su muerte sea un error; no se trata de ella. La vieja no ha sido más que un accidente... yo quería saltar el obstáculo lo más pronto posible... no es una criatura humana lo que yo he matado, es un principio. ¡He matado el principio, pero no he sabido pasar por encima! Me he quedado del lado de acá; no he sabido más que matar. Y tampoco, por lo visto, me ha resultado bien esto... ¡un principio! ¿Por qué hace poco ese estúpido de Razumikin atacaba a los socialistas? Son laboriosos, hombres de negocios, «se ocupan en el bienestar de la humanidad...» No, yo no tengo más que una vida, yo no puedo esperar «la felicidad universal». Yo quiero vivir también; de otro modo, mejor es no existir. Yo no quiero pasar al lado de una madre hambrienta apretando mi rublo en el bolsillo a pretexto de que un día todo el mundo será feliz. «Yo llevo, se dice, mi piedra al edificio universal, y esto basta para poner mi corazón en paz.» ¡Ah, ah! ¿por qué os habéis olvidado de mí? Puesto que yo no tengo más que un período de tiempo para vivir, quiero en seguida mi parte de felicidad... yo soy un gusanillo estético nada más, nada más—añadió riendo de repente como un loco, y se aferró a esta idea, experimentando un agrio placer al sondarla en todos sentidos y a darle vueltas por todos los lados—. Sí, en efecto, yo soy un gusanillo, por el hecho solo de que medito ahora sobre la cuestión de averiguar lo que soy. Además, porque durante un mes he estado fastidiando a la divina Providencia tomándola sin cesar por testigo de que yo me decidía a esta empresa, no para procurarme satisfacciones materiales, sino en vista de un objeto grandioso. ¡Ah! ¡Ah! en tercer lugar, porque en la ejecución he querido proceder con toda justicia; entre todos los gusanos he escogido el más dañino, y al matarle contaba con tomar nada más que lo preciso para asegurar mis comienzos en la vida, ni más ni menos (el resto hubiera ido al monasterio, al cual había legado la vieja su fortuna). ¡Ah! ¡Ah!... Soy definitivamente un gusano—añadió rechinando los dientes—, porque soy más vil y más innoble que el gusano que he matado, y porque *presentía* que después de haberlo matado, diría lo que estoy diciendo. ¿Hay algo comparable con semejante terror? ¡Oh necedad, oh necedad!... ¡Comprendo al Profeta a caballo, con la cimitarra en la mano! «¡Alá lo quiere! ¡obedece, temblorosa criatura!» ¡Tiene razón, tiene razón el Profeta cuando coloca una tropa al través de la calle y hiere indistintamente al justo y al culpable sin dignarse siquiera dar explicaciones! ¡Obedece, temblorosa criatura, y *guárdate de querer*, porque eso no es cosa tuya!... ¡Oh, jamás! ¡jamás perdonaría yo a la vieja!

Tenía los cabellos empapados en sudor, sus labios secos se agitaban y su mirada inmóvil no se apartaba del techo.

—¡Cuánto amaba yo a mi madre y a mi hermana! ¿De qué procede que ahora las deteste? ¡Sí, las detesto, las odio físicamente, no puedo soportarlas cerca de mí! Hace poco me he acercado a mi madre y la he besado, bien me acuerdo; ¡abrazarla pensando que si ella supiese...! ¡Oh, cuánto odio ahora a la vieja! ¡Creo que si volviera a la vida la mataría otra vez!... ¡Pobre Isabel!, ¿por qué la llevó allí la casualidad? Es extraño, sin embargo, que piense en ella, como si no la hubiese matado... ¡Isabel! ¡Sonia! ¡Pobres criaturas de ojos azules!... ¿Por qué no lloran? ¿Por qué no gimen?... Víctimas resignadas, todo lo aceptan en silencio... ¡Sonia, Sonia, dulce Sonia!

Perdió la conciencia de sí mismo y con gran sorpresa advirtió que estaba en la calle. Era ya entrada la noche. Aumentaban las tinieblas, la luna llena brillaba con resplandor cada vez más vivo, pero la atmósfera era sofocante. Había mucha gente en las calles; los obreros y los hombres ocupados volvían apresuradamente a sus casas; los otros se paseaban. Flotaba en la atmósfera olor de cal, de polvo, de agua cenagosa. Raskolnikoff andaba disgustado y preocupado. Recordaba perfectamente que había salido de su casa con algún objeto, que tenía que hacer una cosa urgente; ¿pero cual? La había olvidado. Bruscamente advirtió que desde la acera de enfrente un hombre le hacía señas con la mano; cruzó la calle para juntarse con él, pero, de repente, este hombre giró sobre sus talones, y, como si tal cosa, continuó su marcha con la cabeza baja, sin volverse, sin parecer que llamaba a Raskolnikoff. «¿Me habré engañado?»—pensó este último, y se puso a seguirle. Antes de haber andado diez pasos, lo reconoció de improviso y se aterró: era el burgués de antes, encorvado, con el mismo traje. Raskolnikoff, cuyo corazón latía con fuerza, marchaba a alguna distancia; entraron en un *pereulok*. El hombre no se volvía. «¿Sabe que le sigo?»—se preguntaba Raskolnikoff. El burgués franqueó el umbral de una gran casa. Raskolnikoff avanzó vivamente hacia la puerta y se puso a mirar, pensando que quizá aquel misterioso personaje se volvería para llamarle. En efecto, cuando el burgués estuvo en el zaguán, se volvió bruscamente y pareció llamar con un gesto al joven. Este se apresuró a entrar en la casa; pero cuando estuvo en el patio no vió al burgués. Presumiendo que aquel hombre habría tomado por la primera escalera, Raskolnikoff se puso a subir detrás de él. En efecto, dos pisos más arriba se oían resonar los pasos lentos y regulares en los peldaños. Cosa extraña; le parecía reconocer aquella escalera. He aquí la ventana del primer piso. La luz de la luna misteriosa y triste, se filtraba al través del vidrio; he aquí el segundo piso. «¡Bah! Este es el cuarto en que trabajaban los pintores. ¿Cómo no había reconocido en seguida la casa?» Los pasos del hombre que le precedía cesaron de oírse. «Se ha detenido de seguro u ocultado en alguna parte. He aquí el tercer piso: ¿subiré más arriba? ¡Qué silencio! ¡Este silencio es terrible!» Sin embargo, siguió subiendo la escalera. Le daba miedo el rumor de sus propios pasos. «¡Dios mío! ¡Qué obscuro está! El burgués se ha ocultado seguramente aquí en un rincón. ¡Ah!» El cuarto que daba al rellano estaba abierto de par en par. Raskolnikoff reflexionó un instante; después entró. Halló la antesala completamente vacía y muy obscura. El joven pasó a la sala marchando de puntillas. La luz de la luna daba de lleno sobre esta sala y la iluminaba por completo; el mobiliario no había cambiado. Raskolnikoff encontró en sus antiguos puestos las sillas, el espejo, el sofá amarillo y los cuadros. Por la ventana se veía la luna, cuya enorme faz redonda tenía un color cobrizo. Largo tiempo esperó en medio de un profundo silencio. De repente, oyó un ruido seco, como el de una tabla que se rompe. Después volvió a quedar todo en silencio. Una mosca que se había despertado fué volando a chocar contra el vidrio y se puso a zumbar lastimeramente. En el mismo instante, en un rincón, entre el armarito y la ventana creyó notar que había un manto de mujer colgado en la pared. «¿Por qué está este manto aquí?—pensó—; antes no estaba.» Se aproximó cautelosamente sospechando que tras de aquel vestido debía de haber alguien oculto. Apartando con precaución el manto, vió que había allí una silla, y en esta silla, en el rincón, estaba la vieja. Estaba doblada y de tal modo inclinada tenía la cabeza, que el joven no pudo ver la cara; pero comprendió que era Alena Ivanovna. «¡Tiene miedo!»—se dijo Raskolnikoff. Sacó suavemente el hacha del nudo corredizo y le dió dos golpes en la coronilla; pero, cosa extraña, la vieja no vaciló bajo los golpes: se hubiera dicho que era de madera. Estupefacto el joven, se inclinó hacia ella para examinarla, pero la vieja bajó aún más la cabeza. Entonces él se inclinó hasta el suelo, la miró de abajo arriba y al ver su rostro se quedó espantado: la vieja se reía, sí, reía, con risa silenciosa, haciendo grandes esfuerzos para que no se la oyese. De repente le pareció a Raskolnikoff que la puerta de la alcoba estaba abierta y que allí también se reían y hablaban en voz baja. Se puso entonces rabioso y comenzó a descargar hachazos con toda su fuerza, sobre la cabeza de la vieja; pero a cada hachazo las risas y los cuchicheos de la alcoba se oían más distintamente; en cuanto a la vieja, se retorcía de risa. Quiso huir, mas toda la antesala se había llenado de gente; la puerta que daba sobre el descansillo estaba abierta; en éste y en la escalera había, desde arriba hasta abajo, multitud de individuos. Todos miraban, pero sin pronunciar palabra. Tenía encogido el corazón y parecía que se le habían clavado los pies en el suelo; quiso gritar y se despertó.

Respiró con fuerza; pero creía que aun estaba soñando cuando vió en pie en el umbral de su puerta, abierta del todo, a un hombre a quien no conocía y que le miraba con atención.

Raskolnikoff no había acabado de abrir los ojos cuando los volvió a cerrar en seguida. Tendido como estaba boca arriba no se movió. «Esta es la continuación de mi sueño»—pensó mientras abría casi imperceptiblemente los párpados para fijar una tímida mirada en el desconocido. Este, siempre en el mismo puesto, no cesaba de observarle. Después entró, cerró la puerta detrás de sí, se aproximó a la mesa, y después de haber esperado un minuto, se sentó en una silla cerca del sofá. Durante todo este tiempo no había cesado de mirar a Raskolnikoff. Luego puso el sombrero en el suelo, a su lado, y apoyó ambas manos en el puño del bastón y la barba en las manos, como el que se prepara a una larga espera. Por lo que Raskolnikoff había podido juzgar de él en una mirada furtiva, aquel hombre no era joven; parecía robusto y tenía la barba espesa, de un color rubio casi blanco.

Pasaron así diez minutos. Era aún de día, pero tarde; en la habitación reinaba el más profundo silencio; en la escalera no sonaba tampoco ruido alguno, no se oía más que el ruido de un moscardón que al volar había chocado contra la ventana. Al fin, esta situación se hizo insoportable; Raskolnikoff no pudo más y se sentó de pronto en el sofá.

—Vamos, hable usted; ¿qué es lo que quiere?

—Bien sabía que su sueño no era más que una ficción—respondió el desconocido con sonrisa tranquila—. Permítame usted que me presente: Arcadio Ivanovitch Svidrigailoff....

CUARTA PARTE

I.

—¿Estoy bien despierto?—pensó de nuevo Raskolnikoff, mirando desconfiadamente al inesperado visitante—. ¿Svidrigailoff? ¡No puede ser de ningún modo!—dijo al cabo en voz alta, no atreviéndose a dar crédito a sus oídos.

Esta exclamación pareció no sorprender a su extraño visitante.

—He venido a casa de usted por dos razones: primera, por conocerle personalmente, porque desde hace mucho tiempo he oído hablar a menudo y en términos muy halagadores de usted; y después, porque espero que no me negará su concurso en una empresa que tiene relación directa con los intereses de su hermana, Advocia Romanovna. Sólo, sin recomendación, me costaría mucho trabajo ser recibido por ella, puesto que está prevenida contra mí; pero, presentado por usted, la cosa varía.

—Se engaña usted al contar conmigo—replicó Raskolnikoff.

—¿Fué ayer cuando llegaron esas señoras? Permita usted que se lo pregunte.

Raskolnikoff no contestó.

—Sí, fué ayer, lo sé positivamente. Yo llegué anteayer. Escuche usted, Rodión Romanovitch, lo que tengo que decirle a este propósito; creo superfluo justificarme; pero permítame que le pregunte: ¿Qué hay, en rigor, en todo esto de particularmente culpable por mi parte, si se aprecian las cosas con serenidad y sin prejuicios?

Raskolnikoff continuaba examinándole sin despegar los labios.

—Me dirá usted que he perseguido en mi casa a una joven sin defensa y que «la he insultado con proposiciones deshonrosas». (Quiero adelantarme a la acusación.) Pero considere usted que soy hombre, *el nihil humanum*... en una palabra, que soy susceptible de ceder a un arrebato, de enamorarme, cosa independiente de la voluntad. De esta manera todo se explicará del modo más natural del mundo. La cuestión estriba en esto: ¿Soy un monstruo o una víctima? Ciertamente soy una víctima. Cuando yo proponía a mi adorada que huyera conmigo a América o a Suiza, abrigaba respecto a esa persona los más respetuosos sentimientos y pensaba en asegurar nuestra común felicidad... La razón es la esclava de la pasión; yo he sido el principalmente perjudicado.

—No se trata, en modo alguno, de eso—replicó Raskolnikoff con sequedad—. Tenga usted razón o no, me es usted completamente odioso. No quiero conocer a usted, y le echo de mi casa. ¡Salga de aquí!...

Svidrigailoff soltó una carcajada.

—No hay medio de engañar a usted—dijo con franca alegría—; quería echármelas de ingenioso, pero con usted no sirve.

—¿Todavía quiere usted embromarme?

—Bueno, ¿y qué? ¿Qué le sorprende?—repitió su interlocutor, riéndose con toda su alma—; en buena guerra, como dicen los franceses, la malicia no tiene nada de ilícita... Pero usted no me ha dejado acabar. Volviendo a lo que hace un momento decía, nada desagradable ha pasado, sino el incidente del jardín. Marfa Petrovna...

—Se dice también que usted ha matado a su esposa—dijo, interrumpiéndole brutalmente Raskolnikoff.

—¡Ah! ¿Ya le han hablado a usted de eso? Realmente nada tiene de asombroso... Pues bien, respecto a la pregunta que usted me hace, no sé, en verdad, qué decirle, puesto que tengo la conciencia muy tranquila. No vaya usted a creer que temo las consecuencias; todas las formalidades de costumbre se han cumplido minuciosamente. El informe de los médicos ha demostrado que mi esposa murió de un ataque de apoplejía, producido por un baño tomado inmediatamente después de una abundante comida, rociada con una botella de vino; es lo único que ha podido descubrirse... Por esa parte nada me inquieta. Muchas veces, sobre todo cuando venía en el tren, camino de San Petersburgo, me he preguntado si habría yo contribuído, moralmente, por supuesto, a esa... desgracia, sea causando la desesperación de mi mujer, sea de alguna otra manera semejante; pero he acabado por convencerme de que no ha habido ni sombra de eso.

Raskolnikoff se echó a reír.

—¿De modo que esto le divierte...?

—Y usted, ¿de qué se ríe? Solamente le di dos latigazos sin importancia que no le dejaron señal alguna... No me tenga usted, se lo ruego, por un hombre cínico; sé muy bien que eso de los latigazos es una cosa innoble, etc.; pero tampoco ignoro que mis accesos de brutalidad no desagradaban del todo a Marfa Petrovna. Cuando ocurrió lo de su hermana de usted, mi mujer se fué con el cuento por toda la ciudad y fastidió a cuantos la conocían por la famosa carta (ya sabrá usted, sin duda, que se la leía a todo el mundo); de modo que los dos latigazos fueron propinados muy oportunamente.

A Raskolnikoff le dieron intenciones de levantarse, y salir, a fin de cortar por lo sano la conversación; pero cierta curiosidad y una especie de cálculo le decidieron a tener un poco de paciencia.

—¿Le gusta a usted manejar el látigo?—dijo con aire distraído.

—No mucho—respondió tranquilamente Svidrigailoff—. Casi nunca habíamos reñido mi mujer y yo. Vivíamos en muy buena armonía, y ella estaba siempre contenta de mí. Durante siete años de vida conyugal, no me serví del látigo más que dos veces (prescindiendo de otra ocasión que por lo demás fué un caso bastante ambiguo); la primera, ocurrió dos meses después de nuestro matrimonio, en el momento en que acabábamos de instalarnos en el campo; la segunda, y última, fué en las circunstancias que recordaba hace un momento. Usted me consideraba ya como un monstruo, como un retrógrado, como un partidario de la servidumbre. ¡Ja, ja, ja!

Raskolnikoff estaba convencido de que aquel hombre tenía un plan muy madurado y que todo aquello era fina astucia.

—Debe usted haber pasado muchos días sin hablar con nadie—dijo el joven.

—Algo de verdad hay en esa suposición; pero usted se asombra, ¿no es cierto, de hallarme de tan buen humor?

—Y hasta me parece demasiado bueno...

—¿Porque no me he formalizado con la grosería de las preguntas de usted? ¿Y qué? ¿Por qué había de ofenderme? Como usted me ha preguntado le he respondido—contestó Svidrigailoff con una singular expresión de franqueza—. En verdad, yo no me intereso, digámoslo así, por cosa alguna. Ahora, sobre todo, nada me preocupa. Por lo demás, libre es usted de pensar que abrigo propósitos interesados para captarme sus simpatías, tanto más cuanto que tengo ciertas miras respecto a su hermana, como ya se lo he declarado. Pero, francamente se lo digo, ¡me fastidio mucho! Sobre todo desde hace tres días, que tengo intenciones de venir a ver a usted... No se incomode, Rodión Romanovitch, me parecía usted muy raro. En efecto, advierto en usted algo extraordinario y ahora principalmente, es decir, no en este mismo momento, sino desde hace algún tiempo. Vamos, me callo, no frunza usted el ceño... No soy tan oso como usted cree...

—No lo tengo por oso—dijo Raskolnikoff—; más aún, me parece que es usted un hombre de muy buena sociedad o, por lo menos, que sabe usted ser, en llegando la ocasión, *comme il faut*.

—Me tiene sin cuidado la opinión de los demás—contestó Svidrigailoff con tono seco y ligeramente desdeñoso—; y además, ¿por qué no adoptar las maneras de un hombre mal educado, especialmente en un país en que son tan cómodas y, sobre todo, cuando se tiene para ello propensión natural?—añadió riendo.

Raskolnikoff le miraba sombríamente.

—He oído decir que conoce usted a mucha gente—le dijo—. No es usted lo que se llama «un hombre sin relaciones». Siendo esto así, ¿qué viene usted a hacer a mi casa, si no tiene objeto determinado?

—Es verdad, como usted dice, que tengo aquí muchos conocimientos—repuso el visitante sin responder a la principal pregunta que se le había dirigido—; en los tres días que llevo de corretear por la capital, me he tropezado con muchos conocidos y creo que también ellos han reparado en mí. Visto de una manera conveniente, y se me clasifica entre los que nadan en la abundancia: la abolición de la servidumbre no nos ha arruinado... Sin embargo, no trato de reanudar mis antiguas relaciones, porque me eran ya insoportables. Estoy aquí desde anteayer y no he querido ver a nadie. No; es menester que la gente de los círculos y los parroquianos del restaurant Dugsand se priven de mi presencia. Por otra parte, ¿qué placer hay en hacer trampas en el juego?

—¡Ah! ¡Hace usted trampas en el juego?

—¡Claro está! Hace ocho años formábamos una verdadera sociedad (hombres *comme il faut*, capitalistas y poetas), que pasábamos el tiempo jugando a las cartas y haciendo todas las trampas que podíamos. ¿Ha observado usted que en Rusia las personas de buen tono son todas tramposas? Pero en aquella época, un griego de Niejin, a quien debía ya 70.000 rublos, me hizo encarcelar por deudas. Entonces se presentó Marfa Petrovna y mediante 30.000 rublos que ella pagó a mi acreedor, obtuvo mi libertad. Entonces nos unimos en legítimo matrimonio, y mi esposa se apresuró a llevarme a sus posesiones para ocultarme allí como un tesoro. Tenía cinco años más que yo y me quería mucho. Durante siete años no me he movido de la aldea. Advierto a usted que toda su vida mi señora guardó, a título de precaución contra mí, la letra de cambio que me había hecho firmar el griego y que ella rescató valiéndose de un testaferro; si hubiera tratado de sacudir el yugo, me habría metido bonitamente en la cárcel. A pesar de todo su afecto hacia mí, no hubiera vacilado un momento; en las mujeres se observan contradicciones como ésta.

—Si no le hubiera tenido así agarrado, ¿la habría dejado usted plantada?

—No sé qué responderle. Ese documento no me inquietaba mucho. No deseaba ir a ninguna parte. Dos veces la misma Marfa Petrovna, viendo que me aburría, me animó a hacer un viaje por el extranjero. Pero yo había visitado ya a Europa y me había aburrido horriblemente. Allí, sin duda, solicitan la admiración los grandes espectáculos de la Naturaleza; pero mientras contemplamos un amanecer, el mar, la bahía de Nápoles... sentimos tristeza y hasta tedio sin saber por qué. ¿No es mejor estar entre nosotros? Aquí, por lo menos, se acusa a los demás de todo y se justifica uno a sus propios ojos. Ahora haría de buena gana una expedición al Polo ártico, porque el vino, que era mi solo recurso, ha acabado por disgustarme. No quiero ya beber; he abusado de ello. Pero se dice que hay una ascensión aerostática el domingo en el jardín Jussupoff. Berg intenta, según parece, emprender un gran viaje aéreo y consiente en admitir algunos pasajeros mediante cierto precio... ¿No es verdad?

—¿Desea usted ir en globo?

—¿Yo? No... sí...—murmuró Svidrigailoff, que se había quedado pensativo.

«¿Qué clase de hombre es éste?», se preguntaba Raskolnikoff.

—No, la letra de cambio no me inquietaba—dijo Svidrigailoff—. Por mi gusto permanecía en la aldea. Hará próximamente un año, Marfa Petrovna, con motivo de mi santo, me devolvió el papel acompañado de una cantidad importante a título de regalo. Tenía mucho dinero. «Ya ves, Arcadio Ivanovitch, qué confianza me inspiras», me dijo. Le aseguro a usted que se expresaba así. ¿No lo cree usted? He de decirle que yo cumplía muy bien mis deberes de propietario rural; era muy conocido en el país. Además, para entretener mis ocios, encargaba libros. Al principio, mi mujer aprobaba mi afición a la lectura; pero más tarde llegó a temer que me fatigase mi excesiva aplicación.

—Dispense usted—replicó molesto Raskolnikoff—; déjese de todo eso, y dígame, si quiere, el motivo de su visita, tengo prisa y voy a salir...

—Bueno: ¿Su hermana de usted, Advocia Romanovna, va a casarse con Pedro Petrovitch Ludjin?

—Ruego a usted que deje a mi hermana a un lado en esta entrevista y que no pronuncie su nombre. Me asombra que se atreva usted a pronunciarlo en mi presencia.

—¿Cómo no nombrarla, si he venido precisamente para hablar a usted de ella?

—Está bien; haga usted el favor de terminar cuanto antes.

—Ese señor Ludjin es algo pariente mío, por parte de mi difunta esposa. Estoy seguro de que usted tiene ya formada opinión acerca de él si es que le ha visto, aunque no haya sido más que media hora, o si le ha hablado a usted de él alguna persona digna de crédito. No es un partido conveniente para Advocia Romanovna. Estoy convencido de que su hermana de usted se sacrifica de una manera tan magnánima como inconsiderada; se inmola por... su familia. Después de lo que he sabido respecto a usted, pensaba que vería con gusto la ruptura de ese matrimonio, siempre que no perjudicase a los intereses de su hermana. Ahora que le conozco personalmente, no tengo ninguna duda sobre el particular.

—Por parte de usted eso es muy cándido; perdone usted, quería decir muy desvergonzado—replicó Raskolnikoff.

—Según eso, Rodión Romanovitch, me supone usted miras interesadas. Esté tranquilo: si yo trabajase para mí ocultaría mejor el juego; no soy tan imbécil. Voy a este propósito a descubrirle una particularidad psicológica. Hace poco me acusaba de haber amado a su hermana de usted, diciendo que había sido yo su víctima. Pues bien, al presente no siento ningún amor por ella, de tal modo que me asombro de haber estado seriamente enamorado...

—Era un capricho de un hombre desocupado y vicioso...

—En efecto, soy un hombre desocupado y vicioso. Por otra parte, su hermana de usted posee mérito bastante para impresionar a un libertino como yo; pero todo ello era fuego fatuo, lo veo claramente ahora.

—¿Y desde cuándo lo ha advertido usted?

—Ya lo sospechaba hace algún tiempo y me he convencido definitivamente de ello ayer, casi en el momento de llegar a San Petersburgo. Pero en Moscou todavía estaba decidido a obtener la mano de Advocia Romanovna y a disputársela como rival al señor Ludjin.

—Perdone usted que le interrumpa. ¿No podría abreviar y decirme en seguida el objeto de su visita? Le repito que tengo prisa, que he de hacer varias cosas...

—Con mucho gusto. Determinado ahora a emprender cierto viaje, quisiera antes arreglar varios asuntos. Mis hijos están en casa de su tía, son ricos y no me necesitan para nada. Por otra parte, ¿comprende usted que pueda representar yo como es debido el papel de padre? No he tomado más dinero que el que Marfa Petrovna me regaló hace un año; ese dinero me basta. Dispénseme usted, voy al grano. Antes de ponerme en camino quiero acabar con el señor Ludjin. No es que le deteste precisamente; pero él ha sido la causa de mi última rencilla con mi mujer; me incomodé cuando supe que ella había concertado ese matrimonio. Ahora me dirijo a usted para poder llegar a presencia de Advocia Romanovna; usted puede, si le parece, asistir a nuestra entrevista. En primer lugar desearía poner ante los ojos de su hermana todos los inconvenientes que resultarían para ella de su enlace con Ludjin. Le suplicaría después que me perdonase por los disgustos que le he causado, y le pediría permiso para ofrecerle 10.000 rublos, lo que la indemnizaría de una ruptura con el señor Ludjin, ruptura que, estoy seguro de ello, no repugnaría a su hermana de usted si viera la posibilidad de realizarla.

—¡Está usted loco, rematadamente loco!—exclamó Raskolnikoff con más sorpresa que cólera—. ¿Cómo se atreve a hablar de esa manera?

—Sabía perfectamente que iba usted a ponerse hecho una furia; pero comenzaré haciéndole observar que, aun no siendo rico, puedo disponer, sin embargo, de esos 10.000 rublos; quiero decir, que no los necesito. Si Advocia Romanovna no los acepta, sabe Dios el estúpido empleo que les daría. En segundo lugar, mi conciencia está completamente tranquila; en mi ofrecimiento no entra para nada el cálculo; créanlo o no lo crean, el porvenir se lo demostrará a usted y a Advocia Romanovna. En resumen, he molestado excesivamente a su honradísima hermana de usted; he experimentado un sincero pesar por lo ocurrido, y ansío no reparar por una compensación pecuniaria las contrariedades que le he ocasionado, sino hacerle un servicio insignificante, para que no se diga que sólo la he hecho mal. Si mi ofrecimiento ocultase alguna segunda intención, no lo haría tan francamente y no me limitaría a ofrecer 10.000 rublos, cuando le ofrecí mucho más hace cinco semanas. Por otra parte, yo pienso casarme con una joven dentro de poco, así que no puede sospecharse que yo quiera seducir a Advocia Romanovna. En suma, diré a usted que si se casa con el señor Ludjin, Advocia Romanovna recibirá esa misma cantidad, sólo que por otro conducto... No se incomode, señor Raskolnikoff; juzgue usted las cosas con calma y sangre fría.

Svidrigailoff había pronunciado estas palabras con extraordinaria calma.

—Suplico a usted que no siga—repuso Raskolnikoff—; la proposición de usted es una insolencia imperdonable.

—No hay tal cosa. Según eso, el hombre en este mundo sólo puede hacer mal a sus semejantes; en cambio no tiene derecho a hacer el menor bien. Las conveniencias sociales se oponen a ello. Eso es absurdo. Si yo, por ejemplo, muriese y dejase en mi testamento esa cantidad a su hermana de usted, ¿la rehusaría?

—Es muy probable.

—No hablemos más. Sea como quiera, suplico a usted que transmita mi demanda a Advocia Romanovna.

—No lo haré.

—En ese caso será necesario, Rodión Romanovitch, que yo trate de encontrarme frente a frente con ella, lo que no podré hacer sin inquietarla.

—Y si yo le comunico su pretensión, ¿no hará usted nada por verla?

—No sé qué contestarle; deseo vivamente hablar con ella aunque sea nada más que una vez.

—No lo espere usted.

—Tanto peor. Por lo demás, usted no me conoce. Quizá se establezcan entre nosotros relaciones amistosas.

—¿Usted cree...?

—¿Por qué no?—dijo sonriendo Svidrigailoff, y levantándose tomó el sombrero—; no es que yo quiera imponerme a usted; aunque he venido aquí, no confiaba demasiado... Esta mañana me chocó...

—¿Dónde me ha visto usted esta mañana?—preguntó Raskolnikoff con inquietud.

—Le he visto por casualidad. Me parece que somos dos frutos del mismo árbol.

—Está bien; permítame usted que le pregunte si piensa usted emprender pronto ese viaje.

—¿Qué viaje?

—El de que me ha hablado hace un momento.

—¿He hablado de un viaje? ¡Ah! ¡Sí, en efecto!... ¡Si supiese usted qué cuestión acaba de plantearme!—añadió con amarga sonrisa—, quizá en lugar de hacer ese viaje me casaré. Se está negociando un matrimonio para mí.

—¿Aquí?

—Sí.

—No ha perdido usted el tiempo desde su llegada a San Petersburgo.

—¡Ea! ¡Hasta la vista!... ¡Ah! se me olvidaba. Diga usted a su hermana que Marfa Petrovna le ha legado 3.000 rublos. Es la pura verdad. Mi mujer hizo testamento en mi presencia ocho días antes de su muerte. De aquí a dos o tres semanas, Advocia Romanovna podrá entrar en posesión de ese legado.

—¿Eso es verdad?

—Sí; puede usted comunicárselo. Servidor. Vivo muy cerca de aquí.

Al salir Svidrigailoff se cruzó en el umbral con Razumikin.

II.

Eran las ocho. Los dos jóvenes salieron en seguida en dirección a la casa de Bakalaieff, deseosos de llegar antes que Ludjin.

—¿Quién es ése que salía al entrar yo en tu cuarto?—preguntó Razumikin cuando estuvieron en la calle.

—Svidrigailoff, el propietario en cuya casa estuvo mi hermana de institutriz y de donde tuvo que salir porque el dueño la requería de amores. Marfa Petrovna, la mujer de ese señor, la puso a la puerta. Más tarde, esa misma Marfa Petrovna pidió perdón a Dunia. Esa señora ha muerto repentinamente hace pocos días; de ella hablaba mi madre esta tarde. No sé por qué me da mucho miedo ese hombre. Es un tipo muy original y, por añadidura, ha tomado una firme resolución. Cualquiera diría que sabe algo... Ha llegado a San Petersburgo en cuanto se celebraron los funerales de su mujer... Es preciso proteger a Dunia contra él. Eso es lo que yo quería decirte, ¿entiendes?

—¡Protegerla! ¿Qué puede hacer contra Advocia Romanovna? Te agradezco que me hayas dicho eso... La protegeremos, puedes estar tranquilo... ¿Dónde vive?

—No lo sé.

—¿Por qué no se lo has preguntado? Pero no importa, yo le encontraré.

—¿Le has visto?—preguntó Raskolnikoff después de una pausa.

—Sí, le he examinado de pies a cabeza y te aseguro que no se me despintará.

—¿No le confundirás con otro? ¿Le has visto distintamente?—insistió Raskolnikoff.

—¡Ya lo creo! Me acuerdo de su cara y le conocería entre mil. Soy buen fisonomista.

Se callaron de nuevo.

—¡Hum!—exclamó Raskolnikoff—. Me parece que soy víctima de alguna alucinación.

—¿Por qué dices eso?

—He aquí—prosiguió Raskolnikoff con una mueca que tendía a ser sonrisa—, que decís que estoy loco y voy creyendo que es verdad...

—Vamos, déjate de tonterías y escucha lo que he hecho—interrumpió Razumikin—. Entré en tu cuarto y te encontré durmiendo. En seguida comimos, después de lo cual fuí a ver a Porfirio Petrovitch. Zametoff estaba todavía en su casa. Quise hablar en debida forma y no fuí afortunado en mi exordio. No acertaba a entrar en materia; parecía que no entendía, pero me demostraban, por otra parte, la mayor flema. Llevé a Porfirio cerca de una ventana y me puse a hablarle; pero tampoco estuve muy feliz. El miraba de un lado y yo de otro. Por último, le aproximé el puño a las narices y le dije que le iba a reventar. Porfirio se contentó con mirarme en silencio. Yo escupí y me marché. Ya lo sabes todo. Esto es muy tonto. Con Zametoff no cambié ni una palabra. Me daba a los diablos por mi estúpida conducta; pero me he consolado con una reflexión; al bajar la escalera me dije: ¿Vale la pena que tú y yo nos preocupemos de ese modo? Si algún peligro te amenazase sería otra cosa; pero, ¿qué tienes tú que temer? No eres culpable; luego no debes inquietarte de lo que piensen ellos. Más tarde nos burlaremos de su necedad. ¡Qué vergüenza será para ellos el haberse equivocado tan groseramente! No te preocupes; ya les sentaremos la mano; mas por el momento, limitémonos a reír de sus tonterías.

—Es verdad—respondió Raskolnikoff—. ¿Pero qué dirás tú mañana?—añadió para si.

¡Cosa extraña! Hasta entonces no se le había ocurrido ni una vez preguntarse: «¿Qué pensará Razumikin cuando sepa que soy culpable?» Al ocurrírsele esta idea miró fijamente a su amigo. El relato de su visita a Porfirio le había interesado muy poco; otras cosas le preocupaban en aquel momento.

En el corredor encontraron a Ludjin que había llegado a las ocho en punto; pero había perdido algún tiempo en buscar el número; de modo que los tres entraron juntos sin mirarse ni saludarse. Los jóvenes se presentaron los primeros. Pedro Petrovitch, siempre fiel a las conveniencias, se detuvo un momento en la antesala para quitarse el gabán. Pulkeria Alexandrovna se dirigió en seguida a él. Dunia y Raskolnikoff se estrecharon la mano.

Al entrar, Pedro Petrovitch saludó a las señoras de manera bastante cortés, aunque con gravedad extremada. Parecía, sin embargo, algo desconcertado. Pulkeria Alexandrovna, que estaba también algo molesta, se apresuró a hacer sentar a todo el mundo alrededor de la mesa, donde estaba colocado el samovar. Dunia y Ludjin tomaron asiento uno frente al otro, en los dos extremos de la mesa. Razumikin y Raskolnikoff se sentaron también al frente de la mesa: el primero, al lado de Ludjin; el segundo, cerca de su hermana.

Hubo un instante de silencio. Pedro Petrovitch sacó pausadamente un pañuelo de batista perfumado y se sonó. Sus maneras eran, sin duda, las de un hombre benévolo, pero un poco herido en su dignidad y firmemente resuelto a exigir explicaciones. En la antesala, en el momento de quitarse el gabán, se preguntaba si no sería el castigo para las dos señoritas retirarse inmediatamente. Sin embargo, no había ejecutado esa idea, porque le gustaban las situaciones claras; así, pues, existía un punto que permanecía oculto para él; puesto que se había desairado abiertamente su prohibición, debía de haber algún motivo para ello. Mejor era tirar adelante, poner las cosas en claro; siempre habría tiempo de aplicar el castigo, y éste no por ser retrasado sería menos seguro.

—Me alegraré que el viaje de usted haya sido feliz—dijo por cortesía a Pulkeria Alexandrovna.

—Sí que lo ha sido, gracias a Dios.

—Me alegro mucho. Y Advocia Romanovna, ¿se ha fatigado?

—Yo soy joven y fuerte, no me fatigo; mas para mamá este viaje ha sido muy penoso—respondió Dunia.

—¿Qué quiere usted? Nuestros caminos provinciales son muy largos. Rusia es grande... A pesar de mis deseos, no pude ir a recibir a ustedes. Espero, sin embargo, que no se habrán visto en ningún apuro.

—¡Oh! Por el contrario, Pedro Petrovitch; nos hemos encontrado en una situación muy difícil—dijo con una entonación particular Pulkeria Alexandrovna—; y si Dios no nos hubiese deparado ayer a Demetrio Prokofitch, no sé qué hubiera sido de nosotras. Permita usted que le presente a nuestro salvador Demetrio Prokofitch Razumikin.

—¡Ah! Sí, ayer tuve el placer...—balbuceó Ludjin echando una oblicua y malévola mirada al joven; después frunció el entrecejo y calló.

Pedro Petrovitch era una de esas personas que se esfuerzan por ser amables y vivaces en sociedad, pero que bajo la influencia de cualquier contrariedad pierden súbitamente la serenidad, hasta el punto de parecer más bien sacos de harina que despejados caballeros. El silencio volvió a reinar de nuevo; Raskolnikoff se encerraba en un obstinado mutismo. Advocia Romanovna juzgaba que no había llegado para ella el momento de hablar. Razumikin nada tenía que decir, de modo que Pulkeria Alexandrovna se vió en la necesidad penosa de reanudar otra vez la conversación.

—¿Sabe usted que Marfa Petrovna ha muerto?—dijo.

—Me lo comunicaron, y puedo, además, decir a ustedes que inmediatamente después del entierro de su mujer, Arcadio Ivanovitch Svidrigailoff se ha venido a San Petersburgo. Sé de buena tinta esa noticia.

—¿En San Petersburgo? ¿Aquí?—preguntó alarmada Dunia, y cambió una mirada con su madre.

—Precisamente, y debe suponerse que ha venido con alguna intención; la precipitación de su partida y el conjunto de circunstancias precedentes lo hacen creer así.

—¡Señor! ¿Es posible que, hasta aquí venga a acosar a Dunetshka?—exclamó Pulkeria Alexandrovna.

—Me parece que ni la una ni la otra deben ustedes inquietarse mucho de su presencia en San Petersburgo, en el caso, por supuesto, de que ustedes quieran evitar toda especie de relaciones; por mi parte estaré con ojo avizor y sabré pronto dónde se hospeda.

—¡Ay! Pedro Petrovitch, usted no puede imaginarse hasta qué punto me ha asustado—repuso Pulkeria Alexandrovna—. Sólo le he visto dos veces y me pareció terrible. Segura estoy de que ha causado la muerte de la pobre Marfa Petrovna.

—Las noticias exactas no autorizan a suponer tal cosa. Por lo demás, no niego que su mal proceder no haya podido, en cierto modo y en cierta medida, apresurar el curso natural de las cosas. En cuanto a la conducta y en general a la característica moral del personaje, estoy de acuerdo con usted. Ignoro si ahora es rico y lo que su mujer ha podido dejarle: lo sabré dentro de poco. Lo que tengo por cierto es que, encontrándose aquí en San Petersburgo, no tardará en volver a su antigua vida, aunque tenga muy pocos medios pecuniarios. Es el hombre más perdido, vicioso y depravado que existe. Tengo motivos para creer que Marfa Petrovna, la cual tuvo la desgracia de enamorarse de él y que pagó sus deudas hace ocho años, le ha sido útil también en algún otro sentido. A fuerza de gestiones y sacrificios logró que se diese carpetazo a una causa criminal que podía haber dado en Siberia con el señor Svidrigailoff. Se trataba nada menos que de un asesinato cometido en condiciones particularmente espantosas y, por decirlo así, fantásticas. Tal es ese hombre, si ustedes deseaban saberlo.

—¡Ah, señor!—exclamó Pulkeria Alexandrovna.

Raskolnikoff escuchaba atentamente.

—¿Usted habla, dice, según datos ciertos?—preguntó con tono severo Dunia.

—Me limito a repetir lo que oí de labios mismos de Marfa Petrovna. Hay que advertir que, desde el punto de vista jurídico, este asunto es muy obscuro. En aquel tiempo habitaba aquí, y parece que vive todavía, cierta extranjera llamada Reslich que prestaba dinero con módico interés y ejercía otros diversos oficios. Entre esta mujer y Svidrigailoff existían, desde hacía largo tiempo, relaciones tan íntimas como misteriosas. Vivía con ella una parienta lejana, una sobrina, joven de quince años o de catorce, que era sordomuda. La Reslich no podía sufrir a esta muchacha: le echaba en cara cada pedazo de pan que la pobre comía y la maltrataba con inaudita crueldad. Un día se encontró a la infeliz muchacha ahorcada en el granero. La sumaria acostumbrada dió por resultado una comprobación de suicidio, y todo parecía haber terminado aquí, cuando la policía recibió aviso de que la joven había sido violada por Svidrigailoff. En verdad, todo esto era obscuro. La denuncia emanaba de otra alemana, mujer de notoria inmoralidad y cuyo testimonio no podía ser de gran crédito. En una palabra: no hubo proceso. Marfa Petrovna se puso en campaña, prodigó el dinero y logró echar tierra al asunto; pero no dejaron de correr con aquel motivo los más graves rumores acerca de Svidrigailoff. En el tiempo en que usted estuvo en su casa, Advocia Romanovna, habrá oído contar, sin duda, la historia de su criado Philipo, muerto a causa de los malos tratamientos de su amo. Esto ocurrió hace seis años, cuando aun existía la servidumbre.

—Oí decir, por el contrario, que ese Philipo se había ahorcado.

—Perfectamente; pero se vió reducido, o por mejor decir, impulsado a darse la muerte por las brutalidades incesantes y los malos tratamientos sistemáticos de su amo.

—Lo ignoraba—respondió secamente Dunia—. Oí, sí, contar acerca de eso una historia muy extraña. Parece que el tal Philipo era un hipocondríaco, una especie de criado filósofo. Sus compañeros decían que la lectura le había turbado el entendimiento, y, a creerlos, se había ahorcado para huir, no de los golpes, sino de las burlas del señor Svidrigailoff. Le vi tratar muy humanamente a sus servidores y era muy amado de ellos, aunque le imputaban, en efecto, la muerte de Philipo.

—Veo, Advocia Romanovna, que tiende usted a justificarle—repuso Ludjin con una sonrisa agridulce—. Verdad es que le tengo por hombre muy hábil para insinuarse en el corazón de las señoras. La pobre Marfa Petrovna, que acaba de morir en circunstancias muy extrañas, es una lamentable prueba de ello. Yo sólo trato de advertírselo a usted y a su mamá en previsión de las tentativas que de seguro no dejará de renovar. Por otra parte, estoy firmemente convencido de que ese hombre acabará en la prisión por deudas. Marfa Petrovna pensaba demasiado en el porvenir de sus hijos para tener el propósito de asegurar a su marido una parte importante de su fortuna. Es de suponer que le habrá dejado lo suficiente para vivir con decorosa modestia; pero con sus costumbres disipadas se lo comerá todo antes de un año.

—Suplico a usted que no hablemos más de Svidrigailoff. Eso me es desagradable—dijo Dunia.

—Ha estado en mi casa hace un rato—dijo bruscamente Raskolnikoff, que hasta entonces no había despegado los labios.

Todos se volvieron hacia él con exclamaciones de sorpresa; hasta el mismo Pedro Petrovitch se quedó algo pasmado.

—Hace media hora, mientras yo dormía, entró en mi cuarto, y después de despertarme se presentó él mismo. Estaba bastante contento y alegre; espera que yo he de hacerme amigo suyo, y, entre otras cosas, solicita una entrevista contigo para decirte que Marfa Petrovna, ocho días antes de su muerte, te había dejado en su testamento tres mil rublos, cantidad que recibirás en breve plazo.

—¡Alabado sea Dios!—exclamó Pulkeria Alexandrovna, e hizo la señal de la cruz—. ¡Reza por ella, Dunia, reza!

—El hecho es exacto—no pudo menos de afirmar Ludjin.

—¿Y después?—preguntó vivamente Dunia.

—Después me dijo que no era rico, que toda su fortuna pasaba a sus hijos, los cuales están ahora en casa de su tía. También me contó que se hospedaba cerca de mi casa; ¿dónde?, no lo sé; no se lo he preguntado.

—¿Qué otra cosa tiene que decir a Dunia?—preguntó con inquietud Pulkeria Alexandrovna—. ¿Te lo ha dicho?

—Sí.

—¿Y qué?

—Lo diré luego.

Después de esta respuesta, Raskolnikoff se puso a tomar el te.

Pedro Petrovitch miró el reloj.

—Un negocio urgente me obliga a dejar a ustedes, y de este modo no interrumpiré su conferencia—añadió un poco molesto, y al decir estas palabras se levantó.

—Quédese usted, Pedro Petrovitch—dijo Dunia—. Usted tenía intención de dedicarnos la velada. Además, nos ha escrito diciéndonos que deseaba tener una explicación con mamá.

—Es verdad, Advocia Romanovna—respondió con tono punzante Pedro Petrovitch, que se sentó a medias, conservando el sombrero en la mano—; deseaba, en efecto, tener una explicación con su madre y con usted, sobre algunos puntos de suma gravedad. Pero como su hermano no puede explicarse delante de mí acerca de ciertas proposiciones hechas por Svidrigailoff, yo no quiero ni puedo explicarme ante una tercera persona... sobre ciertos puntos de extrema importancia. Por otra parte, ya había expresado en términos formales mi deseo, que no se ha tenido en cuenta.

Las facciones de Ludjin tomaron una expresión dura y altanera.

—Ha pedido usted, en efecto, que mi hermano no asistiese a nuestra entrevista, y si él no ha accedido a su deseo, ha sido únicamente cediendo a mis instancias. Usted nos ha escrito que había sido insultado por nuestro hermano, y yo creo que debe de haber en esto alguna mala inteligencia y que tienen ustedes que reconciliarse. Si verdaderamente Rodia le ha ofendido a usted, debe darle sus excusas, y lo hará.

Al oír estas palabras, Pedro Petrovitch se sintió menos dispuesto que nunca a hacer concesiones.

—A pesar de toda la buena voluntad del mundo, Advocia Romanovna, es imposible olvidar ciertas injurias. En todo hay un límite que es peligroso traspasar, porque una vez que se franquea, no se puede retroceder.

—¡Ah! deseche usted esa vana susceptibilidad, Pedro Petrovitch—interrumpió Dunia con voz conmovida—. Sea el hombre inteligente y noble que yo siempre he visto en usted y que quiero ver en adelante. Le he hecho a usted una gran promesa. Soy la esposa futura de usted. Confíe en mí en este asunto y crea que puedo juzgar con imparcialidad. El papel de árbitro que me atribuyo en este momento es una promesa tan grande para mi hermano como para usted. Cuando hoy, después de la carta de usted, le he suplicado que asistiera a nuestra entrevista, no le dije cuáles eran mis intenciones. Comprenda usted que si rehusan reconciliarse me veré forzada a optar por uno excluyendo al otro. De tal modo se encuentra planteada la cuestión a causa de ustedes dos. No quiero ni debo engañarme en mi elección: para usted es preciso que rompa con mi hermano; para mi hermano es preciso que rompa con usted. Menester es que esté cierta de los sentimientos de ustedes. Ahora deseo saber, de una parte, si tengo en Rodia un hermano; de otra, si tengo en usted un marido que me ama y me estima.

—Advocia Romanovna—repuso Ludjin amostazado—: su lenguaje da lugar a interpretaciones diversas; es más, lo encuentro ofensivo, en vista de la situación que tengo el honor de ocupar respecto de usted. Prescindiendo de lo que hay de mortificante para mí al verme colocado al mismo nivel que un... orgulloso joven, parece que usted admite como posible la ruptura del matrimonio convenido entre nosotros. Dice usted que tiene que elegir entre su hermano y yo; por esto mismo se ve lo poco que significo a los ojos de usted... No puedo aceptar tal cosa, dadas nuestras relaciones y dados nuestros compromisos recíprocos.

—¡Cómo!—exclamó Dunia enrojeciendo vivamente—. ¿Conque pongo el interés de usted en la balanza con todo lo que yo amo más en la vida, y se queja de significar poco a mis ojos?

Raskolnikoff se sonrió sarcásticamente. Razumikin hizo una mueca; pero la respuesta de la joven no calmó a Ludjin, que a cada instante se ponía más pedante e intratable.

—El amor por el esposo, por el futuro compañero de la vida, debe estar por encima del amor fraternal—declaró sentenciosamente—; en todo caso yo no puedo admitir que se me coloque en la misma línea... Aunque haya dicho hace un momento que no quería ni podía explicarme en presencia de su hermano acerca del principal objeto de mi visita, hay un punto de suma gravedad para mí que desearía esclarecer en seguida con su señora madre. Su hijo de usted—continuó dirigiéndose a Pulkeria Alexandrovna—, ayer, delante del señor Razumikin, ¿no es éste el apellido de usted?, dispénseme si he olvidado su nombre—dijo a éste haciéndole un amable saludo—, me ha ofendido, alterando una frase pronunciada por mí el día que tomé café en casa de ustedes. Dije yo que, en mi concepto, una joven pobre y ya experimentada en la desgracia ofrecía a un marido más garantías de moralidad y dicha conyugal que una persona que hubiese vivido siempre en la abundancia. Su hijo de usted, con deliberado propósito, ha dado significado odioso a mis palabras y presumo que se ha fundado para ello en alguna carta de usted. Sería una gran satisfacción para mí si usted me probase que estaba engañado. Dígame con exactitud en qué términos ha reproducido mi pensamiento al escribir al señor Raskolnikoff.

—Ya no me acuerdo—respondió algo confusa Pulkeria Alexandrovna—; le manifesté el pensamiento de usted, tal como lo había comprendido. Ignoro cómo ha repetido Rodia mi frase. Puede que haya forzado mis términos...

—No ha podido hacerlo más que inspirándose en lo que usted haya escrito.

—Pedro Petrovitch—replicó con dignidad Pulkeria Alexandrovna—, la prueba de que Dunia y yo no hemos tomado a mala parte las palabras de usted, es que estamos aquí.

—¡Bien, mamá!—aprobó la joven.

—¿De modo que soy yo el equivocado?—dijo resentido Ludjin.

—¿Ve usted, Pedro Petrovitch? Acusa usted a Rodia sin tener en cuenta que en su carta de hoy le atribuye usted un hecho falso—prosiguió Pulkeria Alexandrovna, muy animada por la aprobación que acababa de manifestarle su hija.

—No me acuerdo de haber escrito nada falso.

—Según la carta de usted—declaró con tono áspero Raskolnikoff sin volverse hacia Ludjin—, el dinero que entregué ayer a la viuda de un hombre atropellado por un coche se lo había dado a su hija (a quien veía entonces por primera vez). Usted ha escrito eso con la intención, sin duda, de indisponerme con mi familia, y para conseguirlo mejor, ha calificado de la manera más innoble la conducta de una joven a quien usted no conocía. Esto es una baja difamación.

—Perdone usted, señor—respondió Ludjin temblando de cólera—. Si en mi carta me he extendido en lo que a usted se refiere, ha sido porque su madre de usted y su hermana me suplicaron que les dijese cómo había encontrado a usted y qué impresión me había usted producido. Por otra parte, le desafío a que señale una sola línea mentirosa en el pasaje en que usted alude. ¿Negará usted, en efecto, que ha dado su dinero? Y en cuanto a la desgraciada familia de que se trata, ¿se atrevería usted a responder de la honradez de todos sus miembros?

—Toda la honradez de usted no vale lo que el dedo meñique de la pobre joven a quien arroja usted la primera piedra.

—¿De modo que no vacilará usted en ponerla en contacto con su madre y su hermana?

—Si lo desea usted saber, le diré que ya lo he hecho. La he invitado a tomar asiento al lado de mi madre y de Dunia.

—¡Rodia!—exclamó Pulkeria Alexandrovna.

Dunia se ruborizó, Razumikin frunció el ceño y Ludjin se sonrió despreciativamente.

—Juzgue usted misma, Advocia Romanovna, si el acuerdo es posible. Supongo que esto es un asunto terminado del cual no hay más que hablar. Me retiro para no interrumpir por más tiempo esta reunión de familia.

Se levantó y tomó el sombrero.

—Pero permítanme ustedes que les diga antes de irme que deseo no verme expuesto en lo sucesivo a semejantes encuentros. Es a usted particularmente, mi distinguida Pulkeria Alexandrovna, a quien dirijo esta súplica; tanto más, cuanto que mi carta era para usted y no para otras personas.

Pulkeria Alexandrovna se sintió un tanto irritada.

—¿Cree usted que es nuestro amo, Pedro Petrovitch? Dunia le ha dicho ya por qué no ha sido satisfecho su deseo; mi hija no tenía más que buenas intenciones. Pero, en verdad, usted me escribe en un estilo muy imperioso, y menester es que miremos sus deseos como una orden. Diré a usted, por el contrario, que ahora, sobre todo, debe tratarnos con consideraciones y miramientos, puesto que la confianza en usted nos ha hecho dejarlo todo para venir aquí, y, por consiguiente, nos tiene ya a su disposición.

—Eso no es del todo exacto, Pulkeria Alexandrovna; sobre todo, desde el momento que conoce usted el legado hecho por Marfa Petrovna a Advocia Romanovna. Estos tres mil rublos llegan muy a punto, según parece, a juzgar por el nuevo tono que toma usted conmigo—añadió agriamente Ludjin.

—Esa observación haría suponer que usted había especulado sobre nuestra miseria—observó Dunia con voz irritada.

—Ahora, por lo menos, no puedo especular con ella. Y sobre todo, no quiero impedir que oiga usted las proposiciones secretas que Arcadio Ivanovitch Svidrigailoff ha encargado, para que se las transmita, a su hermano de usted. Por lo que veo, esas proposiciones tienen para usted una importancia capital y quizá también muy agradable.

—¡Ah! ¡Dios mío!—exclamó Pulkeria Alexandrovna.

Razumikin se agitaba impacientemente en su silla.

—¿No te avergüenza, hermana?—preguntó Raskolnikoff.

—Sí—respondió la joven—. Pedro Petrovitch, ¡salga usted!—añadió pálida de cólera.

Este último no esperaba semejante desenlace. Era demasiado presumido y contaba con su fuerza y con la impotencia de sus víctimas. En aquel momento no daba crédito a sus oídos.

—Advocia Romanovna—dijo pálido y con los labios temblorosos—, si salgo ahora tenga usted por cierto que ya no volveré jamás. Reflexione usted. Yo no tengo más que una palabra.

—¡Qué impudencia!—exclamó Dunia saltando de su asiento—. ¡Pero si lo que quiero es perderle de vista para siempre!

—¿Cómo? ¿Eso dice usted?—vociferó Ludjin, tanto más desconcertado cuanto que hasta el último minuto había creído imposible semejante ruptura—. ¡Ah! ¿Es así? ¿Sabe usted, Advocia Romanovna, que yo podría protestar?

—¿Con qué derecho le habla usted así?—dijo con vehemencia Pulkeria Alexandrovna—. ¿De qué tiene usted que protestar? ¿Cuáles son sus derechos? Sí, sus derechos. ¿Iría yo a dar a mi Dunia a un hombre como usted? ¡Váyase en seguida y déjenos tranquilas! ¿En qué estábamos pensando, sobre todo yo, para consentir en una cosa tan indigna?

—Sin embargo, Pulkeria Alexandrovna—replicó Pedro Petrovitch exasperado—, ustedes me han comprometido, dando una palabra que ahora retiran... y, por último, esto... esto... me ha ocasionado gastos.

La última recriminación estaba tan dentro del carácter de Ludjin, que Raskolnikoff, a pesar del furor que sentía, no pudo oírla sin soltar la carcajada; pero no le sucedió lo mismo a Pulkeria Alexandrovna.

—¿Gastos? ¿Gastos?—replicó violentamente—. ¿Se trata acaso del cajón que usted nos ha mandado? ¡Pero si usted ha obtenido su transporte gratuito! ¿Y pretende usted que le hemos comprometido? ¿Se pueden invertir los papeles hasta ese punto? Nosotras somos las que estamos a merced de usted, y no usted a la nuestra.

—¡Basta, mamá, basta, te lo suplico!—dijo Advocia Romanovna—. Pedro Petrovitch, tenga usted la bondad de marcharse.

—Sí, me voy. Una palabra solamente—respondió casi fuera de sí—. Su mamá de usted parece haber olvidado completamente que pedí su mano cuando corrían acerca de usted muy malos rumores en toda la comarca. Al desafiar por usted la opinión pública, y al restablecer su reputación, tenía derecho a esperar que me lo agradecería usted; pero esto me hace caer la venda de los ojos, y veo que mi conducta ha sido muy inconsiderada y que quizá he cometido un gran error despreciando la voz pública...

—¡Pero este hombre quiere que le rompan la cabeza!—exclamó Razumikin, que se había levantado para castigar al insolente.

—Es usted un malvado—añadió Dunia.

—Ni una palabra, ni un gesto—agregó vivamente Raskolnikoff, deteniendo a Razumikin; y aproximando luego su cara a la de Ludjin, le dijo en voz baja, pero perfectamente clara—: ¡Váyase usted! ¡Ni una palabra más! De lo contrario...

Pedro Petrovitch, con el rostro pálido y contraído por la cólera, le miró durante algunos segundos; después giró sobre sus talones, y desapareció, llevándose en el corazón un odio mortal contra Raskolnikoff, a quien imputaba solamente su desgracia. Mientras descendía la escalera, se imaginaba, empero, que no estaba perdido sin remedio, y que no tenía nada de imposible una reconciliación con las señoras.

III.

Durante cinco minutos todos estuvieron muy alegres; su satisfacción les hacía reír estrepitosamente. Sólo Dunia palidecía de vez en cuando al recuerdo de la escena precedente. Pero de todos, el más gozoso era Razumikin. Aunque no se atrevía abiertamente a manifestar su contento, éste se delataba, a pesar suyo, en el temblor febril de toda su persona. Ahora tenía el derecho de dar su vida por las dos señoras, y de consagrarse a su servicio. Ocultaba, sin embargo, estos pensamientos en lo más profundo de sí mismo, y temía dar alas a su imaginación. En cuanto a Raskolnikoff, inmóvil y huraño, no tomaba parte en la alegría general; parecía que su espíritu estaba en otra parte... Después de haber insistido tanto porque se rompiese con Ludjin, hubiérase dicho que esa ruptura, ya consumada, le tenía sin cuidado. Dunia no pudo menos de pensar que su hermano estaba aún enojado con ella, y Pulkeria Alexandrovna le miraba con inquietud.

—¿Qué es lo que te ha dicho Svidrigailoff?—preguntó la joven, acercándose a su hermano.

—¡Ah! Sí, sí—dijo vivamente Pulkeria Alexandrovna.

Raskolnikoff levantó la cabeza.

—Está decidido a regalarte diez mil rublos, y desea verte, pero en mi presencia.

—¿Verle? ¡Jamás!—gritó Pulkeria Alexandrovna—. ¿Cómo se atreve a ofrecerle dinero?

Raskolnikoff refirió entonces con bastante sequedad su entrevista con Svidrigailoff.

A Dunia le preocuparon extraordinariamente las proposiciones de Svidrigailoff, y quedó largo tiempo pensativa.

—Algún terrible designio ha concebido—murmuró para sí, casi temblando.

Raskolnikoff advirtió este terror excesivo.

—Creo que tendré ocasión de verle más de una vez—dijo a su hermana.

—Encontraremos sus huellas—exclamó enérgicamente Razumikin—. Yo lo descubriré. No le perderé de vista, ya que Raskolnikoff me lo permite. El mismo me lo ha dicho hace poco: «Vela por mi hermana». ¿Consiente usted, Advocia Romanovna?

Dunia sonrió y tendió la mano al joven; pero seguía preocupada. Pulkeria Alexandrovna le dirigió una tímida mirada. También es cierto que le habían tranquilizado notablemente los tres mil rublos. Un cuarto de hora después se hablaba con animación. El mismo Raskolnikoff, aunque silencioso, prestó durante algún tiempo oído a lo que se decía. La voz cantante la llevaba Razumikin.

—¿Por qué, pregunto a ustedes, por qué irse?—gritaba convencido—. ¿Qué van ustedes a hacer en aquel pueblucho? Lo que principalmente hay que procurar aquí es que todos ustedes estén juntos, puesto que se han de menester los unos a los otros. No; no deben separarse. Vamos, quédense ustedes siquiera un tiempo. Acéptenme ustedes como amigo y como asociado, y les aseguro que emprenderemos un excelente negocio. Escúchenme ustedes. Voy a explicarles minuciosamente mi proyecto. Se me ocurrió la idea esta mañana, cuando aun no se sabía nada... He aquí de qué se trata: Yo tengo un tío; se lo presentaré a ustedes; es un viejo muy campechano y muy respetable. Este tío posee un capital de mil rublos, que no sabe qué hacer de ellos, porque cobra una pensión que basta a sus necesidades. Desde hace dos años no cesa de ofrecerme esta suma al seis por ciento de interés. Bien comprendo que es un medio de que se vale para ayudarme. El año último, yo no tenía necesidad de dinero; pero al presente sólo esperaba que llegase el buen viejo para decirle que aceptaba. A los mil rublos de mi tío juntan ustedes mil más y ya está formada la asociación.

—¿Qué negocio vamos a emprender?

Entonces Razumikin se puso a desarrollar su proyecto. Según él, la mayor parte de los libreros y editores rusos hacen malos negocios porque conocen mal su oficio; pero con buenas obras se podía ganar dinero. El joven, que llevaba ya dos años trabajando para diversas librerías, estaba al corriente del asunto y conocía bastante bien tres lenguas europeas. Seis días antes le dijo, es cierto, a Raskolnikoff, que no sabía bien el alemán; pero habló de ese modo para decidir a su amigo a que colaborase con él en una traducción que podía proporcionarle algunos rublos. Raskolnikoff no se dejó engañar por aquella mentira.

—¿Por qué, pues, hemos de despreciar un buen negocio, cuando poseemos uno de los medios de acción más esenciales, el dinero?—continuó, animándose, Razumikin—. Claro es que habrá que trabajar mucho; pero trabajaremos, pondremos todos manos a la obra. Usted, Advocia Romanovna, yo, Rodia... ¡Hay publicaciones que producen al presente excelentes rendimientos! Tendremos, sobre todo, la ventaja de conocer lo que conviene traducir. Seremos a la vez traductores, editores y profesores. Ahora puedo ser útil, porque tengo experiencia. Hace dos años que no salgo de casa de los libreros, y sé todas las triquiñuelas del oficio; crean ustedes que lo que propongo no es obra de romanos. Cuando se ofrece la ocasión de ganar algún dinero, ¿por qué no aprovecharla? Podría citar dos o tres libros extranjeros cuya publicación sería una mina de oro. Si se lo indicase a uno de nuestros editores, nada más que por esto debería yo cobrar quinientos rublos; pero no lo soy tanto. Por otra parte, capaces serían los imbéciles de vacilar. En cuanto a la parte material de la empresa, impresión, papel, venta, me encargan ustedes a mí; eso lo entiendo. Comenzaremos modestamente; poco a poco iremos ampliando el negocio, y en todo caso, seguro estoy de que conseguiremos los dos objetos.

A Dunia le brillaban los ojos.

—Lo que usted propone—dijo—me gusta mucho, Demetrio Prokofitch.

—Yo, es claro, no entiendo nada de eso—añadió Pulkeria Alexandrovna—. Sin duda, conviene. Nosotras tenemos que permanecer aquí por algún tiempo—dijo mirando a Raskolnikoff.

—¿Qué piensas tú de esto, hermano?—preguntó Dunia.

—Encuentro su idea excelente—respondió el joven—. Cierto es que no se improvisa de un día a otro una gran librería; pero hay cinco o seis libros cuyo buen éxito no me ofrece duda y son los mejores para comenzar. Conozco uno, sobre todo, que de seguro se vendería. Además, podéis tener confianza completa en la capacidad de Razumikin; sabe lo que se hace... Por lo demás, tiempo tenéis de hablar de esto.

—¡Bravo!—gritó Razumikin—. Ahora, escuchen ustedes: hay aquí, en esta misma casa, un departamento completamente distinto e independiente del local en que se encuentran estas habitaciones; no cuesta caro y está amueblado... tres piezas pequeñas; aconsejo a ustedes que lo alquilen. Estarán allí muy bien; tanto más, cuanto que podrán ustedes vivir todos juntos; por supuesto, con Rodia... Pero, ¿a dónde vas, hombre?

—¡Cómo! ¿te vas ya?—preguntó con inquietud Pulkeria Alexandrovna.

—¿En un momento como éste?—gritó Razumikin.

Dunia miró a su hermano con sorpresa y desconfianza. El joven tenía la gorra en la mano, y se preparaba a salir.

—Cualquiera diría que se trataba de una separación eterna—exclamó con aire extraño.

Sonreía; ¡pero con qué risa!

—Después de todo, ¿quién sabe? Acaso sea ésta la última vez que nos vemos—añadió de repente.

Estas palabras brotaron espontáneamente de sus labios.

—Pero, ¿qué te pasa?—dijo ansiosamente la madre—. ¿A dónde vas, Rodia?—le preguntó dando a su pregunta un acento particular.

—Tengo que irme—respondió el joven.

Su voz era vacilante; pero su pálido rostro expresaba una firme resolución.

—Quería deciros al venir aquí... Quería deciros a ti, mamá, y a ti, Dunia, que debemos separarnos por algún tiempo. No me siento bien; tengo necesidad de reposo... Volveré más tarde. Volveré cuando me sea posible. Guardaré vuestro recuerdo, os amaré... Dejadme, dejadme solo... Era esa mi intención... Mi resolución era irrevocable... Ocúrrame lo que quiera, perdido o no, deseo estar solo. Olvidadme completamente. Esto es lo mejor... No procuréis tener noticias mías... cuando sea menester, yo vendré a vuestra casa u os llamaré. Quizá se arregle todo; pero hasta que esto suceda, si me amáis, renunciad a verme... De otro modo, os odiaré... comprendo que os odiaré... ¡Adiós!

—¡Dios mío! ¡Dios mío!—gimió Pulkeria Alexandrovna.

De las dos mujeres, así como de Razumikin, se apoderó un espanto terrible.

—¡Rodia, Rodia! ¡Reconcíliate con nosotras! ¡Sé lo que siempre fuiste!—gritaba la pobre madre.

Raskolnikoff se dirigió lentamente hacia la puerta, pero al llegar a ella se le acercó Dunia.

—¡Hermano mío! ¿Cómo puedes portarte así con nuestra madre?—murmuró la joven, cuya mirada llameaba de indignación.

Raskolnikoff hizo un esfuerzo para volver los ojos hacia ella.

—No es nada—musitó como hombre que no tiene plena conciencia de lo que dice, y salió de la sala.

—¡Egoísta! ¡Corazón duro y sin piedad!—gritó Dunia.

—¡No es egoísta; es un demente! ¡Está loco! ¡Le digo a usted que está loco! ¿Es posible que usted no lo haya visto? ¡Usted es la que no tiene piedad en este caso!—murmuró Razumikin, inclinándose al oído de la joven, cuya mano estrechó con fuerza—. Vuelvo en seguida—dijo a Pulkeria Alexandrovna, que estaba desvanecida, y se lanzó fuera del cuarto.

Raskolnikoff le esperaba en el corredor.

—Sabía que correrías detrás de mí—dijo—. Vuélvete con ellas, y no las dejes... Acompáñalas también mañana... y siempre. Yo... yo volveré quizá... si hay medio... Adiós.

Iba a alejarse sin dar la mano a Razumikin.

—¿Pero a dónde vas?—balbuceó este último asombrado—. ¿Qué tienes? ¿Cómo procedes de ese modo?

Raskolnikoff se detuvo de nuevo.

—Una vez para todas: no me interrogues más; nada he de responderte. No vuelvo a mi casa. Quizá venga alguna vez aquí. Déjame... Pero a ellas... *no las dejes*. ¿Me comprendes?

El corredor estaba obscuro; ambos amigos se encontraban cerca de una lámpara. Durante un minuto se miraron en silencio. Razumikin se acordó toda su vida de este minuto. La mirada fija e inflamante de Raskolnikoff parecía que intentaba penetrar hasta el fondo de su alma. De repente Razumikin se estremeció y se puso pálido como un cadáver. Acababa de comprender la horrible verdad.

—¿Comprendes ahora?—dijo de repente Raskolnikoff, cuyas facciones se alteraron horriblemente—. Vuelve al lado de ellas—añadió, y con paso rápido salió de la casa.

Inútil es describir la escena que se desarrolló a la entrada de Razumikin en el cuarto de Pulkeria Alexandrovna. Como se comprende fácilmente, el joven puso todo su cuidado en tranquilizar a las dos señoras. Les aseguró que Rodia, como estaba enfermo, necesitaba de reposo; les juró que no dejaría de ir a verlas, que le verían todos los días, que tenía una preocupación constante, que era preciso no irritarle; prometió velar por su amigo, confiarle a los cuidados de un buen médico, del mejor, y si era necesario, llamaría a consulta a los príncipes de la ciencia...

En una palabra, a partir de este día, Razumikin sería para ellas un hijo y un hermano.

IV.

Raskolnikoff se dirigió derechamente al domicilio de Sonia.

La casa, de tres pisos, era un edificio viejo pintado de verde. El joven encontró, no sin trabajo, al *dvornik*, y obtuvo de él vagas indicaciones acerca del cuarto del sastre Kapernumoff. Después de haber descubierto en un rincón del patio la entrada de una escalera estrecha y sombría, subió al segundo piso y siguió la galería que daba frente al patio. Mientras andaba en la obscuridad, se preguntaba por dónde se podía entrar en casa de Kapernumoff. De pronto se abrió una puerta a tres pasos de él, y el joven tomó una de las hojas con un movimiento maquinal.

—¿Quién hay aquí?—preguntó una voz de mujer.

—Soy yo. Vengo a ver a usted—replicó Raskolnikoff, y penetró en una antesalita.

Allí, sobre una mala mesa, había una vela, colocada en un estropeado candelero de cobre.

—¡Es usted! ¡Dios mío!—dijo débilmente Sonia, que parecía no tener fuerzas para moverse de su sitio.

—¿Es éste su cuarto?—y Raskolnikoff entró vivamente en la sala, haciendo esfuerzos para no mirar a la joven.

Al cabo de un minuto, Sonia se le acercó y permaneció en pie delante de él, presa de una agitación inexplicable. Esta inesperada visita la turbaba y aun le daba miedo. De pronto su pálido rostro se coloreó y se le llenaron los ojos de lágrimas. Experimentaba una gran angustia, con la cual se mezclaba cierta dulzura. Raskolnikoff se volvió con un rápido movimiento, y se sentó en una silla cerca de una mesa. En un abrir y cerrar de ojos pudo inventariar todo lo que había en la estancia.

Esta sala grande, pero excesivamente baja, era la única alquilada por los Kapernumoff. En el muro de la izquierda había una puerta que comunicaba con la vivienda del sastre; del lado opuesto, en la pared de la derecha, había otra puerta, siempre cerrada: pertenecía a otro alojamiento. El cuarto de Sonia parecía un cobertizo cuadrilátero muy irregular, cuya forma le daba un aspecto monstruoso. La pared, con tres ventanas que daban al canal, la cortaba oblicuamente, formando así un ángulo extremadamente agudo, en el fondo del cual nada se veía, a causa de la débil luz de la vela. Por el contrario, el otro ángulo era desmesuradamente obtuso. Esta gran sala apenas tenía muebles: en el rincón de la derecha estaba la cama; entre la cama y la puerta, una silla; del mismo lado, y precisamente enfrente del alojamiento vecino, una mesa de madera blanca cubierta con un tapete azul, y al lado de ella dos sillas de junco. En la pared opuesta, cerca del ángulo agudo, había adosada una cómoda de madera sin barnizar que parecía perdida en el vacío. A esto se reducía todo el mobiliario. El papel, amarillento y viejo, tenía color obscuro en todos los rincones, efecto probable de la humedad y del humo del carbón. Todo aquel local denotaba pobreza: ni siquiera había cortinas en la cama.

Sonia miraba en silencio al visitante, que examinaba la habitación tan atentamente y de un modo tan despreocupado, que al fin la hizo temblar, como si se hallase delante del árbitro de su destino.

—Vengo a casa de usted por última vez—dijo tristemente Raskolnikoff como si se olvidase que era aquélla la primera que visitaba a la joven—. Quizás no nos volveremos a ver.

—¿Va usted a marcharse?

—No sé... mañana, todo...

—¿De modo que no irá usted mañana a casa de Catalina Ivanovna?—dijo Sonia con voz temblorosa.

—No sé. Mañana por la mañana todo... No se trata de eso. He venido para decirle dos palabras.

Levantó su mirada soñadora, y advirtió de repente que él estaba sentado mientras que ella permanecía derecha.

—¿Por qué está usted en pie? Siéntese—dijo con voz dulce y acariciadora.

La joven obedeció. Durante un minuto, Raskolnikoff la contempló con ojos benévolos y casi enternecidos.

—¡Qué delgada está usted! ¡Qué mano la suya! ¡Se ve la luz al través de ella! ¡Los dedos parecen los de una muerta!

Le tomó la mano.

Sonia se sonrió débilmente.

—Siempre he sido así—dijo.

—¿También cuando vivía usted en casa de sus padres?

—Sí.

—Es claro—dijo bruscamente.

Operóse de nuevo un repentino cambio en la expresión de su rostro y en el sonido de su voz. Después dirigió una nueva mirada en derredor suyo.

—¿Vive usted en casa de Kapernumoff?

—Sí.

—¿Viven ahí, detrás de esa puerta?

—Sí. Su habitación es completamente igual a ésta.

—¿No tienen más que una sala para todos?

—Nada más.

—Yo, en una habitación como ésta, tendría miedo por la noche—observó el joven con aire sombrío.

—Mis patrones son buenas personas, muy amables—respondió Sonia, que parecía no haber recobrado aún su presencia de espíritu—, y todo el mobiliario les pertenece. Son muy buenos. Sus hijos vienen muy a menudo a verme; los pobrecitos son tartamudos.

—¿Son tartamudos?

—Sí; el padre es tartamudo, y, además, cojo. La madre también. No es precisamente que tartamudee; pero tiene un defecto en la lengua. Es una mujer muy buena. Kapernumoff es un antiguo siervo. Tiene siete hijos. El mayor es el que tartamudea; los otros son enfermizos, pero hablan claro.

—Lo sabía.

—¿Que lo sabía usted?—exclamó Sonia sorprendida.

—Su padre de usted me lo contó hace tiempo. Supe por él toda la historia de usted. Me refirió que usted salió un día a las seis; que volvió a entrar a las ocho dadas, y que Catalina Ivanovna se puso de rodillas delante de la cama de usted.

Sonia se turbó.

—Creo haberle visto hoy—dijo titubeando.

—¿A quién?

—A mi padre. Yo estaba en la calle; en la esquina cerca de casa, entre nueve y diez. Parecía andar delante de mí. Hubiera jurado que era él. Quise ir a decírselo a Catalina Ivanovna, pero...

—¿Paseaba usted?

—Sí...—murmuró Sonia, bajando, avergonzada, los ojos.

—¿Catalina Ivanovna solía pegarla cuando estaba usted en casa de su padre?

—¡Oh, no! ¿Cómo dice usted eso? No—exclamó la joven mirando a Raskolnikoff con cierto espanto.

—¿De modo que usted la quiere?

—¿Cómo no?—repuso Sonia con voz lenta y plañidera. Después juntó bruscamente las manos con expresión de piedad—. ¡Ah, si usted...! ¡Si usted la conociese! Es lo mismo que una niña. Tiene el juicio extraviado por la desgracia. ¡Pero es tan inteligente! ¡Es tan buena y generosa! ¡Ah, si usted supiera!

Sonia dijo estas palabras con un acento casi desesperado. Su agitación era extraña; se acongojaba, se retorcía las manos. Sus pálidas mejillas se habían coloreado de nuevo y sus ojos revelaban un gran sufrimiento. Evidentemente acababa de herírsele una cuerda sensible y no podía menos de hablar, de disculpar a Catalina Ivanovna. De repente se manifestó en todos los rasgos de su fisonomía una expresión de piedad, por decirlo así, insaciable.

—¡Pegarme ella! ¿Qué dice usted, señor? ¡Pegarme ella!... Y, aun cuando me hubiera pegado, ¿qué? ¡si usted supiese! ¡Es tan desgraciada, y, además, está enferma!... Busca la justicia... Es pura... cree que en todo puede reinar la justicia, y clama por ella... La maltrataría usted, y ella no haría nada de injusto.

—Y usted, ¿qué va a hacer?

Sonia le interrogó con la mirada.

—Ahora han quedado a cargo de usted. Cierto que antes era lo mismo; el que ha muerto solía pedirle a usted dinero para ir a gastárselo a la taberna; pero ahora, ¿qué es lo que va a ocurrir?

—No sé—respondió la joven tristemente.

—¿Van a quedarse donde están?

—No sé. Deben a la patrona, y creo que ésta ha dicho hoy mismo que quería ponerlas en la calle. Mi madrastra, por su parte, dice que no ha de permanecer un momento más en aquella casa.

—¿En qué funda esa seguridad? ¿Piensa vivir a costa de usted?

—¡Oh, no! ¡no diga usted eso! Entre nosotras no hay mío ni tuyo; nuestros intereses son los mismos—replicó vivamente Sonia, cuya irritación en aquel instante se parecía a la inofensiva cólera de un pajarillo—. Por otra parte, ¿qué va a ser de ella?—añadió, animándose cada vez más—. ¡Cuánto ha llorado hoy! Tiene perturbado el juicio, ¿no lo ha notado usted? Tan pronto se preocupa febrilmente por lo que ha de hacer mañana, a fin de que todo esté bien, la comida y lo demás, como se retuerce las manos, escupe sangre, llora y se golpea, desesperada, la cabeza contra la pared. En seguida se consuela, pone su esperanza en usted, dice que será usted su sostén, habla de pedir dinero prestado en cualquier parte y de volverse a su ciudad natal conmigo. Allí, dice, fundará un pensionado de señoritas de la nobleza y me confiará la dirección de su establecimiento. «Una vida completamente nueva, una vida feliz comenzará para nosotras», me dice besándome. Estos pensamientos la consuelan. ¡Tiene tanta fe en sus quimeras! ¿Piensa usted que se la puede contradecir? Ha pasado todo el día de hoy lavando y arreglando el cuarto hasta que, rendida, se tuvo que echar en la cama. Luego fuimos de tiendas juntas; queríamos comprar calzado a Poletchka y a Lena, porque sus zapatos están inservibles. Desgraciadamente no teníamos bastante dinero; se necesitaba mucho, ¡y había elegido unos tan bonitos! Porque tiene muy buen gusto. ¡Usted no sabe...! Se echó a llorar allí en la tienda, delante del zapatero, porque no le alcanzaba el dinero... ¡Ah, qué triste era aquello!

—Vamos, se comprende después de esto que usted viva así—dijo Raskolnikoff con amarga sonrisa.

—Y usted, ¿no tiene piedad de ella?—exclamó Sonia—. Usted mismo, lo sé, se ha despojado por ella de sus últimos recursos, y, sin embargo, no ha visto usted nada. ¡Si lo hubiera visto todo! ¡Dios mío! ¡Cuántas veces, cuántas veces la he hecho llorar! La semana última, sin ir más lejos, ocho días antes de la muerte de mi padre... ¡Oh! ¡Cuánto me ha hecho sufrir durante todo el día este recuerdo!

Sonia se retorcía las manos; tan dolorosos le eran estos pensamientos.

—¿Ha sido usted dura con ella?

—Sí; yo, yo. Fuí a verla—continuó llorando—y mi padre me dijo: «Sonia, me duele algo la cabeza... Léeme algo, ahí tienes un libro.» Era un volumen perteneciente a Andrés Semenitch Lebeziatnikoff, el cual solía prestarnos libros muy divertidos. «Tengo que marcharme», le respondí yo. No tenía ganas de leer. Había entrado en la casa para enseñar a Catalina Ivanovna una compra que acababa de hacer. Isabel, la revendedora, me había traído unos cuellos y unos puños muy bonitos, con ramos, casi nuevos. Me costaron muy baratos. A Catalina Ivanovna le gustaron mucho; se los probó, mirándose al espejo, y los encontró preciosos. «Dámelos, Sonia; anda, dámelos», me dijo. No los necesitaba para nada, pero ella es así: se acuerda siempre de los tiempos felices de su juventud. Se contempla al espejo, y eso que no tiene ni vestidos ni nada desde hace no sé cuántos años. Por lo demás, nunca pide nada a nadie, porque es orgullosa, y antes que pedir daría cuanto posee; sin embargo, me pidió los cuellos casi llorando. A mí me costaba trabajo dárselos. «¿Para qué los quiere usted?», le dije. Sí, de ese modo le hablé. No debí decirle tal cosa. Me miró con aire tan afligido, que daba pena verla... y no era por los cuellos por lo que se entristecía, no; lo que la afligió fué mi negativa... ¡Ah, si yo pudiese ahora retirar todo lo dicho, hacer que todas aquellas palabras no hubieran sido pronunciadas!... ¡Oh, sí! Pero le estoy contando a usted lo que no le interesa.

—¿Conocía usted a la revendedora Isabel?

—Sí... ¿La conocía usted también?—preguntó Sonia un poco asombrada.

—Catalina Ivanovna está tísica en el último grado; morirá pronto—dijo Raskolnikoff después de una pausa, sin responder a la pregunta.

—¡Oh, no, no!

Y Sonia, inconsciente de lo que hacía, tomó las dos manos del joven, como si la suerte de Catalina Ivanovna hubiese dependido de él.

—Sería mejor que se muriese.

—No, no sería mejor. ¡Qué había de serlo!

—¿Y los niños? ¿Qué va a hacer usted de ellos, puesto que no puede tenerlos a su lado?

—¡Oh, no sé!—exclamó con acento angustiado la joven, apretándose la cabeza con las manos. Era evidente que a menudo la había preocupado este pensamiento.

—Supongamos que Catalina Ivanovna viva todavía algún tiempo; pero puede usted caer enferma, y cuando la conduzcan al hospital, ¿qué sucederá entonces?—prosiguió implacablemente Raskolnikoff.

—¡Ah! ¿Qué dice usted? ¿Qué dice usted?

El espanto demudó por completo el rostro de Sonia.

—¿Cree usted que es imposible?—repuso él con sonrisa sarcástica—. Supongo que no está usted asegurada contra las enfermedades. ¿Qué será entonces de ellos? Toda la familia se encontrará en el arroyo; la madre pedirá limosna, tosiendo y dando con la cabeza en las paredes, como hoy; los niños llorarán, Catalina Ivanovna caerá en medio de la calle, la llevarán al puesto de policía y de allí al hospital, y los niños quedarán sin amparo.

—¡Oh, no! ¡Dios no permitirá semejante horror!—exclamó Sonia con voz ahogada.

Hasta entonces había escuchado en silencio, con los ojos fijos en Raskolnikoff y las manos juntas como en muda plegaria para conjurar la desgracia que el joven predecía.

Raskolnikoff se levantó y se puso a pasear por la habitación. Pasó un minuto. Sonia seguía en pie con los brazos caídos y la cabeza baja presa de atroz sufrimiento.

—¿Y usted no puede hacer economías, ahorrar algún dinero para cuando lleguen los días tristes?—preguntó deteniéndose delante de ella.

—No—murmuró Sonia.

—No, naturalmente. ¿Pero lo ha procurado usted?—añadió con cierta ironía.

—Sí.

—¿Y no lo ha conseguido? Es claro, sí, se comprende. Inútil es preguntarlo.

Y volvió a pasearse por la habitación.

—Y... ¿no gana usted dinero todos los días?—preguntó al cabo de otro minuto de silencio.

Sonia se turbó más que nunca y sus mejillas se arrebolaron.

—No—respondió en voz baja haciendo un violento esfuerzo.

—La suerte de Poletchka será, indudablemente, la misma de usted—dijo el joven bruscamente.

—No, no; ¡eso es imposible!—exclamó Sonia, herida en el corazón por aquellas palabras como por una puñalada—. Dios... Dios no permitirá semejante abominación.

—Otras permite.

—No, Dios la protegerá—repitió enfáticamente Sonia.

—¿Y si no hay Dios?—replicó con acento de odio Raskolnikoff, y se echó a reír mirando a la muchacha.

La fisonomía de Sonia cambió repentinamente de expresión. Se le contrajeron los músculos y fijó en su interlocutor una mirada preñada de reproches; quiso hablar, pero no pudo articular palabra y rompió en sollozos, tapándose la cara con las manos.

—¿Dice usted que Catalina Ivanovna tiene el juicio perturbado? Y el de usted lo está también—dijo Raskolnikoff después de una pausa.

Pasaron cinco minutos. El joven continuaba paseando por la estancia sin hablar ni mirar a Sonia. Al fin se acercó a ella; tenía los ojos brillantes y los labios temblorosos; puso ambas manos sobre los hombros de la joven, fijó su ardiente mirada en ella, e inclinándose, de repente, le besó los pies. Sonia se echó atrás aterrada, como si estuviese delante de un loco. La fisonomía de Raskolnikoff en aquel momento parecía, en efecto, la de un demente.

—¿Qué hace usted? ¡A mí!—balbució Sonia palideciendo y con el corazón dolorosamente oprimido.

El joven se levantó en seguida.

—No es ante ti ante quien yo me prosterno, sino ante todo el sufrimiento humano—dijo con extraño acento, y fué a ponerse de codos en la ventana—. Escucha—prosiguió, acercándose a ella un momento después—; hace poco le he dicho a un insolente que no valía lo que tu dedo meñique y que yo había hecho a mi hermana el honor de sentarse a tu lado.

—¡Ah! ¿Cómo ha podido usted decir eso? ¡y delante de ella!—exclamó Sonia asombrada—. ¡Sentarse a mi lado un honor! ¡Pero si yo soy una mujer deshonrada!... ¡Ah! ¡Por qué ha dicho usted eso!

—Al hablar así, no pensaba ni en tu deshonor, ni en tus faltas, sino en tus sufrimientos. Sin duda eres culpable—continuó diciendo Raskolnikoff con emoción creciente—; pero lo eres, sobre todo, por haberte inmolado inútilmente. Comprendo perfectamente que eres muy desgraciada: vivir en ese fango que tú detestas y saber al mismo tiempo (puesto que no puedes hacerte ilusiones sobre el particular) que tu sacrificio no sirve de nada y que no aprovechará a nadie... Pero dime—añadió exaltándose cada vez más—, ¿cómo con las delicadezas de tu alma te resignas a semejante oprobio? ¡Sería mejor arrojarse al agua y acabar de una vez!

—¿Y qué sería de ellos?—preguntó débilmente Sonia, levantando hasta él su mirada de mártir; pero al propio tiempo no parecía en modo alguno asombrada del consejo que se le daba.

Raskolnikoff la contempló con singular curiosidad. Esa sola mirada se lo explicó todo. Sin duda la joven había pensado muchas veces en el suicidio; muchas también, quizá, en el exceso de su desesperación, había pensado en acabar de una vez, y de tal manera y tan seriamente se preocupó con la misma idea, que al presente no experimentaba ninguna sorpresa al oír tal solución. No advirtió, sin embargo, la crueldad que encerraban estas palabras; escapósele también el sentido de los reproches del joven. Como ya se habrá comprendido, el punto de vista desde el cual consideraba él su deshonor era para ella letra muerta, y esto lo echó de ver Raskolnikoff. Se hacía cargo de cómo la torturaba la idea de su situación infamante, y se preguntaba qué había podido impedir que acabase con su vida. La única respuesta a tal pregunta era el cariño de Sonia por aquellos pequeñuelos y por Catalina Ivanovna, la desgraciada tísica y medio loca que se golpeaba la cabeza contra las paredes. Sin embargo, era evidente para él que la joven, con su carácter y educación, no podía permanecer así definidamente. Veía claramente que el caso de Sonia era un fenómeno social excepcional; pero esto, en rigor, era una razón de más para que la vergüenza la hubiese matado desde su entrada en un camino del cual debía alejarla todo su pasado de honradez, tanto como su cultura intelectual, relativamente elevada. ¿Qué era, pues, lo que la sostenía? ¿Era inclinación al vicio? No, su cuerpo únicamente se había entregado a aquella vida, el vicio no había penetrado en su alma; así lo comprendía Raskolnikoff, que leía como en libro abierto en el corazón de la joven.

«Su suerte está echada», pensaba. «Tiene delante de sí el canal, el manicomio o el embrutecimiento.»

Más que nada le repugnaba admitir la última probabilidad; pero su escepticismo le llevaba a considerarla como la más segura.

«¿Habrá de suceder así?», se preguntaba. «¿Es posible que esta criatura, que conserva todavía la pureza del alma, acabe por hundirse deliberadamente en el fango? Ha puesto ya los pies en él, y si hasta el presente ha podido soportar semejante vida, ¿es porque para ella el vicio ha perdido ya su aspecto repugnante? No, no; es imposible», exclamó para sí, como antes había exclamado Sonia. «No, lo que hasta este momento la ha impedido arrojarse al canal, es el temor de cometer un pecado y el interés que tiene por *ellos*. Si aun no se ha vuelto loca... ¿pero quién dice que no lo está? ¿Posee, acaso, todas sus facultades? ¿Razonaría una persona de juicio sano como ella razona? ¿Se puede afrontar la propia perdición con esa tranquilidad y sin prestar oídos a consejos o advertencias? ¿Es un milagro lo que espera? Sí, sin duda. ¿No son todos estos signos de enajenación mental?»

Se detenía obstinadamente en esta idea: «¡Sonia loca!» Esta perspectiva le desagradaba menos que cualquiera otra, y pensando en tales cosas se puso a examinar atentamente a la joven. De pronto le preguntó:

—¿De modo que ruegas mucho a Dios?

Ella callaba; en pie, a su lado, el joven esperaba una respuesta.

—¿Qué sería de mí sin Dios?—dijo en voz baja, pero enérgica, y dirigiendo a Raskolnikoff una rápida mirada de sus ojos brillantes, le estrechó la mano con fuerza.

«Vamos», pensó él, «no me engañaba».

—Pero, ¿qué es lo que Dios hace por ti?—preguntó, deseoso de esclarecer por completo sus dudas.

Sonia permaneció silenciosa, como si no hubiera podido responder; se le dilataba el pecho con la emoción.

—¡Calle usted, no me lo pregunte! ¡No tiene usted derecho!—exclamó, mirándole con cólera.

«Eso es, sí; eso es», pensó el joven.

—El lo hace todo—murmuró Sonia rápidamente, bajando los ojos al suelo.

«Ya está encontrada la explicación», afirmó mentalmente Raskolnikoff y miró a la joven con ávida curiosidad. Experimentaba una sensación nueva, extraña, casi dolorosa, contemplando aquella carita pálida, angulosa, delgada, con aquellos ojos tan azules y tan dulces que podían lanzar tales llamas y expresar una expresión tan vehemente, y aquel cuerpecito tembloroso de indignación y de cólera; todo aquello le parecía cada vez más extraño, casi fantástico. «¡Está loca! ¡Está loca!», repetía para sí.

Había un libro sobre la cómoda. Raskolnikoff habíase fijado en él varias veces durante sus idas y venidas por la habitación. Al fin lo tomó para examinarlo. Era una traducción rusa del Nuevo Testamento.

—¿Quién te ha dado esto?—preguntó a Sonia desde el otro lado de la habitación.

La joven, que no se había movido de su sitio, avanzó un paso y dijo:

—Me lo han prestado.

—¿Quién?

—Isabel; se lo pedí yo.

«¿Isabel? ¡Es extraño!», pensó él.

Todo en casa de Sonia tomaba a sus ojos un aspecto más extraordinario. Se aproximó a la luz con el libro y se puso a hojearlo.

—¿En qué parte habla de Lázaro?—preguntó bruscamente.

Sonia, con los ojos obstinadamente fijos en el suelo, guardó silencio. Se había separado un poco de la mesa.

—¿Dónde está la resurrección de Lázaro? Búscame ese pasaje, Sonia.

La joven miró con el rabillo del ojo a su interlocutor.

—No está ahí... Está en el cuarto Evangelio—dijo secamente sin moverse de su sitio.

—Busca ese pasaje y léemelo—dijo, y después se sentó, apoyó los codos en la mesa y la cabeza en la mano, y mirando de través con aire sombrío, se dispuso a escuchar.

Sonia vaciló al pronto dudando aproximarse a la mesa. El extraño deseo manifestado por Raskolnikoff le parecía poco sincero. Sin embargo, tomó el libro.

—¿Acaso no lo ha leído usted nunca?—preguntó, mirando al joven de soslayo.

—Sí... en mi niñez.

—¿No lo ha oído usted en la iglesia?

—Yo no voy a la iglesia. Y tú, ¿vas a menudo?

—No—balbució Sonia.

Raskolnikoff sonrió.

—Comprendo... ¿Entonces no asistirás mañana a las exequias de tu padre?

—Sí; la semana pasada estuve en la iglesia. Asistí a una misa de *Requiem*.

—¿Por quién?

—Por Isabel; la mataron a hachazos.

Los nervios de Raskolnikoff estaban cada vez más irritados y la cabeza se le iba.

—¿Tratabas a Isabel?

—Sí... Era buena, venía a mi casa... pero pocas veces, porque no era libre. Leíamos juntas y hablábamos. Ahora goza de la vista de Dios.

Raskolnikoff se quedó pensativo. ¿Qué significaban las misteriosas confidencias de dos idiotas como Sonia e Isabel?

«Aquí voy a volverme loco yo también. En esta habitación se respira la locura»—pensó—. ¡Lee!—gritó de repente con acento irritado.

Sonia seguía vacilando. Le latía con fuerza el corazón y parecía que le daba miedo leer. Raskolnikoff miró con expresión casi dolorosa a la pobre «loca».

—¿Qué le importa a usted eso si usted no cree?—murmuró con voz ahogada.

—Quiero que leas—insistió él—; bien le leías a Isabel...

Sonia abrió el libro y buscó el pasaje. Le temblaban las manos y las palabras se le atravesaban en la garganta. Dos veces Sonia trató de leer y no pudo articular la primera sílaba.

«Un hombre llamado Lázaro, de Bethania, estaba enfermo», profirió al fin, haciendo un esfuerzo; pero de repente, a la tercera palabra, su voz se hizo sibilante y se rompió como una cuerda demasiado tensa. Faltaba el aliento a su pecho oprimido.

Raskolnikoff se explicaba, en parte, la vacilación de Sonia para obedecerle, y a medida que comprendía mejor, reclamaba más imperiosamente la lectura; comprendía cuánto costaba a la joven descubrirle, en cierto modo, su interior. Evidentemente no podía, sin embargo, resolverse a hacer a un extraño la confidencia de los sentimientos que desde su adolescencia quizá la habían sostenido, que fueron, sin duda, su viático moral, cuando entre un padre borracho y una madrastra loca por la desgracia, en medio de los niños hambrientos, no oía más que reproches y clamores injuriosos. Veía todo esto; pero veía también que, a pesar de su repugnancia, tenía gran deseo de leer, sobre todo para él, «ocurriese lo que quisiera». Los ojos de la joven y la agitación que sentía, se lo dieron a conocer a Raskolnikoff... Por un violento esfuerzo sobre sí misma, Sonia dominó el espasmo que le apretaba la garganta, y continuó leyendo el undécimo capítulo del evangelio de San Juan, y llegó al versículo 19.

«Muchos judíos habían venido a Marta y a María a consolarlas de la muerte de su hermano. Entonces Marta, como oyó que Jesús venía, salió a su encuentro; pero María se estuvo en casa y Marta dijo a Jesús—: Señor, si hubieses estado aquí no fuera muerto mi hermano; mas yo sé ahora que todo lo que pidieres de Dios te dará Dios.»

La joven hizo aquí una pausa para triunfar de la emoción que hacía temblar de nuevo su voz...

«Dícele Jesús—: Tu hermano resucitará. Marta dijo—: Yo sé que resucitará en la resurrección en el día postrero. Dícele Jesús: *Yo soy la resurrección y la vida*; el que crea en Mí, aunque esté muerto, vivirá; y todo aquel que vive y cree en Mí, no morirá eternamente. ¿Crees tú en esto? Ella le dijo:»

(Aunque apenas podía respirar, Sonia levantó la voz, como si al leer las palabras de Marta hiciese ella misma su profesión de fe.)

«Sí, Señor; yo creo que Tú eres el Cristo, el Hijo de Dios que has venido al mundo.»

Sonia se interrumpió, levantó los ojos hasta él; pero los bajó en seguida y prosiguió la lectura. Raskolnikoff escuchaba sin pestañear, apoyado de codos sobre la mesa y mirando de lado. La joven continuó leyendo hasta el versículo 32.

«Mas María como vino donde estaba Jesús, viéndole derribóse a sus pies y le dijo—: Señor, si Tú hubieras estado aquí no fuera muerto mi hermano. Jesús entonces como que la vió llorando y que los judíos que habían venido con ella lloraban también, se conmovió en espíritu y turbóse y dijo—: ¿Dónde le pusisteis? Ellos le respondieron—: Señor, ven y verás. Y lloró Jesús. Y los judíos dijeron entonces—: Mirad cómo le amaba; y algunos dijeron—: ¿No podía éste, que abrió los ojos al ciego, hacer que éste no muriese?»

Raskolnikoff se volvió hacia ella y todo agitado la miró. Sí, era, efectivamente, lo que él había pensado. La joven estaba temblorosa y acometida de verdadera fiebre. Raskolnikoff lo había previsto. Sonia se aproximaba al milagroso relato y se apoderaba de ella un sentimiento de triunfo. Su voz, fortalecida por la alegría, tenía sonoridades metálicas. Las líneas se confundían ante sus ojos ofuscados; pero sabía de memoria este pasaje. En el último versículo, «no podía éste, que abrió los ojos al ciego...» bajó la voz dando un acento apasionado a la duda, al reproche de aquellos judíos incrédulos y ciegos, que un minuto después iban, como heridos del rayo, a caer de rodillas sollozando y creyendo... «Y él, él que es también un ciego, incrédulo; él también, dentro de un instante, oirá, creerá; sí... sí... en seguida... ahora mismo...», pensaba Sonia agitada por esta alegre confianza.

«Jesús, conmoviéndose otra vez en sí mismo, vino al sepulcro; era una cueva la cual tenía una piedra encima. Dice Jesús—: Quitad la piedra. Marta, hermana del muerto, le dice—: Señor, hiede ya, que es de cuatro días.»

Sonia subrayó la palabra cuatro.

«Jesús la respondió—: ¿No te he dicho que si crees verás la gloria de Dios? Entonces quitaron la piedra de donde el muerto había sido puesto, y Jesús, alzando los ojos al cielo, dijo en voz alta—: ¡Padre mío, gracias te doy porque me has oído; yo sabía que siempre me oyes, mas por causa de la compañía que está alrededor lo dije, para que crean que me has enviado! Y habiendo dicho estas palabras, exclamó a gran voz—: ¡Lázaro, ven fuera! y el que había muerto salió (al leer estas líneas Sonia temblaba como si hubiese sido testigo del milagro), con las manos atadas con vendas y el rostro envuelto en un sudario. Y dijo Jesús—: Desatadle y dejadle ir.

»*Entonces, muchos de los judíos que habían venido a María y habían visto lo que Jesús acababa de hacer, creyeron en El.*»

La joven no leyó más; le hubiera sido imposible; cerró el libro y se levantó.

—Esto es todo lo que se refiere a la resurrección de Lázaro—dijo en voz baja y nerviosa sin volverse a Raskolnikoff.

Parecía que temiese encontrar su mirada. Su temor febril duraba todavía. El cabo de vela, que estaba para consumirse, alumbraba vagamente aquel cuartucho en que un asesino y una mujer pública acababan de leer juntos el Santo Libro. De repente Raskolnikoff se levantó y se acercó a Sonia.

—He venido para hablarte de una cosa—dijo en alta voz, frunciendo el entrecejo.

La joven levantó los ojos hasta él y vió que su mirada, de una dureza particular, expresaba una resolución feroz.

—Hoy—prosiguió—, he renunciado a todo género de relaciones con mi madre y con mi hermana. Ya no volveré más a mi casa. La ruptura entre los míos y yo está ya consumada.

—¿Por qué?—preguntó asombrada Sonia.

Su encuentro poco antes con Pulkeria Alexandrovna y Dunia, le había dejado una impresión extraordinaria, aunque obscura para ella. Al oír la noticia de que el joven había roto con su familia, sintió una especie de terror.

—Ahora no tengo en el mundo más que a ti—respondió él—. Partamos juntos. He venido a proponértelo. Tú y yo somos malditos; partamos juntos.

Le relampagueaban los ojos.

«Parece que está loco», pensó a su vez Sonia.

—¿A dónde iremos?—preguntó espantada, e involuntariamente se interrumpió.

—¿Cómo he de saberlo? Unicamente sé que el camino y el fin de él, son los mismos para ti y para mí; de eso estoy seguro.

Sonia le miró sin comprender. Una sola idea se desprendía claramente para ella de las palabras de Raskolnikoff: que era inmensamente desgraciado.

—Nadie te comprenderá si tú le hablas—prosiguió él—; pero yo te he comprendido. Tú me eres necesaria; por eso he venido.

—No comprendo...—balbució Sonia.

—Ya comprenderás más tarde. ¿Acaso tú no has procedido como yo? Tú también estás por encima de la regla... Has tenido ese valor. Has alzado la mano sobre ti, has destruído una vida, la tuya. Hubieras podido vivir para un espíritu, para la razón, y acabarás en el Mercado del Heno; pero tú no podrás soportarlo, y si te quedas sola perderás la razón y yo también la perderé. Ahora ya estás como loca. Es preciso, pues, que marchemos juntos; que sigamos el mismo camino. Partamos.

—¿Por qué? ¿Por qué dice usted eso?—repuso Sonia extrañamente turbada por tal lenguaje.

—¿Por qué? ¡Porque tú no puedes quedarte aquí! Es menester razonar seriamente y ver las cosas bajo su verdadero aspecto, en vez de llorar como un niño y de confiarlo todo a Dios. ¿Qué ocurrirá, te pregunto yo ahora, si mañana se te conduce al hospital? Catalina Ivanovna, casi loca y tísica, morirá pronto. ¿Qué será de sus hijos? La perdición de Poletchka, ¿no es cosa segura?

—¿Qué hacer, pues? ¿Qué hacer?—repitió llorando Sonia y retorciéndose las manos.

—¿Qué hacer? Hay que levar el ancla de una vez para ir adelante, ocurra lo que quiera. ¿No comprendes? Más tarde comprenderás... La libertad y el poder, pero sobre todo el poder, reinan sobre todas las criaturas temblorosas, sobre todo el hormiguero. He ahí el objeto. Acuérdate de esto. Ese es el testamento que te dejo. Quizá te hablo por última vez. Si no vengo mañana lo sabrás todo, y entonces acuérdate de lo que te digo. Más tarde, dentro de algunos años, con la experiencia de la vida, comprenderás acaso lo que significan mis palabras. Si vengo mañana, te diré quién es el que ha matado a Isabel.

—Pero, ¿es que usted sabe quién la ha matado?—preguntó la joven helada de espanto.

—Lo sé y lo diré... pero a ti, a ti sola. Te he elegido. No vendré a pedirte perdón sino simplemente a decírtelo. Hace mucho tiempo que te he elegido; desde el momento que tu padre me habló de ti; viviendo aún Isabel se me ocurrió esta idea. Adiós. No me des la mano. Hasta mañana.

Raskolnikoff salió, dejando a Sonia la impresión de que estaba loco; pero ella estaba también como loca y se daba cuenta de su estado; se le iba la cabeza.

—Señor, ¿cómo sabe quién ha matado a Isabel? ¿Qué significan sus palabras? ¡Qué extraño es! Sin embargo, no tuvo la menor sospecha de la verdad.

—¡Oh! ¡Debe de ser inmensamente desgraciado! Se ha separado de su madre y de su hermana; ¿por qué? ¿qué ha podido pasarle? ¿Cuáles son sus intenciones? ¿Qué es lo que me ha dicho? Me ha besado el pie diciéndome (sí, de ese modo se ha expresado), que no podía vivir sin mí... ¡Oh Señor!

Detrás de la puerta que permanecía siempre cerrada, había una habitación sin ocupar, desde hacía largo tiempo, que pertenecía a la casa de Gertrudis Karlovna Reslich. Esta habitación se alquilaba, como lo indicaban un rótulo colocado en el exterior de la puerta grande y los albaranes colocados en las ventanas que daban al canal. Sonia sabía que no vivía nadie allí. Pero, durante toda la escena precedente, el señor Svidrigailoff, oculto detrás de la puerta, no había perdido sílaba de la conversación. Cuando Raskolnikoff hubo salido, el inquilino de la señora Reslich reflexionó un momento; después volvió a entrar sin ruido en su habitación, que estaba contigua a la pieza desalquilada, tomó una silla y fué a colocarla junto a la puerta. Lo que acababa de oír le interesaba en el más alto grado; así es que llevaba aquella silla para poder escuchar la conversación prometida para el día siguiente, sin verse obligado a permanecer de pie durante una hora por lo menos.

V.

Cuando al día siguiente, a las once en punto, Raskolnikoff se presentó en casa del juez de instrucción, se asombró de haber tenido que hacer antesala tanto tiempo. Según sus presunciones, debiera habérsele recibido en seguida; sin embargo, pasaron diez minutos antes de ver a Porfirio Petrovitch. En la sala de entrada, en que esperó primero, varias personas iban y venían sin parecer que reparasen en él. En la habitación siguiente, que se asemejaba a una Cancillería, trabajaban algunos escribientes y saltaba a la vista que ninguno de ellos sospechaba en lo más mínimo lo que pudiera ser Raskolnikoff.

El joven miró en su derredor con desconfianza. ¿Habría allí algún esbirro, algún *Argos* misterioso encargado de vigilarle, y en el caso oportuno impedir su fuga? Nada de esto descubría; los escribientes estaban todos ocupados en sus tareas y los otros no hacían el menor caso de él. El visitante se iba tranquilizando.

—Si, en efecto, aquel misterioso personaje de ayer, aquel espectro salido de debajo de la tierra, lo supiese todo y lo hubiese visto todo, ¿me dejarían tanto tiempo libre? ¿No me hubieran detenido ya, en vez de esperar que viniese aquí por mi propia voluntad? Siendo esto así, o ese hombre no ha hecho ninguna revelación contra mí, o... sencillamente no sabe nada y no ha visto nada... Y, en rigor, ¿cómo hubiera podido ver? Por consiguiente, he debido estar alucinado, y lo que ayer me ocurrió no fué más que una ilusión de mi imaginación enferma.

Cada vez encontraba más verosímil esta explicación, que ya el día antes se le había ocurrido cuando más inquieto estaba.

Reflexionando en todo esto y preparándose para una nueva lucha, Raskolnikoff advirtió de repente que estaba temblando y hasta se indignó ante el pensamiento de que lo que le hacía temblar era el miedo de una entrevista con el odioso Porfirio Petrovitch. Lo más terrible para él era encontrarse de nuevo en presencia de aquel hombre; le odiaba terriblemente y hasta temía venderse a causa de aquel odio. Se apresuró a entrar con aire frío y tranquilo, y se prometió hablar lo menos posible, estar siempre alerta y dominar, en fin, a toda costa, su temperamento irascible. Pensando en tales cosas, fué introducido en el despacho de Porfirio Petrovitch.

Encontrábase éste solo en su gabinete. Esta habitación, de no muchas dimensiones, contenía una gran mesa colocada frente a un diván forrado de hule, un escritorio, un armario colocado en un rincón y varias sillas; todo este mobiliario, suministrado por el Estado, era de madera amarilla. En la pared del fondo había una puerta cerrada, lo que hacía suponer que había otras habitaciones detrás del tabique.

En cuanto Porfirio Petrovitch vió que Raskolnikoff entraba en su gabinete, fué a cerrar la puerta por la cual acababa de entrar el joven, y ambos quedaron frente a frente. El juez de instrucción dispensó a su visitante una acogida en la apariencia por extremo risueña y afable.

Al cabo de algunos minutos advirtió Raskolnikoff ciertos movimientos que revelaban ligera contrariedad en el magistrado; parecía que acababa de interrumpírsele en alguna ocupación clandestina.

—¡Ah, respetabilísimo! Ya está usted aquí... en nuestros dominios—comenzó a decir Porfirio Petrovitch tendiéndole ambas manos—. Vamos, siéntese usted, *batuchka*. Pero quizá no le guste a usted que se le llame respetabilísimo y al mismo tiempo *batuchka, tout court*. No lo tome usted a mal; no es una familiaridad excesiva... Siéntese... aquí, en el diván.

Raskolnikoff se sentó, sin apartar los ojos del juez de instrucción.

«Estas palabras «en nuestros dominios», estas excusas por su familiaridad, la expresión francesa *tout court*... ¿qué quiere decir todo esto? Me ha alargado las manos sin darme ninguna; las ha retirado a tiempo», pensó Raskolnikoff con desconfianza.

Ambos se observaban; pero cuando se encontraban sus miradas, apartaban el uno del otro los ojos con la rapidez del relámpago.

—He venido a traer este papel... con motivo del reloj... Tome usted. ¿Está bien así, o hay que escribir otro?

—¿Qué? ¿Qué papel? ¡Ah, sí!... ¡No se preocupe usted; está bien!—respondió con precipitación Porfirio, que pronunció estas palabras aun antes de haber examinado el papel, y después, cuando hubo echado una rápida mirada sobre el documento, añadió—: Sí, está bien; basta con esto—continuó, hablando siempre de prisa, y depositó el papel sobre la mesa.

Un minuto después lo guardó en el escritorio, hablando de otra cosa.

—Me parece que ayer me manifestó usted deseos de interrogarme... en debida forma, a propósito de mis relaciones con la... víctima.

«Vamos, ¿para qué habré dicho yo *me parece*?», pensó de repente Raskolnikoff. «¿Qué importa esa frase? ¿Por qué me he de inquietar yo por ella?», añadió mentalmente y casi al mismo tiempo.

Por el solo hecho de encontrarse en presencia de Porfirio, con quien apenas había cambiado dos palabras, su desconfianza tomaba enormes proporciones, y advirtió súbitamente que esta disposición de ánimo era demasiado peligrosa; su agitación y la exaltación de sus nervios iban en aumento.

«Malo, malo; se me va a escapar alguna tontería.»

—Sí, sí; no se inquiete usted, tenemos tiempo, tenemos tiempo—murmuró Porfirio Petrovitch, que sin intención alguna aparente iba y venía por la habitación, aproximándose, ya a la ventana, ya al escritorio, para acercarse en seguida a la mesa.

Algunas veces evitaba las recelosas miradas de Raskolnikoff; otras se detenía bruscamente y miraba a su interlocutor cara a cara.

Era un espectáculo verdaderamente extraño el que ofrecía en tal momento aquel hombrecillo grueso y redondo, que se movía como una pelota lanzada de una pared a otra.

—No hay prisa, no hay prisa. ¿Fuma usted? Tome un cigarrillo—continuó ofreciendo un paquete al visitante—. Le recibo aquí, ¿sabe usted?; pero mi habitación está ahí, detrás de ese tabique... Es el Estado quien me la suministra... yo estoy aquí provisionalmente, porque hay muchos arreglos que hacer en mi vivienda. Ahora todo está arreglado o poco menos... ¿Sabe usted que es una gran cosa que el Estado le dé a uno casa? ¿No le parece a usted?

—Sí, una gran cosa—respondió Raskolnikoff mirándole con aire burlón.

—Una gran cosa... una gran cosa...—repitió ocupado en otra parte—. ¡Sí, una gran cosa!—volvió a decir bruscamente con voz casi tonante, deteniéndose a dos pasos de Raskolnikoff, a quien miró de repente.

La incesante y necia repetición de esta frase: «Una habitación suministrada por el Estado es una gran cosa», contrastaba por su vacuidad con la mirada seria, profunda, enigmática, que el juez fijaba ahora en su visitante.

La cólera de Raskolnikoff no le impidió dirigir al juez de instrucción un desafío burlón y bastante imprudente.

—¿Sabe usted—comenzó a decir, mirándole casi con insolencia y complaciéndose en ello—, que es, según creo, una regla jurídica, un principio para todos los jueces de instrucción, ponerse a hablar de cosas insignificantes o de una cosa seria, pero ajena a la cuestión, a fin de animar a aquellos a quienes interrogan, o más bien a fin de distraerlos aletargando su prudencia, y después, bruscamente, de improviso, descargarles en medio de la coronilla la más peligrosa pregunta? ¿No es así? ¿No es una costumbre religiosamente observada en la profesión de usted?

—¿De modo que usted supone que si le he hablado tantas veces de la casa que me da el Estado, ha sido para...?

Al decir esto, Porfirio Petrovitch guiñó los ojos y dió a su cara, por un instante, cierta expresión de alegría maliciosa, se borraron las leves arrugas de su frente, se le pusieron los ojos todavía más pequeños de lo que eran, se dilataron sus facciones, y mirando fijamente a Raskolnikoff, se echó a reír de un modo nervioso y prolongado, que agitó toda su persona. El joven se echó a reír también, aunque haciendo un violento esfuerzo. La hilaridad de Porfirio Petrovitch redobló de tal modo, que el rostro del juez de instrucción se puso de color carmesí. Raskolnikoff experimentó entonces un disgusto que le hizo olvidar toda prudencia; cesó de reír, frunció el entrecejo, y durante todo el tiempo en que siguió riendo Porfirio con aquella alegría que parecía un poco fingida, clavó en él unas miradas preñadas de odio. El juez, por su parte, se cuidaba muy poco del descontento de Raskolnikoff. Esta última circunstancia dió mucho que pensar al joven; creyó comprender que su llegada no había interrumpido lo más mínimo al juez de instrucción; era, por el contrario, él, Raskolnikoff, el que había caído en una trampa. Evidentemente había allí algún lazo, alguna emboscada que él no conocía; la mina estaba cargada quizá, e iba a reventar de un momento a otro.

Yéndose derecho al asunto, se levantó y tomó su gorra.

—Porfirio Petrovitch—dijo con tono resuelto, pero en el que se descubría bastante irritación—, ayer manifestó usted el deseo de hacerme sufrir un interrogatorio. (Subrayó la palabra *interrogatorio*.) He venido a ponerme a disposición de usted; si tiene preguntas que dirigirme, pregúnteme usted, si no, permítame que me retire. No puedo perder el tiempo aquí; tengo otra cosa que hacer. He de asistir al entierro de ese funcionario que ha sido atropellado por un coche y de quien ha oído usted hablar...—añadió, y en seguida se arrepintió de haber dicho esta frase—. Después—prosiguió con cólera creciente—, todo eso me fastidia, ¿entiende usted? hace mucho tiempo que dura todo esto, y en parte ha sido causa de mi enfermedad... En una palabra—continuó con voz cada vez más irritada porque comprendía que la frase acerca de su enfermedad era aún más inoportuna que la otra—, en una palabra, o me interroga usted, o permita que me marche ahora mismo... Pero si usted me interroga, que sea en la forma establecida por el procedimiento legal; de otro modo no se lo permitiré a usted, y hasta entonces, adiós, puesto que por el momento nada tenemos que hacer juntos.

—¡Señor! ¿Pero, qué está usted diciendo? ¿Acerca de qué he de interrogar a usted?—replicó el juez de instrucción, que cesó instantáneamente de reír—; no se inquiete usted, se lo suplico.

Incitó a Raskolnikoff a que se sentara, en tanto que él iba y venía de un lado a otro de la habitación.

—Tenemos tiempo, tenemos tiempo, y todo eso carece de importancia. Por el contrario, estoy tan contento de que haya usted venido a nuestra casa... Recibo a usted como a un visitante... En cuanto a ese maldito reír, *batuchka* Rodión Romanovitch, perdóneme usted... soy muy nervioso y me ha hecho mucha gracia la agudeza de la observación de usted; a veces, le aseguro que me pongo a saltar como una pelota de goma y estoy así durante media hora... Me gusta reír. Mi temperamento me hace temer una apoplejía. Pero siéntese usted, ¿por qué sigue en pie?... Se lo ruego, *batuchka*, de lo contrario creeré que está usted enfadado.

Raskolnikoff, con el entrecejo fruncido, se callaba, escuchaba y observaba; sin embargo, se sentó.

—Por lo que a mí toca, *batuchka* Rodión Romanovitch, diré a usted una cosa que servirá para explicarle mi carácter—repuso Porfirio Petrovitch, que continuaba yendo y viniendo por la habitación, y seguía evitando el cruzar la mirada con la del joven—. Yo vivo solo, ¿sabe usted? No voy a ninguna parte; soy desconocido. Añada usted que estoy en la decadencia ya acabado... y... ¿ha advertido usted, Rodión Romanovitch, que entre nosotros, es decir, en Rusia, y sobre todo en nuestros círculos de San Petersburgo, cuando se encuentran dos hombres inteligentes que no se conocen aún bien, pero que recíprocamente se estiman, como usted y yo, por ejemplo, en este momento, no pueden decirse una palabra durante media hora y permanecen como petrificados, el uno frente al otro? Todo el mundo tiene materia de conversación; las señoras, la gente de mundo, las personas de alta sociedad... en todos estos ambientes hay de qué hablar, es de rigor; pero las personas de la clase media, como nosotros, son huraías y taciturnas. ¿De qué procede esto, *batuchka*? ¿No tenemos nosotros intereses sociales, o es que somos demasiado honrados para engañarnos unos a otros? No lo sé. Vamos a ver, ¿cuál es su opinión? Pero deje la gorra; cualquiera diría que desea usted irse, y eso me causa pena... yo, por el contrario, tengo tanto gusto...

Raskolnikoff dejó su gorra. No salía de su mutismo, y con las cejas fruncidas seguía oyendo la vana charla de Porfirio.

«Sin duda dice todas estas tonterías para distraer mi atención.»

—No le ofrezco a usted café, porque éste no es lugar para ello; pero, ¿no será posible pasar cinco minutos con un amigo para procurarle una distracción?—prosiguió el inagotable Porfirio—. Ya sabe usted cuántas son las obligaciones del servicio. No se enoje usted, *batuchka*, porque siga paseándome; perdóneme usted, sentiría mucho molestarle; ¡pero me es tan necesario el movimiento!... Estoy siempre sentado y es para mí un verdadero placer poder pasearme durante cinco minutos... padezco de hemorroides. He tenido siempre intención de tratarme por la gimnasia; el trapecio es, se dice, muy provechoso para los consejeros del Estado, y aun para los consejeros íntimos. En nuestros días, la gimnástica ha venido a ser una verdadera ciencia... En cuanto a los deberes de nuestro cargo, a estos interrogatorios y todo este formalismo, usted mismo, *batuchka*, hablaba hace poco... ¿Sabe usted, en efecto, *batuchka* Rodión Romanovitch, que estos interrogatorios despistan más al magistrado que al reo?... Usted lo ha hecho notar hace un momento, con tanto ingenio como exactitud. (Raskolnikoff no había hecho semejante observación.) Se embrolla uno, pierde el hilo. En cuanto a nuestras costumbres jurídicas, estoy plenamente de acuerdo con usted. ¿Cuál es, dice usted, el acusado, aunque sea el más obtuso *mujik*, que ignore que ha de comenzarse por hacérsele preguntas extrañas para aletargarle, según la feliz expresión de usted, a fin de asestarle después, bruscamente, un hachazo en medio de la coronilla (sirviéndome de la feliz metáfora de usted)? ¡Je, je! De modo que ha pensado que hablándole de la habitación, yo trataba... ¡je, je! Es usted muy cáustico... vamos, ya no insisto. ¡Ah! Sí, una palabra llama a otra; los pensamientos se atraen mutuamente. Hace un momento hablaba usted de la forma en lo que concierne al magistrado. ¿Pero, qué es la forma? Ya sabe usted que, en muchos casos, una simple conversación amistosa conduce más seguramente a ciertos resultados. La forma no desaparecerá jamás, permítame usted que se lo asegure; ¿pero qué es, en el fondo, la forma? No se puede obligar al juez de instrucción a que la traiga siempre a cuestas. La necesidad del investigador es, en su género, un arte liberal o alguna cosa por el estilo. ¡Je, je!

Porfirio Petrovitch se detuvo un instante para tomar aliento. Hablaba sin interrupción, tan pronto diciendo tonterías, como deslizando, en medio de estas necedades, frasecillas enigmáticas, después de las cuales comenzaba de nuevo con sus trivialidades. Su paseo ahora por la habitación se parecía a una carrera; movía sus gruesas piernas cada vez con más viveza y continuaba con los ojos bajos, la mano derecha metida en el bolsillo, en tanto que con la izquierda hacía incesantemente ademanes que no tenían ninguna relación con sus palabras. Raskolnikoff advirtió, o creyó advertir, que al ir y venir por la habitación, el juez se había detenido dos veces cerca de la puerta como para escuchar un instante... «Sin duda espera algo.»

—Tiene usted completa razón—siguió diciendo alegremente Porfirio, mirando al joven con una candidez que puso a éste en nueva desconfianza—; nuestras costumbres jurídicas merecen, en efecto, las burlas ingeniosas de usted. ¡Je, je! Estos procedimientos, inspirados, según se pretende, por una profunda psicología, son muy ridículos y aun a menudo estériles. Volviendo de nuevo a la forma: Supongamos que yo me encargo de la instrucción de un proceso; yo sé, o más bien creo saber, que el culpable es cierto señor... ¿No estaba usted siguiendo la carrera de Derecho, Rodión Romanovitch?

—Sí; la estudiaba.

—Pues bien, he aquí un ejemplo que podrá servirle a usted más adelante; no vaya a creer que trato de echármelas de profesor con usted; no permita Dios que pretenda yo enseñar una cosa a un hombre que trata en los periódicos las cuestiones de criminalidad; no, me tomo solamente la libertad de citarle un hecho a título de ejemplo. Supongo, pues, que he creído descubrir al culpable; dígame usted ahora: ¿había de inquietarle prematuramente, aunque poseyera pruebas contra él? Acaso a otro que no tuviese el mismo carácter, le haría detener en seguida; pero a éste, ¿por qué no dejarle que se pasee un poco por la ciudad? ¡Je, je! No, veo que usted no me comprende bien; voy a explicarme más claramente. Si, por ejemplo, me apresuro a dictar un auto de prisión contra él, merced a este solo hecho le suministro, por decirlo así, un punto de apoyo moral. ¡Je, je! ¿Se ríe usted? (Raskolnikoff no pensaba en reírse; tenía los labios apretados y no apartaba su ardiente mirada de los ojos de Porfirio Petrovitch.) Sin embargo, así se hace, porque las personas son muy diversas, aunque, desgraciadamente, el procedimiento sea el mismo para todas. Pero desde el momento que tiene usted pruebas, podrá decirme usted, ¿para qué todas esas precauciones? ¡Ah, Dios mío! *Batuchka*, ¿sabe usted lo que son pruebas? Las tres cuartas partes de las veces, las pruebas son armas de dos filos, y, yo, juez de instrucción, soy hombre y, por consiguiente, sujeto a error. Así, pues, quisiera dar a mis investigaciones el rigor absoluto de una demostración matemática y desearía que mis conclusiones fuesen tan claras, tan indiscutibles, como dos y dos son cuatro. De modo que si yo hago detener a ese señor antes del tiempo oportuno, estando bien convencido de que es *él*, me privo de los medios ulteriores de establecer su culpabilidad. ¿Y por qué? Pues porque le doy, en cierto modo, una situación definida; al ponerle en la cárcel le tranquilizo, le coloco en su verdadero equilibrio psicológico; entonces se me escapa, se repliega sobre sí mismo, y comprende que es un detenido. Si por el contrario, dejo perfectamente tranquilo al presunto culpable, si no le detengo y si no le inquieto, pero a todas horas está preocupado de que lo sé todo, de que no le pierdo de vista ni de día ni de noche, de que es objeto por mi parte de una infatigable vigilancia, ¿qué es lo que sucederá en semejantes condiciones? Que infaliblemente se sentirá acometido del vértigo, vendrá él mismo a mi casa, me suministrará buen número de armas contra él, y me pondrá en el caso de dar a las conclusiones de mi investigación un carácter de evidencia matemática que no carece de encantos. Si este procedimiento puede dar resultados eficaces con un *mujik* inculto, es también muy eficaz cuando se trata de un hombre muy ilustrado, inteligente, y en cierto modo distinguido. Porque lo importante, mi querido amigo, es adivinar en qué sentido está desarrollado un hombre. Supongamos que se trata de uno inteligente, pero que tiene nervios, nervios que están excitados, que son enfermizos... ¡Y la bilis! La bilis que no se tiene en cuenta, ¡qué papel, sin embargo, tan importante desempeña en todas esas personas! Se lo repito a usted: hay en esto una verdadera mina de indicios. ¿Qué me importa que se pasee en libertad por la ciudad? Puedo dejarle gozar un poco más, seguro de que la presa no se me escapará. Y, en efecto, ¿a dónde podría ir? ¿Al extranjero? Un polaco huiría al extranjero, pero él no; tanto más, que yo le vigilo, y tengo, por consiguiente, tomadas mis medidas. ¿Se retirará al interior del país? Allí habitan *mujiks* groseros, rusos primitivos, desprovistos de civilización; este hombre ilustrado querrá mejor estar preso que vivir en tal ambiente. ¡Je, je! Por otra parte, esto no significa nada todavía; es lo accesorio, el lado exterior de la cuestión. No huirá, no solamente porque no sabría dónde ir, sino porque, y sobre todo, me pertenece psicológicamente. ¡Je, je, je! ¿Qué le parece a usted de esta expresión? En virtud de una ley natural, no huirá, aunque pueda hacerlo. ¿Ha visto usted la mariposa delante de la luz? Pues bien: él dará sin cesar vueltas en derredor mío, como ese insecto en torno de la llama. Para él no tendrá goces la libertad, cada vez estará más inquieto, cada vez más trastornado; si le doy tiempo, se entregará a actos tales que su culpabilidad aparecerá clara como dos y dos son cuatro... y siempre, siempre, dará vueltas en derredor mío, describiendo círculos cada vez más pequeños, hasta que, por último, ¡paf! se meterá él mismo en la boca y me lo tragaré. Es esto muy divertido. ¡Je, je, je! ¿No le parece a usted?

Raskolnikoff guardaba silencio. Pálido e inmóvil, continuaba observando el rostro de Porfirio con un penoso esfuerzo de atención.

«La lección es buena—pensaba aterrado—; no es, como ayer, el gato jugando con el ratón. Sin duda, al hablarme así, no es solamente por placer de mostrarme su fuerza; es demasiado inteligente para eso. Debe de tener otro objeto. ¿Cuál es? ¡Bah! amigo mío, cuanto dices es para asustarme. No tienes pruebas, y el hombre de ayer no existe. Tratas sencillamente de desconcertarme, quieres encolerizarme y dar el gran golpe cuando me veas en ese estado; pero te engañas; pierdes el tiempo y la saliva. Mas, ¿por qué hablas con palabras encubiertas? Cuentas con la excitación de mi sistema nervioso... No, amiguito, no sucederá lo que tú piensas; sea lo que quiera lo que hayas preparado... Ahora veremos qué lazo me tiendes.»

Y se dispuso animosamente a afrontar la terrible catástrofe que preveía. De vez en cuando sentía deseos de lanzarse sobre Porfirio y de estrangularle sobre la marcha. Desde su entrada en el despacho del juez de instrucción, su principal temor era el de no poder dominar su cólera. Sentía los latidos violentos del corazón, se le secaban los labios y le brotaba espuma de ellos. Resolvió, sin embargo, callarse comprendiendo que, en su posición, el silencio era la mejor táctica. De esta suerte, en efecto, no sólo no se comprometería, sino que quizá conseguiría irritar a su enemigo y arrancarle alguna palabra imprudente. Por lo menos, tal era la esperanza de Raskolnikoff.

—No, bien veo que usted no lo cree. Supone usted que me burlo—prosiguió Porfirio, que cada vez estaba más alegre sin dejar su risita, y había reanudado sus paseos por la sala—. Tal vez tenga usted razón; me ha dado Dios una cara que despierta en los que me ven ideas cómicas; soy un bufón; pero perdone usted el lenguaje de un viejo: usted, Rodión Romanovitch, está en la flor de la juventud, y, como todos los de su edad, aprecia sobre todo la inteligencia humana. La agudeza del ingenio y las deducciones abstractas de la razón le seducen. Volviendo al *caso particular* del que veníamos hablando, diré a usted que es preciso contar con la realidad, con la naturaleza. Es una cosa muy importante. ¡Oh! ¡Cómo triunfa muchas veces de la habilidad! ¡Escuche usted a un viejo! Hablo seriamente, Rodión Romanovitch—al pronunciar estas palabras, el juez, que escasamente tenía treinta y cinco años, parecía, en efecto, que había envejecido de improviso; en su persona y hasta en su voz habíase producido una repentina metamorfosis—. Además, yo soy muy franco... ¿Qué le parece a usted? ¿soy o no soy franco? Creo que no se puede ser más; le confío a usted todas estas cosas sin pedirle nada en cambio. ¡Je, je, je! Pues bien—continuó—: la agudeza de ingenio es, en mi opinión, una cosa excelente; es, por decirlo así, el ornamento de la naturaleza, el consuelo de la vida, y con ella solamente parece que se puede echar la zancadilla a un pobre juez de instrucción, que, por otra parte, suele ser engañado por su propia imaginación, porque, en resumidas cuentas, es hombre. Pero la naturaleza viene en ayuda del pobre juez. En esto es en lo que no piensa la juventud, fiando demasiado en su inteligencia, la juventud que «salta por encima de todos los obstáculos», como dijo usted ayer de una manera tan fina e ingeniosa. En el *caso particular* de que tratamos, el culpable, yo lo admito, mentirá de una manera asombrosa; pero cuando crea que no tiene más que recoger el fruto de su habilidad, ¡paf! se desmayará en el sitio mismo en que tal accidente ha de ser objeto de mayores comentarios. Supongamos que puede explicar su desmayo por hallarse enfermo, por la atmósfera sofocante de la sala; eso no obstante, nacerán sospechas. Ha mentido de una manera asombrosa; pero no ha sabido tomar precauciones contra la naturaleza. Ahí tiene usted dónde está el verdadero lazo. Otra vez, impulsado por su carácter burlón, se divertirá embromando a alguno que sospecha, y, como por juego, fingirá ser el criminal a quien busca la policía; pero entrará demasiado bien en el ánimo de su modelo, representará su fingida comedia con *demasiada naturalidad*, y éste será otro indicio. De momento, su interlocutor podrá ser juguete de lo que dice; pero, si este último no es un zoquete, rectificará al siguiente día. Nuestro hombre se comprometerá a cada instante, ¡qué digo! vendrá por sí mismo donde no ha sido llamado, se explayará con palabras imprudentes, se extenderá en alegorías cuyo sentido no se escapará a nadie... ¡Je, je, je! Hasta preguntará por qué no se le ha detenido aún. ¡Je, je, je! Y esto puede ocurrir a un hombre muy suspicaz, a un psicólogo, a un literato. ¡No hay espejo tan transparente como la naturaleza! basta con contemplarla... pero, ¿por qué se pone usted tan pálido, Rodión Romanovitch? Quizá hace demasiado calor. ¿Quiere usted que abra la ventana?

—No se moleste usted, se lo ruego—contestó Raskolnikoff, echándose a reír.

El juez se detuvo enfrente de él, esperó un momento, y, de repente, soltó también una carcajada. Raskolnikoff, cuya hilaridad habíase calmado súbitamente, se levantó.

—Porfirio Petrovitch—dijo con voz ruda y fuerte, y manteniéndose con dificultad en pie, a causa del temblor de sus piernas—, no tengo duda: usted sospecha que yo he asesinado a esa vieja y a su hermana Isabel. Por mi parte le declaro que estoy ya hasta la coronilla. Si usted cree que tiene el derecho de perseguirme o de hacerme detener, persígame usted y métame en la cárcel; pero no permito que se burle nadie de mí, ni de que se me martirice.

De pronto comenzaron a temblarle los labios, sus ojos despidieron llamas, y su voz, hasta entonces contenida, alcanzó el diapasón más elevado.

—¡No lo permito!—gritó bruscamente, y dió un vigoroso puñetazo sobre la mesa—. ¿Lo ha oído usted, Porfirio Petrovitch? ¡No lo permito!

—¡Ah! ¡Dios mío! ¿Pero qué le pasa a usted?—dijo el juez de instrucción en apariencia muy inquieto—. ¡*Batuchka*! Rodión Romanovitch, amigo mío, ¿qué está usted diciendo?

—¡No lo permito!—repitió Raskolnikoff.

—¡*Batuchka*, un poco más bajo! Van a oírle. Vendrán, y, entonces, ¿qué diremos? Piense usted un poco en ello—murmuró como asustado Porfirio Petrovitch, que había acercado su cara a la del visitante.

—¡No lo permito! ¡No lo permito!—prosiguió maquinalmente Raskolnikoff; pero hablaba bajando el tono, de modo que sólo podía ser oído por Porfirio.

Este corrió a abrir la ventana.

—Es menester airear la sala. ¿Por qué no bebe usted un poco de agua, querido amigo? Eso no es más que un acceso sin importancia.

Se dirigía ya a la puerta para dar órdenes a un criado, cuando vió en un rincón una jarra de agua.

—¡Beba usted, *batuchka*!—murmuró, aproximándose vivamente al joven con una jarra—. Esto le sentará a usted muy bien.

El susto, y aun la misma solicitud de Porfirio Petrovitch, parecían tan poco fingidos, que Raskolnikoff se calló y se puso a examinarle con tétrica curiosidad; pero rehusó el agua que se le ofrecía.

—¡Rodión Romanovitch! ¡querido amigo! ¡Si usted continúa así, va a volverse loco, se lo aseguro! Beba usted, beba usted, aunque sea un sorbo.

Y le puso casi a la fuerza el vaso en la mano. Maquinalmente, Raskolnikoff se lo llevó a los labios; pero de repente mudó de parecer, y lo dejó con disgusto sobre la mesa.

—Eso no ha sido más que un acceso insignificante. Tanto hará usted, mi querido amigo, que acabará por recaer de nuevo—observó con tono afectuoso el juez de instrucción, que parecía muy afectado—. Señor, ¿pero es posible que se cuide usted tan poco? Lo mismo pasó con Demetrio Prokofitch, que estuvo ayer en mi casa. Reconozco que tengo el genio cáustico, que mi carácter es horrible... pero, ¡señor! ¿qué significación se da a mis inofensivas salidas? Vino ayer después de la visita de usted; íbamos a ponernos a comer y empezó a hablar. Me contenté con apartar los brazos: ¡Ah Dios mío!... Fué usted quien lo envió, ¿verdad? ¡Siéntese usted; *batuchka*; siéntese usted, por el amor de Cristo!

—No, no le mandé yo; pero sabía que estaba en casa de usted y por qué hacía esa visita—respondió sarcásticamente Raskolnikoff.

—¿Usted lo sabía?

—Sí. ¿Qué deduce usted de eso?

—Deduzco, *batuchka*, que conozco, además, otros muchos hechos y excursiones de usted; estoy informado de todo. Sé que a la caída de la tarde fué usted a alquilar el *cuarto*; que se puso a tirar del cordón de la campanilla; que hizo una pregunta acerca de la sangre, y que el aspecto de usted asombró a los obreros y a los *dvorniks*. ¡Oh! comprendo la situación moral en que usted se encontraba entonces; pero no es menos cierto que todos estos trastornos acabarán por volverle loco. En el alma de usted hierve una noble indignación; tiene usted motivos para quejarse de su destino, en primer término, y en segundo, de la policía. Va usted también de aquí para allá forzando, en cierto modo, a la gente para que formule en voz alta sus acusaciones. Estas chismografías estúpidas le son insoportables, y quiere usted acabar con todo ello. ¿No es así? ¿No he adivinado alguno de los sentimientos a que usted obedece? Pero el caso es que no se contenta usted con devanarse los sesos, sino que hace perder también la cabeza al pobre Razumikin, y es verdaderamente una lástima volver loco a tan buen muchacho. Su misma bondad le expone más que a cualquier otro a sufrir el contagio de la enfermedad de usted... Cuando usted se calme, *batuchka*, yo le contaré... Pero, siéntese, ¡por el amor de Cristo! Se lo suplico. Recobre sus ánimos; está usted trastornado; siéntese.

Raskolnikoff se sentó. Un temblor febril agitaba todo su cuerpo. Escuchaba con sorpresa profunda a Porfirio, que le prodigaba demostraciones de amistad; pero no daba ningún crédito a las palabras del juez de instrucción, aunque sentía una propensión extraña a creerlas. Le había impresionado mucho el oír a Porfirio hablarle de su visita al cuarto de la vieja. «¿Cómo sabe esto, y por qué me lo cuenta él mismo?», pensaba el joven.

—Sí, se ha producido en nuestra táctica judiciaria un caso psicológico casi análogo, un caso morboso—continuó Porfirio—. Un hombre se acusó de un homicidio que no había cometido. Contó una historia completa, una alucinación de que él había sido juguete; y su relato era tan verosímil, parecía tan de acuerdo con los hechos, que desafiaba toda contradicción. ¿Cómo explicarse esto? Sin haber intervenido en él, este individuo había sido, en parte, causa de un asesinato. Cuando supo que él había, sin saberlo, facilitado el crimen, se sobrecogió de tal manera, que su razón se alteró e imaginó que él era el verdadero criminal. Al fin y a la postre, el Senado examinó la causa y descubrió que el desgraciado era inocente. Sin el Senado, ¿qué hubiera sido de este pobre diablo? He aquí lo que se arriesga, *batuchka*. Puede uno convertirse en monomaníaco cuando va por la noche a tirar de los cordones de las campanillas y a hacer preguntas acerca de la sangre. En el ejercicio de mi profesión, he tenido ocasión de estudiar toda esta psicología. Es ése de que hablo un atractivo semejante al que impulsa a un hombre a tirarse por una ventana de lo alto de una torre... Usted está enfermo, Rodión Romanovitch, y hace mal en descuidar tanto su enfermedad. Debiera usted consultar un médico experimentado, en vez de hacerse asistir por ese gordinflón de Zosimoff. Todo esto es en usted el efecto del delirio...

Durante un instante, Raskolnikoff creyó ver que todos los objetos daban vueltas en derredor suyo. «¿Es posible que siga mintiendo en este momento?», se preguntaba; y esforzábase para desechar esta idea, presintiendo el exceso de rabia loca a que podía impulsarle.

—Yo no deliraba. Me encontraba en el pleno uso de mi razón—gritó, en tanto que ponía su espíritu en tortura para comprender el juego de Porfirio—. Era dueño de todas mis facultades, ¿entiende usted?

—Sí; comprendo, comprendo. Ya me dijo usted ayer que no deliraba, e insistió particularmente sobre este punto. Comprendo todo lo que puede usted decir. ¡Je, je!... Pero permítame usted que someta a su juicio una observación, querido Rodión Romanovitch: Si en efecto, fuese usted el culpable, o hubiese tomado parte en ese maldito asunto, yo le pregunto: ¿hubiera sostenido que había hecho usted todas esas cosas, no delirando, sino con plena conciencia de sus actos? Supongo que habría usted hecho todo lo contrario. Si creyese usted que su causa estaba prejuzgada, debería precisamente sostener con tenacidad que obró bajo la influencia del delirio; ¿no es así?

El tono de la pregunta hacía sospechar que se le tendía un lazo. Al pronunciar estas últimas palabras, el juez se inclinó hacia Raskolnikoff. Este se recostó en el diván y miró silenciosamente en la cara a su interlocutor.

—Y lo mismo digo respecto de la visita del señor Razumikin. Si usted fuese culpable, debería decir que nuestro amigo vino a mi casa por su propia iniciativa, y ocultar que había dado este paso por instigación de usted. Por el contrario, lejos de ocultarlo, asegura que fué usted quien lo mandó.

Raskolnikoff no había afirmado nada de esto, y sintió, al oírlo, un escalofrío en la espina dorsal.

—Usted sigue mintiendo—dijo con voz lenta y débil, esbozando una sonrisa—. Quiere usted suponer que lee en mi interior y que sabe de antemano todas las respuestas—continuó, comprendiendo que ya no pesaba sus palabras como debía—; usted quiere meterme miedo... o simplemente burlarse de mí.

Hablando de este modo, Raskolnikoff no cesaba de mirar fijamente al juez de instrucción. De repente brillaron de nuevo en sus ojos relámpagos de cólera violenta.

—No hace usted más que mentir—gritó—. Sabe usted perfectamente que la mejor táctica para un culpable es confesar lo que no le es posible tener oculto. Yo no le creo a usted.

—¡Qué listo es usted para ver las cosas!—dijo Porfirio sonriéndose—. Pero en este asunto, *batuchka*, está engañado; es el efecto de la monomanía. ¡Ah! ¿Conque usted no me cree? Pues yo le digo que me crea un poco, y me arreglaré de manera que acabe por creerme del todo; porque yo le quiero a usted sinceramente, y le miro con singular interés.

Los labios de Raskolnikoff comenzaron a temblar.

—Sí; yo le quiero a usted—prosiguió Porfirio asiendo amistosamente el brazo del joven por algo más arriba del codo—; vuelvo a repetírselo a usted: cuídese su enfermedad. Además, la familia de usted se encuentra ahora en San Petersburgo; piense algo en ella. Debería usted hacer la felicidad de sus parientes y, por el contrario, sólo les acarrea inquietudes.

—Y a usted, ¿qué le importa? ¿Cómo sabe usted eso? ¿Por qué se mezcla en mis asuntos? ¿De modo que usted me vigila, y además, me lo dice?

—Pero, *batuchka*. ¡Si es usted mismo quien me lo ha contado! No advierte que, en su agitación, habla usted espontáneamente de sus asuntos a mí y a los demás. Ayer Razumikin me comunicó también muchas particularidades interesantes acerca de usted. Iba a decirle que, a pesar de todo su genio, ha perdido la vista exacta de las cosas, a consecuencia de su carácter suspicaz. Vea usted, el incidente del cordón de la campanilla. Ese es un hecho precioso, un hecho inapreciable para un magistrado observador; yo se lo entrego a usted cándidamente; yo, juez de instrucción. Y esto, ¿no le abre a usted los ojos? Pero si yo le creyera culpable, ¿hubiera procedido de esa suerte?

En tal caso, mi línea de conducta estaba perfectamente trazada: hubiera debido, por el contrario, desviar la atención de usted hacia otro punto. Después, bruscamente, le hubiera asestado, según la expresión de usted, sobre la coronilla, la siguiente pregunta: «¿Qué fué usted a hacer a tal hora de la noche al domicilio de la víctima? ¿Por qué tiró usted del cordón de la campanilla? ¿Por qué hizo usted preguntas acerca de la sangre? ¿Por qué aturdió usted a los *dvorniks* pidiendo que le condujesen a la oficina de policía?» De esta manera hubiera procedido si hubiese tenido alguna sospecha acerca de usted. Hubiera debido someter a usted a un interrogatorio en regla, ordenar una investigación y detenerle. Puesto que he obrado de otro modo, es señal evidente de que no sospecho de usted. Ha perdido el sentido exacto de las cosas, y está ciego, se lo repito.

Raskolnikoff temblaba, lo cual pudo fácilmente advertir Porfirio Petrovitch.

—Sigue usted mintiendo—vociferó el joven—. No sé cuáles son sus intenciones; pero estoy cierto de que miente... Hace poco no hablaba usted en ese sentido y sobre ello no me hago ilusiones... Miente usted.

—¿Que miento?—replicó Porfirio con apariencias de vivacidad. Por lo demás, el juez de instrucción conservaba su aspecto jovial, y parecía no dar importancia alguna a la opinión que Raskolnikoff pudiera tener de él—. ¿Que miento? ¿Pero usted no recuerda cómo acabo de tratarle? Yo, juez de instrucción, le he sugerido los argumentos psicológicos que usted podía emplear: «La enfermedad, el delirio, los sufrimientos del amor propio, la hipocondría, la afrenta recibida en el despacho de policía», etc. ¿No es así? ¡Je, je, je! Verdad es, dicho sea de paso, que estos medios de defensa no siempre dan el resultado apetecido; son armas de dos filos y podría cortarse el que las empleara. Si usted dice: «Yo estaba enfermo, yo deliraba, no sabía lo que hacía, no me acuerdo de nada», podrá respondérsele: «Todo eso está muy bien, *batuchka*, pero, ¿cómo es que el delirio toma siempre en usted el mismo carácter?» Debería manifestarse en otras formas, ¿verdad? ¡Je, je, je!

Raskolnikoff se levantó, y mirándole despreciativamente, dijo:

—En resumen: quiero saber de una manera concreta si sospecha usted o no de mí. Hable usted, Porfirio Petrovitch. Explíquese usted sin ambages ni rodeos; y en seguida, al instante.

—¡Ah, Dios mío! Se parece usted a los niños que piden la luna—replicó Porfirio siempre con su tono zumbón—. ¿Qué necesidad tiene usted de saber nada, si se le deja a usted perfectamente tranquilo? ¿Por qué se altera de ese modo? ¿Por qué viene a mi casa cuando nadie le llama? ¿Cuáles son las razones de usted? ¡Je, je, je!

—Le repito—gritó Raskolnikoff furioso—que ya no me es posible soportar...

—¿Qué? ¿La incertidumbre?—interrumpió el juez de instrucción.

—No me exaspere usted más... No quiero, digo a usted que no quiero... no puedo ni quiero... ¿oye usted?—gritó con voz de trueno Raskolnikoff, descargando un nuevo puñetazo sobre la mesa.

—Más bajo, más bajo; van a oírle a usted, se lo advierto seriamente. Tenga cuidado—murmuró Porfirio.

El juez de instrucción no tenía ya aquel aire de campesino que comunicaba a su rostro cierta candidez; fruncía las cejas, hablaba como amo y estaba a punto de quitarse la careta; pero esta nueva actitud no duró más que un instante. Aunque al punto Raskolnikoff se entregó a un arrebato de cólera, sin embargo, cosa extraña, esta vez, como antes, aunque estaba en el colmo de la exasperación, obedeció la orden de bajar la voz; comprendía, además, que no podía menos de hacerlo, y este pensamiento contribuyó a aumentar su irritación.

—No me dejaré martirizar—murmuró—; deténgame usted, regístreme, haga cuantas investigaciones quiera; pero proceda usted en debida forma, y no juegue conmigo. No tenga usted la audacia...

—No se inquiete usted por la forma—interrumpió Porfirio con su acento sardónico, mientras contemplaba a Raskolnikoff con cierto júbilo—; es familiarmente, *batuchka*, como amigo, como he invitado a usted a que viniera a verme.

—No quiero la amistad de usted; la desprecio. ¿Entiende usted? Y ahora tomo la gorra y me voy. Usted dirá si tiene intención de detenerme.

En el momento en que se acercaba a la puerta, Porfirio Petrovitch le asió de nuevo del brazo, por un poco más arriba del codo.

—¿No quiere usted que le dé una pequeña sorpresa?—dijo, riendo, el juez de instrucción, que cada vez parecía más burlón, lo que acabó de poner a Raskolnikoff fuera de sí.

—¿Qué pequeña sorpresa? ¿Qué quiere usted decir?—preguntó el joven, deteniéndose de repente y mirando con inquietud a Porfirio.

—Una pequeña sorpresa que hay detrás de esa puerta. ¡Je, je, je!—y mostraba con un dedo la puerta cerrada que daba acceso a su habitación, situada detrás del tabique—. Yo mismo la he cerrado con llave para que no se vaya.

—¿Qué es? ¿qué es? ¿Qué hay?

Raskolnikoff se acercó a la puerta; quiso abrirla, pero no pudo.

—Está cerrada. He aquí la llave—y diciendo esto, el juez de instrucción sacó la llave del bolsillo y se la enseñó al joven.

—¡Mientes! ¡Sigues mintiendo!—aulló éste, que ya no era dueño de sí—. ¡Mientes, maldito pulchinela!

Al mismo tiempo hizo ademán de arrojarse sobre Porfirio, el cual se retiró hacia la puerta, pero sin demostrar ningún temor.

—¡Lo comprendo todo!—vociferó Raskolnikoff—. ¡Mientes, mientes para que yo me venda!...

—Pero, ¿por qué ha de venderse usted? ¡Vea en qué estado se encuentra, Rodión Romanovitch! No grite, o llamo.

—¡Mientes, no hay nada! ¡Llama a tu gente! Sabías que estaba enfermo y has querido exasperarme, ponerme en el disparador para arrancarme una confesión; ése era tu objeto. Exhibe tus pruebas. Te he comprendido. No tienes pruebas; no tienes más que suposiciones, las conjeturas de Zametoff. Conocías mi carácter y has querido exasperarme, a fin de hacer en seguida que se presentaran bruscamente los popes y delegados. Los esperas, ¿eh? ¿A quién esperas? ¿A ellos? Hazlos entrar.

—¿Qué habla usted de delegados, *batuchka*? ¡Vaya unas ideas! La misma forma para emplear el mismo lenguaje de usted, no permite proceder de este modo; usted conoce el procedimiento, mi querido amigo... pero será observada la forma, usted lo verá—murmuró Porfirio, que se había puesto a escuchar junto a la puerta.

Sonaba, en efecto, cierto ruido en la pieza contigua.

—¡Ah! ¿Vienen?—gritó Raskolnikoff—. ¿Los has enviado a buscar? Habías contado... Pues bien, introdúcelos a todos, delegados y testigos; haz entrar a quien quieras. Estoy pronto.

Pero entonces ocurrió un incidente muy extraño, tan fuera del curso ordinario de las cosas, que sin duda Raskolnikoff ni Porfirio Petrovitch hubieran podido preverlo.

VI.

He aquí el recuerdo que esta escena dejó en el espíritu de Raskolnikoff:

El ruido que sonaba en la habitación inmediata aumentó de repente, y la puerta se entreabrió.

—¿Qué es eso?—gritó Porfirio Petrovitch encolerizado.

No hubo respuesta; pero la causa del ruido se dejaba adivinar en parte: alguna persona quería penetrar en el despacho del juez y trataban de impedírselo.

—¿Qué es lo que sucede?—repitió Porfirio.

—Es el procesado Mikolai, que ha sido conducido aquí.

—No tengo necesidad de él. No quiero verle; llevadle. Esperad un poco. ¿Por qué le han traído? ¡Qué desorden!—murmuró Porfirio lanzándose hacia la puerta.

—El es quien...—replicó la misma voz; y se detuvo de repente.

Durante dos minutos se oyó el ruido de una lucha entre dos hombres; después, uno de ellos rechazó al otro con fuerza, y penetró bruscamente en el despacho.

El recién venido tenía un aspecto muy extraño. Parecía no ver a nadie. En sus ojos llameantes se leía una firme resolución, y al propio tiempo su rostro estaba lívido como el de un condenado a quien se conduce al cadalso. Temblábanle ligeramente los labios, exangües.

Era un hombre muy joven todavía, delgado, de mediana estatura y vestido como un obrero. Tenía el cabello cortado al rape y sus facciones eran finas y angulosas. El que acababa de ser rechazado por él, se lanzó en persecución suya dentro del gabinete y le agarró por un brazo: era un gendarme. Mikolai logró de nuevo soltarse.

En el umbral se agruparon muchos curiosos, algunos de los cuales tenían vivos deseos de entrar. Todo ello había pasado en menos tiempo del que se tarda en referirlo.

—¡Vete! Es todavía pronto; espera a que se te llame... ¿Por qué te han traído tan pronto?—preguntó Porfirio Petrovitch tan irritado como sorprendido; pero de repente Mikolai se puso de rodillas.

—¿Qué haces?—gritó el juez de instrucción cada vez más asombrado.

—¡Perdón! ¡Soy culpable! ¡Yo soy el asesino!—dijo bruscamente Mikolai, con voz bastante fuerte, a pesar de la emoción que le ahogaba.

Pasaron diez segundos en un silencio profundo como si todos los asistentes hubiesen sido acometidos de un ataque de catalepsia. El gendarme no trató de sujetar de nuevo al preso, y dirigiéndose maquinalmente hacia la puerta, se quedó inmóvil en el umbral.

—¿Qué estás diciendo?—exclamó Porfirio Petrovitch cuando el asombro le permitió hablar.

—Yo soy el asesino...—repitió de nuevo Mikolai.

—¿Cómo? ¿Qué? ¿Que tú has asesinado...?

El juez de instrucción estaba visiblemente desconcertado. El preso tardó un instante en responder.

—Yo he asesinado... a hachazos... a Alena Ivanovna y a su hermana Isabel Ivanovna. Estaba trastornado—añadió bruscamente.

Se calló, pero continuaba de rodillas. Después de haber oído esta respuesta, Porfirio Petrovitch pareció reflexionar profundamente, y luego, con un ademán violento, mandó a los testigos que se retirasen. Estos obedecieron al punto y la puerta volvió a cerrarse.

Raskolnikoff, en pie, contemplaba a Mikolai con aire extraño. Durante algunos instantes las miradas del juez de instrucción fueron del detenido al visitante y viceversa. Después se dirigió a Mikolai sin tratar de disimular su cólera.

—Espera a que se te interrogue antes de decirme que estabas trastornado. Yo no te preguntaba eso. Habla ahora: ¿Has matado...?

—Yo soy el asesino... lo confieso—respondió Mikolai.

—¿Oh? ¿Con qué arma has matado?

—Con una hacha. La llevaba prevenida.

—¡Eh, qué apresuramiento! ¿Solo?

Mikolai no comprendió la pregunta.

—¿No tienes cómplices?

—No. Mitka es inocente. No ha tomado la menor parte en el crimen.

—No te apresures tanto para disculpar a Mitka. ¿Acaso te he preguntado acerca de él?... Sin embargo, ¿cómo se explica que los *dvorniks* os hayan visto bajar corriendo la escalera?

—Corrí adrede detrás de Mitka porque de ese modo pensé evitar sospechas—respondió el preso.

—Está bien. Basta—gritó Porfirio encolerizado—; no dice la verdad—murmuró en seguida como aparte, y de pronto sus ojos se encontraron con los de Raskolnikoff, cuya presencia había evidentemente olvidado durante este diálogo con Mikolai.

Al fijarse en su visitante pareció que se turbaba el juez de instrucción y dirigiéndose a él le dijo:

—Rodión Romanovitch, *batuchka*, perdóneme usted, se lo suplico... Nada tiene usted que hacer aquí... yo mismo... ya ve qué sorpresa...

Tomó al joven por el brazo y le señaló la puerta.

—Según se ve, no esperaba usted tal cosa—observó Raskolnikoff.

Naturalmente, lo que acababa de suceder era para él un enigma. Sin embargo, había recobrado en gran parte su serenidad.

—Tampoco usted lo esperaba, *batuchka*. Vea usted cómo le tiembla la mano. ¡Je, je, je!

—También está usted temblando, Porfirio Petrovitch—observó Raskolnikoff.

—Es verdad... no esperaba esto...

Se encontraban ya en el umbral de la puerta. El juez de instrucción tenía prisa porque se marchase el joven.

—¿De modo que no me enseña usted la «pequeña sorpresa» que me tenía preparada?—preguntó éste bruscamente.

—Apenas si tiene fuerzas para hablar y ya se muestra irónico, ¡je, je, je! ¡Ea, hasta la vista!

—Creo que sería más propio decir ¡adiós!

—Será lo que Dios quiera—balbuceó Porfirio con risa forzada.

FIODOR DOSTOIEWSKI

Al atravesar la Cancillería, Raskolnikoff advirtió que muchos de los empleados le miraban fijamente. En la antesala reconoció en medio de la gente a los *dvorniks* de *aquella casa*, a los que había propuesto la tarde de la extraña visita que le condujesen a la comisaría de policía. Parecía que estaban esperando allí algo, pero apenas hubo llegado al rellano de la escalera, cuando oyó de nuevo la voz de Porfirio Petrovitch. El joven se volvió y vió al juez de instrucción que, todo sofocado, acudía a llamarle.

—Una palabra todavía, Rodión Romanovitch. Dios sabe lo que pasará en este asunto; pero, para la cuestión de forma, tengo que pedirle a usted algunos datos, de modo que nos volveremos a ver de seguro.

Porfirio se detuvo sonriendo delante del joven.

—De seguro—repitió.

Parecía que iba a decir alguna otra cosa; pero nada añadió.

—Perdone usted mi proceder de antes, Porfirio Petrovitch... Me he alterado un poco—comenzó a decir Raskolnikoff, que había recobrado ya toda su serenidad y sentía grandes deseos de burlarse del magistrado.

—¡Bah! Eso no tiene importancia—replicó el juez con tono casi jovial—. También yo tengo un carácter insoportable, lo reconozco. Ya nos veremos; si Dios quiere, nos veremos a menudo.

—Y entonces nos conoceremos a fondo—repuso Raskolnikoff.

—Muy a fondo—repitió como un eco Porfirio Petrovitch, y guiñando un ojo, miró con mucha gravedad a su interlocutor—. ¿Y ahora va usted a comer a una fiesta?

—A un entierro.

—¡Ah! Está bien. Tenga usted cuidado de su salud.

—Por mi parte, no sé qué votos hacer por usted—respondió Raskolnikoff, y comenzó a bajar la escalera; pero de repente se volvió hacia Porfirio—. ¡Ah! Le deseo a usted de todo corazón mejor éxito del que ha conseguido hasta ahora, vea usted, sin embargo, qué cómicas son sus funciones.

Al oír estas palabras, el juez de instrucción, que se disponía a volver a su despacho, aguzó el oído.

—¿Qué es lo que tienen de cómicas?—preguntó.

—Mucho. Ahí tiene a ese pobre Mikolai; ¡cuánto ha debido usted atormentarle! ¡Cuánto lo habrá usted fatigado para arrancarle su confesión! Día y noche, sin duda, le habrá usted repetido en todos los tonos: «¡Tú eres el asesino, tú eres el asesino!» Le habrá usted perseguido sin tregua, según su método psicológico, y ahora, cuando él se reconoce culpable, usted empieza con la cantata en otro tono de «¡Mientes! ¡Tú no eres el asesino! ¡No puedes serlo, no dices la verdad!» Pues bien, después de esto, ¿no tengo derecho para encontrar cómicas las funciones de usted?

—¡Je, je, je! ¿De modo que ha reparado usted que hace poco rato he hecho observar a Mikolai que no decía la verdad?

—¿Cómo no había de observarlo?

—¡Je, je, je! Tiene usted mucho ingenio; nada se le escapa. Además, le da a usted por lo chistoso. Posee usted la cuerda humorística. ¡Je, je, je! Ese era, según dicen, el rasgo distintivo de Cogol.

—Sí, de Cogol.

—En efecto, de Cogol, ¡Hasta la vista!...

—Hasta la vista.

El joven se fué directamente a su casa. Cuando llegó a su domicilio, se echó en el diván y durante un cuarto de hora intentó ordenar algún tanto sus ideas, que eran muy confusas. No trató siquiera de explicarse la conducta de Mikolai, comprendiendo que había allí un misterio cuya clave buscaría en vano por el momento. Por lo demás, no se hacía ilusiones sobre las consecuencias probables del incidente. No tardaría en comprenderse que eran mentirosas las confesiones del obrero, y entonces las sospechas recaerían de nuevo sobre él. Pero, en tanto, era libre y podía tomar sus medidas en previsión del peligro que juzgaba inminente.

¿Hasta qué punto, empero, estaba amenazado? La situación comenzaba a esclarecerse. El joven temblaba aún al acordarse de su reciente entrevista con el juez de instrucción. No podía penetrar todas las intenciones de Porfirio, pero lo que adivinaba era más que suficiente para hacerle comprender de qué terrible peligro acababa de escapar. Un poco más y se hubiera perdido sin remedio. Conociendo la irritabilidad nerviosa de su visitante, el juez se había

161

apoyado sólidamente sobre este dato, y había descubierto con exceso de atrevimiento su juego; pero jugaba sobre seguro. Ciertamente, Raskolnikoff se había comprometido demasiado; sin embargo, las imprudencias de que él se acusaba no constituían todavía una prueba en contra suya: esto no tenía más que un carácter relativo. ¿No se engañaba, sin embargo, al pensar así? ¿Cuál era el proyecto de Porfirio? ¿Habría éste maquinado algo aquel día, y si tenía preparado un golpe, en qué consistía éste? Sin la aparición inesperada de Mikolai, ¿cómo hubiera acabado esta entrevista?

Raskolnikoff estaba sentado en el sofá con los codos apoyados en las rodillas y la cabeza en las manos. Un temblor nervioso agitaba todo su cuerpo. Al fin se levantó, tomó la gorra y después de haber reflexionado un momento, se dirigió hacia la puerta.

—Por hoy, al menos—se dijo—, no tengo nada que temer.

De repente experimentó una especie de alegría y se le ocurrió la idea de dirigirse lo más pronto posible a casa de Catalina Ivanovna. Ya era tarde para asistir al entierro, pero llegaría a tiempo para comer y allí vería a Sonia. Se detuvo, reflexionó, y en sus labios se dibujó una triste sonrisa.

«¡Hoy! ¡Hoy!—repitió—. Sí, hoy mismo. Es preciso.»

En el momento en que se dirigía a la puerta, ésta se abrió por sí misma. El joven retrocedió espantado viendo aparecer al enigmático personaje de la víspera, *al hombre salido de debajo de la tierra*.

El recién venido se detuvo en el umbral, y después de haber mirado silenciosamente a Raskolnikoff, dió un paso en la habitación. Vestía exactamente como el día anterior, pero su rostro no era el mismo.

—¿Qué quiere usted?—preguntó Raskolnikoff pálido como un muerto.

El hombre, en vez de responder, se inclinó casi hasta el suelo. Por lo menos le tocó con el anillo que llevaba en la mano derecha.

—¿Quién es usted?—preguntó Raskolnikoff.

—Pido a usted perdón—dijo el hombre en voz baja.

—¿De qué?

—De mis malos pensamientos.

Los dos hombres se miraron.

—Estaba ciego de ira. Cuando usted fué el otro día, teniendo, sin duda, la razón perturbada por la bebida, hizo preguntas acerca de la sangre y pidió a los *dvorniks* que lo condujesen a la oficina de policía, vi con disgusto que no hacían caso de las palabras de usted, tomándole por un borracho; esto me contrarió de tal modo, que no pude dormir; pero me acordaba de las señas de usted y vine ayer aquí...

—¿Fué usted quien vino?—interrumpió Raskolnikoff.

Comenzaba a comprender.

—Sí; yo le he insultado a usted.

—¿Estaba usted en aquella casa?

—Sí, me encontraba junto a la puerta cochera cuando la visita de usted. ¿Lo ha olvidado usted? Vivo allí desde hace mucho tiempo. Soy peletero...

Raskolnikoff se acordó súbitamente de toda la escena de la antevíspera. En efecto: independientemente de los *dvorniks* había en la puerta cochera muchas personas, hombres y mujeres. Uno de ellos había propuesto que se le condujese a la comisaría de policía. No podía acordarse del rostro del que emitió esta idea; tampoco le reconoció en este momento; pero sí se acordaba de haberle respondido algo y de haberse vuelto a mirarle.

Así se explicaba de la manera más sencilla del mundo el terrible misterio de la víspera. ¡Y bajo la impresión de la inquietud que le causaba una circunstancia tan insignificante, había estado a punto de perderse! Aquel hombre no podía contar nada sino que Raskolnikoff se presentó a alquilar el cuarto de la vieja y que preguntó acerca de la sangre. Aparte de esta excursión de un *enfermo en delirio*, salvo esa *psicología de dos filos*, Porfirio no sabía nada. No tenía ningún hecho, nada positivo. «Por consiguiente—pensaba el joven—, si no surgen nuevos cargos (y no surgirán, estoy seguro de ello), ¿qué pueden hacerme? Aunque me detuvieran, ¿cómo demostrarían dcfinitivamcntc mi culpabilidad?»

Otra conclusión se desprendía para Raskolnikoff de las palabras de su visitante: hacía muy pocas horas que Porfirio tuvo noticia de su visita al cuarto de la víctima.

—¿Usted le ha dicho hoy a Porfirio que estuve yo allí?—preguntó el joven asaltado por súbita idea.

—¿A qué Porfirio?

—Al juez de instrucción.

—Yo se lo he dicho. Como los *dvorniks* no habían ido, fuí yo.

—¿Hoy?

—Llegué un minuto antes que usted; lo he oído todo y sé que le ha hecho pasar a usted un mal rato.

—¿Dónde? ¿Qué? ¿Cuándo?

—Yo estaba allí, en la pieza contigua a su gabinete, en donde he permanecido todo el tiempo que ha durado la entrevista.

—¿Cómo? ¿De modo que era usted la sorpresa? ¿Cómo ha sido eso? Cuéntemelo usted todo, se lo ruego.

—Viendo—dijo el menestral—que los *dvorniks* rehusaban avisar a la policía, a pretexto de que era demasiado tarde y de que encontrarían la oficina cerrada, experimenté una viva contrariedad y resolví enterarme por mí mismo; al día siguiente, es decir, ayer, tomé datos y me he presentado al juez de instrucción. La primera vez que estuve en la oficina no se encontraba allí; volví una hora después y no fuí recibido; en fin, la última vez se me hizo entrar. Conté punto por punto cuanto había pasado; al oírme el juez saltaba en la habitación y se daba golpes en el pecho diciendo: «¿De ese modo cumplís, bribones, con vuestra obligación? Si yo hubiese sabido esto antes, le hubiera hecho buscar por la gendarmería.» En seguida salió precipitadamente, llamó a no sé quién y estuvo hablando con él en un rincón; se dirigió otra vez a mí y se puso de nuevo a interrogarme, profiriendo fuertes imprecaciones. No le he ocultado nada; le he dicho que usted no se atrevió a contestar a mis palabras de ayer y que no me había reconocido. Continuaba dándose golpes en el pecho, vociferando y saltando por la habitación. Entonces le anunciaron a usted. «Retírese detrás del tabique—me dijo dándome una silla—, y estése ahí sin chistar, oiga lo que oiga; puede que le interrogue otra vez.» Después cerró la puerta. Cuando condujeron a Mikolai, despidió a usted y me hizo salir a mí. «Tendré aún que interrogarle», me dijo.

—¿Preguntó a Mikolai delante de ti?

—Yo salí inmediatamente después de usted, y entonces fué cuando comenzó el interrogatorio de Mikolai.

Terminado su relato, el menestral se inclinó de nuevo hasta el suelo.

—Perdóneme usted por mi denuncia y por el error en que he incurrido.

—¡Que Dios te perdone!—respondió Raskolnikoff.

«Nada de inculpaciones precisas, nada más que pruebas de dos filos», pensó Raskolnikoff renaciendo a la esperanza, y salió de la habitación. «Todavía podemos luchar», se dijo con sonrisa colérica, mientras bajaba la escalera.

Estaba irritado contra sí mismo y sentíase humillado.

QUINTA PARTE

I.

Al día siguiente de aquel otro fatal en que Pedro Petrovitch tuvo su explicación con las señoras de Raskolnikoff, las ideas de aquél se esclarecieron y con extremo disgusto suyo le fué forzoso reconocer que la ruptura, en la cual no había querido creer el día antes, era un hecho consumado. La negra serpiente del amor propio herido le estuvo mordiendo el corazón durante toda la noche. Al saltar de la cama, el primer movimiento de Pedro Petrovitch fué irse a mirar al espejo, temiendo que durante la noche le hubiese invadido la ictericia. Por fortuna esta aprensión no era fundada. Al contemplar su rostro pálido y distinguido, llegó hasta a consolarse por breves instantes ante la idea de que no le costaría trabajo reemplazar a Dunia y quién sabe si ventajosamente. Pero no tardó en desechar esta esperanza quimérica y lanzó un fuerte salivazo, lo que hizo sonreír burlonamente a su joven amigo y compañero de habitación, Andrés Semenovitch Lebeziatnikoff.

Pedro Petrovitch advirtió ese mudo sarcasmo y lo puso en la cuenta de su amigo, cuenta que estaba ya bastante cargada, y redobló su cólera después que hubo reflexionado que no debía hablar de esta historia a Andrés Semenovitch. Fué la segunda tontería que el arrebato le hizo cometer el día anterior: había cedido a la necesidad de desahogar el exceso de su irritación.

Durante toda la mañana la suerte se ensañó en perseguir a Ludjin. En el mismo Senado, el negocio en que se ocupaba le reservaba un disgusto. Lo que le molestaba más que nada era la imposibilidad de hacer entrar en razón al propietario de la nueva casa que había alquilado en vista de su próximo enlace. Este individuo, alemán de origen, era un antiguo obrero a quien la fortuna había sonreído; no aceptaba ninguna transacción y reclamaba el pago entero del alquiler estipulado en el contrato, aun cuando Pedro Petrovitch le devolvía el cuarto casi restaurado.

El tapicero no se mostraba más complaciente que el propietario, y pretendía quedarse hasta con el último rublo de la señal recibida por la venta de un mobiliario de que Pedro Petrovitch «aun no se había hecho cargo». «Va a ser menester que me case para recuperar los muebles», decía rechinando los dientes el desgraciado Ludjin. Una última esperanza atravesaba su alma. «¿Era posible que aquel mal no tuviera remedio?» Tenía clavado en el corazón, como una espina, el recuerdo de los encantos de Dunia. Fué para él aquello un trago muy amargo, y si hubiera podido, con un simple deseo, hacer morir a Raskolnikoff, de seguro que Pedro Petrovitch habría matado al joven inmediatamente.

«Otra tontería de mi parte ha sido no darles dinero», pensaba mientras volvía entristecido a casa de Lebeziatnikoff. «¿Por qué he sido yo tan judío? ¡Fué un mal cálculo!... ¡Dejándolas momentáneamente en la estrechez, yo creía prepararlas a que vieran en mí una providencia, y he aquí que se me deslizan entre los dedos!... No, no. Si yo les hubiera dado mil quinientos rublos, por ejemplo, para que comprasen la canastilla en el Almacén Inglés, mi conducta hubiera sido a la vez más noble y más hábil y no me habrían dejado tan fácilmente. Dados sus principios, se hubieran creído, sin duda, obligadas a devolverme regalos y dinero; esta resolución les hubiera sido penosa y difícil, habría sido para ellas cuestión de conciencia. ¿Cómo atreverse entonces a poner así a la puerta a un hombre que se había mostrado tan generoso, y tan delicado?... He hecho una tontería.»

Pedro Petrovitch volvió de nuevo a rechinar los dientes y se trató de imbécil, en su fuero interno, por supuesto. Al llegar a esta conclusión llevó a su alojamiento mucho peor humor y disgusto que sacara de él. Sin embargo, atrajo su curiosidad hasta cierto punto el barullo producido en casa de Catalina Ivanovna, a causa de los preparativos de la comida. Ya había oído hablar la víspera de este banquete; es más, recordaba que le habían invitado; pero sus ocupaciones personales le hicieron que lo olvidara.

En ausencia de Catalina Ivanovna (que a la sazón se hallaba en el cementerio), la señora Lippevechzel andaba atareada alrededor de la mesa, que ya estaba puesta. Hablando con la patrona, Pedro Petrovitch supo que se trataba de una verdadera comida de gala, a la que estaban invitados casi todos los vecinos de la casa, y entre ellos muchos que no habían conocido siquiera al difunto. El propio Andrés Semenovitch recibió la invitación correspondiente, a pesar de estar reñido con Catalina Ivanovna. En fin, se tendría mucho gusto en que Pedro Petrovitch honrase aquella comida con su presencia, puesto que era, entre todos los inquilinos, el personaje más importante. La viuda de Marmeladoff, olvidando todos sus resentimientos con la patrona, había invitado también a Amalia Ivanovna, la cual se ocupaba, en aquellos momentos, con íntima satisfacción, en los preparativos de la comida. Además, la señora Lippevechzel habíase vestido de ceremonia, y aunque su traje era de duelo, se comprendía que su dueña sentía vivo placer en exhibir sus galas. Enterado de todos estos pormenores, Pedro Petrovitch tuvo una idea y entró pensativo en su habitación, o mejor dicho, en la de Andrés Semenovitch Lebeziatnikoff: acababa de saber que Raskolnikoff figuraba en el número de los invitados.

Aquel día Andrés Semenovitch había pasado toda la mañana en su cuarto. Entre este individuo y Ludjin existían extrañas relaciones perfectamente explicables. Pedro Petrovitch le odiaba y le despreciaba en grado superlativo casi desde el mismo día que fué a su casa a pedirle hospitalidad; además, parecía tenerle en poco.

Al llegar a San Petersburgo, Ludjin fué a casa de Lebeziatnikoff, en primer lugar y sobre todo por economía, pero también por otro motivo. En su provincia había oído hablar de Andrés Semenovitch, su antiguo pupilo, como de uno de los progresistas jóvenes más avanzados de la capital y como hombre que ocupaba puesto visible en ciertos círculos ya legendarios. Esta circunstancia tenía mucho valor para Pedro Petrovitch, el cual desde hacía tiempo experimentaba un vago temor respecto a estos círculos poderosos que lo sabían todo, que no respetaban a nadie y hacían la guerra a todo el mundo.

Huelga añadir que la distancia no le permitía tener noción exacta de estas cosas. Como tantos otros, había oído decir que existían en San Petersburgo progresistas, nihilistas, enderezadores de entuertos, etcétera; pero en su espíritu, como en el de otras muchas personas, estas palabras tenían una significación exagerada. Lo que temía principalmente eran las informaciones dirigidas contra tal o cual individuo por el partido revolucionario. Ciertos recuerdos que se remontaban a los primeros tiempos de su carrera, no contribuían poco a fortificar en su ánimo aquel temor, muy vivo ya desde que acariciaba el sueño de establecerse en San Petersburgo.

Dos personajes de una categoría bastante elevada y que protegieron los comienzos de su carrera, fueron objeto de los ataques de los radicales, que llevaron, empero, las de perder. He aquí porque desde su llegada a la capital, Pedro Petrovitch trataba de enterarse de dónde soplaba el viento, para, en caso de necesidad, granjearse las simpatías de *nuestras jóvenes generaciones*. Contaba con Andrés Semenovitch para que le ayudase. La conversación de Ludjin cuando visitó a Raskolnikoff nos ha demostrado ya que había conseguido apropiarse en parte la fraseología de los reformadores.

Andrés Semenovitch estaba empleado en un Ministerio. Pequeño, desmedrado, escrofuloso, tenía el cabello de un rubio casi blanco y llevaba patillas en forma de chuletas con las cuales estaba orgulloso; casi siempre tenía malos los ojos. Aunque en el fondo era una bella persona, mostraba en su lenguaje una presunción a menudo rayana con la temeridad, lo que hacía extraño contraste con su aspecto enfermizo. Se le consideraba, por lo demás, como uno de los inquilinos *comme il faut* porque no se embriagaba y pagaba con puntualidad su pupilaje. Aparte de estos méritos, Andrés Semenovitch era en realidad bastante necio. Un arrebato irreflexivo le llevó a afiliarse bajo la bandera del progreso: era uno de esos numerosos incautos que se enamoran de las ideas de moda y desacreditan con sus majaderías una causa a la cual se han unido sinceramente.

No obstante su buen carácter, Lebeziatnikoff acabó por encontrar insoportable a su huésped y antiguo tutor. Pedro Petrovitch, por su parte, correspondíale con la misma antipatía. A despecho de su simplicidad, Andrés Semenovitch comenzaba a advertir que en el fondo Pedro Petrovitch le despreciaba y que con este hombre no se podía ir a ninguna parte. Trató de exponerle el sistema de Fourier y el de Darwin; pero Ludjin, que en un principio se contentó con escucharle burlonamente, no se privaba ahora de decir palabras mortificantes a su joven catequista. Lo cierto es que Ludjin acabó por creer que Lebeziatnikoff era no solamente un imbécil, sino un charlatán desprovisto de toda importancia en su propio partido. Su función especial era la *propaganda*, y todavía no debía de estar muy ducho en ella, porque vacilaba a menudo en sus explicaciones. Decididamente, ¿qué tenía que temer Ludjin de semejante sujeto?

Notemos de paso que desde su instalación en casa de Andrés Semenovitch (sobre todo en los primeros días), Pedro Petrovitch aceptaba con placer, o por lo menos sin protesta, los cumplimientos muy extraños de su huésped cuando éste, por ejemplo, le manifestaba un gran celo por el establecimiento de una nueva *commune* en la calle de los Burgueses, y cuando le decía: «Es usted demasiado inteligente para enfadarse si su mujer toma un amante un mes después de su matrimonio; un hombre ilustrado como usted no bautizará a sus hijos, etc., etc.» Pedro Petrovitch no pestañeaba al oír que le hablaban de tal modo; tan agradables le eran los elogios, fuesen como fuesen.

Había negociado algunos títulos por la mañana, y ahora, sentado delante de la mesa, recontaba la suma que acababa de recibir. Andrés Semenovitch casi nunca tenía dinero y se paseaba por la habitación afectando no mirar aquellos fajos de billetes de Banco sino con despreciativa indiferencia. Ludjin no creía que aquel desdén fuera sincero. Por su parte, Lebeziatnikoff adivinaba, no sin disgusto, el pensamiento escéptico de su huésped y pensaba que éste se había puesto a contar el dinero para humillarle y recordarle la distancia que la fortuna había establecido entre ambos.

Ahora Pedro Petrovitch estaba mucho peor dispuesto y desatento que nunca. Aunque Lebeziatnikoff desarrollaba su tema favorito, el *comunismo*, el hombre de negocios sólo se interrumpía para hacer de vez en cuando alguna observación burlona y descortés. Pero Andrés Semenovitch seguía imperturbable. El mal humor de Ludjin se explicaba a sus ojos por el despecho de un enamorado a quien acababan de dejar compuesto y sin novia. También intentó buscar este motivo de conversación con objeto de consolar a su respetable amigo.

—Parece que se prepara una comida de duelo en casa de esa... viuda—dijo a quema ropa Ludjin interrumpiendo a Lebeziatnikoff en el punto más interesante de su peroración.

—¿No lo sabía usted, acaso? Ya le hablé ayer de eso, y le expuse mi opinión sobre tales costumbres... Según tengo entendido, le han invitado a usted. Ayer mismo habló usted con ella.

—Jamás hubiera creído que la miseria en que se encuentra permitiese a esa imbécil gastar en una comida todo el dinero que le entregó ese otro imbécil de Raskolnikoff. Ahora, al entrar, me he quedado estupefacto viendo todos esos preparativos, todos esos vinos... Ha invitado a muchas personas; el diablo sabrá por qué—continuó Pedro Petrovitch, que parecía haber provocado con intención deliberada aquella conversación—. ¿Qué? ¿Dice usted que me ha invitado?—añadió de repente, levantando la cabeza—. ¿Cuándo ha sido eso? No lo recuerdo. De todas maneras, no pienso ir. ¿Qué tengo que hacer allí? No la conozco más que por haber hablado un minuto con ella ayer; le dije que como viuda de empleado podría obtener un subsidio. ¿Me habrá invitado por eso?

—Tampoco yo tengo intención de asistir—repuso Lebeziatnikoff.

—¡Pues no faltaba más! Después de haberle pegado, natural es que tenga usted escrúpulo de ir a sentarse a su mesa.

—¿A quién he pegado yo? ¿De quién habla usted?—preguntó Lebeziatnikoff turbado y encendido como la grana.

—Hablo de Catalina Ivanovna, a quien pegó usted hará cosa de un mes. Lo supe ayer; ¡ésas son sus convicciones!... ¡Vaya una manera de resolver el problema feminista!

Después de esta salida, que pareció haberle aliviado un poco el corazón, Ludjin se puso a contar de nuevo su dinero.

—Eso es una barbaridad y una calumnia—replicó vivamente Lebeziatnikoff, a quien desagradaba que le recordasen aquel suceso—. Las cosas no pasaron de ese modo; lo que le han contado a usted es completamente falso. En las circunstancias a que usted alude yo no hice más que defenderme. Fué Catalina Ivanovna la que se lanzó sobre mí para arañarme... Me arrancó una de las patillas. Creo que todo hombre tiene derecho a defenderse. Por otra parte, soy enemigo de la violencia, de dondequiera que proceda, y eso por principio, porque la violencia tiene su origen en el despotismo. ¿Qué iba a hacer yo? ¿Había de dejar que esa señora me maltratase a su gusto? Me limité a rechazar una agresión.

—¡Je, je, je!—continuó en son de burla Ludjin.

—Usted me busca querella porque está de mal humor; pero eso no significa nada ni tiene relación alguna con la cuestión feminista. Precisamente yo me he hecho a mí mismo este razonamiento: admitiendo que la mujer es igual al hombre en todo, aun en la fuerza (cosa que se comienza ya a sostener), debe existir también la igualdad en esto. Claro es que he reflexionado inmediatamente que, en rigor, no hay motivo para que se plantee esta cuestión, porque en la sociedad futura no habrá ocasiones de querellas, y, por consiguiente, nadie pasará a vías de hecho... Es, por lo tanto, absurdo hablar de la igualdad en la lucha. No soy tan tonto... Aunque por lo demás haya riñas... es decir, que más tarde no las habrá, aunque por el momento las haya todavía. ¡Ah, diablo, con usted, uno se hace un lío! ¡No, no es eso lo que me impide aceptar la invitación de Catalina Ivanovna! Si no voy a comer a su casa, es sencillamente por cuestión de principios, por no sancionar con mi presencia la estúpida costumbre de las comidas de duelo. Por lo demás, yo podría reírme de eso e ir... Desgraciadamente no habrá allí *popes*; si los hubiese, le aseguro a usted que iría.

—¿De modo que se sentaría usted a su mesa para insultar la hospitalidad de esa mujer?

—No para insultarla, sino para protestar; y esto con un objeto útil. Yo puedo indirectamente ayudar a la propaganda civilizadora, que es el deber de todo hombre. Quizá se realiza esta tarea tanto mejor cuanto menos formalismo se emplea en ella. Puedo sembrar la idea, el grano... De ese grano nacerá un hecho. ¿Cree usted que obrando así se falta a las conveniencias? Al pronto se molestan; pero comprenden al punto que se les presta un gran servicio...

—¡Vamos, bueno!—interrumpió Pedro Petrovitch—. Pero, dígame usted ahora, ¿conoce usted a la hija del difunto, a esa muchacha flacucha? ¿Es verdad lo que de ella se dice?

—Sí, señor; ¿y qué? Según mi opinión, es decir, según mi convicción personal, su situación es la situación normal de la mujer. ¿Por qué no? Es decir, distingamos. En la sociedad actual, sin duda, ese género de vida no es normal, porque es forzado; pero en la sociedad futura será perfectamente normal, porque será libre. Aun ahora mismo tiene el derecho de hacer lo que hace. Era desgraciada, ¿por qué no ha de disponer de lo que es su capital? En la sociedad futura el capital no tendrá razón de ser; pero el papel de la mujer galante tendrá otro sentido y será regulado de una manera racional. En cuanto a Sofía Semenovna, yo, en el tiempo presente, considero sus actos como una enérgica protesta contra la organización de la sociedad, y a causa precisamente de eso, la estimo profundamente; diré más, la contemplo con regocijo.

—Sin embargo, me han contado que usted la obligó a abandonar esta casa.

Lebeziatnikoff se incomodó.

—¡Eso es también una mentira!—replicó enérgicamente—. No ha habido tal cosa. Catalina Ivanovna ha contado esa historia de un modo inexacto porque no la ha comprendido. Yo no he solicitado jamás los favores de Sofía Semenovna; me limitaba pura y simplemente a desenvolver su espíritu, sin ninguna segunda intención personal, esforzándome por despertar en ella el sentimiento de protesta... No he procurado otra cosa; ella es la que ha comprendido que no podía permanecer aquí.

—¿La ha invitado usted a formar parte de la *commune*?

—Sí, actualmente me esfuerzo para atraerla a la *commune*. Sólo que ella estará en otras condiciones que aquí. ¿De qué se ríe usted? Queremos fundar nuestra *commune* sobre bases mucho más amplias que las precedentes. Vamos más lejos que nuestros precursores; negamos muchas cosas. Si Dobroliuboff y Bielinsky saliesen de sus tumbas, me tendrían por adversario. En tanto, continúo desarrollando a Sofía Semenovna. Es una bella, una bellísima naturaleza.

—¿Y usted se aprovecha de esa bella naturaleza? ¡Je, je, je!

—No, de ninguna manera; todo lo contrario.

—¿Lo contrario?—dijo Ludjin—. ¡Je, je, je!

—Puede usted creerme. ¿Por qué había de ocultárselo a usted? Al contrario, hay una cosa que me asombra: conmigo parece cortada; tiene como cierto tímido pudor.

—Y, es claro, usted la desarrolla. ¡Je, je, je!... Usted le demuestra que todos esos pudores son estúpidos.

—No hay tal cosa, no hay tal cosa. ¡Oh, qué sentido tan grosero y tan tonto, permita que se lo diga, da usted a la palabra desarrollo! ¡Oh Dios mío; qué poco avanzado está usted todavía! ¡Usted no comprende nada! Nosotros buscamos la libertad de la mujer, y usted sólo piensa en bagatelas. Dejando a un lado el pudor y la castidad femeninos, que no hacen al caso, yo admito perfectamente su reserva respecto de mí, puesto que en ello no hace otra cosa que ejercer su libertad y usar de su derecho. Seguramente si me dijese ella misma «yo te quiero», me alegraría mucho, porque esa mujer me gusta en extremo; pero en la situación presente nadie se ha mostrado jamás más cortés y más conveniente con ella que yo; nadie ha hecho más justicia a su mérito... Yo aguardo, espero: eso es todo.

—¿Por qué no le hace usted un regalito? Apuesto a que no ha pensado en eso.

—No comprende usted nada, ya se lo he dicho. Sin duda su situación autoriza en cierto modo sus sarcasmos; pero la cuestión es otra. Usted no tiene más que desprecios para ella. Fundándose en un hecho que le parece deshonroso, rehusa usted considerar con humanidad a una criatura humana. Usted no sabe qué naturaleza es la suya.

—Dígame—replicó Ludjin—, ¿podría usted... o por mejor decir, está usted bastante relacionado con esa joven para suplicar que venga aquí un instante? Deben de haber vuelto ya del cementerio. Me parece que las he oído subir la escalera. Quisiera hablar un instante con la muchacha.

—¿Para qué?—preguntó asombrado Andrés Semenovitch.

—Es menester que le hable. Tengo que irme de aquí hoy o mañana, y necesito decirle una cosa. Puede usted asistir a nuestra conferencia, y aun creo que será mejor que asista. De lo contrario, ¡sabe Dios lo que usted pensaría!

—No pensaría nada... Mi pregunta no tenía importancia. Si tiene usted algo que decirle nada es más fácil que hacerla venir. Voy a buscarla en seguida, y esté seguro de que no le molestaré.

Efectivamente; cinco minutos después, Lebeziatnikoff condujo a Sonia. La joven llegó extremadamente sorprendida y avergonzada. En semejantes circunstancias era siempre muy tímida. Las nuevas caras le causaban temor. Era esto como una impresión de su infancia, y la edad había aumentado su salvajez... Pedro Petrovitch se mostró cortés y benévolo. Al recibir él, hombre serio y respetable, a una muchacha tan joven y en cierto sentido tan interesante, se creyó obligado a acogerla con un ligero tinte de jovial familiaridad. Se apresuró a tranquilizarla y la invitó a que tomase asiento frente a él. Sonia se sentó y miró sucesivamente a Lebeziatnikoff y el dinero colocado sobre la mesa. Después, de repente, sus ojos se fijaron en Pedro Petrovitch y no pudieron apartarse de él; hubiérase dicho que sufría una especie de fascinación. Lebeziatnikoff se dirigió a la puerta. Ludjin se levantó, hizo seña a Sonia para que se sentase, y detuvo a Andrés Semenovitch en el momento en que éste iba a salir.

—¿Raskolnikoff está ahí? ¿Ha venido?—le preguntó en voz baja.

—¿Raskolnikoff? Sí. ¿Y qué? Sí, está ahí. Acaba de llegar. Le he visto... ¿Y qué?

—En ese caso suplico a usted encarecidamente que se quede aquí y no me deje a solas con esta... señorita. El negocio de que se trata es insignificante, pero sabe Dios qué conjeturas podrían hacerse. No quiero que Raskolnikoff vaya a creer... ¿Comprende usted por qué digo esto?

—Sí, comprendo, comprendo—respondió Lebeziatnikoff—. Está usted en su derecho. Sin duda, en mi convicción personal, los temores de usted son muy exagerados, pero... no importa, está usted en su derecho. Bueno, me quedaré. Voy a ponerme cerca de la ventana. No les molestaré; en mi opinión, está usted en su derecho.

Pedro Petrovitch volvió a sentarse enfrente de Sonia, y la contempló atentamente. Después su rostro tomó una expresión muy grave, casi severa, como si indicase: «No vaya usted a figurarse, señorita, cosas que no son». Sonia perdió por completo su serenidad.

—Ante todo suplico a usted, Sonia Semenovna, que presente mis excusas a su respetable mamá. Supongo que no me engaño al expresarme así. Catalina Ivanovna hace con usted veces de madre, ¿no es verdad?—dijo Pedro Petrovitch con tono muy serio, pero a la vez bastante amable.

Evidentemente sus intenciones eran muy amistosas.

—Sí, en efecto: hace conmigo veces de madre—se apresuró a responder la pobre Sonia.

—Pues bien, dígale usted cuánto siento que circunstancias independientes de mi voluntad me impidan aceptar su amable invitación.

—Voy a decírselo—y Sonia se levantó en seguida.

—No es eso todo—continuó Pedro Petrovitch sonriendo al ver la candidez de la joven y su ignorancia de las costumbres sociales—; usted apenas me conoce, Sonia Semenovna; comprenderá que, por un motivo tan fútil y que sólo me interesa a mí, no me hubiera permitido molestar a una persona como usted. Tengo otro objeto.

A una señal de su interlocutor Sonia se apresuró a sentarse. Los billetes de Banco multicolores, colocados sobre la mesa, se ofrecieron de nuevo ante su vista, pero volvió vivamente los ojos y los fijó en Pedro Petrovitch; mirar el dinero ajeno le parecía cosa por extremo inconveniente, sobre todo en su posición. La joven reparó cosa tras cosa: primero, en los lentes de montura de oro que Pedro Petrovitch tenía en la mano izquierda; después, en el grueso anillo adornado con una piedra amarilla que el funcionario llevaba en el dedo del corazón; por último, no sabiendo qué hacer de sus ojos, los fijó en el rostro mismo de Ludjin. Este, después de haber guardado silencio durante algunos instantes, prosiguió:

—Ayer me bastó cambiar dos palabras con la desgraciada Catalina Ivanovna, para comprender que esa señora se encuentra en un estado antinatural, por decirlo así...

—Sí, antinatural—repitió dócilmente Sonia.

—O, para hablar más sencilla e inteligiblemente, que se halla enferma.

—Sí, más sencillamente, más intel... Sí, está enferma...

—Cierto. Por un sentimiento de humanidad y, digámoslo así, de compasión, quisiera, por mi parte, serle útil, previendo que inevitablemente va a encontrarse en una situación muy triste. Ahora, según parece, esa familia no tiene en el mundo otro apoyo que usted.

Sonia se levantó bruscamente.

—Permítame que le pregunte: ¿no le ha dicho usted que podría cobrar una pensión? Ayer me contó que usted se había encargado de hacer que se la concediesen. ¿Es eso cierto?

—No, no hay tal cosa. Me limité a decirle que, como viuda de un funcionario muerto en el servicio, podría obtener un recurso temporal si contaba con recomendaciones. Mas parece que, lejos de haber servido bastante tiempo para disfrutar de los derechos pasivos, su padre no estaba en el servicio cuando murió. En una palabra: siempre se puede esperar; pero la esperanza es muy poco fundada, porque, en rigor, no existe derecho alguno a pensión; al contrario... ¡Ah, soñaba con una pensión! ¡Oh, esa señora lo cree todo posible!

—Sí, soñaba en una pensión. Es crédula y buena, y su bondad hace que dé crédito a todo. Y... y... su espíritu es... sí... Dispénsela usted—dijo Sonia, que se levantó de nuevo para marcharse.

—Permítame usted, tengo todavía que decirle algo más.

—¿Más aún?—balbuceó la joven.

—Siéntese usted.

Sonia, toda confusa, se sentó por tercera vez.

—Viéndola en tal situación, con hijos pequeños, quisiera, como ya le he dicho, serle útil en la medida de mis medios; compréndame usted bien: en la medida de mis medios nada más. Se podría, por ejemplo, organizar, en beneficio suyo, una subscripción, una tómbola... o una cosa análoga, como suelen hacer en caso semejante las personas que desean ayudar, bien sea a los parientes, bien a los extraños. Esto es una cosa posible.

—Sí, eso está bien... pero ella. Dios...—murmuró Sonia, con los ojos fijos en Pedro Petrovitch.

—Se podría; pero ya hablaremos de esto más tarde, es decir, se podría comenzar hoy mismo. Nos veremos esta noche, hablaremos y echaremos, por decirlo así, los fundamentos. Venga usted aquí a las siete. Supongo que Andrés Semenovitch no tendrá inconveniente en asistir a nuestra conferencia, pero... hay un punto que debe de ser previa y cuidadosamente examinado. Por esta razón me he tomado la libertad de molestarle suplicándole que viniese. Según mi opinión, no conviene entregar en sus propias manos el dinero a Catalina Ivanovna; es más, sería peligroso entregárselo; basta como prueba la comida de hoy. No tiene zapatos; no sabe si dentro de dos días tendrá un pedazo de pan que llevarse a la boca, y compra ron Jamaica, vino de Madera y café. Lo he visto al pasar. Mañana toda la familia volverá a estar a cargo de usted, y tendrá usted que buscarle hasta el último pedazo de pan. Por lo tanto, soy de opinión que debe de organizarse la suscripción sin que se entere la desgraciada viuda, y que usted sola sea la que maneje el dinero. ¿Qué le parece a usted?

—No sé. Es solamente hoy cuando ella... Esto no ocurre más que una vez en la vida... Quería honrar la memoria del difunto... pero es muy inteligente. Por lo demás, será lo que usted quiera; yo le quedaré a usted muy... muy... todas ellas serán... y Dios... y los huérfanos...

Sonia no acabó y se echó a llorar.

—De modo que es cosa convenida. Ahora dígnese usted aceptar, para la parienta de usted, esta suma, que representa mi suscripción personal. Deseo vivamente que mi nombre no se pronuncie para nada. Siento mucho que, teniendo yo también apuros pecuniarios, no pueda hacer más.

Y Pedro Petrovitch alargó a Sonia un billete de diez rublos, después de haberlo desplegado cuidadosamente.

La joven recibió el billete ruborizándose, balbuceó algunas palabras ininteligibles y se apresuró a despedirse. Pedro Petrovitch la acompañó hasta la puerta. Al cabo la joven salió de la habitación y entró en la de Catalina Ivanovna extraordinariamente agitada.

Durante toda esta escena, Andrés Semenovitch, no queriendo interrumpir la conversación, permaneció cerca de la ventana. En cuanto salió Sonia, se acercó a Pedro Petrovitch y le tendió solemnemente la mano.

—Lo he oído y lo he visto todo—dijo subrayando intencionadamente la última palabra—. Eso es noble, es humano, quiero decir, porque no admito la palabra noble. Usted ha querido evitar las gracias, lo he visto; y aunque, a decir verdad, soy por principio enemigo de la beneficencia privada, que, lejos de extirpar radicalmente la miseria, favorece sus progresos, no puedo menos de reconocer que he visto con gusto el acto de usted. Sí, sí, eso me complace.

—Lo que he hecho no vale nada—murmuró Ludjin un poco cortado, y miró a Lebeziatnikoff con particular atención.

—Sí, vale, sí vale. Un hombre que, no obstante hallarse bajo la impresión de una afrenta recibida, es capaz todavía de interesarse por la desgracia ajena, aunque proceda en contra de la sana economía social, no es por eso menos digno de estima. No esperaba yo semejante cosa de usted, Pedro Petrovitch... ¡Oh, qué influído está usted por sus antiguas ideas! ¿Por qué turbarse tanto por el asunto de ayer?—exclamó Andrés Semenovitch, que experimentaba un retroceso de viva simpatía hacia Pedro Petrovitch—. ¿Qué necesidad tiene usted de casarse, de casarse *legalmente*, mi noble y muy querido Pedro Petrovitch? ¿Qué le importa a usted la unión *legal*? Pégueme usted, si quiere; pero yo me regocijo del fracaso de sus relaciones, contento de pensar que es usted libre, que no está usted perdido por la humanidad... Ya ve si soy franco.

—Me inclino al matrimonio legal, porque no quiero llevar... nada en la frente ni educar hijos de los cuales yo no sea el padre, como ocurre con vuestros matrimonios libres—respondió, por decir alguna cosa, Pedro Petrovitch.

Estaba pensativo, y apenas prestaba atención a las palabras que decía.

—¿Los hijos? ¿Usted hace alusión a los hijos?—dijo Andrés Semenovitch, animándose de repente como un caballo en batalla cuando oye el sonido del clarín—; los hijos son una cuestión social que será resuelta ulteriormente. Muchos hasta lo niegan sin restricción, como todo lo que concierne a la familia. Hablaremos de los hijos más tarde. Ahora ocupémonos de lo otro. Le confieso a usted que es ésa mi debilidad. Esa palabra baja y grosera, puesta en circulación por Putskin, para señalar a los maridos engañados, no figurará en los diccionarios del porvenir. En resumen: ¿qué viene a ser eso? ¡Oh, ridículo espanto! ¡Qué cosa tan insignificante! Por el contrario, en el matrimonio libre, el peligro que usted teme no existirá. Eso no es más que la consecuencia natural, y, por decirlo así, el correctivo del matrimonio legal, la protesta contra un lazo indisoluble; desde este punto de vista no tiene nada de humillante... Y si, por acaso, lo que es absurdo, contrajese yo un matrimonio legal, sería para mí un encanto llevar *eso* a que tiene usted tanto miedo. Yo le diría entonces a mi mujer: «Hasta el presente, querida mía, sólo había sentido amor por ti: pero ahora te estimo, porque has sabido protestar». ¿Se ríe usted? ¡Ah! Es porque no tiene fuerzas para romper con los prejuicios. Comprendo que con la unión legítima sea desagradable ser engañado; pero ése es el efecto miserable de una situación que desagrada a los dos esposos. Cuando *eso* se yergue sobre nuestra frente como en el matrimonio libre, entonces no existe. Cesan de tener significación y dejan de llevar el nombre que se les da. Antes bien, la mujer de usted le prueba por ello que le estima, puesto que le cree incapaz de poner obstáculo a su felicidad, y demasiado ilustrado es usted para querer vengarse de un rival. En verdad, pienso muchas veces que, si llegase a estar casado (libre o legítimamente, importa poco), y mi mujer tardase en tomar un amante, yo, por mí mismo, se lo proporcionaría. «Querida mía (le diría entonces), te amo; pero deseo, sobre todo, que me estimes.» ¿Tengo o no tengo razón?

Estas palabras apenas hicieron sonreír a Pedro Petrovitch. Su pensamiento estaba en otra parte y se restregaba las manos muy preocupado. Andrés Semenovitch había de acordarse más tarde de la preocupación de su amigo.

II.

Difícil sería decir con exactitud cómo había nacido en el cerebro desequilibrado de Catalina Ivanovna la idea de aquella insensata comida. Gastó, en efecto, en dicho banquete más de la mitad del dinero que le había dado Raskolnikoff para las exequias de Marmeladoff. Tal vez se creía obligada a honrar «convenientemente» la memoria de su marido, a fin de demostrar a todos los inquilinos, y especialmente a Amalia Ivanovna, que el difunto valía tanto como ellos, si era que no valía más. Quizá obedecía a ese orgullo de los pobres que en determinadas circunstancias de la vida, como bautizo, matrimonio, entierro, etc., los impulsa a sacrificar sus últimos recursos con el solo objeto de «hacer las cosas tan bien como los otros». Permitido es suponer que, en el momento mismo en que se veía reducida a la más extremada miseria, Catalina Ivanovna quería mostrar a toda aquella «gentuza», no solamente que ella sabía «vivir y recibir», sino que, hija de un coronel, educada «en una casa noble y aristocrática», no había nacido para fregar el suelo con sus propias manos y lavar por la noche la ropa de sus hijos.

Las botellas de vino no eran ni muy numerosas ni de marcas muy variadas; faltaba el Madera. Pedro Petrovitch había exagerado. Sin embargo, había aguardiente, ron, Oporto, todo de inferior calidad, pero en abundancia. El *menú*, preparado en la cocina de Amalia Ivanovna, comprendía, además del *kutia*, tres o cuatro platos, principalmente *blines*; además, estaban preparados dos samovars para los convidados que quisieran tomar te o ponche después de la comida. Catalina Ivanovna se ocupó por si misma en las compras, con ayuda de un inquilino de la casa, un polaco famélico, que habitaba, sabe Dios en qué condiciones, en casa de la señora Lippevechzel.

Desde el primer momento este pobre hombre se puso a disposición de la viuda, y durante treinta y seis horas no dejó de hacer recados con celo que, por otra parte, el bueno del polaco no perdía ripio para hacerlo notar. A cada instante, por la menor futesa, todo presuroso y atareado acudía a pedir instrucciones a la viuda Marmeladoff. Después de haber declarado que sin la solicitud de este «hombre servicial y magnánimo», no hubiera sabido qué hacer, Catalina Ivanovna acabó por encontrarlo absolutamente insoportable. Era propio de su carácter entusiasmarse de repente por cualquiera; le veía con los colores más brillantes y le atribuía mil méritos que sólo existían en su imaginación, pero en los cuales creía con toda buena fe. Después al entusiasmo sucedía bruscamente la desilusión, y entonces se desataba en injurias contra aquel a quien pocas horas antes había colmado de excesivas alabanzas.

Amalia Ivanovna tomó también súbita importancia a los ojos de Catalina Ivanovna; ésta delegó en ella, cuando se fué al entierro, todos sus poderes, y la señora Lippevechzel se mostró digna de esta confianza. Ella fué, en efecto, quien se encargó de preparar la mesa y de suministrar el servicio de la misma. Claro es que la vajilla, los vasos, las tazas, los tenedores, los cuchillos, prestados por los diversos inquilinos, mostraban en su rica variedad sus diversos orígenes; pero en aquel momento cada cosa estaba en su puesto. Cuando volvió a la casa mortuoria, Catalina Ivanovna pudo advertir una expresión de triunfo en el rostro de la patrona. Orgullosa de haber cumplido tan bien su misión, aquélla se pavoneaba con su traje de duelo completamente nuevo, y su gorrito adornado con lazos. Este orgullo, por legítimo que fuese, no agradó a la viuda: «¡Como si verdaderamente no se hubiera podido poner la mesa sin Amalia Ivanovna!» El gorrito con sus lazos flamantes también le disgustó: «¡Vaya con la tonta alemana esta que no hace más que estorbar!... ¡Se ha dignado, por bondad de alma! ¡Habráse visto! En casa del padre de Catalina Ivanovna, que era coronel, había algunas veces cuarenta personas a comer, y no se hubiera recibido ni aun para el servicio, a una Amalia Ivanovna, o, mejor dicho, Ludvigovna.» La viuda de Marmeladoff no quiso manifestar entonces sus sentimientos; pero se prometió no quedarse con esta impertinencia en el cuerpo.

Otra circunstancia contribuyó también a irritar a Catalina Ivanovna: a excepción del polaco que fué hasta el cementerio, casi ninguno de los invitados acompañó el cadáver hasta su última morada; por el contrario, cuando se trató de sentarse a la mesa, se vió llegar todo lo que había de más pobre y de menos recomendable entre los inquilinos; algunos se presentaron en traje más que descuidado. Los que estaban un poco limpios se habían dado palabra para no venir comenzando por Ludjin, el más distinguido de todos ellos. Sin embargo, el día anterior, por la noche, Catalina Ivanovna había cantado las excelencias de él a todo el mundo, es decir, a la patrona, a Poletchka, a Sonia y al polaco. Era, según aseguraban, un hombre muy noble y muy bueno; además de esto, era inmensamente rico y estaba muy bien relacionado. Afirmaba que había sido amigo de su primer marido, y frecuentado también en otro tiempo la casa de su padre. Aseguraba, además, que había prometido emplear toda su influencia para conseguirle una pensión importante.

Raskolnikoff se presentó cuando acababan de llegar del cementerio. Catalina Ivanovna quedó encantada al verle, en primer lugar, porque, de todas las personas presentes, era el único hombre culto (lo presentó a todos los invitados, diciendo que dentro de dos años sería catedrático de la Universidad de San Petersburgo), y además, por haberse excusado respetuosamente de no haber podido, a pesar de sus deseos, asistir a las exequias. La viuda se apresuró a hacerle sentar a su izquierda, teniendo ya a Amalia Ivanovna sentada a su derecha, y entabló a media voz con el joven una conversación tan seguida como se lo permitían sus deberes de dueña de casa.

Su enfermedad había tomado desde hacía dos días un carácter más alarmante que nunca, y la tos, que le desgarraba el pecho, le impedía a menudo terminar las frases. Sin embargo, se consideraba feliz por tener a quien confiar la indignación que experimentaba ante aquel concurso de figuras grotescas. Al principio, su cólera se manifestaba en las burlas que dirigía a los invitados y, sobre todo, a la propietaria.

—Todo ello es por culpa de esa imbécil. Ya sabe usted de quién hablo—y Catalina Ivanovna mostró con un movimiento de cabeza a la patrona—. Mírela usted cómo abre los ojos; adivina que hablamos de ella; pero no puede comprender lo que decimos; ahí tiene usted por qué pone esos ojos de besugo. ¡Ah, qué coqueta!... ¡Ja, ja, ja! ¿Qué idea le ha dado de ponerse ese bonete? ¡Ja, ja, ja! Quiere hacer creer a todo el mundo que me honra mucho sentándose a mi mesa. Le había suplicado que invitase a las personas más distinguidas, y con preferencia a aquellas que habían conocido al difunto, y mire usted qué colección de desharrapados y de perdidos ha reclutado. Fíjese usted: aquél no se ha lavado, da asco; ¿y esos desgraciados polacos?... ¡Ah, ah! ¡Je, je, je! Aquí nadie los conoce, y yo los veo por primera vez. Dígame usted: ¿Por qué han venido? Ahí están como una ristra de cebollas. ¡Eh!—gritó a uno de ellos—. ¿Ha tomado usted *blines*? Tome usted más; beba usted cerveza. ¿Quiere usted aguardiente? Mire, mire, se ha levantado para saludarme. Son, sin duda, pobres diablos muertos de hambre. Todo les es igual con tal de comer. Por lo menos no hacen ruido; pero yo estoy temblando por los cubiertos de la patrona—dijo casi en voz alta, dirigiéndose a Amalia Ivanovna—. Si por acaso roban sus cucharas, le prevengo que yo de nada respondo.

Después de esta satisfacción dada a sus sentimientos, volviéndose hacia Raskolnikoff, dijo, burlándose y mostrando a la patrona:

—¡Ah, ah, ah! No entiende una palabra; ahí se está con la boca abierta. Fíjese usted; es una verdadera lechuza; una lechuza con lazos de colores. ¡Ja, ja, ja!

La risa acabó con un acceso de tos que duró cinco minutos, se llevó el pañuelo a los labios y después se lo enseñó silenciosamente a Raskolnikoff: estaba manchado de sangre. Gotas de sudor perlaban su frente; sus pómulos se coloreaban de rojo, y cada vez respiraba con mayor dificultad; sin embargo, continuó hablando en voz baja con animación extraordinaria.

—Le habían confiado el encargo muy delicado, es verdad, de invitar a esa señora y a su hija. Ya sabe usted a quienes me refiero. Era preciso proceder en esto con bastante tacto... Pues bien, se ha arreglado de modo que esa imbécil forastera, esa provinciana, que ha venido aquí a solicitar una pensión como viuda de un mayor, y que, de la mañana a la noche, anda recorriendo las Cancillerías con dos dedos de colorete en la cara, y eso que tiene cincuenta años muy corridos... esa remilgada ha rehusado mi invitación, sin excusarse siquiera, como la más vulgar cortesía exige en un caso como éste. No acierto a explicarme cómo es que no haya venido tampoco Pedro Petrovitch. Pero, ¿dónde está Sonia? ¿qué es de ella? ¡Ah! Ahí está. ¿Dónde te habías metido, Sonia? Es extraño que en un día como éste hayas sido tan poco exacta. Rodión Romanovitch, déjela usted colocarse a su lado, ése es tu sitio, Sonia; toma lo que quieras. Te recomiendo el *kabial*, está bueno. Ahora te traerán las *blines*. ¿No se ha dado de ellas a los niños? Que no se os olvide, Poletchka. Vamos, está bien. Sé formal, Lena; y tú, Kolia, deja quietecitas las piernas. Eso es; así debe de estar un niño bien educado. ¿Y qué me cuentas, Sonetchka?

Sonia se apresuró a decir a su madrastra las excusas de Pedro Petrovitch, esforzándose en hablar alto para que todos pudieran oírle. No contenta con reproducir las fórmulas corteses de que Ludjin se había servido, procuró por su parte amplificarlas. Pedro Petrovitch—añadió—le había encargado decir a Catalina Ivanovna que vendría tan pronto como le fuese posible, para hablar de *negocios* y entenderse con ella acerca de la marcha que debía seguir ulteriormente, etcétera, etc.

Sonia sabía que con esto tranquilizaría a su madrastra, y, sobre todo, que halagaría su amor propio. La joven se sentó al lado de Raskolnikoff, a quien saludó apresuradamente echándole una rápida y curiosa mirada; pero durante el resto de la comida evitó mirarle y aun dirigirle la palabra. Parecía distraída, aunque tenía los ojos fijos en el rostro de Catalina Ivanovna para adivinar sus deseos. Después de haber escuchado con complacencia el relato de Sonia, la viuda preguntó con aire de importancia por la salud de Pedro Petrovitch; en seguida, sin inquietarse demasiado de que pudieran oírla los invitados, hizo observar a Raskolnikoff que un hombre tan respetable y distinguido hubiese estado fuera de su centro en semejante reunión. Se explicaba que no hubiese venido, a pesar de las antiguas relaciones que le unían a su familia.

—He aquí por qué, Rodión Romanovitch, agradezco tanto que no haya usted desdeñado mi hospitalidad; por lo demás—añadió—, convencida estoy de que solamente la amistad de usted con mi pobre difunto es lo que ha decidido a cumplirme su palabra.

Raskolnikoff escuchaba en silencio. Se encontraba a disgusto. Únicamente por cortesía y consideración a Catalina Ivanovna probaba la comida, que la propia viuda le acercaba a la boca.

El joven tenía los ojos fijos en Sonia. Esta, cada vez más pensativa, seguía con inquietud los progresos de la exasperación de su madrastra, que había comenzado a burlarse de sus huéspedes, presintiendo que la comida acabaría mal, porque, entre otras cosas, Sonia sabía que era ella la causa principal de que las dos provincianas hubieran rehusado la invitación. Amalia Ivanovna habíale dicho que cuando fué a invitar a las dos señoras, la madre, muy resentida, había exclamado que cómo podría permitir ella que su hija se sentase al lado de aquella... *señorita*. Sospechaba la joven que su madrastra tenía ya noticia de aquel insulto. Esta injuria a Sonia era para Catalina Ivanovna peor que una afrenta hecha a ella, a sus hijos, o a la memoria de su padre; era un mortal ultraje. Sonia adivinaba que a Catalina Ivanovna sólo le importaba en aquel momento probar a aquellas imbéciles que ambas eran... Precisamente un convidado, sentado en el otro extremo de la mesa, dió a Sonia un plato, con dos corazones de migas de pan atravesados por una flecha. Catalina Ivanovna declaró en seguida, con voz sonora, que el autor de aquella burla era, de seguro, un «asno borracho».

Acto seguido anunció su propósito de retirarse en cuanto hubiera obtenido una pensión, a fundar en T***, su ciudad natal, una casa de educación para hijas de nobles. De repente mostró aquel certificado del cual había hablado Marmeladoff cuando su encuentro con Rodia en la taberna. En las circunstancias presentes, tal documento debía establecer el derecho de Catalina Ivanovna a abrir un pensionado; pero lo había sacado con objeto de confundir a las dos «presumidas», y si éstas hubiesen aceptado su invitación, les hubiera demostrado con pruebas convincentes, que «la hija de un coronel, la descendiente de una familia noble y aristocrática, valía mucho más que las buscadoras de aventuras, cuyo número aumenta cada día». El certificado dió pronto la vuelta en derredor de la mesa; los convidados, ya a medios pelos, se lo pasaban de mano en mano, sin que Catalina Ivanovna se opusiese a ello, porque aquel papel la designaba, con todas sus letras, como hija de un consejero de Corte, lo que la autorizaba, aproximadamente, a considerarse como hija de un coronel.

Extendióse después la viuda en enumerar los encantos de la existencia feliz y tranquila que se prometía pasar en T***. Buscaría el concurso de los profesores del Gimnasio, entre los cuales se encontraba un anciano respetable, el señor Mangot, que le había enseñado en otros tiempos el francés; este señor no vacilaría en dar lecciones en su pensionado, y sería módico en sus honorarios. Por último, anunció la intención de llevarse a Sonia a T*** y de confiarle la dirección de su establecimiento. Al oír estas palabras, uno de los comensales se echó a reír.

Catalina Ivanovna fingió no haberlo oído, pero levantando la voz dijo que Sonia Semenovna poseía cuantas cualidades son menester para secundarla en su tarea. Después de haber elogiado la dulzura de la joven, su paciencia, su abnegación, su cultura intelectual y su nobleza de sentimientos, le dió suavemente unos golpecitos en la mejilla y la besó dos veces seguidas con efusión. Sonia se ruborizó, y Catalina Ivanovna prorrumpió en llanto.

—Tengo los nervios muy excitados—dijo como para excusarse—y estoy muy fatigada. La comida ha acabado, se va a servir el te.

Amalia Ivanovna, muy contrariada por no haber podido meter baza en la conversación precedente, eligió aquel momento para aventurar una nueva tentativa, e hizo observar muy juiciosamente a la futura directora de un pensionado, que «debería conceder mucha atención a la ropa interior de las pensionistas e impedir que leyeran novelas durante la noche». El cansancio y la irritación hacían a Catalina Ivanovna poco tolerante; así es que tomó muy a mal aquellos sabios consejos; a creerla a ella, la patrona no entendía una palabra de lo que estaba hablando. «En un pensionado de señoritas nobles, el cuidado de la ropa blanca correspondía a la mujer encargada de ese servicio, y no a la directora del establecimiento. En cuanto a la observación relativa a la lectura de las novelas, era sencillamente una inconveniencia.» Catalina Ivanovna suplicaba a la patrona que callase.

En lugar de acceder a esta súplica, Amalia Ivanovna respondió con acritud que «no había hablado más que por su bien»; que había tenido siempre las mejores intenciones, y que, desde hacía largo tiempo, Catalina Ivanovna no le pagaba un kopek.

—¡Miente usted hablando de buenas intenciones!—replicó la viuda—. Ayer, sin ir más lejos, cuando mi esposo estaba de cuerpo presente, vino usted a armar un escándalo a propósito de mis atrasos, y por causa suya no han venido ciertas señoras...

Al oír esto la patrona observó con mucha lógica que ella «había invitado a aquellas señoras, pero no habían venido porque eran nobles y no podían ir a casa de una señora que no lo era». A lo cual su interlocutora contestó «que una cocinera no tenía criterio para juzgar de la verdadera nobleza».

Herida Amalia Ivanovna en lo vivo replicó «que su *vater*[17] era un hombre muy importante en Berlín que se paseaba constantemente con las manos en los bolsillos y hacía siempre ¡puf! ¡puf!» Para dar una idea más exacta de su *vater*, la señora Lippevechzel se levantó, se metió las manos en los bolsillos e inflando los carrillos se puso a imitar el ruido de un fuelle de fragua. Aquello provocó una carcajada general entre los inquilinos que, con la esperanza de una batalla entre las dos mujeres, se complacían en azuzar a Amalia Ivanovna. La viuda de Marmeladoff, no pudiendo contenerse más, declaró en voz muy alta que «Amalia Ivanovna quizá no había tenido nunca *vater*, que era sencillamente una finlandesa de San Petersburgo, que había debido ser en otro tiempo cocinera, o tal vez algo más bajo». Respuesta furiosa de la patrona: «Acaso era Catalina Ivanovna la que no había tenido *vater*. En cuanto a ella, su padre era un berlinés que usaba levitas muy largas y que hacía constantemente ¡puf! ¡puf!» Catalina Ivanovna respondió con tono despreciativo que «su nacimiento era conocido de todo el mundo, y que aquel mismo certificado honorífico en caracteres impresos, la designaba como hija de un coronel, y que, en cambio, Amalia Ivanovna (en el supuesto de que hubiese tenido padre conocido), debía ser hija de algún vendedor de leche finlandés; pero, según todas las apariencias, era hospiciana, puesto que no sabía aún cuál era su nombre patronímico, si se llamaba Amalia Ivanovna o Amalia Ludvigovna». La patrona, fuera de sí, gritó, dando puñetazos sobre la mesa, «que ella era Ivanovna y no Ludvigovna; que su padre se llamaba Juan, y que había sido alcalde, cosa que no fué nunca el padre de Catalina Ivanovna». Al oír tales palabras se levantó ésta, y con voz tranquila, desmentida por la palidez de su rostro y por la agitación de su pecho, dijo:

—Si usted se atreve otra vez a poner en parangón a su miserable *vater* con mi padre, le arranco el gorro y lo pisoteo.

Amalia Ivanovna, ante su amenaza, empezó a correr por la habitación, gritando con todas sus fuerzas que ella era la propietaria y que Catalina Ivanovna se marcharía de su casa al instante. Después se apresuró a recoger los cubiertos de plata que estaban sobre la mesa. A esto siguió una confusión y un barullo indescriptible; los chiquillos se echaron a llorar; Sonia se abalanzó a su madrastra para impedir que hiciese un disparate, pero como Amalia Ivanovna hubiese lanzado en alta voz una alusión a la *cartilla amarilla*, Catalina Ivanovna rechazó a la joven y se fué derecha a la patrona, decidida a arrancarle el moño.

Mas en aquel momento se abrió la puerta y apareció Pedro Petrovitch Ludjin.

El funcionario dirigió una mirada severa a todos los presentes y Catalina Ivanovna corrió hacia él.

III.

—¡Pedro Petrovitch!—gritó—. ¡Protéjame usted! Haga comprender a esta imbécil que no tiene derecho para hablar así a una señora noble y desgraciada; que eso no está permitido. Me quejaré al gobernador general... y esa mujer tendrá que responder ante él de lo que ha dicho. En nombre de la hospitalidad que usted recibió de mi padre, venga en ayuda de mis huérfanos.

—Permítame usted, señora... permítame usted—dijo Pedro Petrovitch apartando con un ademán a la solicitante—. Como usted sabe muy bien, no he tenido el honor de conocer a su padre... Permítame usted, señora (uno de los comensales se echó a reír ruidosamente); no pienso tomar parte en las continuas reyertas de usted con Amalia Ivanovna... Vengo aquí por un asunto personal... Deseo tener inmediatamente una explicación con su hijastra de usted, Sonia... Semenovna... ¿no es ése su nombre? Permítame usted que entre...

---

[17] Padre, en alemán.

Y apartándose de Catalina Ivanovna, Pedro Petrovitch se dirigió al rincón de la sala en que se encontraba Sonia.

La viuda se quedó como clavada en su sitio. No podía comprender que Pedro Petrovitch negase haber sido huésped de su padre. Aquella hospitalidad, que no existía más que en su imaginación, se había convertido para ella en artículo de fe. Lo que principalmente la impresionó, fué el tono seco, altanero, y hasta amenazador de Ludjin. Al aparecer este último se restableció el silencio poco a poco. El pulcro y severo traje del hombre de leyes formaba contraste con la sordidez de los demás inquilinos de Amalia Ivanovna. Cada uno de ellos se daba cuenta de que sólo un motivo de gravedad excepcional podía explicar la presencia de aquel personaje en semejante sitio; todos, pues, esperaban que pasase algo. Raskolnikoff, que estaba sentado al lado de Sonia, se levantó para dejar acercarse a Pedro Petrovitch, y éste pareció no reparar en el joven.

Un instante después apareció Lebeziatnikoff; pero en lugar de entrar en la habitación permaneció en el umbral escuchando con curiosidad sin acertar a comprender al pronto de qué se trataba.

—Perdónenme ustedes que turbe su reunión; pero me veo obligado a ello por un asunto de bastante importancia—dijo Pedro Petrovitch sin dirigirse a nadie en particular—; en cuanto a mí, me agrada poder explicarme delante de una reunión numerosa. Amalia Ivanovna, ruego a usted que, como propietaria de esta casa, preste atención a la conferencia que voy a celebrar con Sonia Semenovna.

Después, dirigiéndose a la joven que estaba extremadamente pálida y bastante sorprendida, añadió:

—Sonia Semenovna, inmediatamente después de la visita de usted, he echado de menos un billete de Banco de cien rublos, que había sobre una mesa de la habitación de mi amigo Andrés Semenovitch Lebeziatnikoff. Si usted sabe lo que ha sido de ese billete y me lo dice, doy a usted, en presencia de todas estas personas, mi palabra de honor de que este asunto no tendrá consecuencias; en caso contrario, me veré obligado a recurrir a medidas muy serias, y entonces... no tendrá usted que echar la culpa a nadie sino a sí misma.

Un profundo silencio siguió a estas palabras. Hasta los niños cesaron de llorar. Sonia, mortalmente pálida, miraba a Ludjin sin acertar a responder. Parecía no haber comprendido aún. Así pasaron algunos segundos.

—Vamos, ¿qué responde usted?—preguntó Pedro Petrovitch, mirando atentamente a la joven.

—Yo no sé... no sé nada—dijo al cabo con voz débil.

—¿No? ¿Usted no sabe nada?—preguntó Ludjin, y dejó pasar nuevamente algunos segundos. En seguida añadió con tono severo:

—Piense usted en lo que le digo, señorita; reflexione usted; quiero darle tiempo bastante. Si no estuviese completamente seguro de mi afirmación, me guardaría muy mucho de lanzar contra usted una acusación tan grave. Tengo demasiada experiencia en los negocios para exponerme a una querella por difamación. Esta mañana he ido a negociar unos títulos, que representaban un valor nominal de 3.000 rublos. De vuelta en mi alojamiento, me he puesto a contar el dinero; Andrés Semenovitch es testigo. Después de haber contado dos mil trescientos rublos, los he guardado en una cartera que he metido en el bolsillo del pecho de la levita. Quedaban sobre la mesa unos quinientos rublos en billetes de Banco, entre los cuales había tres de cien rublos cada uno. Entonces fué cuando, a invitación mía, vino usted a nuestro cuarto, y durante todo el tiempo de su visita ha estado usted extraordinariamente agitada. Por tres veces se ha levantado usted para salir, aun cuando nuestra conversación no había terminado aún. Andrés Semenovitch puede dar fe de todo esto.

»Usted no negará, así por lo menos lo creo, que la he hecho llamar por Andrés Semenovitch con objeto de ocuparme con usted en la situación desgraciada de su madrastra (a cuya casa no podía venir yo a comer), y de la forma de socorrerla por medio de subscripción, lotería, o cosa parecida. Usted me dió las gracias con las lágrimas en los ojos. (Entro en todos estos pormenores, para probarle que no he olvidado ninguna circunstancia.) Inmediatamente he tomado de encima de la mesa un billete de diez rublos, y se lo he entregado a usted como primer recurso para su madrastra. Andrés Semenovitch lo ha visto todo. Después la he acompañado hasta la puerta, y usted se ha retirado con la misma agitación que antes.

»Cuando usted salió del cuarto, he estado hablando durante diez minutos, aproximadamente, con Andrés Semenovitch. Por último él se marchó y yo me acerqué a la mesa para guardar el resto del dinero, viendo entonces, con gran sorpresa, que me faltaba un billete de cien rublos. Ahora juzgue usted. Yo no puedo sospechar de Andrés Semenovitch, ni siquiera concebir semejante idea. No puedo tampoco engañarme en mis cuentas, porque, un momento antes de que usted entrara, acababa de comprobarlas. Comprenderá usted que acordándome de su agitación, de su prontitud en salir y de que tuvo usted durante algún tiempo las manos sobre la mesa, y considerando, finalmente, la posición social de usted, he debido, a despecho de mi propia voluntad, dar acogida a una sospecha, cruel, sin duda, pero legítima.

»Por convencido que me halle de la culpabilidad de usted, repito que sé a lo que me expongo dirigiéndole esta acusación. Sin embargo, no vacilo en formularla, sobre todo, señorita, por su negra ingratitud. ¿Cómo? La mando llamar a usted porque me intereso por su infortunada madrastra y por sus hermanitos; le doy un billete de diez rublos ¡y me recompensa usted de esa manera! ¡No! ¡Eso no está bien! Le hace falta una lección que le sirva de escarmiento para lo sucesivo. Reflexione usted; se lo propongo amistosamente, porque en este momento es lo mejor que puedo hacer en su favor. De lo contrario, seré inflexible. Vamos, confiese usted.»

—Yo nada he tomado—murmuró Sonia espantada—; usted me ha dado diez rublos; aquí están, tómelos, se los devuelvo.

La joven sacó el pañuelo del bolsillo, deshizo un nudo, tomó el billete de diez rublos, que estaba allí guardado, y se lo alargó a Ludjin.

—¿De modo que insiste usted en negar el robo de esos cien rublos?—dijo en tono de reproche Ludjin, sin tomar el billete.

Sonia dirigió una mirada en torno suyo, y en todos los rostros de las personas que la rodeaban sorprendió una expresión severa, irritada o burlona. La joven miró a Raskolnikoff. Este, en pie, apoyado contra la pared, tenía los brazos cruzados y sus ojos llameantes fijos en ella.

—¡Señor, señor!—gimió la muchacha.

—Amalia Ivanovna, será menester llamar a la policía; por lo tanto, suplico a usted humildemente que haga subir al *dvornik*—dijo Ludjin con voz dulce y hasta cariñosa.

—*Gott der barmherzig!* ¡Bien sabía yo que ésta era una ladrona!—exclamó la señora Lippevechzel palmoteando.

—¿Usted lo sabía?—repuso Pedro Petrovitch—; eso quiere decir que ya ciertos hechos anteriores autorizan a usted a deducir esta consecuencia. Suplico a usted, dignísima Amalia Ivanovna, que no olvide las palabras que acaba de pronunciar. Por lo demás, hay testigos.

En todos lados se hablaba ruidosamente.

—¿Cómo?—exclamó Catalina Ivanovna, saliendo de repente de su estupor, y con rápido movimiento se precipitó hacia Ludjin—. ¿Cómo? ¿La acusa usted de robo? ¿A ella? ¿A Sonia? ¡Oh, cobarde!

Después se aproximó vivamente a la joven y la estrechó entre sus brazos descarnados.

—¿Cómo, Sonia, has podido aceptar diez rublos de él? ¡Oh, tonta! ¡Dámelos! ¡Dame en seguida ese dinero! ¡Así!

Catalina tomó el billete de manos de Sonia, lo arrugó entre sus dedos y se lo tiró a Ludjin a la cara. El papel, hecho una pelota, alcanzó a Pedro Petrovitch y rodó en seguida por el suelo. Amalia Ivanovna se apresuró a levantarlo. El hombre de negocios se incomodó.

—Contengan ustedes a esa loca.

En aquel momento acudieron muchas personas, que se colocaron en el umbral, al lado de Lebeziatnikoff. Entre ellas estaban las dos señoras provincianas.

—¿Loca dices? ¿Me tratas de loca, imbécil?—vociferó Catalina Ivanovna—. ¡Tú, tú eres un imbécil, un vil agente de negocios, un hombre bajo! ¡Sonia! ¿Sonia haber robado dinero? ¿Sonia una ladrona? ¡Pero si ella te daría más que vale ese dinero, imbécil!—y la viuda rompió a reír de un modo nervioso—. ¿Han visto ustedes a este imbécil?—añadió, yendo de uno a otro inquilino y mostrando a Ludjin a cada uno de ellos.

De repente vió a Amalia Ivanovna, y su cólera no tuvo límites.

—¿Cómo, tú también, choricera? ¿Tú también, infame prusiana, dices que Sonia es una ladrona? ¡Ah! ¿Pero esto es posible? ¡Si no ha salido de la habitación! Al venir de tu casa ¡granuja! se puso a la mesa con nosotros; todos la han visto al lado de Rodión Romanovitch... registradla. Puesto que no ha ido a ninguna parte, tendrá el dinero encima. ¡Busca, busca, busca! ¡Pero si no lo encuentras, querido, tendrás que responder de tu conducta! ¡Me quejaré al emperador, al zar misericordioso! ¡Hoy mismo iré a arrojarme a sus pies! ¡Soy huérfana; me dejarán entrar! ¿Crees que no me recibirá? ¡Te engañas! Obtendré una audiencia. ¿Porque Sonia es tan dulce pensabas que no tenías nada que temer? Tú contabas con su timidez, ¿verdad? ¡Pero si ella es tímida, yo, amigo mío, yo no tengo miedo a nada, y así tus cálculos caen por tierra! ¡Busca! ¡Vamos, despáchate!

Y al decir esto, Catalina Ivanovna agarraba a Ludjin por un brazo y le empujaba hacia donde estaba Sonia.

—Si estoy pronto, si no deseo otra cosa... pero, tranquilícese usted, señora, cálmese usted— balbuceaba el funcionario.—Ya veo que no tiene usted miedo. Esto debería hacerse en la oficina de policía. Por lo demás, hay aquí un número más que suficiente de testigos... Sí, yo estoy pronto... no obstante, es muy delicado para un hombre... a causa de su sexo... Si Amalia Ivanovna quisiese prestar su concurso... Sin embargo, no es así como se hacen estas cosas.

—¡Hágala usted registrar por quien quiera!—gritó Catalina Ivanovna—. Sonia, enséñale los bolsillos. ¡Mira, mira, monstruo, ve cómo están vacíos! ¡Aquí no hay más que un pañuelo; mira, nada más que un pañuelo, puedes convencerte de ello! Ahora el otro bolsillo. ¿Ves? ¿ves?

No contenta con vaciar los bolsillos de Sonia, Catalina los volvió, uno después del otro, de dentro afuera. Pero en el momento en que ponía al descubierto el forro del bolsillo derecho, se escapó de él un papelillo, que, describiendo una parábola en el aire, fué a caer a los pies de Ludjin. Todos lo vieron; muchos lanzaron un grito. Pedro Petrovitch se bajó, tomó el billete con los dedos y lo desplegó *coram populo*. Era un billete de cien rublos, doblado en ocho partes. Pedro Petrovitch lo enseñó a todos para que no existiese ninguna duda sobre la culpabilidad de Sonia.

—¡Ladrona, fuera de aquí! ¡La policía, la policía!—aulló Amalia Ivanovna—. ¡Es preciso que la lleven a Siberia! ¡A la calle!

De todas partes brotaban exclamaciones. Raskolnikoff, silencioso, no cesaba de mirar a Sonia más que para echar de vez en cuando una mirada rápida sobre Ludjin. La joven, inmóvil en su sitio, parecía más bien atontada que sorprendida; de repente enrojeció y se cubrió el rostro con las manos.

—¡No! ¡Yo no soy! ¡Yo no he robado nada! ¡Yo no sé nada!—gritó con voz desgarradora y se precipitó hacia Catalina Ivanovna, que abrió los brazos como un asilo inviolable para la desgraciada criatura.

—¡Sonia, Sonia! ¡No lo creo; te digo que no lo creo!—repetía Catalina Ivanovna, rebelde a la evidencia. (Estas palabras iban acompañadas de mil caricias; besaba a la joven, le tomaba las manos, la mecía en sus brazos como a un niño.)—¡Tú haber robado nada! ¡pero qué personas más estúpidas! ¡Oh señor! ¡Sois tontos, tontos!—gritaba a los circunstantes—. ¡No sabéis lo que es esta criatura! ¡Robar ella! ¡Ella, que vendería su último vestido; ella, que iría descalza antes que dejarnos sin recursos; antes que tuvierais necesidad de ellos! ¡Así, así es...! ¡Ha llegado hasta tomar cartilla, porque mis hijos se morían de hambre... se vendió por nosotros! ¡Ah, mi pobre difunto; mi pobre difunto! ¡Dios mío, Dios mío! Pero, ¡defendedla vosotros todos, en vez de estar impasibles! Usted, Rodión Romanovitch, ¿por qué no la defiende? ¿Usted también la cree culpable? ¡Todos vosotros juntos, no valéis lo que el dedo meñique de ella! ¡Dios mío, defiéndela tú!

Las lágrimas, las súplicas, la desesperación de la pobre Catalina Ivanovna parecieron causar una gran impresión en el público. Aquel rostro de tísica, aquellos labios secos, aquella voz ahogada, expresaban un sentimiento tan doloroso, que era difícil no sentirse conmovido ante tanta desolación. Pedro Petrovitch volvió en seguida a expresar los más dulces sentimientos.

—¡Señora, señora!—dijo con solemnidad—. Este negocio no concierne a usted en lo más mínimo. Nadie piensa en acusarla de culpabilidad; usted misma es la que ha sacado los bolsillos y ha descubierto el objeto robado; basta esto para demostrar la completa inocencia de usted. Estoy dispuesto a mostrarme indulgente con un acto a que Sonia Semenovna ha podido ser impulsada por la miseria. Pero, ¿por qué se niega usted a confesar, señorita? ¿Teme la deshonra? ¿Era éste su primer hurto? ¿Lo hizo usted trastornada? La cosa se comprende, se comprende muy bien; vea usted, sin embargo, a lo que se exponía. Señores—dijo dirigiéndose a todos los presentes, mudos por un sentimiento de piedad—: Estoy pronto a perdonar, a pesar de las injurias que se me han dirigido.

Después añadió:

—Señorita, que la humillación de hoy le sirva a usted de lección para el porvenir; no daré parte; las cosas no pasarán de aquí.

Pedro Petrovitch dirigió una mirada de reojo a Raskolnikoff; sus ojos se encontraron; los del joven despedían llamas. En cuanto a Catalina Ivanovna, parecía no haber oído nada y continuaba abrazando a Sonia con una especie de frenesí. A ejemplo de su madre, los niños estrechaban entre sus bracitos a la joven; Poletchka, sin comprender lo que pasaba, sollozaba a más no poder, con su linda carita apoyada en el hombro de Sonia. De repente, en el umbral de la puerta una voz sonora exclamó:

—¡Qué villanía!

Pedro Petrovitch se volvió vivamente.

—¡Qué villanía!—repitió Lebeziatnikoff mirando fijamente a Ludjin.

Este último se estremeció. Todos lo advirtieron (luego se acordaron de esta circunstancia). Lebeziatnikoff entró en la sala.

—¿Y usted se ha atrevido a invocar mi testimonio?—dijo aproximándose a Pedro Petrovitch.

—¿Qué significa esto? ¿De qué habla usted, Andrés Semenovitch?—preguntó Ludjin.

—Esto significa que usted es un... calumniador. Ya tiene usted explicado el sentido de mis palabra—replicó arrebatadamente Lebeziatnikoff.

Estaba extremadamente colérico y fijaba en Pedro Petrovitch sus ojillos enfermizos, que tenían dura e indignada expresión. Raskolnikoff escuchaba ansiosamente con la mirada fija en el rostro del joven socialista.

Hubo una pausa. En el primer momento, Pedro Petrovitch quedó casi desconcertado.

—¿Es a mí a quien...?—murmuró—. ¿Pero qué dice usted? ¿Está usted en su juicio?

—Sí. Estoy en mi juicio, y usted es un... mal hombre. ¡Ah! ¡Qué infamia! Lo he oído todo, y si no he hablado antes, es porque quería comprender bien; hay algunas cosas que... lo confieso, no me las explico. Me gustaría saber por qué ha hecho usted esto.

—¿Pero qué es lo que yo he hecho? ¿Acabará de hablar enigmáticamente? ¡Usted está borracho!

—¡Hombre ruin! Si alguno de nosotros está borracho, es usted. Yo jamás bebo aguardiente, porque esto es contrario a mis principios. Figúrense ustedes que es él, él mismo quien, con sus propias manos ha dejado el billete de cien rublos a Sonia Semenovna; yo lo he visto; yo he sido testigo de ello, y lo declararé bajo la fe de mi juramento. Es él, él—repetía Lebeziatnikoff dirigiéndose a todos y a cada uno.

—¿Está usted loco? ¿Sí, o no? ¡Mentecato!—replicó violentamente Ludjin—. Ella misma aquí, hace un momento, ha afirmado, en presencia de usted y de todo el mundo, que no había recibido más que diez rublos... ¿Cómo es, pues, posible que yo le haya dado más dinero?

—Yo lo he visto—repitió con energía Andrés Semenovitch—; y aunque esto pugna a mis principios, estoy dispuesto a prestar juramento ante la justicia; le he visto a usted deslizar ese dinero con mucho disimulo. Sólo que he sido tan tonto, que he creído que hablaba usted por generosidad. Cuando usted le decía adiós en el umbral de la puerta y le ofrecía usted la mano derecha, le introdujo disimuladamente en el bolsillo el papel que tenía en la izquierda. Yo lo he visto, yo lo he visto.

Ludjin palideció.

—¿Qué es lo que está usted mintiendo?—replicó insolentemente—. Estando al lado de la ventana, ¿cómo podía usted ver eso del billete? Vaya, como está usted mal de la vista, ha sido usted objeto de una ilusión.

—No, yo no he visto visiones. A pesar de la distancia, lo he visto todo muy bien. Desde la ventana, en efecto, era difícil distinguir el billete, en eso tiene usted razón; mas a causa de esa misma circunstancia, sé que era precisamente un billete de cien rublos. Cuando usted dió diez a Sonia Semenovna, yo estaba cerca de la mesa y vi a usted tomar al mismo tiempo un billete de cien rublos. No he podido olvidar este detalle, porque en aquel momento se me ocurrió una idea. Después de haber plegado el billete, lo guardó usted en el hueco de la mano, y cuando se levantó se pasó el papel de la mano derecha a la izquierda, y estuvo a punto de dejarlo caer. Me he acordado porque se me ocurrió la misma idea, a saber: que usted quería obligar a Sonia Semenovna sin que yo me enterara; pero no puede usted imaginarse con qué atención he observado sus gestos y ademanes. Así es que he visto meter el billete en el bolsillo de la joven. Lo he visto, lo he visto, y lo repetiré donde sea necesario bajo la fe del juramento.

Lebeziatnikoff estaba casi sofocado por la indignación. De todos lados se entrecruzaban exclamaciones diversas. La mayor parte expresaban estupor; pero algunas eran proferidas en son de amenaza. Todos rodearon a Pedro Petrovitch. Catalina Ivanovna se lanzó hacia Lebeziatnikoff.

—¡Andrés Semenovitch! ¡Yo no le conocía a usted! ¡Usted la defiende; solamente usted se pone de parte de ella! ¡Dios le envía a usted en socorro de la huérfana! ¡Andrés Semenovitch, mi querido amigo, *batuchka*!

Y Catalina Ivanovna, sin casi tener conciencia de lo que hacía, cayó de rodillas delante del joven.

—¡Esas son tonterías!—vociferó Ludjin arrebatado por la cólera—. ¡No dice usted más que necedades! «Yo he olvidado; me he acordado: me acuerdo; me olvido.» ¿Qué significa todo esto? De modo que si fuera verdad lo que usted dice, yo le habría deslizado a propósito esos cien rublos en el bolsillo. ¿Con qué objeto? ¿Qué tengo yo de común con esa...?

—¿Por qué? Eso es lo que no comprendo; me limito a referir el hecho tal como ha pasado, sin pretender explicarlo, y, dentro de esos límites, garantizo su exactitud... Tampoco me engaño, malvado, así como me acuerdo de haberme hecho esta misma pregunta en el momento en que felicitaba a usted estrechándole la mano. Me preguntaba por qué razón había usted hecho ese regalo en forma clandestina. Quizá, me dije, ha querido ocultarme su buena acción, sabiendo que yo, en virtud de mis principios, soy enemigo de la caridad privada y la considero como un vano paliativo. He pensado después que trataba de dar una sorpresa a Sonia Semenovna. Hay, en efecto, personas que se complacen en dar a sus beneficios el sabor de lo imprevisto. En seguida se me ocurrió otra idea: que la intención de usted era poner a prueba a la joven; que usted quería saber si, cuando ella encontrara en el bolsillo esos cien rublos, vendría a darle las gracias, o acaso quería usted substraerse a su reconocimiento, siguiendo el precepto de que la mano derecha debe ignorar... En una palabra, Dios sabe las suposiciones que se me ocurrieron. La conducta de usted me preocupaba de tal modo, que me proponía reflexionar más tarde sobre ella detenidamente. Además, hubiera creído faltar a la delicadeza, dando a entender que conocía su secreto. Pensando en estas cosas me asaltó un temor. Sonia Semenovna, ignorando la generosidad de usted, podía perder el billete de Banco. He aquí por qué me he decidido a venir: porque quería llamarla aparte y decirle que le habían puesto cien rublos en el bolsillo; pero antes he entrado en casa de las señoras Kobyliatnikoff, para entregarles un *Tratado general sobre el método positivo*, y recomendarles el artículo de Piderit (el de Vagner no carece de valor). Un momento después he llegado aquí y he sido testigo de esta escena. Ahora bien: ¿es posible que yo hubiera podido pensar en todo esto y hacerme todos estos razonamientos, si no le hubiera visto a usted deslizar los cien rublos en el bolsillo de Sonia Semenovna?

Cuando Andrés Semenovitch terminó su discurso, no podía ya más y tenía el rostro bañado de sudor. ¡Ah! Aun en ruso le costaba trabajo expresarse convenientemente, aunque, por lo demás, no conocía ningún otro idioma. Este esfuerzo oratorio le había agotado. Sus palabras produjeron, sin embargo, extraordinario efecto. El acento de sinceridad con que las había pronunciado llevó el convencimiento al alma de todos los oyentes. Pedro Petrovitch comprendió que perdía terreno.

—¡Qué me importan a mí las tonterías que se le han ocurrido a usted!—exclamó—; eso no es una prueba. Ha podido usted soñar cuantas necedades quiera. Le digo que miente. ¡Miente usted, y además me calumnia para satisfacer sus rencores! La verdad es que usted me odia porque me he puesto enfrente del radicalismo impío, de las doctrinas antisociales que usted sostiene.

Pero, lejos de redundar en favor de Pedro Petrovitch, provocó violentos murmullos en su derredor.

—¡Ah! ¿Eso es todo lo que se le ocurre responder? No es muy fuerte su argumento—replicó Lebeziatnikoff—. ¡Llame a la policía; prestaré mi juramento! Una sola cosa queda obscura para mí: el motivo que le ha impulsado a cometer una acción tan baja. ¡Oh miserable, cobarde!

Raskolnikoff avanzó, separándose del grupo.

—Yo puedo explicar su conducta, y si es menester, también prestaré juramento—dijo con voz firme.

A primera vista, la tranquila seguridad del joven probó al público que conocía a fondo el asunto, y que aquel embrollo estaba a punto de llegar a su desenlace.

—Ahora lo comprendo todo—prosiguió Raskolnikoff dirigiéndose a Lebeziatnikoff—. Desde el principio de este accidente había sospechado detrás de esto alguna innoble intriga. Se fundaban mis sospechas en ciertas circunstancias solamente de mí conocidas, y que voy a revelar, porque presentan las cosas en su verdadero aspecto. Usted, Andrés Semenovitch, ha iluminado perfectamente mi espíritu; suplico a ustedes que me escuchen. Ese señor—continuó, designando con un gesto a Pedro Petrovitch—, ha pedido recientemente la mano de mi hermana Advocia Romanovna Raskolnikoff. Llegado hace poco a San Petersburgo, vino a verme anteayer; pero ya en nuestra primera entrevista tuvimos un choque y le eché a la calle, como pueden declarar dos personas que estaban presentes. Ese hombre es muy malo... Anteayer ignoraba yo que viviese con usted, Andrés Semenovitch. Gracias a esta circunstancia, anteayer, es decir, el día mismo de nuestra cuestión, se encontró presente aquí en el momento en que, como amigo del difunto Marmeladoff, le di un poco de dinero a su viuda Catalina Ivanovna para atender a los gastos de los funerales de su marido. Inmediatamente escribió a mi madre diciéndole que yo había dado mi dinero, no a Catalina Ivanovna, sino a Sonia Semenovna, calificando al mismo tiempo a esa joven con los más ultrajantes adjetivos y dando a entender que yo tenía con ella relaciones íntimas. Su objeto, como comprenderán ustedes, era enemistarme con mi familia, insinuándole que yo gasto en disipaciones el dinero de que ella se priva para atender a mis necesidades. Ayer noche, en una entrevista con mi madre y mi hermana, entrevista a la cual asistía él, he restablecido la verdad de los hechos que este señor había desnaturalizado. «El dinero—dije—se lo di a Catalina Ivanovna para pagar el entierro de su marido, y no a Sonia Semenovna a quien aquel día había hablado por primera vez.» Furioso al ver que sus calumnias no obtenían el resultado apetecido, insultó groseramente a mi madre y a mi hermana. Siguióse un rompimiento definitivo y se le echó a la calle. Todo ello pasó anoche. Reflexionen ustedes ahora y comprenderán qué interés le guiaba, en las circunstancias presentes, a inculpar a Sonia Semenovna si lograba hacer pasar a esta joven por ladrona, y resultaba culpable a los ojos de mi madre y de mi hermana, puesto que no tenía temor en comprometer a ésta poniéndola en relaciones con una ladrona; él, por el contrario, al atacarme a mí, salía a la defensa de mi hermana, su futura esposa. En una palabra, éste era para él un medio de enemistarme con los míos y de congraciarse con ellos. Con el mismo golpe se vengaba también de mí, pensando que me intereso vivamente por el honor y la tranquilidad de Sonia Semenovna. Tal es el cálculo que ha hecho, y de este modo es como me explico yo su conducta.

Raskolnikoff terminó su discurso, frecuentemente interrumpido por las exclamaciones del público, que no perdía una sola frase. Pero, a despecho de las interrupciones, su palabra conservó hasta el fin una calma, una seguridad y una claridad imperturbables. Su voz vibrante, su acento convencido y su rostro severo, conmovieron profundamente al auditorio.

—Sí, sí; eso es—se apresuró a reconocer Lebeziatnikoff—, debe usted tener razón, porque en el momento mismo en que entró Sonia Semenovna en nuestro cuarto, me preguntó si había visto a usted y si estaba entre los convidados de su madrastra, llevándome aparte para preguntármelo en voz baja. Tenía, pues, necesidad de que estuviese usted aquí. Sí, eso es.

Ludjin, mortalmente pálido, permanecía silencioso y sonreía con aire despreciativo. Parecía buscar un medio de salir airosamente de aquel trance. Quizá de buena gana hubiera hurtado el cuerpo en seguida; pero en aquel momento la retirada era casi imposible: irse equivalía a reconocer implícitamente las acusaciones que se le dirigían y confesar que había calumniado a Sonia Semenovna.

Por otra parte, la actitud de los circunstantes no era nada tranquilizadora. La mayoría de ellos estaban borrachos. Esta escena atrajo a la habitación un número considerable de inquilinos que no habían comido en casa de la viuda. Los polacos, muy excitados, no cesaban de proferir en sus lenguas mil amenazas contra Pedro Petrovitch.

Sonia escuchaba atentamente, pero no daba señales de haber recobrado su presencia de ánimo; parecía que acababa de volver de un desmayo. No apartaba los ojos de Raskolnikoff, comprendiendo que en él estaba todo su apoyo. Catalina Ivanovna sufría atrozmente: cada vez que respiraba se escapaba de su pecho un ronco sonido.

La figura más estúpida era la de Amalia Ivanovna, que tenía aspecto de no comprender nada, y con la boca abierta miraba como alelada. Tan sólo veía que Pedro Petrovitch estaba metido en grave aprieto. Raskolnikoff quiso tomar de nuevo la palabra, pero tuvo que renunciar a ello a causa de que la gritería no hubiera permitido que le oyeran. De todas partes llovían injurias y amenazas sobre Ludjin, en derredor del cual se había formado un corro tan hostil como compacto. El hombre de negocios sacó fuerzas de flaqueza, y haciéndose cargo de que la partida estaba definitivamente perdida, buscó recursos en la osadía.

—Permítanme ustedes, señores, permítanme ustedes, no me cerquen de este modo; déjenme pasar—dijo, tratando de abrirse paso al través del grupo que le rodeaba—. Aseguro a ustedes que es inútil tratar de intimidarme con amenazas. No me asusto por tan poca cosa. Por el contrario, ustedes deben temblar por el amparo con que encubren un delito. El robo está más que probado, y yo presentaré la correspondiente denuncia contra la autora y sus encubridores. Los jueces son personas ilustradas y no borrachos, y recusarán el testimonio de dos impíos, de dos revolucionarios declarados que me acusan por un acto de venganza personal, como ellos han cometido la necedad de afirmar. Sí, permítanme ustedes.

—No quiero respirar el mismo aire que usted, y le suplico que deje mi cuarto; todo ha acabado entre nosotros—dijo Lebeziatnikoff—. ¡Cuando pienso que desde hace quince días vengo sudando sangre y agua para exponerle...!

—Antes de ahora, Andrés Semenovitch, le he anunciado yo mismo mi partida, precisamente cuando hacía usted instancias para retenerme; ahora me limito a decirle que es usted un imbécil. Le deseo que se cure de los ojos y del entendimiento. Permitan ustedes, señores.

Logró abrirse paso; pero uno de los circunstantes, creyendo que las injurias no eran castigo suficiente, tomó un vaso de la mesa y lo lanzó con todas sus fuerzas contra Pedro Petrovitch. Por desgracia, el proyectil alcanzó a Amalia Ivanovna, que se puso a dar gritos horribles.

Al lanzar el vaso, el agresor perdió el equilibrio y cayó pesadamente bajo la mesa. Ludjin entró en el cuarto de Lebeziatnikoff, y una hora después dejó la casa.

Naturalmente tímida, Sonia sabía ya antes de esta aventura que su situación la exponía a todo género de ataques, y que cualquiera podía ultrajarla casi impunemente. Sin embargo, hasta entonces había esperado desarmar la malevolencia de los demás, a fuerza de circunspección, de humildad y de dulzura con todos y cada uno; pero hasta esta ilusión se disipaba. Tenía, sin duda, bastante paciencia para sufrir aún esto con resignación y casi sin murmurar; pero en aquel momento la decepción era demasiado cruel. Aunque su inocencia hubiese triunfado de la calumnia, y aun cuando su primer terror hubiera pasado, al darse cuenta de lo ocurrido se le oprimió dolorosamente el corazón ante el pensamiento de su abandono y de su soledad en la vida. La joven tuvo una crisis nerviosa, y, no pudiendo contenerse más, salió apresuradamente de la sala y echó a correr a su casa. Su partida fué poco después de la de Ludjin.

El vasazo recibido por Amalia Ivanovna produjo hilaridad general; pero la patrona tomó muy a mal la cosa y revolvió su cólera contra Catalina Ivanovna, la cual, vencida por el sufrimiento, había tenido que echarse en su cama.

—¡Fuera de aquí! ¡En seguida! ¡Ea! ¡A la calle!

Mientras pronunciaba estas palabras con voz irritada, la señora Lippevechzel tomaba todos los objetos pertenecientes a su inquilina y los arrojaba en un montón en medio de la sala. Quebrantada, casi desfallecida, la pobre Catalina Ivanovna saltó de la cama y se lanzó sobre la patrona. Pero la lucha era demasiado desigual, y a Amalia Ivanovna no le costó gran trabajo rechazar este asalto.

—¡Cómo! ¿No es bastante haber calumniado a Sonia, y esta mujer se revuelve ahora contra mí? ¿El día en que han enterrado a mi marido me expulsa; después de haber recibido mi hospitalidad, me arroja a la calle con mis hijos? Pero, ¿a dónde voy a ir yo?—sollozaba la infeliz mujer—. ¡Señor!—exclamó de repente con los ojos centelleantes—. ¿Es posible que no haya justicia? ¿A quién defenderás Tú, Dios mío, si no nos defiendes a nosotras, pobres huérfanas? Pero ya veremos. Jueces y tribunales hay en la tierra; recurriré a ellos; espere un poco, criatura mía. Poletchka, quédate con los niños; yo volveré pronto. Si os echan, esperadme en la calle. ¡Veremos si hay justicia en la tierra!

Catalina Ivanovna se puso en la cabeza aquel mismo pañuelo verde de que habló Marmeladoff en la taberna, y después, hendiendo la multitud ebria y ruidosa de los inquilinos, que continuaban llenando la sala, con el rostro inundado de lágrimas bajó a la calle resuelta a ir, costase lo que costase, a buscar justicia en cualquier parte.

Poletchka, espantada, estrechó entre sus brazos a su hermano y a su hermana, y los tres niños, acurrucados en el rincón inmediato al cofre, esperaron temblando la vuelta de su madre.

Amalia Ivanovna, semejante a una furia, iba y venía por la habitación aullando de rabia y arrojando al suelo cuanto le venía a las manos.

Entre los inquilinos, unos comentaban el acontecimiento, otros disputaban, algunos entonaban canciones...

«Ya es tiempo de que me vaya—pensó Raskolnikoff—. Veremos, Sonia Semenovna, qué es lo que piensas ahora.»

Y se encaminó a casa de la joven.

IV.

Aunque Raskolnikoff tenía sus preocupaciones y disgustos, había defendido valientemente la causa de la joven Sonia contra Ludjin. Aparte del interés que le inspiraba la joven, había aprovechado con gusto, después de los tormentos de por la mañana, la impresión de sacudir impresiones que se le hacían insoportables. Por otro lado, su próxima entrevista con Sonia le preocupaba y aun le aterraba por momentos. Tenía que revelarle que había matado a Isabel, y presintiendo todo lo que esta confesión tendría de penosa, se esforzaba por apartar de ella el pensamiento.

Cuando al salir de casa de Catalina Ivanovna, había exclamado: «Veremos, Sonia Semenovna, lo que piensas ahora», era el combatiente animado por la lucha, excitado aún por su victoria sobre Ludjin, el que había pronunciado aquella frase de desafío; pero, cosa singular, cuando llegó a la casa de Kapernumoff, su seguridad le abandonó de repente, dejando el puesto al temor. Se detuvo indeciso ante la puerta y se preguntó: «¿Será preciso decir que he matado a Isabel?» La pregunta era extraña, porque en el momento en que él se la hacía comprendía la imposibilidad, no solamente de no hacer esta confesión, sino aun la de diferirla un minuto.

No sabía por qué era imposible; únicamente lo sentía y estaba como aplastado por esta dolorosa conciencia de su debilidad ante la necesidad. Para ahorrarse nuevos tormentos, se apresuró a abrir la puerta, y antes de franquear el umbral miró a Sonia. La joven estaba sentada, con los codos apoyados en la mesita y el rostro oculto entre las manos. Al ver a Raskolnikoff se levantó en seguida y fué a su encuentro, como si lo hubiese esperado.

—¿Qué habría sido de mí sin usted?—dijo vivamente, en tanto que le hacía pasar a la sala.

Parecía que entonces no pensaba más que en el servicio que le había prestado el joven, y tenía prisa de darle las gracias. Después esperó.

Raskolnikoff se aproximó a la mesa y se sentó en la silla que la joven acababa de dejar. Sonia permaneció en pie, a dos pasos de él, exactamente como el día anterior.

—Habrá usted observado—dijo advirtiendo que le temblaba la voz—que la acusación no tenía otro fundamento que la posición social de usted y las costumbres que ella implica. ¿Lo ha comprendido usted así?

El rostro de Sonia se ensombreció.

—No me hable usted como ayer, le suplico que no vuelva a empezar. He sufrido ya bastante...

Se apresuró a sonreír, temiendo que el reproche ofendiese al visitante.

—Hace un momento he venido a casa como una loca. ¿Qué pasa allí ahora? Yo quería volver, pero suponía que vendría usted.

Raskolnikoff le contó que Amalia Ivanovna acababa de echar de casa a los Marmeladoff, y que Catalina Ivanovna había ido a buscar justicia a cualquier parte.

—¡Ah, Dios mío!—exclamó Sonia—. ¡Vamos en seguida!—y tomó apresuradamente su manteleta.

—¡Siempre lo mismo!—replicó Raskolnikoff contrariado—. Usted no piensa más que en ellos. Quédese usted un momento conmigo.

—Pero... Catalina Ivanovna...

—Catalina Ivanovna vendrá aquí, no tenga usted duda—respondió con tono de enfado el joven—. Culpa de usted será si no la encuentra.

Sentóse Sonia, presa de cruel perplejidad. Raskolnikoff, con los ojos bajos, reflexionaba.

—Hoy Ludjin quería, simplemente, desacreditarla a usted; lo concedo—dijo sin mirar a Sonia—; sí, le hubiera convenido meterla a usted en la cárcel, y si no hubiéramos estado allí Lebeziatnikoff y yo, lo habría hecho. ¿No es así?

—Sí—dijo la joven con voz débil—. Sí—repitió maquinalmente, distraída de la conversación a causa de la inquietud que experimentaba.

—Podía, en efecto, no haber estado yo allí, y si Lebeziatnikoff se encontró fué por casualidad.

Sonia guardó silencio.

—Si la hubieran llevado a usted a la cárcel, ¿qué habría sucedido? ¿Se acuerda usted de lo que dije ayer?

Sonia continuó callada, y el joven esperó un momento su respuesta.

—Pensaba que iba usted a exclamar: «¡Ah, no hable usted de eso! ¡No siga usted!»—repuso Raskolnikoff con risa un poco forzada—. Vamos, ¿no dice usted nada?—preguntó al cabo de un minuto—. Será preciso que sostenga yo solo la conversación. Ahí tiene usted; tendría curiosidad por saber cómo resolvería usted una «cuestión», según dice Lebeziatnikoff (comenzaba a ser visible su turbación). No; hablo seriamente. Suponga usted, Sonia, que estuviese enterada de antemano de todos los proyectos de Ludjin; que usted supiese que estos proyectos iban encaminados a asegurar la pérdida de Catalina Ivanovna y de sus hijos, sin contar la de usted (porque usted no hace caso de sí misma para nada). Suponga usted, por consiguiente, que Poletchka fuese condenada a una existencia como la de usted; siendo esto así, si dependiese de usted hacer que pereciese Ludjin, o lo que es lo mismo, salvar a Catalina Ivanovna y su familia, o dejar vivo a Ludjin para que cumpliese sus infames designios; contésteme, ¿por cuál de las dos cosas se decidiría usted?

Sonia le miró con inquietud; bajo estas palabras pronunciadas con voz vacilante, adivinaba algún pensamiento recóndito.

—¿Podría yo esperarme alguna pregunta por el estilo?—dijo la joven interrogándole con los ojos.

—Es posible; pero conteste: ¿por quién se decidiría usted?

—¿Qué interés tiene usted en saber lo que haría en un caso que no puede presentarse?—exclamó Sonia con repugnancia.

—¿De modo que dejaría vivir a Ludjin y que cometiese tales infamias? No tiene usted valor para decirlo con franqueza.

—No conozco los secretos de la divina Providencia... ¿por qué me pregunta usted lo que haría en un caso imposible? ¿A qué vienen esas vanas preguntas? ¿Cómo la existencia de un hombre puede depender de mi voluntad? ¿Quién me erige a mí árbitro de la vida y la muerte de las personas?

—En el momento en que se hace intervenir a la divina Providencia, no hay más que hablar—replicó con tono agrio Raskolnikoff.

—¡Dígame usted lo que tenga que decirme!—exclamó Sonia angustiada—. ¿Otra vez con palabras encubiertas?... ¿Ha venido usted sólo a atormentarme?

No pudo contenerse y se puso a llorar. Durante cinco minutos el joven la contempló con expresión sombría.

—Tienes razón, Sonia—dijo en voz baja.

Se había operado en él un brusco cambio; su fingida serenidad, el tono áspero que afectaba hacía un momento, había desaparecido de pronto. Ahora, apenas se le oía.

—Te dije ayer que no vendría a pedir perdón, y casi con excusas he comenzado mi entrevista. Al hablarte de Ludjin me acusaba, Sonia.

Quiso sonreír; pero, por más que hizo, su fisonomía permaneció triste. Bajó la cabeza y se cubrió la cara con las manos. De repente creyó advertir que detestaba a Sonia. Sorprendido y hasta aterrado por tan extraño descubrimiento, levantó súbitamente la cabeza y contempló de hito en hito a la joven. Esta fijaba en él una mirada ansiosa, en la cual había amor. El odio desapareció instantáneamente del corazón de Raskolnikoff. No era eso, habíase engañado sobre la naturaleza de sus sentimientos; aquello sólo significaba que había llegado el minuto fatal.

De nuevo ocultó su rostro entre las manos y bajó la cabeza; palideció, se levantó, y después de haber mirado a Sonia, fué maquinalmente a sentarse en el lecho sin proferir palabra.

La impresión de Raskolnikoff era entonces exactamente la misma que había experimentado en pie, detrás de la vieja, cuando había sacado el hacha del nudo corredizo, diciendo: «No hay un instante que perder».

—¿Qué tiene usted?—preguntó Sonia sobrecogida.

El joven no pudo responder. Había contado con explicarse en muy otras condiciones y no comprendía lo que pasaba por él. Sonia se aproximó suavemente a Raskolnikoff; se sentó a su lado en la cama, y esperó sin dejar de mirarlo. El corazón le latía como si fuera a romperse. La situación se hacía insoportable. Raskolnikoff volvió hacia la joven su rostro, mortalmente pálido, y movió los labios con esfuerzo para hablar. Sonia estaba aterrada.

—¿Qué tiene usted?—repitió apartándose un poco de él.

—Nada, Sonia; no te asustes; esto no vale la pena. Verdaderamente, es una tontería—murmuró con aire distraído—. ¿Por qué he venido a atormentarte?—añadió de repente mirando a su interlocutora—. Sí, ¿por qué? No ceso de hacerme esta pregunta.

Se la había hecho quizá un cuarto de hora antes; pero en aquel momento era tal su debilidad, que apenas tenía conciencia de sí mismo; un temblor continuo agitaba su cuerpo.

—¡Cuánto sufre usted!—dijo la joven conmovida fijando los ojos en él.

—Esto no es nada. He aquí de lo que se trata, Sonia. (Durante dos segundos sonrió tristemente.) ¿Te acuerdas de lo que te dije ayer?

Sonia esperaba inquieta.

—Te dije, al separarme de ti, que quizá te diría adiós para siempre; pero, que si venía hoy, sabrías quién fué el que mató a Isabel.

La joven se echó a temblar.

—Pues bien; ya sabes a lo que he venido.

—En efecto—dijo Sonia con voz temblorosa—; eso fué lo que me dijo usted ayer. ¿Cómo sabe usted eso?—añadió vivamente.

Sonia respiraba trabajosamente y el rostro se le ponía cada vez más pálido.

—Yo lo sé.

—¿Se *le* ha encontrado?—preguntó tímidamente después de un minuto de silencio.

—No, no se *le* ha encontrado.

Siguióse un corto silencio.

—Entonces, ¿cómo lo sabe usted?—preguntó con voz casi ininteligible.

Raskolnikoff se volvió hacia la joven y la miró con una fijeza singular.

—Adivina—dijo.

Sonia se estremeció convulsivamente.

—¿Por qué me asusta usted de ese modo?—preguntó con sonrisa infantil.

—Si yo lo sé es porque estoy íntimamente relacionado con él—repuso Raskolnikoff, cuya mirada seguía fija en la joven, como si no tuviese fuerza para volver los ojos—. A esa Isabel no quería *él* matarla; la mató sin premeditación... quería asesinar a la vieja cuando estuviese sola... Fué a su casa; pero, cuando estaba en ella, entró Isabel y la mató.

A estas palabras siguió un silencio lúgubre; durante un minuto continuaron mirándose.

—¿De modo que no adivinas?—preguntó bruscamente, con la sensación de un hombre que se arroja de lo alto de un campanario.

—No—balbuceó Sonia con voz apenas distinta.

—Busca bien.

Al pronunciar estas palabras, Raskolnikoff experimentó en el fondo de sí mismo la impresión de frío glacial que le era tan conocida; miraba a Sonia y de pronto le pareció ver a Isabel cuando la desventurada se echó atrás ante el asesino, que avanzaba hacia ella con el hacha levantada. En aquel momento supremo Isabel levantó el brazo como hacen los niños pequeños cuando tienen miedo, y, prontos a echarse a llorar, fijan una mirada inmóvil en el objeto que les espanta. Del mismo modo el rostro de Sonia expresaba un terror indecible; también ella extendió el brazo hacia adelante, rechazando ligeramente a Raskolnikoff, y tocándole el pecho con la mano se apartó poco a poco de él, sin cesar de mirarle fijamente. Su terror se comunicó al joven, que se puso a mirarla asustado.

—¿Lo has adivinado?—murmuró por último.

—¡Dios mío!—exclamó Sonia.

Después se dejó caer sin fuerzas sobre el lecho y hundió el rostro en la almohada. Pero al cabo de un instante se levantó con rápido movimiento, se aproximó a él y tomándole las dos manos que sus deditos estrecharon como tenazas, le miró largo rato de hito en hito. ¿No se había engañado? Así lo esperaba, pero apenas hubo fijado los ojos en su interlocutor, la sospecha que había atravesado su alma se trocó en certidumbre.

—¡Basta, Sonia, basta! Evítame más explicaciones—suplicó él con voz quejumbrosa.

Lo que había pasado contrariaba todas sus previsiones, porque no era ciertamente así como pensó él hacer la confesión de su crimen.

Sonia parecía que estaba fuera de sí. Saltó de su lecho y se fué al centro de la habitación retorciéndose las manos; después volvió bruscamente sobre sus pasos y se sentó, hombro con hombro, al lado del joven. De repente se echó a temblar, lanzó un grito y, sin saber lo que hacía, cayó de rodillas delante de Raskolnikoff.

—¡Está usted perdido!—exclamó con acento desesperado; y levantándose súbitamente se arrojó a su cuello, le besó y le acarició.

Raskolnikoff se separó de ella, y contemplándola con triste sonrisa, dijo:

—No te comprendo, Sonia. Me abrazas después de haberte contado eso... No tienes conciencia de lo que haces.

La joven no oyó esta observación.

—No, no hay en la tierra un hombre más desgraciado que tú—exclamó en un arranque de piedad, y rompió en sollozos.

Raskolnikoff sintió invadida su alma por un sentimiento que desde hacía largo tiempo no había experimentado. No trató de luchar contra esta impresión; dos lágrimas brotaron de sus ojos y rodaron silenciosas por sus mejillas.

—¿No me abandonarás, Sonia?—preguntó con mirada casi suplicante.

—¡No, no! ¡Jamás, jamás!—gritó—. Te seguiré, te seguiré a todas partes. ¡Oh Dios mío!... ¡Oh, qué desgraciada soy!... ¿Por qué? ¿por qué no te he conocido antes? ¿Por qué no habrás venido...?

—Ya ves que lo he hecho—interrumpió Raskolnikoff.

—¡Ahora! ¡Oh! ¿Qué podemos hacer ahora?... ¡Juntos! ¡Juntos!—repitió con una especie de exaltación y se puso a abrazar al joven—. ¡Iré contigo a presidio!

Estas últimas palabras produjeron en Raskolnikoff una sensación penosa y apareció en sus labios una sonrisa amarga y casi altanera.

—Es que yo, malditas las ganas que tengo de ir a presidio.

Sonia volvió rápidamente hacia él los ojos. Hasta entonces había sentido una inmensa piedad por aquel hombre desgraciado; pero lo que acababa de decir el joven y el tono con que fué pronunciado, recordaron bruscamente a Sonia que aquel desgraciado era un asesino. La muchacha le dirigió una mirada de asombro. No sabía aún cómo ni por qué había llegado a convertirse en criminal. En aquel momento, todas estas cuestiones se presentaban ante su espíritu y de nuevo dudó.

«¡El, él un asesino! ¿Es posible?»

—Pero esto no es verdad; ¿dónde estoy?—dijo como si despertase de un terrible sueño—. ¿Cómo, siendo usted lo que es, ha podido resolverse a hacer eso?... ¿Pero por qué lo ha hecho?

—Por robar. Cesa ya, Sonia—respondió algo contrariado el joven.

La muchacha se quedó estupefacta.

—¿Tenías hambre?—exclamó en seguida—. ¿Era para socorrer a tu madre?... ¿Sí?

—No, Sonia, no—replicó Raskolnikoff bajando la cabeza—. Mi miseria no era tan grande... Quería, en efecto, ayudar a mi madre... pero no fué ésta la verdadera razón... No me atormentes, Sonia.

—¿Pero es posible que esto sea verdad?—gritó la joven, dando una palmada—. ¿Es esto posible? ¿Hay medio de creerlo? ¿Ha matado usted para robar? ¡Usted que se despoja de todo en favor de los pobres! ¡Ah!... ¿El dinero que usted dió a mi madrastra...? ¿Ese dinero...?

—¡No, Sonia, no!—interrumpió vivamente Raskolnikoff—. Ese dinero no procedía de *aquello*, tranquilízate; me lo envió mi madre cuando yo estaba enfermo, por medio de un comerciante, y acababa de recibirlo cuando lo di... Razumikin lo vió. Ese dinero me pertenecía.

Sonia escuchaba perpleja y esforzándose por comprender.

—Por lo demás, en cuanto al dinero de la vieja... yo no sé lo que había—añadió vacilando—; le quité del cuello una bolsa de piel que parecía bien repleta... pero no me enteré del contenido, sin duda porque me faltó tiempo... Me apoderé de varias cosas, gemelos, cadenas de reloj... Esos objetos, lo mismo que la bolsa, los oculté al día siguiente bajo una piedra grande en un corral situado en la perspectiva V***. Todo ello está allí todavía.

Sonia escuchaba con avidez.

—Pero, ¿por qué no ha tomado usted nada, puesto que mató para robar?—replicó como agarrándose a una última y muy vaga esperanza.

—No sé... no he decidido aún sí tomaré o no ese dinero—respondió Raskolnikoff con la misma voz vacilante, y luego sonrió—. ¡Qué historia tan tonta te acabo de contar!

«¿Estará loco?», se preguntó Sonia; pero rechazó en seguida esta idea. No, allí había alguna otra cosa para ella inexplicable; pero en vano ponía en prensa su mente.

—¿Sabes lo que quiero decirte, Sonia?—repuso él con voz vibrante—. Si únicamente la necesidad me hubiese impulsado al asesinato—prosiguió recalcando cada una de sus palabras, y su mirada tenía algo de enigmático—, yo sería ahora *feliz*. Sábelo. ¿Qué te importa el motivo, puesto que acabo de confesarte que he obrado mal?—exclamó tras de una corta pausa—. ¿Para qué ese triunfo sobre mí? ¡Ah, Sonia! ¿Es para esto para lo que he venido a tu casa?

La joven quiso hablar, pero se calló.

—Ayer te propuse que vivieses conmigo porque yo no tengo a nadie sino a ti.

—¿Por qué querías que viviese contigo?—preguntó tímidamente Sonia.

—No para robar ni matar, puedes estar tranquila—contestó Raskolnikoff riendo sardónicamente—; nosotros no somos de la misma cepa... Y mira, acabo de comprender ahora por qué te invité ayer a venir conmigo. Cuando te dirigía esta petición, no sabía cuál era su objeto... lo veo ahora. No tengo nada más que un deseo: ¡Que no me abandones! ¿No me dejarás, Sonia?

La joven le apretó la mano.

—¿Y por qué? ¿Por qué te he dicho yo esto? ¿por qué te he hecho esta confesión?—exclamó Raskolnikoff al cabo de unos segundos, mirándole con infinita compasión a la vez que con la desesperación más profunda—. Veo que esperas mis explicaciones, Sonia; pero, ¿qué he de decirte? Nada comprenderías, y yo no haría otra cosa que afligirte cada vez más. Vamos, veo que lloras y que empiezas de nuevo a abrazarme; ¿por qué me abrazas? ¿Es porque, falto de valor para llevar mi cruz, me libro así de este peso, cargando con él a otra persona; porque he buscado en el sufrimiento ajeno un alivio a mis pesares? ¿Y puedes amar a semejante cobarde?

—¿Pero no sufres tú también?—exclamó Sonia.

Hubo de nuevo un acceso de sensibilidad.

—Sonia, tengo el corazón enfermo, recapacita... Esto puede explicar multitud de cosas. Porque soy malo he venido. Hay muchos que no lo hubiesen hecho; pero yo soy cobarde y miserable. ¿Por qué he venido? ¡Jamás me lo perdonaré!

—No, no; has hecho bien en venir—repuso Sonia—. Vale más que lo sepa todo; es mucho mejor.

Raskolnikoff la miró con expresión dolorosa.

—He querido ser un Napoleón... por eso he matado. ¿Comprendes ahora?

—No—respondió cándidamente Sonia con voz tímida—; pero habla, habla; lo comprenderé todo.

—¿Que lo comprenderás? Está bien; ya veremos.

Durante un momento, Raskolnikoff estuvo pensativo recogiendo sus ideas.

—El hecho es que cierto día me hice esta pregunta: Si Napoleón, por ejemplo, hubiese estado en mi lugar, si no hubiese tenido para comenzar su carrera ni Tolón ni Egipto, ni el paso de San Bernardo, sino que en lugar de estas brillantes empresas se hubiese encontrado ante la necesidad de cometer un asesinato para asegurar su porvenir, ¿hubiera renunciado a la idea de matar a una vieja y de robarle tres mil rublos? ¿Hubiera pensado que tal acción era demasiado innoble y demasiado criminal? Yo me he devanado durante algún tiempo los sesos con esta pregunta, y no he podido menos de experimentar un sentimiento de vergüenza, cuando he reconocido, por fin, que no sólo no hubiera vacilado, sino que no hubiese comprendido la posibilidad de una vacilación. No teniendo ninguna otra salida no se hubiera andado con escrúpulos. Desde que me hice esta reflexión ya no tenía que vacilar; la autoridad de Napoleón me cubría. ¿Encuentras esto risible? Tienes razón, Sonia.

La joven no tenía el menor deseo de reír.

—Háblame con franqueza, sin ejemplos—dijo con voz tímida y apenas distinta.

Raskolnikoff se volvió hacia ella, la miró con tristeza y le tomó las manos.

—Tienes razón, Sonia. Todo esto es absurdo, carece de sindéresis, no es más que palabrería... Mira, mi madre, como sabes, está casi sin recursos. La casualidad quiso que mi hermana recibiese esmerada educación y estuviera condenada al oficio de institutriz. Todas sus esperanzas reposaban exclusivamente sobre mí. Entré en la Universidad; pero, falto de medios, me vi obligado a interrumpir mis estudios. Supongamos que los hubiese continuado; yendo bien las cosas, hubiera podido, en diez o quince años, ser nombrado profesor de Gimnasio o empleado con mil rublos de sueldo. (Parecía que estaba recitando una lección). Pero de aquí a entonces, los cuidados y los disgustos habrían destruído la salud de mi madre y de mi hermana... quizá les hubiera ocurrido algo peor. Privarse de todo, dejar a mi madre en la miseria, sufrir el deshonor de mi hermana... ¿es esto vivir? Y todo ello para llegar, ¿a qué? Después de haber visto morir a los míos, podría fundar una familia, dejando, al morir, a mi mujer y a mis hijos sin un pedazo de pan. Pues bien, yo me dije que con el dinero de la vieja cesaría de ser una carga para mi madre; que podría volver a entrar en la Universidad y asegurar un porvenir. Ahí lo tienes explicado todo. Claro que he hecho mal en matar a la vieja... pero, en fin, ¡basta!

Raskolnikoff no tenía ya fuerzas, y bajó la cabeza como agobiado.

—¡Oh, no es eso, no es eso!—gritó Sonia con voz quejumbrosa—. ¡Esto no es posible!... ¡No, no; hay alguna otra causa!...

—¡Supones que hay otra causa! Te engañas, he dicho la verdad.

—¡La verdad! ¡Oh, Dios mío!

—Después de todo, Sonia, yo no he matado más que a un gusano innoble y malo.

—¡Ese gusano era una criatura humana!

—Ya lo sé que no era un gusano en el sentido literal de la palabra—replicó Raskolnikoff mirándola con singular expresión—. Por otra parte, lo que digo no tiene sentido común—añadió—; tienes razón, Sonia, no es eso, son otros motivos los que me han impulsado. Desde hace largo tiempo no he hablado con nadie. Esta conversación me ha dado dolor de cabeza.

Los ojos le brillaban a causa de la fiebre. El delirio se había casi apoderado de él y una sonrisa inquieta erraba en sus labios. Bajo su aparente animación se adivinaba verdadero cansancio. Sonia comprendió cuánto sufría. También ella comenzaba a perder la cabeza. «¡Qué lenguaje tan extraño! ¡Presentar como plausibles semejantes explicaciones!» No acertaba a explicárselo y se retorcía las manos en el acceso de su desesperación.

—No, Sonia, no es eso—prosiguió el joven, levantando de repente la cabeza; sus ideas habían tomado súbitamente nuevo rumbo y parecía haber adquirido de repente una nueva energía—; no, no es eso. Cree más bien que te amo con locura, que soy envidioso, malo, vengativo, y, además, propenso a la demencia... Acabo de decirte que tuve que dejar la Universidad. Pues bien; quizá hubiera podido seguir asistiendo a ella. Mi madre habría pagado las matrículas; yo hubiera ganado con mi trabajo para vestir y comer y habría quizás llegado... Tenía lecciones retribuídas con cincuenta kopeks. Razumikin trabaja bien; pero yo estaba exasperado y no quise. Sí, estaba *exasperado*, ésa es la palabra. Entonces me metí en mi casa como la araña en su rincón. Ya conoces mi tugurio, has estado en él... ¿Sabes tú, Sonia, que el alma se ahoga en las habitaciones bajas y estrechas? ¡Oh, lo que yo odiaba ese cuartucho! y, sin embargo, no quería salir de él; me pasaba allí días enteros, sin querer trabajar, no cuidándome ni de comer. «Si Nastachiuska me trae alguna cosa, comeré—me decía—; si no, me pasaré sin comer.» Estaba muy irritado para pedir nada. Había renunciado al estudio y vendido todos mis libros; una pulgada de polvo hay sobre mis notas y cuadernos. Por la noche no tenía luz. Para comprar una vela me hubiera sido forzoso trabajar y no quería; prefería fantasear acostado en mi sofá. Inútil es decirte cuáles eran mis ocupaciones... Entonces comencé a pensar... No, no es esto; no cuento las cosas como son. Yo me preguntaba siempre: «Puesto que sabes que los demás son imbéciles, ¿por qué no procuras ser más inteligente que ellos?» Reconocí entonces, Sonia, que si se esperaba el momento que todo el mundo fuese inteligente, sería forzoso armarse de muy larga paciencia. Más tarde me convencí de que aquel momento no llegaría jamás; de que los hombres no cambiarían y de que se perdía el tiempo tratando de modificarlos. Sí, así es. Es su ley... Yo sé ahora, Sonia, que el amo de todos es el que posee una inteligencia poderosa. Quien se atreve a mucho, tiene razón a sus ojos; quien los desafía y los desprecia, se impone a su respeto. Es lo que se ha visto y se verá siempre. Es preciso estar ciego para no advertirlo.

Mientras hablaba, Raskolnikoff miraba a Sonia; pero no se preocupaba por saber si ella le comprendía. Era presa de una triste exaltación. Desde largo tiempo no había hablado con nadie. La joven comprendió que aquel feroz catecismo eran su fe y su ley.

—Entonces me convencí, Sonia—continuó acalorándose cada vez más—, de que el poder no se toma más que bajándose. Todo estriba en esto. Desde el día en que se me presentó esa verdad clara como el sol, he querido *atreverme*, y he matado. He tratado de hacer un acto de audacia, Sonia; tal ha sido el móvil de mi acción.

—¡Cállese usted! ¡Cállese usted!—exclamó la joven fuera de sí—. Se ha alejado usted de Dios, y Dios le ha herido y le ha entregado al demonio.

—A propósito, Sonia; cuando todas estas ideas venían a visitarme en la obscuridad de mi cuarto, ¿era el demonio quien me tentaba?

—Cállese usted, no se ría, impío. No se ría; usted nada comprende. ¡Oh Dios mío, no comprende nada!

—Cállate, Sonia. Ya no me río. Estoy seguro de que el demonio me ha impulsado. Cállate, Sonia, cállate—repetía con sombría insistencia—. Lo sé, lo sé todo. Cuanto tú pudieras decirme, me lo he dicho yo mil veces cuando estaba acostado en la obscuridad. ¡Qué luchas interiores he sufrido! ¡Cuán insoportables me eran estos sueños, y cómo hubiera querido librarme de ellos para siempre! ¿Crees tú que yo obré como un aturdido, como un hombre sin seso? No hay tal cosa; no hay tal cosa. Procedí después de madura reflexión, y eso precisamente es lo que me ha perdido. Cuando me interrogaba acerca de si tenía o no derecho yo al poder, comprendía muy bien que mi derecho era nulo, por lo mismo que lo ponía en tela de juicio. Cuando me preguntaba si una criatura humana era un gusano, sabía perfectamente que no lo era para mí, sino para el audaz que no se lo hubiese preguntado y hubiese seguido el camino sin atormentarse el espíritu con semejante reflexión. En fin, el solo hecho de plantearme este problema: «¿hubiera Napoleón matado a esa vieja?» basta para demostrarme que yo no era un Napoleón. Por último, he renunciado a buscar justificaciones sutiles. Quise matar dejándome de toda casuística; matar para mí, para mí solo. ¡Si he matado, no ha sido para aliviar el infortunio de mi madre, ni para consagrar al bien de la humanidad el poder y la riqueza que, a mi juicio, debían ayudarme a conquistar este asesinato! No, no; todo eso estaba lejos de mi espíritu en aquel momento. El dinero no ha sido para mí el principal móvil del asesinato; otra razón me determinó a ello; lo veo ahora claramente. Compréndeme; si *esto* estuviese por hacer, quizá no lo intentaría; pero entonces me corría prisa saber si era yo un gusano como los otros, o un hombre en la verdadera acepción de la palabra, si tenía o no la fuerza de franquear el obstáculo, si era yo una criatura tímida o si tenía el *derecho*...

—¿El derecho de matar?—exclamó Sonia estupefacta.

—¡Sonia!—dijo el joven con cierta irritación; tenía una respuesta en la punta de la lengua; pero se abstuvo desdeñosamente de formularla—. No me interrumpas, Sonia. Quería solamente probarte una cosa: que el diablo me condujo a casa de la vieja, y en seguida me hizo comprender que yo no tenía el derecho de ir allí puesto que soy un gusano, ni más ni menos que los demás. El demonio se ha burlado de mí, y por esa razón he venido a tu casa. Si yo no fuese un gusano, ¿te habría hecho esta visita? Escucha: cuando fuí a casa de la vieja quería hacer solamente una *experiencia*...

—¡Y ha matado usted...! ¡Y ha matado!

—¿Pero cómo he matado? ¿Es así como se mata? ¿Se hace lo que yo he hecho cuando se va a asesinar a una persona? Ya te contaré alguna vez los pormenores. ¿Acaso he matado yo a la vieja? No; es a mí a quien he matado, a quien he perdido sin remedio... En cuanto a la vieja... ha sido asesinada por el demonio, y no por mí... ¡Basta, basta, Sonia; basta! ¡Déjame!—exclamó con voz desgarradora—. ¡Déjame!

Raskolnikoff apoyó los codos sobre las rodillas y se oprimió convulsivamente la cabeza entre las manos.

—¡Qué sufrimientos!—gimió Sonia.

—¿Qué hacer ahora? dímelo—preguntó Raskolnikoff levantando la cabeza.

Tenía las facciones terriblemente alteradas.

—¿Qué hacer?—exclamó la joven, y se lanzó hacia él con ardientes lágrimas en los ojos, en los cuales brillaba extraño resplandor—. Levántate (al decir esto tomó a Raskolnikoff por el brazo; el joven se incorporó y miró a Sonia sorprendido); ve en seguida a la próxima encrucijada; prostérnate y besa la tierra que has contaminado. Después inclínate a un lado y a otro, diciendo en alta voz y a todo el mundo: «Yo he matado». Dios entonces te devolverá la vida. ¿Irás? ¿Irás?—le preguntó la joven temblando y apretándole las manos con fuerza centuplicada, mientras fijaba en él sus ojos llameantes.

La súbita exaltación de Sonia sumió a Raskolnikoff en un estupor profundo.

—¿Quieres que vaya a presidio, Sonia? ¿Es menester que me denuncie? ¿No es eso?—dijo sombríamente.

—Debes aceptar la expiación y mediante ella redimirte.

—No, no iré a denunciarme, Sonia.

—¿Y vivir? ¿Cómo vivirás?—replicó la joven con fuerza—. ¿Ahora es posible? ¿Cómo podrás sostener la mirada de tu madre? ¡Oh!, ¿qué será de ellas ahora? ¿Pero qué es lo que digo? Has dejado ya a tu madre y a tu hermana. Por esa razón has roto los lazos que te unían con tu familia. ¡Oh Dios mío!—exclamó—. ¡El comprende todo esto! ¿Cómo estar fuera de la sociedad humana? ¿Qué va a ser de ti ahora?

—Sé razonable, Sonia—dijo dulcemente Raskolnikoff—. ¿Por qué he de ir a presentarme a la policía? ¿Qué he de decir a esa gente? Todo esto no significa nada... Ellos mismos degüellan a millones de hombres y se ufanan de ello. Son bribones y cobardes, Sonia... No iré. ¿Qué tendría que decirles? ¿Que he cometido un asesinato, y que, no atreviéndome a aprovecharme del dinero robado, lo he ocultado debajo de una piedra?—añadió con amarga sonrisa—. Se burlarán de mí; me dirán que soy un imbécil por no haber hecho uso de lo robado; que soy un imbécil y un cobarde. Ellos, Sonia, no comprenderán. Son incapaces de comprenderme; ¿por qué he de ir a entregarme? No iré, no. Sé razonable, Sonia.

—¡Soportar semejante peso! ¡Y por toda la vida, por toda la vida!

—Ya me acostumbraré—respondió el joven con feroz expresión—. Escucha—dijo un momento después—. Basta de lloriqueos; tiempo es ya de que hablemos formalmente. He venido para decirte que en estos momentos se me busca y van a detenerme.

—¡Ah!—exclamó Sonia espantada.

—¿De qué te asustas? ¿No deseas que vaya a presidio? ¿De qué, pues, te espantas? Solamente que aun no me tienen en su poder. Les he dado mucho quehacer y al fin de cuentas nada conseguirán. No tienen indicios positivos. Ayer corrí un gran peligro y llegué a creer que todo estaba terminado. Por hoy se ha evitado el mal. Todas sus pruebas son de dos filos, es decir, que los cargos formulados contra mí, pueden ser explicados en favor mío. ¿Me comprendes? No me será difícil hacerlo, porque he adquirido experiencia. Pero de seguro van a meterme en la cárcel. Sin una circunstancia fortuita, es muy posible que se me hubiera encerrado ya, y corro peligro de estar preso antes de que termine el día. Esto no significa nada, Sonia; me detendrán, pero se verán obligados a soltarme, porque no tienen verdaderas pruebas, y te doy mi palabra de que no las tendrán. Con simples presunciones, como son las suyas, no se puede condenar a un hombre. ¡Ea, basta! Quería solamente prevenirte. En cuanto a mi madre y a mi hermana, me arreglaré de modo que no se inquietarán. Creo que mi hermana está ahora al abrigo de la miseria; puedo estar tranquilo en lo que se refiere a mi madre... Ya lo sabes todo. Sé prudente. ¿Vendrás a verme cuando esté preso?

—¡Oh, sí, sí!

Estaban sentados uno al lado del otro, tristes y abatidos como los náufragos arrojados por la tempestad en una playa desierta. Contemplando a Sonia, comprendió Raskolnikoff cuánto le amaba la joven, y, cosa extraña, aquella ternura inmensa, de la cual se veía objeto, le causó de repente una impresión dolorosa. Había ido a casa de Sonia, pensando que su sola esperanza, su solo refugio, era ella; había cedido a la necesidad irresistible de desahogar su pena, y ahora que la joven le había dado todo su corazón, se confesaba que era infinitamente más desgraciado que antes.

—Sonia—le dijo—, es mejor que no vengas a verme mientras esté en la cárcel.

La joven no respondió. Lloraba. Pasaron algunos minutos.

—¿Llevas alguna cruz encima?—preguntó inopinadamente, como herida de súbita idea.

Al pronto el joven no comprendió la pregunta.

—No, no la tienes. Pues bien, toma ésta, es de madera de ciprés. Yo tengo otra de cobre, que era de Isabel. Hicimos un cambio, ella me dió una cruz y yo le di una imagen. Quiero llevar ahora la cruz de Isabel y que tú lleves ésta. Tómala... es la mía—insistió—. Juntos iremos por el camino de la expiación; juntos llevaremos la cruz.

—Dámela—dijo Raskolnikoff para no disgustarla, y extendió la mano; pero la retiró casi en seguida—. Ahora no, Sonia; más tarde será mejor—añadió a manera de concesión.

—Sí, sí, más tarde—respondió ella con calor—; te la daré en el momento de la expiación. Vendrás a mi casa, te la pondré al cuello, diremos una oración y partiremos.

En el mismo instante sonaron tres golpes en la puerta.

—¿Puedo entrar, Sonia Semenovna?—dijo una voz afable y muy conocida.

Sonia, turbada, corrió a abrir. El que llamaba no era otro que el señor Lebeziatnikoff.

V.

Andrés Semenovitch tenía el rostro demudado.

—Vengo a buscar a usted, Sonia Semenovna... perdóneme usted... Esperaba encontrarle aquí—dijo bruscamente a Raskolnikoff—. Es decir, nada malo me imaginaba... no vaya usted a creer... pero precisamente pensaba... Catalina Ivanovna ha vuelto a su cuarto; está loca—dijo dirigiéndose de nuevo a Sonia.

La joven lanzó un grito.

—Por lo menos así parece. No sabemos qué hacer con ella. La han echado del sitio adonde había ido, quizá dándole golpes... Así lo hace todo suponer. Fué después al despacho del jefe de Simón Zakharitch, y no lo encontró. Comía en casa de uno de sus colegas. En seguida, ¿querrá usted creerlo? se fué al domicilio del otro general, porfiando que quería ver al jefe de su difunto esposo, que estaba sentado a la mesa. Como era natural, la echaron a la calle. Cuentan que la llenaron de injurias y aun que le tiraron no sé qué cosa a la cabeza. Es raro que no la hayan detenido. Expone ahora todos sus proyectos a todo el mundo, incluso a Amalia Ivanovna; pero es tanta su agitación, que no se puede sacar nada en claro de sus palabras. ¡Ah, sí! Dice que como no le queda ningún recurso, va a dedicarse a tocar el organillo por las calles, y que sus hijos cantarán y bailarán para solicitar la caridad de los transeuntes; que todos los días irá a colocarse bajo las ventanas de la casa del general... «Se verá—dice—a los hijos de una familia noble, pedir limosna por las calles.» Pega a los niños y les hace llorar. Enseña la *Petit Ferme* a Alena, y al mismo tiempo da lecciones de baile al niño y a Poletchka... Deshace sus vestidos para improvisar trajes de saltimbanquis, y, a falta de organillo, quiere llevar una cubeta para dar golpes en ella... No tolera que se le haga ninguna observación... No puede usted imaginarse cómo está.

Lebeziatnikoff hubiese hablado mucho más; pero Sonia, que le había escuchado respirando apenas, tomó el sombrero y la manteleta, y se lanzó fuera de la sala, poniéndose estas prendas conforme iba andando. Los dos jóvenes salieron detrás de ella.

—Está positivamente loca—dijo Andrés Semenovitch a Raskolnikoff—. Para no asustar a Sonia he dicho solamente que sólo parecía que lo estaba; pero no hay duda. Creo que suelen formarse tubérculos en el cerebro de los tísicos; es una lástima que yo no sepa Medicina. He tratado de convencer a Catalina Ivanovna, pero no hace caso de nadie.

—¿Le ha hablado usted de tubérculos?

—No, precisamente de tubérculos, no; claro es que no me hubiera entendido. Pero vea usted lo que yo pienso. Si con el auxilio de la lógica usted persuade a uno que no tiene motivo para llorar, no llorará. Esto es claro; ¿por qué había de continuar llorando?

—Si así fuese, la vida sería muy fácil—respondió Raskolnikoff.

Al llegar cerca de su casa saludó a Lebeziatnikoff con un movimiento de cabeza y subió a su cuarto.

Cuando estuvo en él, Raskolnikoff se dejó caer en el sofá.

Jamás había experimentado tan terrible sensación de aislamiento. Sentía de nuevo que quizá, en efecto, detestaba a Sonia, y que la detestaba después de haber contribuído a aumentar su desgracia. ¿Por qué había ido a hacerla llorar? ¿Qué necesidad tenía de emponzoñar su vida? ¡Oh cobardía!

«Estaré solo—se dijo resueltamente—, y ella no vendrá a verme en la cárcel.»

Cinco minutos después levantó la cabeza, y una idea que se le ocurrió de repente le hizo sonreír: «Quizá sea, en efecto, mejor que vaya a presidio», pensaba.

¿Cuánto tiempo duró este sueño? No pudo jamás recordarlo. Súbitamente la puerta se abrió, dando paso a Advocia Romanovna. La joven le miró como poco antes había mirado él a Sonia; después se aproximó y se sentó en una silla frente a su hermano, en el mismo sitio que la víspera. Raskolnikoff la miró en silencio sin que en sus ojos se pudiese leer ninguna idea.

—No te incomodes, hermano mío. Sólo voy a estar un minuto—dijo Dunia.

Su fisonomía estaba seria, pero no severa, y su mirada era dulcemente límpida.

Raskolnikoff comprendió que la mirada de su hermana era dictada por el afecto.

—Hermano mío, lo sé todo. Demetrio Prokofitch me lo ha contado. Se te persigue, se te atormenta, eres objeto de sospechas insensatas como odiosas. Demetrio Prokofitch asegura que nada tienes que temer y que haces mal en preocuparte hasta ese punto. No soy de su opinión; me explico perfectamente el desbordamiento de indignación que se ha producido en ti y no me sorprendería que tu vida entera se resienta de ese golpe. Nos ha dejado. No juzgo tu resolución, no me atrevo a juzgarla, y te suplico que me perdones los reproches que te he dirigido. Comprendo que si estuviera en tu lugar haría lo que tú haces, me desterraría del mundo. Yo procuraré que mamá lo ignore; pero le hablaré sin cesar de ti, y le diré de tu parte que no tardarás en ir a verla. No te inquietes por ella, yo la tranquilizaré; pero tú, por tu parte, no le causes disgustos. Ve, aunque no sea más que una vez. Considera que es tu madre. Mi solo objeto, al hacerte esta visita, ha sido el de decirte—acabó Advocia Romanovna levantándose—, que si por casualidad tienes necesidad de mí, sea para lo que fuere, soy tuya en la vida y en la muerte. Llámame, y vendré. Adiós.

Volvió la espalda y se dirigió a la puerta.

—¡Dunia!—dijo Raskolnikoff levantándose y acercándose a su hermana—. Razumikin, Demetrio Prokofitch, es un hombre excelente.

Dunia se ruborizó.

—¿Y qué?—preguntó después de un minuto de espera.

—Es un hombre activo, laborioso y capaz de grandes afectos... Adiós, hermana.

La joven se puso encendida como la grana; pero en seguida sintió cierto temor.

—¿Pero es que nos separamos para siempre, hermano? Tus palabras son una especie de testamento.

—No hagas caso. Adiós.

Se alejó de ella y se dirigió a la ventana. La joven esperó un momento; le miró con inquietud y se retiró conmovida.

No, no era indiferencia lo que experimentaba respecto de su hermana. Hubo un momento, el único, en que sintió violentos deseos de estrecharla entre sus brazos, de despedirse de ella y de confesárselo todo; no se resolvió, sin embargo, ni aun a tenderle la mano.

«Más tarde se estremecía con este recuerdo y pensaría que le he robado un beso. Y, además, ¿soportaría semejante confesión?—añadió mentalmente algunos minutos después—. No, no la soportaría; *estas mujeres* no saben soportar nada»—y su pensamiento se fijó en Sonia.

Por la ventana entraba agradable fresco; caía la tarde. Raskolnikoff tomó bruscamente la gorra y salió.

Sin duda no quería ni podía ocuparse de su salud. Pero aquellos terrores, aquellas angustias continuas, por fuerza habían de tener consecuencias, y si la fiebre no se había apoderado de él, era acaso merced a la fuerza ficticia que le prestaba momentáneamente su agitación moral.

Se puso a vagar sin objeto. Se había puesto el sol. Desde hacía algún tiempo, Raskolnikoff experimentaba un sufrimiento que, sin ser particularmente agudo, se presentaba con carácter de continuidad. Entreveía largos años pasados en mortal angustia, «la eternidad en el espacio de un pie cuadrado». De ordinario era por la noche cuando este pensamiento le preocupaba más. «Con el estúpido malestar físico que produce la puesta del sol, ¿cómo no hacer tonterías? Iré, no solamente a casa de Sonia, sino a la de Dunia», murmuraba con voz irritada.

Oyó que le llamaban y se volvió. Lebeziatnikoff corría detrás de él.

—He ido a su casa de usted; le buscaba. Ha puesto en ejecución su programa. Se ha echado a la calle con sus hijos; a Sonia Semenovna y a mí nos ha costado trabajo encontrarlos. Va dando golpes en una sartén, haciendo bailar a los niños. Los pobrecillos lloran. Se detienen en las encrucijadas y a las puertas de las tiendas. Llevan detrás una caterva de imbéciles. Vamos aprisa.

—¿Y Sonia...?—preguntó con inquietud Rodia, que se apresuró a seguir a Lebeziatnikoff.

—Ha perdido la cabeza. Es decir, no es Sonia Semenovna la que ha perdido la cabeza, sino Catalina Ivanovna. Por lo demás, puede decirse lo mismo de la muchacha. En cuanto a Catalina Ivanovna, la locura es completa. Van a llevarla a la comisaría, y calcule usted el efecto que esto habrá de producirle. Están ahora cerca del canal; al lado del puente***, no lejos de la casa de Sonia Semenovna. Vamos a llegar en seguida.

En el canal, a poca distancia del puente, había un grupo, compuesto en gran parte de chiquillos y chiquillas. La voz ronca de Catalina Ivanovna se oía ya en el puente. Verdaderamente el espectáculo era lo bastante extraño para llamar la atención. Tocada con un mal sombrero de paja, vestida con su viejo traje, y echado sobre los hombros un chal de paño, Catalina Ivanovna justificaba plenamente las palabras de Lebeziatnikoff. Estaba quebrantada, jadeante. Su rostro de tísica manifestaba más sufrimiento que nunca (los tísicos, al sol y en la calle tienen siempre peor cara que en su casa); pero, no obstante su debilidad, estaba extraordinariamente excitada.

Se lanzaba sobre sus hijos y los zarandeaba con vivacidad. Se ocupaba allí, delante de todo el mundo, en su educación coreográfica y musical; les decía por qué razón era preciso cantar y bailar, y después, indignada de verlos tan poco inteligentes, les pegaba furiosamente. Interrumpía sus ejercicios para dirigirse al público; veía en el grupo un hombre vestido con alguna decencia, y se apresuraba a explicarle a qué extrema miseria estaban reducidos los hijos de una familia casi aristocrática. Si alguno se reía o burlaba de ella, se encaraba al punto con el insolente y se ponía a disputar con él. El caso es que muchos se burlaban, otros movían la cabeza, y todos miraban a aquella loca rodeada de niños asustados. Lebeziatnikoff se había engañado al hablar de la sartén; por lo menos Raskolnikoff no la vió. Para hacer el acompañamiento, Catalina Ivanovna llevaba el compás con las manos, mientras Poletchka cantaba y Alena y Kolia danzaban. Algunas veces trataba de cantar ella, pero desde la segunda nota interrumpíala un acceso de tos. Entonces se desesperaba, maldecía su enfermedad y no podía contener las lágrimas.

Lo que sobre todo la ponía fuera de sí, era el llanto de Alena y Kolia. Según dijo Lebeziatnikoff, había tratado de vestir a sus hijos como se visten los cantadores callejeros. El chiquillo llevaba en la cabeza una especie de turbante rojo y blanco, para representar a un turco. Faltándole tela para hacer un traje a Alena, su madre se había limitado a ponerle el gorro de dormir o *chapka* roja de Marmeladoff. Este gorro estaba adornado con una pluma blanca de avestruz que había pertenecido a la abuela de Catalina, y que ésta había conservado hasta entonces en su baúl como precioso recuerdo de familia. Poletchka llevaba la ropa de todos los días. No se separaba de su madre, cuya perturbación intelectual adivinaba, y mirándola tímidamente trataba de ocultarle sus lágrimas. La niña estaba espantada al verse allí, en la calle, en medio de aquella multitud. Sonia no se apartaba de Catalina Ivanovna y le suplicaba llorando que se volviese a su casa; pero Catalina Ivanovna permanecía inflexible.

—¡Cállate, Sonia!—vociferaba tosiendo—. No sabes lo que dices; eres lo mismo que una chiquilla. Ya te he dicho que no vuelvo a casa de esa borracha alemana. Que todo el mundo, que todo San Petersburgo vea reducidos a la mendicidad a los hijos de un padre noble que ha servido lealmente toda su vida y que puede decirse que ha muerto en el servicio.

A Catalina Ivanovna se le había metido esta idea en la cabeza, y hubiera sido imposible sacársela.

—¡Que ese pillo de general sea testigo de nuestra miseria! Pero tú eres tonta, Sonia. Ya te hemos explotado bastante y no quiero explotarte más. ¡Ah, Rodión Romanovitch! ¿es usted?—gritó reparando en el joven, y se lanzó hacia él—; haga usted comprender, se lo suplico, a esa tontuela, que ésta es la mejor vida que podíamos hacer. ¿No se da limosna a los que tocan el organillo? No nos costará trabajo diferenciarnos de ellos. Al primer golpe de vista se reconocerá en nosotros una familia noble caída en la miseria, y ese bribón de general perderá su puesto; ya lo verá usted. Iremos todos los días a ponernos debajo de sus ventanas; pasará el emperador, y yo me pondré de rodillas delante de él y le mostraré a mis hijos. «¡Padre, protégenos!», le diré. El es el padre de los huérfanos; es misericordioso; nos protegerá, ya lo verá usted, y ese infame general... Alena, ponte derecha; tú, Kolia, vas a empezar de nuevo este paso. ¿Por qué estás lloriqueando? ¿No acabarás nunca? Vamos a ver: ¿de qué tienes miedo, imbécil? ¡Dios mío! ¿Qué hacer con ellos? ¡Si supiese usted, Rodión Romanovitch, qué cerrados son de mollera! No hay medio de que hagan nada.

Tenía casi las lágrimas en los ojos, lo que no la impedía hablar incesantemente, mientras mostraba a Raskolnikoff los niños desconsolados. El joven trató de persuadirla de que se fuese a su casa, y creyendo interesar su amor propio, le hizo observar que no era conveniente andar rondando por las calles como los organilleros, siendo así que se proponía abrir un pensionado para las señoritas nobles.

—¡Un pensionado! ¡Ja, ja, ja! ¡Tiene gracia!—exclamó Catalina Ivanovna a quien después de reírse le dió un violento golpe de tos—; no, Rodión Romanovitch; ese sueño se ha desvanecido. Todo el mundo nos ha abandonado y, ¡ese general!... ¿Sabe usted qué le he hecho? Le he tirado a la cara el tintero que estaba sobre la mesa de la antesala, al lado del papel en que los visitantes escriben sus nombres. Después de haber puesto el mío, he tirado el tintero y echado a correr. ¡Oh, los cobardes; los cobardes! pero yo me burlo de ellos. Ahora yo mantendré a mis hijos y no tendré que humillarme ante nadie. Ya la hemos martirizado bastante—añadió dirigiéndose a Sonia—. Poletchka, ¿cuánto dinero hemos recogido? Enséñamelo. ¡Cómo! ¿En junto dos kopeks? ¡Ladrones! Nada, nada, y se contentan con seguirnos haciéndonos desgañita... ¡Oiga! ¿De qué se ríe ese animal? (Señalaba a un hombre del grupo.) La culpa la tiene Kolia; su torpeza es causa de que se burlen de nosotros. ¿Qué quieres, Poletchka? Háblame en francés. Te he dado lecciones; sabes algunas frases... Sin eso, ¿cómo habrá de conocerse que pertenecéis a una familia noble, que sois niños bien educados y no vulgares músicos callejeros? Dejaremos a un lado las canciones triviales; cantaremos sólo nobles romanzas... ¡Ah, sí! Manos a la obra; ¿qué vamos a cantar? Ustedes me interrumpen siempre y nosotros... vea usted, Rodión Romanovitch, nos hemos detenido aquí para elegir nuestro repertorio; porque, como usted comprenderá, esto nos ha tomado desprevenidos, no teníamos nada preparado y nos hace falta un ensayo previo. Después nos dirigiremos a la perspectiva Neusky donde hay muchas más personas de la buena sociedad. Se nos echará de ver inmediatamente. Alena sabe *la Petite Ferme*, sólo que *la Petite Ferme* comienza a aburrir; por todas partes se oye. Es menester una cosa más distinguida. Pues bien, Poletchka, dame una idea, ven en ayuda de tu madre; yo no tengo memoria... ¿No podríamos cantar *El húsar apoyado en su sable*? No; será mejor que cantemos en francés *Cinco sueldos*; os lo he enseñado; lo sabéis. Como es una canción francesa, se verá en seguida que pertenecéis a la nobleza, y esto conmoverá al público. Podremos cantar también *Mambrú se fué a la guerra*, tanto más cuanto que esta canción es absolutamente infantil y se emplea en todas las casas aristocráticas para dormir a los niños—. Y dicho esto comenzó a cantar:

«Mambrú se fué a la guerra,
no sé cuándo vendrá»;

pero no, es mejor *Cinco sueldos*. Vamos, Kolia, ponte la mano en la cadera; vamos, pronto. Tú, Alena, ponte enfrente de él. Poletchka y yo haremos el acompañamiento:

«Cinco sueldos, cinco sueldos
para poner nuestra casa.»

Poletchka, levántate la ropa, que se te baja de los hombros—advirtió mientras tosía—. Ahora se trata de que os presentéis convenientemente y que mostréis la finura de vuestro pie, para que se vea que sois hijos de un noble. ¡Otro soldado! ¡Eh! ¿qué es lo que quieres?

Un vigilante se abrió paso entre la gente, y al mismo tiempo un señor de unos cincuenta años y de aspecto grave, que llevaba bajo el abrigo el uniforme de funcionario, se aproximó también al grupo. El recién llegado, cuyo rostro expresaba sincera compasión, llevaba una condecoración, circunstancia que causó gran placer a Catalina Ivanovna, y no dejó de producir bastante buen efecto en el guardia. El señor condecorado alargó a Catalina Ivanovna un billete de tres rublos. Al recibir esta dádiva, la pobre loca se inclinó con la cortesía ceremoniosa de una dama del gran mundo.

—Doy a usted las gracias, señor—empezó a decir en tono lleno de dignidad—. Las causas que nos han conducido... Toma el dinero, Poletchka. ¿Lo ves? Hay hombres generosos y magnánimos, dispuestos a socorrer a una pobre dama que ha caído en la desgracia. Los huérfanos que tiene usted delante, señor, son de linaje noble. Puede decirse que están emparentados con la más elevada aristocracia... y ese general se estaba comiendo un pollo... Ha dado patadas en el suelo porque yo me permitía molestarle. «Vuecencia—le he dicho—ha conocido a Simón Zakharitch, ampare, pues, a sus huérfanos. El día de su entierro, su hija ha sido calumniada por un malvado...» ¿Aún está ahí ese soldado? Protéjame usted—gritó, dirigiéndose al funcionario—; ¿por qué ese soldado se ensaña conmigo? Se nos ha echado ya de la calle de los Burgueses. ¿Qué es lo que quieres, imbécil?

—Está prohibido dar escándalo en las calles. Ruego a usted que guarde más compostura.

—Tú sí que no tienes compostura. Estoy en el mismo caso que los organilleros. Déjame en paz.

—Los organilleros deben proveerse de un permiso que usted no tiene. Es usted causa de que la gente forme grupos en las calles. ¿Dónde vive usted?

—¿Cómo? ¿Un permiso?—vociferó Catalina Ivanovna—. Acabo de enterrar a mi marido; ¿no es ésta una autorización?

—Señora, señora; cálmese usted—dijo el funcionario—; venga usted conmigo. Yo la acompañaré. No es el sitio de usted entre esta gente. Está usted mal.

—¡Ah, señor, señor; si usted supiese!—exclamó Catalina Ivanovna—. Tenemos que ir a la perspectiva Neusky. ¿Por dónde andas, Sonia? También está llorando... ¿Pero qué les pasa a ustedes?... ¡Kolia, Lena! ¿Dónde estáis?—dijo con repentina inquietud—; ¡tontos de chiquillos! ¡Kolia, Lena! ¿Eh dónde se han metido?

Viendo a un guardia que trataba de detenerlos, Kolia y Lena, ya muy aterrados con la presencia de la multitud y las extravagancias de su madre, se habían sentido acometidos de un terror loco. La pobre Catalina Ivanovna, llorando y gimiendo, se lanzó en su persecución; Sonia y Poletchka corrieron tras de ella.

—Hazlos volver, Sonia; llámalos. ¡Oh, qué hijos tan tontos y tan ingratos!... Poletchka, alcánzalos; es por vosotros por lo que yo...

Conforme corría tropezó en un obstáculo y cayó.

—¡Se ha herido! ¡Está bañada en sangre!—gritó Sonia inclinándose sobre su madrastra.

No tardó en formarse un numeroso grupo alrededor de las mujeres, Raskolnikoff y Lebeziatnikoff, así como del funcionario y del guardia entre ellos.

—Retírense ustedes, retírense ustedes—decía sin cesar este último, tratando de restablecer la circulación.

Pero examinando a Catalina Ivanovna, se veía claramente que no estaba herida, como había temido Sonia, y que la sangre con que había manchado el suelo la había echado por la boca.

—Sé lo que es esto—murmuró el funcionario al oído de los dos jóvenes—. Es efecto de la tisis; la sangre brota de este modo y produce la asfixia. No hace mucho tiempo he visto un caso parecido; una de mis parientas echó también un jarro de sangre... ¿Qué hacer? Esta señora se está muriendo.

—Aquí, aquí a mi casa—suplicó Sonia—; vivo aquí al lado. La segunda casa; pronto, pronto. Vayan ustedes por un médico. ¡Oh Dios mío!—repetía asustada yendo de un lado para otro.

Gracias a la activa intervención del funcionario, se arregló este asunto. El guardia ayudó a trasportar a Catalina Ivanovna. Estaba como muerta cuando se la depositó en la cama de Sonia. Continuó la hemorragia durante algún tiempo; pero, poco a poco, la enferma comenzó a volver en sí. En la habitación entraron, además, Sonia, Raskolnikoff, Lebeziatnikoff y el funcionario. El guardia se reunió a ellos después de haber dispersado a los curiosos, muchos de los cuales habían acompañado el triste cortejo hasta la puerta.

Poletchka llegó conduciendo a los dos fugitivos, que temblaban y lloraban. También acudieron los Kapernumoff, el sastre cojo y tuerto. Era un tipo extraño, con el pelo y las patillas de pelos tiesos, como cerdas de puerco; su mujer parecía asustada; pero éste era su aspecto ordinario. El rostro de los chicos sólo expresaba estúpida sorpresa. Entre los presentes apareció rápidamente Svidrigailoff. Ignorando que vivía en esta casa y no acordándose de haberle visto en el grupo, Raskolnikoff se quedó sorprendido de verle allí.

Se habló de llamar a un clérigo y a un médico. El funcionario juzgaba, en las actuales circunstancias, inútiles los recursos de la ciencia, y así se lo dijo por lo bajo a Raskolnikoff; sin embargo, hizo todo lo necesario por encontrar un doctor. Kapernumoff en persona se encargó de ir a buscarlo.

En tanto, Catalina Ivanovna estaba un poco más tranquila y la hemorragia había cesado momentáneamente. La infeliz fijó una mirada triste y penetrante en la pobre Sonia, que, pálida y, temblorosa, le enjugaba la frente con un pañuelo. Finalmente, la enferma pidió que se la incorporase, y la sentaron en el lecho, sosteniéndola de uno y otro lado.

—¿En dónde están los niños?—preguntó con voz débil—. ¿Los has traído, Poletchka? ¡Oh, imbéciles! Decid, ¿por qué habéis echado a correr?... ¡Oh!

La sangre cubría sus labios abrasados. La enferma miró en derredor suyo.

—¿Es así como vives, Sonia? Ni una sola vez había venido aquí... Ha sido menester lo que ha ocurrido para que me conduzcan a tu casa.

Al decir esto dirigió a la joven una mirada de conmiseración.

—Te hemos comido viva, Sonia... Poletchka, Lena, Kolia, venid aquí... Ahí los tienes, Sonia, tómalos a todos. Los pongo entre tus manos... yo, yo ya tengo bastante... el baile ha terminado ya... ¡Soltadme, dejadme morir en paz!

La obedecieron y la enferma se dejó caer sobre la almohada.

—¿Cómo un clérigo?... Yo no tengo necesidad de él. ¿Tenéis acaso, ganas de tirar un rublo? Ningún pecado pesa sobre mi conciencia... y aunque los tuviera, Dios debe perdonarme. El sabe lo que yo he sufrido. Si no me perdona, tanto peor.

Cada vez se confundían más sus ideas. De cuando en cuando temblaba, miraba en derredor suyo y reconocía durante un minuto a los que la rodeaban; pero en seguida volvía a apoderarse de ella el delirio. Respiraba penosamente y se oía como el ruido de un hervor en su garganta.

—Ya le he dicho «Excelencia»—gritaba deteniéndose a cada palabra—; aquella Amalia Ludvigovna... ¡Ah! Lena, Kolia... la mano en la cadera. ¡Vivo, vivo! ¡Deslizaos! Llevad el compás con los pies; así, con gracia.

Du hast Diamanten
Und Perlen[18]

Du hast die schönsten Augen
Mädchen, was willst du mehr[19]

Dans une vallée du Daghestan
Que le soleil brûle de ses feux...

—¡Oh! ¡Cómo me gustaba; cómo me gustaba esta romanza, Poletchka!... Deliraba por ella... Tu padre la cantaba antes de nuestro matrimonio... ¡Qué días aquellos!... Eso es lo que deberíamos cantar... ¡Oh, sí! ¿Cómo era? Se me ha olvidado, recordádmelo en seguida.

Presa de una agitación extraordinaria pugnaba por incorporarse en el lecho; al cabo, con voz ronca, cascada, siniestra, comenzó, tomando aliento después de cada palabra, en tanto que su rostro expresaba un terror creciente:

Dans une vallée... du Daghestan
Que le soleil... brûle... de ses feux.
Une balle... dans la poitrine...

De pronto, Catalina Ivanovna rompió a llorar, y, con angustia conmovedora, exclamó:

—Excelencia... proteja a los huérfanos aunque no sea más que recordando la hospitalidad que recibió en casa de Simón Zaharitch Marmeladoff... una casa hasta puede decirse aristocrática... ¡Ah!—exclamó temblando y como tratando de recordar en dónde se encontraba.

Miró con angustia a todos los presentes, y, al reparar en Sonia, pareció sorprendida de verla allí.

—¡Sonia! ¡Sonia!—dijo con voz dulce y tierna—. ¡Sonia querida! ¿Estás aquí?

La incorporaron de nuevo.

—¡Basta, todo ha terminado! ¡Ha reventado la bestia!—gritó la enferma con acento de horrible desesperación y reclinó la cabeza en la almohada.

Catalina Ivanovna volvió a caer en profundo sopor pero no fué por mucho tiempo. Echó hacia atrás su rostro amarillento y descarnado, abrió la boca, extendió convulsivamente las piernas, lanzó un suspiro profundo y expiró.

Sonia, más muerta que viva, se precipitó sobre el cadáver, lo estrechó entre sus brazos, y apoyó la cabeza en el liso pecho de la difunta. Poletchka se puso, sollozando, a besar los pies de su madre. Kolia y Lena, demasiado pequeños para comprender lo que había ocurrido, no por eso dejaban de tener el sentimiento de una terrible catástrofe. Se echaron mutuamente los brazos al cuello, y, después de haberse mirado fijamente, comenzaron a gritar. Los dos chiquillos estaban aún vestidos de saltimbanquis: el uno tenía puesto su turbante; la otra su gorro de dormir, adornado con la pluma de avestruz.

¿Por qué casualidad estaba sobre el lecho, al lado de Catalina Ivanovna, el certificado honorífico? Se hallaba allí, sobre la almohada; Raskolnikoff lo vió. El joven se dirigió a la ventana, y Lebeziatnikoff se apresuró a juntarse con él.

—¡Ha muerto!—dijo Andrés Semenovitch.

Svidrigailoff se aproximó a ellos.

—Rodión Romanovitch, desearía decirle a usted dos palabras.

Lebeziatnikoff cedió el puesto, y se retiró discretamente. Sin embargo, Svidrigailoff creyó conveniente conducir a un rincón a Raskolnikoff, a quien preocupaban aquellas precauciones.

---

[18]Tienes diamantes y perlas.
[19]Tienes los más bellos ojos del mundo, ¿qué más quieres, niña?

—De todos estos asuntos, es decir, del entierro y de lo demás, yo me encargo. Ya sabe que todo esto es cuestión de dinero, y como ya le he dicho, el que tengo no lo necesito para nada. A esa Poletchka y a estos dos pequeños los haré entrar en un asilo de huérfanos, en donde estarán bien, e impondré a nombre de cada uno mil quinientos rublos hasta su mayor edad, para que Sonia Semenovna no tenga que ocuparse en sus hermanos. En cuanto a esa joven, la retiraré del cenagal en que se halla, porque es una excelente muchacha, ¿no es verdad? Bueno, puede usted decir a Advocia Romanovna qué empleo he hecho de su dinero.

—¿Por qué es usted tan generoso?—preguntó Raskolnikoff.

—¡Qué escéptico es usted!—dijo Svidrigailoff—. Le dije que no necesitaba ese dinero. Pues bien: lo hago por humanidad. ¿No lo cree usted acaso? Después de todo—añadió señalando el rincón en que reposaba la muerta—, esta mujer no es un gusano, como cierta mujer usurera. ¿Conviene usted en que sería mejor que muriese ella y que Ludjin viviese para cometer infamias? Sin mi ayuda, Poletchka, por ejemplo, sería condenada a la misma existencia que su hermana.

Su tono, alegremente malicioso, estaba lleno de reticencias, y cuando hablaba no apartaba los ojos de Raskolnikoff.

Este último palideció y empezó a temblar al oír las frases casi textuales que él mismo había empleado en su conversación con Sonia. Así es que se echó bruscamente hacia atrás, y miró a Svidrigailoff con expresión de asombro.

—¿Cómo sabe usted eso?—balbuceó.

—Porque habito aquí, del otro lado de la pared, en casa de la señora Reslich, mi antigua patrona y excelente amiga. Soy el vecino de Sonia Semenovna.

—¿Usted?

—Yo—continuó Svidrigailoff, que se reía a mandíbula batiente—. Y le doy mi palabra, querido Rodión Romanovitch, de que me ha interesado usted extraordinariamente. Ya le dije que nos encontraríamos. Tenía el presentimiento de ello. Pues bien: ya nos hemos encontrado, y usted verá qué tratable soy. Ya verá usted cómo se puede vivir conmigo.

SEXTA PARTE

I.

La situación de Raskolnikoff era muy extraña; parecía que una especie de niebla le envolvía y aislaba del resto de los hombres. Cuando, andando el tiempo, se acordaba de este período de su vida, adivinaba que había debido de perder muchas veces la conciencia de sí mismo y que tal estado de ánimo hubo de prolongarse y durar, con ciertos intervalos lúcidos, hasta la catástrofe definitiva. Estaba positivamente convencido de que había incurrido en muchos desaciertos: por ejemplo, el de no haber advertido a menudo la sucesión cronológica de los acontecimientos. Por lo menos, cuando más adelante quiso coordinar sus recuerdos, fuéle forzoso recurrir a testimonios extraños para saber muchas particularidades acerca de sí mismo.

Confundía marcadamente los hechos, o consideraba tal incidente como consecuencia de otro que sólo existía en su imaginación. A veces sentíase dominado por un temor morboso que degeneraba en terror pánico; pero se acordaba también de que había tenido momentos, horas, y tal vez días, en los cuales, por el contrario estuvo sumido en una apatía triste sólo comparable con la indiferencia de ciertos moribundos.

En general, en este último tiempo, lejos de procurar darse cuenta exacta de su situación, hacía esfuerzos para no pensar en ella. Algunos hechos de la vida corriente que no admitían dilación, se imponían, a pesar suyo, a su mente; por lo contrario, se complacía en desdeñar cuestiones cuyo olvido, en una posición como la suya, por fuerza había de serle fatal.

Tenía, sobre todo, miedo a Svidrigailoff. Desde que este último le había repetido las palabras por él pronunciadas en casa de Sonia, los pensamientos de Raskolnikoff tomaron una dirección nueva. Pero aunque esta complicación imprevista le inquietaba mucho, el joven no se apresuraba a poner las cosas en claro. A veces, cuando vagaba por algún barrio lejano y solitario, o cuando se veía solo sentado a la mesa de un mal cafetín, sin saber por qué se encontraba allí, pensaba en Svidrigailoff y se prometía tener lo más pronto posible una explicación decisiva con aquel hombre que era para él una constante pesadilla.

Cierto día fué casualmente a pasear por las afueras y se le figuró que había dado cita a Svidrigailoff en aquel lugar. Otra vez, al despertarse antes de la aurora, se quedó estupefacto al verse tendido en tierra, en medio de un bosquecillo. Por lo demás, durante los dos o tres días que siguieron a la muerte de Catalina Ivanovna, Raskolnikoff encontró dos o tres veces a Svidrigailoff, primero en el cuarto de Sonia, y después en el vestíbulo, al lado de la escalera, del domicilio de la joven.

En ambas ocasiones los dos hombres se limitaron a cambiar algunas palabras muy breves, absteniéndose de tocar el punto capital, como si, por acuerdo tácito, se hubiesen entendido para dejar de lado momentáneamente aquella cuestión. El cadáver de Catalina Ivanovna estaba todavía insepulto. Svidrigailoff tomaba las disposiciones relativas a los funerales. Sonia estaba también ocupadísima. En el último encuentro, Svidrigailoff contó a Rodia que sus gestiones en favor de los hijos de Catalina Ivanovna habían sido coronadas por el éxito: gracias a la influencia de ciertos personajes amigos suyos, pudo, según decía, conseguir la admisión de los tres niños en muy buen asilo. Los mil quinientos rublos colocados a nombre de ellos no habían contribuído poco a este resultado, porque se admitían con muchas menos dificultades a los huérfanos que poseían un capitalito que a aquellos otros que carecían de recursos. Añadió algunas palabras a propósito de Sonia, prometió pasar uno de aquellos días por casa de Raskolnikoff, y dió a entender que existían ciertos asuntos de los que quería tratar reservadamente con él. Mientras hablaba Svidrigailoff, no cesaba de observar a su interlocutor. De repente se calló, pero después preguntó, bajando la voz:

—Pero, ¿qué le pasa a usted, Rodión Romanovitch? Parece que está distraído, no escucha, no mira, diríase que no comprende usted lo que se le habla... Vaya, recobre ánimos. Será preciso que hablemos largo y tendido... Desgraciadamente estoy tan ocupado con mis asuntos como con los ajenos... ¡Eh, Rodión Romanovitch!—añadió bruscamente—. A todos los hombres les hace falta aire, mucho aire, aire ante todo.

Se apartó vivamente para dejar pasar a un clérigo y a un sacristán, que se disponían a subir la escalera. Iban a rezar el oficio de difuntos. Svidrigailoff había cuidado de que esta ceremonia se verificase regularmente dos veces por día. Se alejó luego, y Raskolnikoff, tras un momento de reflexión, siguió al *pope* a la habitación de Sonia. Se quedó, empero, en el umbral. El oficio comenzó con la tranquila y triste solemnidad de costumbre. Desde su infancia, Raskolnikoff experimentaba una especie de terror místico ante el aparato de la muerte, y evitaba, siempre que podía, asistir a las *panikhida*. Además, ésta tenía para él un carácter particularmente conmovedor. Miró a los niños, que estaban arrodillados cerca del ataúd. Poletchka lloraba; detrás de ellos, Sonia rezaba, procurando ocultar sus lágrimas. «Durante todos estos días no ha levantado una sola vez los ojos hasta mí, ni me ha dicho una sola palabra», pensó Raskolnikoff. El sol inundaba de viva luz la habitación, y el humo del incienso subía en espesas espirales.

El sacerdote recitó las preces de ritual: «Dale, Señor, el reposo eterno.» Raskolnikoff permaneció allí hasta el fin. Al echar la bendición y al despedirse, el clérigo dirigió una mirada de extrañeza en derredor suyo. Después del oficio, Raskolnikoff se acercó a Sonia. La joven tomó las dos manos de Rodia, y reclinó la cabeza sobre su hombro. Aquella demostración de amistad dejó estupefacto al que era objeto de ella. ¿Cómo? ¡Sonia no manifestaba la menor aversión ni el menor horror hacia él, ni le temblaban las manos! Aquello era el colmo de la abnegación. Así por lo menos lo juzgó él. La joven no dijo una palabra. Raskolnikoff le estrechó la mano y salió.

Sentía un profundo malestar. Si en aquel momento le hubiera sido posible encontrar en alguna parte la soledad, aunque esta soledad hubiese de durar toda la vida, se hubiera considerado feliz. ¡Ay! Desde hacía ya algún tiempo, aunque estuviese casi siempre solo, no podía decirse que estuviese aislado. Le ocurría pasearse fuera de la ciudad o irse por una carretera adelante. Una vez penetró en lo más intrincado de un bosque; pero cuanto más solitario era el lugar, más de cerca sentía Raskolnikoff la presencia de un ser invisible, que le irritaba más que le asustaba. Apresurábase a volver a la ciudad, se mezclaba con la multitud, entraba en los cafés y en las tabernas, iba al Tolkutchy o a la Siennia. Allí se encontraba más a gusto y hasta más solo.

A la caída de la noche se cantaban canciones en cierto cafetín. Allí pasó una hora entera, escuchándolas con placer; pero en seguida se apoderó de él nuevamente la inquietud; un pensamiento opresor como un remordimiento empezó a torturarle.

«¿Debo estarme aquí oyendo canciones?»

Adivinaba que no era aquél su único cuidado. Había una cuestión que era preciso resolver sin tardanza; pero, aunque se imponía a su atención, no acertaba a darle una forma precisa.

«No; es preferible la lucha, tener enfrente a Porfirio o a Svidrigailoff. Sí, sí, es mejor un adversario cualquiera, un ataque que rechazar.»

Haciéndose estas reflexiones salió presuroso del cafetín. De repente, el pensamiento de su madre y de su hermana le llenó de terror. Pasó aquella noche en el bosque de Krestorevesy-Ostroff; se despertó antes de la aurora, temblando de fiebre y se encaminó a su casa a donde llegó muy temprano. Después de algunas horas de sueño, desapareció la fiebre, pero se despertó tarde: a las dos.

Se acordó de que aquel día era el señalado para las exequias de Catalina Ivanovna, y se felicitó de no haber asistido a ellas. Anastasia le trajo la comida; el joven comió y bebió con mucho apetito, casi con avidez. Tenía la cabeza más fresca y disfrutaba de una calma que le era desconocida desde tres días antes. Hubo un instante en que se asombró de los accesos de terror pánico que había experimentado.

La puerta se abrió y entró Razumikin.

—¡Ah! Comes, luego no estás malo—dijo el visitante, tomando una silla y sentándose enfrente de Raskolnikoff.

Estaba muy agitado, y no trataba de ocultarlo. Hablaba con cólera visible pero con apresuramientos, y sin levantar mucho la voz: se comprendía que su venida era motivada por alguna causa grave.

—Escucha—comenzó a decir en tono resuelto—; pienso dejar a todos ustedes en paz, porque veo claramente que el juego que hacen es indescifrable para mí. No vayas a creer que vengo a interrogarte; no trato de sacarte las palabras del cuerpo. Aunque tú mismo me dijeras todos tus secretos, me negaría a oírlos; escupiría y me iría. Vengo con el único objeto de estudiar personalmente tu estado mental. Hay personas que te creen loco de remate o en vísperas de estarlo, y te confieso que me sentía inclinado a participar de esa opinión, en vista de que tu proceder es estúpido, bastante feo y completamente inexplicable. Además, ¿qué pensar de tu reciente conducta con tu madre y con tu hermana? ¿Qué hombre, a menos de ser un canalla o un loco, se hubiera portado con ellas como te has portado tú? Luego estás loco.

—¿Cuándo las has visto?

—Ahora mismo. Y tú, ¿no las ves? Dime, te lo ruego, ¿dónde has estado metido todo el día? Tres veces he venido hoy. Desde ayer, tu madre se encuentra seriamente enferma. Ha querido venir a verte. Advocia Romanovna se esforzó por disuadirla, pero Pulkeria Alexandrovna no quiso hacer caso de nada... «Si está malo, si está perturbado—dijo—, ¿quién ha de cuidarle sino su madre?» Para no dejarla venir sola, la acompañamos, suplicándole sin cesar que se tranquilizase. Cuando llegamos, no estabas aquí. Ahí, en ese sitio, ha estado sentada por espacio de diez minutos; nosotros en pie, al lado de ella, callábamos. «Puesto que sale—dijo levantándose—, es señal de que no está enfermo y de que olvida a su madre; no está bien, por lo tanto, que venga yo a mendigar las caricias de mi hijo.» Se volvió a su casa y se metió en la cama. Ahora tiene fiebre. «Lo comprendo perfectamente—dice—; le dedica a ella todo el tiempo.» Supone que Sonia Semenovna es tu novia o tu amante. Fuí en seguida a casa de esa joven, porque, amigo mío, me corría prisa comprobar ese punto. Entro, y ¿qué es lo que veo? un ataúd, niños que lloran, y a Sonia Semenovna que les prueba trajes de luto. Tú no estabas allí. Después de haberte buscado con los ojos, he dado mis excusas, he salido y he ido a contar a Advocia Romanovna el resultado de mis pesquisas. Decididamente todo esto nada significa. Aquí no se trata de ningún amorío; resta, pues, como lo más probable, la hipótesis de la locura. He aquí que ahora te encuentro con trazas de comerte un buey cocido, como si no hubieses tomado nada en cuarenta y ocho horas. Sin duda, el estar loco no impide comer; pero, aunque tú no me hayas dicho una palabra, no estás loco... pondría por ello la mano en el fuego. Para mí, éste es un punto fuera de discusión. Así, pues, os envío a todos al diablo, en vista de que hay aquí un misterio y de que no tengo la intención de romperme la cabeza con vuestros secretos. He venido solamente para decirte cuatro frescas y aliviarme el corazón. Por lo demás, yo sé lo que tengo que hacer.

—¿Qué vas a hacer?

—¿Qué te importa?

—¿Vas a dedicarte a la bebida?

—¿Cómo lo has adivinado?

—No es muy difícil adivinarlo.

Razumikin se quedó un momento silencioso.

—Has sido siempre muy inteligente, y nunca, nunca has estado loco—observó luego—. Has dicho la verdad; voy a dedicarme a la bebida. Adiós.

Y dió un paso hacia la puerta.

—Anteayer, si mal no recuerdo, he hablado de ti a mi hermana—dijo Raskolnikoff.

Razumikin se detuvo de repente.

—¿De mí? ¿Dónde has podido verla anteayer?—preguntó, poniéndose un tanto pálido. Estaba agitadísimo.

—Vino aquí sola. Se ha sentado en este sitio, y ha hablado conmigo.

—¿Ella?

—Sí; ella.

—¿Y qué le has dicho?... de mí, por supuesto.

—Le he dicho que eras un hombre excelente, honrado y laborioso. No le he dicho que tú la amabas, porque lo sabe.

—¿Que ella lo sabe?

—Claro que sí. Le he dicho también que, aunque yo me vaya, ocúrrame lo que me ocurra, tú debes ser siempre su Providencia. Yo las pongo, por decirlo así, en tus manos, Razumikin. Te digo esto, porque sé perfectamente que las amas y estoy convencido de la pureza de tus sentimientos. Sé también que ella puede amarte, si es que ya no te ama. Decide ahora si debes o no debes darte a la bebida.

—Rodia... ¿Lo estás viendo?... Pues bien... ¡Demonio! Pero tú, ¿dónde vas a ir? Bueno. Desde el momento que todo esto es un secreto, no hay que hablar de ello; pero yo... yo sabré de qué se trata. Estoy convencido de que no es una cosa seria, sino tonterías con las cuales forma monstruos tu imaginación; tú eres un hombre excelente. Sí, un hombre excelente.

—Quería añadir: pero me has interrumpido, que tenías razón hace un momento, cuando declarabas que renunciabas a conocer estos secretos. No te preocupes. Las cosas se descubrirán a su tiempo, y lo sabrás todo cuando el momento llegue. Ayer me dijo una persona que al hombre le hacía falta aire, aire, aire. Voy a ir en seguida a preguntarle lo que quieren decir sus palabras.

Razumikin reflexionaba, y al cabo se le ocurrió esta idea:

«Es, de seguro, un conspirador político y está en vísperas de una tentativa audaz; no puede ser de otra manera, y Dunia lo sabe», pensó de repente.

—¿De modo que Advocia Romanovna viene a tu casa—repuso recalcando cada frase—, y tú tratas de ver a alguno que dice que es menester más aire? Probable es que la carta haya sido enviada por ese hombre.

—¿Qué carta?

—Ha recibido una que la ha llenado de inquietud. He querido hablarle de ti y me ha suplicado que me callase. Después... después me dijo que nos separaríamos dentro de breve plazo, y se ha mostrado muy reconocida conmigo, tras de lo cual se encerró en su cuarto.

—¿Ha recibido una carta?—preguntó Raskolnikoff intrigado.

—Sí. ¿No lo sabías?

Los dos permanecieron callados durante un minuto.

—Adiós, Rodia, amigo mío... En cierto tiempo... Vamos, adiós... Tengo también que irme; por lo que hace a darme a la bebida, no haré tal cosa: es inútil.

Salió muy de prisa; pero apenas acababa de cerrar la puerta, cuando volvió a abrirla de repente, mirando de través.

—A propósito, ¿te acuerdas de aquel crimen? ¿del asesinato de aquella vieja? Pues has de saber que se ha descubierto el asesino; él mismo se ha reconocido culpable, y ha suministrado todas las pruebas necesarias en apoyo de sus afirmaciones. Es... ¡pásmate! uno de aquellos pintores a los cuales defendía yo con tanto ardor. ¿Querrás creerlo? La persecución de los dos obreros, corriendo el uno detrás del otro en la escalera, mientras subían el *dvornik* y los dos testigos, los cachetes que se daban riendo, todo ello no era más que una treta imaginada para evitar sospechas. ¡Qué astucia! ¡Qué presencia de ánimo en ese tunante! Parece imposible; pero lo ha explicado todo; ha confesado por completo. ¡Qué despistado estaba yo! Tengo a ese hombre por el genio del disimulo y de la astucia. Después de esto, no hay ya nada de qué asombrarse. Fuerza es admitir la existencia de semejantes individuos. Si no ha sostenido su papel hasta el fin, si ha entrado en el camino de las confesiones, me veo obligado a admitir la verdad de lo que él dice. ¿Y yo he estado ciego hasta este punto? ¿Y he roto lanzas yo por esos dos hombres?

—Te ruego que me digas cómo lo has sabido, y por qué te interesa tanto ese asunto—preguntó Raskolnikoff visiblemente agitado.

—¿Que por qué me interesa? ¡Vaya una pregunta! En cuanto a la noticia me la han dado muchas personas, y principalmente Porfirio. El es quien me lo ha dicho casi todo.

—¿Porfirio?

—Sí.

—¿Y qué es lo que te ha dicho?—preguntó Raskolnikoff inquieto.

—Me lo ha explicado todo a maravilla, procediendo por el método psicológico, según su costumbre.

—¿Y te lo ha explicado él mismo?

—El mismo; adiós. Algo te diré más adelante. Ahora tengo necesidad de dejarte... Hubo un tiempo en que llegué a creer... vamos, ya te lo contaré otro día... ¿Qué necesidad tengo de beber ahora? Tus palabras han bastado para embriagarme. En este momento estoy ebrio, ebrio sin haber bebido una gota de vino. Adiós, hasta muy pronto.

Y salió.

«Es un conspirador político; sí, de seguro, de seguro—acabó definitivamente Razumikin, mientras bajaba la escalera.—Ha comprometido, sin duda, a su hermana en esta empresa; esta conjetura es muy probable, dado el carácter de Advocia Romanovna. Han celebrado entrevistas... Ya me lo habían hecho sospechar ciertas palabras... esas alusiones... sí, eso es. De otro modo, ¿cómo encontrar una explicación? ¿Y pudo ocurrírseme? ¡Oh, Dios mío, que cosa había imaginado! Sí, había formado un juicio temerario, yo soy culpable respecto de él. La otra noche, en el corredor, al observar su rostro iluminado por la luz de la lámpara, tuve un minuto de alucinación. ¡Oh, qué idea tan horrible pude concebir! Mikolai ha hecho perfectamente en confesar. Sí, al presente se explica todo lo pasado: la enfermedad de Rodia, la extrañeza de su conducta, aquel humor sombrío o feroz que manifestaba ya cuando era estudiante... Pero, ¿qué significa esta carta? ¿de dónde procede? Algo todavía hay ahí... Yo sospecho... no tendré reposo hasta que halle la clave de todo esto.»

Al pensar en Dunia, sintió que se le helaba el corazón y se quedó como clavado en el suelo. Tuvo que hacer un violento esfuerzo sobre sí mismo.

En cuanto se hubo marchado Razumikin, Raskolnikoff se levantó y se acercó a la ventana; luego se paseó de un rincón a otro, como si hubiese olvidado las dimensiones exiguas de su cuartucho. Al fin, volvió a sentarse en el sofá. Un repentino cambio habíase operado en él; tenía aún que luchar; era un recurso.

Sí, un recurso; un medio de escapar de su penosa situación y de la angustia que padecía desde que vió a Mikolai en el despacho de Porfirio. Después de aquel dramático incidente, en el mismo día, ocurrió la escena en casa de Sonia, escena cuyas peripecias y desenlaces habían engañado las previsiones de Raskolnikoff. Se había mostrado débil; había reconocido, de acuerdo con la joven, y reconocido sinceramente, que no podía llevar solo semejante fardo. ¿Y Svidrigailoff? Este era un enigma que le inquietaba, pero de otra manera; existía quizá medio de desembarazarse de Svidrigailoff; pero de Porfirio era harina de otro costal.

«¿De modo que el mismo Porfirio es el que ha explicado a Razumikin la culpabilidad de Mikolai procediendo por el método psicológico?—continuaba diciéndose Raskolnikoff—. De seguro hay aquí algo de esa maldita psicología. ¿Porfirio? ¿Cómo Porfirio ha podido creer durante un solo minuto culpable a Mikolai, después de la escena que acababa de pasar entre nosotros, y que no admite más que *una* solución? Durante aquella entrevista, sus palabras, sus gestos, sus miradas, el sonido de su voz, todo demostraba en él una convicción tan invencible que no ha podido quebrantar ninguna de las pretendidas confesiones de Mikolai.

»Hasta el mismo Razumikin comenzaba a dudar. El incidente del corredor le ha hecho reflexionar, sin duda. Corrió a casa de Porfirio; pero, ¿por qué este último le ha engañado de este modo? Es evidente que no ha hecho tal cosa sin ningún motivo; debe de tener sus intenciones; pero, ¿cuáles son? En verdad, ha pasado ya bastante tiempo desde aquel día, y no tengo aún ni rastro de noticias de Porfirio. Quién sabe, sin embargo, si éste no será un mal signo...»

Raskolnikoff tomó la gorra, y, después de ligera reflexión, se decidió a salir. Aquel día, por primera vez, después de muy largo tiempo, se sentía en plena posesión de sus facultades intelectuales.

«Es preciso acabar con Svidrigailoff—pensaba—, y, cueste lo que cueste, terminar este asunto lo más pronto posible. Además, parece que espera mi visita.»

En aquel instante se desbordó el odio de tal manera en su corazón, que, si hubiese podido matar al uno o al otro de aquellos dos seres detestables, Svidrigailoff o Porfirio, acaso no habría vacilado en hacerlo.

Mas apenas había acabado de abrir la puerta, cuando se encontró cara a cara con Porfirio en persona. El juez de instrucción venía a su casa. Al pronto Raskolnikoff se quedó estupefacto; pero se repuso en seguida. Cosa extraña: aquella visita, ni le asombró demasiado, ni le causó casi ningún terror.

«Esto es, acaso, el desenlace; mas, ¿por qué ha amortiguado el ruido de sus pasos? Nada he oído. Quizá estaba escuchando detrás de la puerta.»

—No esperaba usted mi visita—dijo alegremente Porfirio Petrovitch—. Tenía desde hace mucho tiempo el propósito de venir a verle y, al pasar delante de su casa, se me ha ocurrido entrar a saludarle. ¿Iba usted a salir? No le detendré. Cinco minutos solamente, el tiempo de fumar un cigarrillo...

—Siéntese usted, Porfirio Petrovitch, siéntese usted—dijo Raskolnikoff ofreciendo una silla al visitante, con un aire tan afable y satisfecho, que él mismo se hubiera sorprendido si hubiese podido verse.

Habían desaparecido todas las huellas de sus impresiones precedentes. Acontece a veces que el hombre que por espacio de media hora ha estado luchando con un ladrón experimentando angustias mortales, no siente ningún temor cuando el puñal del bandido llega a su garganta.

El joven se sentó enfrente de Porfirio y fijó en él una mirada tranquila. El juez de instrucción guiñó los ojos y comenzó por encender un cigarrillo.

«¡Ah! ¡Vamos, habla, habla ya!», le gritaba mentalmente Raskolnikoff.

II.

—¡Oh, estos cigarrillos—dijo por fin Porfirio—son mi muerte, y no puedo renunciar a ellos! Toso, tengo un principio de irritación en la garganta, y, además, soy asmático. No hace mucho que me hice visitar por Botkin, que emplea para examinar un enfermo por lo menos media hora; después de haberme reconocido atentamente, y auscultado, etc., me dijo, entre otras cosas: «No le prueba a usted el tabaco; tiene usted los pulmones dilatados.» Está bien; pero, ¿cómo dejar de fumar? ¿cómo substituir una costumbre? Yo no bebo. Ahí tiene usted la desgracia; ¡je, je, je! Todo es relativo, señor Raskolnikoff.

«He aquí otra vez un preámbulo que deja traslucir la astucia jurídica», murmuró aparte Raskolnikoff.

Se acordó de su reciente entrevista con el juez de instrucción, y aquel recuerdo aumentó la cólera de que su alma rebosaba.

—Estuve ayer aquí, ¿no lo sabía?—continuó Porfirio Petrovitch, paseando la mirada en derredor suyo;—estuve en este mismo cuarto. Halléme como hoy casualmente en la calle de usted, y se me ocurrió hacerle una visita. La puerta estaba abierta, entré, le esperé un momento, y fuí después, sin decir mi nombre a la criada. ¿No cierra usted nunca?

La fisonomía de Raskolnikoff se obscurecía cada vez más. Porfirio Petrovitch adivinó, sin duda, lo que Raskolnikoff estaba pensando.

—He venido a explicarme, querido Rodión Romanovitch. Debo a usted una explicación—prosiguió sonriendo y dando un golpecito en la rodilla del joven; pero casi al mismo instante tomó su cara una expresión seria, hasta triste, con gran asombro de Raskolnikoff, a quien el juez de instrucción se mostraba ahora bajo una fase inesperada—. La última vez que nos vimos pasó entre nosotros una extraña escena. Quizá he cometido con usted grandes errores, y lo siento. Recordará usted cómo nos separamos. Ambos teníamos los nervios muy excitados. Hemos faltado a las más elementales conveniencias, y, sin embargo, somos caballeros.

«¿A dónde va a parar?»—se preguntaba Raskolnikoff sin apartar los ojos de Porfirio con inquieta curiosidad.

—He pensado que haríamos mejor en adelante en obrar con sinceridad—repuso el juez de instrucción, bajando un poco los ojos, como si temiese turbar por esta vez con sus miradas a su víctima—; no es preciso que se renueven semejantes escenas. El otro día, sin la entrada de Mikolai no se adónde habrían llegado las cosas. Usted es muy irascible por temperamento, Rodión Romanovitch, y sobre esto me apoyé, porque un hombre muy acalorado deja muchas veces escapar sus secretos. ¡Si yo pudiese, me decía, arrancar una prueba cualquiera, aunque fuese la más insignificante, pero real, tangible, palpable, otra cosa distinta, en fin, que todas esas inducciones psicológicas! Tal es el cálculo que había yo hecho. Algunas veces este método da el resultado apetecido; pero esto no ocurre siempre, como he tenido ocasión de comprobar. Me hacía muchas ilusiones respecto del carácter de usted.

—¿Pero usted, por qué me dice todo eso?—balbuceó Raskolnikoff, sin acabar de darse cuenta de la cuestión que se planteaba—. «¿Me creerá acaso inocente?»—añadió para sí.

—¿Por qué digo esto? Considero como un deber sagrado explicar a usted mi conducta, porque le he sometido, y lo reconozco, a una cruel tortura, y no quiero, Rodión Romanovitch, que me considere como un monstruo. Voy, pues, para justificarme, a exponer los antecedentes de este asunto. Al principio circularon rumores acerca de cuyo origen y naturaleza creo superfluo hablar; inútil creo también decirle a usted en qué ocasión se ha mezclado en este asunto la persona de usted. En cuanto a mí, lo que me ha hecho sospechar, es una circunstancia por otra parte puramente fortuita, de la cual no he dicho una palabra. De esos rumores y de esas circunstancias accidentales se ha desprendido para mí la misma conclusión. Lo confieso francamente, porque, a decir verdad, yo he sido el primero que ha puesto su nombre sobre el tapete. Dejo a un lado las anotaciones de los objetos encontrados en casa de la vieja. Tal indicio y otros muchos del mismo género nada significan. Estando en esto, tuve ocasión de conocer el incidente ocurrido en el despacho de policía. Aquella escena me fué referida con todo género de pormenores por alguno que había desempeñado su papel a las mil maravillas. Pues bien; en tales condiciones, ¿cómo no inclinarse en cierta dirección? «Cien conejos no hacen un caballo; cien presunciones no hacen una prueba», dice el proverbio inglés; esto también es lo que aconseja la razón; pero, ¿quién puede luchar contra las pasiones? El juez de instrucción es hombre, y, por consiguiente, apasionado. Me acordé también del trabajo que publicó usted en una Revista. Me había gustado mucho como aficionado, por supuesto, aquel primer ensayo de la juvenil pluma de usted. Se veía allí una convicción sincera y un entusiasmo ardiente. Aquel artículo debió de ser escrito con mano febril durante una noche de insomnio. «El autor no se detendrá aquí», pensé yo al leerlo. ¿Cómo, dígame usted, no relacionar esto con lo que luego se siguió? La atracción era irresistible. ¡Ah, señor! ¿Digo algo? ¿Afirmo al presente lo que esto sea? Me limito a señalar una reflexión que me hice entonces. ¿Qué es lo que pienso ahora? Nada; es decir, poco menos que nada. Por el momento, tengo entre las manos a Mikolai y hay hechos que le acusan... ¡Valientes hechos! Si le digo todo esto, es para que no dé usted torcida interpretación a mi conducta del otro día. ¿Por qué, me preguntará usted, no se hizo un registro en mi casa? Estuve aquí. ¡Je, je! Estuve cuando se hallaba usted enfermo, no como magistrado, sin carácter oficial. El cuarto de usted, desde las primeras sospechas, fué registrado minuciosamente, pero sin resultado. Entonces me dije: «Este hombre vendrá a mi casa, vendrá él mismo a buscarme, y dentro de muy poco tiempo; si es culpable, no puede dejar de venir. Otro no vendría, pero éste no faltará. ¿Se acuerda usted de las palabrerías de Razumikin? Le habíamos comunicado de intento nuestras conjeturas, con la esperanza de que él excitaría a usted hasta el punto de hacerle confesar. El señor Zametoff estaba asombrado de la audacia de usted, y, en efecto, mucha se necesitaba para decir en pleno café «yo he matado». Era eso verdaderamente cosa muy arriesgada. Yo le esperaba a usted con impaciencia confiada, y he aquí que Dios le envió. ¡Con qué fuerza latía mi corazón cuando le vi a usted presentarse! Vamos a ver, ¿qué necesidad tenía usted de ir? Sin duda recordará también que entró riéndose a carcajadas. Su risa me dió mucho que pensar; pero si no hubiese estado prevenido, tal vez no hubiera fijado mi atención en ello. ¡Y Razumikin! ¿Y qué decir de la piedra? ¿Se acuerda usted? La piedra bajo la cual están ocultos los objetos. Me parece que la estoy viendo desde aquí, no sé dónde, en un huerto. ¿No es de un huerto de lo que usted habló a Zametoff? Después, cuando hablamos del artículo de la Revista, creímos ver una segunda intención detrás de cada una de las palabras de usted. He aquí cómo, Rodión Romanovitch, mi convicción se ha ido formando poco a poco. «Ciertamente esto puede explicarse de otra manera», solía decirme yo, y aun podría ser que fuese más natural; convengo en ello. Mejor sería una prueba, por pequeña que fuese. Pero al saber la historia del cordón de la campanilla, no tuve ya duda alguna; creí poseer la prueba deseada, y ya no he querido reflexionar más. En aquel momento hubiera dado de buena gana mil rublos de mi bolsillo por verle a usted con mis propios ojos, andando cien pasos, hombro con hombro con un burgués que le había llamado a usted asesino, sin que usted se atreviese a responderle. Cierto; no se debe dar gran importancia a los hechos y gestos de un enfermo que habla bajo una especie de delirio. Sin embargo, después de lo sucedido, ¿cómo ha podido asombrarse usted, Rodión Romanovitch, de la manera como me he portado? ¿Y por qué, precisamente en aquel momento, vino usted a mi casa? El mismo diablo, sin duda, le impulsó a usted, y si Mikolai no nos hubiese separado... ¿Se acuerda usted de la entrada de Mikolai? Aquello fué como un rayo. ¡Cómo lo recibí! No hice el menor caso de sus palabras, como pudo usted advertir. Después que usted se marchó seguí interrogándole. Me respondió sobre ciertos puntos de una manera tan exacta, que me quedé asombrado; a pesar de esto, sus declaraciones no lograron destruir mi incredulidad, y me quedé tan inquebrantable como una roca.»

—Razumikin acaba de decirme que estaba usted ya convencido de la culpabilidad de Mikolai; que usted mismo le había asegurado que...

Le faltó el habla y no pudo continuar.

—¡Ah, Razumikin!—exclamó Porfirio Petrovitch, que parecía satisfecho de haber oído, al cabo, que salía una observación de labios de Raskolnikoff—. ¡Je, je, je! trataba de verme libre de Razumikin, que venía a mi casa con aires investigadores y que nada tiene que ver en este negocio. Dejémosle a un lado, si a usted le parece. ¿Quiere usted saber la idea que tengo yo formada de Mikolai? Ante todo, es como un niño; aun no ha llegado a su mayor edad. Sin ser precisamente una naturaleza pusilánime, es impresionable como un artista. No se ría usted si le caracterizo de ese modo: es cándido, sensible, fantástico. En su pueblo, canta, baila y narra cuentos, que van a oír los campesinos de las aldeas vecinas. Suele beber hasta perder la razón; no porque sea, propiamente hablando, lo que se dice un borracho, sino porque no sabe resistir a la influencia del ejemplo cuando se halla entre amigos. No comprende que ha cometido un robo apropiándose de un estuche que ha encontrado. «Puesto que lo he encontrado en el suelo, dice, tenía perfecto derecho a tomarlo.» Según los vecinos de Zaraisk, sus paisanos, era devoto hasta la exaltación: pasaba las noches rezando y leía sin cesar libros religiosos (los viejos, los verdaderos). San Petersburgo ha influído mucho en él, y una vez aquí, se ha dado al vino y a las mujeres, lo que le ha hecho olvidar la religión. Sé que uno de nuestros artistas ha comenzado a darle lecciones. En esto ocurre ese crimen. El pobre muchacho se asusta, y se echa una cuerda al cuello. ¿Qué quiere usted? Nuestro pueblo no puede sacudir de su espíritu el prejuicio de que todo hombre buscado por la policía es hombre condenado. En la prisión, Mikolai ha vuelto al misticismo de sus primeros años. Ahora tiene sed de expiación, y sólo por eso se ha confesado culpable. Mi convicción en este punto está basada en ciertos hechos que él mismo no conoce. Por lo demás, acabará por confesarme toda la verdad. ¿Cree usted que sostendrá su papel hasta el fin? Espere usted un poco, y ya verá cómo rectifica sus confesiones. Además, si logra dar sobre ciertos puntos un carácter de verosimilitud a su declaración, en cambio sobre otros se encuentra en completa contradicción con los hechos, y nada sabe de ellos. No, Rodión Romanovitch, no; el culpable no es Mikolai. Nos encontraremos frente a un hecho fantástico y sombrío; este crimen tiene la marca del siglo y lleva hondamente grabado el sello de una época que hace consistir toda la vida en buscar la comodidad. El culpable es un tétrico, una víctima del libro; ha desplegado en su ensayo mucha audacia; pero esta audacia es de un género particular: es la de un hombre que se precipita desde lo alto de una montaña o de un campanario. Ha olvidado cerrar la puerta detrás de él y ha matado a dos personas para poner en práctica una teoría. Ha matado y no ha sabido aprovecharse de su dinero; lo que pudo tomar fué a ocultarlo bajo una piedra. No bastándole las angustias pasadas en la antesala mientras oía los golpes dados a la puerta y el sonido repetido de la campanilla, cediendo a una irresistible necesidad de experimentar la misma emoción, fué más tarde a visitar el cuarto vacío y a tirar del cordón de la campanilla. Atribuyamos esto a la enfermedad, a un semidelirio, bueno; pero he aquí un punto digno de notarse; ha matado, y no deja de considerarse como un hombre honrado, desprecia a los demás, y se da aires de ángel pálido. No, no se trata aquí de Mikolai, Rodión Romanovitch. Mikolai no es culpable.

Este golpe era tanto más inesperado, cuanto que llegaba después de la especie de honrosa disculpa dada por el juez de instrucción. Raskolnikoff se echó a temblar.

—Entonces, ¿quién es el que ha matado?—balbuceó con voz entrecortada.

El juez de instrucción se recostó en el respaldo de la silla, como asombrado de semejante pregunta.

—¿Cómo? ¿Que quién ha matado?—replicó, como si no hubiese dado crédito a sus oídos—. ¿Quién ha de ser? ¡Usted, Rodión Romanovitch, usted es el que ha matado! ¡Sí, usted!...—añadió en voz baja y en tono de profundo convencimiento.

Raskolnikoff se levantó bruscamente, permaneció en pie algunos segundos, y después se sentó sin decir una sola palabra. Ligeras convulsiones agitaban los músculos de su rostro.

—Le tiemblan a usted las manos como el otro día—hizo notar con interés Porfirio—. Por lo que veo, usted no se ha hecho cargo del objeto de mi visita, Rodión Romanovitch—prosiguió, después de una pausa—. De aquí el asombro de usted. He venido precisamente para decirlo todo y esclarecer la verdad.

—¡Yo no he matado!—murmuró el joven, defendiéndose como lo hace un niño sorprendido en falta.

—Sí, ha sido usted, Rodión Romanovitch; ha sido usted, usted solo—replicó severamente el juez de instrucción.

Ambos se callaron y, cosa extraña, este silencio se prolongó por unos diez minutos.

Apoyado de codos sobre la mesa, Raskolnikoff se metía los dedos entre el cabello. Porfirio Petrovitch esperaba sin dar señal alguna de impaciencia. De repente el joven miró despreciativamente al magistrado.

—Vuelve usted a sus antiguas prácticas, Porfirio Petrovitch. ¡Siempre los mismos procedimientos! ¿Cómo no le fastidian a usted ya?

—No se ocupe usted de mis procedimientos. Otra cosa sería si estuviésemos en presencia de testigos; pero aquí hablamos a solas. No he venido para cazarle y prenderle como un pajarito. Que usted confiese o no, en este momento me es igual. En un caso y en otro, mi convicción está formada.

—Si eso es así, ¿por qué ha venido usted?—preguntó con mal gesto Raskolnikoff—; le repito la pregunta que ya en otra ocasión le hice: Si me cree usted culpable, ¿por qué no dicta un auto de prisión contra mí?

—¡Vaya una pregunta! Le responderé a usted punto por punto: en primer lugar, la detención de usted no me serviría para nada.

—¿Cómo? ¿Que no le serviría a usted de nada? Puesto que está convencido, debería usted...

—¿Qué importa mi convicción? Hasta el presente no descansa más que sobre nubes. ¿Y para qué había de poner a usted *en reposo*? Usted lo comprende, puesto que pide usted que se le detenga. Supongo que careado con el burgués, usted diría: «Tú, de seguro, estabas bebido. ¿Quién me ha visto contigo? Te tomé sencillamente por lo que eres, por un borracho.» ¿Qué podría yo replicarle entonces, tanto más, cuanto que la respuesta de usted sería más verosímil que la declaración de él, que es de pura psicología, y porque, además, la apreciación de usted sería exacta, puesto que ese hombre es conocido por su afición a los licores? Muchas veces le he confesado a usted con franqueza que toda esta psicología tiene dos filos, y que, fuera de eso, yo, por el momento, ninguna prueba tengo contra usted. Claro es que, al cabo, le detendré, y he venido aquí para avisárselo, y, sin embargo, no vacilo en manifestarle que eso no me servirá de nada. El segundo objeto de mi venida...

—¿Cuál es?—preguntó Raskolnikoff anhelante.

—... Ya se lo he dicho. Tenía que explicarle mi conducta, porque no quiero pasar a los ojos de usted por un monstruo, y además, porque, créalo o no, mis intenciones son muy favorables a usted. En vista, pues, del interés que yo siento por usted, le propongo francamente vaya a denunciarse. He venido aquí para darle este consejo. Es el partido más ventajoso que puede tomar, ventajoso para usted y para mí, que me vería desembarazado de este asunto. ¿Qué le parece a usted? Soy bastante franco?

Raskolnikoff reflexionó durante un minuto.

—Escuche usted, Porfirio Petrovitch; según sus propias palabras, no tiene contra mí más que inducciones psicológicas y aspira a la evidencia matemática. ¿Quién le dice que no se engaña?

—No, Rodión Romanovitch, no me engaño. Tengo una prueba, que encontré el otro día; Dios me la ha enviado.

—¿Qué prueba es ésa?

—No se lo diré a usted; pero, en todo caso, no tengo el derecho de contemporizar; voy a hacerle detener. Ahora juzgue usted. Cualquier resolución que tome actualmente, poco me importa; cuanto le he dicho es únicamente en interés suyo. La mejor solución es la que yo le indico: créalo usted, Rodión Romanovitch.

El joven se sonrió con expresión de cólera.

—El lenguaje de usted es más que ridículo: es impudente. Supongamos que soy culpable (lo que en modo alguno reconozco): ¿por qué he de ir a denunciarme, puesto que, como dice usted mismo, allí, en la cárcel, estaría *en reposo*?

—¡Oh Rodión Romanovitch! No tome usted estas palabras al pie de la letra. Puede usted encontrar allí reposo, y puede no encontrarlo. Tengo, es cierto, la creencia de que la prisión tranquiliza al culpable; pero esto no es más que una teoría, y una teoría mía personal. Así, pues, ¿soy yo una autoridad para usted? ¡Quién sabe si en este momento mismo no le oculto alguna cosa! No puede usted exigir que le entregue todos mis secretos, ¡je, je, je! Lo incontestable es el provecho que sacará usted haciendo lo que yo le propongo: irá ganando, puesto que su condena disminuirá notablemente. Piense usted un poco en qué momento vendría a denunciarse: en el que otra persona ha asumido sobre sí la responsabilidad del crimen, embrollando, en cierto modo, el proceso. Por lo que a mí toca, juro ante Dios dejarle a usted en el tribunal todas las ventajas de su iniciativa. Los jueces ignorarán, se lo prometo, toda esa psicología, todas las sospechas recaídas sobre usted y su conducta tendrá a los ojos de aquellos magistrados un carácter absolutamente espontáneo. En el crimen de usted no se verá más que el resultado de una impulsión fatal, y no otra cosa. Soy un hombre honrado, Rodión Romanovitch, y mantendré mi palabra.

Raskolnikoff bajó la cabeza y reflexionó durante largo tiempo; luego sonrióse de nuevo; pero esta vez su sonrisa era dulce y melancólica.

—¿Qué me importa?—dijo, sin parecer que se daba cuenta de que su lenguaje equivalía casi a una confesión—, ¿qué me importa la diminución de pena de que usted me habla? No la necesito para nada.

—Vamos, lo que yo temía—exclamó, como a pesar suyo, Porfirio—. Ya me temía yo que desdeñaría usted nuestra indulgencia.

Raskolnikoff le miró con expresión grave y triste.

—No desprecie usted la vida—continuó el juez de instrucción—. Todavía es muy larga para usted. ¿Cómo? ¿No quiere una diminución de pena? ¡A fe que no es usted descontentadizo!

—¿Qué tendría yo en adelante en perspectiva?

—La vida. ¿Acaso es usted profeta, para saber lo que la vida le reserva? Busque usted, y encontrará. Quizá Dios esperaba a usted. Por otra parte, su condena no será perpetua.

—¡Obtendré circunstancias atenuantes!...—dijo riendo Raskolnikoff.

—¿Es quizá, vergüenza burguesa lo que le impide a usted confesarse culpable? ¡Es preciso sobreponerse a eso!

—¡Eh! ¡Yo me burlo de esa preocupación!—murmuró con tono despreciativo el joven.

Hizo ademán de levantarse; pero se quedó sentado, abatidísimo.

—Es usted desconfiado, y piensa, sin duda, que trato de embaucarle groseramente; pero, ¿acaso ha vivido usted mucho? ¿qué sabe usted de la existencia? Ha imaginado usted una teoría que ha venido a producir en la práctica consecuencias cuya falta de originalidad le avergüenza ahora. Ha cometido usted un crimen, es verdad; pero no es usted, ni con mucho, un criminal irremisiblemente perdido. ¿Cuál es mi opinión acerca de usted? Le considero como uno de esos hombres que se dejarían arrancar las entrañas sonriendo a sus verdugos, con tal solamente de haber encontrado una fe o un Dios. Pues bien: encuéntrelos usted, y vivirá. En primer lugar, tiene usted necesidad, desde hace tiempo, de cambiar de aire. Además, el sufrimiento es una buena cosa. Sufra usted. Quizá Mikolai tiene razón al querer sufrir. Ya sé yo que es usted un escéptico, pero sin razonar, abandónese usted a la corriente de la vida; esta corriente le llevará a alguna parte. ¿A dónde? No se preocupe usted; ya llegará a alguna orilla. ¿Cuál? Lo ignoro, creo solamente que usted debe vivir todavía mucho tiempo. Sin duda, piensa usted ahora que estoy representando el papel de juez; pero acaso más tarde se acuerde usted de mis palabras y saque provecho de ellas; por eso le hablo así. Todavía es una ventaja que no haya usted matado más que a una mala vieja. Con otra teoría, habría cometido usted una acción cien mil veces peor. Puede usted aun dar gracias a Dios. ¡Quién puede saber cuáles son sus altos designios acerca de usted! Recobre usted su valor, no retroceda por pusilaminidad ante lo que exige la justicia. Sé que usted no me cree; pero con el tiempo volverá a tomar gusto a la vida. Ahora lo que le hace falta solamente es aire, aire, aire.

Raskolnikoff se estremeció.

—Pero, ¿quién es usted—gritó—para hacerme esas profecías? ¿Qué suprema sabiduría le permite adivinar mi porvenir?

—¿Que quién soy? Un hombre acabado, y nada más. Un hombre sensible y compasivo, a quien la experiencia ha enseñado quizás algo; pero un hombre completamente acabado. Usted es otra cosa; usted se halla al principio de la existencia, y esta aventura, ¿quién sabe? quizá no dejará ninguna huella en la vida de usted. ¿Por qué temer tanto el cambio que va a experimentar en su situación? ¿Son acaso las comodidades de la vida las que usted ha de echar de menos? ¿Se aflige usted pensando que ha de estar largo tiempo confinado en la obscuridad? De usted depende que esta obscuridad no sea eterna. Sea usted un sol, y todo el mundo le verá. ¿Por qué se sonríe usted? ¿Piensa que éstas son maniobras de juez de instrucción? Es muy posible, ¡je, je! No le pido que me crea bajo mi palabra, Rodión Romanovitch; hago mi oficio, convengo en ello; pero acuérdese de lo que le digo. Los acontecimientos le demostrarán si soy un impostor o un hombre honrado.

—¿Cuándo piensa usted detenerme?

—Puedo dejarle a usted aún día y medio o dos días en libertad. Haga usted sus reflexiones, amigo mío; ruegue usted a Dios que le inspire. El consejo que le doy es bueno, créalo usted.

—¿Y si me escapase?—preguntó Raskolnikoff con equívoca sonrisa.

—No se escapará. Un *mujik* huiría: un revolucionario de ahora, esclavo de pensamiento ajeno, huiría también, porque tiene un *credo* ciegamente aceptado para toda la vida; pero usted no cree en su teoría. ¿Qué quedaría de ella si huyera usted? Y, por otra parte, ¿puede darse una existencia más innoble y penosa que la de un fugitivo? Si huyese usted, volvería para entregarse espontáneamente... *¡Usted no puede pasarse sin nosotros!* Cuando yo le detuviese al cabo de un mes o dos, pongamos tres, se acordaría de mis palabras y confesaría. Vendría usted a parar a esto insensiblemente, casi sin darse cuenta de ello. Más aún, estoy persuadido de que, después de haberlo reflexionado usted bien, se decidirá usted a aceptar la expiación. En este momento no lo cree; pero ya verá. En efecto, Rodión Romanovitch, el sufrimiento es una gran cosa. En boca de un hombre que no se priva de nada, este lenguaje puede parecer ridículo. No importa; hay una idea en el sentimiento. Mikolai tiene razón. Usted no emprenderá la fuga, Rodión Romanovitch.

Raskolnikoff se levantó y tomó la gorra; el juez hizo lo mismo.

—¿Va usted a pasearse? La tarde será buena; sólo que no hay tormenta. Sería conveniente, porque refrescaría la temperatura.

—Porfirio Petrovitch—dijo el joven con tono seco y breve—, le ruego que no vaya a figurarse que le he hecho hoy confesiones. Es usted un hombre extraño, y le he escuchado por pura curiosidad; pero no he confesado nada... no lo olvide usted.

—Basta, no lo olvidaré. ¡Oh, cómo tiembla! No se inquiete usted, querido: tomo nota de su recomendación. Pasee usted un poco; pero no traspase ciertos límites. En todo caso, tengo un pequeño encargo que hacer a usted—dijo bajando la voz—; es algo delicado, pero tiene su importancia: en el caso, poco probable según mi creencia, de que durante esas cuarenta y ocho horas le dé a usted la humorada de acabar con su vida (perdóneme esta absurda suposición), deje usted un billetito, nada más que dos líneas, indicando el sitio donde está la piedra; eso será más noble. Ea, hasta la vista; que Dios le inspire buenos pensamientos.

Porfirio se retiró, evitando mirar a Raskolnikoff, y éste se acercó a la ventana y esperó con impaciencia el momento en que, según sus cálculos, el juez de instrucción debía de estar lejos de la casa. En seguida salió de ella apresuradamente.

III.

Tenía prisa de ver a Svidrigailoff. Ignoraba qué era lo que podía esperar de aquel hombre que ejercía sobre él un poder tan misterioso. Desde que Raskolnikoff se hubo convencido de ello, le devoraba la inquietud, y al presente no podía retrasar el momento de una explicación.

Conforme iba andando le preocupaba, sobre todo, esta sospecha: ¿habrá ido Svidrigailoff a casa de Porfirio?

Pero a lo que él se le alcanzaba, Svidrigailoff no debía haber ido. Raskolnikoff lo hubiera jurado. Repasando en su mente todas las circunstancias de las visitas de Porfirio, llegaba siempre a la misma conclusión negativa. Pero el que Svidrigailoff no hubiese ido aún, no quería decir que no lo haría más tarde.

Sin embargo, en este punto el joven se inclinaba también a creer que no iría. ¿Por qué? No habría podido aducir las razones en que se fundaba, y aunque hubiera podido explicárselo, no se habría preocupado demasiado. Todas estas cosas le atormentaban, y al propio tiempo le eran casi indiferentes. Cosa extraña, casi increíble: por crítica que fuese su situación actual, Raskolnikoff no tenía, a causa de ella, más que una débil inquietud. Lo que le ponía en cuidado era una cuestión mucho más importante, que no era aquélla. Experimentaba, además, un inmenso cansancio moral, aunque para razonar se hallaba en mucho mejor estado que los días precedentes.

Después de tantos combates librados, ¿sería menester aún nueva lucha para triunfar de aquellas miserables dificultades? ¿Convendría, por ejemplo, ir a poner sitio a Svidrigailoff, ante el temor de que fuese a casa del juez de instrucción?

¡Oh, cuánto le enervaba todo aquello!

Sin embargo, tenía prisa de ver a Arcadio Ivanovitch. ¿Esperaba de él algo nuevo, un consejo, un medio de salir de su situación? Los náufragos se agarran a una paja. ¿Era el destino o el instinto lo que empujaba a estos hombres uno hacia el otro? Quizá Raskolnikoff daba este paso sencillamente porque no sabía a qué santo encomendarse; tal vez tenía necesidad de alguien que no fuese Svidrigailoff, y tomaba a este último a falta de otro mejor. ¿Sonia? ¿Para qué había de ir a casa de Sonia? ¿Para hacerla llorar más? Por otra parte, Sonia le daba espanto. Esta joven era para él el decreto irrevocable, la sentencia sin apelación. En aquel momento no se sentía con fuerzas para afrontar la vista de la muchacha. No, era mejor hacer una tentativa acerca de Svidrigailoff. Se confesaba interiormente que desde hacía largo tiempo Arcadio Ivanovitch le era en cierto modo necesario.

No obstante, ¿qué podía haber de común entre ellos? Su criminalidad misma no era motivo para aproximarlos. Aquel hombre le desagradaba mucho, pues evidentemente era muy disipado y quizá muy malo. Acerca de él corrían siniestras leyendas. Cierto que protegía a los huérfanos de Catalina Ivanovna; pero, ¿sabía por qué obraba de este modo? Tratándose de semejante hombre, había de temer siempre algún tenebroso designio.

Desde muchos días antes no cesaba de inquietarle otro pensamiento, aunque el joven, por lo penoso que le era, se esforzase en desecharlo.

«Svidrigailoff anda siempre dando vueltas en derredor mío—se decía—; ha descubierto mi secreto, tuvo intenciones acerca de mi hermana... quizá las tiene todavía. ¿Tratará ahora que posee mi secreto de emplearlo como arma contra Dunia?»

Este pensamiento, que solía preocuparle hasta en sueños, no se había presentado jamás a su imaginación con tanta claridad como en aquel momento en que se dirigía al domicilio de Svidrigailoff. Se le ocurrió la idea de decírselo todo a su hermana, lo que cambiaría extraordinariamente la situación. Pensó después que haría bien en denunciarse, para prevenir un paso imprudente por parte de Dunia. ¿Y la carta? Aquella mañana Dunia había recibido una. ¿Quién, en San Petersburgo, podía escribirle? ¿Acaso Ludjin? En verdad, Razumikin era buen guardián, pero no sabía nada. «¿No debería yo contárselo todo a Razumikin?—se preguntó Raskolnikoff con alivio de corazón—. En todo caso, es preciso ver cuanto antes a Svidrigailoff. Gracias a Dios, los pormenores importan aquí menos que el fondo de la cuestión; pero si Svidrigailoff tiene la audacia de intentar alguna cosa contra mi hermana, le mataré.»

Tenía el alma oprimida por un penoso presentimiento. Se detuvo en medio de la calle y miró en derredor suyo. ¿Qué camino había tomado? ¿En dónde estaba? Se encontraba en la perspectiva***, a treinta o cuarenta pasos del Mercado del Heno, que acababa de atravesar. El piso segundo de la casa a la izquierda estaba ocupado totalmente por un café; todas las ventanas se hallaban abiertas. A juzgar por las cabezas que allí se veían, el café debía estar lleno de gente. En la sala se cantaba, se tocaba el violín, el clarinete y el tambor turco; se oían también gritos de mujeres. Sorprendido de verse en aquel sitio, el joven iba a volver sobre sus pasos, cuando, de pronto, en una de las ventanas vió a Svidrigailoff con la pipa en la boca, sentado delante de una mesa de tomar te. Aquella vista le causó asombro mezclado de terror. Svidrigailoff le contemplaba en silencio y, cosa que asombró aún más a Raskolnikoff, hizo un movimiento como si tratase de impedir que le viesen. Por su parte Raskolnikoff fingió no verle, y se puso a mirar hacia otro lado; pero continuaba siguiéndole con el rabillo del ojo. La inquietud le hacía latir el corazón. Evidentemente Svidrigailoff no quería ser visto. Se quitó la pipa de la boca y quiso retirarse; pero al levantarse reconoció, sin duda, que era demasiado tarde. Repitióse sobre poco más o menos la misma escena que al principio de la entrevista en la habitación de Raskolnikoff; cada uno de ellos sabía que era observado por el otro. Una maliciosa sonrisa erró en los labios de Svidrigailoff, el cual prorrumpió, al fin, en una estrepitosa carcajada.

—¡Pues bien, entre usted, si quiere; aquí estoy!—gritó desde la ventana.

El joven subió.

Encontró a Svidrigailoff en un gabinete pequeño contiguo a una gran sala, en la cual había muchos parroquianos: comerciantes, funcionarios, y otros estaban tomando te y oyendo a los coristas que hacían un estruendo espantoso. En una habitación inmediata se jugaba al billar. Svidrigailoff tenía delante una botella de *Champagne* empezada y un vaso medio lleno. Le acompañaban dos músicos callejeros: un organillero y una cantante. Esta, muchacha de diez y ocho años, fresca y bien portada, llevaba un traje a rayas y un sombrero tirolés adornado de cintas. Acompañada por el organillero cantaba con voz de contralto, bastante fuerte, una canción trivial en medio del ruido que llegaba de la otra sala.

—¡Ea, basta!—dijo Svidrigailoff cuando entró el hermano de Dunia.

La cantante se detuvo en seguida y esperó en actitud respetuosa. Antes también, mientras dejaba oír sus vulgaridades melódicas, mostraba en su fisonomía cierta expresión de respeto.

—¡Eh, Felipe, un vaso!—gritó Svidrigailoff.

—No bebo vino—dijo Raskolnikoff.

—Como usted guste. Bebe, Katia. Ahora no tengo necesidad de ti; puedes retirarte.

Sirvió un gran vaso de vino y le dió un billetito de color amarillo. Katia bebió el vaso de *Champagne* a pequeños sorbos como suelen hacerlo las mujeres, y después de haber tomado el billete, besó la mano de Svidrigailoff, que aceptó con aire grave el testimonio de aquel respeto servil.

Aun no hacía ocho días que Arcadio Ivanovitch había llegado a San Petersburgo, y ya se le tenía por un antiguo parroquiano del establecimiento.

—Iba a casa de usted—dijo Raskolnikoff, cuando les dejaron solos—; pero, ¿cómo se explica que atravesando el Mercado del Heno he tomado por la perspectiva***? Jamás paso por aquí. Tomo siempre la derecha al salir del Mercado. Este no es el camino para ir al domicilio de usted. Apenas he asomado por esta parte, cuando le he visto... ¡Es extraño!

—¿Por qué no añade usted que es un milagro?

—Porque quizá no es más que una casualidad.

—Esa es la salida a que recurren todos—contestó riendo Svidrigailoff—. Aunque en el fondo se crea en el milagro, nadie se atreve a confesarlo. Usted mismo acaba de decir que esto «quizá» no es más que una casualidad. No puede usted imaginarse, Rodión Romanovitch, cuán poco valor hay aquí para sostener una opinión. No lo digo por usted, porque sé que si tiene una opinión personal, no teme afirmarla; por eso precisamente ha atraído usted mi curiosidad.

—¿Sólo por eso?

—Me parece que es bastante.

Svidrigailoff se hallaba en un visible estado de excitación, aunque no había bebido más que un vaso de vino espumoso.

—Creo que cuando usted vino a mi casa ignoraba todavía si yo tenía o no eso que llama usted opinión personal—observó Raskolnikoff.

—Entonces era otra cosa. Cada cual tiene su manera de ver; pero, en cuanto al milagro, diré que quizá ha estado usted durmiendo durante todos estos días. Yo mismo le di las señas de este café, y no es sorprendente que haya usted venido derechamente a él. Le indiqué el camino que se debe seguir para encontrarme. ¿No se acuerda usted?

—Lo he olvidado—respondió sorprendido Raskolnikoff.

—No lo dudo; por dos veces le he dado estas indicaciones. La dirección se ha grabado maquinalmente en la memoria de usted, y ella le ha guiado a su pesar; pero he aquí que se me ocurre una cosa: estoy seguro de que en San Petersburgo muchas personas andan hablando consigo mismas. Es una ciudad de semilocos. Si hubiese en ella sabios, médicos, jurisconsultos y filósofos, podrían hacer curiosos estudios, cada cual en su especialidad. No hay otro lugar en el mundo en que el alma humana esté sometida a influencias tan sombrías y tan extrañas; la acción solamente del clima es ya funesta. Desgraciadamente, San Petersburgo es el centro administrativo de la nación, y su carácter debe reflejarse en toda Rusia. Mas ahora no se trata de eso; quería decirle a usted que le he visto pasar muchas veces por la calle. Al salir de casa llevaba usted la cabeza alta; después de andar veinte pasos la baja usted, y cruza los brazos detrás de la espalda. Mira usted, pero es evidente que no ve cosa alguna. Por último, se pone usted a mover los labios y a hablar consigo mismo; unas veces gesticula, otras declama, otras se detiene en medio de la calle, durante más o menos tiempo. Esto, en rigor, nada significa. Sin embargo, se fijan en usted varias personas, como yo, y tal cosa no carece de peligros. A mí, ¿qué me importa? No tengo la pretensión de curarle; pero usted, sin duda, me comprende.

—¿Sabe usted que se me sigue?—preguntó Raskolnikoff fijando en Svidrigailoff una mirada investigadora.

—No—respondió éste asombrado—; no sé nada.

—Bueno, no hablemos de mí—murmuró Raskolnikoff frunciendo las cejas.

—Está bien. No hablaremos de usted.

—Dígame más bien si es verdad que por dos veces me ha indicado este *traktir* como sitio en que podía encontrarle a usted; ¿por qué, hace un momento, cuando he levantado los ojos a la ventana, se ha ocultado usted, tratando de que yo no le viera? Lo he advertido perfectamente.

—¡Je, je, je! ¿Y por qué el otro día, cuando entré en el cuarto de usted, se fingió el dormido, aunque estaba despierto? Lo advertí muy bien.

—Podía tener razones... usted lo sabe.

—Y yo, ¿no podía también tener razones, aunque usted no las conociese?

Hacía un minuto que Raskolnikoff contemplaba atentamente el rostro de su interlocutor. Aquella cara le causaba siempre un nuevo asombro. Aunque bella, tenía algo que le hacía profundamente antipática. Parecía una máscara; el color era demasiado fresco, los labios demasiado rojos, la barba demasiado rubia, los cabellos demasiado espesos, los ojos demasiado azules y la mirada demasiado fija. Svidrigailoff vestía un elegante traje de verano y eran irreprochables la blancura y finura de su camisa. Llevaba en uno de los dedos un gran anillo con una piedra de valor.

—Entre nosotros no sirven las tergiversaciones—dijo bruscamente el joven—; aunque esté usted en capacidad de hacerme mucho mal, si tiene deseos de molestarme, quiero hablarle franca y claramente. Sepa usted, pues, que si sigue con las mismas intenciones acerca de mi hermana, y si cuenta usted para labrar su objeto con el secreto que ha sorprendido últimamente, le mataré a usted antes de que me hayan metido en la cárcel. Le doy a usted mi palabra de honor. En segundo lugar, he creído advertir estos días que deseaba usted tener una entrevista conmigo. Si algo tiene que comunicarme, despáchese, porque el tiempo es precioso, y quizá bien pronto será demasiado tarde.

—¿Qué es lo que corre a usted tanta prisa?—preguntó Svidrigailoff, mirándole con curiosidad.

—Cada cual tiene sus negocios—dijo Raskolnikoff con aire sombrío.

—Acaba usted de invitarme a que sea franco, y a la primera pregunta rehusa usted responderme—observó Svidrigailoff—. Me supone usted siempre algunos proyectos. En la posición de usted, tal cosa se comprende perfectamente; pero aunque tengo el deseo de vivir en buena armonía con usted, no me tomaré la molestia de desengañarle. Verdaderamente no vale la pena; no tengo nada que decirle.

—¿Por qué está usted siempre dando vueltas en derredor mío?

—Sencillamente porque es usted un sujeto muy digno de ser observado. Ha excitado usted mi curiosidad por lo fantástico de su situación. Además, es usted el hermano de una persona que me interesa mucho; ella me ha hablado de usted varias veces, y su lenguaje me ha hecho pensar que tiene usted una gran influencia sobre ella. ¿No son bastantes razones éstas? ¡Je, je, je! Por lo demás, lo confieso, la pregunta es para mí compleja, y me es muy difícil responder a ella. Si usted, por ejemplo, ha venido a buscarme ahora, es, no sólo por un negocio, sino en la esperanza de que yo le diga a usted algo nuevo; ¿no es verdad? ¿No es verdad?—repitió con sonrisa equívoca Svidrigailoff—. Pues bien, figúrese usted que yo mismo, al volver a San Petersburgo, esperaba también que me diría usted algo nuevo y pensaba en tomar algo prestado. Vea usted cómo somos nosotros los ricos.

—¿Tomarme algo prestado? ¿El qué?

—¿Acaso lo sé yo? Ya ve usted en qué miserable *traktir* me paso todo el día—repuso Svidrigailoff—; no crea que me divierto; pero en alguna parte he de pasar el tiempo. Me distraigo con esa pobre Katia que acaba de salir... Si tuviese la suerte de ser un glotón, un gastrónomo de club... pero nada de eso; ahí tiene usted todo lo que yo puedo comer (señaló con el dedo una mesita colocada en el rincón, y en ella un plato de hierro galvanizado, que contenía los restos de un mal biftec con patatas). A propósito, ¿ha comido usted? En cuanto al vino sólo bebo *Champagne*, y un vaso me basta para toda la noche. Si he pedido esa botella hoy, es porque tengo que ir a cierta parte y he querido de antemano preparar un poco la cabeza. Hace poco me ocultaba como un colegial, porque temía que la visita de usted fuera un trastorno para mí; pero creo que puedo pasar una hora con usted. Ahora son las cuatro y media—añadió mirando al reloj—. ¿Querrá usted creer que hay momentos en que me disgusta no ser nada; ni fotógrafo, ni periodista...? Suele ser muy fastidioso no tener ninguna especialidad. Ciertamente, pensaba que me diría usted algo nuevo.

—¿Quién es usted y por qué ha venido aquí?

—¿Que quién soy? Lo sabe usted; un gentilhombre; he servido dos años en Caballería, después de lo cual me he paseado por San Petersburgo; más tarde me casé con Marfa Petrovna, y luego me fuí a vivir al campo. Ahí tiene mi biografía.

—Según parece, es usted jugador.

—¿Jugador yo? No diga usted eso; diga usted más bien que soy un tahur.

—¡Ah! ¿usted hace trampas en el juego?

—Sí.

—Habrá recibido usted alguna vez bofetadas.

—Sí, alguna que otra. ¿Por qué me pregunta usted eso?

—Pues bien; podría usted batirse en duelo. Eso produce sensaciones.

—No tengo ninguna objeción que hacer a usted. Además, yo estoy poco fuerte en discusiones fisiológicas. Confieso que si he venido aquí, es sólo por las mujeres.

—¿En seguida de haber enterrado a Marfa Petrovna?

Svidrigailoff se sonrió.

—Pues bien, sí—respondió con una franqueza desconcertante—. Parece que le escandaliza lo que le digo.

—¿Se asombra usted de que me escandalice la disipación?

—¿Por qué no había de seguir mis inclinaciones? ¿Por qué he de renunciar a las mujeres, puesto que las amo? Eso es una ocupación.

Raskolnikoff se levantó. Sentíase a disgusto y se arrepentía de haber venido. Svidrigailoff le parecía el hombre más depravado del mundo.

—¡Eh! Quédese usted un momento; que le traigan te. Vamos, siéntese. Le contaré alguna cosa. ¿Quiere que le refiera cómo una mujer emprendió la tarea de convertirme? Esto será una respuesta a su primera pregunta, puesto que se trata de la hermana de usted. ¿Puedo contarlo? Mataremos el tiempo.

—Sea; mas espero que usted...

—No tenga usted miedo. Aun siendo un hombre tan vicioso, Advocia Romanovna no puede inspirarme más que profunda estimación. Creo haberla comprendido, y de ello me enorgullezco. Pero, ¿sabe usted que cuando no se conoce a las personas se corre el riesgo de engañarse? Pues eso es lo que me ha pasado con su hermana de usted. ¡Lléveme el diablo! ¿por qué es tan hermosa? Yo no tengo la culpa. En una palabra, esto empezó por un capricho de libertino. Es preciso decirle a usted que Marfa Petrovna me concedía cierta libertad con las campesinas. Acababa de venir a nuestra casa, procedente de una aldea vecina, una muchacha, como camarera, llamada Paratcha. Era muy linda, pero tonta de capirote: sus lágrimas y sus gritos, que alborotaban toda la casa, ocasionaron un escándalo. Cierto día, después de comer, Advocia Romanovna me llamó aparte, y mirándome con ojos relampagueantes, *exigió* de mí que dejase en paz a la pobre Paratcha. Quizá fué la primera vez que hablamos a solas. Es claro, me apresuré a deferir a su demanda. Traté de parecer conmovido y turbado; en una palabra, representé mi papel a conciencia. A partir de este momento tuvimos conferencias secretas, en las cuales me predicaba moral, me suplicaba con las lágrimas en los ojos que cambiase de vida, ¡sí, con las lágrimas en los ojos! Vea usted hasta dónde llega en algunas jóvenes, la pasión por la propaganda. Por supuesto, yo imputaba todos mis errores al destino; me consideraba como un hombre privado de luz, y, finalmente, puse en práctica un medio que no falla jamás con las mujeres: la adulación. Espero que no se incomodará usted porque le diga que Advocia Romanovna no fué en un principio insensible a los elogios que yo la prodigaba. Por desgracia, eché a perder todo el negocio por mi impaciencia y por mi necedad. Al hablar con ella hubiera debido moderar el brillo de mis ojos. Su llama le inquietó, y acabó por parecerle odiosa. Sin entrar en detalles, bastará con que le diga a usted, que hubo entre nosotros un rompimiento. Después hice nuevas tonterías. Me extendí en groseros sarcasmos a propósito de las misioneras; Paratcha entró de nuevo en escena y fué seguida de otras muchas. ¡Oh, si hubiese usted visto entonces, Rodión Romanovitch, qué relámpagos lanzaban los ojos de su hermana! Le aseguro que hasta en sueños me perseguían sus miradas. Llegué a no poder soportar el ruido de sus ropas y temí un ataque de epilepsia. Era de todo punto preciso que me reconciliase con Advocia Romanovna, y la reconciliación era imposible. Imagínese usted lo que hice entonces. ¡A qué grado de estupidez puede llegar el hombre despechado! No emprenda usted nada en ese estado, Rodión Romanovitch. Pensando que Advocia Romanovna era una mendiga (perdón, no quería decir eso; pero la palabra importa poco), que, en fin, vivía de su trabajo y que tenía a su cargo a su madre y a usted (¡ah, caramba! ¡vuelve usted a fruncir el entrecejo!), me decidí a ofrecerle toda mi fortuna (podía reunir entonces 30.000 rublos), y a proponerla que huyese conmigo a San Petersburgo. Una vez aquí por supuesto, la habría jurado amor eterno, etc., etcétera. ¿Querrá usted creerlo? De tal modo estaba enamorado de ella en esta época, que si su hermana de usted me hubiese dicho: «Asesina o envenena a Marfa Petrovna, y cásate conmigo», lo hubiera hecho sin vacilar. Pero todo acabó por la catástrofe que usted ya conoce, y no se puede imaginar cómo me irritaría el saber que mi mujer había negociado el matrimonio entre Advocia Romanovna y ese embrollón de Ludjin; porque, bien mirado, tanto hubiera valido para su hermana de usted aceptar mis ofrecimientos, como dar su mano a un hombre como ése. ¿No es verdad? ¿No es verdad? Advierto que me escucha usted con mucha atención... interesante joven...

Svidrigailoff dió un violento puñetazo sobre la mesa. Estaba sofocado, y aunque apenas había bebido dos vasos de *Champagne*, empezaba a dar señales de embriaguez. Raskolnikoff lo advirtió y resolvió aprovecharse de esta circunstancia para descubrir las intenciones de aquel a quien consideraba como su más peligroso enemigo.

—Pues bien, después de esto, no tengo la menor duda de que usted ha venido aquí por mi hermana—declaró el joven con tanto más atrevimiento, cuanto que quería llevar a su interlocutor a los últimos extremos.

Svidrigailoff trató de borrar el efecto producido por sus palabras.

—¡Eh, deje usted! ¿No le he dicho... que su hermana no puede sufrirme?

—Estoy persuadido; pero no se trata de eso.

—¿Está usted persuadido de que ella no puede sufrirme?—replicó Svidrigailoff guiñando los ojos y sonriéndose con aire burlón—. Dice usted bien, no me ama. Pero no responda usted jamás de lo que pasa entre un marido y su mujer o entre dos amantes. Hay siempre un rinconcillo que queda oculto para todo el mundo y sólo es conocido de los interesados. ¿Se atrevería usted a afirmar que Advocia Romanovna me miraba con repugnancia?

—Ciertas palabras de su relato me prueban que todavía tiene usted infames propósitos acerca de Dunia y que se propone ejecutarlos lo más pronto posible.

—¿Cómo han podido escapárseme tales palabras?—dijo Svidrigailoff poniéndose de repente muy inquieto; pero sin molestarse en lo más mínimo por el epíteto con que se calificaban sus propósitos.

—Pero en este momento mismo se manifiestan los pensamientos ocultos de usted. ¿Por qué tiene miedo? ¿De qué nace ese súbito temor que demuestra?

—¿Yo, miedo? ¿Miedo de usted? ¡Vamos, hombre! Usted sí, amigo, que debe tener miedo... Por lo demás, estoy borracho, ya lo veo; un poco más, y hubiera cometido una tontería. ¡Váyase al diablo el vino! ¡mozo, agua!

Tomó la botella de *Champagne*, y sin andarse con miramientos la tiró por la ventana. Felipe trajo agua.

—Todo esto es absurdo—dijo Svidrigailoff humedeciendo una toalla y pasándosela por la cara—. Yo puedo, con una palabra, reducir a nada todas las sospechas de usted. ¿Sabe usted que voy a casarme?

—Ya me lo había dicho usted.

—¿Que se lo he dicho? pues me había olvidado; pero, de todas maneras, cuando le anuncié mi próximo matrimonio, podía hablar de él en forma dubitativa, pues aun no había nada de cierto. Ahora es cosa hecha, y si en este momento no tuviese que hacer, le conduciría a casa de mi futura. Me gustaría saber si usted aprueba mi decisión. ¡Ah, caramba, no cuento más que con diez minutos! Sin embargo, quiero contarle la historia de mi matrimonio; es bastante curiosa. Bueno... ¿Quiere usted irse aún?

—No, ahora no le dejo a usted.

—¿No? Pues adelante, ya lo veremos. Sin duda, yo le enseñaré a usted mi futura; pero no ahora, porque tenemos que separarnos muy pronto. Usted va por la izquierda y yo por la derecha. ¿Ha oído usted hablar de cierta señora Reslich, en cuya casa estoy actualmente de pupilo? Pues ella es quien cuida de todo. «Tú te aburres—me decía—, y esto será para ti una distracción momentánea.» Yo soy, en efecto, un hombre melancólico y huraño. ¿Usted cree que soy alegre? Desengáñese, yo tengo el humor sombrío, pero no hago mal a nadie. Algunas veces me paso tres días seguidos en un rincón, sin hablar una palabra; por otra parte, esa bribona de Reslich tiene su plan; cuenta con que me disgustaré pronto con mi mujer, que la echaré de mi lado y que ella la lanzará a la circulación. Sé, por ella, que el padre, antiguo funcionario, está enfermo. Desde hace tres años no puede valerse de las piernas y no deja la butaca. La madre es una señora muy inteligente; el hijo está empleado en provincias y no ayuda lo más mínimo a sus padres; la hija mayor está casada y no da señales de vida. Esta pobre gente tiene que mantener a dos sobrinas de corta edad. La hija menor ha sido retirada del colegio antes de haber acabado sus estudios; cumplirá diez y seis años antes de un mes, y ésta es la que me destinan... Provisto de estos datos, me presento a los padres como un propietario viudo, de buena familia, que está bien relacionado, y que además tiene buena fortuna. Mis cincuenta años no suscitan la más ligera objeción. Había que verme hablando con el papá y la mamá. ¡Fué aquello lo más divertido! Llega la muchacha, vestida con traje corto, y me saluda, poniéndose del color de la amapola (sin duda había aprendido la lección). No conozco el gusto de usted en punto a rostros femeninos, mas para mí, esos diez y seis años, esos ojos todavía infantiles, esa timidez, esas lagrimitas púdicas, todo ello tiene más encanto que la belleza; por otra parte, la muchacha es muy linda, con sus cabellos claros, sus ricitos caprichosos, sus labios purpurinos y ligeramente gruesos, unos senos nacientes... Hemos entablado conocimiento. Dije que asuntos de familia me obligaban a apresurar mi matrimonio, y al día siguiente, es decir, anteayer, éramos prometidos. Desde entonces, cuando voy a verla, la tengo sentada sobre mis rodillas durante todo el tiempo que dura mi visita y a cada minuto la beso. La chiquilla se pone como la grana, pero se deja querer. Su mamá le ha dado, sin duda, a entender que un futuro esposo puede permitirse estas libertades. De esta manera comprendidos los derechos de prometido, no son menos agradables que los de marido. Puede decirse que la naturaleza y la verdad hablan por boca de esta niña. He conversado dos veces con ella; la chiquilla no es tonta del todo; tiene una manera de mirarme disimuladamente, que incendia todo mi ser... Su fisonomía se parece mucho a la de la Virgen Sixtina. ¿Ha reparado usted en la expresión fantástica que Rafael supo dar a esa cabeza de Virgen? Pues algo semejante hay en el rostro de la joven. Desde el día siguiente de nuestros esponsales, la he llevado a mi futura regalos por valor de 1.500 rublos: diamantes, perlas, un neceser de *toilette* de plata; la carita de la *madonna* resplandecía. Ayer no me privé de sentarla sobre mis rodillas, y vi en sus ojos lágrimas que trataba de ocultar. Nos dejaron solos. Entonces me echó un brazo al cuello, y besándome, me juró que sería para mí una esposa buena, obediente y fiel; que me haría feliz, que me consagraría todos los instantes de su vida y que, en cambio, no quería de mí más que mi cariño, nada más: «No tengo necesidad de regalos», me ha dicho. Oír a un ángel de diez y seis años, con las mejillas coloreadas de un pudor virginal, que le hace a usted esta declaración con lágrimas de entusiasmo en los ojos... Esto es delicioso. ¡Ah, sí! le llevaré a casa de mi prometida; pero no puedo enseñársela a usted en seguida.

—¿De modo que esa monstruosa diferencia de edad aguijonea la sensibilidad de usted? ¿Es posible que piense seriamente en contraer semejante matrimonio?

—¡Qué austero moralista!—dijo burlándose Svidrigailoff—. ¡Dónde va a anidar la virtud! ¡Ja, ja, ja! ¿Sabe usted que me hacen mucha gracia sus exclamaciones de indignación?

Llamó a Felipe, pagó lo que había tomado y se levantó.

—Siento mucho—continuó—no poder detenerme más tiempo con usted; pero ya volveremos a vernos... Tenga usted un poco de paciencia.

Salió del *traktir*. Raskolnikoff le siguió. La embriaguez de Svidrigailoff se disipaba a ojos vistas. Fruncía el ceño y parecía muy preocupado, como hombre que está en vísperas de emprender una cosa muy importante. Desde hacía algunos instantes se revelaba en sus movimientos cierta impaciencia, mientras que su lenguaje se hacía cáustico y agresivo. Todo ello parecía justificar una vez más las aprensiones de Raskolnikoff, el cual resolvió seguir los pasos del extraño personaje.

Cuando estuvieron en la calle, Svidrigailoff dijo:

—Aquí nos separamos. Usted se va por la derecha y yo por la izquierda, o al contrario. Adiós, amigo mío, hasta la vista.

Y se dirigió hacia el Mercado del Heno.

IV.

Raskolnikoff se puso a seguirle.

—¿Qué significa esto?—preguntó, volviéndose, Svidrigailoff—. Creo haberle dicho a usted...

—Esto significa que estoy decidido a acompañarle.

—¿Qué?

Los dos se detuvieron, y durante un minuto se midieron con la vista.

—En la semiembriaguez de usted—replicó Raskolnikoff—me ha dicho lo bastante para convencerme de que, lejos de haber renunciado a sus odiosos proyectos contra mi hermana, le interesan más que nunca. Sé que esta mañana mi hermana ha recibido una carta. ¡No ha perdido usted el tiempo desde su llegada a San Petersburgo! Que en el curso de las idas y venidas de usted se haya encontrado una mujer, es cosa posible, pero esto nada significa, y deseo convencerme por mí mismo...

Probablemente Raskolnikoff no hubiera sabido decir de qué cosa quería convencerse.

—¿Por lo visto, usted quiere que yo llame a la policía?

—Llámela usted.

Se detuvieron de nuevo uno frente al otro. Al fin, el rostro de Svidrigailoff cambió de expresión. Viendo que su amenaza no intimidaba en lo más mínimo a Raskolnikoff, tomó de repente un tono más alegre y amistoso.

—¡Qué original es usted! A pesar de la curiosidad bien natural que ha despertado en mí, no he querido hablarle de su asunto. Quería dejarlo para ocasión más oportuna; pero, en verdad, es usted capaz de hacer perder la paciencia a un muerto... Bueno, venga usted conmigo; pero le advierto que sólo entro para tomar algún dinero; en seguida saldré, montaré en un coche y me iré a pasar el resto del día a las Islas... ¿Qué necesidad tiene usted de seguirme?

—Tengo que hacer en casa de usted; pero no es a su cuarto adonde voy, sino al de Sofía Semenovna; tengo que disculparme de no haber asistido a las exequias de su madrastra.

—Como usted quiera; pero Sofía Semenovna no está en casa. Ha ido a llevar a los tres niños a la casa de una señora anciana a quien yo conozco hace mucho tiempo y que se halla al frente de muchos asilos. He proporcionado un gran placer a esa señora remitiéndole el dinero para los chiquillos de Catalina Ivanovna, además de un donativo pecuniario para sus establecimientos; le he contado, por último, la historia de Sofía Semenovna, sin omitir ningún detalle. Mi relato ha producido un efecto indescriptible, y ahí tiene usted por qué ha sido invitada Sofía a dirigirse hoy mismo al hotel X***, en el cual la *barinia* en cuestión reside provisionalmente desde su regreso del campo.

—No importa, de todos modos entraré en su casa.

—Haga usted lo que le plazca, pero yo no he de acompañarle. ¿Para qué? Estoy seguro de que desconfía de mí, porque he tenido hasta este momento la discreción de evitarle preguntas escabrosas. ¿Adivina usted a lo que quiero aludir? Apostaría cualquier cosa a que mi discreción le ha parecido extraordinaria. ¡Sea usted delicado para que se le recompense de ese modo!...

—¿Le parece a usted delicado escuchar detrás de las puertas?

—¡Ja, ja, ja! Ya me sorprendía que no hubiese usted hecho esta observación—respondió riendo Svidrigailoff—. Si cree usted que no está permitido escuchar detrás de las puertas, pero sí asesinar a mujeres indefensas, puede acontecer que los magistrados no sean de ese parecer, y haría usted bien en marcharse cuanto antes a América. Parta usted en seguida, joven. Quizá sea todavía tiempo. Le hablo con toda sinceridad. Si necesita usted dinero para el viaje yo se lo daré.

—No pienso en tal cosa—replicó desdeñosamente Raskolnikoff.

—Lo comprendo. Usted se pregunta si ha obrado con arreglo a la moral, como un buen hombre y como un buen ciudadano. Debiera haberse planteado esa cuestión antes, ahora ya es demasiado tarde. ¡Ja, ja! si usted cree haber cometido un crimen, levántese la tapa de los sesos, ¿no es eso lo que tiene el propósito de hacer?

—Por lo visto trata usted de exasperarme con la esperanza de que así le libraré de mi presencia.

—¡Qué original es usted! Pero hemos llegado; tómese el trabajo de subir la escalera. Ahí tiene usted la puerta del cuarto de Sofía Semenovna. ¿Ve usted? No hay nadie. ¿No lo cree usted? Pregúnteselo a los Kapernumoff, ellos tienen la llave. Aquí está precisamente la señora Kapernumoff. ¡Eh! (es un poco sorda). ¿Sofía Semenovna ha salido? ¿A dónde ha ido? ¿Está usted en lo que digo? «No está aquí, y acaso no vendrá hasta muy tarde.» Vamos, ahora venga usted a mi casa. ¿No tenía usted intención de hacerme una visita? Henos aquí en mi cuarto. La señora Reslich está ausente. Esta mujer tiene siempre mil negocios entre manos; pero es una excelente persona, se lo aseguro; quizá le sería útil si fuese usted más razonable. ¿Ve usted? Tomo de mi cómoda un título del 5 por 100 (mire usted cuántos me quedan todavía); voy a convertirlo en metálico. ¿Se ha enterado usted? Nada tengo que hacer aquí; cierro la cómoda, cierro el cuarto y hétenos en la escalera. Si a usted le parece, tomaremos un coche y nos iremos a las Islas. ¿No le gusta a usted un paseíto en carruaje? ¿Lo ve usted? Ordeno al cochero que me conduzca a la punta de Elaguin. ¿Rehusa usted? Se ha cansado usted de acompañarme; vamos, déjese usted tentar. Va a llover; pero, ¿qué importa? Levantaremos la capota.

Svidrigailoff estaba ya en el coche; por muy desconfiado que fuese Raskolnikoff, pensó que no había peligro inminente; así es que sin responder una palabra, volvió la espalda y tomó la dirección del Mercado del Heno. Si hubiese vuelto la cabeza, habría podido ver que Svidrigailoff, después de haber andado cien pasos en coche, se apeaba y pagaba al cochero. Pero el joven caminaba sin mirar hacia atrás. Muy pronto dobló Raskolnikoff la esquina, y, como siempre, cuando se encontraba solo no tardó en caer en profunda abstracción. Llegado al puente se detuvo en la balaustrada y fijó los ojos en el canal. En pie, a poca distancia de él, le observaba Advocia Romanovna. Al llegar al puente pasó cerca de ella, pero sin verla. A la vista de su hermano, Dunia experimentó un sentimiento de sorpresa y aun de inquietud; durante un momento dudó si se acercaría o no. De pronto echó de ver que, por la parte del Mercado del Heno, Svidrigailoff se dirigía rápidamente hacia ella.

Este parecía avanzar con prudencia y misterio. No subió al puente, se quedó en la acera, procurando no ser visto por Raskolnikoff. Hacía un rato que había reparado en Dunia y que le hacía señas. La joven creyó comprender que la llamaba, indicándole que procurase que su hermano no le viera. Dócil a esta invitación muda, Dunia se alejó, sin hacer ruido, de Raskolnikoff, y se juntó con Svidrigailoff.

—Vamos más de prisa—le dijo por lo bajo este último—. Es preciso que Rodión Romanovitch ignore nuestra entrevista. Advierto a usted que ha venido a buscarme, hace poco, a un café que está cerca de aquí, y que me ha costado trabajo separarme de él. Sabe que he escrito a usted una carta y sospecha algo. Indudablemente no es usted quien le ha hablado de esto; pero si no es usted, ¿quién ha sido, entonces?

—Ya hemos dado vuelta a la esquina—interrumpió Dunia—. Ahora mi hermano no puede vernos. Advierto a usted que no pasaré de aquí en su compañía. Dígame lo que quiera, que todo puede decirse en medio de la calle.

—En primer lugar, no es en la vía publica donde pueden ni deben hacerse ciertas confidencias. Además, usted debe oír también a Sofía Semenovna, y en tercer lugar, es preciso que yo le muestre ciertas pruebas. En fin, si usted no consiente en venir a mi casa, renuncio a toda explicación y me retiro ahora mismo. No olvide usted tampoco que poseo cierto secreto muy curioso que interesa a su querido hermano.

Dunia se detuvo indecisa y dirigió una mirada penetrante a Svidrigailoff.

—¿Qué teme usted?—observó tranquilamente éste—. La ciudad no es el campo, y aun en el campo mismo me ha hecho usted más daño que yo a usted.

—¿Sofía Semenovna está avisada?

—No, no le he dicho una palabra; ni siquiera sé si está en su casa. Creo, sin embargo, que debe de estar, porque hoy se ha verificado el entierro de su madrastra, y no es de suponer que en un día como éste haga visitas. Por el momento no quiero hablar de eso a nadie, y hasta siento, en cierto modo, haberme clareado con usted. En tales casos, la menor palabra pronunciada a la ligera equivale a una denuncia. Yo vivo cerca, en esta casa; he aquí nuestro portero; me conoce muy bien. ¿Ve usted? me saluda. Ve que vengo con una señora; sin duda se ha fijado ya en la fisonomía de usted. Esta circunstancia debe tranquilizarla si desconfía de mí. Perdóneme si le hablo tan crudamente. Vivo aquí, en un cuarto amueblado; no hay más que un tabique entre el cuarto de Semenovna y el mío, y todo el piso está habitado por diferentes vecinos. ¿Por qué, pues, tiene usted tanto miedo como un niño? ¿Qué tengo yo de terrible?

Svidrigailoff trató de sonreírse bondadosamente, pero no lo consiguió. Latíale el corazón con fuerza y tenía oprimido el pecho. Afectaba levantar la voz para ocultar la agitación que experimentaba. Precaución inútil, porque Dunia no advertía en él nada de particular; las últimas palabras de su interlocutor habían irritado demasiado a la orgullosa joven para que pensase en otra cosa que en la herida de su amor propio.

—Aunque sé que es usted un hombre sin honor, no le temo. Condúzcame usted—dijo con tono tranquilo que desmentía, es verdad, la extrema palidez de su semblante.

Svidrigailoff se detuvo delante del cuarto de Sonia.

—Permítame usted que vea si está en la habitación. No, no está; es una contrariedad; pero sé que vendrá dentro de poco. No ha podido salir más que para ver a una señora que se interesa por los huérfanos; yo también me he ocupado en ese asunto. Si Sofía Semenovna no ha vuelto dentro de diez minutos y usted tiene necesidad de hablarle, la enviaré a casa de usted hoy mismo. Este es mi alojamiento; se compone de estas dos habitaciones. Detrás de esa puerta habita mi patrona, la señora Reslich. Ahora fíjese usted, voy a mostrarle mis principales pruebas. Mi alcoba tiene esta puerta que conduce a un alojamiento de dos piezas, el cual está enteramente vacío. Entérese usted; es preciso que tenga un conocimiento exacto de todos los lugares.

Svidrigailoff ocupaba dos habitaciones bastante grandes. Dunia miraba en derredor de sí con desconfianza; pero no descubría nada sospechoso ni en los muebles ni en la disposición del local. No obstante, pudo advertir que Svidrigailoff habitaba entre dos departamentos en cierto modo inhabitados. Para llegar hasta el suyo había que atravesar dos aposentos, puede decirse que vacíos, que formaban parte de la habitación de su propietaria. Abriendo la puerta que ponía en comunicación su alcoba con el departamento no alquilado, Svidrigailoff mostró este último a Dunia. La joven se detuvo en el umbral, sin comprender por qué se le invitaba a mirar; pero en seguida le dió Svidrigailoff la explicación.

—¿Ve usted esa habitación grande, la segunda? fíjese usted en esa puerta cerrada con llave. A su lado hay una silla, la única que se encuentra en las dos habitaciones. Yo la llevé de mi cuarto para escuchar más cómodamente. La mesa de Sofía Semenovna está colocada precisamente detrás de esta puerta. La joven estaba sentada ahí y hablaba con Rodión Romanovitch, mientras que aquí, en una silla, escuchaba yo su conversación. He estado sentado en este sitio dos tardes seguidas, y cada vez dos horas, y así he podido enterarme de alguna cosa. ¿Qué le parece a usted?

—Que ha sido un espía.

—Sí. Ahora entraremos en mi cuarto. Aquí no puede uno ni sentarse.

Condujo a Dunia a la habitación que le servía de sala, y le ofreció un asiento cerca de la mesa. El se sentó a distancia respetuosa; pero le brillaban los ojos con el mismo fuego que en otro tiempo había asustado tanto a la joven. Esta estaba temblando, a pesar de la tranquilidad que procuraba demostrar, y dirigió en torno suyo otra mirada de desconfianza. La situación aislada del alojamiento de Svidrigailoff, acabó por atraer su atención. Quiso preguntar si, por lo menos, estaba en casa la patrona; pero su orgullo no le permitió hacer esta pregunta. Por otra parte, la inquietud relativa a su seguridad personal, no era nada en comparación de la otra ansiedad que torturaba su corazón.

—Aquí tiene usted su carta—comenzó a decir, depositándola encima de la mesa—. Lo que usted me ha escrito, ¿es posible? Usted me da a entender que mi hermano ha cometido un crimen; las insinuaciones de usted son bien claras; no trate ahora de recurrir a subterfugios. Sepa usted que antes de sus pretendidas revelaciones he oído hablar de este cuento absurdo, del cual no creo una palabra; eso es aún más ridículo que odioso. Conozco estas sospechas e ignoro la causa que las ha hecho nacer. Usted no puede tener pruebas. Sin embargo, ha prometido darlas; hable, pues; pero le advierto que no le creo.

Dunia pronunció estas palabras con extrema rapidez, y por un instante la emoción que experimentaba coloreó de rojo sus mejillas.

—Si usted no me creyese, ¿hubiese podido resolverse a venir sola a mi casa? ¿Por qué, pues, ha venido? ¿Por pura curiosidad?

—No me atormente más y hable, hable usted.

—Hay que convenir que es usted una joven valiente. Creía verdaderamente que había usted suplicado al señor Razumikin que la acompañase; pero he podido convencerme de que no sólo no ha venido con usted, sino de que no la ha seguido a distancia. Es usted una mujer discreta y valerosa. Ha pensado en Rodión Romanovitch y... Por lo demás, en usted todo es divino. En lo que concierne a su hermano, ¿qué he de decirle a usted si acaba de verle? ¿Cómo le encuentra?

—¿Y es en eso solamente en lo que funda usted su acusación?

—No; no es en eso precisamente, sino en las propias palabras de Rodión Romanovitch. Ha venido dos días seguidos a hablar con Sofía Semenovna. Ya he indicado a usted dónde estuvieron sentados. Lo confesó todo a la joven: es un asesino. Mató a una vieja usurera, en cuya casa había empeñado algunos objetos. Pocos momentos después del asesinato, la hermana de la víctima, una vendedora de ropa blanca llamada Isabel, entró por casualidad y también la mató. Se sirvió para asesinar a las dos mujeres, de un hacha que llevaba a prevención. Su propósito era robar y robó; tomó dinero y diversos objetos; eso es lo que, palabra por palabra, ha contado a Sofía Semenovna. Ella sola conoce el secreto; pero no es cómplice del asesinato; todo al contrario, al oírlo referir se quedó tan espantada como lo está usted ahora. Puede usted tranquilizarse; no será ella la que denuncie a su hermano de usted.

—¡Eso es imposible!—balbuceó Dunia, jadeante—; no tenía la menor razón ni el más pequeño motivo para cometer ese crimen... Eso es una mentira.

—El robo explica el móvil del asesinato. Su hermano de usted tomó dinero y joyas. Es verdad que, según su propia confesión, ni del uno ni de las otras ha sacado el menor provecho, y que hubo de ocultarlo todo bajo una piedra, en donde está todavía; pero esto es porque no se ha atrevido a utilizarlo.

—¿Es verosímil que haya robado? ¿Ha podido tener siquiera este pensamiento?—exclamó Dunia levantándose vivamente—. ¿Usted lo conoce? ¿Le cree usted capaz de ser ladrón?

—Esa categoría, Advocia Romanovna, comprende infinito número de variedades. En general, los rateros tienen conciencia de su infamia; he oído hablar, sin embargo, de un hombre muy noble que desvalijó un correo. ¿Quién sabe si su hermano de usted pensaba cumplir una acción laudable? También yo, como usted, no hubiera creído esa historia si la hubiese sabido por un medio indirecto, pero forzoso me es dar crédito al testimonio de mis oídos... ¿A dónde va usted, Advocia Romanovna?

—Voy a ver a Sofía Semenovna—respondió con voz débil la joven—. ¿Dónde está la entrada de su cuarto? Puede que ya haya vuelto; quiero verla en seguida. Es menester que ella...

Advocia Romanovna no pudo acabar, se ahogaba materialmente.

—Según todas las apariencias, Sofía Semenovna no estará de vuelta hasta la noche. Su ausencia debía ser muy corta; pero, puesto que no ha vuelto aún, no regresará hasta muy tarde.

—¡Ah! ¿De ese modo mientes? Ya lo veo, has mentido... no dices más que mentiras... no te creo... no te creo—exclamó Dunia en un arranque de cólera que la ponía fuera de sí.

Casi desfallecida, se dejó caer sobre una silla que Svidrigailoff se apresuró a acercarle.

—¿Qué tiene usted, Advocia Romanovna? Tranquilícese; aquí hay agua; beba usted un poco. Le echó agua en la cara; la joven tembló y volvió en sí.

«Esto ha producido efecto»—murmuraba Svidrigailoff para sí frunciendo el entrecejo—. Cálmese usted, Advocia Romanovna; sepa usted que Rodión Romanovitch tiene amigos; le salvaremos; le sacaremos de este mal paso. ¿Quiere usted que le lleve yo mismo al extranjero? Tengo dinero; de aquí a algunos días habré realizado todo mi haber. En cuanto al crimen, su hermano de usted hará una infinidad de buenas acciones que borrarán su delito. Quizá llegue a ser todavía un grande hombre. Vamos, ¿cómo está usted? ¿Cómo se siente?

—¡El miserable! ¡Todavía se burla! ¡Déjeme usted!

—¿A dónde quiere usted ir?

—A su lado. ¿En dónde está? ¡Usted lo sabe! ¿por qué está cerrada esa puerta? Por ella hemos entrado y ahora está cerrada con llave. ¿Cuándo la ha cerrado usted?

—No era necesario que toda la casa nos oyese. En el estado en que usted se encuentra, ¿para qué quería buscar a su hermano? ¿Quiere usted causar su perdición? La conducta de usted le pondrá furioso, y él mismo irá a denunciarse. Sepa usted también que se le vigila, y que la menor imprudencia por parte de usted le será funesta. Espere un poco. Le he visto, le he hablado hace un momento; todavía puede salvarse. Siéntese, vamos a examinar juntos lo que hay que hacer; para eso la he invitado a venir a mi casa; pero siéntese usted.

Dunia se sentó. Svidrigailoff tomó asiento cerca de ella.

—¿Cómo podría usted salvarle? ¿Acaso eso es posible?

—Todo depende de usted—comenzó a decir en voz baja.

Brillábanle los ojos, y su emoción era tal, que no podía hablar.

Dunia, aterrada, retiró un tanto su silla.

—Una sola palabra de usted y se salva—continuó él todo tembloroso—. Yo, yo le salvaré; tengo dinero y amigos. Le haré partir inmediatamente para el extranjero; le proporcionaré un pasaporte. Buscaré dos: uno para él y otro para mí. Tengo amigos con cuya fidelidad e inteligencia puedo contar... ¿Quiere usted? Tomaré un pasaporte para usted y para su madre... ¿Qué le importa a usted Razumikin?... Mi amor vale tanto como el suyo. La amo a usted con toda mi alma... déjeme besar el borde de su vestido... se lo ruego. El ruido que hace su falda me vuelve loco. Mande usted; ejecutaré todas sus órdenes, cualesquiera que sean; haré lo imposible; las creencias de usted serán las mías. ¡Oh, no me mire usted de ese modo, que me mata!

Comenzaba a delirar. Se hubiera dicho que tenía un ataque de enajenación mental. Dunia dió un salto hacia la puerta y empezó a sacudirla con todas sus fuerzas.

—¡Abrid, abrid!—gritó, creyendo que la oirían fuera—. ¡Abrid! ¿No hay nadie en esta casa?

Svidrigailoff se levantó; había recobrado ya en parte su sangre fría, y una sonrisa amarga erraba en sus labios temblorosos.

—No hay nadie aquí—dijo lentamente—. La patrona ha salido y usted se equivoca al gritar de ese modo; se toma usted un trabajo inútil.

—¿Dónde está la llave? ¡Abre la puerta en seguida, en seguida, infame!

—La he perdido y no puedo encontrarla.

—¿De modo que esto era un lazo?—gritó Dunia pálida como una muerta, y se lanzó a un rincón, en donde se parapetó tras de una mesita.

Después se calló; pero sin apartar los ojos de su enemigo, espiando hasta sus más pequeños movimientos. En pie, frente a ella, en el otro extremo de la habitación, Svidrigailoff no se movía de su sitio. Exteriormente, por lo menos, había logrado dominarse. No obstante, su rostro estaba pálido y continuaba sonriendo a la joven con aire burlón.

—Ha pronunciado usted la palabra lazo, Advocia Romanovna. En efecto, la he preparado a usted un lazo, y mis medidas están bien tomadas. Sofía Semenovna no está en su casa; nos separan cinco piezas del cuarto de los Kapernumoff. Además, soy, cuando menos, dos veces más fuerte que usted, e independientemente de esto nada tengo que temer, porque si usted se querella contra mí, su hermano está perdido. Por otra parte, nadie la creerá; todas las apariencias arguyen contra una joven que va sola a la caja de un hombre; y aunque usted se decidiese a sacrificar a su hermano, nada podría usted probar; son muy difíciles las pruebas de una violación, Advocia Romanovna.

—¡Miserable!—dijo la joven en voz baja pero vibrante de indignación.

—Sí, miserable; pero advierta usted que yo he razonado sencillamente desde el punto de vista de su hipótesis. Personalmente opino como usted, que la violación es un delito abominable; cuanto he dicho ha sido para tranquilizar la conciencia de usted en el caso en que consintiese, de buen grado, en salvar a su hermano como yo se lo he propuesto. Podrá usted decirse a sí misma que no ha cedido más que a las circunstancias, a la fuerza, si es preciso emplear esta palabra. Piense que la suerte de su madre y de su hermano está en sus manos. Seré esclavo de usted durante toda mi vida. Voy a esperar aquí.

Se sentó en el diván a ocho pasos de Dunia. La joven conocía muy bien a Svidrigailoff; no tenía la menor duda de que era inquebrantable su resolución.

De repente sacó del bolsillo un revólver, lo montó y lo colocó sobre la mesa, al alcance de su mano.

Svidrigailoff lanzó un grito de sorpresa e hizo un brusco movimiento hacia adelante.

—¿Esas tenemos?—dijo con maligna sonrisa—. La situación cambia por completo; usted me simplifica singularmente la tarea; pero, ¿dónde se ha procurado usted ese revólver? ¿Se lo ha prestado a usted Razumikin? ¡Calle, si es el mío, lo reconozco! Lo había buscado en vano... Las lecciones de tiro que yo tuve el honor de darle en el campo, no habrán sido inútiles.

—Ese revólver no era tuyo, sino de Marfa Petrovna, a quien has matado tú. ¡Asesino! ¡Nada te pertenecía en su casa! Yo me apoderé de él cuando comencé a sospechar de lo que eras capaz. ¡Si das un solo paso, te juro que te mato!

Dunia, exasperada, se disponía a poner en práctica su amenaza, si llegaba el caso.

—Bueno, ¿y su hermano de usted? Le hago este pregunta por simple curiosidad—dijo Svidrigailoff, que continuaba en pie en el mismo sitio.

—Denúnciale si quieres. No te acerques, o disparo. Has envenenado a tu mujer, lo sé; tú también eres un asesino.

—¿Está usted bien segura de que yo he envenenado a Marfa Petrovna?

—Sí, tú mismo me lo diste a entender; tú me hablaste de veneno... Sé que te lo procuraste... tú, tú, ciertamente, fuiste, infame.

—Aun cuando eso fuese cierto, lo habría hecho por ti... tú habrías sido la causa.

—¡Mientes; yo te he detestado siempre, siempre!

—Parece que ha olvidado usted, Advocia Romanovna, que en su celo por convertirme se inclinaba hacia mí con lánguidas miradas... yo leía en los ojos de usted, ¿no se acuerda?, por la noche, al resplandor de la luna, mientras cantaba el ruiseñor.

—¡Mientes! (la rabia hacía brillar las pupilas de Dunia). ¡Mientes, calumniador!

—¿Que miento? Está bien. Miento; he mentido; las mujeres no gustan que se les recuerden ciertas cosillas—repuso sonriendo—. ¡Sé que tirarás, precioso monstruo; pues bien, anda!

Dunia le apuntó, no esperando más que un movimiento de él para hacer fuego; el rostro de la joven estaba cubierto de mortal palidez. Agitábasele el labio inferior, movido por la cólera, y llameábanle sus grandes y negros ojos. ¡Jamás la había visto tan hermosa Svidrigailoff! Este avanzó un paso, sonó una detonación, la bala le pasó rozando los cabellos, y fué a incrustarse en la pared, detrás de él. Svidrigailoff se detuvo.

—Una picadura de abeja—dijo riéndose—. Apunta a la cabeza... ¿Qué es esto? Tengo sangre.

Sacó un pañuelo del bolsillo para enjugarse la sangre que le corría a lo largo de la sien derecha. La bala le había rozado la piel del cráneo. Dunia bajó el arma y miró a Svidrigailoff con una especie de estupor. Parecía no darse cuenta de lo que acababa de hacer.

—Pues bien; ha errado usted el tiro. Dispare otra vez; espero—prosiguió Svidrigailoff, cuya alegría tenía algo de siniestro—; si tarda usted en disparar, tendré tiempo de agarrarla antes de que pueda usted defenderse.

Temblorosa Dunia, armó rápidamente el revólver y amenazó de nuevo a su perseguidor.

—¡Déjeme usted!—dijo con desesperación—; ¡le juro que voy a disparar otra vez! ¡Le mataré!

—A tres pasos, en efecto, es imposible que usted no haga blanco; pero si no me mata, entonces...

En los brillantes ojos de Svidrigailoff se podía leer el resto de su pensamiento. Dió dos pasos hacia adelante. Dunia disparó: pero falló el tiro.

—No está bien cargada el arma, no importa, eso puede repararse. Tiene ésta aún una cápsula; espero.

En pie, a dos pasos de la joven fijaba en ella una mirada ardiente, que expresaba indomable resolución. Dunia comprendió que aquel hombre moriría antes que renunciar a su designio.

Sin duda le mataría ahora que estaba solamente a dos pasos de ella.

De repente la joven tiró el revólver.

—¡No quiere usted tirar!—dijo Svidrigailoff asombrado, y respiró libremente.

No era quizá el temor de la muerte el peso más grave de que sentía aliviada su alma; sin embargo, no hubiera podido explicarse a sí mismo la naturaleza del alivio que experimentó.

Se acercó a Dunia y la tomó suavemente por el talle. No resistió la joven; pero, toda temblorosa, le miró con ojos suplicantes. Quiso hablar él; pero no pudo proferir ningún sonido.

—¡Suéltame!—suplicó Dunia.

Al oírse tutear con una voz que no era la de antes, Svidrigailoff se echó a temblar.

—¿De modo que no me amas?—preguntó en voz baja.

Dunia hizo con la cabeza un signo negativo.

—¿Y no podrás amarme... nunca...?—continuó él con acento desesperado.

—¡Nunca!—murmuró la joven.

Durante pocos instantes se libró una lucha terrible en el alma de Svidrigailoff. Tenía fijos los ojos en la joven con una expresión indecible. De repente apartó el brazo que había pasado en derredor del talle de Dunia, y alejándose rápidamente de ésta, fué a colocarse delante de la ventana.

—Ahí está la llave—dijo después de una pausa (la sacó del bolsillo izquierdo del gabán y la colocó detrás de él en la mesa sin volverse hacia Dunia)—. Tómela usted, y váyase pronto.

Seguía mirando obstinadamente por la ventana. Dunia se aproximó a la mesa para tomar la llave.

—¡Pronto, pronto!—repitió Svidrigailoff.

No había cambiado de posición, no la miraba; pero aquella palabra «pronto» había sido pronunciada de modo tal, que su significación no dejaba lugar a dudas.

Dunia tomó la llave, dió un salto hacia la puerta y salió rápidamente de la habitación; un instante después corría como loca a lo largo del canal, en la dirección del puente***.

Svidrigailoff permaneció todavía tres minutos cerca de la ventana. Al cabo se volvió con lentitud, dirigió una mirada en derredor suyo, y se pasó la mano por la frente. Sus facciones, desfiguradas por una extraña sonrisa, expresaban tremenda desesperación. Al advertir que tenía sangre en la mano, la miró con cólera, y luego mojó un paño y se lavó la herida. El revólver arrojado por Dunia había rodado hasta la puerta. Svidrigailoff lo levantó y se puso a examinarlo. Era un revólver pequeño de tres tiros, de antiguo sistema. Tenía aún dos cápsulas vacías y una cargada. Después de un momento de reflexión, guardó el arma en el bolsillo, tomó el sombrero y salió.

V.

Hasta las diez de la noche Arcadio Ivanovitch Svidrigailoff estuvo recorriendo tabernas y *traktirs*. Habiendo encontrado a Katia le pagó las consumaciones que quiso tomar, y lo mismo al organillero, a los mozos y a dos dependientes de comercio con los cuales tenía extraña simpatía. Había notado que estos dos jóvenes tenían la nariz ladeada, y que la de uno miraba a la derecha y la del otro a la izquierda. Finalmente se dejó llevar por ellos a un «jardín de recreo», donde pagó la entrada a todos. Este establecimiento, que ostentaba pomposamente el nombre de Waus-Hall, era un café cantante de ínfima clase. Los dependientes encontraron allí algunos «colegas» y empezaron a reñir con ellos; poco faltó para que vinieran a las manos. Svidrigailoff fué elegido como árbitro. Después de haber escuchado, durante un cuarto de hora, las recriminaciones confusas de los contendientes, creyó comprender que uno de ellos había robado una cosa, que había vendido a un judío, pero sin querer dar parte a sus camaradas del producto de aquella operación *comercial*. Por último, se averiguó que el objeto robado era una cucharilla de te perteneciente al Waus-Hall. La cuchara fué reconocida por los mozos del establecimiento, y la cosa hubiera acabado mal si Svidrigailoff no hubiera indemnizado a los que se quejaban. Se levantó y salió del jardín. Eran las diez. Durante toda la noche no había bebido ni una gota de vino. En el Waus-Hall se había limitado a pedir te, y eso porque allí estaba obligado a hacerse servir alguna cosa. La temperatura era sofocante, y negras nubes se amontonaban en el cielo. Próximamente a las diez estalló una violenta tempestad. Svidrigailoff llegó a su casa empapado hasta los huesos. Se encerró en su cuarto, abrió el cajón de su cómoda, sacó de él todo el dinero y desgarró dos o tres papeles. Después de haberse guardado el dinero pensó en mudarse de ropa; pero, como continuaba lloviendo, juzgó que no valía la pena; tomó el sombrero, salió sin cerrar la puerta de su habitación, y se dirigió al domicilio de Sonia.

La joven no estaba sola; tenía en derredor suyo los cuatro niños de Kapernumoff, a quienes servía el te. Sonia acogió respetuosamente al visitante, miró con sorpresa sus vestidos mojados, pero no dijo una palabra. A la vista de un extraño todos los chiquillos huyeron asustados.

Svidrigailoff se sentó cerca de la mesa e invitó a Sonia a que se sentase cerca de él. La joven se preparó tímidamente a escucharlo.

—Sofía Semenovna—empezó a decir—, quizá me vaya a América, y, como según todas las probabilidades, nos vemos por última vez, he venido a fin de arreglar algunos asuntos. ¿Ha ido usted esta tarde a casa de esa señora? Sé lo que le ha dicho usted; es inútil que me lo cuente (Sofía Semenovna hizo un movimiento de cabeza y se ruborizó). Esa gente tiene ciertos prejuicios. Por lo que hace a las hermanas de usted y a su hermano, su suerte está asegurada. El dinero que destinaba yo a cada uno de ellos, ha sido depositado por mí en manos seguras. Aquí tiene usted los recibos. Ahora, para usted, tome estos tres títulos del 5 por 100 que representan una suma de 3.000 rublos. Deseo que esto quede entre nosotros y que nadie sepa nada de ello. El dinero le es necesario, Sofía Semenovna, porque no puede usted continuar viviendo de este modo.

—Ha tenido usted tantas bondades con los huérfanos, con la difunta y conmigo—balbuceó Sonia—, que aunque apenas le haya dado a usted las gracias no crea usted que...

—Bueno, basta; basta...

—En cuanto a este dinero, Arcadio Ivanovitch, yo se lo agradezco mucho, pero no lo necesito ahora. No teniendo que pensar más que en mí, podré ir saliendo; no me considere usted ingrata porque rehuse su ofrecimiento. Puesto que es usted tan caritativo, este dinero...

—Tómelo usted, Sofía Semenovna, se lo suplico; no me haga usted objeciones; no tengo tiempo de oírlas. Raskolnikoff se encuentra entre dos alternativas: o pegarse un tiro o ir a Siberia.

Al oír estas palabras, Sonia se echó a temblar y miró aterrada a su interlocutor.

—No se inquiete usted—prosiguió Svidrigailoff—. Lo he oído todo de sus propios labios; no soy hablador y guardaré el terrible secreto. Ha estado usted inspirada aconsejándole que vaya a denunciarse. Es el mejor partido que puede tomar. Cuando vaya a Siberia, usted le acompañará, ¿no es eso? En tal caso, tendrá usted necesidad de dinero. Le hará a usted falta para él. ¿Comprende ahora? La cantidad que le ofrezco se la doy a él por mediación de usted. Además, usted ha prometido a Amalia Ivanovna pagar lo que se le debe. ¿Por qué asume usted siempre, tan ligeramente, semejantes compromisos? La deudora de esa alemana no era usted, sino Catalina Ivanovna; ha debido usted enviar al diablo a la alemana; es preciso más cálculo en la vida. Si mañana, o pasado mañana, le preguntase alguien por mí, no hable de mi visita, ni diga a nadie que le he dado dinero. Y, ahora, hasta la vista (se levantó). Salude usted de mi parte a Rodión Romanovitch. A propósito: hará usted muy bien, por de pronto, confiando el dinero al señor Razumikin. ¿Conoce usted al señor Razumikin? Es un buen muchacho. Lléveselo usted mañana o... cuando tenga usted ocasión. Pero, de aquí a entonces, tenga cuidado de que no se lo quiten.

Sonia se había levantado y fijaba una mirada inquieta en el visitante. Tenía grandes deseos de decir alguna cosa, de hacer alguna pregunta; pero estaba tan intimidada, que no sabía por dónde empezar.

—¿De modo... de modo... que va usted a ponerse en camino con un tiempo tan malo?

—Cuando se va a América no se preocupa uno de la lluvia. Adiós, mi querida Sofía Semenovna; viva usted, viva usted largo tiempo; sea usted útil a sus semejantes... dé usted mis recuerdos al señor Razumikin; dígale que Arcadio Ivanovitch Svidrigailoff le saluda. No se olvide usted.

Cuando hubo salido Svidrigailoff, Sonia quedóse oprimida por un sentimiento de temor.

La misma noche Svidrigailoff hizo una visita muy singular y muy inesperada. La lluvia seguía cayendo. A las once y veinte minutos se presentó, todo calado en casa de los padres de su futura, que ocupaban un cuartito en Wasili-Ostroff. Tuvo que llamar muchas veces antes de que le abriesen, y su llegada, a una hora tan intempestiva, causó en el primer momento gran sorpresa. Creyóse al principio que aquélla sería una humorada de hombre ebrio; pero en seguida hubieron de desechar esta suposición, porque, cuando se lo proponía, Svidrigailoff tenía modales por extremo seductores. La inteligente madre acercó la butaca del padre enfermo y entabló la conversación por medio de diferentes preguntas. Aquella mujer no iba nunca derecha al asunto; quería, por ejemplo, saber cuándo le agradaría celebrar a Arcadio Ivanovitch el matrimonio, y comenzaba interrogándole curiosamente acerca de París y sobre la *high-life* parisiense, para conducirle poco a poco a Wasili-Ostroff.

Otras veces, esta maniobra resultaba bastante bien; pero en las circunstancias presentes, Svidrigailoff se mostró más impaciente que de costumbre, y quiso ver inmediatamente a su futura, a pesar de que se le dijo que estaba ya acostada. Claro es que se apresuraron a satisfacer su deseo. Svidrigailoff dijo a la joven que un negocio urgente le obligaba a ausentarse por algún tiempo de San Petersburgo, y que le traía 15.000 rublos, suplicándole que aceptare aquella bagatela, que desde largo tiempo antes había tenido intención de regalársela en vísperas del matrimonio. Apenas si había relación lógica entre este regalo y el anunciado viaje; no parecía que fuese necesaria para ello una visita nocturna mientras llovía torrencialmente. Sin embargo, por torpes que pudieran ser estas explicaciones, aquella familia se deshizo, por el contrario, en muestras de gratitud sumamente calurosas, a las cuales mezcló sus lágrimas la madre. Svidrigailoff se levantó, besó a su prometida, le dió suaves golpecitos en la mejilla, y aseguró que estaría muy pronto de vuelta. La muchacha le miraba perpleja; se leía en sus ojos algo más que una simple curiosidad infantil. Arcadio Ivanovitch notó aquella mirada, besó de nuevo a su futura, y se retiró, pensando con verdadero despecho que su regalo sería, de seguro, conservado bajo llave por la más inteligente de las madres.

A media noche volvió a entrar en la ciudad por el puente de***. Había cesado la lluvia; pero el viento soplaba con fuerza. Durante cerca de media hora, Svidrigailoff anduvo por la vasta perspectiva***, como si buscase alguna cosa. Poco tiempo antes reparó que al lado derecho de la perspectiva había un hotel que se llamaba, si la memoria no le era infiel, hotel Andrinópolis. Al fin lo encontró. Era un gran edificio de madera, en el cual, a pesar de lo avanzado de la noche, se veía luz. Entró y pidió habitación a un criado harapiento que encontró en el corredor. Después de echar una mirada sobre Svidrigailoff, el criado le condujo a un cuartito situado al extremo del corredor, debajo de la escalera; era el único disponible.

—¿Hay te?—preguntó Svidrigailoff.

—Puede hacerse.

—¿Qué hay además?

—Carne, aguardiente, entremeses.

—Tráeme carne y te.

—¿No quiere usted nada más?—preguntó con algo de vacilación el camarero.

—No.

El hombre harapiento se alejó muy contrariado.

«Esa casa debe ser alguna otra cosa que un hotel—pensó Svidrigailoff—; pero yo también debo tener el aspecto de un hombre que vuelve de un café cantante y que ha tenido una aventura en el camino. Sin embargo, me gustaría saber qué clase de gente viene aquí.»

Encendió la vela y empezó a examinar detenidamente la habitación. Era tan estrecha y baja, que un hombre de la estatura de Svidrigailoff podía apenas estar de pie. El mobiliario se componía de una cama muy sucia, de una mesa de madera barnizada y de una silla. La tapicería destrozada estaba tan polvorienta, que con dificultad se adivinaba su primitivo color. La escalera cortaba diagonalmente el techo, lo que daba a esta habitación el aspecto de una buhardilla. Svidrigailoff puso la bujía sobre la mesa, se sentó en la cama y se quedó pensativo; pero un incesante ruido que se oía en el cuarto inmediato, acabó por atraer su atención. Se levantó, tomó la vela, y fué a mirar por una hendidura del tabique.

En una habitación un poco mayor que la suya vió dos individuos, uno en pie y otro sentado en una silla. El primero estaba en mangas de camisa, era rojo, y tenía el cabello rizado. Reprendía a su compañero con voz plañidera:

—Tú no tenías posición, estabas en la última miseria, te he sacado del fango, y depende de mí el dejarte caer otra vez en él.

El amigo a quien se dirigían estas palabras tenía el aspecto de un hombre que quisiese estornudar y no pudiese; de vez en cuando fijaba una mirada estúpida en el orador; no comprendía una palabra de lo que se le decía; quizá tampoco la entendía el que hablaba. Sobre la mesa en que la bujía estaba a punto de consumirse, había un jarro de aguardiente casi vacío, vasos de diversos tamaños, pan, cohombros y servicio de te. Después de haber contemplado atentamente este cuadro, Svidrigailoff dejó su observatorio y volvió a sentarse en la cama.

Al traer el te y la carne, el mozo no pudo menos de preguntar de nuevo «si el señor quería otra cosa». Al oír una respuesta negativa, se retiró definitivamente. Svidrigailoff se apresuró a beber una taza de te para entonarse; pero le fué imposible comer. La fiebre, que comenzaba a invadirle, le había quitado el apetito. Despojóse del gabán y el saco, se envolvió en la colcha, y se acostó; estaba quebrantado.

«Mejor sería, por esta vez, estar bien»—se dijo sonriendo.

La atmósfera era sofocante. La vela alumbraba débilmente. El viento zumbaba fuera, se oía el ruido de un ratón y llenaba todo el cuarto olor de ratones y de cuero. Tendido en el lecho, Svidrigailoff soñaba más bien que pensaba. Sus ideas se sucedían confusamente, y hubiera querido fijar en algo su imaginación.

«Debe de haber un jardín bajo la ventana; se percibe rumor de hojas y de ramas de árboles. ¡Cuánto detesto este ruido por la noche en medio de la tempestad y de las tinieblas!»

Se acordó de que un momento antes, al pasar junto al parque Petrovsky, había experimentado la misma penosa impresión. En seguida pensó en el pequeño Neva, y se estremeció del mismo modo que antes, cuando, de pie sobre el puente, contemplaba el río.

«En mi vida me ha gustado el agua, ni aun en los paisajes»—pensó, y de repente una idea extraña le hizo sonreír.

«Me parece que ahora debería burlarme de la estética de las comodidades. Sin embargo, heme aquí tan vacilante como el animal que en parecido caso tiene cuidado de elegir su sitio. ¿Si yo hubiese ido hace poco a Petrovsky-Ostroff? La verdad es que he tenido miedo al frío y a la obscuridad... ¡Je, je! Necesito sensaciones agradables... Pero, ¿por qué no apagar la bujía? (la sopló). Mis vecinos están acostados»—añadió al no ver luz por la hendidura del tabique... Poco a poco se irguió ante su imaginación la figura de Dunia, y súbito temblor agitó sus nervios al recuerdo de la entrevista que pocas horas antes había tenido con la joven.

«No, no pensemos en esto. Cosa extraña, yo no he odiado jamás a nadie; jamás tampoco he experimentado vivos deseos de vengarme... esto es mal signo, mal signo. Jamás he sido tampoco ni pendenciero, ni violento; he aquí otro mal signo. ¡Pero qué promesas he hecho hace poco! ¡Quién sabe adónde habría llegado!»

Se calló y apretó los dientes. Su imaginación le mostró a Dunia tal como la había visto, cuando, después de haber dejado el revólver incapaz en adelante de resistencia, fijaba sobre él una mirada de espanto. Acordóse de la piedad que había sentido en aquel momento, y de lo oprimido que tenía el corazón.

«¡Vayan al diablo tales ideas!... ¡No pensemos más en tal cosa!»

Iba ya a adormecerse; su temblor febril había cesado. De pronto le pareció que por debajo de la colcha corría alguna cosa a lo largo del brazo y de la pierna. Se estremeció. «¡Caramba! ¡Es sin duda un ratón! He dejado la carne sobre la mesa.» Por temor al frío no quería destaparse ni levantarse; pero, de repente, un contacto desagradable le rozó el pie. Arrojó la colcha, encendió la vela, y temblando se incorporó en el lecho y no vió nada. Sacudió la colcha y saltó un ratón sobre la sábana. Trató en seguida de pillarlo, pero sin salir del lecho; el animalito describía zigzags rapidísimos y se deslizaba por entre los dedos que querían apresarlo. Finalmente, el ratón se metió debajo de la almohada. Svidrigailoff arrojó al suelo la almohada; pero en el mismo instante sintió que alguna cosa había saltado sobre él y que se le paseaba sobre el cuerpo debajo de la camisa. Un temblor nervioso se apoderó de él y se despabiló. La obscuridad era completa en la habitación; el seguía echado en la cama, envuelto en la colcha; el viento continuaba silbando en el exterior.

«Esto es insoportable»—se dijo con cólera.

Se sentó en el borde del lecho; con la espalda vuelta hacia la ventana.

«Más vale no dormir»—se dijo.

Por la reja entraba un aire húmedo y frío. Svidrigailoff, sin moverse de su sitio, atrajo hacia sí la colcha y se envolvió en ella. No encendió la luz; no pensaba ni quería pensar en nada; pero sueños e ideas incoherentes atravesaban confusos su cerebro. Estaba como sumido en semi-sueño. ¿Era aquello efecto del frío, de las tinieblas, o del viento que agitaba los árboles? Lo cierto es que estos desvaríos tomaban un aspecto fantástico. Le parecía estar viendo un riente paisaje. Era el día de la Trinidad, y hacía un tiempo soberbio... En medio de floridos arriates aparecía una elegante quinta de gusto inglés; plantas trepadoras tapizaban el vestíbulo; a los lados de la escalera, cubierta de una rica alfombra se erguían dos jarrones chinescos que contenían flores exóticas. En las ventanas había vasos medio llenos de agua en que hundían sus tallos ramilletes de jacintos blancos, que se inclinaban esparciendo un perfume embriagador. Aquellos ramilletes atraían particularmente la atención de Svidrigailoff, tanto, que no hubiera querido alejarse de ellos; sin embargo, subió la escalera y entró en una sala grande y alta; allí, como en las ventanas, como cerca de la puerta que daba a la terraza, y en a terraza misma, había flores; por todas partes flores. El pavimento estaba cubierto de hierbas recientemente segadas y que exhalaban suave olor; por las ventanas abiertas penetraba en la habitación una brisa deliciosa, y los pájaros gorjeaban en los alféizares; pero en medio de la sala, sobre una mesa cubierta con un mantel de raso blanco, estaba colocado un féretro. Le rodeaban guirnaldas de flores, y el interior estaba forrado de seda de Nápoles y de encajes blancos; en aquel ataúd reposaba, sobre un lecho de flores, una jovencita vestida de blanco. Tenía los ojos cerrados, y cruzados sobre el pecho los brazos, que parecían los de una estatua de mármol. Sus cabellos, de color rubio claro, estaban despeinados y húmedos; ceñíale la cabeza una corona de rosas. El perfil severo y ya rígido del rostro parecía también de mármol; pero la sonrisa de sus labios pálidos expresaba tan amarga tristeza, una desolación tan grande, que no parecía propia de su edad. Svidrigailoff conocía a aquella jovencita; cerca de su ataúd no había imágenes, ni cirios encendidos, ni oraciones. La difunta era una suicida; a los catorce años tenía el corazón herido por un ultraje que había destrozado su conciencia infantil, llenado su alma de una inmerecida vergüenza y arrancado de su pecho un grito supremo de desesperación, grito ahogado por los mugidos del viento en medio de una húmeda y fría noche de deshielo.

Svidrigailoff se levantó, dejó el lecho y se aproximó a la ventana. Después de haber buscado a tientas la falleba, abrió los cristales, exponiendo la cara y el cuerpo, apenas protegido por la camisa, al rigor del viento glacial que penetraba en la estrecha habitación. Bajo la ventana debía haber, en efecto, un jardín de recreo; allí, sin duda, durante el día, se cantaban canciones y se servía te en mesitas; pero ahora todo estaba sumido en las tinieblas, y los objetos se ofrecían como manchas negras y apenas distintas. Durante cinco minutos, Svidrigailoff, apoyado de codos en la ventana, trataba de horadar la obscuridad con la mirada. En el silencio de la noche retumbaron dos cañonazos.

«¡Ah! ¡es una señal! ¡El Neva sube!—pensó—. Esta madrugada los barrios bajos de la ciudad van a inundarse; las ratas se ahogarán en las cuevas; los inquilinos de los pisos bajos, chorreando de agua y renegando, tratarán, en medio de la lluvia y del viento, de salvar sus cachivaches, transportándolos a los pisos superiores... pero, ¿qué hora es?»

En el momento mismo que se hacía esta pregunta, un reloj vecino dió tres campanadas.

«Dentro de una hora será de día. ¿Para qué esperar? Voy a salir en seguida y a dirigirme a la isla Petrovsky.»

Cerró la ventana, encendió la vela y se vistió; luego, con el candelero en la mano, salió de la habitación para ir a despertar al mozo, pagar la cuenta y dejar en seguida la posada.

«Es éste el momento más favorable; no se puede esperar otro mejor.»

Anduvo mucho tiempo por el corredor largo y estrecho; y como no encontrara a nadie, se puso a llamar en alta voz. De repente, en un rincón sombrío, entre un armario viejo y una puerta, descubrió un objeto extraño, una cosa que parecía viviente. Inclinándose con la luz, reconoció que aquello era una niña de cinco años; temblaba y lloraba. Su ropita estaba empapada como una esponja. La presencia de Svidrigailoff no pareció asustarla; pero fijó en él los ojos con expresión de insensata sorpresa. Sollozaba a intervalos como suelen hacerlo los niños que, después de haber estado llorando largo rato, comienzan a consolarse. Su rostro era pálido y demacrado; estaba transida de frío; mas, «¿por qué casualidad se encontraba allí?» Sin duda se había ocultado en aquel rincón y no había dormido en toda la noche. Svidrigailoff se puso a interrogarla. Animándose de pronto la niña, comenzó, con voz infantil y tartajosa, un relato interminable, repitiendo a cada instante «mamá» «jícara rota». Creyó comprender Svidrigailoff que era aquélla una niña poco amada. Su madre, probablemente una cocinera del hotel, se entregaba, sin duda, a la bebida. La niña había roto una jícara, y temiendo el castigo había huído la noche del día anterior, en medio de la lluvia. Después de haber estado mucho tiempo fuera, habría acabado por entrar furtivamente, ocultándose detrás del armario, pasando allí toda la noche, temblorosa, llorando, asustada de hallarse en la obscuridad, y más asustada aún ante el temor de que sería cruelmente maltratada, tanto por la jícara rota, como por la escapatoria. Svidrigailoff la tomó en sus brazos, y habiéndola depositado en la cama se puso a desnudarla. La niña no llevaba medias y tenía agujereados los zapatos, tan húmedos como si hubiesen estado metidos toda la noche en un charco. Después la desnudó, la acostó y la envolvió con cuidado en la colcha. La pequeñuela se durmió en seguida, y después que todo hubo terminado, Svidrigailoff volvió a caer otra vez en sus pensamientos sombríos.

«¿Qué me importa a mí eso?—se dijo con un movimiento de cólera—. ¡Qué tontería!»
En su irritación tomó la vela y buscó al mozo para dejar cuanto antes el hotel.

«¡Bah! ¡una granujilla!»—dijo, lanzando una blasfemia en el instante en que la puerta se abría; pero se volvió para echar una última mirada sobre la niña, a fin de asegurarse que dormía y cómo dormía. Levantó con precaución la colcha que ocultaba la cabeza. La chiquilla dormía con un sueño profundo; había entrado en calor y sus pálidas mejillas se habían coloreado. Sin embargo, cosa extraña: el encarnado de su tez era mucho más vivo que el que se advierte en el estado normal de los niños.

«Es el color de la fiebre—pensó Svidrigailoff—. Cualquiera diría que ha bebido.»
Sus labios purpurinos parecían arder de repente; el hombre creyó advertir que se movían algo las largas pestañas negras de la pequeña durmiente; bajo los párpados medio cerrados se adivinaban unas pupilas maliciosas, cínicas, en modo alguno infantiles.

«¿Estará despierta esta chiquilla y fingirá dormir?»
En efecto, sus labios sonreían, y temblaban como cuando se hacen esfuerzos para no reír, pero he aquí que cesa de contenerse y prorrumpe en una carcajada; algo desvergonzado, provocativo, aparece en aquel rostro que no tiene ya nada de infantil; es la cara de una prostituta, de una *cocotte* francesa. Los ojos de la niña se abren; envuelven a Svidrigailoff en una mirada lasciva y apasionada; le llaman y ríen... Nada más repugnante que aquella cara de niña cuyas facciones respiraban lujuria.

«¡Cómo! ¿a los cinco años?—murmuraba, preso de un verdadero espanto—. ¿Es posible?»
Pero he aquí que vuelve hacia él la cara inflamada, le tiende los brazos.

«¡Ah, maldita!»—exclamó con horror Svidrigailoff.
Levanta la mano sobre ella, y en el mismo instante se despierta.

Se encontró acostado en la cama, envuelto en la manta; la vela no estaba encendida; amanecía.
«He tenido una pesadilla.»

Al incorporarse advirtió con cólera que estaba cansado y quebrantado. Eran cerca de las cinco; Svidrigailoff había dormido demasiado rato. Se levantó; se puso la ropa, húmeda todavía, y notando que tenía el revólver en el bolsillo, lo sacó para asegurarse de si las cápsulas estaban bien colocadas. Después se sentó, y en la primera página de su librito de notas escribió algunas líneas de gruesos caracteres. Después de haber releído lo escrito, se apoyó de codos en la mesa y se absorbió en sus reflexiones. Las moscas se regalaban con la porción de carne que había quedado intacta. Las miró durante largo tiempo y se puso después a darles caza. Al fin se asombró de aquella ocupación, y recobrando de repente la conciencia de sus actos, salió apresurado de la habitación: un instante después estaba en la calle.

Espesa niebla envolvía la ciudad. Svidrigailoff caminaba en dirección del pequeño Neva. Mientras andaba por el resbaladizo suelo de madera, veía con la imaginación la isla Petrovsky, con sus senderos, sus céspedes, sus árboles y sus bosquecillos... Ni un transeunte, ni un coche en toda la extensión de la perspectiva. Las casitas amarillas, con las ventanas cerradas, tenían triste y sucio aspecto. El frío y la humedad hacían estremecer al madrugador paseante que se distraía leyendo casi maquinalmente las muestras de las tiendas. Llegado al fin del piso de madera, a la altura de la gran casa de piedra, vió un perro muy feo que atravesaba el arroyo apretando la cola entre las piernas. Un hombre ebrio yacía tendido en la acera. Svidrigailoff miró un instante al borracho y siguió adelante. A la izquierda se ofreció a la vista una torre.

«¡Bah!—pensó—; he aquí un buen sitio; ¿para qué ir a la isla Petrovsky? Aquí, a lo menos, la cosa podrá ser confirmada por un testigo.»

Sonriendo ante esta idea, tomó por la calle***.

Allí se encontraba el edificio coronado por la torre. Vió apoyado en la puerta un hombrecillo envuelto en un capote de soldado y con un gorro turco, quien, al notar que se aproximaba Svidrigailoff, le echó de reojo una mirada huraña. Su fisonomía tenía esa expresión de arisca tristeza que es la marca secular de todos los israelitas. Los dos hombres se examinaron un momento en silencio. Al fin le pareció extraño al funcionario que un individuo que no estaba ebrio se detuviese así, a tres pasos de él, y le mirase sin decir una palabra.

—¿Qué quiere usted?—preguntó, siempre arrimado a la puerta.

—Nada, amigo mío; ¡buenos días!—respondió Svidrigailoff.

—Siga usted su camino.

—Voy al extranjero.

—¿Cómo al extranjero?

—A América.

—¿A América?

Svidrigailoff sacó el revólver y lo montó. El soldado arqueó las cejas.

—¡Oiga usted! Este no es sitio de andarse con bromas.

—¿Por qué no?

—Porque éste no es sitio.

—No importa, amigo mío; el lugar es a propósito. Si te preguntan, di que me he ido a América.

Apoyó el cañón del revólver sobre la sien derecha.

—¡Aquí no se puede hacer eso!—replicó el soldado abriendo desmesuradamente los ojos.

Svidrigailoff oprimió el gatillo.

VI.

Aquel mismo día, entre seis y siete de la tarde, Raskolnikoff se dirigió a casa de su madre y de su hermana. Las dos mujeres habitaban ahora en casa Bakalaieff, en el cuarto de que les había hablado Razumikin. Al subir la escalera, Raskolnikoff parecía vacilar aún. Sin embargo, por nada del mundo se hubiera vuelto atrás. Estaba resuelto a hacer aquella visita. «Todavía no saben nada—pensó—y están acostumbradas a ver en mí un ser original.»

Tenía el vestido manchado de lodo y desgarrado; de otra parte, la fatiga física, juntamente con la lucha que se libraba en él desde hacía veinticuatro horas, le había puesto la cara casi desconocida. El joven había pasado la noche en vela. Dios sabe dónde; pero, por lo menos, su partido estaba tomado.

Llamó a la puerta, y su madre salió a abrir. Dunia había salido, y la criada no estaba en aquel momento en la casa. Pulkeria Alexandrovna se quedó muda de sorpresa y de alegría; después, tomando a su hijo por la mano, le llevó a la sala.

—¡Ah! ¿Estás aquí?—dijo con voz temblorosa a causa de la emoción—. No te incomodes, Rodia, porque te recibo llorando. Es la felicidad la que me hace verter lágrimas. ¿Crees que estoy triste? No; estoy alegre, ya lo ves, me río, sólo que tengo la tonta costumbre de llorar. Desde la muerte de tu padre, lloro por cualquier cosa. ¡Ah, qué sucio estás!

—¡Me cayó ayer tanta lluvia encima!—comenzó a decir Raskolnikoff.

—Deja eso—interrumpió vivamente Pulkeria Alexandrovna—. ¿Piensas que iba a preguntarte con curiosidad de anciana? Puedes estar tranquilo; lo comprendo todo; pues ahora estoy algo iniciada en las costumbres de San Petersburgo y, verdaderamente, veo que aquí la gente tiene más inteligencia que en nuestras ciudades. Me he dicho, una vez para todas, que no debo mezclarme en tus negocios ni pedirte cuentas; mientras tienes tú quizás el espíritu preocupado sabe Dios en qué pensamientos, ¿habría de ir a distraerte con preguntas inoportunas?... ¡Ah, Dios mío!... ¿Ves, Rodia? Ahora estaba preparándome a leer, por tercera vez, el artículo que has publicado en una Revista. Demetrio Prokofitch me lo ha traído. Ha sido para mí una verdadera revelación; desde el primer momento lo he comprendido todo y he reconocido lo tonta que he sido. «He aquí lo que le preocupa, me he dicho; da vueltas en su cabeza a ideas nuevas y no gusta que se le aparte de sus reflexiones; todos los grandes talentos son así.» A pesar de la atención con que yo lo leo, hay en tu artículo, hijo mío, muchas cosas que no entiendo; pero, como soy ignorante, no me asombra el no comprenderlo todo.

—Enséñamelo, mamá.

Raskolnikoff tomó el número de la Revista, y echó una rápida ojeada sobre su artículo. Todo autor experimenta siempre un vivo placer al verse impreso por la primera vez, sobre todo cuando no tiene más que veintitrés años. Aunque presa de las más crueles angustias, nuestro héroe no pudo substraerse a esta impresión; pero sólo le duró un instante. Después de haber leído algunas líneas, frunció el entrecejo y sintió que le oprimía el corazón terrible sufrimiento. Esta lectura le trajo de repente a la memoria todas las agitaciones morales de los últimos meses; así es que arrojó con violenta repulsión el periódico sobre la mesa.

—Pero, por tonta que yo sea, Rodia—siguió la madre—, puedo, sin embargo, juzgar que de aquí a poco tiempo ocuparás uno de los primeros puestos, si no el primero, en el mundo de la ciencia. ¡Y se han atrevido a suponer que estabas loco! ¡Ah! ¿No sabes que se les había ocurrido esa idea? ¡Pobre gente! Por lo demás, ¿cómo podrían comprender qué es la inteligencia? ¡Pero decir, sin embargo, que Dunia, sí, la misma Dunia no estaba muy distante de creerlo! ¿Es esto posible? Hace seis o siete días, Rodia, me acongojaba ver cómo estabas instalado, vestido, alimentado; pero ahora reconozco que esto era una tontería mía; en cuanto tú quieras, con tu ingenio y tu talento, llegarás al colmo de la fortuna. Por ahora, sin duda, no tratas de eso, sino que te ocupas en cosas más importantes...

—¿Dunia no está aquí, mamá?

—No, hijo; sale con mucha frecuencia y me deja sola. Demetrio Prokofitch tiene la bondad de venir a verme y me habla siempre de ti. Te ama y te estima, hijo mío. En cuanto a tu hermana, no me quejo de las pocas consideraciones que me guarda; tiene su carácter, como yo tengo el mío. Le agrada que ignore sus cosas; allá ella. Yo, en cambio, no tengo nada oculto para mis hijos. Persuadida estoy de que Dunia es muy inteligente y de que, además, nos tiene mucho cariño a ti y a mí; pero no sé en qué irá a parar todo eso. Siento que no pueda aprovecharse de la visita que me haces. Cuando vuelva le diré: «Durante tu ausencia ha venido tu hermano; ¿dónde estabas tú en tanto?» Tú, Rodia, no me mimes demasiado; ven aquí como puedas, sin desatender tus negocios; no eres libre; no te molestes; tendré paciencia; me contentaré con saber que me quieres. Leeré tus obras; oiré hablar de ti en todas partes, y de vez en cuando recibiré tu visita; ¿qué más puedo desear? Ya veo que hoy has venido a consolar a tu madre.

Pulkeria Alexandrovna se echó a llorar bruscamente.

—¡Otra vez! ¡No me hagas caso; estoy loca! ¡Ah, Dios mío! ¡No pienso nada!—gritó levantándose de pronto—. Hay café, y no te he ofrecido una taza. ¿Ves qué grande es el egoísmo de los viejos? Voy en seguida...

—No vale la pena, mamá; voy a irme; no he venido para eso; escúchame, te lo suplico.

Pulkeria Alexandrovna se aproximó tímidamente a su hijo.

—Mamá, ocurra lo que ocurra, oigas lo que oigas de mí, ¿me amarás como ahora?—preguntó de repente.

Estas palabras brotaron espontáneas del fondo de su corazón, aun antes que hubiera tenido tiempo de medir su alcance.

—¡Rodia, Rodia! ¿qué tienes? ¿Cómo puedes hacerme esa pregunta? ¿Quién se atreverá jamás a hablarme mal de ti? Si alguien se permitiese semejante cosa, me negaría a oírle y le arrojaría de mi presencia.

—El objeto de mi visita era asegurarte que te he querido siempre, y ahora me alegro mucho de que estemos tú y yo solos, y aun de que no esté aquí Dunia—prosiguió con el mismo ímpetu—; quizá seas desgraciada; has de saber que tu hijo te ama ahora más que a sí mismo y que te equivocarías si pusieses en duda mi ternura. Jamás cesaré de quererte... ¡Ea, basta! He creído que debía, ante todo, darte esa seguridad.

Pulkeria Alexandrovna besó a su hijo, le estrechó contra su pecho y lloró silenciosamente.

—No sé lo que te pasa, Rodia—dijo—. Hasta ahora, yo había creído sencillamente que nuestra presencia te fastidiaba; mas en este momento me doy cuenta de que te amenaza una gran desgracia y que vives en la intranquilidad. Ya lo sospechaba, Rodia. Perdóname que te hable de esto; pienso en ello constantemente, hasta cuando duermo. La noche pasada, tu hermana deliraba y repetía constantemente tu nombre. He oído algunas palabras; pero no he entendido nada. Desde esta mañana hasta el momento de tu visita, he estado como el reo que espera la ejecución; tenía no sé qué presentimiento. ¡Rodia, Rodia! ¿A dónde vas? Estás a punto de partir, ¿no es verdad?

—Sí.

—Lo había adivinado. Pero, si tienes que partir, yo puedo ir contigo. Dunia nos acompañará; te quiere mucho. Si es menester, llevaremos también a Sofía Semenovna. Ya lo ves, estoy pronta a aceptarla por hija. Demetrio Prokofitch nos ayudará en nuestros preparativos para el viaje... Pero... ¿a dónde vas?

—Adiós, mamá.

—¡Cómo! ¿hoy mismo?—exclamó, como si se tratase de una separación eterna.

—No puedo quedarme. Es absolutamente preciso que te deje.

—¿Y no puedo ir contigo?...

—No; pero ponte de rodillas y ruega a Dios por mí; Dios oirá acaso tu plegaria.

—¡Ojalá me oiga! Te echaré mi bendición. ¡Oh Dios mío!

Sí, estaba contento de que su hermana no asistiese a aquella entrevista. Para desahogar su ternura, tenía necesidad de estar a solas, y un testigo cualquiera, aunque hubiera sido Dunia, hubiese estorbado. Cayó a los pies de su madre y los besó. Pulkeria Alexandrovna y su hijo se abrazaron llorando; la madre no hizo ninguna pregunta; había comprendido que el joven atravesaba una crisis terrible y que su suerte iba a decidirse en seguida.

—¡Rodia, mi querido primogénito!—dijo la madre sollozando—; hete ahora como eras en tu infancia; de ese modo venías a hacerme caricias y a darme besos. En otro tiempo, cuando tu padre vivía, no teníamos, en medio de nuestra desgracia, otro consuelo que tu presencia, y después que hubo muerto, ¡cuántas veces tú y yo hemos llorado sobre su sepultura abrazados como ahora! Sí, si lloro desde hace tiempo, es porque mi corazón maternal tenía presentimientos siniestros. La tarde en que llegamos a San Petersburgo, desde nuestra primera entrevista, tu cara me lo ha revelado todo; cuando te abrí la puerta pensé, al verte, que había llegado la hora fatal. ¿No te vas en seguida, Rodia?

—No.

—¿Volverás?

—Sí, volveré.

—Hijo, no te enojes; no me atrevo a preguntarte: ¿Te vas muy lejos?

—Muy lejos.

—¿Tendrás allí un empleo, una posición?

—Tendré lo que Dios quiera; ruega solamente por mí.

Raskolnikoff iba a salir; pero su madre se agarró a él y le miró con expresión de desesperado dolor.

—¡Basta, mamá!—dijo el joven, que ante aquella angustia desgarradora sentía profundamente haber venido.

—¿No partes para siempre? ¿No vas a ponerte en camino en seguida? ¿Vendrás mañana?

—Sí, sí; adiós.

Al fin logró escapar.

La tarde era calurosa, aunque no sofocante. Por la mañana, el tiempo había aclarado. Raskolnikoff volvió apresuradamente a su casa. Quería acabarlo todo antes de la puesta del sol; por el momento, cualquier encuentro le hubiese sido muy desagradable. Al subir a su cuarto advirtió que Anastasia, ocupada en preparar el te, había dejado su tarea para mirarle con curiosidad.

«¿Habrá alguien en mi cuarto?» Y, a pesar suyo, pensó en el odioso Porfirio; pero, cuando abrió la puerta de la habitación, vió a Dunia. La joven, pensativa estaba sentada en el sofá. Sin duda esperaba a su hermano hacía mucho tiempo. Raskolnikoff se detuvo en el umbral. Dunia, estremecida, se levantó vivamente y le miró con fijeza. En los ojos de la joven se leía inmensa pesadumbre; una sola mirada probó a Raskolnikoff que la joven lo sabía todo.

—¿Puedo acercarme a ti, o debo retirarme?—le preguntó con voz trémula.

—He pasado el día esperándote en casa de Sofía Semenovna; pensábamos verte allí.

Raskolnikoff entró en la habitación, y se dejó caer desfallecido en una silla.

—Me siento débil, Dunia; estoy muy fatigado, y en este momento, sobre todo, tendría necesidad de todas mis fuerzas.

Fijó en su hermana una mirada de desconfianza.

—¿Dónde has pasado la última noche?

—No me acuerdo bien; quería tomar un partido definitivo, y muchas veces me he aproximado al Neva; de esto sí me acuerdo. Mi intención era acabar así; pero... no he podido resolverme...—dijo en voz baja, tratando de leer en el rostro de Dunia la impresión producida por sus palabras.

—¡Alabado sea Dios! Era precisamente lo que temíamos Sofía Semenovna y yo. ¿Crees en la vida? ¡Alabado sea Dios!

Raskolnikoff se sonrió amargamente.

—No creía en ella; pero hace un momento he estado en casa de nuestra madre, y nos hemos abrazado llorando; soy incrédulo, y, sin embargo, le he pedido que orase por mí. ¡Sólo Dios sabe lo que sucede en este momento! Yo mismo no sé qué pasa por mí.

—¿Que has estado en casa de nuestra madre? ¿Le has hablado?—exclamó Dunia con espanto—. ¿Es posible que hayas tenido valor para decirle *aquello*?

—No, yo no se lo he dicho, pero sospecha algo. Te ha oído soñar en voz alta la última noche, y creo que ha adivinado la mitad de ese secreto. He cometido un error al ir a verla; no sé por qué lo he hecho, Dunia. Soy un hombre bajo...

—Sí; pero un hombre dispuesto a aceptar la expiación. La aceptarás, ¿verdad?

—Al instante. Para huir de ese deshonor quería ahogarme, Dunia; pero en el momento en que iba a arrojarme al agua, me he dicho que un hombre fuerte no debe tener miedo al oprobio. ¿Es esto orgullo, Dunia?

—Sí, Rodia.

Le brillaron los ojos a Raskolnikoff con una especie de relámpago. Se consideraba feliz al pensar que había conservado su orgullo.

—¿Verdad que no crees que he tenido simplemente miedo al agua?—preguntó sonriendo con tristeza.

—¡Oh, Rodia, basta!—respondió la joven, ofendida por tal suposición.

Ambos guardaron silencio durante diez minutos. Raskolnikoff tenía los ojos bajos. Dunia le miraba con expresión de sufrimiento. De repente el joven se levantó.

—La hora avanza. Hay tiempo de partir. Voy a entregarme; pero no sé por qué lo hago.

Por las mejillas de Dunia corrieron gruesas lágrimas.

—Lloras, hermana mía; pero, ¿puedes tenderme la mano?

—¿Lo dudabas?

La joven lo estrechó contra su pecho.

—¿Acaso aceptando la expiación no borras la mitad de tu crimen?—exclamó, al tiempo que abrazaba a su hermano.

—¡Mi crimen! ¿Qué crimen?—repitió en un acceso de cólera—; ¿el de haber matado a un gusano sucio y malo; a una vieja perversa y perjudicial a todo el mundo; un vampiro que chupaba la sangre a los pobres? Tal asesinato debía servir de indulgencia para cuarenta pecados. No pienso en modo alguno en borrarlo, aunque me griten por todos lados: ¡crimen! ¡crimen! Ahora que me he decidido a afrontar voluntariamente ese deshonor, ahora sólo es cuando el absurdo de mi cobarde determinación se me presenta con toda claridad. Es tan sólo por bajeza y por impotencia por lo que me resuelvo a este acto, a menos que no sea también por interés, como me lo aconsejaba Porfirio.

—¡Hermano, hermano! ¿qué estás diciendo? ¿No te haces cargo de que has vertido sangre?—exclamó Dunia consternada.

—¿Y qué? Todo el mundo la vierte—prosiguió con vehemencia creciente—. Siempre ha corrido a torrentes sobre la tierra; las personas que la derramaron como si fuera *Champagne* subieron en seguida al Capitolio y fueron declarados protectores de la humanidad. Examina las cosas un poco más cerca para juzgarlas. También trataba yo de hacer bien a los hombres; centenares, millares de buenas acciones hubiesen compensando ampliamente aquella única tontería, o, mejor dicho, torpeza, porque la idea no era tan tonta como lo parece ahora. Cuando el éxito falta, los designios mejor concertados parecen estúpidos. Yo tan sólo trataba de crearme, por medio de aquella tontería, una situación independiente, asegurar mis primeros pasos de la vida, procurarme recursos; después hubiera levantado el vuelo... Pero he fracasado, y por eso soy un miserable. Si hubiese logrado mi objeto, se me hubieran dedicado coronas; al presente no sirvo más que para que se me arroje a los perros.

—No se trata de eso. ¿Qué estás diciendo, hermano mío?

—Es cierto, no he procedido según las reglas de la estética. No sé por qué ha de ser más glorioso lanzar bombas sobre una ciudad sitiada, que asesinar a una persona a hachazos. El temor de la estética es el primer signo de la impotencia. Jamás lo he comprendido tan bien como ahora, ni nunca he comprendido menos cuál es mi crimen. Nunca he sido más fuerte ni he estado más convencido que en este momento.

Su pálido y demudado rostro se había de repente coloreado. Pero cuando acababa de proferir esta última exclamación, su mirada se encontró por casualidad con la de Dunia, y ésta le miraba con tanta tristeza, que su exaltación cayó de repente, no pudiendo menos de pensar que en rigor había hecho la desgracia de aquellas dos pobres mujeres.

—Dunia querida: si soy culpable, perdóname, aunque no merezca ningún perdón, si es que realmente soy culpable. Adiós; no disputemos, ya es tiempo de partir. No me sigas, te lo suplico; tengo aún una visita que hacer... Ve al instante a juntarte con nuestra madre, y no te separes de ella, te lo suplico. Es la última petición que te dirijo. Cuando me he separado de ella estaba muy inquieta, y temo que no pueda soportar su desventura: o morirá, o se volverá loca. Vela por ella. Razumikin no os abandonará; ya le he hablado... No llores por mí; aunque asesino, trataré de ser todavía valeroso y honrado. Quizás oigas hablar de mí alguna vez. No os deshonraré; ya verás; aun he de probar... Ahora, adiós—se apresuró a añadir, advirtiendo, mientras hacía sus promesas, una extraña expresión en los ojos de Dunia—. ¿Por qué lloras de ese modo? No llores; no nos separaremos para siempre... ¡Ah, sí! Espera; me olvidaba...

Tomó de la mesa un grueso libro cubierto de polvo. Lo abrió y sacó una miniatura, pintada en marfil. Era el retrato de la hija de su patrona, la joven a quien había amado. Durante un instante contempló aquel rostro expresivo y triste. Después besó el retrato y se lo dió a Dunia.

—Muchas veces he hablado de *aquello* con ella—dijo distraídamente—; hice depositario a su corazón del proyecto que debía tener tan lamentable resultado. No te alarmes—continuó, dirigiéndose a Dunia—; ella experimentó tanta repugnancia y tanto horror como tú; ahora me alegro de que haya muerto.

Después, volviendo al objeto principal de sus preocupaciones, dijo:

—Lo esencial ahora es saber si he calculado bien lo que voy a hacer, y si estoy pronto a aceptar todas las consecuencias. Se asegura que me es necesaria esta prueba. ¿Es cierto? ¿Qué fuerza moral habré adquirido cuando salga del presidio, quebrantado por veinte años de sufrimiento? ¿Valdrá entonces la pena de vivir? ¡Y yo he consentido en sobrellevar el peso de semejante existencia! ¡Oh! Esta mañana, al irme a arrojar al Neva, he comprendido que era un cobarde.

Al cabo salieron ambos. Durante esta penosa entrevista Dunia había estado sostenida solamente por el amor de su hermano. Se separaron en la calle. Después de haber marchado unos cuantos pasos, la joven se volvió para ver por última vez a Raskolnikoff. Cuando hubo llegado a la esquina, el joven se volvió también, pero advirtiendo Raskolnikoff que la mirada de su hermana estaba fija en él, hizo un gesto de impaciencia, y aun de cólera, invitándola a que continuase el camino. En seguida dió vuelta a la esquina.

VII.

Comenzaba a caer la noche cuando llegaba a casa de Sonia. Durante la mañana y la tarde, la joven le había esperado con ansiedad. Por la mañana había recibido la visita de Dunia. Esta fué a primera hora, habiendo sabido la víspera por Svidrigailoff que Sofía Semenovna lo sabía todo. No recordaremos minuciosamente la conversación de las dos mujeres; limitémonos a decir que lloraron juntas y se hicieron muy amigas. De esta entrevista sacó Dunia, por lo menos, el consuelo de pensar que no estaría solo su hermano. Era Sonia la primera que había recibido su confesión; a ella se había dirigido cuando sintió la necesidad de confiarse a un ser humano, y ella le acompañaría adondequiera que se le enviase. Sin haber hecho preguntas acerca de tales propósitos, Advocia Romanovna estaba segura de ello. Consideraba a Sonia con una especie de veneración que dejaba a la pobre muchacha toda confusa, porque se creía indigna de levantar los ojos hasta Dunia. Después de su visita a casa de Raskolnikoff, la imagen de la encantadora joven, que la había saludado tan graciosamente aquel día, quedó grabada en su alma como una visión nueva, dulcísima, la más bella de su vida.

Al fin, Dunia se decidió a ir a esperar a su hermano en el domicilio de este último, pensando que Raskolnikoff no podría menos de pasar por allí. En cuanto Sonia se quedó sola, el pensamiento del suicidio probable de Raskolnikoff le quitó todo reposo. Este era también el temor de Dunia; pero al hablar las dos jóvenes se habían dado la una a la otra todo género de razones para tranquilizarse, y lo habían, en parte, conseguido.

Cuando se separaron, volvió la inquietud a apoderarse de cada una de ellas. Sonia se acordó de que Svidrigailoff le había dicho: «Raskolnikoff sólo tiene la elección entre dos alternativas: o ir a Siberia, o...» Además, conocía el orgullo del joven y su carencia de sentimientos religiosos. «¿Es posible que se resigne a vivir solamente por pusilanimidad, por temor a la muerte?»—pensaba con desesperación. No dudaba ya que el desgraciado hubiese puesto fin a sus días, cuando Raskolnikoff entró en su cuarto.

La joven dejó escapar un grito de alegría; pero, cuando hubo observado atentamente el rostro de Raskolnikoff, palideció de pronto.

—Vamos, sí—dijo riendo Raskolnikoff—. Vengo a buscar tus cruces, Sonia. Tú has sido quien me ha impulsado a ir a entregarme; ahora que voy a hacerlo, ¿de qué tienes miedo?

Sonia le miró con asombro. Aquel tono le parecía extraño. Todo su cuerpo se estremeció; pero al cabo de un minuto comprendió que aquella alegría era fingida. Conforme la estaba hablando, Raskolnikoff miraba a un rincón, y parecía tener miedo de fijar los ojos en ella.

—Ya lo ves, Sonia; he pensado que eso es lo mejor. Hay una circunstancia... pero esto sería largo de contar, y no tengo tiempo. ¿Sabes lo que me irrita? Me pone furioso pensar que en un instante me van a rodear todos esos brutos; que todos me asestarán sus miradas, me dirigirán estúpidas preguntas, a las cuales tendré que responder; me señalarán con el dedo... No iré a casa de Porfirio; no puedo aguantar a ese hombre. Prefiero ir a buscar a mi amigo *Pólvora*. ¡Lo que va a sorprenderse éste! Puedo contar de antemano con un excelente éxito de asombro. Pero me convendría tener más sangre fría. En este último tiempo me he hecho muy irritable. ¿Lo creerás? hace un momento ha faltado muy poco para que amenazase con el puño a mi hermana, porque se había vuelto para verme por última vez. Ya ves lo bajo que he caído. Bueno; ¿dónde están las cruces?

El joven no parecía que se hallase en su estado normal. Ni podía permanecer un minuto en su puesto, ni fijar sus pensamientos en un objeto; sus ideas se sucedían sin transición; por mejor decir, deliraba. Le temblaban ligeramente las manos.

Sonia guardaba silencio. Sacó de una caja de cruces una de madera de ciprés y otra de cobre; después se santiguó, y luego de repetir la misma ceremonia en la persona de Raskolnikoff, le puso al cuello la cruz de ciprés.

—¿Es ésta una manera de expresar que yo cargo con la cruz? ¡Je, je, je! ¡Como si empezase a sufrir ahora! La cruz de ciprés es la de los humildes. La cruz de cobre perteneció a Isabel. Tú la guardas para ti; déjamela ver. ¿De modo que la llevaba... en aquel momento? Conozco otros dos o tres objetos de piedad: una cruz de plata y una imagen. Los eché entonces sobre el pecho de la vieja. Esos son los que debiera colgarme yo ahora al cuello. Pero no digo más que tonterías, y olvido mi asunto. Estoy distraído. He venido, sobre todo, para prevenirte, a fin de que sepas... Pues bien; esto es todo... no he venido más que para eso. (¡Hum! Creía, sin embargo, que tenía que decirle otra cosa.) Vamos a ver: tú misma me has exigido que dé este paso. Voy a entregarme, y tu deseo será satisfecho. ¿Por qué lloras entonces? ¡Tú también! ¡Basta, basta! ¡Oh, qué penoso me es todo esto!

Al ver llorar a Sonia, se angustió el corazón del joven. «¿Qué soy yo para ella?—pensaba—. ¿Por qué se interesa por mí tanto como podría interesarse mi madre o Dunia?»

—Haz la señal de la cruz. Di una oración—suplicó con voz temblorosa la joven.

—Sea. Rezaré cuanto quieras y de buena voluntad, Sonia, de buena voluntad.

El hizo muchos signos de cruz. Ella se puso a la cabeza un pañuelo verde, el mismo, probablemente, de que Marmeladoff había hablado en la taberna, y que servía entonces para toda la familia. Tal pensamiento cruzó por la mente de Raskolnikoff; pero se abstuvo de preguntar nada a este propósito. Comenzaba a advertir que tenía distracciones continuas, y que estaba extremadamente turbado; esto le inquietaba. De repente advirtió que Sonia se preparaba a salir con él.

—¿Qué haces? ¿A dónde vas? ¡Quédate, quédate!—exclamó con risa irritada y se dirigió a la puerta—. ¿Qué necesidad tengo de ir allí con acompañamiento?

Sonia no insistió. El, ni siquiera le dijo adiós; se había olvidado de ella, le preocupaba tan sólo una idea.

«Realmente, ¿está ya hecho todo?—se preguntaba al bajar la escalera—. ¿No habrá medio de volverse atrás, de arreglarlo todo... y de no ir allí?»

Sin embargo, siguió su camino, comprendiendo súbitamente que había pasado la hora de las vacilaciones. En la calle se acordó de que no había dicho adiós a Sonia, que se había detenido en medio de la sala, y de que una orden suya la había como clavado en el suelo. Se planteó entonces otra cuestión, que desde hacía algunos minutos flotaba en su espíritu sin formularse con claridad.

«¿Por qué le he hecho yo esta visita? Le he dicho que venía para un asunto: ¿qué asunto? Ninguno tenía con ella. ¿Para decirle que iba allí? ¡Vaya una necesidad! ¿Para decirle que la amo? ¡Si acabo de rechazarla como a un perro! En cuanto a su cruz, ¿qué necesidad tenía yo de ella? ¡Oh, qué bajo he caído! No; lo que yo buscaba eran lágrimas; lo que yo quería era gozar de los desgarramientos de su corazón. ¡Acaso he buscado, yendo a verla, ganar tiempo, retardar un momento el instante fatal! ¡Y me he atrevido a soñar con altos destinos! ¡Y me he creído llamado a hacer grandes cosas! ¡Yo, tan vil, tan miserable, tan cobarde!»

Caminaba a lo largo del muelle, y no tenía que ir más lejos; pero cuando llegó al puente suspendió un instante su marcha, y se dirigió después bruscamente hacia el Mercado del Heno.

Sus miradas se fijaban con avidez en la derecha y en la izquierda. Se esforzaba en examinar cada objeto que encontraba y en nada podía concentrar su atención.

«Dentro de ocho días, dentro de un mes, volveré a pasar por este puente; un coche celular me llevará yo no sé dónde. ¿Con qué ojos contemplaré este canal? ¿Me fijaré entonces en esa muestra? Ahí está escrita la palabra *Compañía*. ¿La leeré yo entonces como la leo ahora? ¿Cuáles serán mis sensaciones y mis pensamientos?... ¡Dios mío, qué mezquinas son todas estas preocupaciones! Sin duda es curioso esto en su género. ¡Ja, ja, ja! ¡De qué cosas me preocupo! Hago como los niños: me engaño a mí mismo, porque, en efecto, debería sonrojarme de mis pensamientos. ¡Qué barullo! Ese hombretón, un alemán, según todas las apariencias, que acaba de empujarme, ¿sabe a quién ha dado con el codo? Esa mujer, que lleva un niño en la mano y que pide limosna, me cree, quizá, más feliz que ella. Casualmente llevo cinco kopeks en el bolsillo. Tómalos, *matuchka*.»

—Dios te lo pague—dijo la mendiga con tono plañidero.

El Mercado del Heno estaba lleno de gente. Esta circunstancia desagradó mucho a Raskolnikoff; sin embargo, se dirigió al sitio en que la multitud era más compacta. Hubiera comprado la soledad a cualquier precio; pero se daba cuenta de que no podría gozar de ella ni un solo instante. Al llegar en medio de la plaza, el joven se acordó de repente de las palabras de Sonia: «Ve a la encrucijada; besa la tierra que has manchado con tu delito, y di en voz alta a la faz del mundo: ¡Soy un asesino!»

Al recordarlo, todo su cuerpo se estremeció. Las angustias de los días anteriores de tal modo habían desecado su alma, que se consideró feliz al encontrarla accesible a una sensación nueva, y se abandonó por completo a ella. Se apoderó de él un enternecimiento dulcísimo y se le llenaron los ojos de lágrimas.

Se puso de rodillas en medio de la plaza, se inclinó hasta el suelo, y besó con alegría la tierra fangosa. Después de haberse levantado, se arrodilló de nuevo.

—He ahí uno que ha empinado el codo más de lo regular—exclamó un joven que estaba a su lado.

Esta observación provocó muchas carcajadas.

—Es un peregrino que va a Jerusalén, amigos míos. Se despide de sus hijos, de su patria; saluda a todo el mundo, y da el beso de la despedida al suelo de la capital—añadió un menestral que estaba ligeramente ebrio.

—Es todavía muy joven—dijo un tercero.

—Es un noble—observó gravemente otro.

—En la actualidad, no se distingue a los nobles de los que no lo son.

Viéndose objeto de la atención general, Raskolnikoff perdió un poco de su serenidad, y las palabras «Soy un asesino», que iban quizá a salir de su boca, expiraron en sus labios. Las exclamaciones y los gestos de la multitud le dejaron, por otra parte, indiferente, y con mucha calma se encaminó a la comisaría de policía. Conforme iba andando, una sola visión atrajo sus miradas; por lo demás, había esperado encontrarla en la calle, y no se asombró.

En el momento en que acababa de prosternarse en el Mercado del Heno por segunda vez, vió a Sonia a una distancia de cincuenta pasos. La joven trató de substraerse a las miradas de Raskolnikoff, ocultándose detrás de una de las barracas de madera que se encuentran en la plaza. ¡Así le acompañaba cuando él subía este calvario! Desde aquel instante, Raskolnikoff adquirió la convicción de que Sonia era suya para siempre, y de que le seguiría a todas partes, aunque su destino hubiera de conducirle al fin del mundo.

Llegó finalmente al sitio fatal. Entró en el zaguán con paso bastante firme. La oficina de policía estaba situada en el tercer piso. «Antes que llegue arriba tengo tiempo de volverme»—pensaba el joven. En tanto que nada había confesado, se complacía en pensar en que podía cambiar de resolución.

Como en su primera visita, encontró la escalera cubierta de suciedad, impregnada de las exhalaciones que vomitaban las cocinas, abiertas sobre cada descansillo. Mientras subía, se le doblaban las piernas, y tuvo que detenerse un instante para tomar aliento, recobrarse un poco, y preparar su entrada.

«Pero, ¿a qué viene eso? ¿Para qué?—se preguntó de repente—. Puesto que hay que apurar el vaso, poco importa cómo he de beberlo. Más valdrá cuanto más amargo sea.»

Después se ofrecieron a su espíritu las imágenes de Ilia Petrovitch y del oficial *Pólvora*. «¿Por qué voy a él? ¿No podría dirigirme a otro? ¿A Nikodim Fomitch, por ejemplo? ¿No sería mejor ir a buscar al comisario a su domicilio particular, y contárselo todo en una conversación privada?... No, no; hablaré a *Pólvora*, y esto se acabará más pronto.»

Con el rostro inundado de frío sudor y casi sin darse cuenta de lo que hacía, Raskolnikoff abrió la puerta de la comisaría. Esta vez no vió en la antesala más que a un *dvornik* y a un hombre del pueblo. El joven pasó a la otra habitación, donde trabajaban dos escribientes. Zametoff no estaba allí ni Nikodim Fomitch tampoco.

—¿No hay nadie?—dijo Raskolnikoff, dirigiéndose a uno de los empleados.

—¿Por quién pregunta usted?

—A... a...

—Al oír sus palabras, sin ver su rostro, he adivinado la presencia de un ruso... como se dice en no sé qué cuento. Mis respetos—gritó bruscamente una voz conocida.

Raskolnikoff tembló. *Pólvora* estaba delante de él; acababa de salir de una tercera habitación. «El destino lo ha querido»—pensó el joven.

—¿Usted por aquí? ¿Con qué motivo?—exclamó Ilia Petrovitch, que parecía de muy buen humor y muy animado—. Si ha venido por algún asunto, es aún demasiado pronto. Por una casualidad me encuentro aquí yo... ¿En qué puedo...? Confieso que no le... ¿Cómo, cómo es su nombre?... Perdóneme usted.

—Raskolnikoff.

—¡Ah! Sí; Raskolnikoff. ¡Ha podido usted creer que le había olvidado! Le suplico que no me crea tan... Rodión Ra... Radionitch, ¿no es eso?

—Rodión Romanovitch.

—Sí, sí; Rodión Radiovitch, Rodión Romanovitch; lo tenía en la punta de la lengua. Confieso a usted que siento sinceramente la manera que tuvimos de portarnos con usted hace tiempo. Después me lo explicaron todo y he sabido que era usted un escritor, un sabio... He tenido también noticia de que empezaba usted la carrera de las letras. ¡Oh Dios mío! ¿Cuál es el literato, cuál es el sabio que en sus comienzos no ha hecho más o menos la vida de bohemio? Tanto mi mujer como yo estimamos la literatura; en mi mujer es una pasión. Es loca por las letras y las artes. Excepto el nacimiento, todo lo demás puede adquirirse por el talento, el saber, la inteligencia, el genio. Un sombrero, por ejemplo, ¿qué significa? Un sombrero lo puedo comprar en casa de Zimmermann; pero lo que abriga el sombrero, eso no puedo comprarlo. Confieso que quería ir a casa de usted a darle explicaciones; pero, he pensado que quizá usted... De todos modos, con estas charlas no le he preguntado el objeto de su visita. ¿Parece que la familia de usted está ahora en San Petersburgo?

—Sí, mi madre y mi hermana.

—He tenido el honor y el placer de encontrar a su hermana de usted. Es una persona tan encantadora como distinguida. Verdaderamente deploro con toda mi alma el altercado que tuvimos aquel día. En cuanto a las conjeturas fundadas en el desmayo de usted, se ha reconocido su falsedad. Comprendo la indignación de usted. Ahora que su familia vive en San Petersburgo, ¿va usted, acaso, a cambiar de domicilio?

—No, no por el momento. Había venido a preguntar... Creí encontrar aquí a Zametoff.

—¡Ah! Es verdad. Usted es amigo suyo; lo he oído decir. Pues bien: Zametoff no está ya con nosotros. Sí, lo hemos perdido; nos ha dejado ayer, y antes de su partida ha habido entre él y nosotros un fuerte altercado. Es un galopín sin consistencia; nada más. Había hecho concebir algunas esperanzas; pero ha tenido la desgracia de frecuentar el trato de nuestra brillante juventud, y se le ha metido en la cabeza sufrir exámenes, para poder darse tono y echárselas de sabio. Hay que advertir que Zametoff no tiene nada de común con usted, con usted y con el señor Razumikin. Ustedes han abrazado la carrera de la ciencia, y los reveses de la fortuna no les arredran. Para ustedes los atractivos de la vida no valen nada; hacen la existencia austera, ascética, monacal, del hombre de estudio. Un libro, una pluma detrás de la oreja, una investigación científica, son cosas que bastan para la felicidad de ustedes. Yo mismo, hasta cierto punto... ¿Ha leído usted la correspondencia de Livingstone?

—No.

—Yo sí la he leído. Ahora el número de los nihilistas ha aumentado considerablemente, lo cual no es asombroso en una época como la nuestra. De usted para mí... ¿no es usted nihilista? Respóndame francamente.

—No.

—No tenga usted temor de ser franco conmigo, como lo sería consigo mismo. Una cosa es el servicio y otra cosa... ¿Usted creería que iba a decir la *amistad*?, pues se engaña. No es la amistad, sino el sentimiento del hombre y del ciudadano, el sentimiento de la humanidad y del amor hacia el Omnipotente. Puedo ser un personaje oficial, un funcionario; pero no por eso debo dejar de sentir en mí el hombre y el ciudadano. ¿Hablaba usted de Zametoff? Pues bien, Zametoff es un muchacho que copia el *chic* francés, que da ruido en los sitios sospechosos cuando ha bebido un vaso de *Champagne* o de vino del Don. Ahí tiene usted a Zametoff. Quizá he sido un poco vivo con él, pero si mi indignación me ha llevado demasiado lejos, tuvo su origen en un sentimiento elevado: el celo por los intereses del servicio. Por otra parte, yo poseo un cargo, una posición, cierta importancia social; soy casado y padre de familia, y lleno mi deber de hombre y de ciudadano; en tanto que él, ¿qué es él? Permítame usted que se lo pregunte. Me dirijo a usted como a un hombre favorecido con los beneficios de la educación. Ahí tiene usted; las profesoras en partos, por ejemplo, se han multiplicado de un modo extraordinario.

Raskolnikoff miró al oficial con aire asombrado. Las palabras de Ilia Petrovitch, que violentamente acababa de levantarse de la mesa, produjeron en su ánimo una impresión que él no se explicaba. Sin embargo, algo comprendía. En aquel momento preguntaba con los ojos a su interlocutor e ignoraba cómo acabaría todo aquello.

—Hablo de estas jóvenes que llevan el cabello corto a lo Tito—continuó el inagotable Ilia Petrovitch—. Yo las llamo profesoras en partos, y el nombre me parece muy bien aplicado. ¡Je, je! Siguen cursos de anatomía. Dígame, si me pusiese enfermo, ¿cree usted que me dejaría tratar por una de esas señoritas? ¡Je, je!

Ilia Petrovitch se echó a reír encantado de su chiste.

—Admito la sed de instrucción; pero, ¿no se puede uno instruir sin dar en semejantes excesos? ¿Por qué ser insolente? ¿Por qué insultar a nobles personalidades, como lo hace ese necio de Zametoff? ¿Por qué me ha insultado, le pregunto a usted? Otra epidemia que hace terribles progresos, es la del suicidio. Se gasta uno todo lo que tiene, y en seguida se mata. Muchachas, jovenzuelos, viejos. Hemos sabido últimamente que un señor recién llegado aquí acaba de poner fin a sus días. ¡Nil Pavlitch, eh, Nil Pavlitch! ¿cómo se llama el caballero que se ha matado esta mañana en la Petersburgskeria?

—Svidrigailoff—dijo uno que se encontraba en la habitación inmediata.

Raskolnikoff tembló.

—¡Svidrigailoff! ¡Svidrigailoff se ha levantado la tapa de los sesos!

—¡Cómo! ¿Usted conocía a Svidrigailoff?

—Sí; en efecto, había venido hace poco. Acababa de perder a su esposa; era un libertino. Se ha pegado el tiro en condiciones muy escandalosas. Han encontrado sobre su cadáver un librito de notas en que estaban escritas estas palabras: «Muero en posesión de mis facultades; que no se acuse a nadie de mi muerte.» Este hombre tenía, según se dice, dinero. ¿De qué le conocía usted?

—¿Yo...? Había sido mi hermana institutriz en su casa.

—¡Ah, ah!... Entonces puede usted dar noticias acerca de él. ¿No tenía usted sospechas de su proyecto?

—Le vi ayer. Le encontré bebiendo vino... Nada sospeché.

A Raskolnikoff le parecía que tenía una montaña sobre el pecho.

—¿Qué es eso? Se pone usted pálido. ¡Está tan cargada la atmósfera de esta habitación!

—Sí; ya es tiempo de que me vaya—balbuceó el joven—. Perdóneme usted si le he molestado.

—Nada de eso. Aquí estamos siempre a su disposición. Me ha causado gran placer y me complazco en declararlo.

Al pronunciar estas palabras, Ilia Petrovitch tendió la mano al joven.

—Quería solamente... Tenía un asunto que tratar con Zametoff.

—Comprendo, comprendo. Tanto gusto en haberle visto.

—También yo lo he tenido... Hasta la vista—dijo Raskolnikoff sonriendo.

Salió tambaleándose. Le daba vueltas la cabeza. Apenas podía tenerse en pie, y, al bajar la escalera, le fué forzoso apoyarse en la pared para no caerse. Le pareció que un *dvornik*, que se dirigía al despacho de policía, tropezaba con él al pasar; que un perro ladraba en una habitación del primer piso, y que una mujer gritaba para hacer callar al animal. Llegado al pie de la escalera, entró en el patio. Erguida, no lejos de la puerta, Sonia, pálida como la muerte, le miraba con asombro. Se detuvo frente a ella. La joven se retorcía las manos; su fisonomía expresaba la más terrible desesperación. Al verla, Raskolnikoff sonrió; pero, ¡con qué sonrisa! Un instante después volvía a entrar en la oficina de policía.

Ilia Petrovitch estaba ojeando unos papeles. Delante de él se hallaba el mismo *mujik* que un momento antes había tropezado con Raskolnikoff en la escalera.

—¡Ah! ¿Usted aquí otra vez? ¿Se le ha olvidado algo? ¿Qué le pasa?

Con los labios descoloridos, fija la mirada, Raskolnikoff avanzó lentamente hacia Ilia Petrovitch y, apoyándose con la mano en la mesa ante la cual estaba sentado el oficial de policía, quiso hablar, pero no pudo pronunciar más que sonidos ininteligibles.

—¿Está usted enfermo? ¡Una silla! Aquí está. Siéntese usted. ¡Agua!

Raskolnikoff se dejó caer en el asiento que se le ofrecía; pero sus ojos no se apartaban de Ilia Petrovitch, cuyo semblante expresaba una sorpresa muy desagradable. Durante un minuto ambos se miraron en silencio. Trajeron agua.

—Yo soy...—empezó a decir Raskolnikoff.

—Beba usted.

El joven rechazó con un ademán el vaso que le presentaban, y en voz baja pero clara, hizo, interrumpiéndose muchas veces, la siguiente declaración:

—*Yo soy quien asesinó a hachazos, para robarlas, a la vieja prestamista y a su hermana Isabel.*

Ilia Petrovitch llamó; acudieron de todas partes.

Raskolnikoff repitió su confesión.

EPILOGO

I.

Siberia. A la orilla de un río ancho y desierto se levanta una ciudad, uno de los centros administrativos de Rusia. En la ciudad hay una fortaleza; en la fortaleza una prisión. En la prisión está, desde hace nueve meses, Rodión Romanovitch Raskolnikoff, condenado a trabajos forzados (segunda categoría). Cerca de diez y ocho meses han pasado desde el día que cometió su crimen.

En la instrucción de su proceso no hubo apenas dificultades. El culpable renovó sus confesiones con tanta fuerza como claridad y precisión, sin confundir las circunstancias, sin suavizar el horror, sin falsear los hechos, sin olvidar el menor detalle. Hizo una relación completa del asesinato, esclareció el misterio del objeto encontrado en manos de la vieja (se recordará que era un trozo de madera junto con una placa de hierro), contó cómo había tomado las llaves del bolsillo de la víctima, describió estas llaves y describió también el asesinato de Isabel, que hasta entonces había sido un enigma. Contó cómo Koch había venido y llamado a la puerta, y cómo, después de él, había llegado un estudiante. Refirió minuciosamente la conversación habida entre los dos hombres; cómo, en seguida, el asesino se había lanzado a la escalera y había oído los gritos de Mikolai y de Milka, ocultándose en el cuarto vacío y dirigiéndose después a su casa. Finalmente, en cuanto a los objetos robados, manifestó que los había enterrado debajo de una piedra en un corral que daba a la perspectiva Ascensión. Se encontraron allí, en efecto. En una palabra, todo se esclareció. Lo que, entre otras cosas, asombraba a los jueces, fué la circunstancia de que el asesino, en vez de aprovecharse de los objetos robados a la víctima, fuese a ocultarlos bajo una piedra. Todavía comprendían menos que, no solamente no se acordase de los objetos robados por él, sino que hasta se engañase acerca de su número. Se encontraba, sobre todo, inverosímil que no hubiera abierto una sola vez la bolsa, y que ignorase el contenido de ella. (Encerraba ésta trescientos diez y siete rublos y tres monedas de veinte kopeks cada una; a consecuencia de haber sido enterrados largo tiempo, los billetes se habían deteriorado considerablemente.) Se procuró adivinar por qué únicamente sobre este punto mentía el acusado, cuando en todo lo demás había dicho espontáneamente la verdad. En fin, algunos, principalmente entre los psicólogos, admitieron como posible que, en efecto, no hubiera abierto la bolsa; y que, por consiguiente, se hubiera desembarazado de ella sin saber lo que contenía; pero sacaron asimismo la conclusión de que el crimen había sido necesariamente cometido bajo la influencia de una locura momentánea. El culpable—dijeron—ha cedido a la monomanía morbosa del asesinato y del robo, sin objeto ulterior, sin cálculo interesado. Era aquella ocasión excelente para sostener la teoría moderna de la alienación temporal, teoría con la que se busca actualmente tan a menudo explicar los actos de ciertos criminales. Además, numerosos testigos habían declarado que Raskolnikoff padecía hipocondría. Estos testigos eran; el doctor Zosimoff, los antiguos compañeros del acusado, su patrona, los criados, etc. Todo esto daba muchos fundamentos para pensar que Raskolnikoff no era un asesino vulgar, un malhechor ordinario, sino que había alguna otra cosa en aquel proceso. Con gran despecho de los partidarios de esta opinión, el culpable no se cuidó de defenderse. Interrogado acerca de los motivos que habían podido inducirle al asesinato y al robo, declaró con brutal franqueza que había sido impulsado por la miseria. Esperaba—dijo—encontrar en casa de su víctima lo menos tres mil rublos, y contaba con esta suma asegurar sus primeros pasos en la vida; su carácter ligero y bajo, agriado por las privaciones y las contrariedades, había hecho de él un asesino. Cuando se le preguntó por qué había ido a denunciarse, respondió redondamente que había representado la farsa del arrepentimiento. Todo aquello era casi cínico...

Sin embargo, la sentencia fué menos severa de lo que se hubiera podido presumir en relación con el crimen cometido. Quizá causó buena impresión que el reo, lejos de disculparse, procurase, por el contrario, empeorar su situación. Fueron tomadas en consideración todas las extrañas particularidades de la causa. El estado de enfermedad y estrechez en que se encontraba el acusado antes de la comisión de su delito, no dejaba lugar a la menor duda. Como no se había aprovechado de los objetos robados, se supuso, o que los remordimientos se lo habían impedido, o que sus facultades intelectuales no estaban intactas cuando cometió el hecho. El asesinato, en modo alguno premeditado, de Isabel, suministró un argumento en apoyo de esta última hipótesis: un hombre comete dos asesinatos, y se olvida al mismo tiempo de que la puerta está abierta. Por último, había ido a denunciarse en el momento en que las falsas confesiones de un fanático de espíritu desequilibrado (Mikolai), acababan de desviar completamente la instrucción, y cuando la justicia estaba a cien leguas de sospechar quién era el verdadero culpable. (Porfirio Petrovitch cumplió fielmente su palabra.) Todas estas circunstancias contribuyeron a suavizar la severidad del veredicto.

Por otra parte, los debates dieron a conocer muchos hechos en favor del acusado. Documentos facilitados por el antiguo estudiante Razumikin demostraron que, estando en la Universidad, Raskolnikoff había compartido sus escasos recursos con un compañero pobre y enfermo. Este último había muerto, dejando en la miseria a un padre enfermo, del cual era, desde la edad de trece años, único sostén. Raskolnikoff había hecho entrar al viejo en un asilo, y más tarde había costeado los gastos de su entierro. El testimonio de la viuda Zarnitzin, fué también muy favorable al acusado. Declaró que, en la época en que habitaba en los Cinco Rincones con su inquilino, habiéndose declarado un incendio una noche en cierta casa, Raskolnikoff, con riesgo de su vida, salvó de las llamas a dos niños pequeños, sufriendo graves quemaduras al realizar tal acto de valor. Se abrió una indagatoria a propósito de este hecho, y numerosos testigos certificaron la exactitud de él. En una palabra, el tribunal, teniendo en cuenta las confesiones del culpable, así como sus buenos antecedentes, le condenó tan sólo a ocho años de trabajos forzados (segunda categoría).

Desde la apertura de la vista, la madre de Raskolnikoff estaba mala. Dunia y Razumikin encontraron medio de alejarla de San Petersburgo durante todo el tiempo del proceso. Razumikin eligió una ciudad de la línea férrea, y a poca distancia de la capital; así podía seguir asiduamente las audiencias y ver a Advocia Romanovna. La enfermedad de Pulkeria Alexandrovna era una afección nerviosa bastante extraña, con desarreglo, a lo menos parcial, de las facultades mentales. De vuelta en su domicilio, después de la última entrevista con su hermano, Dunia había encontrado con mucha fiebre a su madre, y con delirio. Aquella misma noche se puso de acuerdo con Razumikin acerca de lo que había de responder cuando Pulkeria Alexandrovna pidiese noticias de Raskolnikoff; a tal fin inventaron una historia, esto es, que Rodia había sido enviado muy lejos a los confines de Rusia, con una misión que debía reportarle mucho honor y provecho. Pero, con gran sorpresa de los jóvenes, ni entonces, ni después, la madre les preguntó nada acerca de este asunto. Ella misma se había forjado en la imaginación una novela, a fin de explicar la brusca desaparición de su hijo. Contaba llorando la visita de despedida que éste le había hecho, con cuyo motivo daba a entender que ella solamente conocía circunstancias misteriosas y muy graves; Rodia se veía obligado a ocultarse, porque tenía enemigos muy poderosos; por lo demás, no dudaba de que el porvenir de su hijo fuese muy brillante, y de que ciertas dificultades serían vencidas. Aseguraba a Razumikin que, con el tiempo, su hijo llegaría a ser un hombre de Estado: tenía prueba de ello en el artículo que el joven había escrito, y que denotaba un talento literario inagotable. Leía sin cesar este artículo, a veces hasta en alta voz; podía decirse que dormía con él; sin embargo, no preguntaba jamás dónde se encontraba Rodia, aunque el cuidado mismo que se ponía para evitar esta conversación hubiese podido parecerle sospechoso. El extraño silencio de Pulkeria Alexandrovna sobre ciertos puntos, acabó por inquietar a Dunia y a Razumikin. Aquélla no se quejaba de que su hijo no la escribiese, siendo así, que antes, en su ciudad natal, esperaba con impaciencia suma las cartas de su querido Rodia. Tan inexplicable era esta última circunstancia, que Dunia llegó a alarmarse. A la joven le ocurrió la idea de que su madre tenía el presentimiento de una terrible desgracia ocurrida a Rodia, y de que no se atrevía a preguntar, temerosa de saber todavía alguna cosa peor. De todos modos, Dunia veía muy claramente que su madre tenía trastornado el cerebro.

Dos veces, sin embargo, condujo la conversación de tal manera, que fué imposible responderle sin indicar en dónde se encontraba Rodia. A continuación de las respuestas necesariamente equívocas y difíciles que se le dieron, cayó en profunda tristeza; durante muy largo tiempo se le vió sombría y taciturna como nunca había estado. Dunia, al cabo, llegó a advertir que las mentiras y las historias inventadas iban contra su propósito, y que lo mejor era encerrarse en un silencio absoluto sobre ciertos puntos; pero llegó a ser cada vez más evidente para ella que Pulkeria Alexandrovna sospechaba algo espantoso. Dunia sabía fijamente (su hermano se lo había contado) que su madre la oyó hablar en sueños la noche siguiente a su entrevista con

Svidrigailoff. Las palabras que en el delirio se le escaparon a la joven, ¿no habrían derramado una luz siniestra en el espíritu de la pobre mujer? A menudo, después de días, y aun de semanas de continuo mutismo y de lágrimas silenciosas, se producía en la enferma una especie de exaltación histérica. Se ponía de repente a hablar alto, sin interrumpirse, de su hijo, de sus esperanzas y del porvenir... sus imaginaciones eran a veces muy extrañas. Se fingía ser de su opinión (quizá no era del todo engañoso este sentimiento); sin embargo, no cesaba de hablar.

La sentencia fué pronunciada cinco meses después de la confesión hecha por el criminal a Ilia Petrovitch. En cuanto fué posible, Razumikin visitó al condenado en la cárcel. Sonia le visitó también. Llegó al fin el momento de la separación. Dunia juró a su hermano que esta separación no sería eterna; Razumikin se expresó del mismo modo. El animoso joven tenía un proyecto firmemente formado en su espíritu; cuando ahorrase algún dinero, durante tres o cuatro años se trasladaría a Siberia, país en que tantas riquezas no esperan otra cosa, para ser puestas en circulación, que capitales y brazos. Allí se establecería, en la ciudad en que estuviese Rodia, y juntos comenzarían una nueva vida. Todos lloraban al decirse adiós. Desde hacía algunos días, Raskolnikoff se mostraba muy preocupado, multiplicaba las preguntas acerca de su madre, inquietándose continuamente por ella. Esta excesiva preocupación de su hermano daba pena a Dunia. Cuando el joven se hubo enterado con más detalles del estado enfermizo de Pulkeria Alexandrovna, se puso extremadamente sombrío. Con Sonia estaba siempre taciturno. Provista del dinero que Svidrigailoff le había entregado, la joven se hallaba dispuesta, desde hacía mucho tiempo, a acompañar el convoy de presos de que había de formar parte Raskolnikoff. Nunca había mediado una palabra sobre este particular entre ella y él; pero ambos sabían que sería así. En el momento de la última despedida, el condenado se sonrió de un modo extraño al oír hablar a su hermana y a Razumikin del próspero porvenir que se abriría para ellos después de su salida del presidio. Preveía que la enfermedad de su madre no tardaría en conducirla al sepulcro.

Dos meses después, Dunia se casó con Razumikin. Sus bodas fueron tranquilas y tristes. Entre los invitados se encontraron Porfirio Petrovitch y Zosimoff. Algún tiempo después, todo denotaba en Razumikin una resolución enérgica. Dunia creía ciegamente que realizaría todos sus designios, y no podía menos de creerlo, porque veía en él una voluntad de hierro. Comenzó por entrar de nuevo en la Universidad a fin de terminar sus estudios. Los dos esposos elaboraban sin cesar planes para el porvenir; tenían uno y otra la firme resolución de emigrar a Siberia en un plazo de cinco años. En tanto contaban con que Sonia los reemplazaría cerca del condenado...

Pulkeria Alexandrovna concedió, con alegría, la mano de su hija a Razumikin; pero después de este matrimonio, pareció más triste y preocupada. Para proporcionarle un momento agradable, Razumikin le contó la noble conducta de Raskolnikoff, a propósito del estudiante y de su anciano padre, y le refirió también cómo el año anterior Rodia había expuesto la vida para salvar a dos niños que estaban a punto de perecer en un incendio. Estos relatos exaltaron, hasta el más alto grado, el ya turbado espíritu de Pulkeria Alexandrovna. Desde entonces no hablaba más que de ello, y hasta en la calle refería tales hechos a los transeuntes, aunque la acompañaba siempre Dunia. En los ómnibus, en los almacenes, en todas partes en donde se encontraba un oyente benévolo, hablaba de su hijo, del artículo de su hijo, de la caridad de su hijo con un estudiante, de la valerosa abnegación de que había dado pruebas su hijo en un incendio, etc. Dunia no sabía cómo hacerla callar. Esta morbosa locuacidad no carecía de peligros: además de que agotaba las fuerzas de la pobre mujer, podía ocurrir que alguno, oyendo alabar de Raskolnikoff, se pusiese a hablar del proceso. Pulkeria Alexandrovna averiguó las señas de la mujer cuyos hijos habían sido salvados por cl suyo, y quiso rcsucltamcntc ir a verlos. Finalmente, su exaltación llegó a los últimos límites. A veces se echaba de repente a llorar, y a veces tenía accesos de fiebre, durante los cuales deliraba. Una mañana declaró redondamente que, según sus cálculos, Rodia debía volver muy pronto, porque cuando se despidió de ella le había anunciado su vuelta en un plazo de nueve meses. Comenzó entonces a prepararlo todo en la casa, en atención a la próxima llegada de su hijo, destinándole su propia habitación; quitó el polvo a los muebles, fregó el suelo, cambió las cortinas, etc. Dunia estaba desolada, pero no decía nada, y hasta ayudaba a su madre en estas diversas ocupaciones. Después de un día lleno todo él de locas visiones, de sueños gozosos y de lágrimas, Pulkeria Alexandrovna se vió acometida de una fiebre alta y murió al cabo de quince días. Varias palabras pronunciadas por la enferma durante su delirio, hicieron creer que había casi adivinado el terrible secreto que con tanto trabajo trataron de ocultarle.

Por mucho tiempo ignoró Raskolnikoff la muerte de su madre, aunque por mediación de Sonia recibiese regularmente noticias de su familia. Cada mes enviaba la joven una carta dirigida a Razumikin, y cada mes se le respondía de San Petersburgo. Las cartas de Sonia parecieron en un principio, a Dunia y Razumikin, algo secas e insuficientes; pero más tarde comprendieron que era imposible escribirlas mejores, puesto que encontraban en ellas datos completos y precisos acerca de la situación de su desgraciado hermano. Sonia describía, de una manera muy sencilla y muy clara, la existencia de Raskolnikoff en la prisión. No hablaba de ella ni de sus propias esperanzas ni de sus conjeturas respecto al porvenir, ni de sus sentimientos personales. En vez de explicar el estado moral, la vida interior del condenado, se limitaba a citar hechos, es decir, las mismas palabras pronunciadas por él. Daba noticias detalladas acerca de su salud, decía qué deseos le había manifestado él, qué preguntas le había dirigido, qué encargos le había hecho durante sus entrevistas, etc.

Pero estos datos, por minuciosos que fuesen, no eran, empero, en los primeros tiempos sobre todo, muy consoladores. Dunia y su marido supieron, por la correspondencia de Sonia, que su hermano seguía siempre sombrío y taciturno. Cuando la joven le comunicaba noticias recibidas de San Petersburgo, apenas si prestaba atención; algunas veces se informaba de su madre, y cuando Sonia, viendo que el preso adivinaba la verdad, le hizo saber la muerte de Pulkeria Alexandrovna, observó con gran sorpresa que se había quedado poco menos que impasible. «Aunque parezca absorto en sí mismo y como extraño a todo lo que le rodea—escribía, entre otras cosas, Sonia—se hace cargo de su vida nueva, comprende muy bien su situación; ni espera nada mejor de aquí a largo tiempo, ni acaricia frívolas esperanzas, ni experimenta casi ningún asombro en este nuevo medio que tanto difiere del antiguo... Su salud es satisfactoria. Va al trabajo sin repugnancia y sin apresuramiento. Es casi indiferente a la comida; pero, excepto los domingos y los días de fiesta, esta nutrición es tan mala, que ha consentido en aceptar de mí algún dinero para procurársela todos los días. En cuanto a lo demás, me suplica que no me inquiete, porque, según asegura, le es desagradable que se ocupen de él.» «En la cárcel—se leía en otra carta—, está instalado con los otros presos; no he visitado el interior de la fortaleza, pero tengo motivos para creer que se está allí muy mal, muy estrechamente y en condiciones muy insalubres. Duerme en una cama de campaña, cubierto con una alfombra de fieltro, y no quiere otro lecho. Si rehusa hacer todo lo que podría proporcionarle su existencia material menos dura y menos grosera, no es, en lo más mínimo, en virtud de sus principios ni de una idea preconcebida, sino, sencillamente, por apatía, por indiferencia.» Sonia confesaba que, al principio, sobre todo, sus visitas, en vez de causar placer a Raskolnikoff, le producían una especie de irritación; no salía de su mutismo más que para decir groserías a la joven. Más tarde, es verdad, dichas visitas habían llegado a ser para él una costumbre, casi una necesidad, hasta el punto de que había estado muy triste cuando una indisposición de algunos días obligó a Sonia a interrumpirlas. Los días de fiesta se veían, ya en la puerta de la prisión, ya en el cuerpo de guardia, a donde se enviaba algunos minutos al prisionero, cuando la joven le hacía llamar. En tiempo ordinario, Sonia iba a buscarle al trabajo en los talleres, en las tejerías, en los tinglados establecidos a las orillas del Irtych. En lo tocante a ella, Sonia decía que había logrado crearse relaciones en su nueva residencia; que se ocupaba en coser, y que, no habiendo en la ciudad casi ninguna modista, se había hecho una buena clientela. Lo que callaba era que había atraído sobre Raskolnikoff el interés de la autoridad, y que, gracias a ella, se le dispensaba de los trabajos más penosos, etcétera. En fin, Razumikin y Dunia recibieron aviso de que Raskolnikoff esquivaba a todo el mundo; que sus compañeros de cadena no le querían; que permanecía silencioso durante horas enteras, y que, de día en día, su palidez era cada vez mayor. Dunia había notado ya cierta inquietud en las últimas cartas de Sonia, la cual no tardó en escribir diciendo que el condenado había caído gravemente enfermo, y que había sido llevado al hospital de la prisión...

II.

Estaba enfermo desde hacía algún tiempo; pero lo que había quebrantado sus fuerzas no era ni el horror de la prisión, ni el trabajo, ni la mala alimentación, ni la vergüenza de tener la cabeza rapada e ir vestido de harapos. ¡Oh! ¿qué le importaban a él tales tribulaciones y miserias? Lejos de ello, estaba contento de tener que trabajar. La fatiga física le producía algunas horas de sueño agradable, y, ¿qué significaba para él el rancho, aquella mala sopa de coles en que solía encontrar hasta escarabajos? En otro tiempo, siendo estudiante, se hubiera dado algunas veces por muy contento de tener tal comida. Sus vestidos eran de abrigo y a propósito para aquel género de vida; en cuanto a la cadena, apenas si sentía el peso. Quedaba la humillación de tener la cabeza afeitada y llevar el uniforme del presidio; pero, ¿ante quién habría de ruborizarse? ¿Ante Sonia? La joven tenía miedo de él; ¿cómo había de ruborizarse ante ella?

Sin embargo, le daba vergüenza de la misma Sonia; por esta razón se mostraba brutal y despreciativo en sus relaciones con la joven. Pero no procedía esta vergüenza ni de su cabeza rapada, ni de su cadena. Su orgullo había sido cruelmente herido, y Raskolnikoff estaba enfermo de esta herida, ¡Oh, qué feliz habría sido si hubiera podido acusarse a sí mismo! Entonces lo hubiera soportado todo, hasta la vergüenza y el deshonor. Pero en vano se examinaba severamente; su conciencia endurecida no encontraba en su pasado ninguna falta que pudiera ocasionarle grandes remordimientos. Solamente se echaba en cara haber fracasado, cosa que podía ocurrir a todo el mundo. Lo que le humillaba, era verse él, Raskolnikoff, perdido tontamente, sin esperanza de rehabilitación, por una sentencia del ciego destino, y debía someterse, resignarse al absurdo de esa sentencia, si quería encontrar un poco de calma.

Una inquietud sin objeto y sin fin en el presente, un sacrificio continuo y estéril en el porvenir; esto es lo que le quedaba en la tierra. Vano consuelo para él decirse que, dentro de ocho años, no tendría más que treinta y dos, y que, en esta edad, podría aún recomenzar la vida. ¿Para qué vivir? ¿Con qué objeto? ¿Con qué fin? ¿Vivir para existir? En todo momento había estado pronto a dar su existencia por una idea, por una esperanza, por un capricho. Había hecho siempre poco caso de la existencia pura y sencilla; siempre había mirado más allá. Quizá la fuerza sólo de los deseos le había hecho creer en otro tiempo que era uno de esos hombres a quienes les está permitido más que a los otros.

Menos mal si el destino le hubiese enviado el arrepentimiento, el punzante arrepentimiento que rompe el corazón, que quita el sueño; el arrepentimiento cuyos tormentos son tales, que el hombre se ahoga o se ahorca para librarse de ellos. ¡Oh! Los hubiera acogido con felicidad. Sufrir y llorar es todavía vivir; pero no se arrepentía de su crimen.

Por lo menos hubiera podido echarse en cara su tontería, como se había reprochado en otro tiempo las acciones estúpidas y odiosas que le habían conducido a presidio. Pero ahora, que en el vagar de la prisión reflexionaba de nuevo sobre toda su conducta pasada, no la encontraba tan odiosa ni tan estúpida como le había parecido en otro tiempo.

«¿Es que—pensaba—mi idea era más tonta que las otras ideas y teorías que batallan en el mundo desde que el mundo existe? Basta considerar las cosas desde un punto de vista amplio, independiente, libre de los prejuicios del día, y, entonces ciertamente, mi idea no parecerá tan extraña. ¡Oh espíritus sedicentes, libres de prejuicios, filósofos de cinco kopeks! ¿por qué os detenéis a la mitad del camino?

»¿Y por qué les parece tan fea mi conducta?—se preguntaba—. ¿Por qué es un crimen? ¿Qué significa la palabra crimen? Mi conciencia está tranquila. Sin duda he cometido una acción ilícita, he violado la letra de la ley y he vertido sangre... Pues bien, tomad mi cabeza. Cierto es que, en este caso, aun los bienhechores de la humanidad, de aquellos a quienes el poder no ha venido por herencia, sino que se han apoderado de él a viva fuerza, hubieran debido desde sus comienzos ser entregados al suplicio. Pero estas personas han ido hasta el fin, y esto es lo que las justifica, en tanto que yo no he sabido continuar; por consiguiente, no tenía el derecho de comenzar.»

Unicamente se reconocía un error: el de haber cometido la debilidad de ir a denunciarse.

Pero un pensamiento le atormentaba también: ¿por qué no se había matado? ¿Por qué, más bien que arrojarse al agua, había preferido entregarse a la policía? ¿Es el amor de la vida un sentimiento tan difícil de vencer? Svidrigailoff, sin embargo, había triunfado de él.

Se planteaba dolorosamente esta cuestión y no podía comprender que, cuando enfrente del Neva, pensaba en el suicidio, quizá era que presentía en sí y en sus convicciones un error profundo. No comprendía que este pensamiento pudiese contener en germen un nuevo concepto de la vida, que pudiese ser el preludio de una revolución en su existencia, la prenda de su resurrección.

Admitía más bien que había cedido entonces por cobardía y defecto de carácter a la fuerza brutal del instinto. El espectáculo ofrecido por sus compañeros de presidio le asombraba. ¡Cómo amaban todos ellos la vida! ¡Cómo la apreciaban! Parecía a Raskolnikoff que este sentimiento era más vivo en el preso que en el hombre libre. ¡Qué terribles sufrimientos padecían aquellos desgraciados, los vagabundos, por ejemplo! ¿Era posible que un rayo de sol, un bosque sombrío, una fuente fresca, tuviesen tanto valor a sus ojos? A medida que los fué estudiando, descubrió hechos aún más inexplicables.

En el penal, en el ambiente que le rodeaba, se le escapaban, sin duda, muchas cosas; además, no quería fijar su atención en nada. Vivía, por decirlo así, sin levantar jamás los ojos, porque encontraba insoportable el mirar en su derredor. Pero, a la larga, muchas circunstancias le chocaron, e involuntariamente comenzó a advertir lo que ni siquiera había sospechado antes. En general, lo que más le asombraba, era el abismo espantoso, infranqueable, que existía entre él y toda aquella gente. Hubiérase dicho que pertenecían él y ellos a naciones diferentes. Se miraban con desconfianza y hostilidad recíprocas. Sabía y comprendía las causas generales de este fenómeno; pero, hasta entonces, jamás las había supuesto tan fuertes ni tan profundas. Además de los criminales de derecho común, había en la fortaleza polacos enviados a Siberia por delitos políticos. Estos últimos consideraban como brutos a sus compañeros de cadena, para los cuales no tenían más que desprecio; pero Raskolnikoff no participaba de esta manera de ver; advertíase muy bien que, bajo muchos aspectos, aquellos brutos eran más inteligentes que los mismos polacos. Había allí también rusos (un antiguo oficial y dos seminaristas), que despreciaban a la plebe de la prisión. Raskolnikoff advertía igualmente el error de ellos.

En cuanto a él, no se le amaba, se le esquivaba; hasta se acabó por odiarle; ¿por qué? Lo ignoraba. Los malhechores, cien veces más culpables que él, le despreciaban y hacíanle objeto de sus burlas; su crimen era el blanco de sus sarcasmos.

—Tú, tú no eres un *barin*—le decían—. ¿Por qué has asesinado a hachazos? Eso no es propio de un *barin*.

En la segunda semana de la gran Cuaresma, tuvo que asistir a las funciones religiosas con todos los de su cuadra. Fué a la iglesia y oró como los otros. Un día, sin que se supiese por qué motivo, sus compañeros estuvieron a punto de hacerle una mala partida. De repente se vió asaltado por ellos.

—Tú eres un ateo.

—Tú no crees en Dios—gritaban los forzados.

—Hay que matarle.

Jamás él les había hablado ni de Dios, ni de la religión, y, sin embargo, querían matarle por ateo. Raskolnikoff no les respondió ni una palabra. Un forzado, en el colmo de la exasperación, se lanzó sobre él; el joven, tranquilo y silencioso, le esperó sin pestañear, sin que ningún músculo de su rostro temblase. Un cabo de varas se interpuso a tiempo entre él y el asesino. Un instante más, y hubiera corrido la sangre.

Existía otra cuestión que no acertaba a resolver: ¿por qué amaban todos tanto a Sonia? La joven no trataba de ganarse sus voluntades; no tenían a menudo ocasión de encontrarla. Sólo la veían alguna vez que otra en los patios o en el taller, cuando venía a pasar algunos minutos al lado del preso. Sin embargo, todos la conocían. No ignoraban que le había seguido; sabían cómo vivía y dónde estaba alojada. La joven no les daba dinero, apenas les prestaba, propiamente hablando, servicio alguno; solamente una vez, por Nochebuena, hizo un regalo a toda la prisión: pasteles y *kalatschi*[20]; pero, poco a poco, entre ellos y Sonia se establecieron ciertas relaciones más íntimas. Escribía, por encargo de ellos, cartas a sus familias, y las ponía en el correo. Cuando sus parientes venían a la ciudad, era en manos de Sonia en las que, por recomendación de los mismos forzados, dejaban los objetos y hasta el dinero destinado a ellos. Las mujeres y las amantes de los detenidos la conocían e iban a su casa. Cuando visitaba a Raskolnikoff en el trabajo, o en medio de sus compañeros, o encontraba un grupo de presos que se dirigían a la obra, todos se quitaban los gorros y se inclinaban saludándola:

—*Matuchka*, Sofía Semenovna, tú eres nuestra tierna y querida madre—decían aquellos presidiarios brutales a la pequeña y débil criatura.

Ella les saludaba sonriendo, y a todos les agradaba su sonrisa. Amaban hasta su manera de andar, y se volvían para seguirla con los ojos cuando se alejaba. ¡Y qué alabanzas le dirigían! Hasta la elogiaban por ser pequeñita de cuerpo; no sabían cómo ensalzarla, y aun la consultaban en sus enfermedades.

---

[20] Panecillos blancos.

Raskolnikoff pasó en el hospital todo el fin de la Cuaresma y la semana de Pascuas. Al recobrar la salud se acordó de los sueños que había tenido en su delirio. Le parecía ver el mundo entero asolado por un azote terrible y sin precedentes, que, viniendo del fondo de Asia, había caído sobre Europa. Todos debían perecer, excepto un número reducidísimo de privilegiados. Microbios de una nueva especie, seres microscópicos, se introducían en los cuerpos humanos. Pero estos seres estaban dotados de inteligencia y de voluntad. Los individuos atacados por ellos se ponían al instante locos furiosos. Sin embargo, ¡cosa extraña! nunca hombre alguno se habría creído tan sabio, tan seguramente en posesión de la verdad, como se creían aquellos infortunados. Jamás nadie había tenido más confianza en la infalibilidad de sus juicios, en la solidez de sus conclusiones científicas y de sus principios morales. Aldeas, ciudades, pueblos enteros, estaban atacados de este mal y perdían la razón. Estaban todos agitados y fuera de estado de comprenderse entre ellos. Cada cual creía poseer solo la verdad, y al observar a sus semejantes se entristecía, se golpeaba el pecho, lloraba y se retorcía las manos. No podían entenderse acerca del bien y del mal; no se sabía qué condenar ni qué absolver. Los hombres se mataban entre sí, bajo la impulsión de una cólera ciega. Se reunían formando grandes ejércitos; pero una vez comenzada la campaña, la división aparecía bruscamente en las tropas, las filas se rompían, los guerreros se degollaban y se devoraban. En las ciudades sonaba a todas horas el toque de rebato; mas, ¿para qué esta alarma? ¿Con qué propósito? Nadie lo sabía y todo el mundo estaba inquieto. Se abandonaban los más ordinarios oficios, porque cada cual proponía sus ideas, sus reformas, y nadie se ponía de acuerdo; la agricultura estaba abandonada; aquí y allá la gente se reunía en grupos, entendiéndose para una acción común y jurando no separarse; pero un instante después olvidaban la resolución que habían tomado, y comenzaban a acusarse, a pegarse y a matarse. Los incendios y el hambre contemplaban este triste cuadro. Hombres y cosas, todo perecía. Aquel azote se extendía más y más. Solamente podían salvarse algunos hombres puros, predestinados a rehacer el género humano, a renovar la vida y a purificar la tierra; pero nadie veía a estos hombres, nadie oía sus palabras ni su voz.

Aquellos sueños absurdos dejaban en el ánimo de Raskolnikoff una impresión penosa, que tardó mucho en borrarse. Llegó la segunda semana después de Pascuas; el tiempo era templado, sereno, verdaderamente primaveral; se abrieron las ventanas del hospital (ventanas enrejadas, bajo las cuales se paseaba un centinela). Durante toda la enfermedad de Raskolnikoff, Sonia no había podido hacerle más que dos visitas. Cada vez era preciso pedir una autorización, difícil de obtener; pero, a menudo, sobre todo a la caída de la tarde, se dirigía al patio del hospital, y durante un minuto estaba allí mirando a las ventanas. Un día por la tarde, el recluso, ya casi enteramente curado, se había dormido; al despertar se aproximó por casualidad a la reja, y vió a Sonia que, en pie, cerca de la puerta del hospital, parecía esperar algo. Al verla sintió como un golpe en el corazón, estremecióse convulsivamente y se alejó rápidamente de la ventana. Al día siguiente Sonia no vino, al otro tampoco. Raskolnikoff advirtió que la esperaba con ansiedad. Finalmente salió del hospital. Cuando volvió a la prisión, sus compañeros le dijeron que Sonia estaba mala y que no podía salir de casa.

El joven se inquietó sobremanera, y envió a buscar noticias de la muchacha. Supo en seguida que la enfermedad no era peligrosa. Por su parte Sonia, sabiendo que Raskolnikoff se preocupaba tanto de su salud, le escribió con lápiz una carta, en que le informaba que estaba mucho mejor, que había pescado un ligero enfriamiento, y que no tardaría en ir a verle al trabajo. Al leer esta carta, el corazón de Raskolnikoff latió con violencia.

El día era sereno y templado. A las seis de la mañana iba el joven a trabajar a la orilla del río, en donde se había establecido, bajo cobertizo, un horno de cocer alabastro. Unicamente tres obreros fueron enviados allí. Uno de ellos, acompañado de un capataz, fué a buscar un instrumento a la fortaleza; otro comenzó a calentar el horno. Raskolnikoff salió del cobertizo, se sentó en un banco de madera, y se puso a contemplar el río ancho y desierto. Desde la elevada orilla se descubría una gran extensión de terreno. A lo lejos, del otro lado de Irtych, resonaban cantos cuyos vagos ecos llegaban a los oídos del presidiario. Allá, en la inmensa estepa inundada de sol, aparecían como puntitos negros las tiendas de los nómadas. Aquello era la libertad; allí vivían otros hombres, que no se parecían en nada a los que le rodeaban; allá parecía que el tiempo no había marchado desde el tiempo de Abraham y sus rebaños. Raskolnikoff soñaba con los ojos fijos en aquella lejana visión; no pensaba en nada, aunque le oprimía una especie de inquietud.

De repente se encontró en presencia de Sonia; la joven se le aproximó sin ruido y se sentó a su lado. Como empezaba a dejarse sentir el fresco de la mañana, Sonia llevaba su pobre y viejo *burnus* y su pañuelo verde. Su rostro delgado y pálido daba testimonio de su reciente enfermedad. Al acercarse al preso, se sonrió con expresión amable y alegre, y con la timidez de costumbre le tendió la mano.

Siempre se la ofrecía tímidamente y algunas veces no se atrevía a dársela, como si temiese verla rechazada; parecíale que ella se la estrechaba con repugnancia, y siempre tenía el aire huraño cuando la joven se acercaba; a veces, ésta no podía obtener de él una palabra. Había días en que temblaba ante él y se retiraba profundamente afligida; pero en esta ocasión se estrecharon durante largo rato las manos. Raskolnikoff miró rápidamente a Sonia. Nada dijo y bajó los ojos. Estaban solos. El cabo de varas se había alejado momentáneamente.

De pronto, y sin que el presidiario supiese cómo había ocurrido aquello, una fuerza irresistible le arrojó a los pies de la joven y lloró abrazándole las rodillas. En el primer momento, Sonia, asustada, se puso intensamente pálida, se levantó con presteza, y temblorosa miró a Raskolnikoff; pero a él le bastó esta mirada para comprenderlo todo. En los ojos de la joven parecía resplandecer una felicidad inmensa; no había para ella duda de que Raskolnikoff la amaba con amor infinito. Había llegado, por fin, este momento...

Quisieron hablar y no pudieron. Tenían lágrimas en los ojos. Ambos estaban pálidos y demacrados; pero sobre sus rostros enfermizos brillaba ya la aurora de un renacimiento completo. El amor les regeneraba; el corazón del uno encerraba una inagotable fuente de vida para el corazón del otro.

Resolvieron esperar, tener paciencia. Les quedaban siete años que pasar en Siberia; ¡qué sufrimientos intolerables y qué infinita felicidad había de llenar para ellos aquel lapso de tiempo! Pero Raskolnikoff había resucitado, lo sabía y lo sentía en todo su ser, y Sonia no vivía más que para la vida de su amado.

Por la noche, después que se hubo recogido a los reclusos, el joven se acostó en su camastro, y pensó en ella. Hasta le parecía que aquel día los presos, sus antiguos enemigos, le habían mirado con otros ojos. Les había dirigido primero la palabra y le habían respondido con afabilidad; se acordaba de esto ahora, le parecía natural. ¿Acaso no debía cambiar todo?

Pensaba en ella. Se acordaba de los disgustos con que continuamente la había atormentado; veía con el pensamiento la carita pálida y delgada de Sonia; pero estos recuerdos eran un remordimiento para él. Comprendía con qué amor infinito iba a rescatar en adelante lo que había sufrido Sonia.

Sí. ¿Qué significaban para él todas las miserias del pasado? En aquel primer día gozoso, de vuelta a la vida, todo, aun su crimen y su condena, y su relegación a Siberia, todo se le presentaba como un hecho extraño; casi dudaba de que todo aquello hubiera ocurrido realmente. Aquella noche se sintió incapaz de reflexionar detenidamente, de concentrar su atención en un objeto cualquiera, de resolver una cuestión con conocimiento de causa; sólo tenía sensaciones. La vida había substituído en él al razonamiento.

Tenía el *Evangelio* debajo de la almohada y lo tomó maquinalmente. Aquel libro pertenecía a Sonia. En él fué donde la joven le había leído la resurrección de Lázaro. Al principio de su cautividad esperaba una verdadera persecución religiosa por parte de la joven. Creía que le asediaría constantemente con el *Evangelio*; pero, con gran asombro suyo, ni una sola vez hizo recaer la conversación sobre este punto, ni una sola vez le ofreció aquel libro; él mismo fué quien lo pidió poco antes de su enfermedad, y ella se lo trajo sin decir una palabra. Raskolnikoff hasta entonces no lo había abierto.

Ahora tampoco lo abrió; pero un pensamiento cruzó por su mente. «Sus convicciones, ¿pueden ser, al presente, las mías? ¿Puedo, yo, por lo menos, tener otros sentimientos, otras tendencias que ella?»

Durante todo este día Sonia estuvo también muy agitada, y por la noche tuvo una recaída en la enfermedad; pero era tan feliz, y aquella felicidad era para ella una sorpresa tan grande, que casi le causaba espanto. ¡Siete años *solamente*! En la embriaguez de las primeras horas faltó poco para que ambos no considerasen estos siete años como siete días. Raskolnikoff ignoraba que la nueva vida no le sería dada de balde y que tendría que conquistarla al precio de penosos esfuerzos.

Pero comienza aquí una segunda historia. La historia de la lenta renovación de un hombre, de su regeneración progresiva, de su paso gradual de una vida a otra... Esto podría ser el asunto de un nuevo relato; el que hemos querido ofrecer al lector, está terminado.

FIN

Made in the USA
Coppell, TX
29 January 2024

28283092R00138